新时代法学教育丛书

NEW ERA LEGAL EDUCATION SERIES

新时代法学教育丛书

莫纪宏 总主编

行政法学教程

吕艳滨 主编

当代中国出版社
Contemporary China Publishing House

图书在版编目(CIP)数据

行政法学教程 / 吕艳滨主编 . -- 北京 : 当代中国出版社 , 2024. 10. -- (新时代法学教育丛书 / 莫纪宏总主编). -- ISBN 978-7-5154-1440-9

Ⅰ . D912.101

中国国家版本馆 CIP 数据核字第 2024SX2498 号

出 版 人　王　茵
责任编辑　邓颖君　沈秋彤
责任校对　贾云华　康　莹
印刷监制　刘艳平
封面设计　乔智炜　李默涵
出版发行　当代中国出版社
地　　址　北京市地安门西大街旌勇里 8 号
网　　址　http://www.ddzg.net
邮政编码　100009
编 辑 部　(010) 66572156
市 场 部　(010) 66572281　66572157
印　　刷　中国电影出版社印刷厂
开　　本　787 毫米 × 1092 毫米　1/16
印　　张　28 印张　1 插页　625 千字
版　　次　2024 年 10 月第 1 版
印　　次　2024 年 10 月第 1 次印刷
定　　价　78.00 元

新时代法学教育丛书
编 委 会

总 序

2023 年 2 月底，中共中央办公厅、国务院办公厅联合印发了《关于加强新时代法学教育和法学理论研究的意见》（以下简称《意见》）。《意见》明确指出，要完善法学教材体系。坚持以习近平法治思想为统领，通过抓好核心教材、编好主干教材、开发新形态教材等，构建中国特色法学教材体系。为了有效贯彻落实《意见》对构建中国特色法学教材体系提出的明确要求，中国社会科学院大学法学院组织学院全部师资力量和科研力量，出版了本套能够充分体现中国社会科学院大学“科教融合”成果、面向高等法律院校本科、硕士和博士的通用法学教材。本套教材严格按照《意见》提出的完善法学学科专业体系，构建自主设置与引导设置相结合的学科专业建设要求，立足目前高等法律院校教学体系现状，依托中国社会科学院法学研究所和国际法研究所强大的科研能力，用两年左右的时间编写而成，是一套适应新时代高等法律院校教学特点的“新时代法学教育丛书”。丛书主要面向高等法律院校的法学硕士、法律硕士，同时可以作为提升本科生阅读和理解能力的教学辅导资料，并可以成为夯实法学博士生法学知识基础的参考文献。

此套丛书分两批完成。第一批主要根据中国社会科学院大学法学院 2023 年 6 月的教学管理体制改革方案，建立以 17 个教研室为基础的教学管理单位，负责各门法学核心课程的设计、教材的编写以及法学本科、硕士和博士的培养计划等教学管埋工作，围绕《意见》强调的法学主干学科编写各门法学核心课程的教程，包括《法理学教程》《中国法律史学教程》《宪法学教程》《行政法学教程》《刑法学教程（上、下册）》《民法学教程（上、下册）》《商法学教程（上、下册）》《刑事诉讼法学教程》《民事诉讼法学教程》《行政诉讼法学教程》《经济法学教程》《社会法学教程》《环境与资源法学教程》《知识产权法学教程》《国际公法学教程》《国际私法学教程》《国际经济法学教程》《军事法学教程》，同时按照中国社会科学院大学法学院目前各学科教研室设置的布局，与上述核心课程教程一起推出《网络与信息法学教程》《监察法学教程》。每册教程 50 万字左右，按照教育部规定的高等法律院校专业课程教学的基本要求编写，既有正文讲解，又有引导性、提纲性的内容提示，还有思考题和参考文献。鉴于有些学科知识量较大，将《刑法学教程》《民法学教程》《商法学教程》分为上、下两册编写，给主体为法学硕士、法律硕士的学习群体全面和系统地掌握法学基础知识提供高质量的教学辅导读物。第一批出版 20 本教程（23 册），2024 年底出齐。第二批教程预计 16 本左右，主要为落实《意见》加强新兴学科建设的要求，拟编写的教程包括《立法学教程》《文化法学教程》《教育法学教程》《国家安全法学教程》《区际法学教程》《社会治理法学教程》《科技法学教程》《气候法学教程》《海洋法学教程》《涉外法学教程》《党内法规学教程》《法学论文写作指导教程》《法学方法论教程》《法学文献阅读辅导教程》《法律职业伦理教程》《法学学术规范与学术道德教程》等。第二批教程拟于 2025 年底出齐。为了加深学习者对教程内容的理解，在第二批教程出版的同时，从每一本教程中抽象出 50 余个常用的学科名词术语，汇编成《新时代法学教育大辞典》，作为辅导学生学习和理解教材的必备参考。“新时代法学教育丛书”共计 30 余本，构成了《意见》要求设置的法学教学体系的整体框架和全部内容，可以为全面和系统地培育高等法律院校的本科生、硕士生和博士生提供最富有实效的教学参考资料，形成系统化的法学知识体系，以因应新时代对法学人才之需。本套丛书是全国 600 多所高等法律院校或法学院率先贯彻落实《意见》对法学教材体系建设要求形成的重要教学科研成果，丛书的出版可以为全国高等法律院校编写同类教材或者直接采用作为教材提供帮助。

为保证按时按质地组织“新时代法学教育丛书”的编写和出版工作，中国社会科学院大学、中国社会科学院法学研究所和国际法研究所举全力支持中国社会科学院大学法学院组织的“新时代法学教育丛书”的编写和出版，这将是 2020 年 9 月 20 日中国社会科学院大学法学院成立后由法学院独立组织出版的充分反映法学院教学能力和科研实力的系列法学教材，是法学院为争创“双一流”建设学科而进行的带有前瞻性、创新性、战略性的重大教学改革和创新举措。

“新时代法学教育丛书”由中国社会科学院大学法学院组织，法学院院长莫纪宏教授任总主编，执行院长吴用教授、党委书记张初霞副教授任副总主编，法学院院务会组成人员、17 位教研室主任以及法学研究所、国际法研究所若干研究室主任作为丛书编委会成员，同时聘请中国社会科学院李林、陈甦、孙宪忠学部委员，中国社会科学院大学党委书记崔唯航教授、校长张政文教授、常务副校长王新清教授以及中国社会科学院大学法学院特聘教授李明德、田禾等教授作为丛书总顾问，集中中国社会科学院大学法学院全部在编教学人员编写。

总共两批 30 余本教程的编写采取两种模式的主编责任制。一是以法学院现有 17 个教研室为单位，主干和核心课程以教研室主任作为学科教程的主编，教研室全体在编教学人员参加编写；二是由法学院根据具体情况指定特定人员负责教程编写工作。

“新时代法学教育丛书”是面向高等法律院校在读学生的教学参考书，知识点全面覆盖，以问题为导向，带有思考性特点，主要群体是法学硕士和法律硕士，难度中等，适合本科生提升和博士生夯基使用。丛书使用 2008 年出版的社科法硕教材和中国社会科学院研究生教材编写体例，每本教材的名称统一为《××法学教程》。

中国社会科学院大学法学院是中国社会科学院实行“科教融合”的改革举措，吸收中国社会科学院法学研究所、国际法研究所、研究生院以及原中国青年政治学院法学院四个方面的科研和教学力量汇集起来的科研型教学单位，从 2020 年 9 月 20 日成立至今尚不足 4 年，是全国 600 多所高等院校法学院中较年轻的法学院。尽管起步较晚，但法学院可以追溯的历史却源远流长。

我们的法学研究生教育最早可以追溯到1961年。1978年成立了中国社会科学院研究生院法学系，正式开启了中国社会科学院系统的规范化法学教育历程，1981年我们成为新中国首批设立法学一级学科博士点的3家单位之一。我们的法学本科教育也于2009年入选教育部第四批高等学校特色专业建设点，2012年入选教育部、中央政法委首批卓越法律人才教育培养基地（应用型、复合型法律职业人才教育培养基地），当然也都是北京市的特色专业和法律人才教育培养基地。因为有了这样良好的法学教育基础，2019年，中国社会科学院大学法学院入选了国家级一流本科专业建设点。

数十年来，法学院人才培养成效卓著，大量优秀毕业生在法学科研、教育领域以及党政机构、司法和监察部门、律师事务所、大型企业等实务部门就职，为法治中国建设作出了杰出贡献。

“科教融合”以后的法学院现有本科专业学位点、法学一级学科硕士学位点、法律硕士专业学位点、法学一级学科博士学位点，还有博士后流动站，目前在读学生1100余人。

我们希望通过我们自己的努力，将“科教融合”的成果和中国社会科学院大学法学院的办学特色体现到“新时代法学教育丛书”中去，积极探索中共中央办公厅、国务院办公厅联合印发的《关于加强新时代法学教育和法学理论研究的意见》中明确提出的“抓好核心教材、编好主干教材、开发新形态教材等，构建中国特色法学教材体系”各项要求的新路子，力争在不久的将来跻身中国高等法律院校的“名院”行列，为国家培养更多合格的法治人才。

中国社会科学院大学法学院院长
中国社会科学院法学研究所所长
2024年4月于北京沙滩北街15号

目 录 CONTENTS

第一章　行政法基本理论

【内容提示】

行政法基本原则是指普遍适用于行政法各个领域的法律原则。行政法的基本原则能在行政法规范内涵模糊或者对相关事项调整缺位的情形下，对行政关系发挥补充调整功能。尽管立法并未明确行政法的基本原则，但是行政法的基本原则可根据宪法、现行的法律规定、更高的法律原则、判例法等进行推论与提炼。我国行政法的基本原则包括依法行政原则、比例原则、正当程序原则与信赖保护原则。依法行政原则是指行政应当受到法律的约束，包括法律优先原则与法律保留原则。比例原则要求行政手段与所欲实现的行政目的之间实现均衡，包括适当性原则、必要性原则与均衡性原则。正当程序原则的适用能有效弥补法定程序适用的不足，应当在行政效率与行政相对人权益保护之间进行平衡。信赖保护原则要求政府守信践诺，不得恣意撤销、撤回已作出的行政行为。存续保护与财产保护是信赖保护的两种基本方式。

第一节　行政概述

一、行政的界定

行政法是与行政相关的法，把握“行政”一词的含义是准确理解行政法的必要和前提。由于“行政”词义丰富、应用场合众多，各国学者都力求精确定义以消除歧义。美国法学家古德诺将行政与政治基于国家意志进行共同定义，认为“国家意志的表达是政治，而国家意志的执行是行政；政治是政策制定，而行政是执行政策”[1]。德国学者奥拓·迈耶认为，“行政是除立法和司法之外的国家活动。”[2]日本学者田中二郎认为，“行政是依据法律，在法律的约束下，现实中为积极实现国家目的进行的，整体上具有同一

〔1〕［美］F.J. 古德诺：《政治与行政》，王元译，华夏出版社 1987 年版，第 479 页。

〔2〕［德］奥拓·迈耶：《德国行政法》，刘飞译，商务印书馆 2002 年版，第 8 页。

性的，连续的形成性国家活动”[1]。马克思则认为,“行政是国家的组织活动”[2]。但马克思对“行政”作上述界定并非专门对行政下定义，而是在论述资本主义国家作用的特定场合时给予“行政”以上述解释的。因此，马克思关于“行政”的界定只是行政的一种特定含义。

而在汉语言环境下，行政一词通常应用于两个语境：一是涉及政治及国家治理的行政，即“行政机关”中的“行政”，意指使用国家权力对国家事务进行管理的活动；二是公司中的一个职能部门，即“行政部门”中的“行政”，意指管理公司日常事务、维持公司运营秩序的部门。尽管上述两个语境中的行政不尽相同，但关于行政的内涵是一致的——使用特定的权力对特定范围内的事务进行管理。《现代汉语词典》中对“行政”的释义为“行使国家权力的（活动）；机关、企业、团体等内部的管理工作”[3]，是广义的“行政”。《法学词典》中对“行政的释义为“政府依法管理国家事务的活动”[4]，是狭义的行政。而在行政法学领域，行政是国家行政主体对国家事务和社会事务以决策、组织、管理和调控等特定手段发生作用的活动。[5]

广义的行政以其目的不同，可以划分为公共行政与一般行政。就性质而言，公共行政是国家职能活动，具有鲜明的公共性质，面向的是整个国家范围内不特定的多数。一般行政不具备公共性，面向的是特定组织、企业、机构内部的特定客体。就目的而言，公共行政是出于维护国家、社会公共利益而进行的管理活动。一般行政仅为单位、企业、机构自身或内部利益。

狭义的行政因涉及国家权力的行使、公共利益的维护以及公民权利的保护，亟须立法层面的规范，亦即“行政法”一词中“行政”的外延。

二、行政的特征

行政的特征是行政之所以为“行政”的根本，区别于“非行政”的要素，包含以下六个方面：

（一）行政的执行性

正如同美国法学家古德诺将行政定义为“国家意志的执行”，行政具有“执行性”，是行政机关对具体事务的执行。我国《宪法》第85条规定，“中华人民共和国国务院，即中央人民政府，是最高国家权力机关的执行机关，是最高国家行政机关”。尽管《立法法》第72条第1款规定，“国务院根据宪法和法律，制定行政法规”，但制定行政法规的行为本质上仍然是“执行法律”。一切行政活动的依据与准则都是法律，具体表现为：其一，行政权力及内容必须以法律规定为限；其二，行政行为的做出必须符合法

---

〔1〕［日］田中二郎：《行政法总论》，转引自姜明安主编：《行政法与行政诉讼法》（第5版），北京大学出版社、高等教育出版社2011年版，第30页。

〔2〕《马克思全集》（第1卷），人民出版社1956年版，第479页。

〔3〕中国社会科学院语言研究所词典编辑室编：《现代汉语词典》，商务印书馆2012年版，第1458页。

〔4〕《法学词典》，上海辞书出版社1985年版，第333页。

〔5〕参见张正钊、胡锦光主编：《行政法与行政诉讼法》，中国人民大学出版社2015年版，第14页。

定程序；其三，行政行为不具有终局性，尚应受到法律的监督。行政行为一经作出即具有法律效力，但相对人对行政行为不服的仍可以通过行政复议、行政诉讼等途径寻求救济。

（二）行政的公益性

行政的目的具有公益性。行政应以追求公共利益或公共福祉为目的。行政的这种公益性除表现为行政的事务均为公共事务而非私事外，更重要的表现为实现国家或社会的职能，这些职能至少包括建设、保卫、服务等职能。行政的最终目的应该是“为人民服务”。

（三）行政的单方性

行政机关在执行职责时，通常不需要征得其他主体的同意，而是依据法律、规章或政策进行单方面的决策和行动。无论是行政处罚还是行政许可，作出行政行为的这一环节，仅由行政机关单方意志决定，不以行政相对方意志为转移。尽管行政具有单方性，但行政机关的权力及内容仍然应以法律授权为限。行政的单方性使行政机关具有了对公共事务的快速反应能力，但也引发了对如何限制行政权力滥用的思考。

（四）行政的整体性与能动性

行政的这一特征是相较于司法而言，司法具有个别性和消极被动的特征，而行政则呈现整体性、连续性、积极能动的特征。行政作为一种活动，在现实中表现为若干个单独的行动，但这种具体行动与国家职能和政策的整体关联，必须始终一贯，在整体上保持统一性和连续性。因此，行政是由若干具体行动构成的整体。同时，行政具有能动性，它可应时势的需要主动作为，以保护公共利益的实现。在这方面，它明显不同于司法的被动性。[1]

（五）行政的权力与责任统一性

诸多行政行为的作出不仅是法律赋予行政机关的权力，而且是行政机关负有的法定义务。在法治原则下，权力无法脱离责任而单独存在，否则这种权力就是非法的、不合理的。[2]行政的权力与责任统一性是对公共权力规制的具体表现。

（六）行政的受监督性

行政活动必须受到严格的监督，这种监督是多维度和多层级的。首先，行政要受立法机关的监督，受其所制定的法律的约束；其次，行政在本系统内要受到行政主体自身的监督，包括上级对下级的监督、专门监督机关的监督，如监察机关、审计机关的监督，公务人员受本机关或行政首长的监督；再次，行政要受司法监督，其中主要是法院通过行政诉讼途径对行政进行监督并保护公民的权益；最后，行政还要受到社会公众的监督和新闻舆论的监督。[3]

---

〔1〕 参见应松年主编：《行政法与行政诉讼法》（第2版），高等教育出版社2018年版。

〔2〕 参见刘祖云：《权责统一——行政的理论逻辑》，载《行政与法》2003年第10期。

〔3〕 参见应松年主编：《行政法与行政诉讼法》（第2版），高等教育出版社2018年版。

三、行政的种类

随着国家发展及社会的进步，行政活动日渐丰富，基于不同标准对行政进行分类有助于对行政的内涵进行更深入的理解。

（一）国家行政与社会行政

国家行政权主要由行政机关行使，其余分配给社会行政主体。其中，国家行政意指国家行政机关代表国家进行的公共行政。就我国而言，国家行政主体，是指各级人民政府及其工作部门。社会行政，又称“自治行政”，意指社会公共主体根据法律授权或自治章程进行的公共行政，社会行政主体包括但不限于工会、妇联、青联等社会团体，律师协会、医师协会等行业组织，村民委员会、居民委员会等基层群众性自治组织。社会行政实质是行政的自治和分权，是行政的社会化。[1]社会行政也是简政放权、转变政府职能、激发社会创造力的主要形式。

（二）羁束行政与裁量行政

根据行政规范约束程度不同，可以分为羁束行政与裁量行政。羁束行政，是指实体与程序要件都由法律、行政法规予以明确规定的行政活动，行政主体应严格按照法律规定进行行政活动。一般而言，需要公民承担义务的、限制公民权利的行政行为通常为羁束行政。裁量行政与之相反，是指实体与程序要件未经法律严格限制。但裁量行政并非不受限制的自由裁量，所有的自由裁量权都可能被滥用，这仍是个至理名言[2]。裁量行政应通过行政规则规制、均衡利益衡量、实质性利益沟通、司法审查等途径进行必要的限制。[3]

（三）规制行政与给付行政

根据行政行为手段的不同，可以分为规制行政与给付行政。规制行政是指以限制私人的权利、自由来实现行政目的的行政活动。[4]如交通规制、互联网规制、金融证券市场规制等，主要强调对公共安全的保障及公共秩序的维护，故亦称“秩序行政”。给付行政，是指行政主体通过为个人提供特定目的的支持，以保障和改善公民的生活条件。[5]国家行政权行使的根本目的是维护和促进公共利益，而规制行政与给付行政如同一双手，通过正反两方面实现行政的根本目的，给付行政创造与提升社会福利，规制行政对社会主体享受社会福利的方式、方法进行必要的规定与限制。

四、行政的演变

“不同的时代，政府有不同的管理职能。行政的范围是变化着的和发展着的。不同

---

〔1〕 参见江国华：《中国行政法（总论）》（第2版），武汉大学出版社2017年版。

〔2〕［英］威廉·韦德：《行政法》，徐炳等译，中国大百科全书出版社1997年版，第70页。

〔3〕 参见周佑勇：《行政裁量的治理》，载《法学研究》2007年第2期。

〔4〕［日］盐野宏：《行政法总论》，杨建顺译，北京大学出版社2008年版，第6页。

〔5〕 参见周佑勇主编：《行政法专论》，中国人民大学出版社2010年版，第5页。

的国度，不同的地区，政府主管事务的多寡和干预领域的广窄会有很大的不同。”〔1〕

在西方，从亚当·斯密的“自由放任”到凯恩斯的国家直接干预经济，从秩序行政到给付行政，随着政府职能的不断扩大，行政的疆域也在不断伸展，实现行政任务的方式、手段乃至理念都在不断发生着变化。

特别是20世纪70—80年代发端于英国，并波及澳大利亚、新西兰乃至欧洲大陆的新公共管理运动，以及90年代的“政府再造”或重塑政府运动，政府公共管理事务民营化、社区主义和社会中介组织或非营利性组织几乎是每一个西方国家致力实现的目标，“建立起一套以政府管理为核心的，以多元互动为特征的，以公民社会为背景和基础的管理体系”〔2〕。“新公共管理”成为一系列创造性改革的通用标签，这意味着：(1)在僵化的缺乏回应的官僚体制中引入竞争，提高效率；(2)在政治和行政关系中引入经济学的市场分析模式即公共选择、协议契约、交易成本以及委托—代理理论；(3)引入并广泛运用竞争、基于绩效的合同承包、公共服务供给、顾客满意、市场激励和放松规制等概念〔3〕。无论是在理论上还是实践上，新公共管理都被誉为“公共治理的范式革命”〔4〕。

在外包、私有化、公共职能从政府向社会转移的过程中，保证公共服务的品质，公法始终关心着责任问题，公法原则也随之延伸至这些领域。诚如金自宁博士在她的一本译作中所言，(法学家)“的疑同不是解除管制、私有化等做法是否有充分的理由——那被留给经济学家和政治学家们去研究，站在法学家的立场，他们问的是：在那些解除管制的领域，是否要保留（至少是部分地保留）原有的行政法规范要求？在那些新近被私有化的领域，原来政府承担的责任是否也应（或许是部分）移交给私人？看上去，它们全都属于行政法的适用范围这一传统的行政法学问题”，他们的态度也惊人的一致——“决不允许由减缩政府规模引入私人机构而产生的‘新领域’脱离公法的控制”〔5〕。

我国在计划经济下，行政无所不在，泛行政现象十分突出。1988年3月，第七届全国人大第一次会议通过决议，决定对政府机构进行新的全面性的改革，推进党政分开、政企分开。此后，政府与社会、政府与市场、政府与企业逐渐分离，行政有着相应缩小的趋势。政府改革中的一个基本策略就是，将政府“不该管、管不好、管不了的事”剥离出去。但同时，社会保障、社会自治与公共治理的发展以及第三部门的勃兴，又使得公法适用的范围有所扩张，公法关注的公权力范畴、公法行为发生根本性变化。总体格局变得伸缩有度、错落有致，公共行政内涵也变得异常复杂，呈现一种不断发展的趋势。

---

〔1〕 参见姜明安：《行政的“疆域”与行政法的功能》，载《求是学刊》2002年第2期。

〔2〕 参见王乐夫：《论公共行政与公共管理的区别与互动》，载《管理世界》2002年第12期。

〔3〕［美］E.S.萨瓦斯：《民营化与公私部门的伙伴关系》，周志忍等译，中国人民大学出版社2002年版，第341页。

〔4〕 参见张志斌：《新公共管理与公共行政》，载《武汉大学学报（哲学社会科学版）》2004年第1期。

〔5〕［新西兰］迈克尔·塔格特编：《行政法的范围》，金自宁译，中国人民大学出版社2006年版，“译者的话”。

五、小结

行政一词含义丰富，行政法中的“行政”主要指狭义的“行政”，意指行政是国家行政主体对国家事务和社会事务以决策、组织、管理和调控等特定手段发生作用的活动。

行政活动区别于立法活动、司法活动等的主要特征在于执行性、公益性、单方性、整体性与能动性、权力与责任统一性、受监督性。

行政的种类根据不同的划分标准可以分为：国家行政与社会行政、羁束行政与裁量行政、规制行政与给付行政等。对行政进行分类的主要目的在于了解行政的不同表现形式以掌握其固有规律，从而对各类行政进行适当的规范。

第二节　行政法概述

一、行政法的概念

厘清行政法的概念是学习研究行政法之基础所在。过去许多行政法学教科书都这样给行政法下定义：“行政法是关于行政的法”或“行政法是调整行政的法”。这样界定行政法当然并没有错误，但是必须补充说明，行政法虽然是关于行政或调整行政的，然而不是有了行政就有了行政法，行政只是发展到特定的阶段，即国家行政职能大为增加，行政权大为扩张以至于对行政权不加以控制和制约，就不能防止其滥用，就不能有效保障人民的自由和权利的“行政国家”阶段，才逐步形成作为独立法律部门的行政法。

可以从形式和内容两个层面对行政法进行定义。从形式上讲，行政法是国家重要部门法之一，它是调整行政关系的法律规范的总称，或者说是调整国家行政机关在行使其职权过程中发生的各种社会关系的法律规范的总称。从内容上讲，行政法是规定国家行政机关的组织、职责权限、活动原则、管理制度和工作程序的，用以调整各种国家行政家关之间以及国家行政机关同其他国家机关之间、企业事业单位、社会团体和公民之间行政法律关系的各种法律规范的总和。

美国行政法学者伯纳德·施瓦茨亦曾这样给行政法下定义：“行政法是调整政府行政活动的部门法。它规定行政机关可以行使的权力，确定行使这些权力的原则，对受到行政行为损害的人给予法律救济。”这个定义把行政法分为三部分：其一，行政机关所具有的权力；其二，行使这些权力的法定要件；其三，对不法行政行为的救济。“行政法更多的是关于程序和救济的法，而不是实体法。由各个不同行政机关制定的实体法不属于行政法的对象，只有当它可以用来阐明程序法和救济法时才是例外。我们所说的行政法是规制行政机关的法，而不是由行政机关制定的法。”[1]美国行政法的概念比法国等大陆法系国家的行政法概念狭窄。在美国，公法和私法之间没有严格的区别，由同一个法院系统受理这两种法律案件。但在大陆法系的实践中，公法和私法有严格的区别，受理公法案件的法院系统和受理私法案件的法院系统是分立的。

德国行政法学者哈特穆特·毛雷尔则主要从行政法调整的内容和表现形式的角度界定行政法，认为“行政法是指以特有的方式调整行政——行政行为、行政程序和行政组织——的（成文或者不成文）法律规范的总称，是为行政所特有的法。但是，这并不意味着行政法只是行政组织及其活动的标准。更准确地说，行政法是并且正是调整行政与公民之间的关系，确立公民权利和义务的规范，只是其范围限于行政上的关系而已”。[2]毛雷尔认为行政法有一般行政法与特别行政法、外部行政法与内部行政法之分。“一般行政法是指原则上适用于所有行政法领域的规则、原则、概念和法律制度，应当涵盖行政法领域的普遍的、典型的横向问题”，“特别行政法是指调整特定行政领域的法律，如建设法、道路法、职业法、经济法、社会法、教育法等”。

英国行政法学者威廉·韦德则是从行政法的目的和功能、内容和形式两个不同角度给行政法下定义的。从目的和功能的角度，他把行政法界定为“控制政府权力的法”；从内容和形式的角度，他把行政法界定为“调整公共当局行使权力和履行职责的一般原则的总称”。[3]韦德为什么把行政法界定为“控制政府权力的法”呢？因为他认为，行政法是“行政国家”的产物，在行政国家的条件下，政府由自由资本主义时代的“少管事”“无为而治”的消极政府转变成了无所不管、处处干预的积极政府。公民从摇篮到坟墓，事事都由政府管着，这样，日益强大并且不断膨胀着的政府权力构成了对公民权利的严重威胁。因此，人们必须设计一种机制，防止政府权力的滥用，以保护公民权利不受政府权力滥用的侵害。这种防止政府权力滥用和保护公民权益不受政府违法行为侵犯的机制的重要环节即是行政法。韦德为什么把行政法界定为“调整公共当局行使权力和履行职责的一般原则的总称”呢？因为他认为，第一，行政法不像民法、刑法等其他法律部门，它没有一部统一的成文法典，而只是各种规范行政权行使和行政职责履行的一般原则的集合体。这些一般原则大多并非见诸议会的制定法，而是法官根据法律的原则、精神和社会公正意识，通过无数具体案件的判决而逐渐形成起来的，尽管其中有些原则后来已通过议会制定法确立。第二，行政法主要是调整公共当局行使权力和履行职责的法，而非主要是调整行政机关的组织和公务员与国家关系的法，即主要是调整外部关系而非内部关系。

法国行政法学者莫里斯·奥里乌则是从公私法和主客观法划分的角度定义行政法。首先，他认为：“从某种程度上说，行政法是公法（规定国家及其法律关系的存在方式的法）的一支，它以国家行政体制为立法对象。”其次，他指出：“行政法无疑同时具

〔1〕 B. Schwarts, Administrative Law, Boston: Little Brown, 1976, pp.1-2.

〔2〕［德］哈特穆特·毛雷尔：《行政法学总论》，高家伟译，法律出版社2000年版，第33—35页。

〔3〕 H. W. R Wade, Administrative Law, Oxford: Clarendon Press, 1989. pp.4-5.

有客观法和主观法两种因素。绝大多数法国行政法专著都以客观角度为主导，对他们来说，行政法主要存在于行政机构的组织和公务组织；法人和主观责任所占的分量很小，仅限于行政部门私有领域的管理，未及使用特权的公务管理的领域，作为公共权力的国家与作为法人的国家相对立，即特权与主观责任相对立。”“然而，在对行政法的研究中，以主观角度为主导的方法逐步建立了起来，这种方法的倡导者是一批密切关注着行政法院的判例法发展的专家。在行政诉讼中存在两种主要类别，一类只限于撤销行政机关的行为，并不向其索要赔偿，这是纯客观的，另一类要对方负全额责任，因而是主观行为。这表明行政法以不可逆转的方式向追究主观责任的方向发展，即使在公务执行和公共权力的行动中亦是如此。”“我认为无论在宪法还是在关于国家的一般理论中，客观法都应占据主导地位；而在行政法中则相反，在以公共行政机关及其权力的组织为目标的行政法中，一切涉及行政组织的法都是客观法，而一切涉及公共行政机关行使权力的法，在产生公务管理的法律关系中，都是主观法。”〔1〕从以上论述可见，法国行政法学者研究行政法实际经历了从侧重行政组织法（客观法）到侧重行政行为、行政责任和行政救济法（主观法）的发展和转变。

日本现代行政法学者盐野宏认为日本行政法的权威的和有代表性的定义是美浓部达吉的定义和田中二郎的定义。美浓部达吉认为：“行政法，如果要用一句话给予其定义的话，可以说是关于行政的国内公法。成为这一观念的要素有三：其一是关于行政的法；其二是国内法；其三是公法。”这是明治宪法下行政法的典型定义。田中二郎的定义则是《日本国宪法》下行政法的典型定义。田中二郎认为，行政法“是指有关行政的组织、作用及其统治的国内公法”。对于田中氏的定义，盐野宏作了下述五点阐释：其一，在行政主体参与的行政法律关系中，既存在行政主体相互间的行政组织法上的关系，也存在行政主体与私人之间的行政作用法上的关系；其二，无论是在行政组织法关系中，还是在行政作用法关系中，都存在受公法支配的公法关系和受私法支配的私法关系；其三，行政作用法上的关系分为支配关系和非支配关系，前者只适用公法，后者除有法律明确规定或存在公共利益特殊需要的情况外，适用私法；其四，即使在支配关系中，也存在适用民法一般原则和技术性规范的情形，如诚实信用原则、关于期间计算的规范等；其五，行政法关系中适用的特别法有的仅仅是民法的特别法，如国有财产法等。〔2〕关于行政法关系中适用公私法的不同情形，日本学界有不完全相同的观点。日本另一现代行政法学者南博方认为，“由于法律关系的一方当事人是行政权的担当者（行政主体），支配行政法关系的法理、法原则与适用于私人间的私法（民商法）总是有所区别的。行政法领域中，有些地方需完全排除私法，有些地方则私法不能完全适用，但可以修改适用”。〔3〕他指出，有人认为，行政法不过是私法的特别法，只要没有明文的公法规定，便应该适用私法。但是，问题在于我国的私法并不具有英美普通法那样的一般

---

〔1〕［法］莫里斯·奥里乌：《行政法与公法精要》，龚觅译，辽海出版社、春风文艺出版社 1999 年版，第 143—148 页。

〔2〕［日］盐野宏：《行政法》，杨建顺译，法律出版社 1999 年版，第 22—33 页。

〔3〕［日］南博方：《日本行政法》，杨建顺等译，中国人民大学出版社 1988 年版，第 5—6 页。

法地位，我们必须注意严格区分公法与私法。诚然，强调公法的特殊性，有可能超越实定法，承认行政的特权。但是，我们也得承认，当行政主体成为法律关系的一方当事人时，基于目的的公共性，即使是私营经济活动，私法也不能完全适用，而需修改适用。

上述各国学者分别从行政法的目的、性质、内容、形式和行政法在整个法体系中的地位对行政法予以了界定。但鉴于不同历史时期、不同国家的行政法的目的、性质、内容、形式并不完全相同，故各国学者关于行政法的定义有所差异。

二、域外行政法的起源与发展

若将行政法仅视为关于行政的法律规定而不考虑其价值导向，其历史可追溯至国家及其行政的起源。然而，现代意义上的行政法——即以规范和控制行政权力、保障人权为核心价值目标的行政法，则是在资产阶级革命胜利后逐渐形成的。在第二次世界大战后，兴起的社会主义国家的行政法虽然与资本主义国家的行政法存在实质性差异，但在一定程度上也汲取并吸收了资本主义国家行政法中的有益经验。鉴于行政法的发展脉络与所处法系紧密相关，此处分别对大陆法系与英美法系国家行政法进行介绍：

（一）大陆法系国家行政法的起源与发展

大陆法系的特点是其公私法自成体系，行政诉讼案件由专门的行政法院管辖。

1. 法国行政法

法国行政法的形成可以追溯到1789年爆发的法国大革命之后。它是由法国行政法院通过个案审判逐渐形成的，诸多判例被汇集起来构成了法国行政法的基础。关于行政法的观念、原则和制度也主要是通过行政法院的判例逐步确立的。因此，研究法国行政法的历史发展过程需要从法国行政法院的产生开始，同时重视对其判例的关注。

法国行政法的主要特点有：（1）重要原则由判例产生，成文法起补充作用；（2）在行政系统内设立行政法院，与普通法院分立，为此又设立权限争议法庭，裁决普通法院和行政法院之间的管辖争议；（3）行政法体系完整，既包括内部行政法又包括外部行政法，既包括实体行政法又包括程序行政法；（4）从行政法的功能上看，有保障公民权利和控制行政权的作用。[1]

2. 德国行政法

德国行政法的演变经历了几个重要时代。起初是警察国家时代，行政法着重于秩序维护，旨在维护社会秩序。随后是自由法治国时代，行政法的目标在于通过控制行政权力、预防滥用行政权来保障个人自由。而在社会法治国时代，受到社会民主主义思潮的影响，行政法不仅局限于传统的秩序维护，还涌现了大量的给付行政法。这些给付行政法的制定和实施推动了公共行政承担国家对公民生活照顾职能的任务。给付行政体现了国家向公民提供福利的关系，行政法的任务也不再局限于简单地控制行政权力，也不再将国家与公民置于对立地位。相反，国家采用公法合同、行政指导等非强制性方式，吸引公民参与行政活动，承担为公民提供基本福利的责任。因此，国家与公民之间形成了

---

〔1〕 参见应松年主编：《行政法与行政诉讼法》（第2版），高等教育出版社2018年版，第13页。

和谐统一的关系，这体现了当代行政法发展的主要方向。

德国行政法的主要特点有：(1) 成文法多于判例法，成文法在德国行政法中占重要地位，1960 年《行政法院法》和 1976 年《联邦行政程序法》构成其完整的行政法基础；(2) 程序法与实体法融合，德国行政程序法并非单纯包括行政程序内容，它同时包含了广泛的实体内容，如行政处分的构成要件、公法契约和国家责任等；(3) 德国设行政法院，但法国不同，德国的行政法院是普通法院系统内的专门法院之一，是司法系统的组成部分。[1]

(二) 英美法系国家行政法的起源与发展

正如前文所述，相较大陆法系，英美法系国家不设专门的行政法院，无明显的公私法体系划分，法的主要表现形式是判例。

1. 英国行政法

英国没有明确的划分法律部门，故没有行政法的概念。英国现代意义上的行政法形成于 17 世纪的资产阶级革命。

英国行政法的主要特点有：(1) 行政诉讼和民事诉讼、刑事诉讼一样由普通法院管辖，没有独立的行政法院系统；(2) 普通法院在受理行政诉讼时适用一般的法律规则；[2] (3)英国行政法是典型的控权法；(4)行政法体系不完整，主要包括委任立法、行政程序、司法审查等制度，不重视行政组织法和实体行政法；(5) 除法院以外，设行政裁判所，解决大量行政争议和与行政有关的民事纠纷。不服行政裁判所裁决的再向法院起诉。

2. 美国行政法

鉴于美国独立前由英国殖民统治的历史背景，美国法律体系与英国法律体系存在部分重合。美国联邦政府行政法的发展经历了以下几个阶段：(1) 1789—1886 年，适用英国普通法阶段；(2) 1887—1932 年，建立美国行政法传统模式阶段；(3) 1933—1946 年，行政法迅速发展阶段；(4) 1947—1965 年，行政程序法巩固阶段；(5) 1966—1979 年，批评和改革传统行政法阶段；(6) 1980 年以后，重新评估阶段。[3]

美国行政法的主要特点有：(1) 联邦制下的法律体系，美国行政法由联邦法和州法构成，联邦法包括联邦宪法、法律、条约、总统命令和行政法规，州法包括州宪法、法律和行政法规；(2) 从法律渊源上看，既有判例法，又有制定法，二者的关系复杂，但从总体上来看，制定法的效力高于判例法；(3) 美国联邦法院不仅可以审查行政机关的行为是否合法，还可以审查国会的立法是否合宪，这一点不同于英国，英国奉行议会至上的原则，法院无权审查议会的立法；(4)重视行政程序法尤其是行政公开程序制度；(5) 设有行政法法官制度，行政法法官属于行政系统，解决大量行政争议和与行政相关的民事纠纷。不服行政法法官裁决的再向法院起诉。

---

〔1〕 参见应松年主编：《行政法与行政诉讼法》(第 2 版)，高等教育出版社 2018 年版，第 14 页。

〔2〕 参见王名扬：《英国行政法》，中国政法大学出版社 1987 年版，第 3、4 页。

〔3〕 参见王名扬：《美国行政法》(上)，中国法制出版社 2005 年版，第 47 页。

三、中国行政法的兴起

（一）中国古代行政法

谈及“中国行政法”的兴起，首先要确定“中国行政法”的含义，或者说此处“行政法”的含义。正如同前文所说，行政是国家权力的行使，是国家之所以为国家必然会进行的活动，也一定会存在相应的行政法，无论其形式成文与否。正如罗豪才教授所言：“行政法作为一种法律规范，已经存在了数千年。”〔1〕

中华大地历史悠久，行政管理早已开始制度化与法律化。远在以王为首的奴隶制专制主义的商朝，就已经建立起一套比较完整的内外行政机关体系——“内服”和“外服”。“内服”，是指商朝中央机关的统称，其中主管力役之征的司徒、工官司空、刑官司寇是重要的行政官；“外服”是指在商王直接统治区外设立的诸侯。商初司空咎单曾作明居之法，即划分居住区域安置居民的法规。〔2〕

西周时期确立了以周王为最高统治者的行政管理体制，而且建立了职官管理制度，规定职官的构成、职责、权限、执行公务的程序与法律责任等。这些在《周礼》《尚书》等古籍中均有记载。《师旂鼎》《大盂鼎》《大克鼎》等铜器铭文，也记载了西周的行政法律规范。

秦自商鞅变法时起，奉行法家思想，主张“法出于一”“援法而治”。见于《云梦秦简》中的行政法律已有20余种，如涉及国家事务的《内史杂律》《属邦律》（规定少数民族事务的管理）、《行书律》；涉及职官管理的《置吏律》《置吏律》；涉及户籍与赋役的《傅律》（规定户籍的管理）、《徭律》；关于经济行政的《垦草令》《田律》《仓律》《关市律》（规定关市与贸易）等，调整范围十分广泛。〔3〕

汉朝在继承秦朝律法的基础上，进一步扩充了行政立法内容，同时建立了丞相、三公、九卿等中央行政管理机构，并实行地方郡县与封国并存的制度。值得特别提及的是汉朝建立了“御史台”，这标志着中国古代监察制度的发展迈出了重要的一步。御史大夫负责中央监察权，身为三公之一，具有检举丞相的权力，从而成为权力制衡的重要机制。同时，地方监察官的职权范围也逐渐被法律明确规定，如“刺史六条”“刺察三辅”等，逐步实现了法律化。〔4〕

唐代的《唐六典》、宋代的《庆元条法事类》、明朝的《正德会典》《嘉靖会典》《万历会典》、清朝的《大清会典》等都是当时朝代的行政法典。

但纵观历史上各朝代的行政法典均是在维护奴隶制或封建帝制王朝的统治的前提下制定的，其中一部分更倾向于“管制法”〔5〕或如今的“组织法”的性质，而少见对行政权力的控制以保障人权的价值主导，该等“行政法”与我们所着重讨论的行政法有所差异。

---

〔1〕 参见罗豪才：《现代行政法的平衡理论》，北京大学出版社1997年版，第13、14页。

〔2〕 参见张晋藩：《中华法制文明的演进》，中国政法大学出版社1999年版，第30页。

〔3〕 参见张晋藩：《中华法制文明的演进》，中国政法大学出版社1999年版，第103页。

〔4〕 参见焦力：《中国古代行政法中的“壳资源”》，载《行政法学研究》2003年第4期。

〔5〕 指中国奴隶社会、封建社会历代政权制定的关于中枢机构及其职官制度的法律。

（二）中国近代行政法

民国时期北洋政府于1914年7月公布中国历史上第一部《行政诉讼法》。1914年3月21日，公布了《平政院编制令》，明确了平政院具有行政法院的性质，行政审判权不属于普通法院，而属于平政院。

国民党政府于1932年11月27日公布了《行政诉讼法》，1945年4月16日又颁布了《行政法院组织法》。

（三）中国现代行政法

中华人民共和国行政法的发展大致经历了四个阶段。（1）行政法的初创阶段（1949—1956年）。这是中华人民共和国民主与法制建设的初创阶段，制定了一些单独的行政法，没有形成系统的行政法体系，甚至对行政法的认识也是有限的。（2）行政法的停滞阶段（1957—1977年）。这一时期由于反右派斗争扩大化和“文化大革命”，行政法失去了生存与发展的土壤，发展停滞。（3）行政法的恢复阶段（1978—1988年）。从十一届三中全会，特别是1982年《宪法》开始，行政法进入了恢复阶段。许多领域的行政法律规范相继制定，初步结束了无法可依的局面。1982年颁布的《民事诉讼法（试行）》第3条第2款规定，“法律规定由人民法院审理的行政案件，适用本法规定”，这标志着中国行政诉讼制度的诞生。（4）行政法的发展阶段（自1989年以来）。1989年颁布的《行政诉讼法》具有重大意义，确立了司法权对行政权的制约机制，给公民的合法权利以切实的保障，促进了行政机关依法行政。其后，《国家赔偿法》《行政处罚法》《行政复议法》《行政许可法》《行政强制法》等一系列行政法律得以制定并颁布。行政机关和公民的法律意识有了极大的提高，权力机关和司法机关对行政权的监督机制开始发挥越来越大的作用。中国正在完善社会主义行政法律体系，预防和控制行政权力滥用，对非法行政的受害人予以充分救济，努力将行政权力关进制度的笼子里。有法可依和依法行政的形势已经形成并得到发展，我国正在向建成法治政府迈进。[1]

四、行政法的渊源

（一）域外行政法渊源

各国的法律制度和法律传统存在差异导致了行政法的法源也有所不同。在大陆法系国家，法源主要限于制定法；而在普通法系国家，判例、习惯法、法理等非制定法也可以成为法源。即便是同法系的国家也可能因为政治经济制度的不同而导致法源不同。比如同属大陆法系的法国与德国：在法国，行政法院的判例是行政法的重要法源，法国行政法的许多重要原则都是通过行政法院判例形成的；而在德国，主要以制定法（诸如《行政程序法》）为其法源。同属普通法系的英国与美国：在英国，法源主要以法理、判例等不成文法形式呈现；而在美国，除成文宪法外，行政法也有大量制定法法源，诸如行政程序法、阳光下的政府法、情报自由法、司法审查法等。

---

〔1〕参见应松年主编：《行政法与行政诉讼法》（第2版），高等教育出版社2018年版。

1. 法国

我国研究外国行政法的著名学者王名扬教授将法国行政法的形式渊源分为成文法渊源与不成文法渊源两类：前者包括宪法、法律、条约、行政法规和行政规章；后者包括法的一般原则、判例和习惯法。作为行政法渊源的宪法主要是指宪法中有关总统和政府的规定；法律主要是指议会制定的有关行政机关的组织和活动的法律；行政法规是指总统和总理制定的行政规范性文件；行政规章是指部长和地方政府制定的行政规范性文件；法的一般原则是指"某些传统思想，以及某些事项的立法精神，社会生活的需要，公平正义感觉的一种表现；判例主要是指行政法院的判例，行政法上很多原则，在法律没有规定的情况下，由判例产生，即使在成文法有规定的时候，成文法的适用也由判例决定。习惯法较少作为法国行政法的形式渊源，过去法国行政法中曾有公产不能转让的习惯规则，之后被制定法吸收。习惯作为法律渊源的最大缺点是这种规则的存在和范围都不确定，必须由法院认定，而且行政关系变更迅速，很少能够形成习惯规则。〔1〕

2. 德国

德国行政法学者毛雷尔将德国行政法法源分为六类。（1）宪法、正式法律、法规命令和规章。宪法由专门的制宪会议制定，既包括联邦基本法，也包括各州宪法。"宪法不是严格意义上的行政法规范，而是行政和行政法的基础和标准，其中包含了许多对行政具有直接或间接意义的规则。"正式法律是指由宪法规定的立法机关按照宪法规定的立法程序制定的法律规范，包括联邦议会制定的法律和州议会制定的法律。法规命令，是指行政机关（政府、部长和行政机关）颁布的规范性文件，其对公民和其他相对人的影响与正式法律相同，它"位于立法和行政的交界地带，既是法律的执行，又是立法"。规章，是指公法人（主要指乡镇、县，还包括大学、工业和商业协会、医师协会、社会保险机构、广播电视机构等）为了管理自己的事务而制定的规范性文件。制定规章的主体具有独立性、自治性，其制定规章无须法律特别授权（而颁布法规命令必须有法律特别授权）。（2）习惯法。习惯法产生于长期的、同样的做法，且当事人确信这种习惯应成为法律。"习惯法填补漏洞的作用主要适用于成文法缺位或者规定不全面的情况；习惯法不仅可以在法律之外实行，而且可以通过法律实行，尽管这在实践中少见。"（3）行政法的一般原则。行政法的一般原则主要是通过司法判决和学理形成和发展起来的。具体包括四种途径：其一，由实践中被长期遵守的习惯形成；其二，从宪法的规定和原则中引申出来，这些一般原则被称为"具体化了的宪法"；其三，通过对法律材料（法律、法规、判例等）进行系统、抽象、典型的整理而获得，"在浩如烟海的有关各行业的特别行政法规范，特别是联邦行政法院的判决之中，总是存在着适用于其他行业的而不是被限于被处理案件的规则"；其四，从所谓的法律原则中引申出来，根据学理上一种代表性的观点，从正义原则中可以得出一些因其普遍性而适用于任何人的法律原则（基本法律规范），这种法律原则因其"一般性而不能适用于具体案件，但它们可以构成有效的实在法律条款的法律基础，即成为一般行政法原则"。（4）法官法。"法官法"

〔1〕 参见王名扬：《法国行政法》，中国政法大学出版社 1988 年版，第 15—16 页。

从法官适用法律过程中产生，“法官在依法裁判案件时，总是要查明：法律规定是否缺位，现有的法律规范是否存在漏洞、不确定、多义甚至相互矛盾等，有的法律规范表面上科学而实际上并不切合本案实际情况。在所有的案件中，适用法律都不是单纯的涵摄过程，而是要求法官自行发现标准，并且在此范围内以法律创造者的方式活动”。法官以这种方式形成的一般原则被称为“法官法”。法官法主要服务于法律的解释、对法律的具体化和发展，它必须以现行法律为出发点。只有在现行法律出现漏洞和歧义的情况下，法官才能对法予以补充和具体化。（5）行政规则和特别命令。行政规则是指上级行政机关向下级行政机关、领导对下属行政工作人员，针对行政机关内部秩序或针对业务性的行政活动，发布的一般、抽象的命令。对于行政规则是否是行政法的渊源，学界存在争议。一般来说，认为法律渊源包括所有外部和内部规范的学者对此持肯定的态度，而认为法律渊源仅包括外部规范者则对行政规则作为行政法法源持否定态度。至于“特别命令”，则是学理上的一个创造，是指行政机关为了调整特别法律关系（即特别权力关系）而制定的规范。不过，根据德国现行宪法，特别命令必须符合基本法关于法规命令的范围和条件，否则，即不具有适法性。因此，现在的“特别命令”即可归入“法规命令”，没有作为独立法源的必要。（6）国际法和欧共体法。在德国，相较于其他国际条约和协定（国际法），欧共体法是更重要的行政法渊源。欧共体法分为原始共同体法和派生共同体法两类，原始欧共体法主要指成立条约，它也包括后来的修改和扩展，特别是《马斯特里赫特条约》（《欧洲联盟条约》）和《阿姆斯特丹条约》，这些条约相当于欧共体的宪法，欧洲法院在司法过程中发展的欧共体一般原则则是原始共同体法的补充。派生共同体法是指欧共体机关根据成立条约发布的法令，法令必须符合条约，否则无效。[1]

3. 美国

王名扬教授将美国行政法分为下述五类。（1）宪法。宪法包括联邦宪法和州宪法，美国联邦宪法条文不多，却是美国行政法的重要渊源，美国法院在司法审查中经常加以引用，如宪法确立的分权原则、正当法律程序原则、言论自由和信仰自由原则、禁止非法搜查原则、禁止强迫公民自证其罪原则都是行政机关活动必须遵守的基本原则。（2）立法。立法是指联邦国会的立法和州议会的立法。作为行政法的法源，联邦行政程序法在整个法律体系中占有尤其重要的地位。（3）总统的行政命令。美国总统根据宪法赋予和国会授予的权力，可以发布行政命令，规定行政机关的组织、权力和活动程序。总统行政命令大部分是内部行政法，但也有涉及外部行政行为的。（4）行政规章。行政机关根据国会的授权，可以制定规章，补充或解释国会的立法，规定行政机关和私人之间的关系。行政规章是美国行政法的重要渊源。（5）判例法。判例法是美国高级法院判决案件时所产生和适用的原则。法院在判案时，有时宪法、法律的条文意义不明确，法院的判决即要对宪法、法律的条文进行解释，确定它的意义和适用范围；有时还可能找不到明确的宪法和法律依据，这时，则需由法官发挥创造性，通过判决创制原则和

---

〔1〕［德］哈特穆特·毛雷尔：《行政法学总论》，高家伟译，法律出版社2000年版，第55—81页。

依据。判例法包括两种情况，既包括解释性原则，也包括创制性规则，以创制性规则为主。法院通过判例形成的这些原则、规则是普通法的基本构成，是英美法的重要渊源。[1]

4. 日本

日本行政法学者盐野宏教授将日本行政法法源分为成文法源和不成文法源两种。他认为成文法源具有更重要的地位，“这是因为，行政，特别是其行使侵害性作用时，要求由法律（包括条例）明确规定其要件，即使在除此以外的领域，从我国民主统治构造来看，国会（地方议会）所制定的法广泛约束行政的组织及其作用也是适当的”。但是从另一方面来看，关于行政法，没有制定出像民法典、商法典、刑法典那样的一般性、通则性的法典。关于所谓的行政法通则，不成文的法占据重要的地位。此外，即使在成文法存在的领域，由于各种情形使人们不可能期待完全予以规范，因而不成文法也有发挥作用的余地。盐野宏教授将成文法源概括为六种，将不成文法源概括为三种。成文法源分为以下六种。（1）宪法。宪法主要是规定行政组织、作用等法律的基准，但有时也具有直接作为行政作用（如行政程序）的法源的功能。（2）条约。条约中关于国内行政的部分，具有作为行政法法源的作用。条约中有约定要制定国内法的，只有依据国内法的规定，才能成为拘束私人的规范；而有自动执行力的条约，则没有特别国内法的制定，亦具有国内拘束效力。（3）法律。法律是行政法最为重要的法源形式。行政法律通常是针对个别具体事项制定的，但在有关领域也制定了通则性的法律，如行政组织领域的《内阁法》《国家行政组织法》《地方自治法》《国家公务员法》；行政作用领域的《行政程序法》《行政代执行法》《国税征收法》《土地征用法》《个人信息保护法》；行政救济领域的《行政不服审查法》《行政案件诉讼法》《国家赔偿法》等。（4）命令。命令是由行政主体制定的法规，其形式有政令、省令、规则等。（5）条例与规则。条例是由地方公共团体的议会制定的，规则是由地方公共团体的首长制定的。条例限定在法律的范围之内，其效力具有地域的界限。（6）行政法解释。行政法解释的最终解释权在法院，但行政机关具有最初的解释和适用权。行政的解释虽然不能拘束法院，但在法的实际实施过程中有着极为重要的作用。日本行政法的不成文法源分别有以下两种。（1）习惯法。作为行政法上的习惯，主要有公物利用权的习惯、政令和以官方公报公布的习惯等，后一习惯曾得到最高法院判决的确认。（2）判例法。日本行政法虽然采取成文法主义，但判例亦发挥着重要的作用。特别是在尚未制定成文法的领域，法院的判决即形成法，具有法的拘束力。[2]

（二）中国的行政法渊源

1. 宪法

宪法作为中国根本大法是中国最高位阶的法源，确立了国家制度和社会制度的基本原则以及重大问题。其在涉及行政法律制度的内容中扮演着根源性的角色。宪法包含的行政法规范主要涉及：（1）关于行政管理活动基本原则的规范；（2）关于国家行政机关

---

〔1〕 参见王名扬：《美国行政法》，中国法制出版社 1995 年版，第 46—47 页。

〔2〕［日］盐野宏：《行政法》，杨建顺译，法律出版社 1999 年版，第 39—46 页。

组织、基本工作制度和职权的规范；（3）关于国家行政区域划分和设立特别行政区的规范；（4）关于公民基本权利和义务的规范；（5）关于保护外国人合法权益和关于外国人义务的规范；（6）关于国有经济组织、集体经济组织、外资或合资经济组织以及个体劳动者在行政法律关系中的权利、义务的规范；（7）关于国家发展教育、科学、医疗卫生、体育、文学艺术、新闻广播、出版发行等事业方针政策的规范；（8）关于发挥知识分子作用、建设社会主义精神文明、推行计划生育、保护环境、防止污染和其他公害的规范；（9）关于加强国防、保卫国家安全和维护社会秩序的规范等。

2. 法律

法律是由全国人民代表大会及其常务委员会制定的规范性法律文件，有基本法律和一般法律之分。前者由全国人民代表大会制定，后者由全国人民代表大会常务委员会制定。凡是规定有与行政主体行使行政职权有关的内容的法律，都是行政法的渊源。但需特别说明的是，行政法规范并非只存在于主要作为行政法部门渊源的法律之中，如《民法典》中关于公民结婚应到婚姻登记机关处登记的规范就属于行政法规范〔1〕。

3. 行政法规

行政法规是指国务院根据宪法和法律制定的涵盖政治、经济、教育、科技、文化、外交等方面内容的条例、规定和办法的总称。行政法规作为国务院制定的、用以领导和管理全国各项行政工作的重要规范性法律文件之一，大都直接对国家行政工作进行调整，因而是行政法的重要渊源。

4. 地方性法规

地方性法规是由省、直辖市、自治区以及省、自治区人民政府所在地的市和经国务院批准的较大的市的人民代表大会及其常务委员会，在不同宪法、法律和行政法规相抵触的前提下，根据本地区的实际情况制定的规范性法律文件政府进行本地区行政工作的法律依据之一，地方性法规调整着广泛的行政社会关系，也是行政法的渊源。

5. 自治条例和单行条例

自治条例和单行条例是由自治区、自治州、自治县的人民代表大会依据当地民族的政治、经济和文化特点制定的规范性法律文件。自治条例和单行条例作为行政法的渊源，既可以规定民族自治地方的自治机关的组织和工作，也可规定地方行政管理事务，既是民族自治地方的人民政府进行行政工作的法律依据，也是我国行政法的渊源之一。

6. 规章

规章分为部门规章和地方政府规章。部门规章，是指国务院各组成部门根据法律和行政法规等在本部门权限范围内制定的规范性法律文件，如国家市场监管总局制定的于 2024 年 1 月 1 日起施行的《企业标准化促进办法》。地方政府规章，是指省、自治区、直辖市以及省、自治区人民政府所在地的市和经国务院批准的较大的市的人民政府，根据法律、行政法规等制定的规范性法律文件，如北京市政府制定的于 2024 年 2 月 1 日施行的《北京市地名管理办法》。规章大都是直接调整行政工作的法律规范，因而也是

〔1〕《民法典》第 1049 条。

行政法的渊源。

7. 有权法律解释

有权法律解释是依法享有法律解释权的特定国家机关对有关法律文件进行的具有法律效力的解释。有权法律解释包括以下四种：（1）立法解释，即全国人大常委会依法对法律文件所作的解释；（2）司法解释，即最高人民法院和最高人民检察院依法对法律文件进行的解释；（3）行政解释，即国务院及其主管部门依法对法律文件进行的解释；（4）地方解释，即法定的地方人大常委会及人民政府主管部门依法对法律文件进行的解释。各种有权解释中涉及行政主体行使行政职权问题的，也都是行政法的渊源。

8. 条约和协定

条约，是指两个或两个以上的国家签订的，规定其相互之间在政治、经济、贸易、法律、文化和军事等方面的权利与义务的各种协议的总称。协定，是指两个或两个以上的国家的政府签订的，规定其相互之间在政治、经济、贸易、法律、文化和军事等方面的权利与义务的各种协议的总称。国家或政府一旦与别国或别国政府签订了条约或协定，其所规定的权利和义务就对国内的机关、组织和个人发生法律效力。因此，我们国家、政府签订的条约和协定中有关行政法规范内容的，也是我国行政法的渊源。

五、行政法的体系

剖析行政法体系之目的在于更加直观的感受行政法部门所调整的行政法律关系。可以从行政法主体、行政行为、行政程序、行政监督与救济、行政诉讼等层面构建行政法的体系。

（一）行政法主体

行政法主体亦即行政法律关系的主体（当事人），系指受行政法调整和支配的有关组织和个人。通常包括：（1）国家行政组织；（2）国家其他组织；（3）企事业单位和社会团体；（4）中华人民共和国公民；（5）在中国境内的外国组织和外国人（包括无国籍人）。该等主体或处于管理一方或被管理一方。

1. 行政主体

行政主体是重要的行政法学概念，在行政法律关系中，明确行政主体才能确认其行使的何种权力、权力是否超出职权、如何救济、如何监督等问题。在法国，行政主体（Personne Morale Administratif）系指具有行政权能，并能负担由于行使职权而引起的权利和义务的主体。它包括：国家、大区、省、市镇、公务法人。[1]德国的行政主体（Verwaltungstraige）在含义上与法国相同。在日本，行政主体系指行政权的归属者，即行政法律关系中处于支配地位的管理者。它包括国家和公共团体。[2]在英美法系国家，更多的使用“行政机关”（Administrative Agency）而不是“行政主体”（Administrative Body），但其对“行政机关”的解释更接近于“行政主体”的含义。

〔1〕参见王名扬：《法国行政法》，中国政法大学出版社 1988 年版，第 38—41 页。

〔2〕［日］南博方：《日本行政法》，杨建顺、周作彩译，中国人民大学出版社 1988 年版，第 13—14 页。

在中国，行政主体是指依法拥有独立的行政职权，能代表国家以自己的名义行使职权以及独立参加行政诉讼，并能独立承受行政行为效果与行政诉讼效果的组织。[1]行政主体具有以下特征。(1) 行政主体是一种组织，而不是个人。权力主体只能归属于组织，而不能归属于个人。(2) 行政主体依法拥有独立的行政职权。根据《宪法》第 85 条、第 89 条、第 105 条和第 107 条的规定，我国的行政主体主要是行政机关，即从中央到地方的各级人民政府。(3) 行政主体能以自己的名义行使行政职权和参加行政诉讼。所谓"以自己的名义"，是指能以自己的名义对外行文，能以自己的名义作出处理决定，并能以自己的名义参加诉讼活动（以被告和第三人身份）。(4) 行政主体能独立地承受行政行为所引起的法律效果和行政诉讼的效果。

2. 行政人

行政人是指依法代表国家，并以行政主体的名义实施行政行为，其行为效果归属于行政主体的个人。行政人具有以下特征。(1) 行政人是个人而不是组织。行政人与行政主体相互依存，离开行政人，行政主体便无法实施其行政行为；离开行政主体，行政人的行为将失去法律基础和法律归宿。(2) 行政人是实施行政行为的个人。(3) 行政人实施行政行为必须也只能以行政主体的名义进行。(4) 行政人实施行政行为所引起的效果由所属行政主体承受。

3. 行政相对人

行政相对人是指在具体的行政法律关系中与行政主体相对应的另一方当事人，即处于被管理地位上的组织和个人，具有如下特征。(1) 行政相对人是行政法律关系中的当事人，是行政法律关系的主体，是行政法上权利与义务的享受者和承担者。(2) 行政相对人可以是公民、法人或者其他组织，也包括外国组织和外国人。(3) 行政相对人在行政诉讼中处于原告地位。

（二）行政行为

行政活动是指各级人民政府从事国家和社会管理的国家活动。行政活动区别于其他的国家活动，如立法活动、司法活动、监察活动、军事活动等。行政活动主要有以下特征。(1) 行政活动是一种国家活动，而不是社会活动。它是由国家机关而不是社会组织所从事的管理活动。(2) 行政活动是由中央到地方各级人民政府所从事的管理活动。(3) 行政活动以国家行政权的存在为基础，是实施行政权的活动。(4) 行政活动的对象，是对国家事务和社会事务的管理。

行政行为是组成行政活动的重要内容之一，是指行政主体代表国家所实施的，体现国家行政权意志，并受行政法规制的，能够直接或者间接产生法律效果的国家管理活动[2]。与行政立法、行政相关行为共同组成行政活动。行政行为包括行政处罚、行政许可、行政强制、特殊行政行为、行政相关行为等，相关内容将在本书后续展开。

---

〔1〕参见胡建淼：《行政法学》，法律出版社 2015 年版，第 66 页。

〔2〕参见胡建淼：《行政法学》，法律出版社 2015 年版，第 122 页。

（三）行政程序

行政程序是行政机关实施行政行为时所应当遵循的方式、步骤、时限和顺序所构成的一个连续过程，具有以下特征。（1）法定性，是指用于规范行政行为的程序一般应通过预设的立法程序法律化，使其具有控制行政行为合法、正当运作的强制力量。（2）多样性，是指因行政行为性质上的差异性导致行政机关所遵守的行政程序在客观上呈现多种行政程序并存，并各自调整不同的行政行为的格局。（3）分散性，是指存在多种法律形式规定行政程序，从而使行政程序分散于众多的、具有不同效力的法律文件之中。行政程序还有主要程序与次要程序、强制性程序与任意性程序、内部程序与外部程序的区分。

（四）行政监督与救济

1. 行政复议

行政复议，是指行政相对人认为行政机关的具体行政行为侵犯其合法权益，依法向行政复议机关提出复查该具体行政行为的申请，行政复议机关依照法定程序对被申请的具体行政行为进行合法、适当性审查，并作出行政复议决定的一种法律制度。[1]其具有以下特征。（1）行政复议所处理的争议是行政争议。行政复议不解决民事争议，行政机关解决民事争议的行为不是行政复议，而是行政调解或行政裁决。（2）行政复议以具体行政行为为审查对象，并附带审查部分抽象行政行为。（3）行政复议主要采用书面审查的方式，必要时也可以通过听证的方式审理。

2. 行政赔偿

行政赔偿，是指国家行政机关及其工作人员在行使职权的过程中侵犯公民、法人或其他组织的合法权益并造成损害，由国家承担赔偿责任的制度，其具有以下特征。（1）行政赔偿中的侵权行为主体是国家行政机关及其工作人员。正是由于侵权行为主体的特定性，使得行政赔偿在赔偿构成要件、归责原则以及赔偿范围等方面区别于民事赔偿，而在赔偿请求人、赔偿义务机关以及赔偿程序等方面区别于司法赔偿。（2）行政赔偿是对行政过程中行政机关及其工作人员行使行政职权的行为引起、造成的损害给予的赔偿。（3）行政赔偿的请求人是其合法权益受到侵权行为损害的公民、法人和其他组织。（4）行政赔偿的责任主体为国家，但行政赔偿义务机关为致害的行政机关。

3. 行政补偿

行政补偿又称行政损失补偿，是法律设立的对行政主体合法行政行为造成行政相对人损失而对相对人实行救济的制度。[2]其具有以下特征：（1）行政补偿的前提是国家行政主体及其工作人员依法履行职责、执行公务的行为导致特定个人、组织的合法权益受到损失，或特定个人、组织为维护和增进国家、社会公共利益而使自己的利益受到损失。（2）行政补偿的主体是国家，而补偿义务机关是国家行政机关或其他行政主体，任何个

〔1〕参见姜明安主编：《行政法与行政诉讼法》（第5版），北京大学出版社、高等教育出版社2011年版，第447页。

〔2〕参见姜明安主编：《行政法与行政诉讼法》（第5版），北京大学出版社、高等教育出版社2011年版，第741页。

人均不负有以自己的名义和财产给付行政补偿的义务，且不发生行政追偿问题。（3）行政补偿的依据具有多样性，除法律、法规、规章外，也可以是政策或规范性文件；行政赔偿则必须严格依照法律进行。（4）行政补偿可以在实际损失发生之后进行，也可以在实际损失发生之前，依照法律规定或依当事人双方的约定预先进行。（5）行政补偿以个人、组织所受的直接损失为限。

六、行政法的适用与效力

（一）行政法的适用

行政法部门所包含的法律规范数量众多、所涉领域各异、实体性与程序性兼具，因而适用范围也十分广泛，是最有社会影响的部门法。行政关系主要包括行政管理关系、行政法制监督关系、行政救济关系，行政法作为调整行政关系的法，主要适用于以上各种行政关系。

行政法的适用，是指行政主体在千变万化的行政管理事态与错综复杂的行政法规范之间进行有效选择，并使在质量两个方面都最为接近的客观事态与法律之间达到一种融合，以使行政法的法律规定和行政管理的客观事态找到各自的归宿，通过此种归宿实现立法者的意志和社会意志。〔1〕行政法的适用具有一定的特点：（1）行政法的适用是行政法规范与行政管理事态的合致。此处的行政法是指广义的行政法规范，不仅指行政法相关的法律，还包括行政法规、部门规章、地方政府规章及有权行政主体制定的行政相关的规范性文件等。（2）行政法的适用是立法者意志与行政执法者意志的合致。（3）行政法的适用是行政禁止与行政许可的合致。（4）行政法的适用是行政实体规范与行政程序规范的合致。（5）行政法的适用是行政主体权力和公民权利的合致。

1. 在行政管理关系中的适用

行政法规范在行政管理关系中的适用侧重于规范行政权力行使、保障公民权利，具体如下。（1）规范行政权力行使：行政法规定了行政机关的权力范围、权限边界、行使程序等，确保行政权力的合法行使。这包括对行政决策、行政执法、行政管理等方面的权力行使进行规范，以维护公民的合法权益，保证行政机关依法行使权力。（2）行政权力行使程序的规范：行政法规定了行政程序的基本原则和规则，包括行政决策的程序、行政行为的形式、公正公平原则等，以确保行政管理活动的合法性、公正性和效率性。这些程序规定涉及行政机关内部的组织和运作，也包括行政机关与外部各方之间的协调与沟通。（3）行政管理的法律依据：行政法规定了行政管理活动的法律依据，包括行政法律、行政法规、规章等，为行政管理提供了法律基础和规范。行政机关在进行行政管理时，必须依法行事，遵守法律规定，确保行政管理的合法性和合理性。（4）行政责任与救济途径：行政法规定了行政机关的责任和义务，以及公民对行政机关行为的救济途径。在行政管理关系中，行政法对行政机关的行政责任进行了规定，同时为公民提供了行政诉讼、行政申诉等救济途径，保障公民的合法权益。

---

〔1〕 参见张淑芳：《行政法的适用》，载《法学研究》2000 年第 5 期。

2. 在行政法制监督关系中的适用

在行政监督关系中，行政法的适用侧重于确保行政机关权力的合法性、公正性、效率性。（1）监督行政主体的权力行使：行政法规定了行政机关的权力范围，明确规定了各级行政机关的职责和权限，并对行政机关的权限行使进行了限制和界定。行政法规定了行政机关权力行使的程序和标准，以确保行政机关依法行使权力，避免滥用职权和违法行使职权。这些程序和标准通常包括听证程序、行政决定的理由、合理通知等。此外，行政法也规定了行政机关行使权力的时限和可操作性标准，以提高行政效率。（2）规范程序性事项：行政法规定了行政程序的基本要求，包括合法、公正、公开、高效、负责等原则。此外，还规定了行政程序中的具体环节和流程，例如行政机关作出行政决定前应当进行听证、公开通知相关当事人等。行政法确立了监督行政程序实施的机制和渠道。公民可以通过行政复议、行政诉讼等途径对行政程序进行监督，确保行政机关依法行使职权，保障当事人的合法权益。（3）保障公民权利：行政法规定了行政机关在行使权力时应当保护公民的合法权益。这些权益包括财产权、人身自由、合法权益等。行政法规定了行政机关对公民权利的尊重和保护，同时规定了公民行使救济权利的途径。行政法规定了公民对行政机关行为的救济途径。例如，公民既可以通过行政复议申请行政机关自行复议，也可以通过行政诉讼向法院提起诉讼，要求法院对行政机关的行为进行合法性审查。（4）监督行政法规的制定与实施：行政法规定了行政法规的制定程序，包括征求意见、公布实施等程序。同时，行政法规定了对法规执行的监督和检查机制，如监察部门的监督检查、法院对行政法规实施的审查等，以确保法规的有效实施。（5）审查行政行为合法性：通过行政复议、行政诉讼等途径依照行政法的规定对行政行为的合法性进行确认。

3. 在行政救济关系中的适用

在行政救济关系中，行政法侧重行政相对人权利保护。（1）行政复议制度。行政法规定了行政复议的程序和条件，公民可以通过行政复议向行政机关申请对其行政行为进行复议。行政复议纠正行政机关可能存在的违法行为或者不当决定。行政法规定了行政复议的受理条件、期限、程序和结果等，确保公民对行政行为有合法的救济途径。（2）行政诉讼制度。行政法及行政诉讼法规定了公民通过行政诉讼向法院提起诉讼，要求法院审查行政机关的行政行为是否合法、合理。行政诉讼是一种行政救济的重要途径，用于保障公民的合法权益，纠正行政机关可能存在的违法或者不当行为。行政法及行政诉讼法规定了行政诉讼的受理条件、期限、程序和结果等，确保公民能够在司法机关获得公正的审判。（3）行政赔偿制度。行政法规定了公民因行政机关的违法或者不当行为导致损失时可以向行政机关申请行政赔偿的条件和程序。行政赔偿是一种行政救济的形式，用于补偿公民因行政机关行为而遭受的损失。行政法规定了行政赔偿的申请条件、期限、程序和赔偿标准等，以保障公民的合法权益。（4）行政裁决制度。行政法规定了行政机关可以根据法律规定，对特定的行政纠纷或者争议进行行政裁决的程序和条件。行政裁决是一种行政救济的方式，用于解决行政纠纷和争议，维护公共利益和社会秩序。行政法规定了行政裁决的程序、结果和效力等，以确保公民能够在行政机关获得公正的裁决。

（二）行政法的效力

行政法作为法律体系中一个重要的法的部门，其中的规范遵从法的位阶理论原则。但行政法部门较为独特的是，其不仅包括由全国人大及其常委会制定的法律、国务院制定的行政法规，还包括国务院组成部门制定的部门规章、地方政府制定的规章等，存在诸多规范性文件效力冲突问题。厘清规范冲突的类型及选择适用是确认行政法效力位阶的关键。规范冲突主要表现为以下几种形式。

（1）不同位阶的行政法规范之间的冲突。主要表现为低阶法规与高阶法规之间的冲突，即不同行政法规层级所确定的权利、义务、职权等在范围和性质上存在不一致的情况。如行政法规与法律、地方规章与行政法规、地方性法规和法律部门规章与法律、行政法规等相抵触。

（2）相同层级的行政法律规范之间的冲突。主要表现为不同部门、不同地区相同层级法律规范之间的冲突，如各部、委规章之间的冲突，各地方人民政府规章之间的冲突，各地方权力机关地方性法规之间的冲突，各民族自治地方自治条例、单行条例之间的冲突等。

（3）部门行政法律规范与地方行政法律规范之间的冲突。主要表现为部门规章与地方性法规的冲突，部门规章与地方政府规章之间的冲突。

（4）不同时期发布的法律文件中的行政法律规范的冲突。主要表现为新法与旧法的不衔接与矛盾，特别法与普通法之间的冲突以及单行法与法典之间的冲突等。

（5）条约与法律、法规的冲突，最高人民法院司法解释与法律、法规的冲突等。

规范发生冲突时，适用不同的行政法规范会得出迥然不同的结论，故人民法院必须要遵从一个能够妥善协调规范冲突的原则进行适用，即高层级法律规范优于低层级法律规范；新的法律规范优于旧的法律规范；特别法的规范优于普通法的规范；送请或报送有权机关解释、裁决。

该等原则规定于 2023 年修正的《立法法》第五章“审查与备案”第 98 条至第 106 条，具体如下：

第 98 条规定，宪法具有最高的法律效力，一切法律、行政法规、地方性法规、自治条例和单行条例、规章都不得同宪法相抵触。

第 99 条规定，法律的效力高于行政法规、地方性法规、规章。行政法规的效力高于地方性法规、规章。

第 100 条规定，地方性法规的效力高于本级和下级地方政府规章。省、自治区的人民政府制定的规章的效力高于本行政区域内的设区的市、自治州的人民政府制定的规章。

第 101 条规定，自治条例和单行条例依法对法律、行政法规、地方性法规作变通规定的，在本自治地方适用自治条例和单行条例的规定。经济特区法规根据授权对法律、行政法规、地方性法规作变通规定的，在本经济特区适用经济特区法规的规定。

第 102 条规定，部门规章之间、部门规章与地方政府规章之间具有同等效力，在各自的权限范围内施行。

第 103 条规定，同一机关制定的法律、行政法规、地方性法规、自治条例和单行条例、规章，特别规定与一般规定不一致的，适用特别规定；新的规定与旧的规定不一致的，适用新的规定。

第 104 条规定，法律、行政法规、地方性法规、自治条例和单行条例、规章不溯及既往，但为了更好地保护公民、法人和其他组织的权利和利益而作的特别规定除外。

第 105 条规定，法律之间对同一事项的新的一般规定与旧的特别规定不一致，不能确定如何适用时，由全国人民代表大会常务委员会裁决。行政法规之间对同一事项的新的一般规定与旧的特别规定不一致，不能确定如何适用时，由国务院裁决。

第 106 条规定，地方性法规、规章之间不一致时，由有关机关依照下列规定的权限作出裁决：（1）同一机关制定的新的一般规定与旧的特别规定不一致时，由制定机关裁决；（2）地方性法规与部门规章之间对同一事项的规定不一致，不能确定如何适用时，由国务院提出意见，国务院认为应当适用地方性法规的，应当决定在该地方适用地方性法规的规定；认为应当适用部门规章的，应当提请全国人民代表大会常务委员会裁决；（3）部门规章之间、部门规章与地方政府规章之间对同一事项的规定不一致时，由国务院裁决。根据授权制定的法规与法律规定不一致，不能确定如何适用时，由全国人民代表大会常务委员会裁决。

七、小结

行政法的定义可以从形式与内容两个层面进行：从形式上讲，行政法是调整行政关系的法律规范的总称，或者说是调整国家行政机关在行使其职权过程中发生的各种社会关系的法律规范的总称。从内容上讲，行政法是规定国家行政机关的组织、职责权限、活动原则、管理制度和工作程序的，用以调整各种国家行政机关之间，以及国家行政机关同其他国家机关之间、企业事业单位、社会团体和公民之间行政法律关系的各种法律规范的总和。

域外行政法的起源与发展可以追溯到国家及其行政的起源，但现代意义上的行政法是在资产阶级革命胜利后逐渐形成的，其核心价值目标是规范和控制行政权力、保障人权。

中国行政法的兴起是一个历史悠久的过程，在封建王朝的历史上，行政法典大多是在维护统治者权力的前提下制定的，更多地倾向于管制社会、管理组织，而较少关注对行政权力的控制以保障人权等价值。与现代意义上的行政法存在一定差异，这些早期的行政法更偏向于维护统治秩序和管理社会。

我国现代行政法的演变经历了初创阶段、停滞阶段、恢复阶段与发展阶段，颁布了《国家赔偿法》《行政处罚法》《行政复议法》《行政许可法》《行政强制法》等一系列行政法规范，逐步形成有法可依和依法行政的局面，朝着建成法治政府的目标迈进。

中国行政法的主要法源，包括宪法、法律、行政法规、地方性法规、自治条例和单行条例、规章、有权法律解释以及条约和协定。这些法源中规定了涉及行政管理活动的基本原则、国家行政机关的组织与职权、公民权利与义务、经济管理、社会事务、环境保护、国防安全等方面的规范。

行政法主体、行政行为、行政程序以及行政监督与救济等重要方面构成了行政法体系的基本框架。构建完善的行政法体系对于确保行政机关依法行使职权、保障公民权利、维护社会秩序具有重要意义。

行政法的适用与效力遵循“高层级法律规范优于低层级法律规范；新的法律规范优于旧的法律规范；特别法的规范优于普通法的规范；送请或报送有权机关解释、裁决”的基本原则。

第三节 行政法基本原则

一、行政法基本原则概述

行政法基本原则，是指普遍适用于行政法各个领域的法律原则。行政法的基本原则属于行政法的法律渊源之一，对行政立法、执法与司法皆具有法律效力。相较于行政法的法律规范，行政法基本原则的内涵与形式一般较为抽象和概括，这也使得其适用的范围十分广泛。例如，《行政处罚法》第5条规定要求实施行政处罚“与违法行为的事实、性质、情节以及社会危害程度相当”；《行政强制法》第5条规定要求“行政强制的设定和实施，应当适当。采用非强制手段可以达到行政管理目的的，不得设定和实施行政强制”。虽未明确规定比例原则，但都要求相关行政行为的作出应当符合比例原则。

行政法的基本原则能在行政法规范内涵模糊或者对相关事项调整缺位的情形下，对行政关系发挥补充调整功能。例如，即便《学位法》与《学位条例暂行实施办法》并未明确学位撤销的程序，法院在有关学位撤销的个案中仍可适用正当程序原则。在北京大学与于艳茹撤销博士学位决定纠纷上诉案中，北京市第一中级人民法院认为：“即使法律中没有明确的程序规定，行政机关也不能认为自己不受程序限制，甚至连最基本的正当程序原则都可以不遵守。应该说，对于正当程序原则的适用，行政机关没有自由裁量权。只是在法律未对正当程序原则设定具体的程序性规定时，行政机关可以就履行正当程序的具体方式作出选择。本案中，北京大学作为法律、法规授权的组织，其在行使学位授予或撤销权时，亦应当遵守正当程序原则。即便相关法律、法规未对撤销学位的具体程序作出规定，其也应自觉采取适当的方式来践行上述原则，以保证其决定程序的公正性。”[1]

与《民法典》《刑法》直接规定若干基本原则不同，我国缺乏统一的行政程序法或行政法典，对行政法基本原则的内容尚缺乏统一共识。姜明安教授主编的《行政法与行

〔1〕北京市第一中级人民法院（2017）京01行终277号行政判决书。

政诉讼法》一书认为，行政法基本原则包括实体性原则和程序性原则。实体性原则包括“依法行政原则”“尊重和保障人权原则”“越权无效原则”“信赖保护原则”“比例原则”；程序性原则包括“正当法律程序原则”“行政公开原则”“行政公正原则”“行政公平原则”。[1]应松年教授主编的《行政法与行政诉讼法学》一书则认为行政法基本原则包括“依法行政原则”“行政合理性原则”“程序正当原则”“诚信原则”“高效便民原则”“监督与救济原则”。[2]上述个别原则能否独立作为行政法的基本原则对待，值得商榷。例如，相较“行政合理性原则”，“比例原则”具有更为清晰与严谨的内涵要求，更适宜作为行政法基本原则；“越权无效原则”可包含在“依法行政原则”之中；相较于“诚信原则”，“信赖保护原则”更适合作为行政法区别于民法的特有原则；“监督与救济原则”似乎可适用于多数法律领域，不宜作为行政法的特有原则。行政法的基本原则应当是调整行政关系的特有原则。

尽管立法并未明确行政法的基本原则，行政法的基本原则可根据宪法、现行的法律规定、更高的法律原则、判例法等进行推论与提炼。（1）根据宪法进行引申。由《宪法》第3条规定国家行政机关“由人民代表大会产生，对它负责，受它监督”可推论出，行政机关应当受到立法机关的约束并遵循依法行政原则。（2）对现行法的提炼。对不同领域的行政法规范进行抽象与体系的整理，可以归纳出行政法的一般原则。例如，《行政处罚法》第5条要求过罚相当的规定以及《行政强制法》第5条要求行政强制适当的规定，都能提炼并归纳出比例原则的部分内容。（3）从更高的法律原则中引申。诚信原则不但属于民法的基本原则，而且属于行政法的基本原则。这是因为老百姓要讲诚信，政府更要讲诚信，从诚信原则可引申出行政法领域的信赖保护原则。（4）从判例法中提炼。尽管《行政诉讼法》第70条仅规定“违反法定程序”作为撤销行政行为的一种情形，但法院已普遍适用正当程序原则。行政法基本原则的提炼往往不拘泥于单一的正当来源，如比例原则可从基本权利、法治国家原则以及现行法规范进行推导。我国行政法的基本原则应当包括依法行政原则、比例原则、正当程序原则与信赖保护原则。

二、依法行政原则

依法行政原则（Gesetzmäßigkeit der Verwaltung），是指行政应当受到法律的约束，包括法律优先原则与法律保留原则。法律优先原则，是指行政应当受现行法律与法律原则的约束，不得采取任何违反法律与法律原则的措施。法律保留原则，是指行政只有在取得法律授权的情况下才能实施相应的行为。法律优先原则与法律保留原则的区别体现在以下三个方面。（1）内涵不同。法律优先原则指行政不得违反法律，这源于有效法律的约束力。而法律保留原则指行政应当具有法律的授权，这源于基本权利保护、民主原则与法治国原则。（2）适用要求不同。法律优先原则强调的是消极的合法性，又称“消

〔1〕 姜明安主编：《行政法与行政诉讼法》（第6版），北京大学出版社、高等教育出版社2015年版，第66—81页。

〔2〕 应松年主编：《行政法与行政诉讼法学》（第2版），高等教育出版社2018年版，第27—41页。

极的依法行政原则”，而法律保留原则强调的是积极的合法性，又称“积极的依法行政原则”。法律保留原则相较于法律优先原则在要求上更高。（3）适用范围不同。法律优先原则适用于所有的行政领域而无例外，而法律保留原则虽适用于多数行政活动，但有例外。

（一）法律优先原则

法律优先原则旨在防止行政违反广义上的法律规范与法律原则，可派生出形式合法性与实质合法性的双重要求。形式合法性要求行政不得违反相关法律要求。实质合法性要求行政不仅受法律约束，还要求法律规范本身具有合法性。在法律体系内，不同的法律规范具有不同的位阶与法律效力，下位法不得违反上位法是法律统一性的重要保障。违反上位法的下位法不得拘束行政，是法律优先原则的应有之义。此外，法律优先原则要求行政遵循所有有效的成文法规范与不成文法规范，不以制定法为限，因而行政不违反法律原则也是法律优先原则的要求。

行政违反法律优先原则涵盖多种情形，包括行政的管辖（事务管辖、地域管辖、级别管辖等）、对象、内容、程序、时限等违反法律规范与法律原则。法律优先原则要求行政机关采取合法行为的义务，但并没有直接规定违反该义务的后果。行政违反法律优先原则根据违法情形的不同，按照相关立法会产生不同的法律后果。我国《行政诉讼法》第 70、74、75 条等条款规定了法院撤销行政行为、确认行政行为违法或无效等法律后果。

（二）法律保留原则

法律保留原则是指行政应当具有法律授权的依据。在没有法律规定时，依据法律保留原则，行政机关不得作出行政行为。但如果法律对特定行为既未规定也未禁止，行政机关依据法律优先原则仍可作出特定行政行为。人们在描述民事行为与行政行为之间的区别时，往往分别采用“法无明文规定即可为”与“法无明文规定不可为”来予以概括，这虽不足够严谨，但大致突出了行政在遵循法律优先原则的同时，通常还应当满足法律保留的要求。

法律保留原则的基础包括民主原则、法治国家原则和基本权利保护。（1）民主原则。我国《宪法》第 3 条中规定了民主集中制原则，并要求行政机关“由人民代表大会产生，对它负责，受它监督”。人民行使国家权力的机关是全国人民代表大会和地方各级人民代表大会，行政机关行使权力需要获得国家权力机关的授权。换言之，行政应当具有法律授权的根据。（2）法治国家原则。法治国家要求国家与公民的关系受到法律的约束。《宪法》第 5 条中规定要求一切国家机关“都必须遵守宪法和法律”，“一切违反宪法和法律的行为，必须予以追究”。行政机关属于国家机关范畴，自然也应当受到法律约束。（3）基本权利保护。基本权利是指由宪法作为必要权利予以保障的公民权利，既包括宪法明确列举的权利，也包括宪法未列举的权利。《宪法》中有多个条款要求对基本权利的限制应当根据法律规定，如第 34 条中规定“依照法律被剥夺政治权利”、第 40 条中规定“依照法律规定的程序对通信进行检查”。《立法法》第 11 条中规定“限制人身自由的强制措施和处罚”“对非国有财产的征收、征用”等事项只能制定法律。只有根据法律或者通过法律才能限制基本权利。至于根据何种层级的法律规范，则需要对法律保留的内涵进一步具体化。

法律保留原则中的“法律”应当作广义理解。广义的法律包括狭义的法律（全国人民代表大会和全国人民代表大会常务委员会制定和修改的法律）、行政法规、地方性法规、规章。这些属于《立法法》承认的法律渊源。法律保留原则允许授权根据可因行政事项的不同存在差异，进而产生“层级化的保留体系”。狭义的法律保留仅指应由全国人民代表大会和全国人民代表大会常务委员会制定法律对行政进行授权。哪些行政事项应当由何种层级的法律规范进行规定，我国《宪法》与《立法法》仅予以个别列举。例如，“限制人身自由的强制措施和处罚”只能实行狭义的法律保留，“税种的设立、税率的确定”“对非国有财产的征收、征用”原则上应当由狭义的法律进行规定。《行政处罚法》则规定尚未制定法律、法规的，地方政府规章对违反行政管理秩序的行为，可以设定警告、通报批评或者缴纳一定数额罚款的行政处罚。

在德国，“重要性理论”（Wesentlichkeitstheorie）作为法律保留具体化的标准受到学理与司法裁判的普遍承认。重要性理论主张，对基本权利的干预或影响越大，或对公众利益影响越大，就越应该由立法进行规定。重要性理论衍生出层级化的法律保留体系，即越重要的事项，越应该由更高层级的法律作出规定。“某一事务对公民个人的基本权利影响越深远，对共同体的作用越重要，调整的社会问题越充满争议，法律规范调整就应当越精确和严格。”[1]德国联邦宪法法院在一系列的教育法案件中发展了该理论，其中颇具代表性的乃是针对“性教育课程（Sexualkunde）”案作出的裁判。依此裁判[2]，任何涉及个人基本权利的事项，都属于立法者调整的范围，不得随意授权行政机关以行政命令规定。关涉个人基本权利的重大内容则必须保留给立法机关予以规定。对中学生开授性教育课程，是涉及人民受教育权的重大事项，必须由法律明文规定才具有正当性，而不可授权行政机关自行决定。

但重要性理论并非足够确定的标准，特别是一些事项既涉及公共利益又涉及公民基本权利保护，使得重要性理论无法为这些事项的立法调控提供明确的依据。“重要性不是确定的概念，而是表现为一个梯度。”[3]因而，重要性标准并未为法律保留提供足够清晰的指引，其内容空洞的弊端备受诟病。“行政法法释义学并不能使重要性理论具有自主功能。一方面，其为个别标准，相当不明确，对重要性而言，偶然发生的事实或者政治争端并非适宜的连接点。另一方面，重要性理论不能提供清晰的区分度，盖其将所有必要的功能视角，转移到适合于组织之其他视角。”[4]尽管如此，重要性理论至今受到德国学界和实践的广泛承认，其保留了对立法机关的监督功能，使得立法机关在对待有关人民权利时，须如履薄冰地保障法律对行政的约束，不可恣意转由行政机关代为决定。

---

〔1〕 Hartmut Maurer，Allgemeines Verwaltungsrecht，17.Auflage，2009，S.121.

〔2〕 BverfGE 47, 46.

〔3〕 Hartmut Maurer，Allgemeines Verwaltungsrecht，17.Auflage，2009，S.121.

〔4〕 Eberhard Schmidt-Aßmann，Das allgemeine Verwaltungsrecht als Ordnungsidee：Grundlagen und Aufgaben der verwaltungsrechtlichen System Bildung，Springer 2004，Zweite，ü berarbeitete und erweiterte Auflage，S.191.

因此，其对于基本权利的充分保障具有重大价值。

法律保留原则还包含了法律明确性的要求。法律明确性原则不仅是立法的要求，也应在行政与司法过程中予以贯彻，因而法律明确性原则在适用范围上比法律保留原则更为广泛。法律保留原则和法律明确性原则具有十分密切的关系，二者唇齿相依、相辅相成。法律保留是法律明确性要求的前提。法律明确性原则是法律保留原则的重要保障，如果法律明确性原则没有得到有效的贯彻，也会使得法律保留原则沦为空壳，使其空洞化。法律保留原则源于民主与法治原则，法律明确性要求则是法律保留原则的必要补充和具体化。法律保留只是大致界定了立法权与行政权的责任，涉及的是立法是否应当规定。而法律如何规定，立法机关往往具有形成空间，其明确程度与法律保留原则的功能保障息息相关。例如，对考试作弊的普通纪律处分因可能对学生的权益形成侵害，自当遵循法律保留，只有国家立法有明确依据时，高校方可进行不利处分。与此不同，学位授予事项属于高校学术自治的范围，无须严格地遵循法律保留，国家立法只需在学位授予上设定基本框架，高校在学位授予上具有自主的空间。[1]

法律保留原则在我国《宪法》《立法法》以及若干行政法制度中皆有体现。以《行政处罚法》为例，限制人身自由的行政处罚只能由法律设定，吊销营业执照的行政处罚只能由行政法规、法律设定，其他规范性文件不得设定行政处罚。以《行政许可法》为例，地方性法规和省、自治区、直辖市人民政府规章，不得设定应当由国家统一确定的公民、法人或者其他组织的资格、资质的行政许可，不得设定企业或者其他组织的设立登记及其前置性行政许可。对公民权利予以限制的损益行政都应当满足法律保留原则，但法律保留原则的适用也有例外。给付行政通常不需要受到严格的法律保留，如行政机关针对自然灾害、经济危机提供给付，无须适用“无法律即无行政”的要求。但如果给付行政可能对平等权产生侵害，或者对公民的基本权利产生侵害，则同样应当受到法律保留原则的约束。

三、比例原则

比例原则要求行政手段与所欲实现的行政目的之间实现均衡。比例原则源于德国警察法，包括适当性原则（Grundsatz der Geeignetheit）、必要性原则（Grundsatz der Erforderlichkeit）、狭义比例原则（Verhältnismäßigkeit im engeren Sinne）。适当性原则要求行政机关采取的手段（措施）必须能够实现行政目的，或至少有助于行政目的的实现。必要性原则又称最小损害原则，要求在有多种手段都可以实现行政目的的情况下，行政机关应该选择对人民权利侵害最小的手段。狭义比例原则又称均衡性原则，要求行政手段对人民权利带来的损害或负担，与该措施所追求的利益之间应当保持均衡。换言之，比例原则要求行政不得采取失衡的方法达成行政目的，故也称为“禁止过度”（Übermaßverbot）原则。

比例原则的理论基础包括基本权利保护、法治国家原则与正义理念。首先，比例原

---

〔1〕 伏创宇:《高校校规自治的边界》，社会科学文献出版社 2023 年版，第 107 页。

则是基本权利保护的要求。我国《宪法》第 33 条第 3 款规定："国家尊重和保障人权。"行政对公民权益的限制或剥夺，不仅应当遵循依法行政原则，还应当遵循比例原则。其次，比例原则是法治国家原则的要求。法治国家包括了形式法治与实质法治两重含义。形式法治要求行政受到法律约束，实质法治还要求行政受到比例原则的正当性约束。最后，比例原则是正义理念的要求。比例原则可追溯至古老的分配正义思想。早在古希腊时期，正义就在某种程度上与"合比例"相绑定。孔子提出的"杀鸡焉用牛刀"也体现了合比例的理念。行政应当在手段与目的之间实现均衡。

（一）适当性原则

适当性原则是比例原则适用的第一步要求。适当性原则要求行政所适用的手段必须能有助于实现行政目的。在此所称的行政目的应限于法律允许的目的。适当性要求也可反映比例原则在行政法领域适用的范围限于行政裁量。如果属于羁束行政，行政机关不享有裁量空间，自然没有适当性原则的适用。适当性原则实质上是对行政手段与行政目的实现是否具有关联性进行判断。例如在泗阳意境网络会所诉泗阳县文广新局异地保存证据措施违法案中，法院认为，行政机关在实施证据保全过程中，应当围绕行政相对人涉嫌存在的违法行为收集、保全相关的证据，并兼顾对相对人权益的保护，不能随意扩大证据登记保存的范围。宿迁市宿城区人民法院认为，被告以原告涉嫌存在接纳未成年人进入互联网上网服务营业场所为由，对原告的 147 台电脑主机采取证据先行登记保存措施，但被告对电脑的登记保存与原告涉嫌存在的违法行为之间并无必然联系，且本案中原告的电脑亦不存在可能灭失或难以取得以及妨害公共安全的情况，依法不应采取证据异地保存措施。[1]本案裁判实际上采用了适当性原则的审查，针对登记保存与法定的行政目的是否具有关联进行了判断。

（二）必要性原则

必要性原则是比例原则适用的第二步要求。某一措施是达到行政目的之合适手段，并不意味着它是唯一的手段。必要性原则要求行政在同样可以实现行政目的的手段中，选择对人民权利侵害最小的一种手段。必要性适用的要求是"同等效果"与"最小侵害"。在郭某军不服诸暨市国土资源局土地行政处罚案中，浙江省绍兴市中级人民法院经审理认为："从行政执法目的和手段关系而言，手段对目的应当是适当的，虽然行政目的是正确的，但也必须选择的是合适的手段。行政机关必须选择相对成本最小的执法手段，选择对行政相对人最小侵害的方式，从而使行政执法的成本与执法收益相一致。"[2]本案上诉人郭建军在拆除 60 多平方米老房的原宅基地上，重建一所 40.96 平方米的住宅，并未多占其他土地面积，也未改变土地用途和性质。法院认为行政机关在《浙江省实施〈中华人民共和国土地管理法〉办法》第 40 条规定的补办手续与 2004 年《土地管理法》第 77 条第 1 款规定的拆除中进行选择时，应当考虑上述特定的基本情况，首先选择最小侵害的方式，在此方式不具备条件时，可再考虑更严厉的制裁措施。

---

〔1〕江苏省宿迁市宿城区人民法院（2014）宿城行初字第 0067 号行政判决书。

〔2〕浙江省绍兴市中级人民法院（2008）绍中行终字第 37 号行政判决书。

（三）最小比例原则

最小比例原则又称均衡性原则，是比例原则适用的第三步，要求行政手段对人民权利带来的损害或负担，与该措施所追求的利益之间应当均衡。即便为了保护公共利益，行政也不能逾越人民可合理忍受的限度。均衡性原则实质上是要求法益衡量，而适当性原则与必要性原则并不要求展开法益的轻重比较。均衡性原则的适用包括两个步骤，首先应当厘清行政行为限制的个人权益，以及所欲追求的公共利益或第三人利益；其次是对各种对立的法益在个案中进行具体比较。

适用均衡性原则的典型案例是汇丰公司诉哈尔滨市规划局行政处罚案。最高人民法院在该案裁判中认为，拆除的面积明显大于遮挡的面积，不必要地增加了被上诉人的损失，给被上诉人造成了过度的不利影响。原审判决认定该处罚决定显失公正是正确的。原审判决将上诉人所作的处罚决定予以变更，虽然减少了拆除的面积和变更了罚款数额，但同样达到了不遮挡新华书店顶部和制裁汇丰公司违法建设行为的目的，使汇丰公司所建商服楼符合哈尔滨市总体规划中对中央大街的规划要求，达到了执法的目的，原审所作变更处罚并无不当。〔1〕

四、正当程序原则

（一）正当程序与法定程序的关系

就广义上而言，“正当程序”一词不局限于法定程序，后者仅指通过法律规范确认的行政程序。正当程序概念则意图弥补法定程序的局限，在法定程序存在空白或模糊的情形下通过学理或司法对之进行扩充。不同于域外生成判例制度的国家，我国的行政案件法官在适用正当程序原则时必然要在《行政诉讼法》第 70 条的框架下展开，后者将“违反法定程序”规定为撤销判决适用的情形之一。在正当程序被立法吸收的情形下，正当程序呈现为规则意义上的程序，可通过“违反法定程序”来进行司法审查，无须再诉诸正当程序的适用。《行政诉讼法》第 70 条“法定程序”的“法”不仅包括《立法法》规定的法律规范种类，还可拓展至其他规范性文件，这已为司法实践所承认。〔2〕此外，如果立法与其他规范性文件都没有明确规定行政行为作出的程序，行政机关还应当遵循正当程序原则的要求。

正当程序原则在司法实践中的适用较为普遍。最高人民法院指导案例 38 号（田某诉北京科技大学拒绝颁发毕业证、学位证案）即指出，退学处理决定涉及原告的受教育权利，为充分保障当事人权益，从正当程序原则出发，被告应将此决定向当事人送达、宣布，允许当事人提出申辩意见。尽管正当程序原则适用仍存在一定的障碍，如有法院在个案中以“关于学士学位授予与否的送达问题，因法律规范没有规定必须送达的法定程序”为由拒绝适用正当程序，〔3〕或可归咎于《行政诉讼法》仅将“违反法定程序”作为

---

〔1〕 最高人民法院（1999）行终字第 20 号行政判决书。

〔2〕 北京市石景山区人民法院（2015）石行初字第 93 号行政判决书。

〔3〕 天津市高级人民法院（2005）津高行终字第 0002 号行政判决书。

司法审查的标准，但正当程序的适用已成为行政诉讼实践中的基本共识。

（二）正当程序原则的内涵

正当程序原则的核心是要求行政机关在作出决定的过程中与行政相对人之间建立“对话”，以增强行政决定的合法性与正当性。这不仅有助于提升行政决定的正确性，还能确保其可接受性。正当程序要求行政行为的作出要事先告知行政相对人、听取行政相对人的陈述与申辩、向行政相对人说明理由等，这不仅有助于澄清案件事实，并防止行政决定脱离法律的约束。行政机关亦因此能在与行政相对人的沟通中注意到拟处理决定在事实与法律方面的分歧，并审慎而为。规定有关陈述权、申辩权、听证权与告知、送达与说明理由义务的条款可见于《行政处罚法》《行政强制法》等国家立法中。但因有关立法滞后或未能全面对行政程序予以规定，正当程序原则的适用能有效弥补法定程序适用的不足。

正当程序不仅是维护实体正义的重要保障，避免违法或不适当行政决定的作出，也具有自身的程序性价值，如增加行政相对人对行政决定的可接受度、改善行政机关与行政相对人之间的关系以及强化行政相对人的主体性。行政机关遵循的正当程序要求应当在行政效率与行政相对人权益保护之间进行平衡，因而不可能像司法程序一样严格。正当程序应当兼顾公正与效率，美国最高法院在 1976 年马修斯诉埃尔德里奇案的判决中指出：“决定本案中的行政程序是否符合宪法要求，必须分析受到影响的政府利益和私人利益。更准确地说，我们以前的判决表示，确定正当法律程序的具体要求，一般地说，必须考虑三个不同的因素：第一，受行政行为影响的私人利益；第二，由于行政机关所使用的程序，这些利益可能被错误剥夺的危险，以及采取增加的或者替代的程序保障可能得到的任何效益；第三，包括相关的行政作用在内的政府利益，以及增加的或者替代的程序要求可能带来的财政的和行政的负担。”〔1〕

正当程序原则不仅会基于行政相对人权益保障来形塑内涵，还会基于行政权运作的机理提出要求。以高校行政权的行使为例，近年来有个别裁判甚至通过正当程序来审查高校决定的内部过程，〔2〕具体如下。（1）对会议的记录要求。在有关撤销博士学位的案件中，法院认为高校的报告“没有如实、完整记录讨论和表决情况，会议记录不能反映会议实际情况，决策过程亦不符合程序要求”〔3〕。（2)参加会议的签名要求。有法院主张有关讨论学位授予和表决投票的记录意见，“除主席、记录人、监票人、计票人等签名，其他参会成员均未签名，该几份证据不能作为定案依据予以使用，被告决定不授予原告学士学位决定程序不符合法律规定”〔4〕。对此，既无法律也无校规予以明确，法院已展开正当程序原则的适用。（3）对程序的专业性要求。针对学术不端的认定，在立法与高校校规均未明确专家小组组成的情形下，法院主张专家通常应“具备相关研究领域较高的

---

〔1〕 王名扬：《美国行政法》（上），中国法制出版社 2005 年版，第 407 页。

〔2〕 伏创宇：《高校行政案件中正当程序适用的困境与基础重述》，载《求索》2020 年第 4 期。

〔3〕 广州铁路运输中级人民法院（2017）粤 71 行终 2130 号行政判决书。

〔4〕 山东省济南市中级人民法院（2017）鲁 01 行终 498 号行政裁定书。

学术水准”。[1]

正当程序适用于所有的行政行为，但也存在一些不适用的例外情形。(1) 当事人放弃程序权利。如果当事人通过特定形式明确放弃陈述与申辩、听证等程序权利，正当程序不适用。(2) 通过计算、视察、考试、测验或者其他形式能得以澄清相关事实，则没有必要适用听证程序来调查事实。例如，车辆年检、国家法律职业资格证书颁发便无须适用听证程序。(3) 紧急行为。行政机关为了保护公共利益需要采取紧急行动，可以对相关程序进行一定的缩减适用。《行政强制法》第 19 条规定，“情况紧急，需要当场实施行政强制措施的，行政执法人员应当在二十四小时内向行政机关负责人报告，并补办批准手续”。因情况紧急需要当场实施行政强制措施，无须事先获得行政机关负责人的批准。

(三) 违反正当程序原则的后果

违反正当程序原则也属于广义的程序违法，会产生行政行为被撤销、确认违法、确认无效等法律后果。按照《行政诉讼法》第 70 条，违反法定程序会导致行政行为被撤销。这里的“违反法定程序”可作广义理解，进而将违反正当程序原则也纳入“违反法定程序”的情形。但并非所有的程序违法都会导致行政行为被撤销。如果行政行为构成重大且明显的程序违法，依照《行政诉讼法》第 75 条，人民法院确认行政行为无效。如果行政行为构成“程序轻微违法，但对原告权利不产生实际影响”，或者因行政行为构成程序违法，“行政行为依法应当撤销，但撤销会给国家利益、社会公共利益造成重大损害”，人民法院应当按照《行政诉讼法》第 74 条确认行政行为违法。违反正当程序还可能产生诉讼时效延长的法律后果，按照《最高人民法院关于适用〈中华人民共和国行政诉讼法〉的解释》(以下简称《行政诉讼法解释》) 第 64 条，行政机关作出行政行为时，未告知公民、法人或者其他组织起诉期限的，起诉期限从公民、法人或者其他组织知道或者应当知道起诉期限之日起计算，但从知道或者应当知道行政行为内容之日起最长不得超过 1 年。

五、信赖保护原则

信赖保护原则的基本含义是政府对自己作出的行为或者承诺，应该坚守信用、不得随意变更、不得反复无常。信赖保护原则主要适用于授益行政行为的撤销与废止 (撤回)。行政相对人往往针对授益行政行为产生信赖利益，一旦授益行政行为撤销或废止，行政相对人的信赖利益便会受到损害，这种信赖利益可通过信赖保护原则予以保障。存续保护与财产保护是信赖保护的两种基本方式。

(一) 信赖保护原则的基础

信赖保护原则与依法行政原则存在一定的冲突。依法行政原则要求撤销违法的行政行为，而信赖保护原则试图维护行政相对人针对授益行政行为产生的信赖利益，维持违法行政行为的法律效力。信赖保护原则除了部分源自诚实信用原则，还源于法治国所要

---

〔1〕浙江省杭州市中级人民法院 (2017) 浙 01 行初 212 号行政判决书。

求的法安定性与基本权利的保护。法安定性要求已作出的行政行为不得恣意被撤销、撤回或变更，维持行政行为的存续力。基本权利的保护则试图避免行政相对人的财产权、经营权等权利受行政行为变动的不利影响。

信赖保护原则在我国立法与相关文件中都有体现。《行政许可法》第 8 条规定，公民、法人或者其他组织依法取得的行政许可受法律保护，行政机关不得擅自改变已经生效的行政许可。行政许可所依据的法律、法规、规章修改或者废止，或者准予行政许可所依据的客观情况发生重大变化的，为了公共利益的需要，行政机关可以依法变更或者撤回已经生效的行政许可。由此给公民、法人或者其他组织造成财产损失的，行政机关应当依法给予补偿。《行政诉讼法》第 76 条规定，人民法院判决确认违法或者无效的，可以同时判决责令被告采取补救措施；给原告造成损失的，依法判决被告承担赔偿责任。

（二）信赖保护的要件与方式

信赖保护成立的条件应当包括：（1）信赖对象为授益行政行为（包括抽象行政行为、具体行政行为与行政事实行为等）；（2）相对人对该行政行为有信赖的表现；（3）该信赖需值得保护。下列情形不得适用信赖保护原则：行政相对人对行政行为的作出具有过错，包括行政行为因相对人采用欺诈、胁迫、贿赂或者其他不正当手段而作出；相对人明知行政行为违法，或者应知其违法但因重大过失而不知其违法；相对人对重要事项为不正确或者不完全的说明。

对行政相对人的信赖利益保护有存续保护与财产保护两种保护方式。存续保护是指维持行政行为的法律效力。财产保护是指行政机关撤销、撤回（包括变更）已作出的行政行为，应当针对行政相对人的信赖利益给予赔偿或补偿。存续保护的适用应当优先于财产保护的适用。如果授益行政行为的撤销或撤回将对公共利益产生重大危害，或者行政相对人的信赖利益明显大于撤销、撤回所维护的公共利益，应当适用存续保护方式。如果授益行政行为的撤销或撤回所欲追求的公共利益明显大于行政相对人的信赖利益，则适用财产保护方式。

行政行为的变动对行政相对人的信赖利益产生损害，在财产保护上包括撤销违法行政行为的赔偿责任与撤回合法行政行为的补偿责任。违法行政行为的赔偿责任适用《国家赔偿法》。有关撤回合法行政行为的补偿则由单行法或者相关司法解释规定。例如，最高人民法院《关于审理行政许可案件若干问题的规定》第 15 条规定，法律、法规、规章或者规范性文件对变更或者撤回行政许可的补偿标准未作规定的，一般在实际损失范围内确定补偿数额；行政许可属于《行政许可法》第 12 条第 2 项规定情形的，一般按照实际投入的损失确定补偿数额。从我国因废止行政许可引起的行政补偿案例来看，确定补偿数额大多局限于赔偿请求人的直接损害，例如在钟某容等诉惠州市人民政府补偿纠纷案[1]中，龙门县政府基于遏止砖瓦窑场破坏耕地行为、保护环境、节约土地资源的公共利益需要而要求关闭涉案砖瓦窑场，最终法院只判决行政机关补偿房屋拆除的直

〔1〕 广东省高级人民法院（2017）粤行终 586 号行政判决书。

接损失，不包含因此造成的停产停业的间接损失。又如在陈某萍诉重庆市沙坪坝区人民政府行政补偿纠纷案[1]中，因政策调整，政府关闭了不达标的手工屠宰场，法院认为政府“应补偿兴旺屠宰场因关闭产生的直接损失”。

（三）信赖保护原则适用的利益衡量

适用信赖保护原则，应当对以下利益进行衡量：撤销或撤回行政行为对行政相对人信赖利益的影响与不撤销或不撤回行政行为对公共利益的影响。《行政许可法》第 8 条中“公民、法人或者其他组织依法取得的行政许可受法律保护，行政机关不得擅自改变已经生效的行政许可”的规定蕴含了撤销或撤回行政许可的利益衡量要求。如果行政相对人的信赖利益明显大于撤销或撤回行政行为所欲维护的公共利益，行政行为不得撤销或撤回；如果撤销或撤回行政行为所欲维护的公共利益明显大于行政相对人的信赖利益，行政机关就可以撤销或撤回行政行为，但应当给予行政相对人赔偿或者补偿。

即便行政行为违法，只要行政相对人对行政行为产生的信赖利益值得保护，利益衡量是决定采取存续保护还是财产保护的关键。例如三建公司诉兴宁市自然资源局土地行政处罚案作为最高人民法院发布的涉民营企业产权和企业家合法权益保护再审典型案例之一，便体现了信赖保护原则适用的利益衡量。最高人民法院指出，行政机关在对基于政府原因与企业原因共同形成的非法占用土地进行处罚时，应充分考虑非法占用土地的时间、原因、情节与各方责任大小，采取既能纠正非法占用土地，又能保护相对人信赖利益，还能实现土地节约集约利用的执法方式。兴宁市自然资源局未遵循行政处罚法有关“过罚相当原则”“信赖保护原则”规定，没收并拆除已运营十余年、符合土地利用总体规划且可以补办用地手续的建设项目，利益衡量显失公正，执法方式简单机械，侵犯企业的信赖利益。[2]

重要名词术语

法律优先原则、法律保留原则、比例原则、正当程序原则、信赖保护原则

思考题

1. 法律优先原则的内涵是什么？
2. 法律保留原则的内涵是什么？
3. 比例原则的内涵是什么？
4. 正当程序原则的内涵是什么？
5. 信赖保护原则的内涵是什么？

---

〔1〕 重庆市第一中级人民法院（2008）渝一中法行初字第 22 号行政判决书。

〔2〕 最高人民法院发布涉民营企业产权和企业家合法权益保护再审典型案例，载最高人民法院网，https://www.court.gov.cn/zixun/xiangqing/413952.html。

典型案例分析

黑龙江省某市规划局诉黑龙江汇某实业发展有限公司行政处罚纠纷案，最高人民法院（1999）行终字第20号行政判决书

黑龙江汇某实业发展有限公司（以下简称汇某公司）所建的9层商服楼，经原有两栋楼房改建而成。其中，院内一栋楼房（以下简称院内楼房）原为地下1层、地上2层，该栋楼房的扩建虽然经过建设用地规划许可批准，但实际扩建面积超出许可标准2388平方米；临中央大街一栋楼房（以下简称临街楼房）原为地下1层、地上3层，汇某公司在提出增建申请，但没有得到答复的情况下组织施工，拆除原有建筑物予以重建，违法建筑面积6164平方米。最终建成院内楼房高达9层、临街楼房从6层开始渐至后退到9层，并使两建筑物连为一体、面积共计9964平方米的9层楼房。1996年8月12日，某市规划局对汇某公司作出行政处罚，针对两栋违法改建楼房，作出“部分拆除、部分罚款”的处罚决定。汇某公司对此不服，提起诉讼。

一审法院认定汇某公司对中央大街108号临街楼房的翻建没有批准手续，未取得建设规划许可。汇某公司现已建成的面积为9964平方米的9层楼房，部分是违反建设工程规划许可的建筑，部分是未取得规划许可的建筑，应认定是违反《城市规划法》（现已失效）的建设行为，应予处罚。但鉴于汇某公司建楼系违法建筑，规划局处罚显失公正，对规划局具体行政行为应予变更。某市规划局不服一审判决，提出上诉。二审法院驳回上诉，维持原判。

根据《城市规划法》（现已失效）第37、40条的规定，上诉人有权对汇某公司的违法建设行为进行查处。在上诉人作出的哈规罚决字（1996）第1号行政处罚决定中，虽然没有明确认定汇某公司的违法建设行为属于对城市规划有一定影响尚可采取改正措施的情形，但从其作出部分拆除部分罚款保留的处罚内容来看，上诉人已在事实上认定汇某公司的违法建设行为，属于《城市规划法》第40条规定的对城市规划有一定影响尚可采取改正措施的情形。

上诉人提出汇某公司的建筑物遮挡中央大街保护建筑新华书店（原外文书店）顶部，影响了中央大街的整体景观，按国务院批准的“某市总体规划”中关于中央大街规划的原则规定和中央大街建筑风貌的实际情况，本案可以是否遮挡新华书店顶部为影响中央大街景观的参照标准。规划局所作的处罚决定应针对影响的程度，责令汇某公司采取相应的改正措施，既要保证行政管理目标的实现，又要兼顾保护相对人的权益，应以达到行政执法目的和目标为限，尽可能使相对人的权益遭受最小的侵害。而在上诉人所作的处罚决定中，拆除的面积明显大于遮挡的面积，不必要地增加了被上诉人的损失，给被上诉人造成了过度的不利影响。原审判决认定该处罚决定显失公正是正确的。

第二章　行政法主体

【内容提示】

行政法不仅调整行政机关与公民、法人、其他组织之间管理与被管理的关系，还调整上下级行政机关之间、行政机关与公务员之间的关系。行政法主体是指行政法律关系主体，是指行使行政法权利（力）、履行行政法义务的主体，是法律关系主体在行政法中的具体体现。本章节将围绕行政法主体，从行政主体、行政组织法、公务员法、行政相对人四个部分具体展开。

行政主体是行政法律关系主体中最重要和最基本的类型，是行政程序的主导者和行政行为的作出者〔1〕，明确谁有资格行使行政职权。只有行政主体可以作出行政行为，这是行政法律关系判别的基本要素之一。

行政组织是行政管理活动的基础，也是各类行政任务的实施主体。行政组织法律体系的完善有助于提高行政组织行政效率，规范政府职能的规范化运行，保障行政权力合法运行。

公务员法是规范公务员行为和管理的基本法律，明确了公务员的权利义务、职责边界和行为准则，规范公务员的录用、奖惩、退出、责任以及法律保障等各个方面，维护公务员的合法权益，促进公务员队伍的稳定与发展，保障政府的行政效率和服务质量。

行政相对人是行政法律关系中相对于行政主体的另一方当事人，是行政法学的基本概念之一。理解行政相对人的概念、范围、权利、义务等内容，是保障公民合法权利、防止行政权力滥用、促进社会公平正义、实现法治政府的重要基础。

第一节　行政主体

一、行政主体的概念

主体性质的认定是行为性质判定的基本前提，当行政机关、企事业单位和其他组织

〔1〕 参见杨登峰：《行政法总论：原理、制度与实案》，北京大学出版社 2019 年版，第 114 页。

并非以行政主体的身份作出特定行为时，这些行为不能被认为行政行为。因此，行政主体性质判定是保护行政相对人合法权益的前提，只有明确了行政主体资格，明确行政主体的概念范围，才能区分行政主体与非行政主体、行政行为与非行政行为，才能真正保护行政相对人的合法权益。

我国行政法学界对于行政主体的定义是存在共识的，有学者将行政主体界定为依法享有国家行政权力，以自己名义实施行政管理活动，并独立承担由此而产生的法律责任的组织。[1]也有学者将行政主体界定为依法拥有独立的行政职权，能代表国家以自己的名义行使行政职权以及独立参加诉讼，并能独立承受行政行为效果与行政诉讼效果的组织。[2]本书采用更加通用的定义，即行政主体是指享有行政权力、能够以自己的名义行使行政权并独立承担相应法律责任的组织。

通常认为，行政主体包括国家行政机关和授权的组织，前者是职权行政主体，后者是授权行政主体。其中，行政机关是最主要的行政主体，但行政主体并不仅仅包含行政机关，因获得法定授权而取得行政权的组织同样是行政主体的类型之一。

关于行政主体的概念需要把握包括两个方面。第一，是否享有行政职权。行政主体行使行政职权的前提是享有行政职权，不享有行政职权的主体既不能行使行政职权，也不能成为行政主体。第二，是否依法行使行政职权。享有行政职权的组织在法律关系中并不当然地是行政主体，这些组织也可能参与到民事法律关系中，不行使行政职权。只有当这些组织行使行政职权时，才会在相应的法律关系中成为行政主体。

与此同时，需要区分行政机关、行政主体、行政法主体、行政法律关系主体等概念之间的关系。第一，行政法主体与行政法律关系主体。行政法主体是行政法律关系的基本要素之一，是指行政法所调整的各种行政关系的参加人，包括机关、组织和个人。行政法主体与行政法律关系主体之间的关系在理论上存在一定分歧。有观点认为，行政法主体的概念和范围与行政法律关系主体的概念和范围是一致的。[3]也有观点认为二者具有不同概念，行政法律关系主体包括行政主体和行政相对人，而行政法主体是指受行政法规范的调整，享有行政法上权利并承担相应义务的组织或个人，因此行政法主体除行政主体和行政相对人之外还包括监督主体[4]。第二，行政法主体与行政主体。行政主体相较于行政法主体而言，范围更加狭窄，不包括行政相对人。行政法主体是行政法律关系主体，包括了行政主体、行政相对人，甚至包含了行政第三人。从范围上来看，行政主体是行政法主体的类型之一，但也是最重要的主体类型。第三，行政机关与行政主体。行政机关是最重要的行政主体，除行政机关之外，行政主体还可以是经法定授权的组织，例如获得法律、法规授权的企事业单位等。二者在范围上存在较为明显的区别。

〔1〕参见王连昌主编：《行政法学》，中国政法大学出版社1997年版，第35页。
〔2〕参见胡建淼：《行政法学》，法律出版社1998年版，第143页。
〔3〕参见姜明安：《行政法》，法律出版社2022年版，第158页。
〔4〕参见罗豪才、湛中乐主编：《行政法学》（第4版），北京大学出版社2016年版，第19页。

二、行政主体的特征

第一，享有行政职权。根据人民主权原则，国家权力源自人民、属于人民，国家是人民行使主权的工具，政府必须按人民的意愿行事。其中，行政权作为国家权力的重要组成部分，也需要由特定的组织来具体享有和执行，这是行政权行使的来源。因此，一个组织要成为行政主体，首先必须要享有行政职权。也有学者将其称为“行政权能”，即主体被依法确定享有行政权力的能力或主体资格，只有具有行政权能才能成为行政主体。就这一意义而言，行政主体享有行政权是行政主体资格的基础。

通常认为，行政职权具有强制性、单方性、公益性、优益性、职责统一性等特点。[1]行政机关行使行政职权应当是以公共利益为目的，而非出于部门利益或私人利益。同时，为了维护和实现公共利益，保障行政职权有效行使，法律赋予行政主体在行使行政职权时享有优先权和受益权，也被称为“行政优益权”。行政优益权并非一项行政职权，而是指行政主体在行使行政职权时依法享有一定的优先性（行政优先权）和受益性（行政受益权），即为了确保行政职权的有效行使、实现行政事务所承载的公共利益目标，法律、法规赋予行政主体在特定条件下在职务（优先）或物质（受益）等方面享有更好的条件的资格。

关于行政职权的类型和内涵[2]，存在有多种表述方式，例如规则制定权、行政决定权、监督检查权、行政裁决权等，[3]又如行政立法权、行政决策权、行政命令权、行政决定权、行政执行权、行政强制执行权、行政委托、行政监督权、行政司法权等[4]。需要注意的是，行政职权和行政职责是统一的、密不可分的，不能分割看待。行政职责是指行政主体在行使行政职权时应当承担的法定义务。行政主体是权利（力）和义务在法律主体层面的综合体现，行政主体享有行政职权也必须要履行行政职责，行政职责随着行政职权的产生、变更、消灭而相应发生变化。法律、法规规定行政主体享有特定的行政职权或承担特定的行政职责，二者均包含着职权和职责的内容，只是由于规定所针对的对象不同，导致所规定的内容在表述角度上存在区别。

第二，以自己的名义行使行政职权。一个组织除了要享有行政职权，还要能够以自己的名义对外行使行政权力的资格，即行政权力的行使是依据该组织独立自主的意志。以自己的名义行使行政权，包括以自己的意志进行判断并作出决定、发布命令、制定规则、具体实施、采取行动等。以行政机关内部的行政机构为例，虽然其享有行政职权并且由其具体行使行政权力，但是该行政行为是以其所在的行政机关的名义作出的，而不

---

〔1〕 参见周佑勇：《行政法原论》（第3版），北京大学出版社2018年版，第103—118页；罗豪才、湛中乐主编：《行政法学》（第4版），北京大学出版社2016年版，第49页。

〔2〕 关于行政职权的具体内容，分别详见于第四章抽象行政行为、第五章和第六章具体行政行为等相关章节。

〔3〕 参见周佑勇：《行政法原论》（第3版），北京大学出版社2018年版，第118—119页。

〔4〕 参见罗豪才、湛中乐主编：《行政法学》（第4版），北京大学出版社2016年版，第50页。

是以该内设机构的名义实施行政行为，[1]只是具体工作的内部分工，一般情况下不能成为行政主体。当然，这也导致在部分场景中，行政法律关系中的行政主体与具体行为主体可能存在不一致的情形。

第三，能够独立承担法律责任。通常而言，此处的法律责任为“行政法律责任”，也称行政责任，属于法律责任的类型之一，是指主体由于违反行政法规范或者不履行行政法义务所要承担的法律后果。此处的“主体”是指行政法上的主体，包含了行政主体、行政相对人、行政第三人，并不单指只有行政主体才需面对承担行政法律责任的否定性后果。就行政主体而言，这一要件特征的意义在于，在实践中往往会出现实施主体与行政主体相分离的情形，即组织虽然行使行政权，但并不承担由此所产生的法律责任。对此，需要以责任要件明确行政主体独立的法律主体资格。主体以自己的名义行使行政职权，也意味着其能够独立承担行政行为所带来的法律后果、承担相应的法律责任。能够独立承担法律责任，也意味着行政主体能够独立成为行政复议的被申请人、行政诉讼的被告、行政赔偿的赔偿义务主体。例如，行政机关的内部工作机构、受委托的组织或个人在行使行政权时，一切法律后果均分别归属于该行政机关或委托的行政机关，这些主体在未获得法定授权的情况下在行政法律关系中不能成为行政主体。

三、行政主体的分类

行政主体的分类存在多种标准。例如根据行政主体职权范围的不同，可以分为中央行政主体和地方行政主体；根据行政职权的来源不同，可以分为行政机关和授权的组织；等等。其中比较重要的分类，是根据行政权转化形式的不同，行政主体可以分为两类：一是职权行政主体，即该类行政主体自设立始就享有行政权，至消灭时行政权消灭，一般是指行政机关；二是授权行政主体，即该类行政主体的行政职权自法律、法规授予时成立，因法律、法规修改、废止、撤回等情形时相应产生调整或消灭，一般包括行政机构、企业单位、事业单位等组织，也被称为“授权的组织”或“被授权的组织”。

（一）行政机关

行政机关是指由国家设立的、专门行使行政职权的各类组织，包括各级人民政府及其工作部门和县级以上人民政府的派出机关。行政机关是最重要、最普遍的一类行政主体，行政机关的职权和管辖依照法律、法规、规章规定。除法律、法规另有规定，行政机关的内设机构和派出机构对外行使行政职权时，应当以所隶属的行政机关的名义作出行政决定，由该行政机关承担法律责任。但是行政机关并非唯一的行政主体类型，除了行政机关，法律、法规、规章授权的组织也可以成为行政主体。

具体而言，行政机关包括中央行政机关、地方行政机关。中央行政机关是管辖事项覆盖全国范围的行政机关，包括国务院、国务院组成部门、国务院直属机关、国务院部委管理的国家局等。地方行政机关是管辖事项仅仅覆盖一定地域范围的行政机关，包括

〔1〕 参见周佑勇：《行政法原论》（第3版），北京大学出版社2018年版，第103—104页。

地方各级人民政府、地方各级人民政府的职能部门、地方人民政府的派出机关等。[1]

（二）授权的组织

在实践中，除行政机关之外，法律、法规授权的组织和依法受委托的组织也可以成为行政事务的具体实施者，被统称为“其他行使行政职权的组织”：法律、法规授权的组织在法定授权范围内以自己的名义行使行政职权并承担相应的法律责任；依法受委托的组织在委托的范围内，以委托行政机关的名义行使行政职权，由委托行政机关承担法律责任。其中，授权的组织是独立的行政主体，本部分主要介绍授权的组织作为行政主体的具体内容。

授权的组织作为行政主体类型之一发生于行政授权的场景之中。由于现代社会经济生活和公共行政事务的复杂性和多元性，部分专业性和社会性较为突出的行政事务需要社会组织的参与。[2]随着社会经济的发展和公众需求的多样化，政府职能逐渐从直接的公共服务提供者转变为政策制定者、监管者和协调者。公共行政事务的多元化供给能够避免单独依靠行政机关可能在效率、物力、人力、财政等方面带来的巨大压力，能够具有更高的灵活性和创新性，能够更快速地响应市场需求和公众需求。因此，通过将这些行政事务以社会化、民营化的方式，在具体承担主体上由行政机关向授权的组织转移，能够大大减轻行政机关的负担，使行政机关的主要精力和资源更加集中和聚焦。

授权的组织，是指由法律、法规、规章授权并在授权范围内行使行政职权的各类组织。例如，《行政许可法》第23条规定，“法律、法规授权的具有管理公共事务职能的组织，在法定授权范围内，以自己的名义实施行政许可。被授权的组织适用本法有关行政机关的规定”。《行政处罚法》第19条规定，“法律、法规授权的具有管理公共事务职能的组织可以在法定授权范围内实施行政处罚”。《行政诉讼法》第2条将“行政行为”的范围扩大到“包括法律、法规、规章授权的组织作出的行政行为”。该规定在一定程度上将授权依据从法律、法规的范围扩大到了规章的位阶，即除法律、法规授权的组织之外，规章授权的组织所作出的行政行为也具有可诉性。这种授权依据范围的扩大，原因在于伴随政府职能转变和体制改革深入，由非行政机关的社会组织承担行政事务的情形越来越多，也越来越杂，为了避免行政诉讼中被告难以抽象化确定的难题，在程序法层面需要适当扩大作为被告的行政主体的资格范围。[3]因此，法律、法规和规章授权的组织可以成为行政主体，统称为经法定授权的组织。授权的组织一般可以是企事业单位、社会团体、行政机关的内设机构和派出机构等。这些主体作为行政机关的补充，是行政主体的重要类型。

需要注意的是，授权的组织是否成为行政主体需要存在相应的授权依据，当其经法律、法规、规章授权行使特定的行政职权时，才能成为行政主体，即授权的组织应当具有管理公共事务职能。根据《行政处罚法》和《行政许可法》的规定，法律、法规授

---

〔1〕关于行政机关组织体系的内容将在本章“行政组织法”部分具体展开。

〔2〕参见周佑勇：《行政法原论》（第3版），北京大学出版社2018年版，第109页。

〔3〕关于规章授权的组织是否可以成为行政主体，目前在理论界仍然存在一定争议，此处将其纳入，统称为法定授权的组织。

权的具有管理公共事务职能的组织，可以成为实施行政处罚和实施行政许可的主体。因此，授权的组织应当依据法定授权具有管理公共事务职能。需要注意的是，授权的组织应当是社会组织，而不能是个人。在公共行政事务的具体实现中，往往是由工作人员来负责执行。但是这并不代表着个人可以成为授权行政主体，个人并不能够承担行政责任，是代表授权的组织在实施行为。同时，这种授权是直接授权，而非间接授权或委托，应当符合实体合法和程序合法的要求。根据职权法定原则要求，行政职权的赋予和转让应当严格符合法定条件，包括实体合法和程序合法。

具体而言，授权的组织主要包括以下类型：

1. 行政机构

行政机构是行政机关为了行政管理的需要，用于具体负责各类行政事务的组织。一般情况下，行政机构不具有行政主体资格，以所在行政机关的名义行使行政职权并承担责任。当行政机构被法律、法规、规章授权时，可以成为行政主体。在实践中，被授权的行政机构一般包括专门机构、内部机构、派出机构等类型。

第一，专门机构。专门机构是为了处理特定的行政事务，根据法律、法规所设立的专门行政机构。例如，《商标法》授权商标评审委员会负责处理商标争议事宜；《专利法》授权专利复审委员会对专利复审请求和专利权无效宣告请求进行审查、作出决定；《医疗事故处理条例》授权医学会负责组织医疗事故技术鉴定工作；《计量法》授权计量检定机构负责执行强制检定和其他检定、测试任务；等等。

第二，内部机构。内部机构包括各级人民政府直属的内部机构和政府职能部门的内部机构，这些内部机构在获得法定授权时也可以成为行政主体。例如，《消防法》授权消防救援机构负责实施消防工作，按照职责加强对消防产品质量的监督检查；《道路交通安全法》及其实施条例授权县级以上公安机关内设的交通警察队具有行政主体资格；等等。

第三，派出机构。派出机构是政府职能部门根据工作需要，在一定区域内所设立的代表该职能部门管理特定行政事务的工作机构。一般而言，派出机构不具有独立的法律地位。在实践中，派出机构包括税务所、工商管理所、公安派出所、审计署驻各地办事处等。部分派出机构的行政职权是由法律、法规概括授权，由其负责特定领域的行政事务管理工作。部分派出机构的行政职权的授权是存在范围限制的，例如《治安管理处罚法》以列举方式具体授权公安派出所可以作出警告、500 元以下罚款的行政处罚。需要区别的是，派出机构和派出机关存在一定差别，不可混同。派出机关是各级人民政府设置的派设性组织，在职能上往往具有综合性的，能够以自己的名义行使行政职权；派出机构是各级人民政府的职能部门设置的派设性组织，目的在于管理特定行政事务，在授权的范围内才可以成为授权行政主体。

除此之外，特殊情况下临时机构也可以成为授权行政主体。临时机构通常是指由国家行政机关为了协助处理某项临时性行政工作而设立的组织，但是由于该类临时机构在编制、人员、资源等方面具有不稳定性，一般情况下较少成为授权行政主体。

2. 其他社会组织

除了行政机构，还有一些非隶属于行政组织体系的社会组织也可以经过法定授权行使行政职权，承担并完成具体的行政事务，这也是行政主体范围扩大最集中的部分。获得授权并获得行政主体资格的其他社会组织可以是企业单位、事业单位、社会团体、群众性组织等。这些社会组织应当依据所属领域相关社会管理法律法规依法成立并存续，一般情况下都具有法人资格，经过法定授权后在一般法律主体资格的基础之上还可以成为行政主体。

第一，企业单位。在特定情况下，企业经法定授权成为授权行政主体，行使特定行政职权。例如，《铁路法》规定，国家铁路运输企业行使法律、行政法规授予的行政管理职能，与之相似的还有邮电部门、烟草公司、煤气公司、自来水公司等。部分政企合一的企业也可以成为授权行政主体，该类授权的组织往往是在经济体制改革和政府职能转变过程中，由行政部门从原先的政府职能部门转换或改变成为专业公司，在授权范围内承担行政管理职能。

第二，事业单位。事业单位，是指国家为了社会公益目的，由国家机关举办或者其他组织利用国有资产举办的，从事教育、科技、文化、卫生等活动的社会服务组织。事业单位可以成为授权的组织，例如商标局、专利局等国家行政机关设置的直属机构承担着商标、专利等申请的受理、审批工作；《学位条例》第 8 条授权经过国务院确定的高等学校和科学研究机构能够授予学位；《公共场所卫生管理条例》授权卫生防疫机构（站）可以进行公共场所卫生监督；等等。

第三，社会团体、群众性组织以及其他组织。社会团体，是指中国公民自愿组成，为实现会员共同意愿，按照其章程开展活动的非营利性社会组织。例如，《消费者权益保护法》授权消费者协会参与有关行政部门对商品和服务的监督、检查；《体育法》授权全国性的单项体育协会负责运动员注册、全国单项体育竞赛、处罚违反纪律和体育规则的行为；《律师法》授权律师协会可以对律师、律师事务所实施奖励和惩戒；等等。此外，居民委员会、村民委员会具有基层群众性自治组织法人资格，也可能成为授权的组织。

需要区别的是授权的组织和委托的组织，二者在行政主体中的法律地位应当有所区分。二者的共同点在于都不是行政机关直接行使行政职权的情形，都是由行政机关以外的主体来具体行使某项行政职权。但是二者也存在根本区别，主要包括以下两个方面。一是权力行使的基础不同。授权行政主体行使行政权力的合法性基础来自法律、法规的授权，是以自己的名义独立行使被授权的行政职权。受委托组织行使行政权力的合法性基础来自行政机关的委托，不能够以自己的名义独立行使行政权，而是要以委托的行政机关的名义并由后者承担法律责任。二是主体的法律地位不同。授权行政主体在授权范围内以自己的名义行使行政职权，所产生的法律效果也由授权行政主体自己承担，因此其在法律上具有独立主体资格，属于独立的行政主体，在程序法上可以成为行政诉讼的被告、行政复议的被申请人。受委托组织只能在委托范围内以委托的行政机关的名义行使行政权力，所产生的法律效果归属于委托的行政机关，因此其在法律上不具有独立的主体资格，不属于独立的行政主体，在程序法上应由委托的行政机关作为行政诉讼的被告、行政复议的被申请人。

四、行政主体理论新发展

行政主体理论是行政法学研究的热点问题之一。通说认为，“行政主体”是法学概念，并非法律概念，意义在于明确行政法律关系中行政权力的承担者。行政主体理论源于 20 世纪 80 年代末行政法学者对大陆法系行政主体概念以及相关理论的引进，[1]行政法学发展初期多以“行政机关”或“行政组织”指代行政管理主体。伴随我国开始研究制定行政诉讼法，行政法学开始尝试以“行政主体”为基础构建具有中国特色的行政主体理论。在这一背景下，自 1989 年行政主体理论被提出后，“行政主体”概念取代“行政机关”“行政组织”等概念，成为我国行政法学理论体系的核心概念。

在行政主体理论引入早期，行政主体概念能够较好地回应行政诉讼活动中行政案件被告主体身份的问题，使行政诉讼被告能够较为清晰地确定下来。通过让行政职权的行使者或行政事务的具体承担者被识别和认定为“行政主体”，成为行政诉讼的被告，完成行政事务现实实践到行政诉讼被告资格的抽象过程，大大扩张了传统“行政机关”或“行政组织”的范围，满足了行政诉讼法中确认行政诉讼被告资格的现实需要。[2]

但是面临着日益复杂的公共事务和有限的财政资源，政府逐渐从直接的公共服务提供者转变为政策制定者、监管者和协调者，越来越多的非行政组织系统的主体参与执行具体的公共行政事务。而行政主体理论这种以回应司法实践需求为最主要动因的理论引进和体系构建，也开始显现内在局限和不足。早在 20 世纪 90 年代末，就有学者敏锐地提出行政主体理论在概念的科学性、责任定位、资格条件等方面存在缺陷。[3]根据行政主体理论，行政主体资格的识别和确立关键在于其是否享有行政职权，进而形成了目前以行政机关和授权组织为两类主体的行政主体。但是从公共行政实践来看，仍然有大量的非行政组织系统的组织在承担大量行政任务，加之《行政诉讼法》将授权依据从法律、法规扩大到规章范围之后，行政主体范围的不确定性进一步提高，行政主体理论对于越来越多实际上承担着行政职能的非政府组织的解释力不断降低。与此同时，从行政主体理论的缘起可以看出，回应行政诉讼司法实践需求是行政主体作为舶来品被引入最主要也是最直接的动因之一。但是这种将实体法上的主体与程序法上的主体直接等同的主体界定方式，在逻辑上是缺乏解释力的。有观点认为，行政诉讼被告与行政实体法上的行政主体分属不同领域和阶段，不能遵循同样的主体界定逻辑，前者更多考虑如何有利于当事人行使诉权，后者则更多关注实体权利义务的承担，因此前者在主体认定上比后者更加宽松，二者没有必要保持

---

〔1〕 参见章志远：《行政法学总论》（第 2 版），北京大学出版社 2022 年版，第 178 页。

〔2〕 参见章志远：《行政法学总论》（第 2 版），北京大学出版社 2022 年版，第 182 页。

〔3〕 参见薛刚凌：《我国行政主体理论之检讨——兼论全面研究行政组织法的必要性》，载《政法论坛》1998 年第 6 期。但也有学者认为这不能否定行政主体概念，而是揭示行政主体理论有待发展。参见张树义：《行政主体研究》，载《中国法学》2000 年第 2 期。

完全一致。[1]

鉴于行政主体理论在新时期所面临的一系列理论和实践困境，反思和完善行政主体理论成为新阶段行政法学者关注和研究的重点。第一种观点是主张否定现有的行政主体理论，引入西方行政主体理论的本义。例如薛刚凌教授认为，行政主体理论在引入时被略去了原始意义，主张借鉴和引入西方行政主体制度，彻底革新行政主体理论，建立以行政分权为核心的行政主体制度。[2]李昕教授认为，我国行政主体理论对行政主体本身定位存在错误，导致概念的内涵与外延存在冲突，行政主体理论研究狭隘浅层，应当以行政分散化和行政分权为基础对行政主体展开类型化研究，引入德国法上的公法人概念。[3]葛云松教授、李洪雷教授均持相似观点，主张应当重塑行政主体理论，采用公法人概念。

第二种观点是在现有行政主体理论的基础上，完善或重构行政主体理论，但在具体路径上存在区别。例如张树义教授认为，主体理论的提出在于明确各社会组织的法律主体地位，而包含社会主体结构变迁的中国体制改革为完善主体理论提供了契机，因此总体上不能否定行政主体概念，虽然它来自西方法学理论，但也在一定程度上迎合了中国改革不断分化的需要。[4]沈岿教授认为，行政主体范围优于行政机关范式，但是行政主体理论也开始因无法适应制度与学术发展而产生范式危机，这种范式危机并未达到颠覆的程度，需要传统方式作适当的修补作为回应。[5]章剑生教授提出可以暂时认可现有的诉讼主体模式的主体理论，通过法律修改、解释等方法衔接和过渡新旧行政主体理论。[6]此外，亦有学者主张扩大行政主体范围。例如杨解君教授认为，应当将行政主体扩大到受委托组织、行政公务人员甚至行政机关所属内部机构。[7]石佑启教授提出，公共行政发展使多元主体承担起政府“退却”的公共职能，这对行政主体理论产生冲击，应当发展和丰富行政主体的内涵，不仅应包括作为国家行政主体的行政机关和法律法规授权的组织，还应当包括作为社会公共行政主体的非政府公共组织。[8]余凌云教授认为应当在行政主体框架内引入行政执法主体，作为具有独立执法资格的行政机关和法定授权的组织。[9]

---

〔1〕 参见章志远：《行政法学总论》（第2版），北京大学出版社2022年版，第185页。

〔2〕 参见薛刚凌：《行政主体之再思考》，载《中国法学》2001年第2期；薛刚凌：《我国行政主体理论之检讨——兼论全面研究行政组织法的必要性》，载《政法论坛》1998年第6期。

〔3〕 参见李昕：《中外行政主体理论之比较分析》，载《行政法学研究》1999年第1期。

〔4〕 参见张树义：《行政主体研究》，载《中国法学》2000年第2期；张树义：《论行政主体》，载《政法论坛》2000年第4期。

〔5〕 参见沈岿：《重构行政主体范式的尝试》，载《法律科学》2000年第6期。

〔6〕 参见章剑生：《反思与超越：中国行政主体理论批判》，载《北方法学》2008年第6期。

〔7〕 参见杨解君：《行政主体及其类型的理论界定与探索》，载《法学评论》1999年第5期。

〔8〕 参见石佑启：《论公共行政之发展与行政主体多元化》，载《法学评论》2003年第4期。

〔9〕 参见余凌云：《行政法讲义》，清华大学出版社2010年版，第126页。

第二节　行政组织法

一、行政组织概述

行政组织是各类行政管理活动的组织和实施主体。准确把握行政组织的概念，对于明确行政组织法的立法目的和调整对象，以及构建和完善行政组织法律体系具有重要意义。

（一）行政组织的含义

组织，最早指的是事物的组合方式。当这一概念被引申到人类社会后，组织则指的是一种人们有目的组合起来的社会单元。[1]行政组织是人类社会存在的众多组织中的一种。

相较于其他社会组织，行政组织的特殊性在于其以公权力为基础，代表国家行使行政权力、管理公共事务。行政组织可以有广义和狭义之分。广义上，行政组织指的是各种从事行政事务、履行行政职能的组织，不仅包括政府行政机关，还包括立法机关、司法机关内管理行政事务、履行行政职能的机构，包括企业单位、事业单位、社会团体中管理行政事务、履行行政职能的机构。狭义上，行政组织则特指国家行政机关，主要包括中央及地方各级政府，以及具有统属关系的办事机构。[2]从行政法理论研究的角度来看，一般关于行政组织的讨论是针对狭义上的行政组织。

（二）行政组织的构成要素

从行政组织构成要素的角度分析，有利于将行政组织的概念抽象出来，更好地把握其内涵和特征。概括来说，行政组织一般包含以下五大要素：

第一，职能目标。组织是某一群体为实现一定的目标而组建的。行政组织有其特有的目标，其中，行政职能的实现是行政组织的核心目标。[3]行政组织是某一具体行政职能的实施载体，这一职能可以按照行政组织的架构不断细化分解。因此，实现特定行政职能是行政组织运行的最终目的。

第二，组织机构。行政组织往往有着明确的组织机构，并且其机构设置包含了对公共权力的分配和对职责的划分。在此基础上，优化行政组织的机构设置也是行政组织建设的核心内容。

第三，行政人员。人是组织的核心要素。在行政组织中，行政人员是行政组织职责的具体承担者和行政组织目标的具体实践者。行政人员的素质、能力、精神状态等决定着行政组织的工作效率。行政人员之间是分工合作和权力统属的关系，因而所有行政人

---

〔1〕 陈宏编著：《管理心理学》，东北师范大学出版社 2005 年版，第 5 页。

〔2〕 关于行政组织在国家机关中的特殊性，有学者指出行政机关是“代表国家行使国家职能的机关”，“是行使国家行政职能的国家机关”，“是依宪法或行政组织法的规定而设置的行使国家行政职能的国家机关”。参见姜明安主编：《行政法与行政诉讼法》（第 7 版），北京大学出版社、高等教育出版社 2019 年版，第 587 页。

〔3〕 参见郑春燕：《行政任务变迁下的行政组织法改革》，载《行政法学研究》2008 年第 2 期。

员既围绕同一目标开展工作，又在工作内容和权力分配上有着交叉重合。

第四，权责体系。特别是随着现代政府的建立，行政组织的运转往往有着较为明确的权责规范、运行程序以及考评体系。权责规范是行政组织获得权力、行使权力的基本依据[1]，运行程序是行政组织进行分工合作、具体推进工作的流程依据，考评体系则是行政组织行使职权、履行责任情况的评价工具。

第五，物质保障。行政组织开展活动一般需具备经费、办公场所、办公设备、办公物资、办公用品等必要的物质条件。随着数字技术的迅猛发展，数字技术的运用程度也对行政组织的效率产生影响，因此加强数字政府建设是适应新一轮科技革命和产业变革趋势的必然要求，行政组织的数字化水平也已经成为绩效考核的重要参考指标之一。

（三）行政组织的类型

行政组织的类型有不同的划分方法：

按照法定地位和管辖范围的不同，行政组织可以分为中央行政组织和地方行政组织。中央行政组织属于国家行政组织，依据法律、法规而设立并组成机关、自成系统，办理中央行政组织职权范围的行政事项。[2]地方行政组织则包括属于国家行政系统之下的地方行政机关和地方自治行政机关，一般包括地方行政机关、民族自治地方行政机关、特别行政区行政机关等。[3]

按照行政职权的业务性质的不同，行政组织可以分为一般权限行政机关和专门权限行政机关。一般权限行政机关的权限是全方位的，涉及各个行政领域和各种行政事务；专门权限行政机关的权限是部分的，往往仅涉及特定行政领域和特定行政事项。[4]

按照功能作用的不同，行政组织又可以分为领导机关、职能机关、辅助机关、直属机关、派出机关等。领导机关是各级行政组织的首脑机关，是行政组织的指挥中心、决策中心，在整个行政组织中起着统率作用。领导机关主要负责制定行政组织的目标、明确行政组织的任务，对行政组织的工作进行合理分工，同时对各类行政工作进行统一的指挥和协调。职能机关是在领导机关的统率下，负责组织和管辖某一方面行政事务的机关。职能机关是领导机关的重要组成部分，职能机关不仅要接受上级领导机关的指挥和监督，接受领导机关的具体领导，还要对下级职能机关进行领导、组织、协调，以及开展具体的业务指导。辅助机关是为领导机关和职能机关实现行政目标而在行政组织内部承担某些具体任务的机关，一般包括搜集信息、提供咨询、沟通协调、管理日常事务等。辅助机关在行政组织内是必不可少的，地位也非常重要，但是其责任和权限都是有限的，是辅助机关而非权力机关，是协调机关而非管辖机关，是参谋机关而非决策机关。此外，行政组织内部分专

〔1〕“行政职权是国家行政权的转化形式，是行政主体实施国家行政管理活动的资格及其权能。”“行政职权一般可分为固有职权和授予职权两大类。前者自行政主体的设立而产生……后者来自于法律、法规或者有权机关的授权行为。”罗豪才、湛中乐主编：《行政法学》（第4版），北京大学出版社2016年版，第50页。

〔2〕徐静琳主编：《行政法与行政诉讼法》，上海大学出版社2015年版，第53页。

〔3〕参见姜明安主编：《行政法与行政诉讼法》（第7版），北京大学出版社、高等教育出版社2019年版，第105页。

〔4〕参见阎铁毅等主编：《新编行政法与行政诉讼法学》，大连海事大学出版社2013年版，第35页。

门业务由于性质、成本、专业性等不宜由职能机关承担，但是确有工作需要的，可以通过直属机关予以管理。而派出机关是行政机关根据组织需要，在一定区域内设置的分支机构或者代表机关。虽然派出机关在特定区域内开展工作，但是受所派出行政机关的管辖和约束。从法律地位上看，派出机关不属于一级行政机关，但是和管辖区域内各类行政机关有着密切联系。

二、机构改革与编制管理

（一）机构改革方案

随着经济社会发展形势的不断变化，行政组织也必须相应作出调整和优化，以更好地履行其服务公共利益的功能作用。反之，若任由其膨胀、僵化、低效运转，则会严重影响和制约社会发展和进步。因此，机构改革是各国政府在发展中得以延续的重要方式。我国机构改革在实践中，往往是以通过实施“有关法律问题和重大问题的决定”的方式推进政府机构的快速变革。[1]

1. 机构改革的基本情况

改革开放以来，经全国人大相关决议、决定，国务院机构先后于 1982 年、1988 年、1993 年、1998 年、2003 年、2008 年、2013 年、2018 年进行 8 轮集中改革。2023 年为国务院机构的第 9 轮改革。

第一次机构改革（1982 年启动）：根据 1982 年公布的《全国人民代表大会常务委员会关于国务院机构改革问题的决议》，本轮改革是在党的十一届三中全会提出转变政府经济职能和经济管理方式的背景下展开的。这轮政府机构改革以精兵简政为目标，强调加强集中统一领导，提高政府工作效率，着重解决干部年轻化问题。经过改革，国务院部委、直属机构、办公机构由 100 个减为 61 个，其中经济管理部门由 71 个减少到 41 个，国务院部委的领导人数由 530 多人减少到 180 多人，工作人员从 5.1 万人减为 3 万人，缩减了 41%。

第二次机构改革（1988 年启动）：根据 1988 年公布的《第七届全国人民代表大会第一次会议关于国务院机构改革方案的决定》，本轮改革是在党的十三大提出转变政府职能的改革任务和明确提出加快建立和培育社会主义市场经济体系的背景下展开的。这轮政府机构改革首次明确了“转变政府职能”的改革思路，并按照“三定”（定职能、定机构、定编制）原则精简专业部门和减少人员编制。经过改革，国务院部委由 45 个减为 41 个，直属机构由 22 个调整为 19 个，非常设机构从 75 个减为 44 个，机构人员编制比原来减少了 9700 多人。

第三次机构改革（1993 年启动）：根据 1993 年公布的《第八届全国人民代表大会第一次会议关于国务院机构改革方案的决定》。本轮改革是在党的十四大确定建立社会主义市场经济体制的改革目标和进一步明确政府职能背景下展开的。重点是加强宏观调控和监督部门，强化社会管理职能部门，转变部分专业经济部门为行业管理机构或经济实

---

〔1〕 参见贾圣真：《政府机构改革与法律环境的互动与协调》，载《行政法学研究》2021 年第 5 期。

体，以便达到“宏观管住，微观开放”的要求。经过改革，国务院直属机构和办事机构减少 27 个，剩 59 个；非常设机构减少 56 个，剩 29 个；各部委内设司局机构减少 136 个，剩 788 个；机关行政编制精简 20%，剩 2.92 万个。

第四次机构改革（1998 年启动）：根据 1998 年公布的《第九届全国人民代表大会第一次会议关于国务院机构改革方案的决定》。本轮改革是在党的十五大强调“充分发挥市场机制作用，健全宏观调控体系”和将政府宏观调控的任务明确为“保持经济总量平衡，抑制通货膨胀，促进重大经济结构优化，实现经济稳定增长”的背景下展开的。改革的目标是建立办事高效、运转协调、行为规范的政府行政管理体系，完善国家公务员制度，建设高素质的专业化行政管理队伍，逐步建立适应社会主义市场经济体制的有中国特色的政府行政管理体制。经过改革，国务院组成部门减少 11 个，剩 29 个；人员编制机关干部编制减少近一半，剩 1.67 万个。

第五次机构改革（2003 年启动）：根据 2003 年公布的《第十届全国人民代表大会第一次会议关于国务院机构改革方案的决定》。本轮改革是在党的十六大提出“完善政府的经济调节、市场监管、社会管理和公共服务的职能”和加入世界贸易组织的大背景下展开的。这轮政府机构改革减少了 9 个专业经济部门，政府组成部门由 29 个减少到 28 个。

第六次机构改革（2008 年启动）：根据 2008 年公布的《第十一届全国人民代表大会第一次会议关于国务院机构改革方案的决定》。本轮改革是在党的十七大提出以科学发展观为指导，“建设服务型政府”“减少政府对微观经济运行的干预”的背景下展开的。改革的主要任务是，围绕转变政府职能和理顺部门职责关系，探索实行职能有机统一的大部门体制为核心任务，合理配置宏观调控部门职能。此次机构改革涉及调整变动的机构共 15 个，改革后，除国务院办公厅外，国务院设置组成部门 27 个。

第七次机构改革（2013 年启动）：根据 2013 年公布的《第十二届全国人民代表大会第一次会议关于国务院机构改革和职能转变方案的决定》。本轮改革是在党的十八大提出“建设职能科学、结构优化、廉洁高效、人民满意的服务型政府”和“推动政府职能向创造良好发展环境、提供优质公共服务、维护社会公平正义转变”的背景下展开的。经过改革，国务院组成部门减少至 25 个，铁道部、卫生部等退出历史舞台。

第八次机构改革（2018 年启动）：根据 2018 年公布的《第十三届全国人民代表大会第一次会议关于国务院机构改革方案的决定》，本轮机构改革统筹推进党政军群机构改革，并且突出党的核心领导地位。改革后，国务院正部级机构减少 8 个，副部级机构减少 7 个，除国务院办公厅外，国务院设置组成部门 26 个，直属特设机构 1 个，直属机构 10 个，办事机构 2 个。[1]

2023 年，在新的时代背景下，国家启动了新一轮党和国家机构改革，于 2023 年 3

---

〔1〕 机构改革情况具体可参考宋世明、王君凯：《我国政府机构改革历程与取向观察》，载《改革》第 2018 年第 4 期；陈振明：《党和国家机构改革与国家治理现代化——机构改革的演化、动因与效果》，载《行政论坛》2023 年第 5 期。

月公布了《第十四届全国人民代表大会第一次会议关于国务院机构改革方案的决定》，主要目标是构建系统完备、科学规范、运行高效的国家机构职能体系，主要包括以下重点。第一，优化科技部门职权。主要是着眼于更好应对日益激烈的科技创新竞争，在剥离科技部在促进农村科技发展、科技园区管理、国外智力引进等方面职能的同时，强化了推动健全新型举国体制、促进科技成果转化方面的职权。为更好发挥有限财政资金对于科技创新的促进作用，对深化财政科技经费分配使用机制改革作出部署，优化经费使用。第二，完善金融管理体制。主要是针对一段时期内金融监管乏力、金融乱象丛生的情况，重新组建国家金融监督管理总局，统一负责除证券业之外的金融业监管。与此同时，同步推进地方金融监管体制改革、中国人民银行分支机构改革，并完善国有金融资本管理体制等。第三，组建数据资源管理部门。随着数字技术与实体经济深度融合，数据越来越成为重要的生产要素。此项改革主要目的是从国家层面进一步加强对数据资源的管理和利用，协调推进数据基础制度建设，统筹推进数字中国、数字经济、数字社会规划和建设等工作。第四，优化农业部门职权。脱贫攻坚结束后，巩固脱贫攻坚成果与推进乡村振兴是有机统一的。为此，着眼加强对农业农村工作的统一领导，将乡村振兴局和农业农村部的职责进行整合归并。同时，着眼更好应对人口老龄化、更好促进科技产业创新，明确了完善老龄工作体制、加强知识产权管理等方面的改革任务，并提出了精减中央和国家机关人员编制的要求。[1]

2. 机构改革的重点

通过回顾改革开放以来机构改革的历程，以及 2023 年新一轮机构改革的部署要求，可以归纳出机构改革的关注重点包括以下方面：

第一，职能转变问题。历次机构改革的重要目标之一，都是推动政府的职能转变。[2]概括来说，是要更好地处理政府和市场的关系，实现推动政府从微观管理转向宏观管理、从部门管理转向行业管理、从直接管理转向间接管理、从以行政手段为主转向经济和法律手段为主等目标，以及从处理日常事务和审批项目、资金转向抓好政策制定、统筹规划、综合协调、监督检查、指导服务等，旨在打造服务社会主义市场经济发展的服务型政府。

第二，机构调整问题。从系统论的角度来看，“行政组织是一个与外界环境有着密切关系的开放系统，它要经常调整组织结构以适应环境的变化和要求”[3]。建设现代政府，必然要求形成科学合理的政府机构设置，包括建设、调整基本的领导机关、职能机关，还要根据需要配齐辅助机关、直属机关，进而提升政府工作的系统性、整体性、协同性，提高政府组织对经济社会发展的调控能力。

第三，改革配套问题。机构改革是深化改革的重要内容和主要方式，因此机构改革和政治体制、经济体制改革总是配套进行的。在某一历史阶段，为了服务政治和经济体

〔1〕 参见陈振明：《党和国家机构改革与国家治理现代化——机构改革的演化、动因与效果》，载《行政论坛》2023 年第 5 期。

〔2〕 参见黄小勇：《机构改革的历程及其内在逻辑》，载《行政管理改革》2018 年第 5 期。

〔3〕 参见吴春华：《西方现代公共行政理论》，天津教育出版社 2007 年版，第 182 页。

制改革，或者为改革创造条件、营造环境，必然要求对政府机构设置进行改革。当然，机构改革政治体制、经济体制改革不可能完全同步，机构改革根据实际情况有时会超前、有时会滞后于政治和经济体制改革。

第四，编制管理问题。在历次改革中，对于行政组织的编制管理都是核心内容之一，并且改革的规范化、制度化、法治化程度也在不断提升。特别是通过基于一个发展时期的整体判断进行机构改革，能够更好把握行政组织的职权关系、机构设置、人员规模和结构是否合理，有利于解决行政组织中存在的臃肿膨胀、人浮于事、能力退化、效率低下、不符合实践需要等问题。

（二）编制管理制度

编制管理制度是指对行政机构、结构、等级以及相关资源配置进行规范和控制的一套制度设计。机构改革和编制管理有着十分密切的关系。某种意义上而言，编制管理就是机构改革的具体实施方式之一。

1. 编制管理制度概述

编制，简言之就是法定的社会组织、机构内部工作人员的成员、职位、结构等方面的规定。行政编制，则特指行政组织的人员定额，以及各种人员的比例结构。[1] 由于行政组织的特殊性，行政编制管理一般还引申到行政组织的权责关系、机构设置、规格级别等方面。

为了提升行政组织运转的效率，实现国家治理现代化，我国不断提高编制管理方面的规范化水平。改革开放前，我国就先后制定了中央人民政府政务院《关于调整机构、紧缩编制的决定》《关于各级国家机关、党派、人民团体精简的建议》等。1982 年出台的《关于国务院机构改革问题的报告》，1988 年、1993 年、1998 年、2003 年、2008 年出台的《国务院机构改革方案》以及 2023 年出台的《党和国家机构改革方案》中，都对编制管理方面提出了明确的要求。1997 年，国务院通过的《国务院行政机构设置和编制管理条例》为行政机关编制管理提供了重要法律依据。2007 年，国务院通过的《地方各级人民政府机构设置和编制管理条例》填补了地方机构编制管理工作的制度空白。

我国编制管理工作是按照自上而下的方式进行的。各级党委领导的编制委员会是负责编制管理的核心部门，负责统一审批下级党政机关的机构设置、变更与调整，以及人员编制的定额。财政部门也以此作为核拨经费的基本依据。行政组织的编制管理工作同样如此。

2. 编制管理制度的基本导向

科学的编制管理有助于建立起精干合理的行政组织，配备高素质的工作人员，最大限度地提升行政效率、减轻行政成本。整体而言，编制管理制度包括以下基本原则导向：

第一，提高行政效率。效率向来是行政管理的核心问题，因此如何提高行政组织的效率也是编制管理的核心问题。在编制管理过程中，必须准确评估一级行政组织在经济

---

〔1〕 参见徐静琳主编：《行政法与行政诉讼法》，上海大学出版社 2015 年版，第 62 页。

社会发展全局中的功能作用，并相应合理确定行政组织的机构、职责和人员等要素，最大限度地发挥行政组织的效率。而在编制调整中，也要以提高行政组织的效率作为出发点和落脚点。

第二，实现组织精简。精简行政组织要求在实现相同效率的情况下，行政组织所耗费的人力、物力、财力应当是最优化的。同时，行政组织结构的精简也可以有效避免部门林立、职责不清、推诿扯皮、机构冗余等情况，最大限度保证行政组织的工作效能。

第三，优化系统能力。编制管理将行政组织作为一个系统整体看待，整体考虑其功能、结构以及人员组成，同时要充分考虑行政组织内部各个组成部分的相互关系，通过优化内部结构来提升组织能力。

第四，提高法治化水平。编制管理需要严格落实各类行政组织法律法规的编制管理要求。随着现代政府理念的不断落实，对于行政组织各层级、各类别行政组织的法律规定愈发完善，特别是对于职权关系、人员数量都进行了详尽的规定。

3. 编制管理制度的主要内容

在实践中，“三定”（即定机构、定编制、定职能）方案是机构改革和编制管理的主要依据。这和编制管理的主要内容是相关联的，即机构管理、规模管理、职责管理三个方面。

第一，机构管理。机构管理主要是根据明确的职权关系，对机构设置的数量、规格、性质、级别、序列、名称等方面进行明确。同时，机构管理还包括合理确定机构的总体规模、职能属性、节制关系、规范名称等方面。机构管理的目的在于实现机构的规模、层级与所承担工作的性质、难易度等方面相匹配。

第二，规模管理。规模管理主要是管理编制数额和编制结构，包括合理确定行政组织内部的机构、领导职数、人员数额等内容。在确定行政组织的人员数额时，要按照工作需要合理确定人员数额，并且科学确定不同专业、素质、能力等人员的比例，形成行政组织人员配备的最优组合。同时，还要严格控制领导职数，避免产生职能交叉、官僚主义等问题，甚至产生制约行政组织效率提升等弊端。

第三，职责管理。职责管理是按照“权责一致”的原则，对行政组织的责任定位和职能划分进行明确。这是提高编制管理科学性和合理性的前提条件。通过职责管理做好组织和组织之间、上级组织与下级组织之间、组织内部之间的协调和衔接，使行政组织内部能够形成良好的分工合作关系。

三、中央政府组织法

行政组织有纵向和横向之分，其中纵向层级最高的是中央政府。中央政府组织法是中央政府的组织原则和活动准则，直接影响着国家机器的运转。我国专门的中央政府组织法为《国务院组织法》，该法于 1982 年 12 月公布施行，是规定国务院性质与地位、组织与结构以及职能的基本法。[1]2024 年 3 月 11 日，十四届全国人大二次会议对《国务

〔1〕 参见江国华：《法治政府要论——组织法治》，武汉大学出版社 2020 年版，第 102 页。

院组织法》进行修订。《国务院组织法》根据《宪法》的规定、原则和精神，对国务院的组织制度和工作制度作出规定，对于保障国务院依宪《依法》履行职责发挥了重要作用。除《国务院组织法》之外，关于中央政府组织的规范要求还体现在我国《宪法》以及相关法律法规之中。

（一）对中央政府组织基本构成的规范

中央政府是领导全国和地方行政工作的最高行政机关，是一个国家行政体制的核心，是一国国家行政传统和行政制度规范的集中体现。不同国家对于中央政府的规定有所不同，体现了一国行政体制的特点。例如，采用总统制的美国，总统是行政机构的首脑，直接负责国家行政事务，同时任命内阁成员（包括国务卿、国防部长等）辅助其工作；采用议会制的德国，总理是政府首脑，由议会多数党领导人担任，总统为虚位元首，总理和内阁负责行政事务。在我国，中央政府是国务院，其定位为最高国家权力机关的执行机关和最高行政机关。国务院组成人员包括总理、副总理、国务委员、各部部长、各委员会主任，中国人民银行行长、审计长、秘书长。总理领导国务院的工作。副总理、国务委员协助总理工作。总理、副总理、国务委员、秘书长组成国务院常务会议。总理召集和主持国务院常务会议和国务院全体会议。

国务院的组织机构是我国中央政府的组成部分，同样属于中央政府的概念范畴。国务院的组织机构中较为常见的是国务院组成部门，也就是国务院各部委、中央人民银行、审计署。国务院各部部长、各委员会主任以及中央人民银行、审计长负责本部门的工作；召集和主持部务会议或者委员会会议、委务会议，讨论决定本部门工作的重大问题。国务院组成部门和具有行政管理职能的直属机构以及法律规定的机构，可以根据法律和国务院的行政法规、决定、命令，在本部门的权限范围内，制定规章。除各部委外，国务院办公厅、国务院直属机构、国务院办事机构、国务院直属事业单位、国务院部委管理的国家局也是国务院的组织机构，具有中央政府的有关职权。

（二）对中央政府组织职权行使的规范

中央政府的职权范围通常包括国家安全、外交政策、国防、宏观经济政策、交通运输、税收、社会保障、公共卫生、环境保护等国家层面的事务，具体职权范围会根据不同国家的宪法和法律有所差异。

在我国，国务院统一领导全国地方各级国家行政机关的工作，国务院坚持中国共产党的领导，坚持以马克思列宁主义、毛泽东思想、邓小平理论、“三个代表”重要思想、科学发展观、习近平新时代中国特色社会主义思想为指导，坚决维护党中央权威和集中统一领导，坚决贯彻落实党中央决策部署，贯彻新发展理念，坚持依法行政，依照宪法和法律规定，全面正确履行政府职能。国务院坚持以人民为中心、全心全意为人民服务，坚持和发展全过程人民民主，始终同人民保持密切联系，倾听人民的意见和建议，建设人民满意的法治政府、创新政府、廉洁政府和服务型政府。

同时，国务院的具体职权包括以下主要方面：

第一，决策和政策制定权。国务院根据宪法和法律规定行政措施，制定行政法规，发布决定和命令；向全国人大及其常委会提出议案；规定各部委的任务和职责；编制和执行国民经济和社会发展计划等。这是国务院最重要的职权，体现了其在国家决策和政策制定过程中的核心地位。

第二，经济建设领导权。国务院统一领导经济工作和城乡建设、生态文明建设；领导和管理财政、税收等工作。国务院负责宏观调控和经济运营的统一领导。

第三，社会事业领导权。国务院领导和管理教育、科学、文化、卫生、体育和计划生育等社会事业的工作。国务院负责这些社会事业的发展。

第四，政务管理权。国务院领导和管理民政、公安、司法行政等政务性工作；管理对外事务，同外国缔结条约；领导和管理国防建设等。这是国务院的日常政务运转管理权。

第五，行政系统管理权。国务院统一领导全国各级地方国家行政机关，规定中央和地方国家机关的职权划分；改变或撤销地方行政机关的不当决定；批准地方政区划分和自治机构设置；审定行政机构编制，管理行政人员等。这是国务院对行政系统的组织和人事的管理权。

第六，民族和侨务管理权。国务院领导和管理民族事务，保障少数民族权利；保护华侨和归侨权利等。

第七，其他权力。国务院还应履行全国人大及其常委会授予的其他职权，体现我国中央政府接受我国人大的领导和监督。

为了保障国务院正确行使职权，要求进一步完善以下制度要求：第一，健全行政决策制度体系，规范重大行政决策程序，加强行政决策执行和评估，提高决策质量和效率；第二，健全行政监督制度，加强行政复议、备案审查、行政执法监督、政府督查等工作，坚持政务公开，自觉接受各方面监督，强化对行政权力运行的制约和监督；第三，规范国务院组成人员，国务院组成人员应坚决维护党中央权威和集中统一领导，模范遵守宪法和法律，认真履行职责，带头反对形式主义、官僚主义，为民务实，严守纪律，勤勉廉洁；第四，强化组织协调，国务院组成部门、直属机构、办事机构应当各司其职、各负其责、加强协调、密切配合，确保党中央、国务院各项工作部署贯彻落实。

在我国，国务院的组织机构有不同的职能定位。国务院组成部门履行国务院基本的行政管理职能；国务院直属机构主管国务院的某项专门业务，具有独立的行政管理职能；国务院办事机构协助国务院总理办理专门事项，不具有独立的行政管理职能；国务院特设机构负责国务院的特别事务；国务院部委管理的国家局主管特定业务；国务院议事协调机构承担国务院行政机构的重要业务工作的组织协调任务。

此外，为了落实审计监督职责，我国中央政府组织还包括审计机关，对国务院各部门和地方各级政府的财政收支，对国家的财政金融机构和企业事业组织的财务收支，进行审计监督。审计机关在国务院总理领导下，依照法律规定独立行使审计监督权，不受其他行政机关、社会团体和个人的干涉。

（三）对中央政府组织机构管理的规范

中央政府的机构管理一般由各个部门和机构根据国家宪法和相关法律的规定来执行。在我国，《国务院组织法》对中央政府组织的机构管理进行了原则性和框架性的规定。1997 年施行的《国务院行政机构设置和编制管理条例》进一步明确了对国务院行政机构设置和编制管理的具体规范要求。其中，要求国务院行政机构的设置原则应为适应国家政治、经济、社会发展需要，做到精简、统一、高效。同时，规定了设立、撤销或合并国务院行政机构的程序和要求，包括评估论证、报批等程序，以及各类型机构的报批主体。此外，还建立了监督检查制度，要求国务院机构编制管理机关对设置和编制执行情况进行监督检查，进一步明确了违反规定的行政机构和人员应承担的法律责任等方面的具体规定。

四、地方政府组织法

地方政府是中央政府为了治理国家部分地区而设置的各级政府。[1] 地方政府组织享有行政权并管理行政事务，通过权责分配、结构安排、人员配备等构成地方行政机关的完整体系，是相对中央政府组织而言的概念。[2] 关于地方政府组织的规范要求主要体现在《宪法》《地方各级人民代表大会和地方各级人民政府组织法》《民族区域自治法》《香港特别行政区基本法》《澳门特别行政区基本法》以及其他法律法规之中。

（一）对地方政府组织基本构成的规范

从全球范围来看，相较于中央政府，地方政府组织带有明显的地域性特征，是一定区域范围内行政权力的行使者，通常是按照国家行政区划进行设立的行政组织。不同国家的地方政府的产生与构成往往存在较大区别，同时反映了各国的行政传统、地理特征、治理理念等方面的差异。在我国，地方各级人民政府是地方各级国家权力机关的执行机关，是地方各级国家行政机关。根据我国的国家行政区域划分，地方人民政府分为省（自治区、直辖市）、市（设区的市、自治州）、县（自治县、不设区的市）、乡（民族乡、镇）人民政府四级。

省、自治区、直辖市、自治州、设区的市的人民政府分别由省长、副省长，自治区主席、副主席，市长、副市长，州长、副州长和秘书长、厅长、局长、委员会主任等组成；县、自治县、不设区的市、市辖区的人民政府分别由县长、副县长，市长、副市长，区长、副区长和局长、科长等组成；乡、民族乡的人民政府设乡长、副乡长。民族乡的乡长由建立民族乡的少数民族公民担任。镇人民政府设镇长、副镇长。地方各级人民政府实行行政长官负责制。

地方各级人民政府由职能部门、派出机关及其内设机构组成。地方政府职能部门是指在地方政府组织内设立相应的工作部门，负责本行政区内某一方面的公共行政事务。派出机关则包含了行政公署、区公所和街道办事处。内设机构是指地方政府内部设立的，负责具体某些行政事务的机构，如办公室、研究室等，负责日常的管理和服务工作，支持政府的运行和决策。

此外，国家在必要时可设立特别行政区。特别行政区的设立是“一国两制”构想的

---

〔1〕 参见周平主编:《当代中国地方政府》，人民出版社 2007 年，第 1 页。

〔2〕 参见应松年主编:《当代中国行政法》（第 2 卷），人民出版社 2018 年版，第 403 页。

具体实践，既坚持了国家的统一，又兼顾了香港、澳门等地的历史和现实情况。我国的特别行政区包括香港特别行政区和澳门特别行政区。香港特别行政区政府的首长是香港特别行政区行政长官，香港特别行政区政府设政务司、财政司、律政司和各局、处、署。澳门特别行政区政府的首长是澳门特别行政区行政长官，澳门特别行政区政府设司、局、厅、处。

（二）对地方政府组织职权行使的规范

地方政府在其行政区域内依法行使管理权力，负责包括区域内经济建设、城乡规划、社会管理、公共服务等方面的具体事务。具体权限范围由地方政府组织法进行明确和规范。

在我国，县级以上的地方各级人民政府职权包括：第一，上级命令执行和实施，包括执行人大决议、上级政府决定和命令等；第二，行政领导和管理类，包括发布本级政府的决定和命令，领导工作部门和下级政府，改变或撤销不适当的命令和决定等；第三，人事管理，包括任免、培训、考核和奖惩行政机关工作人员等；第四，发展规划和财政预算，包括编制和执行经济社会发展规划、计划和预算等；第五，秩序维护，包括保护各类财产，履行国有资产管理职责，维护社会秩序，保障公民权利，保护各种经济组织的合法权益，保障宪法和法律赋予妇女的各项权利等；第六，民族管理，包括铸牢中华民族共同体意识，促进民族交流融合，保障少数民族权利等；第七，其他职责，包括办理上级交办的其他事项等。比较而言，乡、民族乡、镇的人民政府的职权会有所减少，没有进行人员管理、编制发展规划和财政预算等方面的权力，更侧重于基层经济社会事务的管理，是贯彻执行上级决策和服务群众的基层行政机关。

自治区、自治州、自治县的自治机关，可以依照《宪法》《民族区域自治法》和其他法律规定的权限行使自治权。相应的地方政府在上级政策执行、人事管理、经济管理、文化教育、流动人口管理、计划生育管理、环境管理方面有一定的职权。

香港特别行政区和澳门特别行政区享有基本法所规定的自治权，特别行政区的行政机关负责制定和执行政策，管理行政事务，代表中央办理对外事务，拥有财政和立法权力，可以向立法会提出法案，并派官员列席立法会代表政府发言。

（三）对地方政府组织职权行使的规范

地方政府组织的机构管理是落实地方区域发展需要，提高行政效能的基础。在我国，根据《地方各级人民代表大会和地方各级人民政府组织法》，地方各级人民政府的机构设置遵循工作需要、优化协同高效以及精干原则，具体的设置要求包括：设立工作部门的县级以上政府设立审计机关；厅、局、委员会等部门的设立、变动需要报批准并备案；县级以上政府可根据区域发展战略共建跨行政区划的协同发展机制；可建立跨部门指挥协调机制应对重大突发事件；设立领导职位与副职、设立政府秘书长与副秘书长；各级政府工作部门受统一领导和上级主管部门业务指导或领导；协助并监督本区域国家机关、企业单位、事业单位工作派出机关；指导基层自治组织工作；建立居民列席会议制度。

在地方政府的编制管理方面，根据《地方各级人民政府机构设置和编制管理条例》，编制管理工作由中央统一领导、地方分级管理。地方各级政府组织机构设置和人员配备，要严格按照国务院所制定的条例和其他规范性文件执行。其中，地方各级人民政府的编制应分类管理，行政机构和事业单位编制不得混用；编制总额由省级政府提出经国务院机构编制管理机关审核后，报国务院批准；地方政府可在总编制内调整部门编制，同一个行政区域不同层级之间调配需省级政府提出经国务院机构编制管理机关审批；议事协调机构不单独设定编制，由具体工作机构提供；领导职数按照地方各级人民代表大会和地方各级人民政府组织法的有关规定确定。

第三节　公务员法

一、公务员的概念与分类

（一）公务员的概念

公务员，顾名思义就是从事公务的人员。"公务员"一词最初由"Civil Servant"一词翻译而来。在西方国家，狭义的公务员也被称为文官，它首先是指行政机关的文职人员，与军队的武官和司法机关的法官相区别；其次是指处理具体事务的办事人员，与负责政策决定的人员相区别。这类文官往往具有一些共同的特点，例如公开考试、择优录用、职务常任等。[1]而我国公务员的含义与西方国家有较大差别，在范围上也更加宽泛。根据《公务员法》第2条的规定，我国公务员是指"依法履行公职、纳入国家行政编制、由国家财政负担工资福利的工作人员"。这个定义表明，公务员必须具备的三项条件，即依法履行公职、纳入国家行政编制、由国家财政负担工资福利。

首先，我国公务员是依法履行公职的人员。履行公职是公务员最本质的特征，公务员是依照宪法、法律、法规的规定从事公务活动的人员。通过履行法律法规赋予的职责，公务员为国家、社会和全体公民服务。依法履行公职这一特征，将公务员与为私人企业或者组织而工作或服务的社会其他人员区分开来。需要注意的是，公务活动也有狭义和广义之分。狭义的公务仅指国家行政事务，而广义的公务包括一切国家事务和社会公共事务。我国采取的是较为广义的公务概念，包括国家事务和一些较为重大的社会公共事务。就此而言，我国公务员的概念有别于行政公务人员，[2]履行其他国家事务或重大社会公共事务的工作人员也可能属于公务员的范畴，例如法官、检察官等。

其次，我国公务员是纳入国家行政编制的人员。我国的人员编制可分为行政编制、事业编制、企业编制、军事编制等类型。所谓行政编制，是指工作人员的工资和日常办

〔1〕参见龚祥瑞:《比较宪法与行政法》，法律出版社2003年版，第385—392页。

〔2〕行政公务人员，是指依法享有职权或受行政机关委托，能以行政机关名义行使行政职权、履行行政职责，其后果归属于行政机关的个人。

公经费由行政经费开支并列入国家预算。只有纳入行政编制的人员才可能是公务员，纳入事业编制、企业编制、军事编制的人员不是公务员。另外，在部分国家，国家机关内从事后勤杂务的人员也会被列入公务员的范围。但是在我国，如果只是在国家机关内工作但没有纳入行政编制，如工勤人员或临时聘用人员等，则不属于公务员的范畴。

最后，我国公务员是由国家财政负担工资福利的人员。公务员履行公职是为了国家的利益，因此国家相应地以财政负担工资福利的形式来保障公务员的生活。需要注意的是，并不是所有由国家财政供养的人都是公务员。例如，科研机构的研究人员、公立学校的教师等也是由国家负担其工资福利，但不具有公务员身份。

因此，以上三项条件缺一不可，只有同时具备的才是公务员。根据该定义，我国公务员在范围上主要涵盖以下机关中的工作人员（除工勤人员以外）：一是中国共产党各级机关的工作人员；二是各级人民代表大会及其常务委员会机关的工作人员；三是各级行政机关的工作人员；四是中国人民政治协商会议各级委员会机关中的工作人员；五是各级监察机关中的工作人员；六是各级审判机关中的工作人员；七是各级检察机关中的工作人员；八是各民主党派和工商联的各级机关的工作人员。由此可见，我国公务员的覆盖范围非常广泛，这也是由我国社会主义国家的性质所决定的。

（二）公务员的分类

在现代国家中，公务员是一个非常庞大的职业群体，对公务员进行适当的分类才能够更好地明确公务员的法律地位。部分国家将公务员分为政务类和事务类：政务类公务员通常是指经选举产生或者通过政治任命产生、服从于执政党意志、随执政党共进退、不受公务员法调整的官员；业务类公务员通常是指通过竞争考试任职、在政治上保持中立、无重大过错即可长期任职并受公务员法调整的公职人员。我国不实行政党轮流执政的政治制度，所以对公务员不采政务和业务的分类。[1]我国的公务员的分类带有自身独特的政治传统和色彩。根据《公务员法》第16条的规定，我国公务员按照公务员职位的性质、特点和管理需要，主要划分为综合管理类、专业技术类和行政执法类等类别。

第一，综合管理类公务员。综合管理类公务员是指在国家机关中承担组织、规划、指挥、协调、咨询、决策、监督及内部管理工作的人员。综合管理类职位的数量最大，是公务员职位的主体。传统上，综合管理类公务员还可分为领导职务类和非领导职务类，其中领导职务分为国家级正职、国家级副职、省部级正职、省部级副职、厅局级正职、厅局级副职、县处级正职、县处级副职、乡科级正职、乡科级副职；非领导职务在厅局级以下设置，分为巡视员、副巡视员、调研员、副调研员、主任科员、副主任科员、科员、办事员。但是，随着我国推行公务员职务与职级并行改革，目前非领导职务概念已经逐渐被取消，转而被职级概念所替代。《公务员职务与职级并行规定》第7条第2款规定，“综合管理类公务员职级序列分为：一级巡视员、二级巡视员、一级调研员、二级调研员、三级调研员、四级调研员、一级主任科员、二级主任科员、三级主任科员、四级主任科员、一级科员、二级科员”。

---

〔1〕 参见姜明安：《行政法》，北京大学出版社2017年版，第221页。

第二，专业技术类公务员。专业技术类公务员是指在国家机关中从事技术性工作、为机关履行职责提供专业技术支持和技术手段保障的工作人员。相比其他职位类别，专业技术类职位具有两个重要特征：一是强技术性，专业技术类公务员一般仅负责专业技术工作，不直接参与公共管理，也不行使行政决策权和行政执法权，其作出专业技术结论是为决策提供参考和依据；二是弱替代性，专业技术类公务员的任职标准一般与其专业技术水平相挂钩，其他职位对该职位的替代性低，通常无法进行跨类别的人员流动。根据这些特征，专业技术类职位一般是某些特殊机关中的技术岗位，例如公安机关的法医鉴定、痕迹检验等职位。同时，专业技术类职位也包括一些社会通用的技术岗位，例如翻译、影像技术等职位。

第三，行政执法类公务员。行政执法类公务员是指依照法律法规直接履行行政许可、行政处罚、行政强制、行政征收、行政收费、行政检查等行政执法职责的公务员。与综合管理类、专业技术类职位相比，行政执法类职位也具有两个重要特征：一是执行性，行政执法类公务员一般只有法律执行权，不具有研究制定法律、法规、政策的职责；二是强制性，行政执法类公务员依法可以对行政相对人采取监管、稽查、处罚和强制等措施。目前，按照党中央深化行政执法体制改革的要求，行政执法类职位一般在市地级以下机关的市场监管、生态环境保护、文化市场、交通运输、农业、城市管理等综合执法队伍和其他以行政执法工作为主要职责的机关或者机构中设置。

需要注意的是，综合管理类公务员和专业技术类公务员可以存在于任何国家机关中，但是行政执法类公务员只存在于行政机关中。

二、特别权力关系理论

公务员本身是一类身份特殊的法律主体。一般认为，公务员与国家之间的法律关系，不同于普通公民与国家之间的法律关系。在我国，公务员对行政处分不服，只能向行政机关申诉、通过行政内部程序解决，不能提起行政诉讼。这种做法的理由往往被归结于公务员和国家之间的关系属于特别权力关系。

（一）特别权力关系理论的发展

特别权力关系理论最早起源于德国。19 世纪 70 年代，德国公法学者保罗·拉班德（Paul Laband）提出，担任公职的人员与君主之间存在忠诚与服从的关系，他对此使用了“特别权力关系”这一概念。其后，德国行政法学之父奥托·迈耶（Otto Mayer）在此基础之上进一步区分一般权力关系和特别权力关系，他认为个人与国家之间通常存在以服从为内容的一般权力关系；但是，在公务员关系、军人关系、学生与学校、犯人与监狱等这些特殊领域，为了实现特定目的，个人对国家负有特别的服从义务，因此构成特别权力关系。[1] 这种特别权力具有如下特点：第一，不适用法律保留原则，即使在没有法律授权的情况下，公权力主体也可以限制相对人的权利、为相对人设置广泛的义务，并且对违反义务者加以惩罚；第二，法律救济途径限制，与公权力主体对一般相对人的

---

〔1〕［德］奥托·迈耶：《德国行政法》，刘飞译，商务印书馆 2013 年版，第 109—110 页。

行为不同，公权力主体对其内部相对人的行为，不能被提起任何外部救济。[1]

第二次世界大战后，特别权力关系理论受到了强烈质疑。基于人权的普遍性保障原理，即使是公务员、军人等公权力的内部相对人，其基本权利也应受到保护，法律不应该区别对待。于是，法律保留原则逐渐渗透这一领域，特别权力关系理论出现松动。20世纪70年代后，德国逐渐废弃了特别权力关系理论。但是，公务员、军人、学生等内部相对人与公权力主体之间的法律关系毕竟还有特殊之处，所以这一概念至今仍具有一定的描述性意义，在学理上逐渐被改造为“特别行政法关系”“特别法律关系”等概念。[2]

（二）特别权力关系理论与公务员法

就我国而言，虽然学理上对于是否引进特别法律关系理论存在争议[3]，但是通说认为，公务员法在一定程度上仍然体现了特别权力关系理论。首先，根据《公务员法》第95条的规定，公务员对涉及本人的处分、辞退或者取消录用、降职、定期考核定为不称职、免职、申请辞职、提前退休未予批准、不按照规定确定或者扣减工资、福利、保险待遇等争议，只能在行政系统内部进行申诉和控告。其次，《行政诉讼法》第13条第3款规定，行政机关对行政机关工作人员的奖惩、任免等决定不属于行政诉讼的受案范围，由此公务员不能就奖惩、任免等决定提起行政诉讼。最后，《行政诉讼法解释》第2条第3款进一步规定，“行政机关对行政机关工作人员的奖惩、任免等决定”，是指“行政机关作出的涉及行政机关工作人员公务员权利义务的决定”。这一解释将影响该公务员权利义务的奖惩、任免等决定都排除在行政诉讼范围之外。据此，行政机关对其公务员采取的诸如扣发工资、内部摊派、住房分配或剥夺财物、权利及资格等行为，似乎都只能寻求内部程序进行解决。一旦得不到内部解决，公务员的权益就会面临救济无门的境地。因此有观点认为，这些规定实质上也是受特别权力关系理论的影响。[4]

三、公务员的权利与义务

权利和义务是法学的核心概念，[5]公务员法以权利和义务为机制来调整国家与公务员之间的法律关系。作为普通公民，公务员和其他公民一样具有宪法和法律规定的权利和义务；但是作为公职人员，公务员的权利和义务存在自身的特殊之处。

（一）公务员的权利

公务员的权利，是指公务员基于自身身份和职责依法所享有的能够为或者不能为一

---

〔1〕参见陈新民：《中国行政法学原理》，中国政法大学出版社2002年版，第64页。

〔2〕我国有学者将其称为“特别行政法关系”，参见李洪雷：《行政法释义学：行政法学理的更新》，中国人民大学出版社2014年版，第60—64页；也有学者将其称为“特别法律关系”，参见杨解君：《特别法律关系论——特别权力关系论的扬弃》，载《南京社会科学》2006年第7期。

〔3〕参见胡建淼：《“特别权力关系”理论与中国的行政立法——以〈行政诉讼法〉、〈国家公务员法〉为例》，载《中国法学》2005年第5期。

〔4〕参见应松年主编：《当代中国行政法》（第1卷），人民出版社2018年版，第209—210页。

〔5〕参见张文显主编：《法理学》（第5版），高等教育出版社2018年版，第125页。

定行为，或要求他人为或不为一定行为的能力和资格。公务员的权利具有身份性、法定性和工具性等特征，旨在保障公务员能够依法履行公职。

根据《公务员法》的规定，公务员具体享有的权利主要包括以下方面：第一，履行职责保障的权利，公务员履行职责需要具备相应的工作条件，包括办公设施、文传通信工具、外出交通工具等，国家有义务为其提供履行公职需要的基本条件；第二，职位保障的权利，非因法定事由、非经法定程序，公务员不被免职、降职、辞退或者处分，这种职位保障权的核心目的在于，保证公务员工作的连续性和稳定性，只要公务员依法履行职责，其职位将获得法律保障；第三，工资福利保障的权利，工资、福利和待遇是国家支付或者分配给公务员个人、家庭生活所需要的物质资料，是公务员应当获取的劳动回报，该权利是否得到保障直接影响到公务员履行公职的积极性、效率性；第四，获得培训的权利，公务员有权参加业务知识和技能的培训，获得培训是公务员可以更好发展自己的一个重要条件，该权利是公务员文化教育权在公务员法层面的具体体现，对公务员进行培训能够强化其专业技能和理论水平，提高其工作效率，保证机关工作的顺利开展；第五，批评建议的权利，公务员有权对机关和领导人员提出批评和建议，一方面可以提高公务员的工作热情和责任感，另一方面可以增强民主程度、克服官僚主义，提高行政管理效率；第六，申诉、控告的权利，当公务员合法权益被侵犯或受到不公平待遇时，有权向有关机关提出申诉或控告，有关国家机关必须公正处理，这也是公务员权利保障请求权的体现；第七，辞职的权利，公务员因主观、客观原因不愿意或者不能继续担任公务员时，有权根据法定条件和法定程序辞职，这是公务员自由选择职业权利的体现；第八，其他权利，除了《公务员法》本身规定的公务员的权利，公务员还享有法律规定的其他各项权利，这种兜底性规定能够使公务员的权利体系更加完善。

（二）公务员的义务

公务员的义务，是指公务员基于其身份必须作出某种行为或者不得作出某种行为的限制与约束。就普通公民的权利义务而言，法律规定一般是以权利为本位；但是就公务员而言，法律规定通常是以义务为本位。[1]公务员执掌国家权力、管理国家和社会事务，其权力行使关乎国家安全、社会稳定和公共利益。因此，虽然法律也赋予了公务员的诸多权利，但是这种权利和普通公民的权利不同，它是为保障公务员更好履行义务而赋予公务员的。也是基于这一点，对公务员加以严格约束和管理也尤为重要。正因如此，法律对公务员的各项义务作出了严格、明确的规定。

根据《公务员法》的规定，公务员需要遵守的义务主要包括：第一，忠于宪法，模范遵守、自觉维护宪法和法律，自觉接受中国共产党领导；第二，忠于国家，维护国家的安全、荣誉和利益；第三，忠于人民，全心全意为人民服务，接受人民监督；第四，忠于职守，勤勉尽责，服从和执行上级依法作出的决定和命令，按照规定的权限和程序履行职责，努力提高工作质量和效率；第五，保守国家秘密和工作秘密；第六，带头践行社会主义核心价值观，坚守法治，遵守纪律，恪守职业道德，模范遵守社会公德、家

---

〔1〕 参见方世荣等：《中国公务员法通论》，武汉大学出版社 2009 年版，第 73 页。

庭美德；第七，清正廉洁，公道正派；第八，法律规定的其他义务。

需要注意的是，《公务员法》规定了公务员服从和执行上级的决定与命令的义务，但是这种服从和执行义务存在一定的限度。当公务员执行公务时，认为上级的决定或者命令有错误的，可以向上级提出改正或者撤销该决定或者命令的意见；上级不改变该决定或者命令，或者要求立即执行的，公务员应当执行该决定或者命令，执行的后果由上级负责，公务员不承担责任；但是，公务员执行明显违法的决定或者命令的，应当依法承担相应的责任。

四、公务员的录用、奖惩与退出

（一）公务员的录用

公务员的录用属于公务员的进入机制，我国采取的最主要的公务员录用形式是考试录用。考试录用制度有助于优秀人才脱颖而出，建设高素质公务员队伍，完善公平竞争和公开监督的用人机制。我国《公务员法》第 23 条规定，应当采用公开考试、严格考察、平等竞争、择优录取的办法，选拔人才担任一级主任科员以下及其他相当职级层次的公务员。

第一，公务员录用的原则。公务员的录用必须贯彻公开、平等、竞争、择优等原则。公开原则，即公务员录用的政策与要求公开化、考试录用的过程公开化、考试录用的结果公开化。平等原则，即公民在担任公职方面应享有平等权利，具体包括报考机会平等和录用机会平等。竞争原则，即引入竞争机制，按照成绩排定先后名次。择优原则，即实行差额考试，对报考者的文化知识水平和思想政治素质、道德品质等方面进行全面衡量，将成绩最优秀的报考者录用为公务员。

第二，公务员录用的条件。公务员的录用必须满足积极条件和消极条件。公务员录用的积极条件是指报考公务员所需要的基本条件，具体包括：具有中华人民共和国国籍；年满 18 周岁；拥护《宪法》，拥护中国共产党领导和社会主义制度；具有良好的政治素质和道德品行；具有正常履行职责的身体条件和心理素质；具有符合职位要求的文化程度和工作能力等。同时，公务员的录用还应当具备省级以上公务员主管部门规定的拟任职位所要求的特殊资格。对行政机关中初次从事行政处罚决定审核、行政复议、行政裁决、法律顾问的公务员，国家还实行统一法律职业资格考试制度。公务员录用的消极条件是指不得录用为公务员的情形，包括因犯罪受过刑事处罚、被开除中国共产党党籍、被开除公职、被依法列为失信联合惩戒对象等。

第三，公务员录用的方式和程序。公务员考试录用应采取考试与考察相结合的方法，考试采取笔试和面试等方式。录用特殊职位的公务员，经省级以上公务员主管部门批准，可以简化程序或者采用其他测评办法。公务员考试录用应当遵守法定的步骤、方式、顺序和时限，具体包括：编制录用计划；发布招考公告；对报考人员进行资格审查；对审查合格的进行公开考试；对考试合格者进行体检；对考试及体检合格者进行报考资格复审和考察；确定拟录用人员；审批、备案；试用和录用，试用合格者正式录用。

（二）公务员的奖惩

进入公务员体系，必须接受相应的公务员管理。奖惩制度是公务员管理机制的重要内容，具体而言包括奖励制度和惩处制度两个方面。[1]奖励是对公务员工作表现、成绩和贡献的认可，是对公务员的授益行为；而惩戒涉及公务员违反法定义务的法律责任，是对公务员的不利益处分。我国《公务员法》对公务员奖惩制度进行了详细的规定。

第一，公务员的奖励。公务员的奖励是指机关按照法定程序对工作表现突出、有显著成绩和贡献的公务员个体或公务员集体所给予的精神或物质上的利益。奖励坚持定期奖励与及时奖励相结合，精神奖励与物质奖励相结合、以精神奖励为主的原则。我国对公务员或者公务员集体的奖励分为嘉奖、记三等功、记二等功、记一等功、授予荣誉称号。对受奖励的公务员或者公务员集体予以表彰，同时给予一次性奖金或者其他待遇。存在弄虚作假骗取奖励的、申报奖励时隐瞒严重错误或者严重违反规定程序等情形的，事后可以撤销奖励。

第二，公务员的惩处。公务员的惩处主要是指有权机关依法对违纪违法的公务员给予行政处分。根据《公务员法》的规定，对公务员监督发现问题的，应当区分不同情况，予以谈话提醒、批评教育、责令检查、诫勉、组织调整、处分，其中处分是指公务员个人严重违反法律和纪律而由有权机关给予的惩罚；违纪情节轻微且未造成不良后果的，给予批评教育，可以免予处分。对有关公务员给予处分必须符合三个条件：一是需要追究纪律责任；二是被处分人具有公务员的身份，辞职与退休后的公务员不可被处分；三是该公务员主观上有过错，对违法违纪行为的发生负有责任。公务员处分一般分为警告、记过、记大过、降级、撤职、开除六种，其中警告、记过、记大过属于“声誉罚”，只触及公务员的声誉而不影响公务员的职务、级别和工资档次，而降级、撤职、开除会影响公务员的职务、级别和工资档次。

处分是对公务员的一种不利益行为，必须做到事实清楚、证据确凿、定性准确、处理恰当、程序合法、手续完备。具体而言，处分决定机关应当先对公务员违法违纪的情况进行调查，并将调查认定的事实以及拟给予处分的依据告知公务员本人；公务员有权进行陈述和申辩；处分决定机关应当在规定的期限内，按照管理权限和规定的程序作出处分决定；处分决定应当以书面形式通知公务员本人等。

（三）公务员的退出

公务员群体并非固定不变，新的人才通过选拔、任用等进入公务员系统，也必须有相应的公务员退出机制，让已经不再适合履行公职的人员退出公务员队伍，这样才能保障公务员队伍的活力。

根据《公务员法》及相关规定，公务员退出制度主要包括辞职、辞退、退休、开除与免职五种。辞职是指公务员根据本人意愿依法主动申请终止与国家机关的任用关系，分为辞去公职和辞去领导职务两种。辞退是指国家机关依照法律、法规规定的条件和程序，在法定的管理权限内解除与公务员之间的任用关系。退休是指当公务员达到一定年

---

〔1〕 参见张淑芳主编：《公务员法教程》（第3版），中国政法大学出版社2022年版，第219页。

龄、工作时间达到一定年限或者丧失工作能力时，依据国家规定办理有关手续，离开工作岗位，由国家给予生活保障，分为强制退休和自愿退休两种。开除是指国家机关依法解除与违法违纪的公务员的任用关系。免职是指享有人事任免权的国家机关依照法律规定的免职权限和免职条件，免去公务员所担任的职务。

关于公务员不同退出方式之间的关系，要注意把握以下区别：第一，公务员辞去公职必然导致其退出公务员系统，但公务员仅辞去领导职务保留公务员身份则不会导致其退出公务员系统；第二，开除与辞退不同，开除是机关对公务员作出的处分，带有严厉的惩戒性质，公务员被开除后不但不能享有原来的待遇，在就业等问题上也会受到限制，而辞退是一种正常的公务员管理行为，不是行政处分，也不带有惩戒性质，公务员被辞退后还可享有一定的待遇；第三，免职也并不意味着公务员必然丧失公务员身份、退出公务员队伍，免职只是现有职务关系结束，未来还有可能获得新的任职。〔1〕

五、公务员的责任

作为公务员法律关系的主体，公务员有义务遵守公务员法规定的各项义务。如果公务员不履行法律规定的义务，必须承担相应法律责任。根据《公务员法》以及相关规定，公务员需要承担的法律责任包括行政责任、刑事责任和赔偿责任等责任形式。

（一）行政责任

公务员的行政责任是指公务员违反行政法规范所确立的法律义务时，所应承担的行政法上的不利后果。行政法是规范和控制行政权力的法律部门，为保障行政权力的依法行使，行政法确定了诸多行政权行使时应当遵循的法律义务，公务员在行使行政权时应当遵守法律规定，如果违反了法律的禁止性义务，公务员应当承担相应的行政法律责任。

针对公务员最主要的行政责任形式是处分，即公务员主管部门对违法违纪的公务员依法给予的惩戒。此外，针对公务员的行政责任形式还可能是行政处罚。根据《公务员法》规定，公务员辞去公职或者退休的，原系领导成员、县处级以上领导职务的公务员在离职 3 年内，其他公务员在离职 2 年内，不得到与原工作业务直接相关的企业或者其他营利性组织任职，不得从事与原工作业务直接相关的营利性活动。如果违反这一规定，由其原所在机关的同级公务员主管部门责令限期改正；逾期不改正的，由县级以上市场监管部门没收该人员从业期间的违法所得，责令接收单位将该人员予以清退，并根据情节轻重，对接收单位处以被处罚人员违法所得一倍以上五倍以下的罚款。这里的没收违法所得属于一种行政处罚，而不是行政处分。

（二）刑事责任

公务员的刑事法律责任是指公务员因违反了刑事法律上为公务员身份所设定的法律义务（通常为禁止性规定），而应承担的刑事制裁的不利后果。公务员的一般违法违纪行为仅构成行政违法，其法律后果是以行政处分等方式承担行政法律责任；但当公务员

---

〔1〕 参见薛刚凌主编：《公务员法教程》，中国人民大学出版社 2017 年版，第 168—181 页。

的违法行为达到一定严重程度时，也可能违反刑事法律、构成犯罪，其法律后果是公务员应当承担相应的刑事法律责任。刑事法律责任是最严厉的法律责任，主要是通过判处公务员刑罚的方式来实现。

根据公务员身份在确定刑事责任中所起的不同作用，公务员的犯罪行为主要包括两类：

第一，以公务员身份为构成要件的犯罪。我国刑法中有部分罪名是以公务员身份作为该罪的主体要件。如果行为人不具有公务员身份，就不构成此项犯罪，也无须承担刑事法律责任。这类以公务员身份为构成要件的犯罪包括：贪污贿赂类犯罪，涉及的罪名有贪污罪、挪用公款罪、私分国有资产罪、私分罚没财物罪、巨额财产来历不明罪、隐瞒境外存款罪、受贿罪等；渎职类犯罪，涉及的罪名有滥用职权罪、玩忽职守罪、故意泄露国家秘密罪、徇私枉法罪等；其他具有国家机关工作人员身份才能构成的犯罪，涉及的罪名有叛逃罪、刑讯逼供罪、暴力取证罪、虐待被监管人罪等。

第二，以公务员身份为量刑情节的犯罪。我国刑法中有部分罪名虽然不以某种公务员身份为构成要件，但是将其作出特殊的量刑情节。当行为人具有公务员的特殊身份时，一般从重量刑。例如，国家机关工作人员利用职权犯非法拘禁罪、故意伤害罪、国家机关工作人员犯诬告陷害罪、司法工作人员滥用职权犯非法搜查罪或非法侵入住宅罪等，将从重处罚。

（三）赔偿责任

公务员的赔偿责任是指公务员对导致国家赔偿的国家侵权行为存在故意、重大过失或其他法律规定的情形，赔偿义务机关在进行赔偿后，责令其承担部分或全部赔偿费用的责任。公务员在执行职务过程中违法给他人造成损失的，一般由机关来承担相应的赔偿责任，但这并不意味着公务员就不承担任何责任。按照《国家赔偿法》的相关规定，赔偿义务机关赔偿后，应当向有重大过错的公务员追偿部分或者全部赔偿费用。由于我国的公务员不仅包括行政机关工作人员，还包括法院、检察院等司法机关工作人员，公务员赔偿责任不仅包含行政赔偿中的追偿，也包括刑事赔偿中的追偿。[1]

六、公务员的保障

《公务员法》不仅是公务员的“管理法”，也是公务员权益的“保障法”。[2]公务员作为国家权力的具体执行者，肩负着管理国家事务和社会事务的重要职责。为了使公务员能够安心、稳定地履行公职，法律必须为其提供相应的保障。这种保障主要包括物质保障和素质保障。

（一）物质保障

对公务员来说，工资、福利、保险等都是其工作和生活的重要保障。离开这些物质

---

〔1〕薛刚凌：《国家赔偿法教程》，中国政法大学出版社1997年版，第180页。

〔2〕魏姝：《从义务本位到保障公务员合法权益——〈中华人民共和国公务员法〉解读之一》，载《甘肃行政学院学报》2006年第4期。

保障，公务员就失去了稳定生活、安心工作的经济条件；没有公务员的投入工作，国家机关就难以有效开展工作，经济和社会的秩序也会遭受影响。因此，获得工资、福利和保险既是公务员应得的权利，也是国家和机关应尽的义务。

第一，工资。公务员工资是指国家根据法律规定以货币形式对公务员的劳动所支付的报酬。工资是公务员劳动报酬的表现形式，确定公务员工资一般应遵循按劳分配、与经济发展水平相适应、正常增资等原则。根据《公务员法》的规定，我国公务员实行国家统一的职务与级别相结合的工资制度，工资的内容包括基本工资、津贴、补贴和奖金。

第二，福利。公务员福利是指按照国家根据法律规定，为公务员提供的工资、保险以外的补贴、服务、实物报酬和其他非物质性待遇。福利制度与工资制度有所不同，它不是依据按劳分配原则，而是按照公务员的需求和可能进行分配，福利可能由全体公务员享受，也可能只有部分公务员能够享受。同时，福利制度与保险制度也有所不同，能够享受保险待遇的公务员是暂时或永久丧失劳动能力的公务员，因此保险制度的目的是保障丧失劳动能力的公务员的基本生活需要。而可以享受福利待遇的是所有公务员，只要其主观上需要而且客观上也有可能实现即可，福利制度的目的是让公务员生活得更好，而不仅仅是最低基本生活的保障。[1]公务员的福利制度主要有年休假制度、工时制度、探亲假制度、福利费制度、冬季取暖补贴制度、上下班交通费补贴制度等。

第三，保险。公务员保险是指因生育、年老、疾病、伤残等，国家对暂时或永久丧失劳动能力的公务员给予的物质保障。实行公务员保险制度，能够为公务员本人及其家庭提供物质上的保障，使其具备抵御外来风险的基本能力，这样有利于公务员安心工作。目前，我国公务员保险制度仍处于改革阶段，公务员保险主要包括医疗保险、生育保险、退休保险、失业保险、工伤保险等。

（二）素质保障

通过公务员的选拔、任用等人事制度以及公务员的物质保障与奖励制度，可以吸引、选拔高素质人才进入公务员队伍。为了进一步培育、提升公务员素质，保障其依法、高效完成工作任务的能力，还需要通过一系列的素质保障制度，包括公务员培训、公务员交流、公务员考核、公务员升降制度等。其中，培训制度是通过主动培养和训练的方式，为公务员提供继续教育，有针对性地提高公务员的素质；交流制度通过变换公务员的工作岗位的方式，开阔公务员的视野，增强其知识的广度；考核制度通过考察的方式，加强管理机关对公务员个体素质的了解，同时激励、敦促公务员不断提升自我；职务升降制度则通过事后评价的方式敦促公务员主动提高自身素质，同时通过提优降劣使公务员能够处于与其素质相适应的岗位上。

---

〔1〕 参见湛中乐主编：《〈中华人民共和国公务员法〉释义》，北京大学出版社 2005 年版，第 170 页。

第四节　行政相对人

一、行政相对人概述

（一）行政相对人的概念

行政相对人通常是指在行政法律关系中相对于行政主体的另一方当事人。在我国，相对人原本是一个学理概念，与德国法上“受领人”（Adressaten）的含义颇有相近之处。[1]后来，相对人成为一个法律概念，《行政诉讼法》第25条第1款规定：“行政行为的相对人以及其他与行政行为有利害关系的公民、法人或者其他组织，有权提起诉讼。”据此，我国行政诉讼原告资格以相对人概念为基础，但又不限于相对人。目前，我国立法对行政相对人的用语表述尚未统一，在其他行政法律规范中，有时也会以“当事人”“公民、法人或者其他组织”等指代行政相对人。[2]

首先，行政相对人是行政法律关系的构成要素，没有行政相对人，行政法律关系无以构成。行政权的发动与行使通常离不开特定的承受对象，这一承受对象就是行政相对人。从静态的、宏观的视角出发，可以说行政法律关系是由“行政机关”与“公民、法人或者其他组织”共同抽象构成，但无论是“行政机关”还是“公民、法人或者其他组织”，事实上都未被特定为行政法律关系当事人。而从动态的、特定的视角出发，行政法律关系是由“行政主体”与“行政相对人”来具体构成，由此，行政行为是行政主体将行政法上的权利与义务落实到具体相对人的主要方式和手段，而行政相对人则是确认行政法权利与义务承受者的基础和前提。

其次，行政相对人不是“行政客体”，而是行政法律关系中与行政主体相对应的另一方“主体”。传统的行政权或者行政主体的作用是行政法（学）的主要关注对象，而行政相对人在行政过程中的作用未得到足够的忠实。然而，“现代国家的行政，已不仅仅是行政官员及少数专家的问题，而是涉及所有社会构成人员切身利益的问题，行政理论乃至行政法理论，必须以其本来主体——人民为核心重新架构”[3]。正因如此，必须强调行政相对人在行政法律关系中的“主体”地位，不能将其仅视为完全受行政权宰制的“客体”。事实上，在现代行政活动中，行政相对人并不仅仅是作为行政权的承受对象而出现，它还是行政程序的积极参与者。一方面，行政程序可以因行政相对人的申请而启动；另一方面，即便是行政主体依职权启动的行政程序也离不开行政相对人的配合与实际参与。因此，在现代行政法中，行政相对人不再是一个“被动”的主体角色。

最后，行政相对人是行政法律关系中权利义务受到行政活动直接影响的当事人。行政法律关系本质上是一种权利义务关系，只有权利义务受到行政活动影响的当事人才可

---

〔1〕 Vgl. Hartmut Maurer/Christian Waldhoff, Allgemeines Verwaltungsrecht, 20. Aufl. 2020, § 10 Rn. 80.

〔2〕 参见章剑生：《现代行政法总论》（第2版），法律出版社2013年版，第204页。

〔3〕 参见罗豪才、湛中乐主编：《行政法学》（第4版），北京大学出版社2016年版，第104页。

能构成行政相对人。但是，行政相对人是否仅为权利义务受到行政活动直接影响的当事人，在我国理论研究中仍然存在争议。有观点认为，行政相对人必须是行政活动直接针对的并受行政活动直接约束的对象，受到行政活动间接影响的当事人可以成为行政相关人，但不是行政相对人。[1]也有观点认为，不应把行政相对人限定为行政活动的直接对象，权利义务受到行政活动间接影响的私人构成间接相对人。[2]对此，《行政诉讼法》第25条第1款已经将行政行为的相对人与其他利害关系人的原告资格相并举，没有必要从权利保护的角度出发过度扩张行政相对人的范畴。因此，宜将行政相对人限于行政活动直接针对的并受行政活动直接约束的当事人。

在实践中，我国常见的行政相对人形态包括以下几种情况：

第一，行政活动所直接针对的当事人。实际中，行政主体一般总是针对特定的对象作出行政行为，那么该行政行为所直接针对的对象就是最典型的行政相对人。例如，环保部门对某排污企业作出环境行政处罚，那么该排污企业就是环境行政处罚的相对人。

第二，行政程序中的申请人及与申请相关的人。在一些依申请的行政程序中，当申请人按照法定要求将申请送达到行政机关时，申请人即取得了行政相对人的法律地位。同时，所申请的行政行为往往会涉及其他公民、法人及组织的权益，这些人加入行政程序之后也可能是行政相对人。《行政许可法》第36条规定，“行政机关对行政许可申请进行审查时，发现行政许可事项直接关系他人重大利益的，应当告知该利害关系人。申请人、利害关系人有权进行陈述和申辩。行政机关应当听取申请人、利害关系人的意见”。据此，加入行政许可程序的利害关系人也是行政相对人。

第三，与行政主体缔结行政协议的当事人。行政机关为了实现特定的行政管理或者公共服务目标，可以与公民、法人或者其他组织协商订立具有行政法上权利义务内容的协议。事实上在现代行政中，行政协议作为一种非单方性、协商性、合意性的行政手段，已经被广泛运用在各个领域。行政协议法律关系是一种典型的行政法律关系，因此，与行政主体签订行政协议的另一方当事人，也构成行政相对人。[3]

（二）行政相对人的分类

依据不同的标准，可以对行政相对人进行不同的分类，这种分类研究有助于把握各类行政相对人的特征和差异。

1. 内部相对人与外部相对人

依据行政法律关系的性质，行政相对人首先可以划分为内部相对人和外部相对人。行政法律关系可分为内部行政法律关系和外部行政法律关系，其中内部行政法律关系是行政机关或机构之间以及行政机关或机构与其内部公务人员之间的权利义务关系，而外部行政法律关系是行政主体与公民、法人和其他组织之间的权利义务关系。以此为标准，行政相对人可以分为内部相对人和外部相对人。内部相对人即内部行政法律关系中

---

〔1〕参见胡建淼：《行政法学》（第5版），法律出版社2023年版，第105页。

〔2〕参见姜明安主编：《行政法与行政诉讼法》（第7版），北京大学出版社、高等教育出版社2019年版，第132页。

〔3〕参见章志远：《行政法学总论》（第2版），北京大学出版社2022年版，第198—199页。

与一方行政机关或机构相对应的另一方行政机关或机构或公务人员，外部相对人则是外部行政法律关系中与行政主体相对应的公民、法人和其他组织。也有学者认为，对于内部行政法律关系中的双方行政机关或机构，一方称为行政主体、另一方称为行政相对人并不适宜，鉴于两方都以行政主体身份从事行政活动，宜称为行政主体双方；对于一方是行政主体而另一方是公务人员个人的，可称为行政主体与内部行政相对人。[1]一直以来，行政法学关注的重心是外部行政法律关系与外部行政相对人，而内部行政法律关系与内部行政相对人的研究则比较薄弱。

2. 个人相对人与组织相对人

根据行政相对人自身形式，行政相对人可以划分为个人相对人与组织相对人。

个人相对人是指个体形态的相对人，主要为我国公民，即具有中华人民共和国国籍的自然人。任何中国公民都可以成为行政相对人，《宪法》第 33 条规定："凡具有中华人民共和国国籍的人都是中华人民共和国公民。中华人民共和国公民在法律面前一律平等。国家尊重和保障人权。任何公民享有宪法和法律规定的权利，同时必须履行宪法和法律规定的义务。"此外，非中国公民的外国人和无国籍人在中国境内时，也必须遵守中国法律、服从行政管理，并由此成为行政法律关系中的行政相对人。在绝大多数行政活动中，与行政主体发生法律关系的主要是个人相对人。

组织相对人是指团体形态的行政相对人，包括法人和非法人组织。和自然人一样，组织也可以成为行政管理的对象。行政主体为实现行政目的，经常要对各种法人或非法人组织实施各种行政活动。其中，法人包括国家行政机关、其他国家机关、企事业单位、社会团体、在中国境内的外国组织。法人应由其法定代表人代表，其他成员在未取得法定代表人授权的情况下，不能以法人的名义与行政主体发生行政法律关系。而非法人组织是指不具有法人资格但可以自己的名义从事法律活动的组织，我国《民法典》第 102 条规定："非法人组织是不具有法人资格，但是能够依法以自己的名义从事民事活动的组织。非法人组织包括个人独资企业、合伙企业、不具有法人资格的专业服务机构等。"

3. 授益相对人与侵益相对人

根据行政活动对其权益的影响，行政相对人可以分为授益相对人与侵益相对人。如果行政活动对相对人的权益产生有利影响，即行政主体为行政相对人设定权益或免除义务，相对人通过行政活动获取某种权益，则该相对人为授益相对人，例如行政许可、行政给付行为的相对人等；如果行政活动对相对人的权益产生不利影响，即行政主体为行政相对人设定义务或限制、剥夺其权益，相对人因为行政活动而失去某种权利或者其利益受到损害，则该相对人为侵益相对人，例如行政征收、行政处罚、行政强制的相对人等。

4. 明示相对人与未明示相对人

依据行政文书有无明确载明，行政相对人还可划分为明示相对人与未明示相对人。

---

〔1〕 参见方世荣：《论行政相对人》，中国政法大学出版社 2000 年版，第 56—57 页。

形式上，相对人通常是指行政文书确定的主体；实质上，相对人是行政行为的规范内容或法律效果直接触及其权利义务的主体。[1] 因此，明示相对人是指行政行为所明确针对和指向的个体，即当行政主体进行行政行为时，他们在主观上明确地将这些行为指向特定的人，同时在客观上也对这些人的权益产生影响。这些人因行政主体的行政行为而直接获得相应权利或需要履行特定的义务。但是，当一个行政行为同时对两个以上的公民或组织产生直接影响，而这两个以上的公民或组织因有共同的利益关系又不能分割开时，他们实质上都是该行政行为的相对人。例如，甲、乙共同出资建造一幢房屋，行政机关认定该房屋为违章建筑，对甲作出强制拆除决定，由于该房屋归甲、乙两人共有，所以他们实际上都是该行政行为的相对人，只不过甲是该强制拆除决定的明示相对人，而乙是该强制拆除决定的未明示相对人；与之相反，如果行政机关许可甲建造一幢房屋，但是被许可房屋将影响到乙的相邻权，在这种情况下，乙并不是该行政许可决定的相对人，而只是行政许可决定的间接利害关系人或者行政相关人。根据《行政诉讼法》第 25 条第 1 款规定，无论是未明示相对人还是行政相关人，都可以具有行政诉讼原告资格。

二、行政相对人的权利

如前所述，传统行政法学关注的重心是行政权或者行政主体，而对于行政相对人，往往只强调其义务性而忽视其权利性。但是，随着民主和法治意识的提高，相对人在行政法律关系中的地位和作用越来越受到关注。在现代行政法中，行政主体与行政相对人之间不只是“命令—服从”的支配关系，而是平等的法律关系，因此，行政法理论应该强调，行政相对人对行政主体亦享有宪法和法律广泛规定的各项权利。

（一）行政相对人权利的性质

狭义上，行政相对人的权利是指由行政法律规范所规定或确认的、在行政法律关系中由行政相对人享有的、与行政主体的义务相对的各种权利。在现代法治国家中，不同的“法”所设定的权利性质有所不同，行政相对人的权利是由行政法律规范所设定的权利，它是一种行政法上的权利，或者说是公权利，它区别于宪法上的基本权利或者民法上的私权利。

首先，宪法为公民、法人或其他组织设定了一些共通的或者个别的基本权利，包括人身权、财产权、平等权、政治权、经济权、社会权和文化权等。基本权利是宪法赋予公民的最基本、最重要的权利，确立了公民的宪法地位与宪法体制的核心价值，是个体抵抗国家权力的权利体系。[2] 毫无疑问，基本权利本质上也是公权利，而且是一种非常重要的公权利。基本权利的特殊之处在于，它指向所有国家权力，特别是将立法机关作为义务主体，立法机关有义务通过立法将这些基本权利予以具体化。以基本权利为基础，立法者在法律、法规中创设了内容更明确的公权利，具体到行政法领域，即行政法

〔1〕 参见陈鹏:《行政诉讼原告资格的多层次构造》, 载《中外法学》2017 年第 5 期。

〔2〕 参见胡锦光、韩大元:《中国宪法》(第 4 版), 法律出版社 2016 年版, 第 157—158 页。

上的公权利。毫无疑问，广义上行政相对人享有的权利应该包括宪法上的基本权利和行政法上的公权利。但是，由于行政法上的公权利就是基本权利在行政法中的表现形式，一般在谈及行政相对人的权利时，就无须再引用基本权利，而是直接指向行政法上的公权利即可。除非行政法上存在明显的立法漏洞，对基本权利的保护和调整不足时，才有必要将基本权利直接表现，作为行政相对人的权利，这样能够充分实现对行政相对人的权利保障。

其次，民法也为公民、法人或其他组织创设了大量的民事权利。只不过，民法上的权利是针对其他私人主体而言的权利，而行政法上的权利是针对国家和政府而言的权利，因此前者被称为"私权"，后者被称为"公权"。日本学者美浓布达吉曾指出："所谓私权，只是存在于私人相互间的权利，国家对之处于第三者的关系，反之，若为公权，国家或公共团体本身居于当事人或义务者的地位，因此，国家对人民权利的保护方法因公权或私权而有显著的差异。"〔1〕概言之，私权与公权的区别是：第一，私权是由民事法律规范所设定和保护的，而公权是由行政法规范设定和保护的；第二，私权是民事法律关系中的民事主体所享有的权利，而公权是行政法律关系中行政相对人所享有的权利；第三，对私权的法律救济更多地通过协商、谈判等方式解决，自我解决无法达成的，适用仲裁和民事诉讼来解决，而对公权的法律救济，主要是通过行政复议和行政诉讼来解决。正因如此，应该明确行政相对人权利的性质应该是公权而非私权，并且主要是行政法上的公权利。

（二）行政相对人权利的类型〔2〕

行政相对人权利的概念和种类十分复杂。为了清晰认知不同的行政相对人权利概念，形成清晰的行政相对人权利体系，有必要对行政相对人权利进行适当的类型化。在学理上，除了可依据权利产生的法律依据，将行政相对人权利划分为宪法上的公权利（基本权利）与行政法上的公权利之外，还可以依据公权利的作用形式，将其划分为支配权、形成权和请求权，或者依据公权利的产生形式，将其划分为基础性公权利和派生性公权利。〔3〕在此，本书依据公权利的内容指向，将行政相对人权利划分为实体性公权利和程序性公权利，这是更具共识的类型化方式。

1. 行政相对人的实体权利

实体权利在行政相对人的权利体系中居于首要地位。行政相对人凭借实体性权利，可以要求行政主体为或不为特定行为，由此使个人利益在行政法上能够得到充分的保护。一般而言，行政相对人的实体权利主要包括以下三个方面：

第一，行政自由权。行政自由权是指行政相对人的财产和自由不受行政主体的违法侵害。行政自由权是对行政主体的消极要求，即通过承认行政相对人的自由为行政主体的权力行使划定边界。行政相对人的财产和自由不受行政活动的不法侵害是由法律规定

---

〔1〕［日］美浓部达吉：《公法与私法》，黄冯明译，台北商务印书馆1988年版，第124页。

〔2〕本部分内容可参考姜明安主编：《行政法与行政诉讼法》（第7版），北京大学出版社、高等教育出版社2019年版。

〔3〕参见姜明安：《公法学研究的几个基本问题》，载《法商研究》2005年第3期。

的，一切行政活动都必须依法实施。在行政法律关系中保障公民的这种法律地位，是依法行政原则的内在要求。只有从实体上确立公民的这种权利和地位，才能保障依法行政的贯彻与实施，实现公民在现代行政中的主体性。例如，公民个人享有人身自由，行政机关不能对个人实施非法拘禁；企业依法享有经营自主权，行政机关不能对企业具体经营事务进行非法干预。

第二，行政受益权。行政受益权是指行政相对人可以依据法律规定从行政主体那里或者通过行政主体的行政活动而获得利益。行政受益权体现了公民的积极地位，随着福利行政观念的兴起，行政相对人依法享有的行政受益权越来越广泛，这种行政受益权的实现有赖于行政主体履行积极的给付义务。例如，享受养老保险、获得抚恤金和救济金的权利，接受义务教育的权利，获得安全食品和基本住房保障的权利，获得基本医疗保障的权利，获得许可、奖励、减免税收等利益的权利，公平获得行政争议解决的权利等。

第三，行政保护权。行政保护权是指当行政相对人的合法权利受到其他公民或组织侵犯时，有权请求行政机关予以保护，这种请求权有时也被称为行政介入请求权，它的实现有赖于行政主体危险防止义务的履行。例如，当公民的人身或财产正在或者将要受到其他私人主体的不法侵害时，有权向公安机关寻求保护等。

2. 行政相对人的程序权利

程序权利是实体权利的保障，离开一定的方式、步骤、时限和保护其实现的权利，行政相对人的自由、财产等受法律保护的实体利益就很难得到充分保护。因此，现代行政法致力于尊重、确认并保障行政相对人的各种程序性权利，进而促成其实体性权利的最终实现。虽然我国还没有制定统一的行政程序法，但相关行政法律规范已经为行政相对人规定了一系列程序权利。

第一，知情权。行政相对人有权依法获取和了解行政主体所掌握或制作的各种信息，包括各种规范性文件、会议决议、决定、规章制度、标准、程序规则以及与行政相对人有关各种信息等。除法律、法规规定应予保密的情形外，相对人均有权查阅、复制和要求行政主体主动提供。

第二，参与权。行政相对人有权依法参与行政活动，例如通过信函、电子邮件、网上讨论以及座谈会、听证会、论证会等形式和途径参与立法和政策制定活动；参与民生、经济和社会发展计划的讨论；参与与自身有重大利害关系的行政决定的形成和作出等。

第三，批评、建议、申诉、控告、检举权。行政主体及其工作人员实施不当行为的，行政相对人有权提出批评，并就如何改善工作和提高行政水平提出建议、意见；行政主体及其工作人员对自己作出不公行为的，行政相对人有权申诉；行政主体及其工作人员的违法、失职行为，行政相对人有权控告或检举。

第四，获取通知权。当行政相对人的合法权益可能遭到行政行为的不利影响时，享有获得行政主体及时通知的权利，行政主体应当以适当方式将与行政相对人利益有关的各种信息及时、全面、直接地通知行政相对人，以便行政相对人能够为参与行政程序做充分准备。

第五，陈述、抗辩权。在行政主体作出与其自身权益有关，特别是不利行政行为时，行政相对人有权要求行政主体告知行为的根据并说明理由；有权陈述自己的意见、看法，提供有关证据材料，进行说明和申辩；必要时，可要求为行政主体举行听证。

第六，行政复议、诉讼权。对行政主体作出的行政行为及其所依据的有关规定不服、认为侵犯其合法权益时，行政相对人有权依法申请复议、依法提起行政诉讼。

第七，国家赔偿、补偿请求权。自身的合法权益受到国家机关及其工作人员行使职权行为的侵害并造成损失时，行政相对人有权依法请求国家赔偿。自身的财物因公共利益需要而被国家征收、征用，或其合法权益因国家机关及其工作人员合法行使职权行为而受到损害、损失时，行政相对人有权依法请求补偿。

三、行政相对人的义务

我国《宪法》第33条第4款规定："任何公民享有宪法和法律规定的权利，同时必须履行宪法和法律规定的义务。"在行政法中，行政相对人在享有各种行政法权利的同时，必须承担相应的行政法义务。行政相对人的义务是指行政主体为了实现行政任务和公共利益，依据法律要求相对人容忍、作为或者不作为。从宏观层面来看，行政相对人的义务即遵守行政法律规范的义务。我国行政法律规范为行政相对人设定了大量的法律义务。"行政相对人的义务就像公共利益的实现手段那样丰富多彩。它在很大程度上与公权力主体的权利对应，并且因此得以系统化。"[1]作为形成行政法律关系的前提，行政法律规范一般规定行政相对人容忍、作为或不作为一定行为的义务，并由此产生行政相对人遵守这些行政法律规范的义务。根据我国有关法律、法规的规定，行政相对人在行政法律关系中履行下述类型的义务。

（一）行政相对人的容忍义务

行政相对人的容忍义务，即行政相对人对行政行为所产生的不利影响负有不抗拒、不阻止的义务。行政相对人最典型的容忍义务就是服从行政管理的义务，如执行行政主体作出的行政命令、行政决定等。只有行政相对人自觉服从行政管理，才能维护好社会的基本秩序。例如，《人民警察法》第35条规定，行政相对人拒绝或者阻碍人民警察依法执行职务的，给予治安管理处罚。该条规定实际上设定了要求行政相对人应当遵守服从警察行政管理的义务。

（二）行政相对人的作为义务

行政相对人的作为义务，即行政相对人以作为的方式积极履行义务，如依法服兵役、缴纳税费、协助行政机关调查等。其中，比较典型的作为义务有以下几个方面：

第一，维护公益义务。当国家和社会公共利益正受到或可能受到损害或威胁时，行政相对人有维护国家和社会公共利益的义务，应采取相关措施尽可能防止或减少损害的发生。例如，《消防法》第5条规定，任何单位和个人都有维护消防安全、保护消防设施、

[1]［德］沃尔夫、巴霍夫、施托贝尔：《行政法》，高家伟译，商务印书馆2002年版，第486—487页。

预防火灾、报告火警的义务，任何单位和成年人都有参加有组织的灭火工作的义务。又如，《防洪法》第 6 条规定，任何单位和个人都有保护防洪工程设施和依法参加防汛抗洪的义务。再如，《传染病防治法》第 30 条第 1 款规定，医疗机构工作人员发现突发原因不明的传染病时，有向卫生行政部门报告的义务。

第二，配合行政监督、提供真实信息的义务。在行政法律关系中，行政相对人应接受行政主体依法实施的监督检查，行政相对人应依法向行政主体提供情况、说明和报表、账册等相关材料；同时，行政相对人在向行政主体提出申请或接受行政主体监督时，向行政主体提供的各种信息资料应真实、准确，如果故意提供虚假信息，要承担相应的法律责任。例如，根据《行政处罚法》第 55 条，当事人或者有关人员在接受执法人员调查或检查时，应当如实回答询问，并协助调查或者检查，不得拒绝或者阻挠。这就同时课予了被调查人员以容忍和作为的义务。又如，《行政许可法》第 62 条规定，行政机关可以对被许可人生产经营的产品依法进行抽样检查、检验、检测，对其生产经营场所依法进行实地检查。检查时，行政机关可以依法查阅或者要求被许可人报送有关材料；被许可人应当如实提供有关情况和材料。这也是课以被许可人作为的义务。

第三，以金钱给付为内容的义务。例如，根据《环境保护税法》第 2 条规定，直接向环境排放应税污染物的企业事业单位和其他生产经营者应当缴纳环境保护税，这就是环境保护税纳税人的金钱给付为义务。又如，《河道管理条例》第 39 条规定，受益范围明确的堤防、护岸、水闸、圩垸、海塘和排涝工程设施，河道主管机关可以向受益的工商企业等单位和农户收取河道工程修建维护管理费。这里的河道工程修建维护管理费也是对受益主体课以金钱给付义务。

第四，遵守法定程序的义务。行政相对人如果向行政主体申请进行特定的行政行为，或根据行政主体的要求执行某项行为，必须严格遵守相关法律和法规中明确规定的程序、办理必要的手续，并在规定的时限内完成。如果行政相对人未遵循这些法定要求，其提出的请求可能不会得到行政主体的认可，甚至可能因此承担法律责任。例如，《税收征收管理法》第 62 条规定，纳税人未按照规定的期限办理纳税申报和报送纳税资料的，或者扣缴义务人未按照规定的期限向税务机关报送代扣代缴、代收代缴税款报告表和有关资料的，由税务机关责令限期改正或处以罚款。

（三）行政相对人的不作为义务

行政相对人的不作为义务，即要求行政相对人在特定条件下以不作任何行为的方式消极履行义务。行政相对人的不作为义务与容忍义务有所区别，行政相对人的容忍义务是指放弃作为，而行政相对人的不作为义务是指不得采取某些行动，二者在构成要件上差异明显。[1]行政法律规范中设定了大量的行政相对人不作为义务。例如，《行政强制法》第 26 条第 2 款规定，对查封的场所、设施或者财物，行政机关可以委托第三人保管，第三人不得损毁或者擅自转移、处置。该款规定了保管人相应的不作为义务。又如，《土地管理法》第 25 条第 1 款规定，经批准的土地利用总体规划的修改，须经原批准机关

〔1〕 参见章剑生：《现代行政法总论》（第 2 版），法律出版社 2019 年版，第 122 页。

批准；未经批准，不得改变土地利用总体规划确定的土地用途。这就为土地利用者设定了未经批准不得改变土地用途的义务。再如，《税收征收管理法》第 18 条规定，纳税人按照国务院税务主管部门的规定使用税务登记证件。税务登记证件不得转借、涂改、损毁、买卖或者伪造。这就为纳税人设定了不得违法使用税务登记证件的义务。

另外，根据义务产生的阶段或层次，行政相对人义务可进一步分为第一次性义务和第二次性义务。行政相对人依据行政法律规范或者行政行为产生的作为或者不作为义务，即行政相对人的第一次性义务；行政相对人违反第一次性义务可能招致行政主体的制裁如行政处罚等，此即行政相对人的第二次性义务。[1]行政相对人的不作为义务通常是第一次性义务，与之相关联的是制裁性的第二次性义务。例如，《土地管理法》第 74 条规定，对违反土地利用总体规划擅自将农用地改为建设用地的，限期拆除在非法转让的土地上新建的建筑物和其他设施，恢复土地原状，对符合土地利用总体规划的，没收在非法转让的土地上新建的建筑物和其他设施；可以并处罚款。违反上述规定的土地利用者还可能承担限期恢复土地原状与罚款的义务。

重要名词术语

行政组织、行政编制、行政组织法、行政主体、行政机关、行政主体理论、公务员、公务员的责任、特别权力关系理论、行政相对人、内部相对人、行政相对人容忍义务

思考题

1. 行政组织与一般组织的主要区别是什么？
2. 机构改革、编制管理与国家发展之间存在什么关系？
3. 如何理解《国务院组织法》修订的重要意义？
4. 中央政府与地方政府之间有着何种联系？
5. 简述我国行政主体的范围。
6. 简述我国行政主体理论的主要内容。
7. 简述如何完善我国行政主体理论。
8. 我国公务员有哪些类型？
9. 如何评价特别权力关系理论？
10. 我国公务员录用应遵守怎样的原则、条件、方式及程序？
11. 我国常见的行政相对人包括哪几种形态？
12. 行政相对人有哪些分类标准？
13. 行政相对人享受哪些权利、承担哪些义务？

---

〔1〕 参见朱芒:《作为行政处罚一般种类的“通报批评”》，载《中国法学》2021 年第 2 期。

典型案例分析

案例一 田某诉北京科技大学拒绝颁发毕业证、学位证案，北京市海淀区人民法院（1998）海行初字第00142号行政判决书；北京市第一中级人民法院（1999）一中行终字第73号行政判决书

原告田某于1994年9月考取北京科技大学，取得本科生的学籍。1996年2月29日，田某在电磁学课程的补考过程中，随身携带写有电磁学公式的纸条。考试中，去上厕所时纸条掉出，被监考教师发现。监考教师虽未发现其有偷看纸条的行为，但还是按照考场纪律，当即停止了田某的考试。被告北京科技大学根据原国家教委关于严肃考场纪律的指示精神，于1994年制定了校发（94）第068号《关于严格考试管理的紧急通知》（简称第068号通知）。该通知规定，凡考试作弊的学生一律按退学处理，取消学籍。被告据此于1996年3月5日认定田某的行为属作弊行为，并作出退学处理决定。同年4月10日，被告填发了学籍变动通知，但退学处理决定和变更学籍的通知未直接向田某宣布、送达，也未给田某办理退学手续，田某继续以该校大学生的身份参加正常学习及学校组织的活动。1996年9月，被告为田某补办了学生证，之后每学年均收取田某交纳的教育费，并为田某进行注册、发放大学生补助津贴，安排田某参加了大学生毕业实习设计，由其论文指导教师领取了学校发放的毕业设计结业费。田某还以该校大学生的名义参加考试，先后取得了大学英语四级、计算机应用水平测试BASIC语言成绩合格证书。被告对原告在该校的4年学习中成绩全部合格，通过毕业实习、毕业设计及论文答辩，获得优秀毕业论文及毕业总成绩为全班第九名的事实无争议。

1998年6月，田某所在院系向被告报送田某所在班级授予学士学位表时，被告有关部门以田某已按退学处理、不具备北京科技大学学籍为由，拒绝为其颁发毕业证书，进而未向教育行政部门呈报田某的毕业派遣资格表。田某所在院系认为原告符合大学毕业和授予学士学位的条件，但由于当时原告因毕业问题正在与学校交涉，故暂时未在授予学位表中签字，待学籍问题解决后再签。被告因此未将原告列入授予学士学位资格的名单交该校学位评定委员会审核。因被告的部分教师为田某一事向原国家教委申诉，国家教委高校学生司于1998年5月18日致函被告，认为被告对田某违反考场纪律一事处理过重，建议复查。同年6月10日，被告复查后，仍然坚持原结论。田某认为自己符合大学毕业生的法定条件，北京科技大学拒绝给其颁发毕业证、学位证是违法的，遂向北京市海淀区人民法院提起行政诉讼。

北京市海淀区人民法院于1999年2月14日作出（1998）海行初字第00142号行政判决：（1）北京科技大学在本判决生效之日起30日内向田某颁发大学本科毕业证书；（2）北京科技大学在本判决生效之日起60日内组织本校有关院、系及学位评定委员会对田某的学士学位资格进行审核；（3）北京科技大学于本判决生效后30日内履行向当地教育行政部门上报有关田某毕业派遣的有关手续的职责；（4）驳回田某的其他诉讼请求。北京科技大学提出上诉，北京市第一中级人民法院于1999年4月26日作出

（1999）一中行终字第 73 号行政判决：驳回上诉，维持原判。

根据我国法律、法规规定，高等学校对受教育者有进行学籍管理、奖励或处分的权力，有代表国家对受教育者颁发学历证书、学位证书的职责。高等学校与受教育者之间属于教育行政管理关系，受教育者对高等学校涉及受教育者基本权利的管理行为不服的，有权提起行政诉讼，高等学校是行政诉讼的适格被告。

高等学校依法具有相应的教育自主权，有权制定校纪、校规，并有权对在校学生进行教学管理和违纪处分，但是其制定的校纪、校规和据此进行的教学管理和违纪处分，必须符合法律、法规和规章的规定，必须尊重和保护当事人的合法权益。本案原告在补考中随身携带纸条的行为属于违反考场纪律的行为，被告可以按照有关法律、法规、规章及学校的有关规定处理，但其对原告作出退学处理决定所依据的是该校制定的第 068 号通知，与《普通高等学校学生管理规定》第 29 条规定的法定退学条件相抵触，故被告所作退学处理决定违法。

退学处理决定涉及原告的受教育权利，为充分保障当事人权益，从正当程序原则出发，被告应将此决定向当事人送达、宣布，允许当事人提出申辩意见。而被告既未依此原则处理，也未实际给原告办理注销学籍、迁移户籍、档案等手续。被告于 1996 年 9 月为原告补办学生证并注册的事实行为，应视为被告改变了对原告所作的按退学处理的决定，恢复了原告的学籍。被告又安排原告修满 4 年学业，参加考核、实习及毕业设计并通过论文答辩等。上述一系列行为虽系被告及其所属院系的部分教师具体实施，但因他们均属职务行为，故被告应承担上述行为所产生的法律后果。

国家实行学历证书制度，被告作为国家批准设立的高等学校，对取得普通高等学校学籍、接受正规教育、学习结束达到一定水平和要求的受教育者，应当为其颁发相应的学业证明，以承认该学生具有的相应学历。原告符合上述高等学校毕业生的条件，被告应当依《教育法》第 28 条第 1 款第 5 项及《普通高等学校学生管理规定》第 35 条的规定，为原告颁发大学本科毕业证书。

国家实行学位制度，学位证书是评价个人学术水平的尺度。被告作为国家授权的高等学校学士学位授予机构，应依法定程序对达到一定学术水平或专业技术水平的人员授予相应的学位，颁发学位证书。依《学位条例暂行实施办法》第 4 条、第 5 条、第 18 条第 3 项规定的颁发学士学位证书的法定程序要求，被告首先应组织有关院系审核原告的毕业成绩和毕业鉴定等材料，确定原告是否已较好地掌握本门学科的基础理论、专业知识和基本技能，是否具备从事科学研究工作或担负专门技术工作的初步能力；再决定是否向学位评定委员会提名列入学士学位获得者的名单，学位评定委员会方可依名单审查通过后，由被告对原告授予学士学位。

案例二　康某民间借贷纠纷再审审查与审判监督案，最高人民法院（2017）最高法民申 3637 号民事裁定书

案件事实：2011 年 6 月 22 日，康某、刘某与郭某三人签订合伙协议，约定开发依兰县第三粮库房屋，合作方式为三人各占一股，经营开发资金全部为借款，盈余按比例分配，债务由三人共同承担。2014 年 7 月 28 日，郭某因故退出合伙，三人签订退伙协议，就有关郭某合伙期间的收益补偿三人达成一致意见。2014 年 9 月 15 日，康某与刘某签订协议书（以下称为《二人解除协议》）确认：合伙期间刘某出资 2000 万元，应收利息 2100 万元，合计 4100 万元。同日，依据该协议康某为刘某出具 4100 万元借据一份，并注明“暂借款月息 2%”。双方还约定了康某偿还刘某本金、利息的时间。

后因《二人解除协议》的履行问题，刘某提起诉讼，请求康某给付本金和利息。哈尔滨市中级人民法院一审按民间借贷审理，判决康某偿还刘某借款本金 1593.66 万元及相应利息。康某不服一审判决，认为本案为合伙协议清算纠纷而非民间借贷纠纷，刘某作为国家公职人员与康某签订的合伙协议依据《公务员法》有关公务员不得从事或参与营利活动的规定应当认定无效，遂提起上诉。黑龙江省高级人民法院经审理，驳回了康某的上诉，维持原判。

康某向最高人民法院提起再审申请。最高人民法院经审查，驳回了康某的再审申请。

黑龙江省高级人民法院二审认为，《二人解除协议》明确约定该协议签订目的是为解除双方合伙关系，刘某退出合伙关系，投入资金通过借款的方式予以返还，双方合伙关系转化为民间借贷关系。

关于康某主张刘某系公务员，案涉合同无效的问题，黑龙江省高级人民法院认为，《公务员法》有关公务员不得从事或参与营利活动的规定系加强公务员管理，约束公务员行为的管理性强制性规定，非效力性强制性规定，不能作为确认本案合同效力的依据。

最高人民法院审查认为，康某同意刘某退出合伙并向其出具借据的行为合法有效，《二人解除协议》为当事人清算达成的债权债务协议，一审、二审法院认定本案为民间借贷纠纷并无不当。

关于刘某公务员身份的问题，最高人民法院认为，《公务员法》关于公务员不得从事或参与营利性活动的规定，是管理性禁止性规范，而非效力性强制性规范，公务员若违反了该规范，应由其管理机关追究其相应责任，但并不影响公务员作为民事主体签订合同的效力。

第三章　行政行为概述

【内容提示】

行政行为的形式归类属于行政法释义学的重要组成部分，是服务于理论建构、行为规制与行政救济的基础概念。在法体系中，不同的行为形式被赋予不同的法律意义和法律效果。《行政诉讼法》中的行政行为范围涵盖了作为行为与不作为行为、法律行为与事实行为、单方行为与双方行为。行政行为的概念包含了行政主体要素、公权力要素、具体事件要素与外部法律效果要素。

行政行为可以作出以下主要分类：行政法律行为与行政事实行为；授益行政行为、负担行政行为、混合效力行政行为与有第三人效力的行政行为；无须协力的行政行为、须当事人协力的行政行为与须其他机关协力的行政行为；未附款的行政行为与附款的行政行为；单方行政行为与双方行政行为；定型化行政行为与未定型化行政行为。

广义的行政行为合法包括行政行为的容许性、行政行为的形式合法性与行政行为的实质合法性。行政行为的效力包括公定力、确定力、拘束力与执行力。行政行为的撤销是使已生效但违法的行政行为失去法律效力。行政行为的撤回是针对合法的行政行为，包括法律明确规定的撤回、附废止保留的撤回、因法律根据变化的撤回以及因事实状况变化的撤回。

第一节　行政行为的概念与特征

经典行政法机制发挥作用，最直接的途径是借助行政行为形式理论，将纷繁复杂的行政活动提炼归纳为若干具体行为类型，再抽象整理出不同行为类型的构成要件和法律效果，而使行政法整体置于行为类型的观察视角和规范框架下。[1]行政行为的形式归类属于行政法释义学的重要组成部分，是服务于理论建构、行为规制与行政救济的基础概念。在法体系中，不同的行为形式被赋予不同的法律意义和法律效果。“在法实务上，行政行为形式的归类能针对法律问题解决提供便捷方案（发挥储存功能）。在法结构上，

〔1〕参见赵宏：《行政行为作为行政法教义学核心的困境与革新——兼论我国行政行为学理的进化》，载张平、黄绅嘉主编：《北大法律评论》（第15卷），北京大学出版社2014年版，第511页。

行政行为形式通过抽象行为概念进行区分，并联结特定的法律效果，从而产生行政行为的型式化（发挥规整功能）。”[1]因此，行政处罚、行政强制等经典行政行为被抽象出具有个别性的要素，被分配了有差别的法规范要求与法律效果。行政行为是行政法的核心概念之一。

一、行政行为与行政事实行为

1990 年 10 月 1 日起实施的《行政诉讼法》第 2 条以“具体行政行为”作为行政诉讼受案范围的标准。最高人民法院 1991 年 6 月 11 日发布的《关于贯彻执行〈中华人民共和国行政诉讼法〉若干问题的意见（试行）》首次对具体行政行为的内涵作出了明确解释。该司法解释第 1 条规定，具体行政行为是指国家行政机关和行政机关工作人员、法律法规授权的组织、行政机关委托的组织或者个人在行政管理活动中行使行政职权，针对特定的公民、法人或者其他组织，就特定的具体事项，作出的有关该公民、法人或者其他组织权利义务的单方行为。该规定将“权利义务”作为“具体行政行为”的构成要素之一，意图体现“具体行政行为”作为法律行为的属性。最高人民法院《关于执行〈中华人民共和国行政诉讼法〉若干问题的解释》（1999 年 11 月 24 日最高人民法院审判委员会第 1088 次会议通过法释〔2000〕8 号）第 1 条则直接采用“行政行为”概念，且不再界定行政行为。

《行政诉讼法》2014 年修订直接用“行政行为”代替“具体行政行为”，从而使行政行为的概念涵盖行政事实行为与双方行政行为。按照全国人大法律委员会（现已更名为全国人大宪法和法律委员会）副主任委员李适时在 2014 年 8 月 25 日第十二届全国人大常委会第十次会议上所作的《关于〈中华人民共和国行政诉讼法修正案（草案）〉修改情况的汇报》中的解释，当时立法中用“具体行政行为”的概念，针对的是“抽象行政行为”，主要考虑是限定可诉范围。审议修改过程中，有些常委委员、地方、专家学者和最高人民法院提出，现行《行政诉讼法》第 11 条、第 12 条对可诉范围已作了明确列举，哪些案件应当受理，哪些案件不应当受理，界限是清楚的，可以根据实践的发展不再从概念上作出区分，建议将“具体行政行为”修改为“行政行为”。法律委员会经研究，建议将现行行政诉讼法中的“具体行政行为”统一修改为“行政行为”。[2]立法最终采纳了上述意见，使得行政行为的概念具有更强的包容性。

修订后的《行政诉讼法》虽然对“行政行为”作出解释，将其界定为“法律、法规、规章授权的组织作出的行政行为”，旨在明确行政主体的范围，但是并未明确“行政行为”的实质内涵。基于立法原意，新《行政诉讼法》中的行政行为范围涵盖了作为行为与不作为行为、法律行为与事实行为、单方行为与双方行为。[3]司法实践也普遍将事实

---

〔1〕 Eberhard Schmidt-Aßmann, Das allgemeine Verwaltungsrecht als Ordnungsidee: Grundlagen und Aufgaben der verwaltungsrechtlichen System Bildung, Springer 2004, Zweite, ü berarbeitete und erweiterte Auflage, S.298.

〔2〕《全国人民代表大会法律委员会关于〈中华人民共和国行政诉讼法修正案（草案）〉修改情况的汇报》，载中国人大网，http: //www.npc.gov.cn/zgrdw/npc/lfzt/2014/2014-08/31/content_1876868.htm。

〔3〕 参见袁杰主编:《中华人民共和国行政诉讼法解读》，中国法制出版社 2014 年版，第 7—8 页。

行为纳入行政行为的范围之中。例如，最高人民法院（2018）最高法行申 6361 号行政裁定书主张行政行为包括“行政事实行为和法律行为”。

事实行为（Realakt）的概念引入行政法领域，源于德国魏玛共和国时代。事实行为与行政法律行为相对应，是指行政主体作出直接发生事实效果的行为，不以追求法律效果发生为目的。事实行为不包含对行政相对人权利义务的处置，不具有规制内容。而行政法律行为是指行政主体通过意思表示设立、变更、消灭或确认行政法律关系的行为。行政事实行为包括行政检查、兴建公共设施、强制拆除行为等，其与行政法律行为的区别并非是否产生法律效果，而在于是否通过意思表示追求法律效果的发生。

在具体类型上，行政事实行为大致可分为告知行为、执行行为与事实作业。告知行为，是指各种不具有法效意思表示的通知或评价行为，包括鉴定、建议、劝告等行为。执行行为，是指运用物理的强制力实现行政决定的内容，如强制拆除。事实作业，是指告知与执行行为以外的其他事实行为，包括行政检查、兴建公共设施等行为。行政事实行为虽然不直接通过意思表示追求法律效果的发生，但不得违法，应当遵循依法行政原则与比例原则等法律约束。与违法的行政法律行为一样，违法的行政事实行为能够产生国家赔偿请求权。

在我国实践中，行政事实行为的归类可能产生争议。以交通事故责任认定为例，其属性认识尚有分歧。最高人民法院、公安部于 1992 年 12 月 1 日联合颁布的《关于处理道路交通事故案件有关问题的通知》（法发〔1992〕39 号）第 4 条规定：“当事人仅就公安机关作出的道路交通事故责任认定和伤残评定不服，向人民法院提起行政诉讼或民事诉讼的，人民法院不予受理。”在宋某俊、宋某玲等复查与审判监督行政裁定书案中，法院裁判认为：“公安机关作出交通事故责任认定的行为属于行政事实行为，其制作的交通事故认定书在相关道路交通损害赔偿案件中作为证据材料使用，其证明力在各方当事人举证、质证后依法认定，故本案依法不属于人民法院行政诉讼的受案范围。”〔1〕而在李某芳诉龙岩市公安局交警支队交通事故责任重新认定案中，一、二审法院均认为交通事故责任认定属于行政法律行为，甚至作出了撤销交通事故责任认定的裁判。〔2〕

二、行政行为的特征

行政行为的内涵及其特征应当置于特定的语境中予以考察。例如，我国台湾地区通常采用行政处分概念，特指单方行政法律行为。其“行政程序法”第 92 条规定行政处分“系指行政机关就公法上具体事件所为之决定或其他公权力措施而对外直接发生法律效果之单方行政行为”。德国语境中的行政行为概念同样较为狭义，仅指行政法律行为。《德国行政程序法》第 35 条规定：“行政行为是行政机关为规制个案，在公法范围内作出的、对外直接发生法律效果的处置、决定和其他高权措施。一般处分属于行政行为，

〔1〕 江苏省高级人民法院（2015）苏行诉申字第 00103 号行政裁定书。

〔2〕 参见李某芳不服交通事故责任重新认定决定案，载《中华人民共和国最高人民法院公报》2001 年第 5 期。

其针对的是数量确定的或是根据一般标准能够确定的人群，或者其内容是对某物的公法性质以及一般使用的规定。”

在我国，行政行为的概念由《行政诉讼法》规定，其内涵具有较大的包容性，同时涵盖行政法律行为与行政事实行为、单方行政行为与双方行政行为。尽管如此，行政行为的概念也具有较为确定的内涵，包含了行政主体要素、公权力要素、具体事件要素与外部法律效果要素。

1. 行政行为由行政主体作出

《行政诉讼法》第 2 条第 2 款将行政行为限定为行政机关与“法律、法规、规章授权的组织”作出的行政行为。行政机构、事业单位、行业协会、基层群众自治性组织等虽然不是行政机关，但是基于法律、法规、规章的授权也可作出行政行为。例如，将高校行政行为纳入行政救济，始于田某诉北京科技大学拒绝颁发毕业证、学位证案的裁判，后者主张高校“代表国家行使对受教育者颁发学业证书、学位证书的行政权力”。〔1〕最高人民法院指导案例 38 号则进一步以“法律、法规、授权的组织”化解高校成为行政诉讼被告的难题。与德国的公法社团法人与公法财团法人、法国的公务法人、日本的行政法人等公法人类型不同，我国对行政主体范围的拓展采用了法律、法规、规章授权路径。〔2〕

实践中对法律、法规、规章授权的认定可能存在争议。例如，高校行政行为包括退学、开除学籍等涉及身份关系改变以及不授予学位决定、撤销学位授予决定，已成为学理与实践中的普通共识，但留校察看、不同意转专业决定等是否属于行政行为则存有分歧。有个别裁判将不涉及身份关系改变的留校察看决定纳入行政行为范围，虽未具体说明理由，但指出：“留校察看是对学生作出的一种比较严重的纪律处分，对学生的权利义务造成的影响较大。”〔3〕遗憾的是，该裁判被二审法院撤销，撤销理由是留校察看“不涉及被上诉人学生身份丧失问题，不影响其受教育权，属于上诉人在维护学校的教育教学秩序过程中，依法行使自主管理权范畴的行为，该行为不属于人民法院的受案范围”〔4〕。由上可见，实践中存在行政行为与内部管理行为（或称自主管理行为）的二元划分，内部管理行为被排除在行政行为之外，不受司法审查。从逻辑推理与法律适用两方面来看，既然“开除学籍”被认定为基于《普通高等学校学生管理规定》第 51 条规定的授权而行使，那么“留校察看”“记过”等作为同一法律规范列举的高校教育惩戒类型，同样也应当认定为基于规章授权。批准转专业申请、留级、降级等其他不利处分虽然没有作为高校的职权予以列举，但具有单方性与强制性，而且规定于《普通高等学校学生管理规定》第三章的“学籍管理”中，也应当视为具有法律授权根据。

2. 行政行为包含公权力的行使

行政行为属于行政主体根据公法（行政法规范）所为的公权力措施。就此而言，行

〔1〕北京市第一中级人民法院（1999）一中行终字第 73 号行政判决书。

〔2〕参见伏创宇：《高校学位授予标准的正当性逻辑》，载《法学》2022 年第 6 期。

〔3〕湖北省武汉市洪山区人民法院（2015）鄂洪山行初字第 00135 号行政判决书。

〔4〕湖北省武汉市中级人民法院（2016）鄂 01 行终 180 号行政裁定书。

政行为不同于私法行为、政治行为、刑事司法行为。一些公权力行为受其他法律规范（宪法、刑事诉讼法等）调整，不属于行政行为。行政行为的界定应当排除国家行为、刑事司法行为、监察行为，此三类行为分别受宪法、刑事诉讼法、监察法调整。根据《行政诉讼法解释》，国家行为，是指国务院、中央军事委员会、国防部、外交部等根据宪法和法律的授权，以国家的名义实施的有关国防和外交事务的行为，以及经宪法和法律授权的国家机关宣布紧急状态等行为，刑事司法行为，是指公安、国家安全等机关依照《刑事诉讼法》的明确授权实施的行为。根据《监察法》，监察行为包括：对违法的公职人员依法作出政务处分决定；对履行职责不力、失职失责的领导人员进行问责；对涉嫌职务犯罪的，将调查结果移送人民检察院依法审查、提起公诉；向监察对象所在单位提出监察建议。

行政机关既可作出行政行为，也可作出私法行为，这使得行政行为与私法行为的界分存在困难。[1]例如，最高人民法院通过三个司法答复，即最高人民法院《关于土地实际使用人对行政机关出让土地的行为不服可否作为原告提起诉讼问题的答复》（答复〔2005〕行他字第12号）、最高人民法院《关于土地管理部门出让国有土地使用权之前的拍卖行为以及与之相关的拍卖公告等行为性质的答复》（答复〔2009〕行他字第55号）、最高人民法院《行政审判庭》关于拍卖出让国有建设用地使用权的土地行政主管部门与竞得人签署成交确认书行为的性质问题请示的答复》（答复〔2010〕行他字第191号），将合同缔结阶段的拍卖行为、拍卖公告、与竞得人签署成交确认书的行为纳入行政行为的范畴。受此影响，行政机关甄选合同相对人的决定（包括中标决定、成交确认书）、出让行为（出让公告、终止出让、撤销甄选决定）以及相关的权利义务纠纷（不予退还保证金、拒绝签订出让合同等），在司法实践中往往被纳入行政救济。[2]管窥最高人民法院法官对司法答复的阐释，将国有土地出让缔约纠纷纳入公法关系主要采用概念涵摄方法，着眼于“是否为行政行为”的形式判断。同样是最高人民法院，在个案中却未始终如一地贯彻上述司法解释性质文件，而是主张国有土地出让过程中的行为“符合自愿平等、等价有偿的民事法律行为的特征”。[3]

3. 行政行为仅针对具体事件

尽管《行政诉讼法》于2014年修订时用“行政行为”代替“具体行政行为”，但主要着眼于将行政事实行为、双方行政行为等纳入行政行为范畴，行政行为的概念仍然包含了个别性的特征。个别性指行政行为针对具体事件作出。《行政诉讼法》第13条中将抽象行政行为排除在行政行为范畴之外，规定“行政法规、规章或者行政机关制定、发布的具有普遍约束力的决定、命令”不属于行政诉讼的受案范围。抽象行政行为不具有个别性，因而不属于《行政诉讼法》框架下的行政行为。如果行政行为的对象为特定人，其内容属于具体的权利义务配置，则为典型的行政行为。在形式上，行政立法、其他规

〔1〕参见伏创宇：《国有土地出让缔约关系的界定路径》，载《中国法学》2023年第2期。

〔2〕参见最高人民法院（2015）民一终字第19号民事裁定书、浙江省杭州市中级人民法院（2015）浙杭行终字第367号行政判决书。

〔3〕最高人民法院（2016）最高法民终729号民事判决书。

范性文件能针对不特定对象反复适用，而行政行为通常针对特定对象，一次即可完成。但行政行为尚有特殊形式，这增添了其界定上困难。

《德国行政程序法》第 35 条第 2 款规定了一类特殊的行政行为，称为“一般处分”。一般处分属于行政行为，其针对的是数量确定的或是根据一般标准能够确定的人群，或者其内容是对某物的公法性质以及一般使用的规定。尽管我国《行政诉讼法》并未采用一般处分的概念，但实践中行政行为的界定并未局限于针对特定对象的行政行为。例如，针对设置交通信号灯的行为属性，有法院裁判主张：“交通信号灯一旦设立，与所在道路一并投入使用，在特定的时间、空间内就可以对道路通行者的通行行为产生法律效果，影响到道路通行者的权利义务，符合可诉行政行为的特征。”〔1〕该裁判进一步指出，设置交通信号灯的行为与规范性文件明显有别，审理该案的一审法院将设置交通信号灯的行为视作规范性文件，显然是对规范性文件的扩大理解。换言之，对行政行为的理解不能拘泥于行政行为对象的数量是否确定，判断的关键是行政相对人能否根据一般标准予以确定。在另一起针对城市道路更名提起行政诉讼的案件中，最高人民法院虽然否定了诉讼提起者的原告资格，但是间接地承认了行政机关针对城市道路的更名行为属于行政行为。〔2〕就此而言，我国立法上的行政行为概念应当包括行政行为对象能够根据一般标准予以确定的一般处分与对物的行政行为。

4. 行政行为以产生外部法律效果为特征

行政行为发生法律效果应当超出行政内部，对外部的行政相对人产生法律后果。如果行政机关作出行为的法律效果局限于行政内部，仅构成内部行为，尚不能归入行政行为。例如，根据《土地管理法》第 62 条第 3 款规定，农村村民住宅用地，经乡（镇）人民政府审核，由县级人民政府批准……此处乡镇人民政府的审核行为是县级人民政府批准的过程性行为。又如，《水污染防治法》第 81 条第 1 款规定：“有下列行为之一的，由县级以上地方人民政府环境保护主管部门责令停止违法行为，处十万元以上五十万元以下的罚款；并报经有批准权的人民政府批准，责令拆除或者关闭……”此处人民政府的批准行为同样只是行政处罚作出的内部环节，不直接对外产生法律效果。

但在特殊情形下，行政内部的行为也会产生对外的法律效果，从而转化为行政行为。按照最高人民法院指导案例 22 号的裁判要点，地方人民政府对其所属行政管理部门的请示作出的批复，一般属于内部行政行为，不可对此提起诉讼。但行政管理部门直接将该批复付诸实施并对行政相对人的权利义务产生了实际影响，行政相对人对该批复不服提起诉讼的，人民法院应当依法受理。〔3〕换言之，内部行政行为不向行政相对人送达，也一般不对行政相对人的权利义务产生实际影响，但如果该内部行为已实际执行并对行政相对人的权利义务产生实际影响，即具有了行政行为的属性。

---

〔1〕江苏省南通市中级人民法院（2020）苏 06 行终 139 号行政裁定书。

〔2〕参见最高人民法院（2018）最高法行申 1127 号行政裁定书。

〔3〕参见最高人民法院指导案例 22 号。

第二节　行政行为的分类

不同的行政行为类型受到的法律约束存在差异，为此对不同类型的行政行为予以抽象提炼，并赋予不同的法律约束与法律效果，是行政行为型式化的重要体现。行政行为可以作出以下主要分类：行政法律行为与行政事实行为；授益行政行为、负担行政行为、混合效力行政行为与有第三人效力的行政行为；无须协力的行政行为、须当事人协力的行政行为与须其他机关协力的行政行为；未附款的行政行为与附款的行政行为；单方行政行为与双方行政行为；定型化行政行为与未定型化行政行为。

一、行政法律行为与行政事实行为

按照行政主体是否通过意思表示追求法律效果的发生，行政行为可以分为行政法律行为与行政事实行为。是否发生法律效果并非行政法律行为与行政事实行为的本质区别，行政事实行为也可能产生法律效果，如违法的强制拆除会产生行政赔偿法律责任。行政法律行为与行政事实行为存在以下区别。（1）行政法律行为体现为行政主体通过意思表示追求法律效果的发生，而行政事实行为缺乏对外发生法律效果的意思表示。（2）行政法律行为根据不同的行政行为类型受到相应的法律约束，而行政事实行为在立法上大多无明确规定，受到的法律约束较为宽松。一般认为，行政事实行为如同行政法律行为一样，不得违法，应当适用法律优先、法律保留与比例原则等。[1]行政事实行为的合法性判断应当根据具体行为的特性展开。例如，作出行政指导的行政机关应当具有管辖权，其内容应当正确。（3）行政法律行为一般可适用撤销诉讼的救济，但行政事实行为只能适用确认违法判决与行政赔偿救济。换言之，行政事实行为也属于行政诉讼的受案范围，只是在裁判方式上与行政法律行为存在差别。实践中，法院一律将行政指导行为排除在行政诉讼受案范围的做法值得商榷。例如，在王某火诉深圳市市场监督管理局行政指导行为纠纷案中[2]，被告指引行政相对人可以在深圳市四家报纸的任意一家报纸上刊登清算公告，该行为属于提供信息帮助的行政指导行为，尽管法律、法规均未对公司注销时在何种报纸上进行公告作出明确要求，但该行政指导的内容与最高人民法院司法解释确立的清算公告方式相冲突，显然属于违法。行政指导行为虽然不具有强制力，也不直接为行政相对人设定权利义务内容，但同样可能对行政相对人的权益产生侵害，此类行政事实行为同样属于行政行为的范畴，不应排除在行政诉讼受案范围之外。

按照行政行为的内容，行政法律行为可以进一步划分为命令性行政行为、形成性行政行为与确认性行政行为。

命令性行政行为，是指要求行政相对人为特定行为或不得为特定行为的行政行为。例如，责令改正属于典型的命令性行政行为。最高人民法院的裁判也主张，责令改正或

---

〔1〕 陈敏：《行政法总论》，台北新学林出版股份有限公司 2019 年版，第 633 页。

〔2〕 参见广东省深圳市福田区人民法院（2011）深福法行初字第 497 号行政裁定书。

限期改正违法行为是不同于行政处罚的行政行为，与行政处罚之间不存在包含或隶属关系。[1]

形成性行政行为，是指设定、变更或消灭具体法律关系的行政行为。典型的行政性行政行为包括授予许可、核准归化等行政行为。形成性行政行为所形成的法律关系既包括行政法律关系（如行政许可形成的法律关系），也包括民事法律关系（如批准采矿权的转让合同）[2]。形成民事法律关系的行政行为以当事人之间私法行为存在为前提，行政机关的介入只是对私法行为的效力产生影响，如合同未经批准不生效。

确认性行政行为，是指对法律关系或法律事实作出的行政确认。典型的确认性行政行为有不动产登记、工伤认定等。与形成性行政行为不同，确认性行政行为不以变更行政相对人的法律地位为目的，而只是对行政相对人既有法律地位的确认。例如，有法院裁判认为，工伤认定是劳动行政部门依据法律的授权对职工因事故伤害是否属于工伤或者视同工伤给予定性的行政确认行为，是一种具体行政行为。[3]

二、授益行政行为、损益行政行为、混合效力行政行为与有第三人效力的行政行为

依据对行政相对人产生的法律效果不同，行政行为可以分为授益行政行为、损益行政行为、混合效力行政行为与有第三人效力的行政行为。

授益行政行为，是指设定或确认行政相对人权益的行政行为。典型的授益行政行为包括授予许可、给予补助、颁发专利证书等行政行为。

损益行政行为，是指对行政相对人带来权益减损或增加负担的行政行为。典型的损益行政行为包括行政处罚、行政强制、撤回行政许可、开除学籍、不授予学位等行政行为。在同一行政行为类型中，行政机关作出方式不同，对行政相对人产生的法律效果可能不同。如授予许可属于授益行政行为，驳回许可申请则属于损益行政行为。

混合效力行政行为，也称为双重效力行政行为（Verwaltungsakte mit Doppelwirkung），是指行政行为对同一行政相对人同时给予利益与负担。行政行为设定复数法律效果，部分为赋予授益效果，部分为增加负担效果。例如，政府向特定企业支付补贴，但要求企业兴建环保设施。

有第三人效力的行政行为指对行政相对人以外的第三人产生法律效果。典型的例子是行政机关对行政相对人颁发规划许可，可能对作为第三人的相邻人产生不利的法律后果。第三人针对行政行为具有诉讼原告资格的前提是与行政行为具有利害关系，《行政诉讼法解释》规定了“被诉的行政行为涉及其相邻权或者公平竞争权的”“撤销或者变更行政行为涉及其合法权益的”等情形。

---

〔1〕最高人民法院（2018）最高法行申4718号行政裁定书。

〔2〕《探矿权采矿权转让管理办法》第10条针对采矿权的转让合同规定，批准转让的，转让合同自批准之日起生效。

〔3〕云南省昭通市中级人民法院（2023）云06民终1600号民事判决书。

三、无须协力的行政行为、须当事人协力的行政行为与须其他机关协力的行政行为

行政行为大多由行政机关依职权作出，无须当事人协力或其他机关协力。但也存在须当事人协力的行政行为与须其他机关协力的行政行为。须当事人协力的行政行为，是指依照法律规定，或依照事件性质，行政行为的作出须以当事人的申请或同意为前提。例如，行政许可的作出须行政相对人提出申请，行政协议的缔结须行政相对人同意。须行政相对人同意的行政行为，若缺乏行政相对人的同意，行政行为便构成违法。须其他机关同意的行政行为又称多阶段行政行为，是指行政机关的作出须其他行政机关同意。其他行政机关的同意行为一般不直接对行政相对人发生法律效力，并非独立的行政行为。行政相对人无权针对其他行政机关的同意行为提起行政救济，但法院针对行政行为进行司法审查，应当审查行政行为的作出是否依法经过其他行政机关的同意。

须其他机关同意的行政行为（多阶段行政行为）一般不对行政相对人直接产生法律效力。依照《行政诉讼法解释》第 19 条规定，当事人不服经上级行政机关批准的行政行为，向人民法院提起诉讼的，以在对外发生法律效力的文书上署名的机关为被告。对此，典型的裁判观点也认为："所谓多阶段行政行为，是指行政机关作出行政行为，须有其他行政机关批准、附和、参与始能完成之情形。各行政机关之间，既可能是平行关系，也可能是垂直关系。后者一般如下级机关的行政行为须经上级机关批准才能对外生效，或者上级机关指示其下级机关对外作出发生法律效果的行政行为。在存在复数行政行为的情况下，只有直接对外发生法律效果的那个行为才是可诉的行政行为，其他阶段的行政行为只是行政机关的内部程序。"〔1〕

四、未附款的行政行为与附款的行政行为

行政行为的附款来源于民法上法律行为附款的概念，附款的作用在于限制行政行为的法律效力。附款的行政行为，是指行政机关以附条件、附期限与附负担的方式作出行政行为。由于行政行为须遵循依法行政原则，行政行为的附款一般不适用于羁束行政行为，而仅适用裁量行政行为。

行政行为附条件会对行政行为的效力产生影响，附停止条件的行政行为于条件成就时发生效力，附解除条件的行政行为于条件成就时丧失效力。附条件的行政行为依赖条件在未来是否成就，因而其效力处于不确定状态。行政行为因条件未成就不发生法律效力，自然不属于司法审查的对象。例如，最高人民法院在裁判中认为，在集体土地预征收过程中，征收管理部门与被征收人签订的征收补偿协议属于附条件的行政行为，只有在省级人民政府作出征收批复，市县人民政府发布正式的征收公告后，征收补偿协议才能够发生法律效力，对当事人的权利义务产生实际影响。未发生法律效力的征收补偿协议，对当事人的权利义务不产生实际影响，不属于行政诉讼的受案范围。〔2〕

---

〔1〕 最高人民法院（2017）最高法行申 295 号行政裁定书。

〔2〕 最高人民法院（2020）最高法行申 9650 号行政裁定书。

行政行为附期限同样会对行政行为的效力产生影响，与行政行为所附条件能否成就不确定不同，期限一定会到来，因而其对行政行为效力的影响具有确定性。附期限同时适用于授益行政行为与损益行政行为，前者如行政许可附期限，后者如公安机关实施临时的交通管制附期限。特定行政行为的作出应当附期限，否则构成程序违法。〔1〕在张某文等与四川省简阳市人民政府侵犯客运人力三轮车经营权纠纷再审案中，申请人主张，因市政府在 1996 年实施人力客运三轮车经营权许可时未告知许可期限，据此认为经营许可是无期限的。然而最高人民法院在该案裁判中认为，市政府实施人力客运三轮车经营权许可，目的在于规范人力客运三轮车经营秩序。人力客运三轮车是涉及公共利益的公共资源配置方式，设定一定的期限是必要的。客观上，四川省交通厅制定的《四川省小型车辆客运管理规定》（川交运〔1994〕359 号）也明确了许可期限。市政府没有告知许可期限，存在程序违法。

行政行为附负担，是指行政机关在作出授益行政行为的同时，对行政相对人附加特定作为、不作为或者容忍的义务。行政行为附负担应当依法作出。例如，《反垄断法》第 34 条规定授权国务院反垄断执法机构可以作出对经营者集中不予禁止的决定，第 35 条规定则进一步明确该种行政行为可以附负担。对不予禁止的经营者集中，国务院反垄断执法机构可以决定附加减少集中对竞争产生不利影响的限制性条件。例如，商务部在 2008 年针对英博集团公司（INBEV N.V./S.A.）收购 AB 公司（Anheuser-Busch Companies Inc.）的申请，决定对此项并购不予禁止，同时要求英博公司履行“不得寻求持有华润雪花啤酒（中国）有限公司和北京燕京啤酒有限公司的股份”等义务。〔2〕该批准决定属于典型的附负担行政行为。

五、单方行政行为与双方行政行为

根据行政行为是否单独依赖行政主体的意思表示而成立，行政行为可以划分为单方行政行为与双方行政行为。

单方行政行为，是指行政行为仅依赖行政主体的意思表示即可成立。个别行政行为类型如行政许可的作出虽然以行政相对人的申请为前提，但行政相对人的申请仅构成程序要件，并不对行政许可是否以及如何作出产生实质性影响。行政机关仍须依法对行政相对人的申请进行审查，只有许可条件满足，行政机关才能作出行政许可决定。

双方行政行为，是指行政行为须行政主体与行政相对人经协商达成一致才能成立。行政协议属于典型的双方行政行为。根据最高人民法院《关于审理行政协议案件若干问题的规定》，行政协议是指行政机关为了实现行政管理或者公共服务目标，与公民、法人或者其他组织协商订立的具有行政法上权利义务内容的协议。政府特许经营协议、征收征用补偿协议等属于行政协议。

---

〔1〕最高人民法院（2016）最高法行再 81 号行政判决书。该案被确定为最高人民法院第 88 号指导性案例。

〔2〕中华人民共和国商务部公告 2008 年第 95 号，载商务部网站，http：//www.mofcom.gov.cn/aarticle/b/c/200811/20081105899353.html?933125963=134567460。

相较于单方行政行为，双方行政行为强调行政主体与行政相对人之间的协商与合意，因而在履行行政任务和实现行政目的上更加具有灵活性。例如，旧城改造一般应当通过征收这种单方行政行为来完成，但实践中也有行政机关采取收购协议这种双方行政行为。在汪某芳诉龙游县人民政府行政征收案中，最高人民法院即认为，建立在平等、自愿基础上的收购协议，因其在一定层面上有利于提高旧城改造效率，并有助于通过提高收购价格来对房屋所有权人给予更加充分的补偿安置，具有现实合理性和可行性，因而不宜完全否定此种"收购"模式的合法性。[1]尽管双方行政行为具有合意性与灵活性的优势，但也可能牺牲合法性价值，因而行政机关是否能够采用双方行政行为的方式，应当首先遵循法律优先原则，不得违反现行立法的规定。

六、定型化行政行为与未定型化行政行为

常见的定型化行政行为包括行政许可、行政处罚、行政强制等。例如，颁发驾照属于典型的行政许可，吊销营业执照属于典型的行政处罚。但也有行政机关的行为面临着归类的上困难。信用惩戒的形式归类存有较大争议，争议焦点在于能否被界定为行政处罚。有学者主张，"现有 10 类主要失信惩戒措施中有 6 类属于行政处罚"，[2]也有学者认为，"信用行政惩戒作为一种新型行政方式，与行政处罚在行政任务、行政目的、理论基础、运行规律以及责任属性上均存在显著差异"。[3]或许正是基于此种争议，信用惩戒未被明确列入行政处罚法所规定的处罚类型之中。全国人民代表大会宪法和法律委员会在关于行政处罚法（修订草案）修改情况的说明中也指出："有些行政处罚种类与其他行政管理措施的边界不够清晰。"[4]在原本的草案中，"不得申请行政许可"措施被纳入行政处罚的类型之中，但最终还是在审议过程中被删除。这也能够说明，试图根据经典的行政行为分类方法对信用惩戒进行归类，存在不小的困难。纳入严重失信主体名单、行业禁入等措施，从形式上看与《行政处罚法》第 9 条规定的"通报批评"和"限制从业"类似，但无法直接受到行政处罚法的规范和约束。这是因为，根据《行政处罚法》第 4 条、第 5 条，行政处罚在适用对象上限于"违反行政管理秩序的行为"，行政处罚针对的是特定的违法行为，实行的是行为归责。而纳入严重失信主体名单、行业禁入等信用惩戒实行的是行为人归责，无法归入行政处罚。[5]

未定型化行政行为是指经典行政行为以外的行为类型。经典行政行为定型化并不排斥将新型行政行为纳入行政法体系。"行政行为从来不只是在经典的法行为形式中产生，

〔1〕最高人民法院（2018）最高法行申 2624 号行政裁定书。

〔2〕谭冰霖：《处罚法定视野下失信惩戒的规范进路》，载《法学》2022 年第 1 期。

〔3〕刘文凯：《信用行政惩戒不宜定性为行政处罚》，载《政法论坛》2023 年第 3 期。

〔4〕《全国人民代表大会宪法和法律委员会关于〈中华人民共和国行政处罚法（修订草案）〉修改情况的汇报》，载中国人大网，http：//www.npc.gov.cn/npc/c2/c30834/202101/t20210125_309903.html。

〔5〕参见伏创宇：《信用惩戒适用行为人责任的法理及其限度》，载《法学研究》2023 年第 6 期。

将来也不会如此。"[1]为履行行政任务需要，一些未定型化的行政行为如行政约谈、违法事实公告、执法和解协议、告知承诺制许可等，逐渐得到承认。以告知承诺制许可为例，其尽管在形式上仍然属于行政许可的行为类型，但在本质上融合了信用监管与事中事后监管，对现行的"授予—拒绝"的二元许可规制模式进行了改造，将事前规制与事后规制结合起来，从而实现许可的"细腻调控"（Feinsteuerung），使许可的规制与法律关系的形塑更富有弹性地契合具体情境。但由于告知承诺制许可改变了行政许可本应当依法事先进行实质审查的模式，给行政许可这种经典行政行为类型及其法律约束带来一定的挑战。

第三节 行政行为的合法要件

一、行政行为合法的判断标准

与私法行为遵循"法无明文规定即可为"的理念不同，行政行为不仅需要符合法律优先原则，一般还需满足积极的合法性要求。行政行为若与任何现行法规定或法律的基本原则不一致，则构成违法的行政行为或有瑕疵的行政行为。至于违法与有瑕疵的区别，德国学者毛雷尔认为只是概念上的不同用法，二者的含义相同。[2]我国司法实践中则对此存在不同认识。一种观点认为瑕疵不同于违法，如有法院裁判主张，"'一书四方案'系永泰县国土局在向上级有关部门报批过程中的材料，不属于信息公开的范围。虽然《答复》没有说明不予公开的理由，存在一定的瑕疵，但不足以否定具体行政行为的合法性"。[3]这种观点将有瑕疵与违法并列，又认为拒绝信息公开决定未说明理由违反法律规定，存在逻辑上矛盾。从合法性判断来看，拒绝信息公开未说明理由违反了《政府信息公开条例》第 36 条第 3 项"行政机关依据本条例的规定决定不予公开的，告知申请人不予公开并说明理由"的规定，显然构成违法。另一种观点认为有瑕疵也构成违法，只是不会导致行政行为撤销。例如，最高人民法院在个案裁判中认为，"南政文〔2013〕313 号《撤销决定》仅在决定书中载明应当适用的法律条文，但未明确指出具体款项，构成法律适用瑕疵。二审法院认定该瑕疵不足以导致行政行为被撤销，亦无不当"。[4]

可见，行政行为的违法与有瑕疵都意味着违反法律规定或法律原则，并不存在实质上的内涵差别。实践中的可能做法是将有瑕疵视作不予撤销的行政行为违法情形，但仍

〔1〕 Eberhard Schmidt-Aßmann, Das allgemeine Verwaltungsrecht als Ordnungsidee: Grundlagen und Aufgaben der verwaltungsrechtlichen System Bildung, Springer 2004, Zweite, ü berarbeitete und erweiterte Auflage, S.348.

〔2〕 参见［德］哈特穆特·毛雷尔：《行政法学总论》，高家伟译，法律出版社 2000 年版，第 229 页。

〔3〕 最高人民法院发布全国法院政府信息公开十大案例之五，载《人民法院报》2014 年 09 月 13 日，第 3 版。

〔4〕 最高人民法院（2019）最高法行申 12609 号行政裁定书。

然是将有瑕疵当作行政行为违法。因而本书对违法与瑕疵不作实质内涵上的区分。需要注意的是，有一类行政行为的瑕疵属于行政行为的明显表意错误，德国行政法上称之为“显然错误”（offenbare unrichtigkeit），虽然构成违法，但予以更正即可治愈这种瑕疵，而无须进行撤销。该类明显表意错误包括书写错误、计算错误等，致使行政行为的内容与行政机关的意思表示不一致，不但其错误在客观上明显，而且由行政机关事后进行更正，并不会损害行政相对人的信赖利益与法律的安定性。实践中，明显表意错误的情形包括适用法律依据内容正确但引用条款数目错误〔1〕、罚款数额大小写书写错误［如“建设工程造价（99700599 元）8.5% 共计人民币捌佰肆拾柒万肆仟伍佰伍拾元玖角贰分（8474550.92 元）的罚款”］〔2〕等。是否构成明显表意错误，应当有充足的理由予以表明。如有裁判即针对行政处罚决定“出现的未署时间和文号书写错误等情况”进行了阐释，“对于处罚决定书未署时间的问题，市交管局解释称，交朱某发的处罚决定书因工作疏忽未署时间，但附卷的处罚决定书所署时间为 2014 年 5 月 29 日，故作出处罚决定的时间应为 2014 年 5 月 29 日。结合证据 16 邮寄送达的时间为 6 月 6 日，朱某发称收到处罚决定书的时间为 6 月 7 日的相关情况，故认可市交管局的解释符合常理。对于文号（2006）的情况，市交管局解释称因工作疏忽所致的书写错误。按照一般文书制作的规范，（2006）应为文书的年号，此处明显是书写错误，市交管局的解释符合常理。”〔3〕由上可见，行政机关应当对行政行为是否构成明显表意错误承担举证责任，以避免通过明显表意错误掩盖行政行为的违法。如果行政机关对事实认定、法律适用等行政决定内容的意思表示违法，而非本来的意思表示明显错误，〔4〕应当认定为行政行为违法，而非简单地通过行政机关或法院的更正来进行治愈。

行政行为应当符合所有的法定要求，才属于合法。行政行为的合法指有管辖权的行政机关，采用合适的行政行为形式，根据法定程序、方式作出内容合法的行政行为。因而广义的行政行为合法包括行政行为的容许性、行政行为的形式合法性与行政行为的实质合法性。行政行为的容许性，是指在不违反法律的前提下，行政机关采用何种行政行为形式方为合法。行政行为的形式合法性，是指行政行为应当符合管辖、程序与方式的法定要求。行政行为的实质合法性，是指行政行为的内容应当明确并符合法定要求。行政行为合法性的判断应当以行政作为作出时为时点。例如，我国生育相关法律逐步放开生育数量限制，征收社会抚养费决定的合法性判断便应当按照该行政行为作出时的法律与事实状况。违法的行政行为会产生撤销、无效等法律后果，而当行政行为在作出后因法律、事实的变化而不符合现行法时，对应的可能法律后果是撤回或废止，而非撤销或

〔1〕参见北京市第三中级人民法院（2014）三中行终字第 689 号行政判决书。

〔2〕河南省漯河市中级人民法院（2018）豫 11 行终 115 号行政判决书。

〔3〕湖北省武汉市中级人民法院（2015）鄂武汉中行终字第 00015 号行政判决书。

〔4〕在安某市涢某汽车运输有限公司诉安陆市道路运输管理所道路运输行政处罚案中，法院认为，安陆市运管所在 2017 年 7 月 31 日作出鄂安运政罚（2015）k536151818-2 号《行政处罚决定书》时，没有注意到《道路运输条例》已于 2016 年进行了第二次修订，相关条文的顺序发生了变动。其适用修订后的条例第 70 条第 1 项规定作出行政处罚决定，构成客观上的适用法律错误。参见湖北省高级人民法院（2019）鄂行再 2 号行政判决书。

无效。[1]

二、行政行为的容许性

在一般情形下，行政行为应当遵循依法行政原则，行政机关对行为形式没有选择的余地（如行政处罚）。但在给付行政和引导行政领域，只要没有法律规定或者事实理由反对，行政机关就可以选择公法方式或者私法方式活动。[2]即便是秩序行政领域，行政机关也可能拥有选择单方行政行为或者双方行政行为的自由。如在证券执法领域，2015年《行政和解试点实施办法》（已失效）对行政和解的条件、程序作出详细规定。根据该办法，中国证监会在对行政相对人涉嫌违反证券期货法律、行政法规和相关监管规定行为进行调查执法过程中，根据行政相对人的申请，与其就改正涉嫌违法行为，消除涉嫌违法行为不良后果，交纳行政和解金补偿投资者损失等进行协商达成行政和解协议，并据此终止调查执法程序。根据 2019 年《证券法》第 171 条的规定，行政和解的条件进一步放宽，涉嫌违法的被调查人在调查期间书面申请，承诺在国务院证券监督管理机构认可的期限内纠正涉嫌违法行为，赔偿有关投资者损失，消除损害或者不良影响，且履行承诺的，国务院证券监督管理机构可以决定终止调查。这意味着针对可能的行政违法行为，在兼顾依法行政、节约行政执法资源与保障公共利益的基础上，行政机关具有选择行政和解协议和行政处罚方式的空间。此外为履行公共任务，行政机关也可以在私法行为与公法行为之间进行选择。例如，政府为提供公交、自来水、暖气、公共保障性住房等公共产品，既可以直接经营公益事业，也可以通过政府特许经营协议交由私营企业来完成，由此分别对应私法行为与公法行为两种不同的行为形式。行政机关的行为形式选择自由服务于公共任务的更好实现，旨在有效发挥不同法律手段的功能。

除了不违反现行法律的约束，行政机关的行为形式选择自由还应当受到裁量约束。即便行政机关拥有行为形式选择自由，也不等于可随意在公私法体系中切换，应满足不违反法律规定与更适当履行行政任务的要求。实践中，一些行政机关通过规章、规范文件或在出让公告中事先明确国有土地出让缔约关系的属性，如明确出让人改变竞得结果引发的是“民事责任”[3]，或将出让程序纳入“重大行政行为程序”[4]，甚至在成交确认书中直接明确仲裁救济[5]。如通过土地使用权收购代替征收，是否合乎法律规定以及确实能“有利于提高旧城改造效率，并有助于通过提高收购价格来对房屋所有权人给予更加充分的补偿安置”，最高人民法院在汪某芳诉龙游县人民政府行政征收案中虽作回避处理，但上述问题已经凸显。行政机关滥用形式选择亦值得警惕，尽管监督的依据、标准及其展开尚缺乏统一认识，司法实践中也回避对行政的行为形式选择作出判断，法院不

---

〔1〕 针对是否撤回或者废止合法的行政行为，行政机关应当考察撤回或废止对社会公共利益的影响与行政相对人的信赖利益保护，并展开利益衡量。

〔2〕［德］哈特穆特·毛雷尔：《行政法学总论》，高家伟译，法律出版社 2000 年版，第 422 页。

〔3〕 参见《辽宁省国有土地使用权招标拍卖挂牌出让办法》第 21 条。

〔4〕 参见《扬州市若干重大行政行为程序规定》第 2 条。

〔5〕 参见永州市中级人民法院（2015）永中法民二初字第 16 号民事裁定书。

宜省略合法性与合理性审查，行政机关也应对行为形式选择能更有利于达成行政任务承担举证责任并具体说明理由。[1]

三、行政行为的形式合法性

行政行为的形式合法性要求行政行为应当符合管辖、程序与方式的法定要求。

首先，行政行为应当由有管辖权的行政机关作出。管辖权包括事务管辖权、地域管辖权与层级管辖权。事务管辖权，是指立法分配给行政机关的业务范围。例如，针对未取得食品生产经营许可从事食品生产经营活动，《食品安全法》第 122 条要求县级以上人民政府食品安全监督管理部门行使处罚权。地域管辖权指立法分配给行政机关管辖的地域范围。例如，《行政处罚法》第 22 条规定："行政处罚由违法行为发生地的行政机关管辖。法律、行政法规、部门规章另有规定的，从其规定。"层级管辖权指立法分配给特定层级的行政机关予以管辖。例如，《无线电管理条例》第 18 条规定，"国家无线电管理机构确定范围内的无线电频率使用许可，由省、自治区、直辖市无线电管理机构实施"。

其次，行政行为的作出应当符合法定程序。行政行为作出的程序一般包括事先告知拟作出的行政决定、听取行政相对人的陈述与申辩、回避等程序，有的程序要求更为复杂，例如事先告知行政相对人有要求听证的权利、经行政机关集体讨论决定、经其他行政机关协力等。不同类型的行政行为在程序要求上也有一定差异。法定程序要求不仅来自立法的明确规定，还可以源自正当法律程序原则。如在某大学与于某茹撤销博士学位决定纠纷上诉案中，北京市第一中级人民法院的裁判认为："即使法律中没有明确的程序规定，行政机关也不能认为自己不受程序限制，甚至连最基本的正当程序原则都可以不遵守……本案中，某大学作为法律、法规授权的组织，其在行使学位授予或撤销权时，亦应当遵守正当程序原则。即便相关法律、法规未对撤销学位的具体程序作出规定，其也应自觉采取适当的方式来践行上述原则，以保证其决定程序的公正性。"[2]

最后，行政行为的作出应当符合法定形式。行政行为的作出方式包括书面、言词或其他方式。采用书面方式具有明白、容易证明等优点，是行政行为较常采用的方式。例如，《行政许可法》第 38 条第 1 款规定："申请人的申请符合法定条件、标准的，行政机关应当依法作出准予行政许可的书面决定。"采用书面形式作出行政行为，在内容上一般应当包括行政相对人信息、事实、法律依据、理由、行政行为作出的机关及其盖章、行政行为作出时间、不服行政行为的救济方法等事项。作出行政行为采用言词、符号或其他方式的场合较为少见，仅应服务于行政处分目的之实现。例如，警察指挥交通。行政行为的形式还包括法律的拟制。例如，根据《药品生产监督管理办法》第 19 条第 2 款，行政机关针对申请重新发放药品生产许可证逾期未作出决定的，视为同意重新发证，并予补办相应手续。

---

〔1〕 参见伏创宇：《国有土地出让缔约关系的界定路径》，载《中国法学》2023 年第 2 期。

〔2〕 北京市第一中级人民法院（2017）京 01 行终 277 号行政判决书。

四、行政行为的实质合法性

行政行为的实质合法性，是指行政行为的内容应当符合法律规定以及法律原则。

首先，行政行为的内容应当符合法律优先原则，不得违反现行法律。例如，《种子法》第 23 条第 3 款规定："应当登记的农作物品种未经登记的，不得发布广告、推广，不得以登记品种的名义销售。"在个案中，西瓜种不属于应当登记而未登记的农作物品种，行政机关对销售未经登记的西瓜种的行为予以行政处罚，便构成内容违法。[1]

其次，行政行为的内容一般还需符合法律保留原则。凡是涉及减损行政相对人权益或增加行政相对人负担的行政行为，都应当具有授权依据。行政行为不仅应当具有授权依据，而且其授权依据应当符合上位法，如果行政机关适用违反上位法的授权依据作出行政行为，仍然构成违法。依据最高人民法院指导案例 5 号，《江苏省〈盐业管理条例〉实施办法》规定盐的运销站发运盐产品实行准运证制度。在途及运输期间必须货、单、证同行。无单、无证的，运输部门不得承运，购盐单位不得入库。未经省盐业公司调拨或盐业行政主管部门批准而私运、私销、私购的盐产品视为私盐，由盐业行政主管部门就地封存，没收其盐产品和非法所得，并可处以不超过其盐产品总价值 3 倍以下的罚款。苏州盐务局对鲁某公司作出行政处罚，虽然符合《江苏省〈盐业管理条例〉实施办法》的上述规定，但是由于该实施办法的规定，违反了《行政许可法》第 15 条第 1 款、第 16 条第 3 款、第 83 条第 2 款的规定和《行政处罚法》第 13 条、第 64 条第 2 款的相关规定，人民法院在审理时应当不予参照适用。[2]

再次，行政行为的内容应当符合比例原则。比例原则要求行政行为与达成行政目的之间应当均衡。按照《行政诉讼法》第 70 条，行政行为存在"明显不当"或"滥用职权"，均属于人民法院判决撤销的情形。行政行为违反比例原则，构成广义的违法。

最后，行政行为的内容应当明确。行政行为的作出实质上是将法律规范与个案事实联结起来，使得法律规范具体化。行政行为的内容应当明确，以便行政相对人能够清楚认识。行政行为内容明确也是行政行为效力的要求，如果行政行为内容不明确，行政相对人就不知道如何正确地履行行政行为课以的义务。当行政相对人不履行义务时，行政机关的自我执行或法院的强制执行也无从展开。行政行为的内容不明确，也构成违法。例如，在仁怀市人民政府等与贵州省仁怀市茅台镇某酒厂责令交出土地行政通知上诉案中，二审法院裁判认为："仁怀市国土资源局作为县级人民政府土地行政主管部门，有权作出类似本案中责令行政管理相对人交出土地的行政行为。但是，其作出的具体行政行为应当明确具体，本案中，其所作《责令交出土地通知书》中要求某酒厂交出土地，却没有明确该土地的四至界限，因此，其作出该具体行政行为的主要证据不足，一审依法判决撤销该通知，并无不当。"[3]

---

〔1〕参见湖北省宜城市中级人民法院（2016）鄂 0684 行初 12 号行政判决书。

〔2〕参见最高人民法院指导案例 5 号。

〔3〕贵州省遵义市中级人民法院（2016）黔 03 行终 211 号行政判决书。

五、行政行为违法的法律后果

行政行为的违法与合法相对应，考察的是行政行为与现行法律的一致性。违法的行政行为会产生相应的法律后果，法律后果则属于法律效果层面，关注的是赋予违法的行政行为何种效力。行政行为的合法性与法律后果虽然都具有评价性，但侧重点存在差异，合法性评价侧重事实要件，而法律后果侧重法律效果要件。行政行为违法可能导致行政行为无效或被撤销，但未必完全对应这些法律后果。违法的行政行为经司法审查后，法院仍然可能维持该违法行政行为的效力。

行政行为的法律后果受到多种因素影响，包括行政行为何时送达、是否附条件、是否附期限、行政行为违法的程度、诉讼是否停止执行等。行政行为须送达行政相对人始能产生法律效力。如果行政行为附条件或附期限，行政行为的法律效力还受条件是否成就、期限是否届满的影响。行政行为生效后在被有权机关废除前，即便行政行为违法仍然有效。当然，重大且明显违法的行政行为则自始不发生法律效力。

行政行为的法律后果存在可撤销、无效、确认违法、更正、导致诉讼时效延长等多种情形。这些法律后果的适用较为复杂，需要根据行政行为违法的种类与程度进行具体考察。例如，行政行为的一般违法通常导致行政行为被撤销；行政行为的轻微违法则通常导致行政行为被确认违法；行政行为的明显表意错误只会导致行政行为被更正；行政行为作出时没有或不正确地告知行政相对人救济方式则不会对行政行为的效力产生影响，但会导致行政相对人的救济期限延长。

第四节　行政行为的效力

一、行政行为效力的内容

行政行为发生效力具有相应的前提。首先，在我国语境下，并非所有的行政行为都具有法律效力。只有行政法律行为才蕴含通过意思表示追求法律效果的发生，进而产生确定力、拘束力、执行力等法律效力。而行政事实行为虽然可能产生法律后果，但事实行为本身并不具有法律效力。此外，行政法律行为的效力还需区分单方行政行为与双方行政行为，因为双方行政行为的效力存在一定的特殊性，以下对行政行为效力的探讨仅局限于单方行政法律行为的效力。其次，行政行为作出后应当使行政相对人知悉，其方法包括告知、送达或公告。最后，自始无效的行政行为不发生法律效力。按照《行政诉讼法》第 75 条的规定，行政行为有实施主体不具有行政主体资格或者没有依据等重大且明显违法情形，原告申请确认行政行为无效的，人民法院判决确认无效。因此重大且明显违法的行政行为无效，自始不发生法律效力。

有关行政行为效力的内容，我国通说认为包括公定力、确定力、拘束力和执行力。[1]依照该种观点，公定力，是指行政行为一经作出，不论是否合法或存在瑕疵，即推定为合法有效，并要求所有国家机关、社会组织或个人尊重的一种法律效力。确定力，是指行政行为对作出该行为的行政主体和相对人所具有的不受任意改变的法律效力。拘束力，是指已生效行政行为所具有的约束和限制行政主体和相对人行为的法律效力。执行力，是指已生效行政行为要求行政主体和相对人对其内容予以实现的法律效力。本书大体上沿用上述通说提到的四项行政行为效力的内容，但对相关的内涵有一些不同的认识。一则，行政行为的公定力仅指推定行政行为的有效性，而非推定其合法性。二则，行政行为的确定力在概念上类似法院裁判的确定力，但在程度上不同于法院裁判的确定力。学理上有观点主张针对行政行为的效力采用“存续力”代替“确定力”概念。[2]本书认为，存续力与确定力的差异不在于本质而在于程度，因而本书仍然采用“确定力”的概念，但会突出行政行为确定力与法院裁判确定力的差别。三则，行政行为的拘束力与确定力存在一定的重合，但不限于拘束行政主体与行政相对人。行政行为的拘束力更多地指向行政行为对其他行政机关、法院的拘束力，德国将此称为“构成要件效力”。本书仍然采用行政行为拘束力的概念，但主要阐释行政行为的构成要件效力。综上所述，行政行为的效力包括公定力、确定力、拘束力与执行力，各自具有特定的内涵。

其一，行政行为的公定力，是指除无效外，行政行为在被有权机关撤销前推定有效。重大且明显的行政行为自始无效，也就不具有行政行为的公定力。行政行为成立生效后，在未经依法撤销或变更前具有强制他人承认其效力的力，便是公定力。行政行为的公定力并不蕴含行政行为合法的推定，此种推定与依法行政原则相悖。在行政法学早期，德国学者奥托·迈耶主张行政行为的有效源自国家的权威，“政府在其通常的管辖范围内的意志表达同时也表明了其行为有效的特定前提是满足的”。[3]这种观点不符合现代民主法治国家的宪法精神。这是因为，即便行政行为违法，也未必受瑕疵影响而具有效力，这是基于法律安定性的要求，避免行政行为的效力在被有权机关撤销或变更前处于不确定的状态，旨在维护社会秩序与公共利益。

其二，行政行为的确定力，是指行政行为对作出该行为的行政主体和相对人所具有的不受任意改变的法律效力。行政的确定力包括形式的确定力与实质的确定力。形式的确定力，是指行政行为生效后若不通过救济途径加以撤销或变更，该行政行为便具有了形式的确定力，又称“不可争力”。行政复议、诉讼救济期限届满，行政相对人便不能再通过申请行政复议、起诉来改变行政行为。行政行为的形式确定力并不影响有关机关改变或撤销行政行为。实质的确定力，是指行政主体不得任意改变自己作出的行政行为，又称“不可变力”。行政主体仍可依职权改变已作出的行政行为，但不得任意为之。这与法院裁判的确定力不同，法院裁判的确定力要求当事人不得就该争议另行起诉以及法院不得就该争议重新审理。因而行政行为的确定力相较法院裁判的确定力在程度上减

---

〔1〕姜明安主编：《行政法与行政诉讼法》（第6版），北京大学出版社、高等教育出版社2015年版，第199页。

〔2〕吴庚、盛子龙：《行政法之理论与实用》（增订十五版），三民书局2017年版，第340页。

〔3〕［德］奥托·迈耶：《德国行政法》，刘飞译，商务印书馆2013年版，第103页。

弱。行政机关能否改变自己已作出的行政行为，需要考察法律依据或客观事实是否发生重大变化、权衡社会公共利益与行政相对人的信赖利益保护等因素。

其三，行政行为的拘束力，是指行政行为对作出主体、行政相对人、第三人以及其他行政机关、法院的约束力。行政行为的拘束力首先要求行政相对人与作出行政行为的行政主体遵循并履行行政行为所确立的义务。与行政行为的确定力维护行政行为不受任意改变不同，行政行为的拘束力进一步要求当事人积极履行行政行为的内容。如河南省法院在典型行政案例王某诉商丘市梁园区人民政府履行征收补偿决定案中指出："行政行为的拘束力不仅拘束行政相对人，更拘束行政机关，行政机关更应当严格按照行政行为内容进行作为。对生效行政行为的执行、履行是法律义务。行政机关只有严格依法行政，才能更好地保护行政相对人的合法权益，更好推动法治政府、法治社会建设。"〔1〕

行政行为的拘束力还包括构成要件效力。行政行为的构成要件效力，是指无审查权的行政机关和法院应尊重已生效的行政行为，受行政行为的拘束，并将其作为自身决定的构成要件的事实。这一效力产生于行政行为生效之时，拘束对行政行为具有审查权的法院、复议机关以及对行政事务真正享有管辖权的主管机关之外的其他所有国家机关。〔2〕行政行为的构成要件效力并不排斥有审查权的行政机关（行政复议）和法院（司法审查）对行政行为进行变动（如撤销、变更等），因而行政行为对有审查权的行政机关和法院并不具有拘束力。承认行政行为构成要件效力的基础在于国家权力的不同分工与权限分配，并保证国家活动的一致性。在实践中，承认行政行为对审理民事案件的法院具有拘束力的典型案例是曾某安诉中国太平洋财产保险股份有限公司四川分公司保险合同纠纷案。法院认为，认定驾驶证是否有效，应由公安交通管理部门作出认定。本案原告的驾驶证是行政机关核发的，并且在有效期内，应当有效。公安交通管理部门吊销原告的驾驶证是因为在此次交通事故中原告已构成违法犯罪，原告发生此次交通事故之前并未受到公安交通管理部门吊销或注销驾驶资格的处罚。原告 1997 年申领驾驶执照时虽有年龄上的瑕疵，但期间原告的驾驶证经过年审合格，其他条件也符合驾驶条件，应认定其仍有驾驶资质。因而保险公司不得以被保险人初领驾驶证时有瑕疵来否定驾驶证的效力，而自行认定驾驶证无效，并以此为由拒赔。〔3〕

其四，行政行为的执行力，是指行政相对人不履行行政行为设定的义务时，有法定强制执行权的行政机关可以行政强制执行。无法定强制执行权的行政机关只能向法院申请非诉强制执行。重大且明显违法的行政行为自始无效，自然不具有执行力。行政事实行为不包含对双方当事人权利义务的处置，也不具有执行力。按照最高人民法院《关于审理行政协议案件若干问题的规定》第 24 条，行政协议也具有执行力。公民、法人或者其他组织未按照行政协议约定履行义务，经催告后不履行，行政机关可以作出要求其履行协议的书面决定。公民、法人或者其他组织收到书面决定后在法定期限内未申请行

〔1〕 王某诉商丘市梁园区人民政府履行征收补偿决定案，载河南省高级人民法院政务网站，https：//www.hncourt.gov.cn/public/detail.php?id=181981。

〔2〕 王世杰：《论行政行为的构成要件效力》，载《政治与法律》2019 年第 9 期。

〔3〕 四川省成都市龙泉驿区人民法院（2007）龙泉民初字第 175 号民事判决书。

政复议或者提起行政诉讼，且仍不履行，协议内容具有可执行性的，行政机关可以向人民法院申请强制执行。法律、行政法规规定行政机关对行政协议享有监督协议履行的职权，公民、法人或者其他组织未按照约定履行义务，经催告后不履行，行政机关可以依法作出处理决定。公民、法人或者其他组织在收到该处理决定后在法定期限内未申请行政复议或者提起行政诉讼，且仍不履行，协议内容具有可执行性的，行政机关可以向人民法院申请强制执行。但这种规定并非没有争议，有学者认为行政机关“在契约履行过程中，不再恣意回到下命者之姿态，以行政处分对契约关系进行干预，确保行政契约当事人理论与实质上之平等地位”〔1〕。故而，行政协议执行力的内涵相较一般行政行为有何不同，如何兼顾行政协议的契约性与行政性，仍然有待进一步讨论。

二、行政行为的生效

行政行为具有效力以行政行为生效为前提。行政行为作出后应当使行政相对人知悉，才能对行政相对人发生效力。使行政相对人知悉行政行为的方式包括当场告知、送达或者其他适当方式。换言之，行政行为通知是行政行为生效的前提。行政行为告知可以分为过程意义上的行政事项告知和生效意义上的行政行为告知两类。过程意义上的行政事项告知主要是基于保障行政相对人知情权、参与权以及减少行政行为对行政相对人权益的损害、推进行政程序等考量，行政主体在行政程序中将相关行政事项告知行政相对人。除了极少数法定特殊情形，过程意义上的行政事项告知程序履行情况仅对行政行为是否合法产生影响，并不会成为判断行政行为是否生效的依据。而生效意义上的行政行为告知是行政主体将已作出的行政行为通过法定程序告知行政相对人，从而使该行政行为生效。生效意义上的行政行为告知是行政行为生效的要件，未经此种告知，该行政行为不生效，也不对行政相对人产生约束力。〔2〕

行政行为的行政相对人为多数时，行政行为可因通知时间不同而对各个当事人先后发生效力。行政行为通知的方式包括当场送达、邮寄送达、留置送达、公告送达以及电子送达方式等。其中，采用留置送达应当限于行政相对人拒绝签收的情形，采用公告送达方式应当限于行政相对人难以联系的情形，采用电子送达应当限于行政相对人书面同意的情形。针对电子送达，只要行政相对人同意该种方式，法院往往会确认该种送达方式合法，行政行为因此生效。如有个案裁判认为：“原告在接受电子政务化的行政处理方式后，又以被告未向其送达书面的处理决定书为由主张被告程序违法，缺乏法律依据，不予采纳。”〔3〕此外，即便行政机关没有进行行政行为的通知，我国司法解释似乎还承认了被动的通知方式。《行政诉讼法解释》第 65 条规定：“公民、法人或者其他组织不知道行政机关作出的行政行为内容的，其起诉期限从知道或者应当知道该行政行为内容之日起计算，但最长不得超过行政诉讼法第四十六条第二款规定的起诉期限。”换言

〔1〕 江嘉琪：《行政契约关系与行政处分之容许性》，载《律师杂志》2004 年第 303 期。
〔2〕 河南省郑州市中级人民法院（2014）郑行终字第 536 号行政判决书。
〔3〕 上海市第一中级人民法院（2010）沪一中行终字第 90 号行政判决书。

之，尽管行政行为未通知，但可自行政相对人真正知道之时生效。

电子政务特别是自动化行政给行政行为的送达带来挑战。按照《行政处罚法》，行政处罚决定应当当场交付当事人，或者作出后送达当事人。即便2021年修改《行政处罚法》后明确当事人同意并签订确认书的，行政机关可以采用传真、电子邮件等方式，将行政处罚决定书等送达当事人，仍然要求行政处罚送达才生效。实践中，即便行政机关未将书面的行政处罚决定送达当事人，且行政相对人也未明确同意采用电子送达，法院仍然秉持较为宽容的立场。例如，行政机关仅向原告出具了处罚决定书编号凭条，载明对其违法驾驶机动车行为处以罚款200元并扣3分的处罚，法院认为："被告设立道路交通违法自助缴纳系统是一项有利于提升行政效率，服务群众的便民措施。为此，被告在其处理大厅公示了违法处理流程，张贴有法律文书补打流程告知以及相关操作说明。原告可依据操作说明在处理大厅自助系统打印出《处罚决定书》，但原告未按照上述告知内容打印《处罚决定书》，现原告主张被告没有明示自助缴费、不向其出具《处罚决定书》等意见，本院不予采纳。"〔1〕

三、行政行为的无效

行政行为的无效，是指行政行为成立后自始、确定不发生法律效力。行政行为的无效以行政行为成立为前提。《行政诉讼法》第75条规定："行政行为有实施主体不具有行政主体资格或者没有依据等重大且明显违法情形，原告申请确认行政行为无效的，人民法院判决确认无效。"《行政诉讼法解释》第99条对"重大且明显违法"进行界定，包括以下几个方面。（1）行政行为实施主体不具有行政主体资格。例如，街道办事处在明知土地属于村民委员会集体所有，根本无资格对集体土地进行处置的情况下，擅自与行政相对人达成协议使用集体土地，由此签署的相关的招商引资协议应属无效。〔2〕（2）减损权利或者增加义务的行政行为没有法律规范依据。"减损权利或者增加义务"与"没有法律依据"应当同时具备。如果属于授益行政行为缺乏法律依据，实践中一般不认定为无效。例如，行政相对人的船舶未经渔业行政主管部门登记，无船名号、船籍港和船舶证书，但被当地乡政府编号、编列并在船舶上刷写，法院认定该行政行为不构成无效。〔3〕（3）行政行为的内容客观上不可能实施。例如，行政机关作出责令退还非法占用土地，恢复土地原貌的行政处罚。但行政相对人所建房屋已在作出行政处罚前就已被拆除，行政处罚的标的已经灭失。〔4〕因而行政行为的内容客观上不可能实施，应当确认无效。（4）其他重大且明显违法的情形。其他重大且明显违法的情形一般包括：行政行为实施主体虽具有行政主体资格，但明显违反事务管辖权或地域管辖权；行政行为所要求或许可的行为构成犯罪。

行政行为无效背后的理论基础是法安定性价值与实质正义的利益衡量。一组是行政

---

〔1〕 西安铁路运输法院（2017）陕7102行初1115号行政判决书。

〔2〕 四川省泸州市龙马潭区人民法院（2020）川0504行初1号行政判决书。

〔3〕 厦门海事法院（2019）闽72行初4号行政判决书。

〔4〕 湖南省株洲市中级人民法院（2015）株中法行终字第34号行政判决书。

实效性、当事人信赖利益、诉讼经济等，保护该组利益是为了维护法安定性。另一组是人身权益、财产权益、公共利益等，保护该组利益是为了实现实质正义。[1]《德国联邦行政程序法》第 44 条第 1 项规定，行政处分具有特别重大瑕疵，并参考一切可供斟酌的情形加以合理判断，其瑕疵足可认为明显者，无效。该规定体现了利益衡量理念。王贵松教授也认为，行政行为无效是法安定性与实质正义权衡的结果，难以从法规范的逻辑演绎中得出判断。行政行为的无效要求法院在个案中对系争个人权益大小、有无第三人、法的安定性、行政效益等具体价值进行衡量。[2]

对法定四种行政行为无效情形的界定，应当同时满足"重大且明显违法"的要求。"重大"一般是指行政行为的实施具有重大的瑕疵，以至于不能建立行政相对人该行政行为的信赖保护；而"明显"一般是指行政行为的违法性已经明显到任何有理智的人都能够作出判断的程度。行政行为只有同时存在"重大且明显违法"的情形，才能被认定为无效。换言之，一般违法应当适用撤销、确认违法等法律后果。例如，在杜某艳诉上海市公安局崇明分局治安行政处罚案中，法院即认为，行政机关作出治安处罚在认定事实缺乏依据，而且执法程序方面亦存在履行事先告知义务未明确告知法律依据，未将书面的被诉行政处罚决定依法有效送达等不当之处。但上述违法情形均未达到重大且明显的程度，不属于行政行为无效的情形。[3]

重大且明显的程序违法也应属于行政行为法定无效的情形。有法院裁判认为，无效行政行为是指行为在主体和依据上存在重大且明显违法，不包括程序上的重大且明显违法。该案中，桐城市房屋征收管理办公室根据桐城市人民政府的指定因 G206 公路改扩建工程实施土地征收行为，在工程建设用地尚未取得获得手续的情况下，与汪某年签订房屋征收补偿协议，法院认为这属于违反法定程序，但不属于法律规定的无效行政行为。[4]如果重大且明显的程序违法严重损害公共利益与个人权益，也应归入无效。从现行法律的体系解释也应作出如此推论。《行政处罚法》在 2021 年修订之前，第 3 条第 2 款曾规定"没有法定依据或者不遵守法定程序的，行政处罚无效"，但修订后的第 38 条第 2 款规定"违反法定程序构成重大且明显违法的，行政处罚无效"，因而基于体系解释，重大且明显的程序违法也会导致行政行为无效，可以归入"其他重大且明显违法的情形"。

四、行政行为的撤销

行政行为的撤销，是指使已生效但违法的行政行为失去法律效力。行政行为违法的类型与程度不同，产生的法律后果也不同。重大且明显违法的行政行为自始无效，行政行为程序轻微违法但对原告权利不产生实际影响仅适用确认违法的后果，行政行为一般违法则通常适用撤销的法律后果。按照《行政诉讼法》第 70 条，行政行为有下列情形

---

〔1〕 严益州:《论无效行政行为的认定》，载《法学家》2023 年第 2 期。

〔2〕 王贵松:《行政行为无效的认定》，载《法学研究》2018 年第 6 期。

〔3〕 上海市第一中级人民法院（2021）沪 01 行终 64 号行政判决书。

〔4〕 安徽省高级人民法院（2019）皖行申 419 号行政裁定书。

之一的，人民法院判决撤销或者部分撤销，并可以判决被告重新作出行政行为：（1）主要证据不足的；（2）适用法律、法规错误的；（3）违反法定程序的；（4）超越职权的；（5）滥用职权的；（6）明显不当的。但适用行政行为的撤销情形远比该条规定复杂。该法第 74 条还规定了行政行为违法但无须撤销的若干种情形：（1）行政行为依法应当撤销，但撤销会给国家利益、社会公共利益造成重大损害的；（2）行政行为程序轻微违法，但对原告权利不产生实际影响的；（3）行政行为违法，但不具有可撤销内容的；（4）行政机关已改变原违法行政行为；（5）被告不履行或者拖延履行法定职责。此外，违法行政行为是否应予撤销，应当区分授益行政行为的撤销与负担行政行为的撤销。这是因为，负担行政行为的撤销无须考虑行政相对人的信赖利益保护，只需就撤销与不撤销各自对公共利益的影响进行衡量。

授益行政行为的撤销应当同时遵循依法行政原则与信赖保护原则。依照依法行政原则，违法的行政行为应当被撤销；依照信赖保护原则，即便行政行为违法，行政相对人因信赖已生效的行政行为而产生信赖利益，应当予以保护，违法的行政行为不得任意被撤销。因此，授益行政行为违法并非当然导致撤销。是否撤销违法的授益行政行为，有关机关应当围绕撤销对行政相对人信赖利益与公共利益的影响与不撤销对社会公共利益的损害展开利益衡量，并具体说明理由。一则，是否撤销应当衡量撤销与不撤销对公共利益的各自影响，按照《行政诉讼法》第 74 条第 1 项，“行政行为依法应当撤销，但撤销会给国家利益、社会公共利益造成重大损害的”，人民法院不应撤销而应作出确认违法判决。二则，是否撤销还应当衡量撤销对行政相对人信赖利益的影响与不撤销对公共利益的影响。以行政许可为例，《行政许可法》第 8 条第 1 款规定“公民、法人或者其他组织依法取得的行政许可受法律保护，行政机关不得擅自改变已经生效的行政许可”，蕴含了撤销行政许可的利益衡量要求。授益行政行为的撤销会给公共利益造成重大损害，或者行政相对人的信赖利益明显大于撤销所欲维护的公共利益的，行政行为不得撤销。

因而，决定是否撤销授益行政行为应当进行利益衡量，并受裁量规则的约束。例如在郴州饭某堆矿业有限公司与国土资源部等国土资源行政复议决定再审案中，最高人民法院指出，颁发采矿许可证属于典型的许可类授益性行政行为，撤销采矿许可必须考虑被许可人的信赖利益保护，衡量撤销许可对国家、他人和权利人造成的利益损失大小问题。确需撤销的，还应当坚持比例原则，衡量全部撤销与部分撤销的关系问题。[1] 即便经过利益衡量决定撤销违法的行政行为，行政机关应当对行政相对人值得保护的信赖利益给予财产保护。以滁州某置地公司诉滁州市人民政府收回土地使用权案为例，滁州某置地公司通过竞拍的方式取得涉案国有土地使用权，与国土行政主管部门签订《国有建设用地使用权出让合同》并缴纳了土地出让金。但出让的地块已被纳入琅琊山风景名胜区龙尾山景区详细规划范围，国土行政主管部门以出让违法为由收回并注销了该公司的国有土地使用权。法院以信赖利益保护为切入点，向行政机关指出不能只考虑规划调

〔1〕 最高人民法院（2018）最高法行再 6 号行政判决书。

整，还要考虑原登记行为为原告设定的信赖利益，并建议采取第三方评估的方式确定因规划调整给企业造成的损失。[1]

行政行为的撤销应当由有权机关撤销。行政行为的作出机关及其上级行政机关可依利害关系人的请求或依职权行使撤销权，法院受理行政诉讼后也可行使撤销权。依法撤销行政许可，行政相对人的合法权益受到损害的，行政机关应当依法给予赔偿。我国《行政许可法》并未规定行政机关撤销行政许可的期限，有关授益行政行为撤销的期限也缺乏一般规定。为避免行政相对人的法律地位长期处于不稳定状态，立法宜设定授益行政行为撤销的期限限制。

以学位撤销为例，撤销已授予的学位应当受时限限制。学位撤销应当受到时效限制，具有维护法安定性、督促学位授予权严格行使、防止学位撤销权滥用等缘由。一则，时效限制能避免学位法律关系以及衍生出的其他法律关系（如公职关系、劳动合同关系）长期处于不稳定的状态，维护法安定性。与行政相对人的信赖保护不同，法安定性旨在维护学位授予决定及其所衍生社会秩序的安定性。学位获得时间越长，因学位形成的法律秩序以及学位获得人以外的第三人利益受影响越大。二则，时效限制能督促学位授予机关在一开始就严格履行学籍审查与学位论文审查等职责。三则，类比《刑法》第 87 条规定的犯罪追溯时效，“举重以明轻”，学位撤销更应受到时效限制。四则，学位撤销权行使越晚，越可能滥用。因时过境迁导致学位撤销权滥用的缘由包括证据调查困难、行政相对人因举证困难影响其救济权利、学术规范与环境变化可能影响学术不端的认定、学术撤销的随机性与工具性增强（选择性地对一些论文进行重新审查）等。[2]

五、行政行为的撤回

与行政行为的撤销是针对违法的行政行为不同，行政行为的撤回是针对合法的行政行为。行政行为的撤销和撤回可以统称为行政行为的废除，都属于独立的行政行为。与撤销一样，行政行为的撤回也存在信赖保护原则与依法行政原则的同时适用。由于行政行为作出时的法律依据或法律事实嗣后发生变化，致使原来合法的行政行为与现行法发生冲突，便会产生法律安定性、行政相对人信赖利益与行政合法性之间的紧张关系。与撤销不一样，行政行为的撤回由行政行为的作出机关行使，且撤回遵循向未来生效原则。如果行政相对人针对撤销的行政行为产生信赖利益，且值得保护，行政机关就应当给予行政相对人补偿。

有关行政行为撤回的情形，我国立法缺乏统一规定，仅散见于相关规定。以行政许可的撤回为例，《行政许可法》第 8 条第 2 款规定：“行政许可所依据的法律、法规、规章修改或者废止，或者准予行政许可所依据的客观情况发生重大变化的，为了公共利益的需要，行政机关可以依法变更或者撤回已经生效的行政许可。由此给公民、法人或者

〔1〕《安徽高院八大实质性解决行政争议典型案例》，载安徽法院网，http://ahfy.ahcourt.gov.cn/article/detail/2020/ 10/id/5341297.shtml。

〔2〕 伏创宇：《有限纠错功能定位下的学位撤销制度变革》，载《高校教育管理》2023 年第 5 期。

其他组织造成财产损失的，行政机关应当依法给予补偿。”[1]最高人民法院《关于审理行政许可案件若干问题的规定》第15条规定：“法律、法规、规章或者规范性文件对变更或者撤回行政许可的补偿标准未作规定的，一般在实际损失范围内确定补偿数额；行政许可属于行政许可法第十二条第（二）项规定情形的，一般按照实际投入的损失确定补偿数额。”《行政许可法》第12条第2项规定情形是指“有限自然资源开发利用、公共资源配置以及直接关系公共利益的特定行业的市场准入等，需要赋予特定权利的事项”。

尽管立法未对行政行为撤回作出统一规定，但是从相关零星立法中亦可管窥行政行为撤回的若干情形。

1. 法律明确规定的撤回

法律就行政行为的撤回明确规定了具体的情形。例如，《土地管理法》第58条第1款中规定“实施城市规划进行旧城区改建以及其他公共利益需要，确需使用土地的”，由有关人民政府自然资源主管部门报经原批准用地的人民政府或者有批准权的人民政府批准，可以收回国有土地使用权，本质上属于撤回已经颁发的国有土地使用权证。

2. 附废止保留的撤回

行政机关作出行政行为时附有在未来予以废止的保留条款，若废止保留的情形满足要求，行政机关有权撤回行政行为。例如，告知承诺制即包含了未满足行政行为要求时即予以废止的保留。告知承诺制是行政机关以书面形式将证明义务和内容、许可条件以及不实承诺的法律责任一次性告知行政相对人，行政相对人书面承诺已经符合告知的相关要求并愿意承担不实承诺的法律责任，行政机关进而作出行政许可、行政确认、行政给付等行政行为。按照《甘肃省政务服务事项告知承诺制实施办法》，行政机关事后发现行政相对人承诺不实的，可废止相应的行政行为。

3. 因法律根据变化的撤回

因行政行为作出时的法律根据事后发生变更，致使不废止该行政行为对公共利益会造成重大损害，行政机关可以撤回该行政行为。基于法安定性的要求，并非任何的法律根据发生变化皆会导致行政行为的撤回。行政机关仍然需就撤回行政行为所欲保护的公共利益与行政相对人的信赖利益、维持行政行为所欲保护的公共利益进行衡量。例如，行政相对人经营养殖场，依法获得了排放污染物许可证和个体工商户营业执照，但政府嗣后根据《广东省环境保护条例》《畜牧法》有关规定，将该养殖场所在区域划定为畜禽禁养区，只有保护环境的公共利益超过了行政相对人因行政许可产生的信赖利益，行政机关才能撤回养殖户的生产经营许可，并给予行政相对人补偿。[2]

4. 因事实状况变化的撤回

若行政行为作出时所根据的事实状况发生变化，致使不废止该行政行为将对公共利益造成重大危害，行政机关可以撤回行政行为。以孙某诉安康市汉滨区人民政府行政许

---

〔1〕《市场监督管理行政许可程序暂行规定》第36条规定行政许可撤回的情形与《行政许可法》一致，包括“行政许可依据的法律、法规、规章修改或者废止的”“准予行政许可所依据的客观情况发生重大变化的”两种。

〔2〕《最高人民法院公布人民法院环境保护行政案件十大案例》，载中国法院网，https：//www.chinacourt.org/article/detail/2014/12/id/1519533.shtml。

可案为例，安康市汉滨区 ×× 线工程重要的水源涵养地承担着“一江清水供京津”的重要责任。陕西省委环保督察组在巡查中发现并指出安康瀛湖库区存在水体环境污染等问题。安康市政府为 ×× 环 ×× 组关于瀛湖网箱养殖清理反馈问题整改到位、确保瀛湖生态环境和“南水北调”工程水质的安全，组织开展了网箱清理整顿活动。法院认为，行政相对人孙某所办理的水域滩涂养殖使用证所依据的客观情况已经发生重大变化，汉滨区人民政府撤回其原证系基于公共利益需要。[1]

上述情形除了废止保留，因法律明确规定、行政行为作出时的法律根据或事实状况发生重大变化，且当行政相对人对行政行为作出产生的信赖利益值得保护时，行政机关撤回行政行为应当给予补偿。这是因为于废止保留的情形，行政行为作出时即包含了行政行为在未来撤回的可能，因而阻碍行政相对人信赖的成立。即便符合法定的撤回情形，行政机关应当依法展开利益衡量，只有撤回行政行为所欲保护的公共利益超过行政相对人的信赖利益以及维持行政行为所欲实现的公共利益，行政行为方能撤回。行政行为自撤回决定作出时失去法律效力。

重要名词术语

行政行为、事实行为、授益行政行为、附款的行政行为、双方行政行为、公定力、确定力、拘束力、执行力、行政行为无效

思考题

1. 行政法律行为与行政事实行为的区别是什么？
2. 行政行为概念包含了哪些具体要素？
3. 什么是行政行为的附款？
4. 授益行政行为与损益行政行为的区别是什么？
5. 行政行为合法包括了哪些内容？
6. 行政行为的效力包括了哪些内容？
7. 行政行为无效的情形包括哪些？
8. 行政行为撤销的情形包括哪些？
9. 行政行为撤回的情形包括哪些？

〔1〕 陕西省高级人民法院（2020）陕行终 789 号行政判决书。

典型案例分析

徐某平等三人诉通州区交通运输局交通行政管理及行政赔偿案，江苏省南通市中级人民法院（2020）苏06行终139号行政裁定书

2017年3月19日21时左右，徐某的配偶张某祥驾驶苏F ××××× 小型面包车由北向南行驶至苏225线42KM+875M处南通市通州区石港镇通港大桥路段时，车前部左侧与由北向南依次排队停在左侧车道等候绿灯放行刘兆军驾驶的鲁J ××××× 重型半挂牵引车牵引的鲁J ××××× 重型普通半挂车后部右侧发生碰撞，造成张某祥当日死亡。南通市通州区公安局交通警察大队出具了《道路交通事故认定书》（通公交认字［2017］第040号），认定张某祥夜间驾驶机动车对路面情况观察不够，未能降低行驶速度，未能按照操作规范确保安全通行，应承担本次事故的全部责任。后徐某等三人向南京市中级人民法院提起行政赔偿诉讼，认为江苏省交通运输厅公路局审查批准苏225线42KM+875M处南通市通州区石港镇通港大桥南侧桥口处设置红绿灯的行为违法并要求赔偿。

《行政诉讼法》第2条规定，公民、法人或者其他组织认为行政机关和行政机关工作人员的行政行为侵犯其合法权益，有权依照本法向人民法院提起诉讼。行政诉讼法意义上的行政行为，通常是指行政主体根据法律所赋予的职权，作出的能够对公民、法人或者其他组织的权利义务产生影响的行为。原则上，行政行为都属于行政诉讼的受案范围，除非法律明确规定应当排除的情形。交通信号灯是道路交通安全管理的基础设施，在道路上设置交通信号灯，既是行政机关为保障道路交通安全与秩序所提供的一种公共服务，也是道路交通管理的手段之一，是行政机关行使道路交通管理职权的行为。交通信号灯一旦设立，与所在道路一并投入使用，在特定的时间、空间内就可以对道路通行者的通行行为产生法律效果，影响到道路通行者的权利义务，符合可诉行政行为的特征。因此，设置道路交通信号灯的行为属于人民法院行政诉讼的受案范围。设置交通信号灯的行为与规范性文件明显有别，一审法院将设置交通信号灯的行为视作规范性文件，显然是对规范性文件的扩大理解，限缩了行政诉讼受案范围，适用法律错误。

第四章　抽象行政行为

【内容提示】

行政机关的抽象行政行为在实践中主要体现为各种具有普遍约束力的规则制定行为，也可以称为行政立法行为或“准立法”行为。这在实践中已经极为常见，但也曾面临重大争议。按照早期启蒙思想家的观点，行政机关并不能享有立法权，例如洛克曾指出：“如果同一批人同时拥有制定和执行法律的权力，这就会给人们的弱点以绝大诱惑，使他们动辄要攫取权力。”[1]孟德斯鸠也指出：“当立法权和行政权集中在同一个人或同一个机关之手，自由便不复存在了。”[2]按照这种看法，立法权必须由民主代议机关行使。不过自19世纪末20世纪初以来，国家权力逐渐深入社会经济各个领域，此时的议会无论从精力上，还是从专业能力上都无法通过立法来实现对各领域事无巨细的管理，不得不赋予行政机关大量规则制定权来满足行政管理的需要，以至于“在法律和条例的关系上，条例是汪洋大海，法律是大海中的几个孤岛”[3]。而在我国，由于早先法治建设的不完善，行政机关制定的各种规章和规范性文件更是在很长一段时间内都实际上发挥着行政行为依据的作用，如何对其合法性加以约束和控制，也是我国行政法治发展所面临的重要议题。

第一节　行政立法

一、行政立法的概念与特征

行政立法是行政法学上的一个常用概念，其在我国语境下一般指的是行政机关制定行政法规与规章的行为，或经由前述行为所制定的行政法规与规章。行政立法具有以下主要特征：

第一，行政立法的主体是行政机关。这也区别于国家权力机关所制定的立法，或是司

〔1〕［英］洛克：《政府论（下篇）》，商务印书馆1986年版，第89页。

〔2〕［法］孟德斯鸠：《论法的精神（上册）》，商务印书馆2006年版，第103页。

〔3〕 王名扬：《法国行政法》，中国政法大学出版社1988年版，第137页。

法机关所制定的司法文件。从理论上看，“行政”与“立法”之间似乎存在天然的张力——在现代民主国家，“立法”通常只能由民选的立法机构制定。不过随着各国行政权的扩张，行政机关或行政机构为履行职责需要，除行政之外还兼有制定抽象规范权能的情形并不罕见，且这些抽象规范在行政管理实践中的作用日益重要，再以概念上的冲突来对“行政立法”进行全盘否认已无意义，重点在于如何对行政立法的条件、范围和行使加以法律约束。

第二，行政立法兼具行政性与立法性。除了主体是行政机关，行政立法的行政性还体现为以下两个方面：一方面，行政立法所调整的对象主要是行政管理事务及其相关事务；另一方面，行政立法的根本目的是实施和执行权力机关制定的法律。不过，它与一般的具体行政行为存在明确不同，它针对的是不特定的人或事，在一定时空范围之内能够反复适用，具有普遍约束力。而行政立法的立法性在于，其所制定的规则属于法的范畴，具有法的普遍性、规范性、强制性等基本特征，不过其与狭义的立法，也就是权力机关的立法之间也存在明显区别，除了主体上的区别，一个核心区别就在于，二者立法权的来源不同，权力机关的立法权直接来源人民的授权，这在法律上体现为直接来源于宪法，而行政机关的立法权主要来自法律的授权，原则上不能仅凭宪法上的职权而享有立法权。换言之，行政立法主要是授权立法，而非职权立法。当然，这只是一种宽泛的区分，事实上，由于各国政治体制不同，不乏行政机关依据宪法获得立法权的情形，只不过这种职权立法通常会被限定在有限的范围之内，这也是现代民主原则的基本要求。

第三，行政立法的范围具有限定性。在我国，一个曾引发激烈争论的问题是，在行政机关制定的各类规范中，究竟哪些规范可以被称为行政立法，或者由于行政立法这一概念中含有“法”字，哪些规范可以被称为“法”，就是从外观上认定行政立法的最直观标准。在这一问题上，我国行政机关虽然长期以来都行使着制定行政法规范的权力，但直到 1982 年《宪法》与《国务院组织法》颁布，国务院制定行政法规的权力以及国务院各部委制定规章的权力才正式在立法层面得到确认，1986 年《地方各级人民代表大会和地方各级人民政府组织法》修订之后，部分地方政府制定规章的权力亦得到确认。不过，不同行政法规范的效力及相互关系仍未完全明确，当时的行政管理领域也普遍存在将一般政策文件与法混同，强调“按制度办事、按政策办事”，而忽视制定相关法规的观念。〔1〕

随着法治建设的深入和行政法学的发展，究竟哪些行政法规范可以被称为“法”，成为学界所关注的焦点。在相关的研究中，学者们对于“法”的认识也逐渐发生了变化。1983 年第一本全国行政法学统编教材《行政法概要》中，王珉灿教授将作为法源的规范性文件范围限定于“较大的市和县级以上的政权机关”发布的文件，对其制定主体作了一定的区分。〔2〕到了 80 年代中后期，法源的范围进一步限缩，当时出版的一系列行政法书籍，以及 1989 年出版的第二本全国行政法统编教材《行政法学》，均将行政法的渊源

〔1〕 参见张尚鷟：《国家行政管理需要制度化法律化》，载《法学研究》1985 年第 6 期。

〔2〕 参见王珉灿主编：《行政法概要》，法律出版社 1983 年版，第 10 页。

限定于规章及以上的法规范，规章以下的规范性文件不再被认为属于法源之列。[1]还有一些学者采取了更加严格的态度，认为行政法规是依据宪法与法律制定，可以规定除专属于宪法和法律规定内容外的各类事务，而规章不能直接以宪法为依据，不能创制新的权利义务，因此规章亦不能属于行政法的法源。[2]而 1989 年颁布的《行政诉讼法》似乎也佐证了这一观点，根据《行政诉讼法》的规定，法律、法规是人民法院审理行政案件的"依据"，规章仅是法院的"参照"。不过由于规章在我国行政管理中的实际作用，如果否认其效力，很有可能导致无法可依、无章可循的局面，因此最终我国大部分学者还是将规章纳入"法"的范畴，或至少视其为一种"准法"。由此，通说上的行政立法外延一般限于行政法规和规章，而不包括规章以下的规范性文件，或其他决定、命令。

二、行政立法的原则

行政立法的原则，是指贯穿行政立法始终，对行政立法起到统领和指导作用的一些准则和要求。根据我国的法律理论和法律规定，结合我国行政立法实践，我国行政立法的原则主要有以下几项。

（一）依法立法原则

依法立法原则，是指行政立法必须严格依照法定权限与程序进行。首先，我国《立法法》第 5 条规定，立法应当符合宪法的规定、原则和精神，依照法定的权限和程序，从国家整体利益出发，维护社会主义法制的统一、尊严、权威。这一规定对于《立法法》中所涉及的行政法规、部门规章和地方政府规章均具有约束力。同样地，《行政法规制定程序条例》与《规章制定程序条例》中也均包含类似的规定。依法立法首先要求行政机关在行政立法活动中必须遵循法定权限，只有宪法、组织法和立法法赋予了行政立法权的行政机关才能进行行政立法。国务院根据宪法和法律，制定行政法规；国务院各部、委员会、中国人民银行、审计署和具有行政管理职能的直属机构，可以根据法律和国务院的行政法规、决定、命令，在本部门的权限范围内，制定规章；省、自治区、直辖市和设区的市、自治州的人民政府，可以根据法律、行政法规和本省、自治区、直辖市的地方性法规，制定规章。其次，行政立法必须根据上位法进行，且不能与上位法相抵触。行政法规的制定须根据宪法和法律进行，且不得与宪法和法律相抵触；规章亦需根据上位的法律、行政法规、地方性法规等制定，且不得与之相抵触。最后，行政立法必须依据法律、法规规定的程序进行，国务院《行政法规制定程序条例》与《规章制定程序条例》对这些程序已经作出了明确规定。

（二）民主立法原则

民主立法，是指行政立法进行行政立法时，应当通过各种方式广泛听取意见，确保社会公众实质性参与到行政立法过程之中。行政机关并非传统意义上的民主机关，也无

---

〔1〕 参见应松年、朱维究编著：《行政法学总论》，工人出版社 1985 年版，第 37—44 页；姜明安：《行政法概论》，北京大学出版社 1986 年版，第 15—20 页；罗豪才主编：《行政法学》，中国政法大学出版社 1989 年版，第 37—44 页。

〔2〕 张焕光、胡建淼：《行政法学原理》，劳动人事出版社 1989 年版，第 240—245 页。

法采取立法机关的民主审议、表决机制，但在现代行政法上，行政立法的民主性愈发受到强调。这主要是由于随着行政权力的扩张的行政事务的日益复杂化，立法机关通常难以通过明确的立法规定来对行政权的行使加以严格约束，行政机关在具体事务判断上享有巨大的裁量权，因而在行政过程当中加入公众参与的准民主程序，就成为确保行政立法民主正当性的重要一环。同时，这种公众参与也有助于行政机关更加全面地掌握与行政立法有关的信息和价值偏好，从而增强行政立法的科学性与可接受性。在我国，在行政立法中坚持民主立法，拓宽公众参与渠道也是坚持全面依法治国、推进法治政府建设的重要举措之一。《立法法》第 74 条规定，行政法规由国务院有关部门或者国务院法制机构具体负责起草，重要行政管理的法律、行政法规草案由国务院法制机构组织起草。行政法规在起草过程中，应当广泛听取有关机关、组织、人民代表大会代表和社会公众的意见。听取意见可以采取座谈会、论证会、听证会等多种形式。《行政法规制定程序条例》与《规章制定程序条例》同样包含类似规定，从而对我国行政立法的民主原则进行了确立。

（三）科学立法原则

科学立法，是指行政立法的内容应当科学合理，对行政职权的行使和公民权益保护确实起到正面作用。《立法法》第 7 条规定，立法应当从实际出发，适应经济社会发展和全面深化改革的要求，科学合理地规定公民、法人和其他组织的权利与义务、国家机关的权力与责任。法律规范应当明确、具体，具有针对性和可执行性。这一规定确立了对于包括行政立法在内的各类立法的科学原则。就行政立法而言，科学立法还具有特别的意义。从现有的立法体系来看，行政立法事实上占到各类立法的绝大部分，全国人大制定一部法律之后，其中大量具体问题往往都需要行政法规与规章加以贯彻落实，可以说行政立法的科学化程度，直接关系到全国人大立法能否在实践中得以良好施行。行政立法的科学性可从以下几个方面来理解：一是具体管理对象或领域上的科学性，例如生态环境保护领域的行政立法，就必须遵循生态环境方面的原理和规律，在科学论证的基础之上作出相应规定；二是行政上的科学性，即行政立法必须着眼于行政的自身规律性，有助于实现行政机关的权责统一，促进行政机关高效履职；三是法学上的科学性，这一方面是指在立法技术上，需要准确把握立法时机，加强用语的统一性和规范性，提升内容的可操作性，合理授予行政机关自由裁量权等，〔1〕另一方面也指需要正确处理好维护行政权力的有效性与保障公民权利之间的关系，不得不当限制或剥夺公民的合法权益。〔2〕

三、行政立法的程序

行政立法的程序，是指行政立法主体依法制定行政法规或规章时所应遵循的方式、步骤等。行政立法程序的法治化对于行政立法的法治化，乃至整体政府活动的法治化都

---

〔1〕 参见袁曙宏、李洪雷：《新世纪我国行政立法的发展趋势》，载《行政法学研究》2002 年第 3 期。

〔2〕 参见罗豪才、湛中乐主编：《行政法学》（第 4 版），北京大学出版社 2016 年版，第 159 页。

具有重要意义。其一方面有助于将行政立法过程制度化、稳定化，确保每个立法活动都能够经过有效的讨论、审议，避免其变成个别领导的“一言堂”，另一方面有助于将民主要素融汇于行政管理活动之中，使行政立法像人民代表大会通过的法律一样，能够切实反映人民意志。当然，行政立法需要充分考虑到行政效率与民主之间的平衡，其不太可能像人大立法那样采取严格的民主审议与表决程序。究竟如何在行政立法中做到这种平衡，从世界范围来看，各国经历过较为曲折的探索过程。传统上讲，行政权与立法权理应有所区分，立法只能由通过民主选举机制产生的立法机关来制定，但自19世纪末20世纪初以来，各国行政权大幅扩张，并开始行使类似立法权的权能。为了避免这种权力的滥用，缓解行政权的扩张带来的民主合法性危机，部分国家开始对行政立法施加极为严格的程序限制，例如要求行政立法必须经过正式的听证程序，形成非常全面和详尽的案卷等。然而这种做法后来证明是极为低效的，行政立法过程往往陷入大量材料和程序的泥沼，严重拖累了立法效率。随着实践的推进，行政立法程序又重新归于灵活，不过行政机关在立法时必须征求和听取公众意见，对其所作出的选择说明理由，以确保民众能以某种形式参与到行政立法过程之中，仍然是行政立法程序的核心要求。

在我国，虽然宪法和组织法较早就对行政立法的基本问题作出了规定，但对行政立法的程序长期未予明确。1987年，国务院批准发布了《行政法规制定程序暂行条例》，一些部委和地方政府也制定了相关规章制定和发布的规则，但这些规定基本上属于行政机关的内部工作程序，程序的公开和民主程度远未达到现代行政法治的要求。[1]因此我国学者长期呼吁对行政立法程序予以完善，特别是增强程序的民主性。2000年颁布的《立法法》为各类立法设置了基本的程序规则，此后国务院先后制定《行政法规制定程序条例》《规章制定程序条例》《法规规章备案条例》等行政法规，行政立法程序开始走上规范化、制度化的道路。随着我国社会主义法治建设的不断推进，党和国家对于行政立法工作愈发重视，并将行政立法程序的完善作为完善依法行政制度体系的重要组成部分。根据《行政法规制定程序条例》等行政法规和近年来有关中央文件的要求，行政立法的执行程序大致包含以下几个方面：

（一）立项

立项是行政立法程序的首个环节，是指各行政立法主体根据国民经济和社会发展五年计划所规定的任务，编制相关行政立法计划的活动。立项活动通常由行政立法内部负责法制工作的机构，或者下属其他部门、机构负责具体开展，报行政立法主体批准进行。对于行政法规，国务院于每年年初编制本年度的立法工作计划；国务院有关部门认为需要制定行政法规的，应当于国务院编制年度立法工作计划前，向国务院报请立项。对于规章，国务院部门内设机构或者其他机构认为需要制定部门规章的，应当向该部门报请立项；省、自治区、直辖市和设区的市、自治州的人民政府所属工作部门或者下级人民政府认为需要制定地方政府规章的，应当向该省、自治区、直辖市或者设区的市、

〔1〕湛中乐：《论完善我国的行政立法程序》，载《中国法学》1994年第3期。

自治州的人民政府报请立项。立项申请在报送时应当说明立法项目所要解决的主要问题与主要依据，充分论证立法的可行性与必要性，并说明拟确立的主要制度。有权部门的法制机构在公开征集建议、评估论证的基础之上，拟定相关立法计划并报批执行。列入立法计划的行政立法项目需要符合一定的实质性条件，例如根据《行政法规制定程序条例》的规定，列入国务院年度立法工作计划的行政法规项目应当符合下列要求：（1）贯彻落实党的路线方针政策和决策部署，适应改革、发展、稳定的需要；（2）有关的改革实践经验基本成熟；（3）所要解决的问题属于国务院职权范围内并需要国务院制定行政法规的事项。对于列入立法计划的行政立法项目，承担起草工作的部门、单位应当抓紧工作，按要求上报有权部门决定。工作计划在执行中可以根据实际情况予以调整。

（二）起草

起草，是指人民政府各主管部门，就已列入立法计划的行政法规和规章草拟法案的活动。行政法规由国务院组织起草。国务院年度立法工作计划确定行政法规由国务院的一个部门或者几个部门具体负责起草工作，也可以确定由国务院法制机构起草或者组织起草。部门规章由国务院部门组织起草，地方政府规章由省、自治区、直辖市和设区的市、自治州的人民政府组织起草。国务院部门可以确定规章由其一个或者几个内设机构或者其他机构具体负责起草工作，也可以确定由其法制机构起草或者组织起草。省、自治区、直辖市和设区的市、自治州的人民政府可以确定规章由其一个部门或者几个部门具体负责起草工作，也可以确定由其法制机构起草或者组织起草。起草行政立法应当贯彻落实党的路线方针政策和决策部署，符合宪法和法律的规定，遵循立法法确定的立法原则，规章的起草还应符合其他上位法的规定。起草部门应当深入调查研究，总结实践经验，广泛听取有关机关、组织和公民的意见。涉及社会公众普遍关注的热点难点问题和经济社会发展遇到的突出矛盾，减损公民、法人和其他组织权利或者增加其义务，对社会公众有重要影响等重大利益调整事项的，起草部门还应当采取听证会等形式以听取意见。对于专业性较强的行政立法，起草部门可以吸收相关领域的专家参与起草工作，或者委托有关专家、教学科研单位、社会组织起草。行政立法涉及多个部门的，应当在充分协商的基础上进行。起草完成后，起草部门应将草案送审，并一并报送行政法规送审稿的说明和有关材料。

（三）审查

审查，是指行政立法草案拟定后，由政府主管机构进行审议、核查的活动。政府法制机构承担行政立法的审查职能，主要针对行政立法草案是否严格贯彻落实党的路线方针政策和决策部署，是否符合宪法和法律的规定，是否遵循立法法确定的立法原则，是否符合国务院条例对行政立法的要求，是否与其他有关行政立法协调、衔接，是否正确处理有关机关、组织和公民对送审稿主要问题的意见，以及其他需要审查的内容进行审查。如果遇有立法条件不成熟或发生重大变化、送审稿规定的主要制度争议较大、未依法公开征求意见等情形的，审查机构可以缓办或者退回起草部门、机构。审查机构可以采取发送国务院有关部门、地方人民政府、有关组织和专家等各方面征求意见，向社会公布征求意见，深入基层进行实地调查研究，通过座谈会、论证会、听证会、委托研究等多种形式进行论证咨询等方式来征求各方意见，在认真研究各方面的意见和与相关部门进行协调、与起草部门协商的基础上，对行政立法送审稿进行修改，形成行政立法草案和对草案的说明，提请审议。

（四）决定与公布

行政立法的决定与公布，是指行政立法在起草、审查完毕后，交由主管机关的正式会议讨论，审议通过后公开发布施行的活动。行政法规草案由国务院常务会议审议，或者由国务院审批；部门规章应当经部务会议或者委员会会议决定；地方政府规章应当经政府常务会议或者全体会议决定。法制机构应当根据审议意见对草案进行修改，形成草案修改稿，行政法规报请总理签署国务院令公布施行，规章报请本部门首长或者省长、自治区主席、市长、自治州州长签署命令予以公布。行政法规签署公布后，及时在国务院公报和中国政府法制信息网以及在全国范围内发行的报纸上刊载。国务院法制机构应当及时汇编出版行政法规的国家正式版本。部门规章签署公布后，及时在国务院公报或者部门公报和中国政府法制信息网以及在全国范围内发行的报纸上刊载。地方政府规章签署公布后，及时在本级人民政府公报和中国政府法制信息网以及在本行政区域范围内发行的报纸上刊载。行政法规和规章原则上自公布之日起 30 日后施行；但是，涉及国家安全、外汇汇率、货币政策的确定以及公布后不立即施行将有碍其施行的，可以自公布之日起施行。最后，行政法规在公布后的 30 日内由国务院办公厅报全国人民代表大会常务委员会备案，规章应当自公布之日起 30 日内，由法制机构依照《立法法》和《法规规章备案条例》的规定向有关机关备案。

四、行政立法的效力

通过行政立法活动所制定的行政法规、规章具有法的基本特征，但一般而言，若要对公民权利义务进行安排，需要由民主代议机关进行，行政机关所制定的法规、规章，其效力究竟及于什么范围，就需要慎重考虑。对于这个问题，我国立法上一个重要设置是，行政立法必须“根据”上位法进行。例如《立法法》第 72 条第 1 款规定：“国务院根据宪法和法律，制定行政法规。”第 91 条第 1 款规定：“国务院各部、委员会、中国人民银行、审计署和具有行政管理职能的直属机构以及法律规定的机构，可以根据法律和国务院的行政法规、决定、命令，在本部门的权限范围内，制定规章。”第 93 条第 1 款规定：“省、自治区、直辖市和设区的市、自治州的人民政府，可以根据法律、行政法规和本省、自治区、直辖市的地方性法规，制定规章。”相比之下，《立法法》对地方性法规并没有提出“根据”的要求，而是只要求其“在不与宪法、法律、行政法规相抵触的前提下”制定。

以上规定被认为暗含着立法权限上的区别：地方性法规的立法权限更为广泛，并不要求必须要有上位法依据，在法律、行政法规尚且空白的情况下，只要不属于《立法法》上法律保留的事项，且不与宪法、法律或行政法规的基本原则相抵触，即可先制定地方性法规；而行政法规、规章需“根据”上位法进行，意味着必须是在有上位法的情形下，根据上位法的规定进行细化和执行性的立法。[1]不过，这种严格的“根据”要求与我国的法治实践存在一定的张力，在改革开放以来很长一段时期内，我国立法整体来讲并不完备，行政立法在很大程度上发挥着“试验田”的作用。在制定法律时机尚不成熟的情况下，先制定行政法规乃至规章，在实施中一边执行，一边探索完善，是实践中的惯常做法。

对此，我国有学者将行政立法的种类总结为三类：执行性立法、补充性立法和试验性立法，[2]这三类行政立法对于上位法依据的要求也不尽相同。

一是执行性立法，是指行政机关为了执行法律或地方性法规以及上级行政机关发布的规范性文件而作出具体规定，以便于更切合实际情况的行政立法活动。所谓具体规定，主要包括对法律上的不确定法律概念进行解释，对法律后果上裁量权的行使进行规范等。[3]这种行政立法并不创设新的法律规则，一般而言不需要获得法律的特别授权，属于行政机关依职权即可从事的活动。对于上述规范，上位法依据指的主要是组织法或相应单行法中有关行政机关职权的规定，以及法律中对于具体事项的相关规定，二者共同构成了行政机关进行行政立法的根据。

二是补充性立法，是指行政机关根据原法律或法规所确定的原则，对于法律、法规中未能予以规定的内容加以补充规定的活动。由于法律不可能对所有事务都事先预料到，需要行政机关根据实际情况予以适当补充。此时行政机关有可能创设出某些新的法律规则，从而对外部相对人的权利义务产生一定影响，因此理论上讲需要法律、法规的明确授权。[4]

三是试验性立法，是指行政机关基于有权机关或法律的特别授权，对本应由法律规定的事项，在条件尚不充分、经验尚未成熟或社会关系尚未定型的情况下，先由行政机关作出有关规定，经过一段试验期以后，再总结经验，由法律正式规定下来。例如《立法法》第 12 条规定：“本法第十一条规定的事项尚未制定法律的，全国人民代表大会及其常务委员会有权作出决定，授权国务院可以根据实际需要，对其中的部分事项先制定行政法规，但是有关犯罪和刑罚、对公民政治权利的剥夺和限制人身自由的强制措施和处罚、司法制度等事项除外。”《行政处罚法》《行政许可法》等立法也规定，规章在一定范围内有设定临时性行政处罚、[5]行政许可的权限。此类试验性行政立法基本上都有一定的期限限制，经过实践检验条件成熟的，应及时制定相应的法律或法规。

以上有关上位法依据的要求构成了行政立法最基本的权限范围，没有上位法依据，

---

〔1〕 参见刘莘：《行政立法研究》，法律出版社 2003 年版，第 61—68 页。

〔2〕 参见罗豪才、湛中乐主编：《行政法学》（第 4 版），北京大学出版社 2016 年版，第 154—155 页。

〔3〕 参见谢立斌：《论国务院的职权立法权》，载《政法论坛》2018 年第 6 期。

〔4〕 不过实践当中，对此类行政立法的授权要求并没有那么严格，人们更多考虑到行政管理的实际需要，往往会接受行政机关根据上位法中的一揽子授权，或是根据上位法立法原则、立法精神等进行补充性行政立法。

〔5〕 国务院《关于进一步贯彻实施〈中华人民共和国行政处罚法〉的通知》指出，“……上述情况下，部门规章实施一定时间后，需要继续实施其所设定的罚款且需要上升为法律、行政法规的，有关部门要及时报请国务院提请全国人大及其常委会制定法律，或者提请国务院制定行政法规”。

行政机关不得设定减损公民、法人和其他组织权益或者增加其义务的规范，也不得增加行政机关权力或者减少行政机关的法定职责。

与此同时，行政立法在内容上也不得与上位法相抵触。根据《立法法》规定，我国宪法、法律、法规、规章之间存在效力位阶上的区分，其中《宪法》具有最高的法律效力，法律的效力高于行政法规、地方性法规、规章，行政法规的效力高于地方性法规、规章，地方性法规的效力高于本级和下级地方政府规章，省、自治区人民政府制定的规章的效力高于本行政区域内设区的市、自治州的人民政府制定的规章。部门规章之间、部门规章与地方政府规章之间具有同等效力，在各自的权限范围内施行。当处于下位的行政立法与上位法发生不一致的情形，且这种不一致为法律所不相容时，即构成抵触。

关于抵触的具体判断，目前较为常见的方法是以下位法与上位法相比，是否对相对人权利义务施加了额外的不利影响为标准。例如最高人民法院2004年发布的《关于审理行政案件适用法律规范问题的座谈会纪要》以列举方式对下位法与上位法相抵触的情形进行了以下总结：（1）下位法缩小上位法规定的权利主体范围，或者违反上位法立法目的扩大上位法规定的权利主体范围；（2）下位法限制或者剥夺上位法规定的权利，或者违反上位法立法目的扩大上位法规定的权利范围；（3）下位法扩大行政主体或其职权范围；（4）下位法延长上位法规定的履行法定职责期限；（5）下位法以参照、准用等方式扩大或者限缩上位法规定的义务或者义务主体的范围、性质或者条件；（6）下位法增设或者限缩违反上位法规定的适用条件；（7）下位法扩大或者限缩上位法规定的给予行政处罚的行为、种类和幅度的范围；（8）下位法改变上位法已规定的违法行为的性质；（9）下位法超出上位法规定的强制措施的适用范围、种类和方式，以及增设或者限缩其适用条件；（10）法规、规章或者其他规范文件设定不符合行政许可法规定的行政许可，或者增设违反上位法的行政许可条件；（11）其他相抵触的情形。此外还需注意到，抵触还存在直接抵触和间接抵触的区分，或者又可称为规则抵触与原则抵触、[1]逻辑抵触与非逻辑抵触。[2]当下位法在规范词、构成要件、法律后果等方面与上位法存在不一致时，即可能构成直接抵触；不过从我国立法实践情况来看，上位法规定并非总是明确的，此时还需要根据上位法的立法目的、精神、原则等进行判断，下位法即便在具体规定上没有和上位法发生明显冲突，但有违上位法的立法目的、精神与原则的，则有可能构成间接抵触。

五、对行政立法的监督

行政立法具有普遍约束力，一旦发生违法或不当情形，其对公民、法人或其他组织的合法权益造成的损害往往比一般行政行为更加严重。因此，对行政立法加以必要监督，对于推进依法行政而言尤为重要。根据我国目前的行政体制和立法规定，对于行政

〔1〕胡建淼：《法律规范之间抵触标准研究》，载《中国法学》2016年第3期。

〔2〕俞祺：《论与上位法相抵触》，载《法学家》2021年第5期。

立法的监督主要包含以下几个方面。

（一）权力机关对行政立法的监督

人民代表大会是我国的权力机关，全国人民代表大会及其常务委员会具有监督宪法实施的职权，县级以上的地方各级人民代表大会具有在本行政区域内，保证宪法、法律、行政法规和上级人民代表大会及其常务委员会决议的遵守和执行的职权。权力机关对行政立法进行监督，是履行其宪法监督和法律监督职权的具体方式，也是各级人民政府向同级人大负责的体现。权力机关对行政立法的监督具体体现为事前和事后多个方面。事前监督主要体现为对行政立法的授权，例如根据《立法法》规定，全国人大及其常委会有权就特定事项授权国务院制定行政法规，但在授权决定中应当明确授权的目的、事项、范围、期限以及被授权机关实施授权决定应当遵循的原则等。事后监督则主要体现为对行政立法的审查，根据我国《宪法》和《立法法》规定，全国人民代表大会常务委员会有权撤销同《宪法》和法律相抵触的行政法规，地方人民代表大会常务委员会有权撤销本级人民政府制定的不适当的规章，授权机关有权撤销被授权机关制定的超越授权范围或者违背授权目的的法规，必要时可以撤销授权。

（二）上级行政机关对行政立法的监督

根据我国行政体制，上下级行政机关之间是领导与被领导，监督与被监督的关系。上级行政机关对下级行政机关的立法活动进行监督，正是这种领导监督关系的具体体现。根据《立法法》规定，国务院有权改变或者撤销不适当的部门规章和地方政府规章，省、自治区的人民政府有权改变或者撤销下一级人民政府制定的不适当的规章。我国行政机关内部对行政立法的监督工作还尤其体现在行政法规、规章的清理工作上。所谓清理，是指有权机关对一定领域或地域范围内的生效法规范文件进行全面梳理，考察其中是否存在明显不适应经济社会发展要求、与上位法相冲突，或相互之间存在冲突、不协调等情形，并根据梳理情况对相应的文件或规定作出废止、宣布失效或者修改等处理的活动。早在 2004 年，国务院《全面推进依法行政实施纲要》就提出，要建立和完善规章、规范性文件的定期清理制度。党的十八大之后，我国法治政府建设进程进一步加快，《法治政府建设实施纲要（2015—2020 年）》提出，建立行政法规、规章和规范性文件清理长效机制。根据全面深化改革、经济社会发展需要，以及上位法制定、修改、废止情况，及时清理有关行政法规、规章、规范性文件。在清理过程中，清理主体要遵循科学、动态、全面的原则，科学评估法规规章实施的效果，充分听取社会公众意见，并及时将清理结果向社会公开。

（三）司法机关对行政立法的监督

除了权力机关与上级行政机关，我国司法机关对于行政立法也具有一定的监督权。这种监督权主要体现在有关“参照”规章的规定上。《行政诉讼法》第 63 条第 3 款规定，“人民法院审理行政案件，参照规章”，这一规定使规章在行政诉讼中的法律地位与法律、法规发生了区分。根据《行政诉讼法》规定，人民法院审理行政案件，以法律和行政法规、地方性法规为依据，但规章不是法院审理案件的依据，只是一种参照。这里所谓的参照，是指人民法院在审理行政案件时，对符合法律、行政法规规定的行政规章，可以作为衡量行政行为是否合法的标准；对于不符合或者不完全符合法律、行政法规原则精神的行政规章，可以有灵活处理的余地。那么这一条规定实际上也就赋予了人民法院以规章的“间接审查”和“不予适用”的权力，具体而言，规章不是法院审理案件的依据，对法院没有绝对拘束力，法院在审判活动中，有权对规章的合法性作出判断，发现其中存在缺乏法律、法规依据，与上位法相抵触，或是违反法定程序等违法情形的，有权不予适用。当然，从法律后果上看，法院并没有直接废止或宣告规章无效的权力，只能在个案中进行选择适用。

第二节 规范性文件

一、规范性文件的概念与特征

（一）规范性文件的概念

规范性文件，从广义上讲，可以视作对具有普遍约束力且以文件为载体出现的各类行为规则的统称，包括立法规范性文件、司法规范性文件、行政规范性文件等。本书所指的规范性文件，特指由行政机关制定的，效力在规章以下的规范性文件。这类规范性文件之前在学理讨论与实践中有多种称谓，包括规范性文件、行政规范性文件、其他规范性文件、规章以下规范性文件等。2014 年修改的《行政诉讼法》在设立规范性文件附带审查制度时使用了“规范性文件”这一概念，不过又对其具体范围作了一定的限制，特指国务院部门和地方人民政府及其部门制定的，规章之外的规范性文件，而将国务院制定的规范性文件排除在外。总之，规范性文件是一个相对宽泛的概念，在使用这一概念时，需要注意其具体语境。

（二）规范性文件的特征

规范性文件概念具有以下特征。一是制定主体的广泛性。不仅仅是依法享有行政法规和规章制定权的行政机关，其他各级行政机关均可在各自的职权范围内制定规范性文件，换言之，上至国务院，下至各县级人民政府的下属机关和乡镇人民政府，都可以成为规范性文件的制定主体。与此同时，法律、法规和规章授权的组织为履行公共管理职能，也会制定大量规范性文件。

二是效力的多层级性。正是由于规范性文件的制定主体如此广泛，其各自效力也会受到制定主体的影响，从而产生高下之别。通常而言，上级行政机关所制定的规范性文件，效力就要高于下级行政机关所制定的文件。但实际情况往往不那么简单，例如，上级行政机关出台的规范性文件，与下级行政机关出台的规章之间，效力如何判断，就存在较大争议。尽管整体而言，规范性文件的效力层级位于规章之下，但诸如国务院出台的规范性文件，往往被认为效力要高于部门规章。同时，不同行政部门序列之间，由于不存在明确的上下级隶属关系，其所制定的规范性文件效力判断也具有相当的复杂性。

三是内容的抽象性。规范性文件制定活动是典型的抽象行政行为，具有普遍约束力，针对不特定对象，能够反复适用。这也意味着，规范性文件不属于行政复议和行政诉讼直接受案范围，只能在当事人就行政行为申请复议或提起诉讼时接受审查机关的一并审查。

四是规范性。规范性文件的功能在于为人们提供行为规则，并在其效力范围之内获得遵守。这也使其与行政立法之间存在一定的相似性。与行政立法不同，规范性文件不具有“法”的效力，其只能在法律、法规和规章的既有范围之内作出执行性的规定，而无权独立对相对人设定权利义务。不过由于我国行政法治建设长期以来一直处在完善过程中，许多方面的规定尚不健全，规范性文件实际上就成为法律、法规、规章的补充和延伸，以至于行政机关的绝大部分行政行为都是依据规范性文件而不是法律、法规、规章作出的，离开了规范性文件，一些领域的行政执法工作将难以正常进行，甚至陷于瘫痪。[1] 在具体功能上，规范性文件在提高行政效率、限制执法人员自由裁量权、避免执法随意性以及弥补立法空白、增强行政管理的针对性等方面发挥着重要作用。不过在很长一段时间内，规范性文件由于其制定主体繁多，制定权限不明确，制定程序缺少统一规范等原因，合法性也受到了很大质疑，实践中越权、违法情形屡有发生，这也为规范性文件的进一步法治化、规范化提出了挑战。

二、规范性文件的制定与实施

（一）规范性文件的制定

与行政立法相比，规范性文件的制定程序较为灵活，无须遵循较为严格、正式的立法程序。这主要是由于规范性文件的功能定位主要强调效率与灵活，使得行政机关能够在法律框架之内充分调动自身积极性，采取“因地制宜、因时制宜”的手段，以及时应对行政管理中出现的各种难以为立法所事先预料的情形。不过，规范性文件的制定程序究竟可以“灵活”到什么地步，仍存商榷空间。2001 年，国务院相继颁布《行政法规制定程序条例》和《规章制定程序条例》，对行政法规和规章的制定程序进行了规范，但并未就规范性文件的制定程序作出统一规定，只在《规章制定程序条例》第 36 条中规定，依法不具有规章制定权的县级以上地方人民政府制定、发布具有普遍约束力的决定、命令，参照本条例规定的程序执行。实践中，规范性文件的制定程序较为混乱，部分时候甚至成为个别领导的“一言堂”，这也导致规范性文件的严肃性和内容的合法性难以得到保障。

在地方立法方面，部分省市已经对规范性文件的制定程序进行了规范。其中湖南省人民政府于 2008 年制定的《湖南省行政程序规定》是较早专门就规范性文件制定作出规范的地方政府规章，该规章在第三章“行政决策程序”部分专辟一节“制定规范性文件”，明确了规范性文件的制定主体、基本前提与范围，并特别强调制定规范性文件应当采取多种形式广泛听取意见，并经制定机关负责法制工作的机构进行合法性审查，由

---

〔1〕 周佑勇：《行政规范性文件在行政执法依据中的地位》，载《行政与法》1999 年第 3 期。

制定机关负责人集体审议决定。在中央方面，国家税务总局、国务院国有资产监督管理委员会、财政部等部门也较早以部门规范性文件的形式，对本部门规范性文件的起草、审查、发布、备案等工作作出了规定。

党的十八大以来，我国法治政府建设工作进入了新的阶段，规范性文件制定的规范化工作作为推进依法行政的重要一环也得到了党和国家的高度重视。《法治政府建设实施纲要（2015—2020 年）》中明确要求，完善规范性文件制定程序，落实合法性审查、集体讨论决定等制度，实行制定机关对规范性文件统一登记、统一编号、统一印发制度。2018 年，国务院办公厅发布《关于加强行政规范性文件制定和监督管理工作的通知》（国办发〔2018〕37 号），其中针对规范性文件的制定程序提出要求，部分如下：

一是认真评估论证。全面论证行政规范性文件制发的必要性、可行性和合理性，是确保行政规范性文件合法有效的重要前提。起草行政规范性文件，要对有关行政措施的预期效果和可能产生的影响进行评估，对该文件是否符合法律法规和国家政策、是否符合社会主义核心价值观、是否符合公平竞争审查要求等进行把关。对专业性、技术性较强的行政规范性文件，要组织相关领域专家进行论证。评估论证结论要在文件起草说明中写明，作为制发文件的重要依据。

二是广泛征求意见。除依法需要保密的外，对涉及群众切身利益或者对公民、法人和其他组织权利义务有重大影响的行政规范性文件，要向社会公开征求意见。起草部门可以通过政府网站、新闻发布会以及报刊、广播、电视等便于群众知晓的方式，公布文件草案及其说明等材料，并明确提出意见的方式和期限。对涉及群众重大利益调整的，起草部门要深入调查研究，采取座谈会、论证会、实地走访等形式充分听取各方面意见，特别是利益相关方的意见。建立意见沟通协商反馈机制，对相对集中的意见，建议不予采纳的，公布时要说明理由。

三是严格审核把关。建立程序完备、权责一致、相互衔接、运行高效的行政规范性文件合法性审核机制，是做好合法性审核工作的重要保证。起草部门要及时将送审稿及有关材料报送制定机关的办公机构和负责合法性审核的部门，并保证材料的完备性和规范性。制定机关的办公机构要对起草部门是否严格依照规定的程序起草、是否进行评估论证、是否广泛征求意见等进行审核。制定机关负责合法性审核的部门要对文件的制定主体、程序、有关内容等是否符合法律、法规和规章的规定，及时进行合法性审核。未经合法性审核或者经审核不合法的，不得提交集体审议。

四是坚持集体审议。制定行政规范性文件要实行集体研究讨论制度，防止违法决策、专断决策、“拍脑袋”决策。地方各级人民政府制定的行政规范性文件要经本级政府常务会议或者全体会议审议决定，政府部门制定的行政规范性文件要经本部门办公会议审议决定。集体审议要充分发扬民主，确保参会人员充分发表意见，集体讨论情况和决定要如实记录，不同意见要如实载明。

五是及时公开发布。行政规范性文件经审议通过或批准后，由制定机关统一登记、统一编号、统一印发，并及时通过政府公报、政府网站、政务新媒体、报刊、广播、电视、公示栏等公开向社会发布，不得以内部文件形式印发执行，未经公布的行政规范性文件不得作为行政管理依据。对涉及群众切身利益、社会关注度高、可能影响政府形象的行政规范性文件，起草部门要做好出台时机评估工作，在文件公布后加强舆情收集，及时研判处置，主动回应关切，通过新闻发布会、媒体访谈、专家解读等方式进行解释说明，充分利用政府网站、社交媒体等加强与公众的交流和互动。县级以上各级人民政府要逐步构建权威发布、信息共享、动态更新的行政规范性文件信息平台，以大数据等技术手段实现对文件的标准化、精细化、动态化管理。

以上规定为规范性文件制定程序的规范化提供了重要依据，与此同时，国务院各部门和各地方政府近年来也不断颁布新的文件，就其管辖范围内规范性文件的制定程序作出了具体规定。不过整体来看，相关规定普遍效力层级较低，除少数部门规章和地方政府规章之外，绝大部分仅为规范性文件层级，约束力有所不足，实践中难以为复议机关和法院所援引，同时在规定内容上也仍存在一些不统一和不明确之处，这些问题仍有待未来法律或行政法规予以解决。

（二）规范性文件的实施

规范性文件制定并公布后，应当获得实施。尽管从理论上讲，规范性文件不是正式的法律渊源，对于外部相对人、法院等都不具有法律意义上的约束力，但就行政机关而言，仍具有将规范性文件付诸实施的义务，这种义务主要来源于以下方面。一是诚实信用原则的要求。行政机关制定规范性文件并将其公之于众，相当于对自身的行为准则作出了公开承诺，若无法定理由不得随意修改。特别是规范性文件中的一些内容已经构成行政惯例，其或者是制定之后经由长期反复适用而形成惯例，或者是将业已形成的惯例在规范性文件中加以确认，那么这种惯例只要没有充足理由加以推翻，就应当得到行政机关的维持，否则就会打破人们对于行政机关行为的预期，造成行政秩序的不稳定。二是公平原则的要求。公平原则要求行政机关对同等情况同等对待，但法律在对行为要件和相关法律后果进行规定时，往往只给出一个范围，不同的行政机关及其工作人员在具体裁量活动中，对法律的理解存在一定差异，是常见的情形，这就可能导致执法活动中尺度不一，造成同案不同判。而规范性文件的一个重要作用正是通过对于相关行为的要件和处理结果等作出进一步细化，从而将行政机关裁量权的行使限定在更为精确的范围内，以便实现特定领域或区域内执法尺度的相对一致。如果行政机关不按照规范性文件中的规定进行处理，就有可能导致其与其他机关的处理存在差异，从而有违行政执法的公平性。三是行政机关内部管理结构的要求。根据我国组织法规定，国务院与地方人民政府之间，人民政府与同级政府部门之间，上级政府部门与下级政府部门之间，是领导与被领导，监督与被监督的关系，后者有义务履行前者依法作出的决定、命令。同时根据《公务员法》规定，公务员具有服从和执行上级依法作出的决定和命令的义务。因此，无论规范性文件是否具有外部效力，其在行政机关内部作为一种依法作出的决定，理应得到所属工作人员和下级机关的执行。

不过，规范性文件的实施必须以合法为前提。正如前文所提到的，我国长期以来对规范性文件制定主体与程序缺乏必要限制，导致滥发文、违法越权发文的情形在相当程度上存在。而行政机关在实施这些规范性文件时往往缺乏必要识别，导致许多违法规范性文件被付诸实践，不仅对公民、法人和其他组织的合法权益造成了侵害，而且对政府公信力产生了不利影响。因此，行政机关在实施规范性文件过程中必须坚持法律适用的基本原则，谨慎判断规范性文件的效力，对于违法增加法律、法规规定之外的行政权力事项或者减少法定职责，违法设定行政许可、行政处罚、行政强制等事项，违法减损公民、法人和其他组织的合法权益或者增加其义务，违反批准、公开等法定制定程序，以及存在其他违反上位法情形的规范性文件，不得作为行政行为的依据。

三、规范性文件的备案审查与清理

（一）规范性文件的备案审查

规范性文件的备案审查，是指规范性文件制定机关完成规范性文件的制定工作之后，将规范性文件及相关材料向有权机关备案，接受有权机关审查的活动。规范性文件的备案审查工作具有以下特征。首先，规范性文件备案审查的概念具有复合性，既包括立法机关对行政机关所制定规范性文件的备案审查，也包括各级人民政府对所属政府部门、上级行政机关对下级行政机关制定规范性文件的备案审查，上述备案审查的具体范围和标准也因主体不同而有所不同。其次，规范性文件的备案审查是一种事后审查，规范性文件报送备案，原则上不影响文件生效，但备案审查机关经审查后，有权对规范性文件作出相应处理。再次，备案审查机关对规范性文件具有全面的审查权，既要审查规范性文件的合法性问题，也要审查其合理性问题，这是由于备案审查机关通常与制定机关存在直接的领导或负责关系，其对制定机关相关决定的处理权也是相对完全的。当然，备案审查机关的审查仍具有一定的限度，不可能越俎代庖，替代制定机关作出所有的决定。最后，备案审查工作具有长期性，除了规范性文件制定工作完成之后需要进行备案审查，在规范性文件实施过程中的任何时候，备案审查机关发现其可能存在违法情形，或者接到有关单位、个人的审查建议、投诉举报等，也有权再次启动审查工作并作出处理。

规范性文件的备案审查工作是规范性文件合法性保障机制的重要组成部分，也是我国法规范备案审查工作的有机组成部分。关于各类法规范的备案工作，《地方各级人民代表大会和地方各级人民政府组织法》较早就地方性法规与地方政府规章的备案作出了规定，但在该法 2022 年修订之前的版本中，尚未涉及规范性文件的备案问题。2006 年颁布的《各级人民代表大会常务委员会监督法》专门设立一章“规范性文件的备案审查”，其中第 30 条规定：“县级以上地方各级人民代表大会常务委员会对下一级人民代表大会及其常务委员会作出的决议、决定和本级人民政府发布的决定、命令，经审查，认为有下列不适当的情形之一的，有权予以撤销：（一）超越法定权限，限制或者剥夺公民、法人和其他组织的合法权利，或者增加公民、法人和其他组织的义务的；（二）同法律、法规规定相抵触的；（三）有其他不适当的情形，应当予以撤销的。”这里的“本级人民政府发布的决定、命令”，事实上就包含了各级地方人民政府制定的规范性文件。

党的十八大以来，规范性文件备案审查工作作为法治政府建设的重要环节，得到了党和国家的高度重视。党的十八届四中全会决定指出，要加强备案审查制度和能力建设，把所有规范性文件纳入备案审查范围，依法撤销和纠正违宪违法的规范性文件。《法治政府建设实施纲要（2015—2020年）》提出，加强备案审查制度和能力建设，把所有规范性文件纳入备案审查范围，健全公民、法人和其他组织对规范性文件的建议审查制度，加大备案审查力度，做到有件必备、有错必纠。《法治政府建设实施纲要（2021—2025年）》进一步指出要严格落实行政规范性文件备案审查制度。2022年《地方各级人民代表大会和地方各级人民政府组织法》修订时增加一条作为第75条："县级以上的地方各级人民政府制定涉及个人、组织权利义务的规范性文件，应当依照法定权限和程序，进行评估论证、公开征求意见、合法性审查、集体讨论决定，并予以公布和备案。"

在具体备案审查程序方面，我国目前暂时没有统一立法，参考中央文件和国务院各部委、各级地方人民政府的有关规定，规范性文件备案审查程序大致包含如下要求：

一是报备。规范性文件制定机关在完成规范性文件制定后的一定时期内，应当主动将规范性文件的文本及相关材料报送有权机关备案。报送的相关材料主要包括规范性文件的制定依据、起草过程、征求意见情况、法制机构审核意见等。制定机关未履行报备义务的，不影响规范性文件本身的生效，但可能导致相关主管人员和直接责任人员承担行政责任。

二是审查。备案审查机关收到制定机关报送的规范性文件与相关材料后，应当及时开展审查工作；此外，备案审查机关对于之前已经完成备案的规范性文件，遇有发现违法问题、收到审查建议或其他认为应当重新进行审查的情形的，也应当开展审查工作。具体的审查工作通常由备案审查机关中负责法制工作的机构承担，该机构应从制定主体、依据、权限、内容、程序等方面对规范性文件的合法性与合理性进行全面审查，特别是审查其中是否存在超越法定权限、缺乏上位法依据、与上位法相抵触、明显不合理、违反法定程序等情形。为了审查需要，备案审查机关的法制机构还可以要求有关行政机关提出意见，以及要求规范性文件制定机关说明情况，对于专业问题也可以征求相关专家的意见。审查完成后，法制机构应向备案审查机关提出处理意见。

三是处理。备案审查机关收到法制机构提出的处理意见后，应作出对规范性文件的正式处理决定。处理决定分为两种，一种是要求制定机关自行纠正，另一种是备案审查机关直接对规范性文件作出处理。要求制定机关自行纠正的，制定机关应当在法定期限内执行，对规范性文件作出修改、废止等决定，并将执行情况向变审查机关进行报告。备案审查机关直接对规范性文件作出处理，即直接撤销违法规范性文件，备案审查机关是行政机关的，也可以对该规范性文件的内容直接进行变更。这种处理决定代表着备案审查机关对规范性文件的全面监督权，不过通常来说，备案审查机关不直接接触规范性文件中所涉及的具体行政事务，因此其在直接作出撤销或变更决定时也应当进行审慎判断。

（二）规范性文件的清理

规范性文件的清理，是指法定的行政机关对已经制定和颁布的规范性文件进行审查，确认其是否应继续生效，并根据审查结果对规范性文件作出保留、修改或废止等处理的活动。规范性文件制定程序灵活，时效性强，其制定与废止工作需要紧密跟随社会情况的变化而进行，因此及时对规范性文件进行清理，对其中不再符合最新法律、政策和社会现实需求的规定进行修改与废止，具有极高的必要性。

规范性文件的清理具有以下特征。首先，规范性文件清理的主体主要是规范性文件的制定机关与实施机关。其中制定机关本身就是规范性文件的制定者和直接责任主体，其对自己制定的规范性文件进行修改、废止等活动，是行使自身规则制定权的表现。而实施机关虽然不是规范性文件的制定主体，但对规范性文件的执行情况和潜在问题通常有着比较深入的了解，因此在规范性文件的清理中也发挥着重要作用，实践中往往是由实施机关先开展规范性文件合法性的初步审查和评估等工作，之后由制定机关作出清理决定。其次，规范性文件清理具有很强的动态性。在我国，规范性文件事实上构成了立法和政策与具体实践之间的重要连接点，在重要立法颁布或重大政策变迁之际，往往需要立即开展规范性文件清理工作，以确保立法和政策的顺利执行，这也决定了规范性文件清理是一个长期动态的过程。最后，规范性文件清理的对象和范围具有广泛性。规范性文件清理不是针对某一部或某几部规范性文件，而是要对某制定机关在特定领域内所制定的全部规范性文件进行全面梳理审查；同时，清理机关不但要审查规范性文件中是否存在违法和不合理之处，而且要对规范性文件是否符合当下的国家或地方政策，是否与本部门、本地区实际情况相符，是否适应经济社会发展的最新需要等作出全面判断。从这个角度讲，由制定机关和实施机关开展的规范性文件清理活动具有其独到价值，也是实现政策实施的因地制宜与与时俱进的必要举措。

从历史上看，我国的规范性文件清理工作基本与行政法治建设工作同步开展。早在 1990 年，国务院在《关于贯彻实施〈中华人民共和国行政诉讼法〉的通知》中就要求地方人民政府、国务院各部门要加强规章与规范性文件的清理工作。此后在《行政处罚法》颁布实施、加入世界贸易组合等重要节点，我国都组织过较大规模的规范性文件清理活动。不过总体上看，早期的规范性文件清理工作体现了较强的运动性，常态化清理机制相对缺失。进入新世纪以后，随着依法治国、依法行政工作的全面推进，规范性文件清理工作也逐渐走上了制度化轨道。2004 年，国务院印发的《全面推进依法行政实施纲要》指出，要建立和完善规范性文件的定期清理制度，并要求规范性文件的制定机关、实施机关应当定期对其实施情况进行评估，制定机关要定期对规范性文件进行清理。2015 年，中共中央、国务院印发的《法治政府建设实施纲要（2015—2020 年）》提出建立行政法规、规章和规范性文件清理长效机制。2021 年的《法治政府建设实施纲要（2021—2025 年）》再次提出要健全行政规范性文件动态清理工作机制。这也为规范性文件清理制度的进一步完善提供了依据。

在具体清理程序方面，根据我国规范性文件清理工作的既有规定和实践情况，可大致分为以下几个方面：

一是启动。规范性文件清理可分为两类：不定期清理和定期清理。不定期清理主要是在法律法规和政策出现重大变化的情况下，由上级行政机关决定，在特定范围内开展规范性文件清理工作。上级行政机关在作出开展清理的决定时，应当及时拟定清理工作方案，对清理原则、范围、标准、时限、结果等事项加以明确。规范性文件的制定机关应根据上级行政机关的要求，及时启动清理程序。定期清理则是根据业已建立的规范性文件清理机制，每隔一段时间由制定机关主动启动。

二是审查。规范性文件的制定机关启动清理程序后，应首先对清理范围内的规范性文件进行梳理和审查，这一工作可以由制定机关内部负责法制工作的机构进行，也可以交由熟悉该规范性文件执行情况的实施机关进行。审查应当围绕规范性文件是否存在超越法定权限、缺乏上位法依据、与上位法相抵触、明显不合理、违反法定程序、违反上级行政机关的相关政策、实施成效不佳、缺乏现实意义等情形进行。在审查过程中，负责审查的机构或机关可以采取自行或第三方评估的方式，对规范性文件的实施效果进行评估，并可以通过公众参与、专家论证等方式，广泛征求意见，最终形成审查意见，连同具体理由一起报制定机关决定。

三是决定。规范性文件制定机关收到审查意见后，应及时对规范性文件作出处理。对于规范性文件合法合理，符合政策要求和现实需要的，应决定予以保留；对于规范性文件存在违法或不当情形的，应决定予以修改或废止；对于规范性文件合法，但不再适应现实情况的，应决定失效或到期后不再生效；对于规范性文件合法但临近有效期，需要继续延长有效期的，可以在决定保留的同时延长其有效期。

第三节　重大行政决策

一、重大行政决策的概念与特征

重大行政决策，是指各级人民政府围绕对经济社会发展有重大影响、涉及重大公共利益或者社会公众切身利益的重大事项所作出的决策。这里需要说明的是，本章虽然将重大行政决策与行政立法、规范性文件分别作为三个小节的主题，但这并不是说重大行政决策与后两者构成并列或互斥关系。实际上，许多重大行政决策正是以行政立法或规范性文件的形式作出。本章将重大行政决策单列一节，主要是因为其受到法律的特殊约束，当行政立法或规范性文件所规范的事项属于重大行政决策事项时，其权限、程序等需满足特定要求。

关于重大行政决策与具体行政行为、抽象行政行为以及各种行政行为类型之间到底处于什么样的关系，一直存在较大争议。重大行政决策的上位概念是行政决策，行政决策这一概念事实上具有双重属性，其既可能直接针对特定相对人的权利义务，也可能涉及不特定对象。与此同时，行政决策一词还带有一定的内部性特点，即行政机关在作出一个行政行为的过程中，一般会包含一个决策程序，按照这样的视角，行政决策实际上就是行政行为的一个中间环节。因此学界一直以来存在一种看法，认为行政决策或重大行政决策的概念不宜强行并入行政行为体系之中，它只是行政行为的一个环节，而不是一种独立的行政行为。[1]

2019 年，国务院公布《重大行政决策程序暂行条例》，该条例对决策一词采取了相对广义的理解，即不单单指行政行为当中的决策环节，而是将涉及特定重大行政决策事项的行政行为作为一个整体，从程序启动一直到最终的决定公布，乃至决定公布后的执行，均纳入条例的规制范围。具体而言，《重大行政决策程序暂行条例》语境下的重大行政决策主要包括在以下事项上的决策：（1）制定有关公共服务、市场监管、社会管理、环境保护等方面的重大公共政策和措施；（2）制定经济和社会发展等方面的重要规划；（3）制定开发利用、保护重要自然资源和文化资源的重大公共政策和措施；（4）决定在本行政区域实施的重大公共建设项目；（5）决定对经济社会发展有重大影响、涉及重大公共利益或者社会公众切身利益的其他重大事项。可以看出，重大行政决策与传统的行政行为种类之间还是存在比较明显的交叉。本书倾向于认为，重大行政决策或者行政决策并不是行政行为理论框架下的一种行政行为类型，我们只能说，某些行政行为同时具有重大行政决策的属性，在遵循有关该行政行为的法律规定的同时，还须遵循针对重大行政决策的特别规定。

重大行政决策的核心特征在于该决策涉及重大公共利益，这也是重大行政决策区分于一般行政决策，需要受到法律特别规制的原因。所谓涉及重大公共利益，是指该行政决策会对公民、法人和其他组织的权利义务产生广泛影响。这里一个比较有争议的问题是，究竟如何判断某个行政决策是否足够“重大”。关于这一问题，一般认为重大行政决策主要是针对一些特定范围内具有基础性、战略性、全局性，且与社会公众利益密切相关的问题，但在不同领域、不同层级的行政机关眼中，对于上述属性的判断也会有所不同。实践中各地政府通常会以列举式的方式对重大行政决策的事项外延加以限定，并通过重大行政决策目录的制定来对每一年度具体需要解决的事项来进行决定。重大行政决策的另一个特征在于，其通常具有一定的创设性，是决策机关自己意志的体现。行政机关单纯的执行上级命令的行为，即便涉及较大的公共利益，一般也不视为一种决策。换言之，正是由于重大行政决策本身就会对相对人的权利义务造成影响，因此才需要对该决策过程施加严格限制，确保该决策是依法决策、民主决策和科学决策的产物。

二、重大行政决策目录

重大行政决策目录，是指重大行政决策机关将未来一段时期内将要作出的具体决策事项、决策机关、决策期限等信息，以列举方式向社会公开而形成的一种清单目录。虽然《重大行政决策程序暂行条例》和各地各部门的相关规定已经对重大行政决策的特征和事项范围进行了规定，但这些规定大多使用较为宽泛的描述，导致重大行政决策的认定仍存在一定的模糊之处，这也是重大行政决策的特点所导致的。究竟哪些行政决策可称为“重大”，需要放在特定时期和特定环境下加以具体判断，很难由立法作出统一规定。在这种情况下，由决策机关根据本地区、本部门的实际情况，事先将未来一段时期

〔1〕 参见熊樟林：《重大行政决策概念证伪及其补正》，载《中国法学》2015 年第 3 期。

需要进行重大行政决策的事项公之于众，就能够进一步确定重大行政决策在具体时空下的外延，稳定公众对政策的预期，同时有助于公众及时行使参与权和监督权。

为此，《重大行政决策程序暂行条例》特别设置了重大行政决策目录制度，该条例第3条规定，决策机关可以根据本条第1款的规定，结合职责权限和本地实际，确定决策事项目录、标准，经同级党委同意后向社会公布，并根据实际情况调整。条例施行后，许多地方政府也已经颁布了重大行政决策目录的相关管理办法。重大行政决策目录具有以下特点：第一，重大行政决策目录应定期制定，一般以年为单位，是政府年度工作计划的一部分；第二，重大行政决策目录的制定应当在充分研究论证和广泛征求意见的基础上进行，特别是公众在目录的制定上也应当被赋予表达意见的机会；第三，重大行政决策目录在内容上应当全面涵盖决策事项的名称、承办单位、计划完成时限、法律或政策依据等，以确保信息的充分公开透明；第四，重大行政决策目录具有法律效力，相关政府及部门有义务加以贯彻执行，否则应承担相应的法律责任；第五，重大行政决策目录应坚持动态管理的原则，其在实施过程中可以根据实际情况的变化进行动态调整，但这种动态调整应当建立在依法的前提下，各地各部门在制定相关办法时也应当对动态调整的条件和程序加以明确。

三、重大行政决策的制定

（一）启动

重大行政决策的启动是决策制定程序的第一步。根据《重大行政决策程序暂行条例》规定，有关部门或人员提出决策事项建议，是重大行政决策启动的前提。对各方面提出的决策事项建议，按照下列规定进行研究论证后，报请决策机关决定是否启动决策程序：（1）决策机关领导人员提出决策事项建议的，交有关单位研究论证；（2）决策机关所属部门或者下一级人民政府提出决策事项建议的，应当论证拟解决的主要问题、建议理由和依据、解决问题的初步方案及其必要性、可行性等；（3）人大代表、政协委员等通过建议、提案等方式提出决策事项建议，以及公民、法人或者其他组织提出书面决策事项建议的，交有关单位研究论证。随着重大行政决策目录制度的实施，决策事项建议通常会反映在目录的制定中，决策机关应按照目录要求，适时启动决策程序，以确保决策的按期进行。

（二）形成草案

决策机关决定启动决策程序的，应当明确决策事项的承办单位，由决策承办单位负责重大行政决策草案的拟订等工作。决策事项需要两个以上单位承办的，应当明确牵头的决策承办单位。决策承办单位应当在广泛深入开展调查研究、全面准确掌握有关信息、充分协商协调的基础上，拟订决策草案。决策承办单位应当全面梳理与决策事项有关的法律、法规、规章和政策，使决策草案合法合规、与有关政策相衔接。同时，决策承办单位根据需要对决策事项涉及的人财物投入、资源消耗、环境影响等成本和经济、社会、环境效益进行分析预测。决策事项涉及决策机关所属部门、下一级人民政府等单位的职责，或者与其关系紧密的，决策承办单位应当与其充分协商；不能取得一致意见的，应当向决策机关说明争议的主要问题，有关单位的意见，决策承办单位的意见、理由和依据。除了上述一般草案形成程序，《重大行政决策程序暂行条例》还特别提出了以下要求。

一是公众参与。在重大行政决策程序中确保公众参与的权利，是保障公民利益诉求得到充分表达，提升行政决策可接受性的重要途径。我国是社会主义国家，国家的一切权力属于人民，因此行政机关在涉及人民重要权益的事项上倾听公众意见，是社会主义民主法治的内在要求。在过去，我国行政权力的运行体现了比较明显的内部性，个别领导干部搞“一言堂”“拍脑子”决策的情形时有发生，这在很大程度上影响了政府公信力。随着我国法治政府建设的不断推进，行政决策的法治化程度愈发受到重视，党的十八届四中全会决定明确提出，健全依法决策机制。把公众参与、专家论证、风险评估、合法性审查、集体讨论决定确定为重大行政决策法定程序，确保决策制度科学、程序正当、过程公开、责任明确。《重大行政决策程序暂行条例》也特别加入了公众参与的相关规定，除依法不予公开的决策事项之外，决策承办单位应当采取便于社会公众参与的方式充分听取意见。对涉及特定群体利益的决策事项，决策承办单位应与相关人民团体、社会组织以及群众代表进行沟通协商，充分听取相关群体的意见建议。决策事项直接涉及公民、法人、其他组织切身利益或者存在较大分歧的，可以召开听证会。决策承办单位应当对社会各方面提出的意见进行归纳整理、研究论证，充分采纳合理意见，完善决策草案。

二是专家论证。专家论证机制是确保重大行政决策科学化的重要保障。按照一般的理解，行政机关及其工作人员在其所负责的行政管理领域具有更为充分的专业知识和技能，能够对复杂行政事务作出更好的处理，这也是现代国家赋予行政机关以较大决策权的基础。不过任何人都不可能是全知全能的，行政机关在运行过程中也常常面临知识不完备、信息不充分等问题。为此，专家的参与就是对行政机关专业性和理性的重要补充，其能够在认定所要达到决策目标的手段、评估每种手段实现决策的有效程度、挑选能最大限度实现所欲决策目标的方案等方面提供理性支持。[1]《重大行政决策程序暂行条例》规定，对专业性、技术性较强的决策事项，决策承办单位应当组织专家、专业机构论证其必要性、可行性、科学性。专家论证可以采取论证会、书面咨询、委托咨询论证等方式，专家则应当坚持专业性、代表性和中立性的原则，确保专家客观、公正、科学地提出论证意见。

三是风险评估。根据风险规制理论，现代社会风险具有高度不确定性，导致政府往往需要“决策于未知之中”。而重大行政决策本身涉及面广，涉及利益重大，其所蕴含的风险也可能更加剧烈。为确保重大行政决策的安全性，减少重大行政决策作出后所可能造成的各种损害，有必要将其风险治理关口进行前移，在重大行政决策的作出过程中就创建一个专门的风险评估制度，把重大行政决策方案中存在的各种可能引发风险的潜

---

〔1〕王锡锌、章永乐：《专家、大众与知识的运用——行政规则制定过程的一个分析框架》，载《中国社会科学》2003年第3期。

在因素扼杀在萌芽之中，借此实现对重大行政决策的源头治理。[1]《重大行政决策程序暂行条例》规定，重大行政决策的实施可能对社会稳定、公共安全等方面造成不利影响的，决策承办单位或者负责风险评估工作的其他单位应当组织评估决策草案的风险可控性。开展风险评估可以通过舆情跟踪、重点走访、会商分析等方式，运用定性分析与定量分析等方法，对决策实施的风险进行科学预测、综合研判；同时应当听取有关部门的意见，形成风险评估报告，明确风险点，提出风险防范措施和处置预案。在风险评估的主体上，决策承办单位可以自行进行，也可以委托专业机构、社会组织等第三方进行。风险评估结果应当作为重大行政决策的重要依据。决策机关认为风险可控的，可以作出决策；认为风险不可控的，在采取调整决策草案等措施确保风险可控后，可以作出决策。

（三）合法性审查

合法性审查是重大决策程序制度中不可或缺的一环，也是确保政府依法决策的关键环节。党的十八届四中全会决定提出，建立行政机关内部重大决策合法性审查机制，未经合法性审查或经审查不合法的，不得提交讨论。《法治政府建设实施纲要（2021—2025年）》明确要求，确保所有重大行政决策都严格履行合法性审查和集体讨论决定程序。根据《重大行政决策程序暂行条例》规定，合法性审查发生在决策草案提交决策机关讨论前，具体由决策机关负责合法性审查的部门进行。合法性审查的内容包括以下几项：（1）决策事项是否符合法定权限；（2）决策草案的形成是否履行相关法定程序；（3）决策草案内容是否符合有关法律、法规、规章和国家政策的规定。负责合法性审查的部门应当及时提出合法性审查意见，并对合法性审查意见负责。在合法性审查过程中，应当组织法律顾问、公职律师提出法律意见。决策承办单位根据合法性审查意见进行必要的调整或者补充。

（四）集体讨论决定与公布

决策草案经合法性审查之后，应由决策承办单位提交决策机关集体讨论决定。集体讨论决定制度是民主集中制原则在行政决策程序中的重要体现。具体而言，决策草案应当经决策机关常务会议或者全体会议讨论，决策机关行政首长在集体讨论的基础上作出决定。讨论决策草案，会议组成人员应当充分发表意见，行政首长最后发表意见。行政首长拟作出的决定与会议组成人员多数人的意见不一致的，应当在会上说明理由。集体讨论决定情况应当如实记录，不同意见应当如实载明。经过集体讨论决定与向同级党委请示报告之后，除依法不予公开的情形外，决策机关应当对重大行政决策予以公开，对于社会公众普遍关心或者专业性、技术性较强的重大行政决策，应当说明公众意见、专家论证意见的采纳情况，通过新闻发布会、接受访谈等方式进行宣传解读。

四、重大行政决策的执行

重大行政决策一经作出，即具有约束效力，未经法定程序不得随意变更或者停止执行。决策机关应当明确负责重大行政决策执行工作的单位，并对决策执行情况进行督促

〔1〕 梅杨：《论重大行政决策风险评估制度》，载《甘肃政法学院学报》2018年第4期。

检查。决策执行单位应当依法全面、及时、正确执行重大行政决策，并向决策机关报告决策执行情况。不过在特殊情况下，重大行政决策亦可能发生调整。决策执行单位发现重大行政决策存在问题、客观情况发生重大变化，或者决策执行中发生不可抗力等严重影响决策目标实现的，应当及时向决策机关报告；公民、法人或者其他组织认为重大行政决策及其实施存在问题的，也可以通过信件、电话、电子邮件等方式向决策机关或者决策执行单位提出意见建议。上述情形情况紧急的，决策机关行政首长可以先决定中止执行。对于重大行政决策实施后明显未达到预期效果，公民、法人或者其他组织提出较多意见，或是决策机关认为有必要组织决策后评估的，决策机关可以组织决策后评估，并依据评估结果判断是否需要作出重大调整。

重要名词术语

行政立法、规范性文件、重大行政决策、上位法依据、抵触、备案审查、合法性审查、集体讨论决定

思考题

1. 行政立法与规范性文件有什么区别？
2. 规范性文件是我国行政法的渊源吗？
3. 行政机关的规则制定与权力机关相比，最大的区别是什么？
4. 如何理解行政立法或规范性文件的上位法依据？这种上位法依据需要明确到什么程度？
5. 在上位法不明确的情况下，如何判断行政立法或规范性文件的规定是否与上位法相抵触？
6. 重大行政决策与一般行政决策的区别是什么？
7. 重大行政决策程序中为什么要设置公众参与、专家论证与风险评估程序？
8. 重大行政决策可以作为一种行政行为，纳入行政行为理论框架下吗？

典型案例分析

徐某英诉山东省五莲县社会医疗保险事业处不予报销医疗费用案，山东省日照市中级人民法院（2016）鲁 11 行终 9 号行政判决书

徐某英的丈夫刘某喜患肺癌晚期并发脑转移，先后于 2014 年 4 月 8 日、2014 年 6 月 3 日两次入住淄博万杰肿瘤医院进行治疗，2014 年 7 月 8 日医治无效去世。在淄博万杰肿瘤医院住院治疗期间，产生医疗费用 105014.48 元。2014 年 7 月 21 日，徐某英申请五莲县社会医疗保险事业处给予办理新农合医疗费用报销。五莲县社会医疗保险事业处于 2015 年 1 月 12 日作出《五莲县社会医疗保险事业处关于对申请人徐某英合作医疗

报销申请的书面答复》(以下简称《书面答复》)，依据五莲县卫生局、五莲县财政局莲卫字〔2014〕2号《2014年五莲县新型农村合作医疗管理工作实施办法》(以下简称《实施办法》)第5条第2款的规定，认为刘某喜就诊的医疗机构不属于政府举办的医疗机构，决定不予报销。徐某英认为五莲县社会医疗保险事业处不予报销所依据的政策规定不符合省、市相应政策规定的精神，侵犯其合法权益，为此向五莲县人民政府提出行政复议申请。五莲县人民政府认为五莲县社会医疗保险事业处的《书面答复》符合规定，于2015年4月13日作出莲政复决字〔2015〕1号行政复议决定维持五莲县社会医疗保险事业处作出的《书面答复》。徐某英起诉请求人民法院撤销五莲县社会医疗保险事业处作出的《书面答复》，同时，对五莲县社会医疗保险事业处所依据规范性文件的合法性进行审查。

规范性文件的制定应以上位法为依据，与上位法相冲突的条款不具有合法性，不能作为认定行政行为合法的依据。本案涉及的上位法依据包括：《山东省新型农村合作医疗定点医疗机构暂行管理规定》第12条规定，“参合农民在山东省行政区域内非新农合定点医疗机构就医的费用不得纳入新农合基金补偿”。山东省卫生厅、民政厅、财政厅、农业厅《关于巩固和发展新型农村合作医疗制度的实施意见》规定：“完善省内新农合定点医疗机构互认制度，凡经市级以上卫生行政部门确定并报省卫生行政部门备案的三级以上新农合定点医疗机构，在全省范围内互认；统筹地区根据参合农民就医流向，通过签订协议互认一、二级新农合定点医疗机构，享受当地规定的同级别新农合定点医疗机构补偿比例。”因此，山东省日照市中级人民法院二审认为，案涉《实施办法》第5条第2款规定“参合农民到市外就医，必须到政府举办的公立医疗机构”，该款规定对行政相对人的权利作出了限缩性规定，不符合上位法规范性文件的相关规定，不能作为认定行政行为合法的依据。

第五章　具体行政行为（上）

【内容提示】

本章主要涉及行政规划、行政许可、行政处罚和行政强制四种具体行政行为。这四种行为不仅是行政行为的重要类型，同时也是我国法治政府建设重点发力的领域。行政规划是现代行政法上较为新兴的行政行为类型，影响着政府对市场介入的程度与方式，在我国更是关系到国家对社会经济发展的战略导向作用的发挥；行政许可伴随现代监管型国家的崛起，成为政府规制目标的核心传导机制，其重要程度与日俱增，在全面推进依法治国的新时代背景下，如何通过行政许可体制的变革进一步提升行政效率，以此适应新经济的发展需求，是法治建设的重要内容；行政处罚是负担行政行为的典型样态，也是法治政府建设较早发力的领域之一，《行政处罚法》作为中国规范行政行为的第一部基本法律，是法治建设的重要里程碑，在法治政府建设，优化法治化营商环境和推进治理体系现代化过程中，行政处罚也往往成为制度建设和改革创新的重点；行政强制是保证法律规范顺利实施，保障行政机关职权行使的重要手段，如果没有法律强制力的保障，那么法律实施必然会成为空谈。因此，本章将对以上四项行为制度从原理、沿革、现行法律条款等方面加以介绍，同时也要关注其在新时代背景下的发展前景。

第一节　行政规划

一、行政规划的概念与特征

行政规划，是指行政机关在利用土地、空间或者其他资源实施公共事业之前，就实现行政目标的方式、步骤、条件等要素作出系统筹划的一种行政活动。在我国，一些学者除了“行政规划”，也会使用“行政计划”的概念，并将二者视为同义词，这主要是因为在德国、日本等大陆法系国家的行政法上，“行政计划”已经成为一个专有名词并被广泛使用。不过后来出于种种考虑，我国学界与实务界更多地接纳了“行政规划”这一概念。理由在于一方面，从汉语文义上讲，“规划”相比“计划”体现了更强的宏观性、战略性和长远性；另一方面，我国过去长期实行计划经济体制，因而“计划”一词在国家和政府的语境下已经具备了特定的含义，采用“规划”一词可以与之前的“计划”

有所区分。上述观点在立法当中也有所反应,《城乡规划法》等重要立法均采取了“规划”的说法。不过需要注意的是,并非所有以“规划”或“计划”为名的政府文件或活动都属于行政规划,实践中有不少这样的文件其实只是一种倡导或者指导,并不具有法律上的约束力,性质上应当归于行政指导,而行政规划对于行政主体或者相对人具有约束力,后者必须采取具体措施予以贯彻实施。

行政规划之所以存在并成为行政行为的一种重要类型,与现代政府职能的变迁密切相关。在早期的行政法上并无所谓“行政规划”一说,因为当时政府与法律学说受到以“自由放任”为主流的古典自由主义思想影响,政府的职能受到较大约束,一般只承担最为基本的秩序行政,这也就是通常所说的“夜警国家”。不过自 19 世纪下半叶的第二次工业革命以来,随着社会经济活动的愈发丰富和引发的社会问题与矛盾日渐增多,各国政府也开始逐渐介入经济管理活动,特别是 20 世纪 30 年代的经济“大萧条”使得自由市场的内在缺陷暴露在人们面前,以凯恩斯主义为代表的政府干预理论越来越多得到各国的接受,在整个 20 世纪上半叶,政府的权力日益扩大,开始大规模进入经济和社会领域,对公民进行“从摇篮到坟墓”的全方位管理与服务,这也对政府治理能力提出了更高的要求,行政规划进而也成为政府必不可少的手段之一。人们认为,随着社会分工的日益加剧,各种社会关系和利益的冲突相互交织在一起,因而社会对其内部的协调一致性的要求也越来越高,特别是作为一种“社会化”大生产的经济活动,更需要强有力的组织、规划和引导。[1]因此,行政规划所具有的“理性设计”特点就成为行政作为一种“积极性的、针对将来的塑造活动”[2]所必需的要素。不过,政府干预并不意味着要取代市场的作用,特别是随着政府权能的扩张,与“市场失灵”相对应的“政府失败”现象也不断出现,权力寻租、官僚主义倾向等问题使得人们必须对政府的权力施加一定的制约,那么如何平衡好政府干预与市场自由之间的关系,就成为行政规划活动中的一项重要议题。

在我国,行政规划的发展历程在某种意义上具有独特性。作为社会主义国家,对社会经济活动的掌控与干预本身就是国家的重要职能之一,但过去计划经济体制的僵化一定程度上制约了经济的发展。改革开放之后,我国开始从计划经济体制向社会主义市场经济体制转变,政府的职能也随之发生变化。如果说西方资本主义国家的行政规划面临的主要是政府职能的扩张,那么我国的行政规划则需要重点解决对行政权力的约束问题,所构建起的行政规划体制也必须建立在有限政府和有效政府的基础之上。党的二十大报告指出,要“充分发挥市场在资源配置中的决定性作用,更好发挥政府作用”,这一方面要求进一步深化简政放权,将市场能够解决的事务交给市场,充分激发社会与市场的活力,另一方面要求进一步健全宏观经济治理体系,发挥国家发展规划的战略导向作用。因此科学合理地制定和实施行政规划,最大限度地发挥公共资源的效用,使政府的规划权力真正做到为公共利益服务,为人民谋福利,就成为我国行政规划法治建设所

〔1〕应松年:《政府职能的演变与行政规划》,载《郑州大学学报(哲学社会科学版)》2006 年第 1 期。

〔2〕[德]哈特穆特·毛雷尔:《行政法学总论》,高家伟译,法律出版社 2000 年版,第 7 页。

要追求的主要目标。从这个意义上讲，行政规划具有以下主要特征：

其一，法定性。行政规划是行政主体的重要权能之一，那么其理所应当受到依法行政原则的约束。这一方面固然指行政规划须由法定行政主体在法定职权范围内，依法定程序来制定和实施；另一方面更要强调行政规划制度设计本身要遵循法治的基本原则和精神。要坚持行政规划的有限性，充分厘清政府与社会、政府与市场之间的关系，避免对社会经济活动的过度干预，使得行政规划权能的行使与社会主义市场经济体制相得益彰；要坚持行政规划的可预期性，在规划制定过程中充分论证，确保行政规划的可行性与稳定性，避免朝令夕改；要坚持行政规划的统筹性，实现公共利益与私人利益，短期利益与长远利益，以及不同群体、地区、行业利益的协调统一，为经济社会的可持续发展提供保障。

其二，裁量性。行政规划是一种面向未来的活动，这也意味着其具有较强的不确定性，特别是现代社会事务纷繁复杂，各类新事务新情况层出不穷，规划的制定者必须具有足够的应对能力。从这个角度来讲，相比于“通才”色彩较强的立法机关，行政机关只是在其所负责的特定事务上具备更强的专业，同时具有更为直接和常态化的信息收集与处理能力。因此法律在授予行政机关规划职权时，通常不会作出特别具体和明确的限制，而是倾向于只对规划权的行使提供一个原则性的法律框架，行政机关在此框架之下具有相当广阔的灵活处理空间。具体而言，立法可能会更多采用诸如“公共利益”“实际情况”等不确定概念，具体如何解释和把握均由行政机关负责。这种宽泛的裁量权与前述法治原则会出现一定的张力，传统的借由明确立法规定来约束行政权力的路径在行政规划的语境下难以实现，因此这也对行政规划的合法性问题提出了新的要求，规划程序本身的理性与民主性受到更多的重视。

其三，参与性。正如前文所述，行政规划裁量权的广泛性使得立法中所包含的民主合法性很难通过立法的执行而直接传递到行政规划活动中，因此通过提升行政规划的参与性来确保民主在规划过程中的实现，已经成为提升行政规划法治化程度的重要一环。从参与主体来讲，主要包括以下几类：一是利害关系人，行政规划作为对未来一段时期内政府活动的安排，虽然未必会导致相关权利义务的直接变化，但这种权利义务的变化也即将成为现实，例如在土地征用和房屋征收活动中，事先的规划活动通常已经决定了未来征收征用行为的发生，这也要求权利即将受到影响的相对人必须在规划过程中具有表达自身利益诉求的机会，否则一旦规划确定，相对人就很难再有回旋余地；二是社会公众，行政规划所涉及的范围往往是广泛的，其所追求的公共利益目标涉及的不仅是某个特定范围内的主体，还涉及更大范围内公众的利益，因此在规划过程中引入社会公众的参与，有助于行政机关更加全面收集和了解相关信息，从而对规划所涉各方面的利益进行更为充分的权衡，确保规划目的的正当性；三是相关事务的专家，专家在其专业领域具有较强的专业知识，同时其作为中立的第三方可以提出更为客观的意见，有助于确保行政规划的客观公正。

二、行政规划的功能

行政规划的功能可以从多个层面来理解，从宏观上讲，行政规划可以增强行政活动的科学性与合理性，更好地发挥政府对社会经济活动的调控作用；从微观上讲，行政规划又可为行政机关后续的一系列活动提供前提，或是为相对人从事相关行业提供一定的指引等。在我国，行政规划的作用还需放在整个规划体系的视野下进行观察。新中国成立以来，我国的各类规划工作经历了一个逐步发展完善的过程：由单纯的经济计划演变为国民经济和社会发展计划；由单纯的 5 年中期规划演变为 5 年规划、10 年规划、15 年远景规划相结合，注重中长期规划的连续性、动态衔接和滚动实施，强调中长期规划的宏观性、战略性和政策性，以及规划指标的指导性和预测性；由全国统一的中长期规划演变为中央与地方分层次决策，综合性规划纲要与行业规划、专项规划并存，地方规划、行业规划等的相对独立性和自主性明显增大；中长期规划的编制过程从封闭式走向公开、透明和社会参与式。在党、人大、行政机关三类主要的规划主体当中，行政机关从事规划制定活动体现了较强的中观色彩，其往往是对党或人大所制定规划在具体领域的落实，但在其所在领域又呈现了一定的抽象性。从以上角度出发，本书将行政规划的功能概括为三个方面：

一是贯彻与衔接功能。在我国，国家对于社会经济的调控功能是由多个环节共同构成，行政规划在其中发挥着承上启下的作用，其一方面需要贯彻落实执政党和人大对未来一段时期内社会与经济发展的整体构想，为这些构想在特定区域或领域的实现提供具体方案；另一方面又为行政机关的具体活动提供着引导和依据，使前述构想能够在行政管理工作中得以落地。以《城乡规划法》为例，政府需要首先依据国民经济和社会发展规划来编制总体规划，有关部门再根据总体规划的要求组织编制控制性详细规划，以及编制符合控制性详细规划的修建性详细规划等，最终落实为对建设活动的具体管理。上述规划与管理活动环环相扣，最终确保党和国家的总体发展战略在特定的行政管理工作中得以实现。

二是统筹与协调功能。国家行政具有高度的复杂性，想要实现行政目标，往往需要多个领域或区域行政机关的协作配合，如果任由各部门自行其是，轻则会导致重复建设和资源浪费，影响行政管理的效率，重则可能引发地区或部门之间的冲突。因此事先制定行政规划，对于行政目标和各地各部门的任务分工加以统筹安排，在确保政府工作协调一致方面就发挥着举足轻重的作用，这也有助于更加合理地调配公共资源，实现行政权力的高效运转。正是出于这种考虑，行政规划在制定时需要遵循协商的原则，充分听取各有关部门的意见，以达成政策统一的目的。

三是指引与稳定功能。行政规划作为对行政机关基本方针的反映，不仅对于政府活动具有约束作用，而且对于广大相对人也发挥着重要的指引作用。一方面，行政规划对于未来一段时间社会经济的发展提出了构想，相对人可以从中了解相关地区和产业的基本布局和发展方向，进而采取一定行为主动融入国家和区域战略；另一方面，行政规划以法定形式作出，具有较高的稳定性，能够提高相对人对自身行为的预期。也正是借由上述功能的发挥，行政规划可以作为一种在坚持市场基础性地位的同时，发挥政府引导与调控作用的手段，从而有效激发社会活力，使市场主体与国家发展方向尽可能保持一致。

三、行政规划的类型

行政规划的种类繁多，目前我国正式以“规划”为标题进行立法的仅有过去的《城市规划法》和现在的《城乡规划法》，但实践中存在的行政规划远不止于此，对其进行分类也是一项相对复杂的工作。有学者指出了行政规划的多种分类方法，例如可以按行政层级、对象范围、区域范围、时间长短等因素分别进行分类。[1]本书由于篇幅所限，仅就常见的几种分类方法进行介绍。

（一）综合性规划与单一性规划

按照行政规划涉及事务的范围，可以将行政规划划分为综合性规划与单一性规划。综合性规划，是指行政规划涉及多项性质不同的行政事务，其内容具有较高的复杂性，甚至可能跨越多个行政机关的管辖领域，因此其在形成过程中通常需要更多的统筹协调，由有权机关根据所欲达成的行政目标来作出整体筹划。单一性规划，是指行政机关以单一的行政事务为规划对象，为实现某一个具体的行政目标而作出的规划，这种规划有时需要受到综合性规划的约束，构成综合性规划的一个子规划。

（二）建议性规划、影响性规划和命令性规划

按照行政规划的效力，可以将行政规划划分为建议性规划、影响性规划和命令性规划。建议性规划也称资讯性规划，是行政机关对外发布的消息、判断、预测等，仅供相对人参考，或者向后者表达一种建议或行政机关的一种意向。影响性规划是在资讯性规划的基础上进一步细化，明确计划内容，进而具有影响或诱导相对人采取符合规划内容行动的效果。命令性规划也称强制性规划、拘束性规划，其具有法律上的约束力，相对人和行政机关均有服从的义务。

（三）外部规划与内部规划

按照行政规划的效力范围，可以将行政规划划分为外部规划和内部规划。外部规划，是指具有外部约束力的行政规划，其会对行政相对人的利益产生较为直观的影响，具有要求行政相对人必须遵守的效力，且往往是行政主体采取其他行为的依据和前提条件。内部规划，是指不具有外部约束力的行政规划，这种类型的行政规划主要是各种关于公共设施建设、公有投资方面的行政规划，此类行政规划并不直接对行政相对人的利益产生影响，对行政相对人也没有直接的约束力，但对行政主体还是具有拘束力，此类行政规划一经确定，就要求行政主体采取积极的措施予以实施。当然，即便是对外不具有约束力的行政规划，其事实上仍会对行政相对人的权益产生一定影响，因此行政机关在制定和实施过程中仍需严格遵循法律要求。

---

〔1〕参见姜明安主编：《行政法与行政诉讼法》（第7版），北京大学出版社、高等教育出版社2019年版，第254页。

四、行政规划的确定与实施

行政规划涉及的范围与利益广泛，其确定过程必须受到严格的法律约束。我国立法一般会从实体和程序两个方面对行政规划的确定施加限制。在实体方面，行政规划的确定必须符合正当目的和一定的法定条件，例如《城乡规划法》即规定，制定和实施城乡规划，应当遵循城乡统筹、合理布局、节约土地、集约发展和先规划后建设的原则，改善生态环境，促进资源、能源节约和综合利用，保护耕地等自然资源和历史文化遗产，保持地方特色、民族特色和传统风貌，防止污染和其他公害，并符合区域人口发展、国防建设、防灾减灾和公共卫生、公共安全的需要。当然，上述规定具有一定的原则性，究竟何为“城乡统筹”“合理布局”，如何在规划中做到对生态环境、公共安全等要素的保护，行政机关享有较大的裁量空间，由于各地实际情况的差异，立法很难作出统一安排。因此，程序控制在行政规划的确定中就显得尤为关键。根据我国立法与一般实践情况，行政规划的确定程序大致包含以下几个方面：

其一，规划目标的确定。行政规划是为了实现一定的行政目标而作的一种部署和安排，无目标则无规划。因此确定规划目标就是行政规划的第一个步骤。在确定行政规划的目标时，必须根据实事求是的精神，结合本地区或本部门的实际情况加以合理确定。目前我国各类规划已经形成了相对系统的体系，下位规划往往是对立法、中央政策或上位规划的贯彻落实，因此行政规划目标的确定一般也需要从这些立法、文件中寻找到相对明确的依据。

其二，规划草案的拟定。在明确了行政规划的目标之后，即进入规划草案的拟定阶段。草案质量的高低，直接决定了行政规划实施的成效，因此立法对草案拟定者的素质也提出了严格要求。例如《城乡规划法》即规定，城乡规划组织编制机关应当委托具有相应资质等级的单位承担城乡规划的具体编制工作。从事城乡规划编制工作应当具备下列条件，并经国务院城乡规划主管部门或者省、自治区、直辖市人民政府城乡规划主管部门依法审查合格，取得相应等级的资质证书后，方可在资质等级许可的范围内从事城乡规划编制工作：（1）有法人资格；（2）有规定数量的经相关行业协会注册的规划师；（3）有规定数量的相关专业技术人员；（4）有相应的技术装备；（5）有健全的技术、质量、财务管理制度。同时，编制城乡规划，还应当具备国家规定的勘察、测绘、气象、地震、水文、环境等基础资料。县级以上地方人民政府有关主管部门应当根据编制城乡规划的需要，及时提供有关基础资料。

其三，征求意见。行政规划是一项重大、复杂的行政事务，且会对公众、企业等的合法权益产生广泛影响，因此，增强行政规划的科学性与民主性，就成为确保行政规划合法性的重要要求。《城乡规划法》等法律法规中均对相关规划编制过程中的征求意见程序作出了规定，其大致包含以下几个步骤。一是公告，即规划编制机关应当将规划项目、目的、基本条件、法律与事实依据，以及即将进行的听证论证程序等对公众进行事先告知，确保公众在听证会正式举行之前就对规划草案具有一定的了解，以满足公众对规定制定知情权和参与权的实质性实现。二是采取论证会、听证会或者其他方式征求专家和公众的意见。论证会主要指的是专家论证会，目的是听取相关领域、行业专家的专业性意见，行政机关可以采取专家名录、专家库等形式，事先搜集确定专家人选，在需要时在名录范围内进行指定或随机抽取，尽可能保障专家参与的广泛性与中立性。听证会主要指面向社会一般公众的公开听证，由于行政规划涉及不特定多数人的切身利益，而专家只能提供专业性意见，不能代替公众进行利益诉求的表达，因此听证会的举行有其独特的必要性，与行政规划利害相关的各方主体可以到场对草案内容进行质证和辩论，以便行政机关听取不同方面的意见，形成更为周全的考虑。此外，立法中还规定了行政机关可以以“其他方式”来征求意见，这也意味着征求意见的方式不限于前述论证会与听证会，行政机关可以根据客观条件和现实需要，采取走访、访谈、磋商等多种形式，以从实质上更好地满足征求意见的需要。对于所征求来的意见，行政机关应当予以充分考虑，并在报送审批的材料中附具意见采纳情况及理由。

其四，审议与审批。部分行政规划在完成草案拟定之后，需要先报有权机关进行审议。例如《城乡规划法》规定，省、自治区人民政府组织编制的省域城镇体系规划，城市、县人民政府组织编制的总体规划，在报上一级人民政府审批前，应当先经本级人民代表大会常务委员会审议，常务委员会组成人员的审议意见交由本级人民政府研究处理。镇人民政府组织编制的镇总体规划，在报上一级人民政府审批前，应当先经镇人民代表大会审议，代表的审议意见交由本级人民政府研究处理。规划的组织编制机关报送审批省域城镇体系规划、城市总体规划或者镇总体规划，应当将本级人民代表大会常务委员会组成人员或者镇人民代表大会代表的审议意见和根据审议意见修改规划的情况一并报送。而对于立法未规定需要事先审议的规划，则应直接报有权机关进行审批，经审批批准后规划方才正式生效。审批机关在审批时应当进行实质性审查，必要时也可采取听证会、论证会等形式进行。

行政规划一旦经审批确定生效之后，则具有法律效力，有关部门应当按照规划要求负责组织实施。由于各类规划的具体实施情况存在较大差异，这里暂以《城乡规划法》为例，对城乡规划的具体实施加以简单介绍。城乡规划的实施大体上包含以下几个方面。一是由行政机关亲自组织进行，这主要是针对基础设施以及公共服务设施的建设，这些建设活动本身就是政府职责所在，有关部门在进行建设时应当依照规划所划定的范围和要求进行，同时要遵守各具体领域的法律、法规、规章规定。二是对相关建设活动实施行政许可，建设单位或个人须根据规划以及法律法规要求，向规划部门提出建设用地或建设工程规划许可申请，规划部门依法颁发许可证件之后，相关建设活动方可开始进行。三是对相关建设活动进行监督检查，行政机关对建设活动的监管不能一批了事，必须坚持事前许可与事中、事后监管相结合的方法，发现建设活动不符合规划或不合法的，应当及时依法处理。当然，以上只是在城乡规划与建设领域的规划实施情况，实践中由于行政活动的复杂性，规划实施的方法也是多种多样的，例如在有关行业发展的规划实施中，行政机关在规划确定之后，应当及时颁布实施促进行业发展的各项优惠政策，履行行政允诺，积极开展行业治理活动等，这些都可以看作规划实施的具体方式。

第二节 行政许可

一、行政许可的概念和特征

早在我国《行政许可法》颁布实施之前，1989年通过的《行政诉讼法》第11条第1项和第4项中便出现了“许可证和执照”的法定概念。2003年颁布的《行政许可法》通过正式条款对行政许可进行规范界定，其中第2条明确规定，“本法所称行政许可，是指行政机关根据公民、法人或者其他组织的申请，经依法审查，准予其从事特定活动的行为。”与此同时，2003年《行政许可法》第3条第2款规定，“有关行政机关对其他机关或者对其直接管理的事业单位的人事、财务、外事等事项的审批，不适用本法”。这意味着行政机关的内部审批与管理事项不属于行政许可法的涵摄调整范畴。

依照目前我国行政法学界的通说，行政许可，是指在法律规范一般禁止的情况下，行政主体根据行政相对人的申请，经依法审查之后，通过颁发许可证照等形式，决定是否准予特定行政相对人从事特定活动的行政行为。作为行政行为的一类具体类型，与行政处罚、行政强制相比，行政许可呈现诸多独有的法律特征。

（一）行政许可是有限设禁和解禁的行政行为

行政许可存在的前提是法律规范的一般禁止。这里说的一般禁止，并非意味着国家绝对不允许从事有关活动，而是基于国家事务与行政管理需要所采取的一种方式。行政许可的内容是国家一般禁止的活动，基于公共利益的维护需要，为适应社会生活和生产的需求，对符合一定条件的申请人解除禁止，准予其从事某项特定活动，享有特定权利或者资质。因此可以说，行政许可是对禁止的解除与松绑，没有法律规范的一般禁止便不存在行政许可。

（二）行政许可是依申请行政行为

根据行政行为启动方式的不同，行政行为可分为依申请行政行为与依职权行政行为两种类型。行政许可作为一种基于行政相对人申请作出的行为，不同于行政机关依职权主动施加惩戒或者免除义务的行为，行政许可行为是行政机关应行政相对人的申请而作出，《行政许可法》第29条中规定，“公民、法人或者其他组织从事特定活动，依法需要取得行政许可的，应当向行政机关提出申请”。行政许可必须以行政相对人提出申请作为前提条件，因此是一种典型的依申请行政行为。

（三）行政许可是授益性行政行为

行政行为可分为负担性行政行为与授益性行政行为两种模式，不同于行政处罚和行政强制措施等负担性行政行为，行政许可并不会对行政相对人课以义务或施加惩罚，而是赋予行政相对人某种权利或资格的授益性行政行为。

（四）行政许可是要式行政行为

按照程序的法定化程度与程序裁量空间，行政行为可分为要式行政行为与非要式行政行为。要式行政行为，是指必须依循一定的法定程序且具备某种书面形式的行政行为。行政许可应遵循法定程序的限制，并应以正规的文书、格式、日期、印章等形式予以批准、认可和证明，必要时还应附加相应的辅助性文件。因此，行政许可是一种典型的要式行政行为。

二、行政许可的原则与法定类型

（一）行政许可的原则

行政许可原则是行政法基本原则在行政许可领域的具体呈现，主要体现为合法原则、公开、公平与公正原则以及便民效率原则。

1. 依法行政原则

依法行政原则作为行政法基本原则，意味着行政机关需要在法定权限范围之内，按照法定程序履行行政管理职权，并接受司法机关与有关机关的监督。具体到行政许可领域，行政许可的设定与实施均受到依法行政原则的严格拘束，

《行政许可法》第4条明文规定，“设定和实施行政许可，应当依照法定的权限、范围、条件和程序”。行政许可实践中，依法行政原则不仅体现为行政许可的设定需要依循法定的权限、范围、条件与程序，不同效力层级的法律规范具有差异化的许可设定权限，而且表现为行政许可的实施也需要按照法定的权限、条件和程序进行。

2. 公开、公平与公正原则

公开、公平与公正作为现代行政程序的三项重要原则，行政许可的设定与实施也要依循这三项重要的程序原则，公开、公平与公正都要通过法定程序予以实现，《行政许可法》第5条第1款规定，“设定和实施行政许可，应当遵循公开、公平、公正、非歧视的原则”。这一规范明确了公开、公平与公正原则在《行政许可法》中的重要定位。与此同时，《行政许可法》第5条第2款中规定，“有关行政许可的规定应当公布；未经公布的，不得作为实施行政许可的依据。行政许可的实施和结果，除涉及国家秘密、商业秘密或者个人隐私的外，应当公开”。这一条款强调了许可公开的必要性，在行政许可的设定与实施过程中贯彻公开原则，对于克服官僚主义，保护许可申请人的合法权益具有重要意义。第5条第3款规定，“符合法定条件、标准的，申请人有依法取得行政许可的平等权利，行政机关不得歧视任何人”。这一条款则是对公平、公正原则的强调。

3. 便民与效率原则

与其他行政法基本原则相比，行政效率的地位自始相对边缘，然而伴随国家角色变迁与行政法视野的拓展，效率原则的重要性日益得以彰显。[1]效率原则被“日渐形成共识的市场经济战略和社会治理转型战略所推动，最后成为持续不断地转变政府职能、提高政府效能的诉求”。[2]行政许可是效率原则最能发挥功能特征的行政领域，由于市场经济转型的历史原因，长期以来，我国行政许可领域存在审批环节过多、程序烦琐、时限

〔1〕“伴随国家角色变迁，行政经济性思维再度复兴，并重新在行政行为法、行政程序法乃至行政组织法领域中被热烈讨论”，比较行政法视野下，尤其德国行政法对于效率原则的争议可见，詹镇荣：《行政法总论之变迁与续造》，台湾元照出版公司2016年版，第36—40页。

〔2〕沈岿：《论行政法上的效能原则》，载《清华法学》2019年第4期。

过长、效率低下、人民群众办事难等诸多难题，为了提升许可效率、方便人民群众，《行政许可法》第 6 条规定“实施行政许可，应当遵循便民的原则，提高办事效率，提供优质服务”。不仅如此，相对集中行使行政许可权与以及时限制度等均是便民效率原则在行政许可领域的具体反映。

（二）行政许可的法定类型

1. 一般许可

一般许可，是指只需申请人依法向行政许可机关提出申请要求，经许可机关审查核实是否符合法定的许可要件，该申请人即可获得从事某项活动的权利或资格，对申请人没有额外特殊限制的许可类型，譬如普通营业许可、驾驶许可均属于一般许可类型，一般许可是最为常见的许可类型。依照《行政许可法》第 12 条第 1 项规定，对“直接涉及国家安全、公共安全、经济宏观调控、生态环境保护以及直接关系人身健康、生命财产安全等特定活动，需要按照法定条件予以批准的事项”所设定的许可类型，通常均可归入一般许可的范畴。

2. 特许

相较于一般许可而言，特许是基于经济、社会或者行政上的需要，将本属于国家或者特定行政主体的权利排他性地赋予特定私人的行政行为。根据《行政许可法》第 12 条第 2 项的规定，对于“有限自然资源开发利用、公共资源配置以及直接关系公共利益的特定行业的市场准入等，需要赋予特定权利的事项”，可以设定特许。特许的主要功能在于分配稀缺资源，因此特许通常均存在数量限制，需要通过招标、拍卖等竞争形式择优决定，按照《行政许可法》第 53 条的相关规定，对于《行政许可法》第 12 条第 2 项规定的事项，行政机关应当通过招标、拍卖等公平竞争的方式作出决定。行政机关违反本条规定，不采用招标、拍卖方式，或者违反招标、拍卖程序，损害申请人合法权益的，申请人可以依法申请行政复议或者提起行政诉讼。

3. 认可

认可，是指行政机关对申请人是否具备特定技能的认定判断行为，主要适用于对公众提供服务，直接关系公共利益并需要确定具备特殊信誉、特殊条件或特殊技能等资格、资质的事项。认可的主要功能在于消除信息不对称，提升个人或者市场主体的技能或信誉，没有数量层面的限制要求。

4. 核准

核准，是指行政机关对某些事项是否达到特定技术标准、技术规范的判断与核实，主要适用于直接关系公共安全、人身健康、生命财产安全的重要设备、设施的设计、建造、安装和使用，直接关系人身健康、生命财产安全的特定产品、物品的检验、检测、检疫事项。核准的主要功能是为了预防风险与保障公共安全，没有数量限制要求。与一般许可相比，核准通常有客观的技术标准与技术规范作为许可依据，且需要通过实地方式进行检验、检测、检疫，进而根据相关结果作出许可决定。

5. 登记

登记是由行政机关确立个人、企业或者其他组织的特定主体资格。行政机关通常只对申请登记的材料进行形式审查，申请人对登记申请材料的真实性负责，与一般许可相比，登记更侧重事后监督检查，而非事前的许可筛查，诸多学者认为，将登记制度作为一类行政许可并不合理，未来《行政许可法》重新修订时，需要对登记制作全面梳理并从行政许可类型中剥离出来。[1]

三、行政许可的设定

（一）行政许可的设定范围

1.《行政许可法》的正面与负面列举

对于行政许可的设定事项范围，《行政许可法》以正面列举方式罗列了可以设定行政许可的事项类型，根据《行政许可法》第 12 条规定，“下列事项可以设定行政许可：（一）直接涉及国家安全、公共安全、经济宏观调控、生态环境保护以及直接关系人身健康、生命财产安全等特定活动，需要按照法定条件予以批准的事项；（二）有限自然资源开发利用、公共资源配置以及直接关系公共利益的特定行业的市场准入等，需要赋予特定权利的事项；（三）提供公众服务并且直接关系公共利益的职业、行业，需要确定具备特殊信誉、特殊条件或者特殊技能等资格、资质的事项；（四）直接关系公共安全、人身健康、生命财产安全的重要设备、设施、产品、物品，需要按照技术标准、技术规范，通过检验、检测、检疫等方式进行审定的事项；（五）企业或者其他组织的设立等，需要确定主体资格的事项；（六）法律、行政法规规定可以设定行政许可的其他事项”。

与之相配套，《行政许可法》第 13 条进一步以负面列举方式界定了不设行政许可的情形，《行政许可法》第 13 条规定，“本法第十二条所列事项，通过下列方式能够予以规范的，可以不设行政许可：（一）公民、法人或者其他组织能够自主决定的；（二）市场竞争机制能够有效调节的；（三）行业组织或者中介机构能够自律管理的；（四）行政机关采用事后监督等其他行政管理方式能够解决的”。“公民、法人或者其他组织能够自主决定的”可以不设行政许可，这一设定原则背后体现了私人自治优先的理念，行政许可的设定应恪守私人自治优先原则，尽量减少政府的直接干预，充分发挥私主体的积极性和主动性。“市场竞争机制能够有效调节的”可以不设行政许可，这意味着首先要发挥市场这只“看不见的手”的作用，通过市场去自发调节资源配置，只有出现市场失灵情形时才通过许可的方式予以解决。正如习近平总书记所言：“在市场作用和政府作用的问题上，要讲辩证法、两点论，‘看不见的手’和‘看得见的手’都要用好，努力形成市场作用和政府作用有机统一、相互补充、相互协调、相互促进的格局，推动经济社会持续健康发展。”[2]“行业组织或中介机构能够自律管理的”可以不设行政许可，这体现出自我规制（self-regulation）优先于许可工具的原则要义。自我规制，是指企业或相关组织拘束自我行为的理念与做法，表现为自愿制定规则、自我实施规则及自我监督，

---

〔1〕 姜明安主编：《行政法与行政诉讼法》（第 8 版），北京大学出版社、高等教育出版社 2024 年版，第 235 页。

〔2〕 习近平：《“看不见的手”和“看得见的手”都要用好》，载《习近平谈治国理政》，外文出版社 2014 年版，第 116 页。

市场主体在此间具有主动地位。自我规制之所以优先于行政许可，是因为行业组织或中介机构具有更多关于行业、产业的整体知识和信息，可以更为灵活、快捷且专业地应对市场变化并降低规制成本。[1]

不仅如此，在相关学者看来，《行政许可法》这一条款“内含了一个场景模拟和试验，在其中，与个人或组织自主决定、市场竞争机制有关的公法和私法规范应该是什么，以及它们各自的以及配合的效应如何，都必须在模拟试验中充分考量”。[2]换言之，《行政许可法》第13条中的“自主决定”“有效调节”“自律管理”等不确定法律概念，隐含了规制变迁与试验机制的制度运行空间。国家需要借助更为科学的试验机制与评估工具，判断行政许可的调整及其替代机制的可行性，而离开了此种科学依据，《行政许可法》第13条就仅能传递一种放松规制与有限政府的理念，而难以对行政许可的设置及调整真正发挥拘束作用。[3]尤其是伴随社会经济环境的不断变化，《行政许可法》第13条与第12条之间，更需通过许可评价机制来建立更为科学理性的动态衔接。

2. 行政许可评价机制的动态调整功能

为保障《行政许可法》第12条与第13条之间的科学衔接，实现许可事项的动态化调整，《行政许可法》第20条专门设定了许可评价机制，许可评价条款旨在引导相关主体对“已经设定的行政许可进行客观全面的评价，论证其存在的合理性与科学性，以便对于不能适应社会经济发展的行政许可及时加以修正、废止”。[4]从法释义学上讲，《行政许可法》第20条具有丰富的规范内涵，理论上能够为许可事项的调整提供客观依据与规范支撑。首先，《行政许可法》第20条第1款规定，“行政许可的设定机关应当定期对其设定的行政许可进行评价；对已设定的行政许可，认为通过本法第十三条所列方式能够解决的，应当对设定该行政许可的规定及时予以修改或者废止”。据此，许可设定机关对行政许可予以评价，行使的是真正意义上的许可评价权，并且行政许可设定机关也担负了定期行使评价权的法定义务。其次，根据第20条第2款的规定，“行政许可的实施机关可以对已设定的行政许可的实施情况及存在的必要性适时进行评价，并将意见报告该行政许可的设定机关”。许可实施机关的评价更多具有信息数据收集的参考价值，而不直接产生法律效果。尽管如此，由于许可实施机关最容易掌握原有许可与许可替代工具的实施情况以及相关实证数据，许可实施机关提供的经验材料与意见报告，可以成为辅助设定机关进行许可评价的事实佐证。[5]最后，行政许可评价条款还为公众参与提供了制度渠道，通过吸纳市场主体与普通公众的建议反馈，能够更为合理地评价现行各类许可的不足与弊端。然而遗憾的是，《行政许可法》第20条由于缺少明确的评价方法和具有可操作性的程序规范，许可评价机制依然长期处于休眠状态，还远未发挥立法者所期望的作用。

---

〔1〕宋华琳、唐曼：《论行政许可事项的合理设定》，载《思想战线》2024年第2期。

〔2〕沈岿：《行政法理论基础：传统与革新》，清华大学出版社2022年版，第249页。

〔3〕周汉华：《行政许可法：观念创新与实践挑战》，载《法学研究》2005年第2期。

〔4〕马怀德主编：《中华人民共和国行政许可法释解》，中国法制出版社2003年版，第89页。

〔5〕王克稳：《行政审批（许可）权力清单建构中的法律问题》，载《中国法学》2017年第1期。

（二）行政许可的设定权限

为了防止许可设定权的过多过滥，《行政许可法》针对不同位阶性质的法律规范赋予了差异化的许可设定权限。

第一，对于全国人大及其常委会制定的法律，只要属于《行政许可法》第 12 条列举的事项范围，法律均可以设定行政许可。

第二，对于行政法规而言，尚未制定法律的，行政法规可以设定行政许可。必要时，国务院可以采用发布决定的方式设定行政许可。实施后，除临时性行政许可事项外，国务院应当及时提请全国人大会及其常委会制定法律，或者自行制定行政法规。

第三，对于地方性法规的许可设定权，按照《行政许可法》第 15 条的规定，只要属于《行政许可法》第 12 条所列事项，尚未制定法律、行政法规的，地方性法规便可设定行政许可。而对于规章的许可设定权，《行政许可法》则作了极为严格的限定，完全剥夺了部门规章的许可设定权，地方政府规章之中也仅赋予了省级人民政府的规章制定权，且性质上局限为临时性行政许可。按照《行政许可法》第 15 条第 1 款的规定，尚未制定法律、行政法规和地方性法规的，因行政管理的需要，确需立即实施行政许可的，省、自治区、直辖市人民政府规章可以设定临时性的行政许可。临时性的行政许可实施满 1 年需要继续实施的，应当提请本级人民代表大会及其常务委员会制定地方性法规。不仅如此，《行政许可法》还对地方性法规与省级人民政府规章的许可设定内容进行了明确的限制，《行政许可法》第 15 条第 2 款规定，“地方性法规和省、自治区、直辖市人民政府规章，不得设定应当由国家统一确定的公民、法人或者其他组织的资格、资质的行政许可；不得设定企业或者其他组织的设立登记及其前置性行政许可。其设定的行政许可，不得限制其他地区的个人或者企业到本地区从事生产经营和提供服务，不得限制其他地区的商品进入本地区市场”。

第四，对于法律位阶最低的行政规范性文件，按照《行政许可法》第 17 条的规定，规章以下的行政规范性文件没有许可设定权。

四、“相对集中行政许可权”的规范依据与地方试验

长久以来我国的行政许可始终存在数量过多、程序过于复杂的弊端，严重制约了市场经济的发展，成为市场活力的阻碍因素，在《行政许可法》出台之前，地方政府围绕经济发展与地方竞争的需要，在企业投资、市场准入等经济管理领域的许可事项中，创设性地探索出“一个窗口对外”“一站式审批”为特征的行政审批服务中心模式，这种组织法层面的创新随后也被《行政许可法》立法过程吸纳。《行政许可法》第 26 条规定：“行政许可需要行政机关内设的多个机构办理的，该行政机关应当确定一个机构统一受理行政许可申请，统一送达行政许可决定。行政许可依法由地方人民政府两个以上部门分别实施的，本级人民政府可以确定一个部门受理行政许可申请并转告有关部门分别提出意见后统一办理，或者组织有关部门联合办理、集中办理。”这一条款可视为对行政审批服务中心模式的立法确认，也为各地的普遍推广确立了法定基础。但是，行政审批服务中心这一初级阶段的“相对集中许可权”改革模式，从性质上讲，仅仅是一种“形

式集中”或谓之“物理集中”，行政许可权仍然由行政主管机关行使，行政审批服务中心的联合办公只是具备了诸多行政许可部门的“收发室”或“传达室”功能，行政审批中心并没有改变各个行政许可机关的审管权力配置。〔1〕

伴随我国行政审批改革的逐步深入，地方层面开始探索更为彻底的行政许可权集中模式。《行政许可法》第25条规定：“经国务院批准，省、自治区、直辖市人民政府根据精简、统一、效能的原则，可以决定一个行政机关行使有关行政机关的行政许可权。”这一条款为“相对集中行政许可权”改革的进一步试验突破，提供了合法性授权依据。2008年四川省成都市武侯区在全国范围内首创了行政审批局模式，武侯区的改革明确将区政府辖内20多个行政机关的许可权限，统一划转至新成立的行政审批局名下，由行政审批局统一行使许可权，原行政机关不再享有许可权限，仅仅继续行使后续的监管权。相比以往的行政审批中心模式，行政审批局成为一个统一行使许可权的实体部门，实现了行政许可权的实质性转移。2014年，天津滨海新区、宁夏银川市等地也纷纷效仿，陆续展开行政审批局改革的地方试验。行政审批局的地方试验逐步获得中央的关注与认可，中央也开始在全国范围内部署更为系统的“相对集中行政许可权”改革试点。2015年3月，中央编办和国务院法制办联合发布《关于印发〈相对集中行政许可权试点工作方案〉的通知》(中央编办发〔2015〕16号)，正式授权河北、山西、天津、广东、四川等八个省市专门开展相对集中行政许可权改革的试点工作，试点方案的核心内容便是依照《行政许可法》第25条的规定，授权相关省市开展行政审批局范式的精细化试验。

“相对集中行政许可权”改革通过内部行政程序与组织体系的重塑改造，降低了公民与市场主体的许可申请成本，提升了行政效率。伴随我国优化营商环境改革的日益深入，“相对集中行政许可权”改革在当下日趋多元化并衍生出诸多版本模式，因此需要探讨“相对集中许可权”改革与《行政许可法》第25、26条之间的逻辑关系，确保改革创新始终在形式法治的轨道上运行。

五、行政许可的实施程序及其改革创新

行政许可的实施程序，是指国家为保障行政许可权的公正与有效行使而规定的实施行政许可行为必须依循的方式、步骤、顺序与期限。行政许可程序的设置是否恰当合理，直接关系到许可申请人的合法权益保障与许可功能的实现，近年来，伴随我国“放管服”改革的政策试验议程，容缺受理、告知承诺、智能审批等全新的许可程序模式，改变了传统的行政许可程序流程，极大提高了行政许可效能，但上述改革创新与《行政许可法》的程序条款之间也存在一定的张力冲突。

（一）申请与受理程序

行政许可作为依申请行政行为，许可机关颁发许可证必须以相对人的申请作为前提与起点，《行政许可法》第29条规定：“公民、法人或者其他组织从事特定活动，依法

〔1〕 参见贾义猛：《优势与限度：“行政审批局”改革模式论析》，载《新视野》2015年第5期。

需要取得行政许可的，应当向行政机关提出申请。申请书需要采用格式文本的，行政机关应当向申请人提供行政许可申请书格式文本。申请书格式文本中不得包含与申请行政许可事项没有直接关系的内容。申请人可以委托代理人提出行政许可申请。但是，依法应当由申请人到行政机关办公场所提出行政许可申请的除外。行政许可申请可以通过信函、电报、电传、传真、电子数据交换和电子邮件等方式提出。”与此同时，许可申请人对其提供的申请材料也担负真实性保证的义务，按照《行政许可法》第 31 条的要求，申请人申请行政许可，应当如实向行政机关提交有关材料和反映真实情况，并对其申请材料实质内容的真实性负责。

对于申请人的许可申请，行政机关负有公示与释明义务，行政机关应当将法律、法规、规章规定的有关行政许可的事项、依据、条件、数量、程序、期限以及需要提交的全部材料的目录和申请书示范文本等在办公场所公示。申请人要求行政机关对公示内容予以说明、解释的，行政机关应当说明、解释，提供准确、可靠的信息。

针对申请人提出的许可申请，按照《行政许可法》第 32 条的规定，行政机关应当分情况作出不同处理：（1）申请事项依法不需要取得行政许可的，应当即时告知申请人不受理；（2）申请事项依法不属于本行政机关职权范围的，应当即时作出不予受理的决定，并告知申请人向有关行政机关申请；（3）申请材料存在可以当场更正的错误的，应当允许申请人当场更正；（4）申请材料不齐全或者不符合法定形式的，应当当场或者在 5 日内一次告知申请人需要补正的全部内容，逾期不告知的，自收到申请材料之日起即为受理；（5）申请事项属于本行政机关职权范围，申请材料齐全、符合法定形式，或者申请人按照本行政机关的要求提交全部补正申请材料的，应当受理行政许可申请。

《行政许可法》立法之时便创建性地推广电子政务制度，通过信息技术手段为申请人提出许可申请提供智能便利支持。《行政许可法》第 33 条规定：“行政机关应当建立和完善有关制度，推行电子政务，在行政机关的网站上公布行政许可事项，方便申请人采取数据电文等方式提出行政许可申请；应当与其他行政机关共享有关行政许可信息，提高办事效率。”电子政务制度的推广将有助于提升行政许可效率，数据电文、数据共享等手段的应用将显著降低当事人的许可申请成本。但必须指出的是，伴随人工智能手段的飞跃式发展，“秒批”“无人审批”等全新智能审批工具逐步得以推广应用，《行政许可法》第 33 条这一特定时期的电子政务条款过于简略粗糙，早已无法满足自动化行政时代的规则需求。

（二）审查与决定程序

按照《行政许可法》的法定程序设计，行政许可审查程序的设定至为关键，“审查和决定是行政许可实施中最重要的环节，它对于实现设立行政许可制度的目的具有重要意义，如果行政主体对行政许可申请审查不严，随意许可，那么国家设立行政许可制度的目的就无法实现”。[1]

《行政许可法》中区分了形式审查与实质审查两种不同程度类型的审查模式，《行政

〔1〕 周佑勇主编：《行政许可法理论与实务》，武汉大学出版社 2004 年版，第 118 页。

许可法》第34条规定："行政机关应当对申请人提交的申请材料进行审查。申请人提交的申请材料齐全、符合法定形式，行政机关能够当场作出决定的，应当当场作出书面的行政许可决定。根据法定条件和程序，需要对申请材料的实质内容进行核实的，行政机关应当指派两名以上工作人员进行核查。"所谓形式审查，是指行政机关仅对申请材料是否具备形式要件进行审查，而不对其真实性与合法性进行审查。与之相对，实质审查，是指行政机关不仅要对申请材料的形式要件进行审查，还要对申请材料的实质内容是否符合条件进行审查判断，实质审查程序下行政机关往往需要现场实地核查才能确认申请人的真实情况。

通常而言，形式审查程序更加有助于许可申请人的权益，在行政效率上具有显著优势，但是书面形式审查的不足主要体现在以下几个方面："一是有些情况下申请材料反映的客观情况本身就是虚假的，只审查申请人的书面申请材料可能难以发现申请人的真实情况；二是即使申请材料反映内容属实，但由于申请与审查存在时间差，可能申请材料反映的客观情况在行政机关审查时已经发生了变化，因此实行书面审查的同时要结合其他审查方式，如实地核查、当面询问、听证会、听取第三人意见、召开专家论证会等。行政机关可以依据设定行政许可的法律规定，结合行政许可事项的性质相应决定采取何种方式审查行政许可申请材料。"〔1〕因此通过实质审查程序能够弥补了形式审查的劣势不足，针对具体行政领域与许可事项性质的不同，行政许可机关可以通过形式审查与实质审查两种不同审查程序装置的选择性适用，借此实现特定的规制目标与监管功能。〔2〕全国人大法工委编著的官方释义读本中，也明确强调了《行政许可法》条款规范中，实质审查程序所担负的重要价值："核实申请内容是主管机关在书面审查申请合格的基础上，对其申请所列从事该项活动的能力、场所设备、卫生环境等所作的调查或考核工作，如果调查结果证明申请书所列事实与实际相符，该许可机关就可以进行是否发放许可证。对于一些技术性强、具有危险性、事关重大的行政许可申请，许可机关采用初审、复审等形式去审查行政许可申请，有的还采用先审查后公告，对于公告无异议的，再发许可证的方式。这些严格的程序要求对于保证许可的公正性、科学性、安全性都具有重要意义。"〔3〕

行政机关对行政许可申请经过形式审查或者实质审查以后，除当场作出行政许可决定外，应当在法定期限内按照规定程序作出行政许可决定，据此，行政机关负有法定期限内作出许可决定的义务。对于申请符合法定条件、标准的，行政机关应当依法作出准予行政许可的书面决定，行政机关认为申请不符合法定条件、标准的，依法作出不予行政许可的书面决定，并应当说明理由，同时告知申请人享有依法申请行政复议或者提起行政诉讼的权利。行政机关对于不予许可的决定，负有说明理由的程序性义务，通过

---

〔1〕汪永清主编：《中华人民共和国行政许可法释义》，中国法制出版社2003年版，第119页。

〔2〕胡建淼、汪成红：《论行政机关对行政许可申请的审查深度》，载《浙江大学学报（人文社会科学版）》2008年第6期。

〔3〕乔晓阳、张世诚主编：《中华人民共和国行政许可法释义》，中国长安出版社、中国言实出版社2003年版，第120—121页。

说明理由的程序装置增强许可决定的说服力与自律性。行政机关对于准予行政许可的决定，负有向社会公开的法定义务，公众有权进行查阅，行政许可决定的公开有助于保障被许可人、利益关系人与普通公众的知情权，强化对行政许可机关的监督。

（三）行政许可听证程序

听证程序是行政机关作出行政行为之前给予当事人就重要事实表达意见的机会，通过公开民主方式实现行政目的的程序。为了确保成本与收益之间以及个人利益与公共利益之间的价值均衡，听证必须划定一定的事项范围，《行政许可法》第46条规定："法律、法规、规章规定实施行政许可应当听证的事项，或者行政机关认为需要听证的其他涉及公共利益的重大行政许可事项，行政机关应当向社会公告，并举行听证。"按照该项规定，对于法律、法规、规章明确规定的许可听证事项以及行政机关认为涉及公共利益的重大许可事项，行政许可机关应当依职权主动采取听证程序。

与之相对应，对于行政许可机关依申请采取听证程序的情形，主要是许可涉及申请人与第三人之间重大利益关系的情况，在此情形之下，申请人与利害关系人均有权提出许可听证申请。《行政许可法》第47条明确规定："行政许可直接涉及申请人与他人之间重大利益关系的，行政机关在作出行政许可决定前，应当告知申请人、利害关系人享有要求听证的权利；申请人、利害关系人在被告知听证权利之日起五日内提出听证申请的，行政机关应当在二十日内组织听证。申请人、利害关系人不承担行政机关组织听证的费用。"

对于许可听证程序的具体步骤、时限设定以及举证质证要求，《行政许可法》第48条规定："听证按照下列程序进行：（一）行政机关应当于举行听证的七日前将举行听证的时间、地点通知申请人、利害关系人，必要时予以公告；（二）听证应当公开举行；（三）行政机关应当指定审查该行政许可申请的工作人员以外的人员为听证主持人，申请人、利害关系人认为主持人与该行政许可事项有直接利害关系的，有权申请回避；（四）举行听证时，审查该行政许可申请的工作人员应当提供审查意见的证据、理由，申请人、利害关系人可以提出证据，并进行申辩和质证；（五）听证应当制作笔录，听证笔录应当交听证参加人确认无误后签字或者盖章。行政机关应当根据听证笔录，作出行政许可决定。"

（四）行政许可监督检查程序

监督检查机制是落实行政许可制度的重要抓手，《行政许可法》第六章"监督检查"对于行政许可的监督检查程序作了全面且细致的规定，立法机关早在《行政许可法》制定之初便高度强调了其重要意义。"在现实中，行政机关重许可、轻监管或者只许可、不监管的现象比较普遍；行政机关实施行政许可，往往只有权力、没有责任，缺乏公开、有效的监督制约机制。为了解决这个问题，草案就强化监督、严格责任做了明确规定。"[1]

---

〔1〕 杨景宇：《关于〈中华人民共和国行政许可法（草案）〉的说明》，2002年8月23日在第九届全国人民代表大会常务委员会第二十九次会议上的报告。

行政许可是一个动态的过程，除发放许可证之外，后续的监督管理也是其中的重要程序环节。许可机关需要通过发证后续的一系列检查活动，确保被许可方始终保持获得许可时应达到的审核条件。换言之，在一定意义上，行政机关对被许可人的事后监督管理与事前的行政许可具有同等重要意义，只有加强对被许可人从事许可事项活动的监督管理，才能保证被许可人的生产经营活动切实在许可范围内进行。《行政许可法》第61条专门规定："行政机关应当建立健全监督制度，通过核查反映被许可人从事行政许可事项活动情况的有关材料，履行监督责任。行政机关依法对被许可人从事行政许可事项的活动进行监督检查时，应当将监督检查的情况和处理结果予以记录，由监督检查人员签字后归档。公众有权查阅行政机关监督检查记录。行政机关应当创造条件，实现与被许可人、其他有关行政机关的计算机档案系统互联，核查被许可人从事行政许可事项活动情况。"《行政许可法》确立了监督检查制度及其相关程序要求，值得注意的是，《行政许可法》早年便已提到通过数据共享与信息技术实现对被许可人的监督模式，伴随信息技术与数据能力的时代进步，立法之初较为粗糙的制度设想如今逐步进入现实，当前监督执法更加强调连续性的信息源流与即时监控数据，监管机构利用大数据执法手段能够更好地对市场主体予以全景化的精准监督，正如相关学者的经典比喻，"现代信息技术工具的发展将监督执法活动从特定检查日的'一次性快照'，迅疾提升为工业流程化的电影全景"。[1]

对于监督检查的具体方式与手段，《行政许可法》着重强调了抽样检查、检验与检测方式的重要性，《行政许可法》第62条规定："行政机关可以对被许可人生产经营的产品依法进行抽样检查、检验、检测，对其生产经营场所依法进行实地检查。检查时，行政机关可以依法查阅或者要求被许可人报送有关材料；被许可人应当如实提供有关情况和材料。行政机关根据法律、行政法规的规定，对直接关系公共安全、人身健康、生命财产安全的重要设备、设施进行定期检验。对检验合格的，行政机关应当发给相应的证明文件。"与此同时，为了防止行政机关的监督检查过于频繁，构成对市场主体不必要的侵扰，《行政许可法》第63条专门规定："行政机关实施监督检查，不得妨碍被许可人正常的生产经营活动，不得索取或者收受被许可人的财物，不得谋取其他利益。"

近年来，伴随"放管服"改革带来的诸多监管创新，"双随机、一公开"监管可以说完美契合了《行政许可法》第63条的治理理念，被视为监督检查模式的本土探索和程序创新。"双随机、一公开"监管，是指监管机构在市场主体名录库和执法检查人员名录库中通过摇号等方式，从市场主体名录库中随机抽取检查对象，从执法检查人员名录库中随机选派执法检查人员。"双随机、一公开"监管的程序设计有效防止了监管腐败与过度干涉行为，在市场主体自由度与监督检查之间尽可能维持恰当平衡。

（五）行政许可程序的改革创新

1. 容缺受理模式

所谓容缺受理，是指许可申请人申请行政许可之时，在主要资料齐全但次要资料存

---

〔1〕 Rory Van Loo, Regulatory Monitors: Policing Firms in the Compliance Era, 119 Colum.L.Rev.369 (2019).

在欠缺的情形下，允许申请人在特定时间内补全相关次要资料，在此之前行政机关先予以受理并进入审查程序的许可程序模式。〔1〕从许可程序的创新角度，在容缺受理模式下，行政许可机关对于基本条件具备，主要材料齐全，并且符合法定条件、手续和形式要件的申请，虽然次要或辅助条件、材料有所欠缺，但是对许可审查事项不会产生实质性影响的，可以允许容缺受理，并将需要补正的材料、形式和时限，一次性告知申请人。申请人的申请材料依然完备并符合法定形式，但报送次要申请材料的时点已位于行政主体审查申请阶段，这在某种意义上构成了对行政活动步骤的超常规处置，相当于在相对人申请材料不全时，行政许可机关便已开始进入审查工作，从而加速了行政许可审查的程序进度。〔2〕

从容缺受理模式的历史沿革观察，容缺受理制度最早见于 2012 年福建省泉州市的“容缺预审制”实践，此后山东省青岛市等地纷纷借鉴引入，并伴随“放管服”改革议程的深入开展，迅速扩散波及至全国各地。中央层面，2016 年国务院发布的《关于建立完善守信联合激励和失信联合惩戒制度 加快推进社会诚信建设的指导意见》（国发〔2016〕33 号）中提到探索建立“容缺受理”程序等行政审批的“绿色通道”，容缺受理制度首次得到中央层面的确认与肯定。容缺受理模式的出现与优化营商环境改革背景紧密相关，地方政府纷纷将容缺受理这一许可程序创新，视为降低市场准入成本、提升行政审批效率、增强地方竞争能力的重要抓手，各地出台的“地方优化营商环境条例”中容缺受理模式出现频次极高，譬如《广州市优化营商环境条例》第 40 条规定：“相关部门应当建立政务服务事项容缺容错受理工作机制，制定容缺容错受理事项及申请材料目录并向社会公布。相关部门对基本条件具备、主要申报材料齐全且符合法定条件，但次要条件或者次要申报材料有欠缺的登记、审批事项，应当一次性告知可容缺容错申报的材料，先予受理并进行审查；申请人在规定时限内补齐所有容缺容错材料，经审查符合法定要求的，应当作出决定。”

尽管如此，容缺受理制度的主要风险在于，“容缺受理”制度作为地方政府在法律授权之外的试验创新，目前尽管获得中央相关政策的肯定推广，但是依然欠缺明确的法律规范依据，〔3〕尤其是与《行政许可法》的程序条款之间存在明显冲突，从《行政许可法》第 32 条等相关条款中，无法推演出容缺受理模式的制度空间。不仅如此，容缺受理制度的风险漏洞还体现为，容缺受理程序容易导致行政机关许可裁量权的滥用，主要体现在各地对于主要材料与次要材料的不同区分与混乱逻辑，部分地方政府基于地方经济竞争的政绩需求，往往尽可能削减主要材料的事项范围，随意扩大容缺受理的适用情形，这在实践中将带来一定的法律风险。

2. 告知承诺模式

伴随行政审批改革的深入开展，告知承诺模式作为地方层面的许可程序创新，逐步

〔1〕喻少如、胡志衡：《容缺受理之正当性、性质与完善路径》，载《河南财经政法大学学报》2021 年第 3 期。

〔2〕宋华琳：《行政程序的简化与营商环境的法治保障》，载《理论探索》2024 年第 1 期。

〔3〕韩业斌：《容缺受理制度的法理基础与完善路径》，载《北方法学》2019 年第 1 期。

获得中央的认可与推广。《上海市行政审批告知承诺管理办法》对行政许可的告知承诺模式进行了概念定义，《上海市行政审批告知承诺管理办法》第2条规定："本办法所称的告知承诺，是指公民、法人和其他组织提出行政审批申请，行政审批机关一次性告知其审批条件和需要提交的材料，申请人以书面形式承诺其符合审批条件，由行政审批机关作出行政审批决定的方式。"中共中央、国务院印发《法治政府建设实施纲要（2021—2025年）》中专门提到今后"推行行政审批告知承诺制"。2020年国务院发布《国务院办公厅关于全面推行证明事项和涉企经营许可事项告知承诺制的指导意见》（国办发〔2020〕42号）中专门对告知承诺模式的具体程序与应用推广进行了部署。

作为行政许可领域内的一项创新制度，为了尽可能规避改革创新的潜在风险，各地涉及许可承诺制的地方性法规、规章与规范性文件中，大多将告知承诺模式的适用范围限定为"能够通过事中事后监管手段控制风险""通过事中事后监管能够纠正且不会产生严重后果"或"纠错成本不高"的行政许可类型，并以列举方式明确对国家安全、公共安全以及环境保护等监管事项进行了排除。譬如《苏州市行政审批告知承诺制管理暂行办法》（苏府办〔2019〕207号）第5条规定："对审批条件难以事先核实、能够通过事中事后监管纠正且风险可控的行政审批事项，行政审批部门可以采取告知承诺方式实施行政审批，但直接涉及国家安全、公共安全、生态环境保护以及直接关系人身健康、生命财产安全的行政许可事项以及依法应当当场作出行政审批决定的行政审批事项除外。"《吉林省优化营商环境条例》第33条规定："县级以上人民政府及其有关部门应当按照国家和省有关规定，实行行政许可告知承诺制度。除直接涉及国家安全、公共安全、金融安全、生态环境保护、安全生产以及直接关系人身健康、生命财产安全等重大公共利益的事项外，能够通过事中事后监管达到行政许可条件，且不会产生严重后果的行政许可事项，申请人按照要求书面承诺符合行政许可条件并提交有关材料的，可以先行作出行政许可决定。"

相比于传统行政许可程序设置，告知承诺制的属性变化体现在程序再造与规制创新两个层面，就程序再造这一层面，按照告知承诺制的程序设计，只要许可申请人作出符合许可条件的书面承诺，行政许可机关便不需要再进行实质审查，而直接作出准予许可的决定，这一程序简化，在一定程度上改变了《行政许可法》第34条设定的形式审查与实质审查的二元构造。告知承诺制将传统行政许可模式的生效时间大为提前，亦即许可申请人作出承诺之时，行政许可行为便即刻生效，同时"告知—承诺"流程替代了行政许可的实质审查程序，将原有许可审查程序中实质审查的过滤筛查功能，交由信用监管等事中事后监管工具来承担。就规制创新层面，许可承诺制与信用规制的紧密契合是最为明显的创新特征，告知承诺由于取代了传统许可下的实质审查程序，其附带的市场风险与监管义务，便由信用规制等事中事后监管模式予以兜底。〔1〕

行政许可承诺制对于传统许可程序的简化变革，诚然为市场主体增加了便利度，通过与事中事后监管工具的配合，有望进一步提升行政监管效能，这种市场与效率导向的程

---

〔1〕 卢超：《行政许可承诺制：程序再造与规制创新》，载《中国法学》2021年第6期。

序创新，符合《行政许可法》的立法精神与规制改革需求，在一定程度上具有实质合法性的支撑。但是，从形式合法性角度，许可承诺制模式颠覆了现行《行政许可法》的审查程序装置，改变了相关条款对于许可机关、许可申请人以及利害关系人等各类主体的法律责任分配机制。可以说，许可承诺制尽管带来了潜在的行政效率收益，但由于打破了传统许可规范结构与市场预期，与《行政许可法》相关程序条款存在明显矛盾，也产生了不确定性的负面效果。

3. 自动化许可模式

伴随人工智能、算法科技等信息技术手段的蓬勃发展，各地出现以“秒批”“无人审批”“智能审批”为命名代表的自动化行政许可现象，俨然成为行政许可领域内重要的改革创新范式。自动化行政许可获得了中央层面的肯定与认可，2018 年 5 月，中共中央办公厅、国务院办公厅印发《关于深入推进审批服务便民化的指导意见》中便提出：“探索对适宜的事项开展智能审批，实现即报即批、即批即得。”自动化行政许可在我国各地的工商登记、津贴申请、企业准入等诸多政务服务类事项中已有较为广泛的应用，其中典型代表譬如深圳市的“秒批”实践，2018 年深圳市人民政府办公厅发布的《普通高校应届毕业生引进和落户“秒批”（无人干预自动审批）工作方案的通知》（深府办函〔2018〕109 号）中提出对于人才引入与落户审批程序采取无人自动化模式。自动化行政许可模式下，从当事人申请到许可机关审查再到许可结论的做出，整个许可流程尤其是许可审查决定的生效阶段均无须人工干预，均是由算法代码自动进行事实认定与法律适用，传统行政许可的程序流程在智能技术的赋能下被极大地简化压缩。从制度功能角度，“无人审批”“智能审批”等自动化行政许可手段，不仅能够有效地降低行政机关在人力、物力、财政资源等各方面行政成本支出，提高许可审查的准确率，也有助于缓解市场主体与普通公众的行政负担，进而显著提升行政审批的效能。

也必须指出的是，面向未来的不确定性与动态化调适作为行政许可的固有特质，导致其更加难以提前预设某项固化且稳定的审查量化标准，许可裁量基准在多数时候也很难给出一个具体的“数目字”建议。〔1〕自动化技术在行政许可领域的应用理应受到更多的限制，大量的裁量因素复杂交织、许可审查要件高度抽象且更为侧重合理性判断的许可事项，显然并不适宜自动化行政手段的介入，自动化行政许可方式应局限于“事实简单清晰、具有高度可预测性、易于被数据化、要素化、结构化、程式化的许可事项”。〔2〕

六、行政许可的救济途径

行政许可的法定救济途径主要包括行政复议、行政诉讼、国家赔偿这几类救济形式。按照《行政许可法》第 7 条的规定：“公民、法人或者其他组织对行政机关实施行政许可，享有陈述权、申辩权；有权依法申请行政复议或者提起行政诉讼；其合法权益因行政机关违法实施行政许可受到损害的，有权依法要求赔偿。”与此同时，行政许

〔1〕 骆梅英：《行政许可标准的冲突及解决》，载《法学研究》2014 年第 2 期。

〔2〕 唐曼：《自动化行政许可审查的法律控制》，载《现代法学》2022 年第 6 期。

可程序中强调了许可申请人对于拒绝授予许可的行政行为享有救济权利，《行政许可法》第 38 条规定："申请人的申请符合法定条件、标准的，行政机关应当依法作出准予行政许可的书面决定。行政机关依法作出不予行政许可的书面决定的，应当说明理由，并告知申请人享有依法申请行政复议或者提起行政诉讼的权利。"

（一）行政复议途径

根据现行《行政复议法》第 11 条第 3 项的规定，申请行政许可，行政机关拒绝或者在法定期限内不予答复，或者对行政机关作出的有关行政许可的其他决定不服，公民、法人或者其他组织可以依法申请行政复议。

（二）行政诉讼途径

根据现行《行政诉讼法》第 12 条第 1 款第 3 项的规定，公民、法人和其他组织认为符合法定条件，申请行政许可，行政机关拒绝或者在法定期限内不予答复，或者对行政机关作出的有关行政许可的其他决定不服的，可以依法向人民法院提起行政诉讼。而这里的"拒绝"行为，是指行政机关以书面或口头形式明确表示不予申请人颁发许可证照；"不予答复"，是指行政机关在法定期限内或在无法定期限情况下超出合理期限，对申请人就是否颁发许可证事项不予任何意思表示。关于行政许可诉讼案件的原告资格问题，目前主流学说通常认为原告可以是许可证持有人、许可申请人，也可以是许可行为的利害关系人。

（三）国家赔偿途径

依据《国家赔偿法》第 4 条第 1 项的相关规定，行政机关及其工作人员在行使行政职权时，违法吊销许可证和执照的，受害人有取得赔偿的权利。因此，行政机关及其工作人员实施行政许可，有可能侵犯公民、法人或者其他组织的合法权益，应当通过国家赔偿手段予以救济。根据《行政许可法》的相关规定，行政机关对其在实施行政许可过程中的违法行为，给当事人合法权益造成损害的，应当承担赔偿责任。《行政许可法》第 76 条明确规定："行政机关违法实施行政许可，给当事人的合法权益造成损害的，应当依照国家赔偿法的规定给予赔偿。"本条规定的当事人主要是指行政许可的申请人，在特定情况下还包括利害关系人。

七、行政许可与规制改革

当代中国围绕行政审批改革实践呈现波澜壮阔、形态万千的现代行政国家图景，"告知承诺""智能审批""容缺受理"等各类以放松规制为导向、带有消极许可色彩的政策创新，也在不断冲击《行政许可法》的既有框架，使得中国行政法学的时代发展呈现公共政策导向的崭新面貌。与以往行政审批改革不同的是，当前改革在强调放松与解除事前许可的同时，也十分重视事中事后监管机制的构建，力图打破以前改革的"一收就死，一放就乱"的恶性循环，正如相关学者对二者关系的评述，"行政审批改革与事中事后监管的关系犹如'功夫在诗外'，没有强有力的监管，行政审批的放权很难真正持久，如果监管没有及时到位，很可能在放权过程中出现新问题，导致一放就乱的局面”。[1]

事中事后监管作为官方政策概念，法解释学上缺乏严格精确定义，主要源自《行政许可法》第13条对于行政许可替代机制的粗略框定，实践中更多是当代中国行政任务变迁与规制改革的产物。当前我国政府规制改革的整体布局中，中央着重部署了“信用风险分级分类监管”“大数据监管”等新型工具的铺陈推广，旨在借助各类事中事后监管工具来起到对事前许可的替代功能作用。[2]譬如国务院办公厅《关于聚焦企业关切进一步推动优化营商环境政策落实的通知》（国办发〔2018〕104号）中专门提出各有关部门要进一步转变理念，创新工作方法，根据自身职责加强和创新事中事后监管，积极推进“双随机、一公开”监管、信用监管、大数据监管、“告知承诺+事中事后监管”等新型监管方式，既提高监管效能，又切实减少对企业的干扰。尤其在事中事后监管工具箱中，信用规制工具越发扮演极为重要的功能角色，[3]国务院办公厅《关于加快推进社会信用体系建设构建以信用为基础的新型监管体制的指导意见》（国办发〔2019〕35号）明确确立了信用监管在我国新型监管体制的核心地位。“信用风险分级分类监管”“大数据监管”等制度装置，回应了现代数字信息技术的发展，映射了西方规制理论中“回应性规制”的技术化特征。[4]可以说，伴随我国行政许可的制度变迁与演化形态，事中事后监管工具随之不断涌现的试验创新，也被配套嵌入行政审批的整体改革议程。需要超越法释义学的单一维度，应当从规制改革的整体视角出发，进一步观察审视我国的行政许可及其制度变迁。

第三节 行政处罚

一、行政处罚的概念与特征

（一）行政处罚的概念

行政处罚，是指行政主体依法对违反行政管理秩序的公民、法人或者其他组织，以减损权益或者增加义务的方式予以惩戒的行为。

在要素上，行政处罚的构成可分解如下：

其一，实施主体。行政处罚的实施主体是包括行政机关在内的行政主体。根据《宪法》和组织法的规范，我国的国家机构分为权力机关、行政机关、军事机关、监察机关、

---

〔1〕 薛澜：《行政审批改革的最大难点》，载《人民论坛》2013年第25期。

〔2〕 卢超：《事中事后监管改革：理论、实践及反思》，载《中外法学》2020年第3期。

〔3〕 孔祥稳：《作为新型监管机制的信用监管：效能提升与合法性控制》，载《中共中央党校（国家行政学院）学报》2022年第1期。

〔4〕 Ian Ayres, John Braithwaite, Responsive Regulation: Transcending the Deregulation Debate, Oxford University Press, 1992.

审判机关、检察机关等类型。行政处罚由行政机关实施，其他机关不是行政处罚的实施主体。行政机关又分为两大类：一是各级人民政府及其派出机关；二是各级人民政府工作部门。根据《行政处罚法》和相关法律、法规的规定，法律、法规授权的具有管理公共事务职能的组织，也可以实施行政处罚；行政机关依照法律、法规、规章的规定，可以委托符合条件的具有管理公共事务职能的组织以委托行政机关的名义实施行政处罚。

其二，适用对象。行政处罚的适用对象是违反行政管理秩序的公民、法人或者其他组织。在行政法律关系中，与行政机关相对应的主体，是行政相对人，即公民、法人或者其他组织。行政处罚所维护的，是“外在的行政管理秩序”，而非“内在的行政管理秩序”。比如，行政机关对其工作人员的奖惩，目的在于维护内在行政管理秩序，并非行政处罚。对行政相对人实施行政处罚，其条件是行政相对人有违反行政管理秩序的行为。所谓行政管理秩序，是指建立在法律、法规、规章基础上的生产秩序、工作秩序、生活秩序。违反行政管理秩序的行为，即违反有关行政管理法律规范的行为。行政处罚是对过去、已有的违反法律规范的制裁，被称为“对过去违法行为的惩戒”。这使得行政处罚与督促未履行行政义务的执行罚区分开来。

其三，功能效果。行政处罚的具体内容是权益减损或者义务增加。所谓减损权益，是指削减、限制或者剥夺公民、法人或者其他组织的人身、财产等权益。如申诫罚、财产罚、人身罚、资格罚，分别减损了名誉权、财产权、人身自由权以及相关资格权益。所谓增加义务，是指公民、法人或者其他组织在原有义务之外，额外新增的必须履行的义务。对行政相对人来讲，无论是减损权益，还是增加义务，都是一种不利负担，体现了制裁性的特点。

其四，法律属性。行政处罚的法律属性，可从以下方面理解。一是制裁性。行政处罚的直接目的即在于惩戒违法行为。《行政处罚法》使用了“惩戒”的表述，既体现了制裁的指向，也包括对行政相对人的警示和教育。二是法定性。行政处罚作为一种特定的行政行为，导致相对人特定权利被限制或剥夺，必须依法设定和实施。三是可诉性。当事人、利害关系人对行政处罚决定不服的，有权依法申请行政复议、提起行政诉讼，提出国家赔偿请求。

（二）行政处罚的类型

理论分类。行政处罚的类型化，既有指引、规范功能，也有充实行政处罚手段、加大行政处罚强度的赋权功能。

在分类上，其实质性制裁权力可以分为两大类。一类是以行政决定（如证照）为对象，处以吊销或限制。另一类是对已有财产权的制裁，不涉及资格、能力的限制。其类型包括名誉罚、财产罚、资格罚、行为罚、自由罚和兜底条款。在实证类型上，2021 年《行政处罚法》修订后，行政处罚的类型有所丰富，增加了通报批评、降低资质等级、责令关闭、限制开展生产经营活动、限制从业等具体类型。

1. 名誉罚

名誉罚，又称声誉罚，对其名誉、荣誉、信用施加影响，引起相对人精神上的紧张、警惕，使其不再违法的行政处罚，具体包括警告、通报批评等。声誉罚，既可以单处，也可以与其他行政处罚类型并处。声誉、名誉是人的第二生命，对其限制、剥夺应当慎重。但需注意，上级机关对下级行政机关及其工作人员的违法违规行为予以通报批评，以及党组织对党员干部违规违纪行为的通报批评，属于党政问责的措施，不属于行政处罚，更不属于名誉罚。再者，行政处罚行为会对违法行为主体的声誉产生损害。比如，行政拘留会损害被拘留者的声誉，责令停业会影响到市场主体的名誉。但这里属于行政处罚的伴随效果，并非独立的名誉罚。

2. 财产罚

财产罚，是指行政机关剥夺违法行为主体因违法行为所获经济利益及其部分个人财产，通过经济制裁措施实现惩戒目的的行政处罚，包括罚款、没收违法所得、没收非法财物等样态。

罚款是行政机关对违法行为主体的经济制裁，使其财产遭受损失。罚款是最典型、最常用、最普遍的行政处罚种类，也是各国行政处罚普遍采用的手段。需注意，行政处罚的罚款与刑罚上的罚金，以及司法机关对于排除妨碍诉讼强制措施的罚款存在差别。罚金适用于犯罪，属于附加刑；司法机关对于排除妨碍诉讼强制措施的罚款是针对司法审判和执行程序过程中，妨碍司法活动行为的司法惩戒措施。

没收违法所得，是指行政机关将违法行为主体因从事违法行为而获得的款项，除依法应当退赔外，予以强制无偿收归国有的行政处罚。有观点认为，没收违法所得不是针对当事人的合法财产，因此不符合“新的不利负担”的处罚特征，不应当认为属于行政处罚。在此，一方面，没收违法所得在许多法律、法规中已经被作为行政处罚；另一方面，违法所得在界定时，包括了一部分当事人的投入，构成“新的不利负担”。违法所得，是指实施违法行为所取得的款项。法律、行政法规、部门规章对违法所得的计算另有规定的，从其规定。我国《行政处罚法》明确了不得因违法行为而获利的基本原则。违法所得的界定，在不得获利的基本要求上，需兼顾国家利益与相对人合法权益，综合协调合法性与合理性，考虑不同行业领域的特殊性。因此，针对违法所得的计算的特殊规定，法律、行政法规和部门规章均可设定。但为避免地方保护等问题，地方性法规、地方政府规章，并无此权限。比如，在能源处罚领域，违法所得的界定是：因违法行为所获得的全部收入扣除直接用于生产、经营等活动的合理支出，为违法所得。其全部收入，违法从事生产、经营活动的，以通过该项生产、经营活动取得的全部销售收入计算。其中，违法从事电力设施的安装、维修、试验等活动的，以通过该项活动取得的全部工程款项计算。违法行为履行完毕，尚未实际收到付款的，该应收款计入全部收入。其合理支出，是指与违法行为直接相关的必要的成本支出，包括但不限于原材料购进价款、人员工资等必要费用。在违法所得认定时，对当事人在行政处罚决定作出前，依据法律、法规和省级以上人民政府的规定已经支出的税费，应当予以扣除。[1]

没收非法财物，是指行政机关将违法行为主体从事违法行为过程中所占有的违禁物

---

〔1〕参见《国家能源局行政处罚案件违法所得认定办法》（国能发监管〔2020〕2号）第4条、第5条、第6条、第10条等规定。

品、非法财物，或实施违法行为所使用的工具、物品，强制无偿收归国有的行政处罚。

3. 资格罚

资格罚，是指限制或者剥夺行政许可资格，以及行政机关认定、同意的其他非行政许可类资格的行政处罚，包括暂扣许可证件、降低资质等级、吊销许可证件等。

暂扣许可证件，是指对违法行为主体实施暂时扣留许可证件，以暂时限制其从事特定生产经营活动、执业权利的行政处罚。根据《行政许可法》第 39 条等规定，许可证件主要包括许可证、执照或者其他许可证书；资格证、资质证或者其他合格证书；行政机关的批准文件或者证明文件；法律、法规规定的其他行政许可证件。需注意的是，随着商事登记改革的深入推进，营业执照的许可色彩大幅降低，而被纳入行政确认之列。也因此，今后营业执照可能不再属于暂扣许可证件的对象范畴。

降低资质等级，是指对违法行为主体的行政许可由较高等级下调为较低等级。在《城乡规划法》《地质灾害防治条例》等法律法规中，已有降低资质等级的行政处罚。

吊销许可证件，是指对违法行为主体吊销其依法取得的许可证件，剥夺当事人从事特定生产经营活动、执业权利的行政处罚。在此，需注意，吊销许可证件与撤销行政许可存在属性之差别。依据《行政许可法》第 69 条，撤销行政许可的情形，主要是针对在取得行政许可过程中，行政机关及其工作人员、被许可人存在违法和不当行为。

4. 行为罚

行为罚，又称义务罚、能力罚，是指要求违法行为主体不得作出某种行为或者要求当事人作出某种行为的行政处罚。

限制开展生产经营活动，是指行政机关对违法行为主体限制其从事新的生产经营活动或者扩大生产经营活动范围的行政处罚。这是 2021 年《行政处罚法》修订新增的类型。

责令停产停业，是指行政机关对违法行为主体限制其在一定期限内停止全部或者部分生产经营活动的行政处罚。在实践中，责令停产停业的形态较为丰富，包括责令停业整顿、责令停止生产、责令停止经营、责令停止活动、责令限制生产、责令暂停相关业务、禁止参加政府采购、禁止参与招标活动等。

责令关闭，是指行政机关对违法行为主体责令其停止全部生产经营活动的行政处罚。责令关闭对于行为主体影响较为强烈，应注意慎重应用。

限制从业，是指行政机关对违反行政管理秩序的公民、自然人限制其从事特定执业的行政处罚。在实践中，包括在一定期限内或永久限制其担任法定代表、董事、监事、高级管理人员，进入特定行业职业等。

5. 自由罚

自由罚，是指行政机关在一定期限限制违法行为主体的人身自由的行政处罚，主要指的是行政拘留。在一些国家，对涉及人身自由的措施，排除在行政罚的种类之外。我国法律对于自由罚较为慎重。在处罚设定上，只能由法律规定。在实施上，只能由公安机关和法律规定的其他机关实施。

6. 兜底条款

在上述类型的基础上，考虑到行政管理的复杂性，在实践中仍有增加新的行政处罚类型的需求。为此，《行政处罚法》规定了兜底条款，这为行政处罚提供了类型的弹性。但需注意，只有全国人大及其常委会的法律和国务院的行政法规，才可以设定新的处罚类型。比如，《出境入境管理法》《治安管理处罚法》对于外国人规定了驱逐出境的处罚类型。

二、行政处罚的原则

行政处罚的基本原则，对于行政处罚的审慎设定和依法实施，具有直接而积极的意义。

（一）法定原则

行政处罚作为典型的行政制裁行为，必然要求纳入法治轨道，需要严格遵循法定原则。从行政法体系上看，法定原则，是依法行政原则的具体体现。就外部比较而言，行政处罚法定原则，与刑法上的罪刑法定具有相通之处。在有些国家，行政处罚作为标准的行政决定，完全适用《行政程序法》规定；也有的国家制定专门法律规范行政处罚，如奥地利的《行政罚法》，瑞士的《行政处罚法》。1990 年，当时的国务院法制局即起草了《行政处罚条例》（讨论稿）。1992 年，全国人大常委会认为行政处罚直接涉及公民基本权利，需要上升到法律形式来制定，将行政处罚法列入立法规划。1996 年 3 月，第八届全国人民代表大会第四次会议通过了《行政处罚法》，该法成为中国规范行政行为的第一部基本法律，也是中国法治建设的重要里程碑。之后，《行政处罚法》先后于 2009 年、2017 年进行两次修正，于 2021 年进行修订。

在具体内容上，法定原则的体现包括：行政处罚的设定应当依法进行；实施行政处罚的主体及其职权法定；行政处罚的种类法定；行政处罚的依据法定；行政处罚的实施应当依法进行。

（二）公平公正原则

行政处罚的实施，应当公平公正，无偏私，做到同案同罚、类案类罚。这是行政处罚法定原则要求的进一步延伸和必要补充，也是实质法治的内在要求。公平公正原则体现在行政处罚的实体公正与程序公正两个方面。

实体上的公正，要求行政处罚无论是设定还是实施，都应当过罚相当，这是行政法上比例原则在处罚领域的具体体现。一是设定层面的要求。行政处罚的种类、幅度等，应当与其违法情节相适应。国务院《关于进一步贯彻实施〈中华人民共和国行政处罚法〉的通知》（国发〔2021〕26 号）要求“部门规章设定罚款，要坚持过罚相当，罚款数额要与违法行为的事实、性质、情节以及社会危害程度相当，该严的要严，该轻的要轻”。《国务院关于进一步规范和监督罚款设定与实施的指导意见》（国发〔2024〕5 号）对于依法科学设定罚款提出“科学适用过罚相当原则”的要求，“行政法规、规章新设罚款和确定罚款数额时，要坚持过罚相当，做到该宽则宽、当严则严，避免失衡”。这即可视为比例原则在罚款设定上的体现。《行政处罚法》要求对行政处罚的实施情况和必要性定期组织评估，对不适当的行政处罚事项及种类、罚款数额等应当提出修改或者废止的建议，这也体现了比例原则的精神。二是实施层面的要求。行政处罚应当与违法行为的事实、性质、情节和社会危害程度相当。

程序上的公正，要求行政处罚实施过程中，行政主体应当给当事人公正待遇，充分尊重其在程序上的独立人格和尊严，避免武断专横。即便法律法规未对实施程序作出明确规定，行政主体也应当采取适当方式，充分听取当事人的意见。

（三）程序正当原则

行政处罚的程序正当原则，来自行政法基本原则上的程序正当。其具体要求包括：

其一，相对人享受陈述、申辩的权利。陈述，是指相对人为自己的行为进行客观描述和说明。申辩，是指相对人为自己的行为申诉理由、进行辩解。相对人的陈述、申辩权利，对应的是告知制度和听取意见制度。行政主体在作出行政处罚决定之前，应告知当事人拟作出的行政处罚内容、事实、理由和依据，并告知当事人依法享有的陈述、申辩、要求听证等程序性权利。行政处罚的告知，应当以书面告知为主，口头告知、公告告知等为辅。对于当事人提出的事实、理由和证据，行政主体应当进行复核；事实、理由和证据成立的，行政主体应当采纳。行政机关不得因当事人陈述、申辩而给予更重处罚。所谓更重处罚，既包括更重的行政处罚种类，也包括同一种类行政处罚的加重。

其二，回避规则。现代回避制度来源于程序正当原则。行政处罚中，其规避的体现包括：一是自行回避，执法人员与案件有直接利害关系或者有其他关系可能影响公正执法的，应当回避；二是申请回避，即当事人认为执法人员与案件有直接利害关系或其他关系可能影响公正执法的，有权申请回避。当事人申请回避的权利及其行使，是程序正当原则的重要体现。

其三，获得救济的权利。对行政处罚决定不服的，相对人有权依法申请行政复议或提起行政诉讼；因违法给予行政处罚受到损害的，有权提出赔偿请求。

（四）公开透明原则

行政处罚的实施依据、实施过程、决定等要素和环节，原则上应当公开。《行政处罚法》和相关法律、法规，在多处体现了处罚公开原则。比如，《行政处罚法》第 34 条规定了行政处罚裁量基准的公布，第 39 条规定了行政处罚的实施机关、立案依据、实施程序和救济渠道等信息的公示，第 41 条规定了电子技术监控设备设置地点的公开，第 48 条规定了具有一定社会影响行政处罚决定的公开。

对行政处罚公开透明原则的理解，需与政府信息公开的要求相结合。《政府信息公开条例》第 20 条第 6 项，“实施行政处罚、行政强制的依据、条件、程序以及本行政机关认为具有一定社会影响的行政处罚决定”的规定，再次明确了实施行政处罚的依据、条件和程序应当公开。国务院办公厅《关于全面推行行政执法公示制度执法全过程记录制度重大执法决定法制审核制度的指导意见》（国办发〔2018〕118 号）对于行政处罚的公开，具有积极意义。该意见要求全面推行行政执法公示制度，包括全面准确及时主动公开行政执法主体、人员、职责、权限、依据、程序、救济渠道和随机抽查事项清单等信息；行政执法机关要在执法决定作出之日起 20 个工作日内，向社会公布执法机关、执法对象、执法类别、执法结论等信息，接受社会监督，行政许可、行政处罚的执法决定信息要在执法决定作出之日起 7 个工作日内公开，但法律、行政法规另有规定的除外。

在此，不同法律法规和政策文件对于行政处罚决定公开的要求，边界表述存在差别，期限要求也有所不同。今后，行政处罚决定和文书应当如何公开，仍需进一步明确。

（五）处罚与教育相结合原则

处罚与教育相结合，是颇具中国特色的原则。行政机关在实施行政处罚时，在依法惩戒的同时，应注意通过法治宣传引导，教育违法行为人和其他公民、法人和其他组织充分吸取教训，不再实施违法行为。“惩前毖后”“治病救人”是中国执法政策的重要组成部分，注重行政处罚的工具理性，强调不能为处罚而处罚。近年来，在优化营商环境的大背景下，柔性执法、包容审慎监管、免罚清单在各领域、各地区纷纷出台实施。《行政处罚法》第 33 条第 3 款规定：“对当事人的违法行为依法不予行政处罚的，行政机关应当对当事人进行教育。”首次违法免罚的规定，也系此原则的重要体现。[1]国务院《关于进一步贯彻实施〈中华人民共和国行政处罚法〉的通知》要求，对当事人违法行为依法免予行政处罚的，采取签订承诺书等方式教育、引导、督促其自觉守法。这均是处罚与教育相结合的突出体现。在行政执法过程中，应注意处罚与教育不可偏废，既不能以罚代教，避免处罚权滥用，也不能以教代罚，滑向另一个极端。

三、行政处罚的设定

我国行政处罚的设定，是指国家机关通过立法规范规定行政处罚的活动。其实质是行政处罚的立法问题，即何类国家机关可以通过何种法律形式样态规定行政处罚。在我国，行政处罚设定权的配置，是行政处罚法律制度的核心问题。

行政处罚作为负担性的行政行为，各国均对行政处罚的设定进行比较严格的法律限制，应当遵循法定原则。这里的“法”，并不限于严格的狭义的法律，还包括法规、规章。除法律、法规、规章外，其他规范性文件不得设定行政处罚。违法规定行政处罚的，相关规定一律无效，不得作为行政处罚依据。

对行政处罚设定权配置的理解把握，需要结合我国《宪法》《立法法》和立法体制来把握。我国的立法体制，既涉及中央和地方，也涉及权力机关和行政机关。相应地，行政处罚设定权的配置，加之考虑不同形式行政处罚对当事人影响的程度不同，进行了综合设置。《行政处罚法》修订时，也对处罚权配置进行了调整。国务院《关于进一步贯彻实施〈中华人民共和国行政处罚法〉的通知》和国务院《关于进一步规范和监督罚款设定与实施的指导意见》出台，对于行政处罚的设定、实施，也具有参考意义。《立法法》和《行政处罚法》，以及后来的《行政许可法》《行政强制法》，对于各类行政行为设定权的总体趋势是不断上收。

1. 法律的设定权

可以从两方面理解。一则，法律可以设定各种行政处罚。二则，限制人身自由的行

〔1〕《行政处罚法》第 33 条第 1 款中规定：“初次违法且危害后果轻微并及时改正的，可以不予行政处罚。”

政处罚，只能由法律设定。这也是法律保留原则在行政处罚领域的重要体现。在我国，法律保留是指特定事项专属于全国人大及其常委会负责，只能由法律加以规定。根据《立法法》第 11 条第 5 项的规定，“对公民政治权利的剥夺、限制人身自由的强制措施和处罚”，只能制定法律。

2. 行政法规的设定权

可以设定除限制人身自由以外的行政处罚。行政法规也可以设定各种行政处罚，包括其他行政处罚，但限制人身自由的行政处罚除外。另外，法律对违法行为未作出行政处罚规定，行政法规为实施法律，行政法规可以补充设定行政处罚。

3. 地方性法规的设定权

可以设定除限制人身自由、吊销营业执照以外的行政处罚。另外，法律、行政法规违法行为未作出行政处罚规定的，地方性法规可以补充设定行政处罚。

4. 国务院部委规章的设定权

尚未制定法律、行政法规的，国务院部门规章对违反行政管理秩序的行为，可以设定警告、通报批评或者一定数额罚款的行政处罚。罚款的限额，由国务院规定。国务院《关于进一步贯彻实施〈中华人民共和国行政处罚法〉的通知》要求，尚未制定法律、行政法规，因行政管理迫切需要依法先以部门规章设定罚款的，设定的罚款数额最高不得超过 10 万元，且不得超过法律、行政法规对相似违法行为的罚款数额；涉及公民生命健康安全、金融安全且有危害后果的，设定的罚款数额最高不得超过 20 万元；超过上述限额的，要报国务院批准。

5. 地方政府规章的设定权

尚未制定法律、法规的，地方政府规章对违反行政管理秩序的行为，可以设定警告、通报批评或者一定数额罚款的行政处罚。罚款的限额，由省、自治区、直辖市人大常委会规定。

6. 具体规定权

在具体规定方面，上位法已经作出行政处罚规定，下位法（包括行政法规、地方性法规、部门规章和地方政府规章）需要作出具体规定的，必须在上位法规定的给予行政处罚的行为、种类和幅度的范围内规定。

7. 补充设定权

行政法规为实施法律，地方性法规为实施法律、行政法规，对于上位法明确的违法行为未作出行政处罚规定的，可以补充设定行政处罚。拟补充设定行政处罚的，应当通过听证会、论证会等形式广泛听取意见，并向制定机关作出书面说明。报送备案时，应当说明补充设定行政处罚的情况。

在此，依据国务院《关于进一步规范和监督罚款设定与实施的指导意见》的规定，如果法律、法规对违法行为已经作出行政处罚规定但未设定罚款的，规章不得增设罚款；如果法律、法规已经设定罚款但未规定罚款数额的，或者尚未制定法律、法规，因行政管理迫切需要依法先以规章设定罚款的，规章要在规定的罚款限额内作出具体规定。规章设定的罚款数额不得超过法律、法规对相似违法行为规定的罚款数额，并要根据经济社会发展情况适时调整。

8. 其他规范性文件的禁止性规定

除法律、法规和规章外，其他规范性文件不得设定行政处罚。但与此同时，通过法律、法规和规章之外的规范性文件设定行政处罚或者变相设定行政处罚的情况，长期以来屡禁不绝。

9. 对行政处罚的定期评估

国务院部门和省、自治区、直辖市人民政府及其有关部门应当定期组织评估行政处罚的实施情况和必要性，对不适当的行政处罚事项及种类、罚款数额等，应当提出修改或者废止的建议。

四、行政处罚的实施主体

（一）实施主体

行政处罚由具有行政处罚权的行政主体在法定职权范围内实施。行政处罚实施主体不具有行政主体资格的，行政处罚无效。其制度和要求，可结合行政诉讼法律制度来理解。我国《行政诉讼法》第 75 条规定："行政行为有实施主体不具有行政主体资格或者没有依据等重大且明显违法情形，原告申请确认行政行为无效的，人民法院判决确认无效。"因实施主体不具有行政主体资格而行政处罚无效，保持了与行政诉讼制度的连续性。

行政处罚授权实施。我国行政处罚的授权实施，是行政授权一般原理的体现。法律、法规授权的具有管理公共事务职能的组织可以在法定授权范围内实施行政处罚。我国《行政处罚法》并未承认规章授权，这与《行政复议法》承认规章授权的组织为被申请人，行政诉讼法律授权的组织为被告，存在差异。[1]

行政处罚委托实施。行政处罚的委托实施，既需要遵循行政委托的一般原理，还需符合《行政处罚法》和相关法律法规的特殊要求。行政机关依照法律、法规、规章的规定，可以在其法定权限内书面委托符合法定条件的组织实施行政处罚。行政机关不得委托其他组织或者个人实施行政处罚。委托行政机关对受委托组织实施行政处罚的行为应当负责监督，并对该行为的后果承担法律责任。受委托组织在委托范围内，以委托行政机关名义实施行政处罚；不得再委托其他组织或者个人实施行政处罚。签订委托书并向社会公布。委托书应当载明委托的具体事项、权限、期限等内容。委托行政机关和受委托组织应当将委托书向社会公布。委托行政机关应向本级人民政府或者实行垂直管理的上级行政机关备案委托书。[2]

行政执法人员资格。行政处罚应当由具有行政执法资格的执法人员实施。行政执法人员不得少于 2 人，法律另有规定的除外。在《行政处罚法》修改审议过程中，有意见提出，对于一些案情简单的行政处罚案件，可以由 1 名执法人员实施。但考虑到行政处

〔1〕《行政复议法》第 19 条第 1 款规定："公民、法人或者其他组织对行政行为不服申请行政复议的，作出行政行为的行政机关或者法律、法规、规章授权的组织是被申请人。"《行政诉讼法》第 2 条第 2 款规定："前款所称行政行为，包括法律、法规、规章授权的组织作出的行政行为。"

〔2〕参见国务院《关于进一步贯彻实施〈中华人民共和国行政处罚法〉的通知》（国发〔2021〕26 号）。

罚的严肃性，一般情况要求执法人员不得少于2人；同时，允许法律另有规定的除外。

（二）行政处罚的管辖及改革

行政处罚的管辖，是确定特定违法行为由哪个享有处罚权的行政主体实施处罚，以确定行政主体间的权限分工问题。

1. 职能管辖规则

以依法管理的事项为标准划分的管辖，是职能管辖，主要解决同一行政区域内不同行政机关实施行政处罚的权限分工。一般地，由县级以上政府具有行政处罚权的行政机关管辖。职能管理的具体确定规则，需结合单项法律法规的具体规定来确定。

2. 地域管辖规则

地域管辖，是横向划分行政机关在各自管辖区域内行政处罚的权限分工，解决"块块"问题。地域管辖以违法行为发生地管辖为原则，即原则上行政处罚由违法行为发生地的行政机关管辖。这里的违法行为发生地，包括行为主体实施违法行为的全过程，既包括违法行为实施地，也包括违法结果发生地。

地域管辖之例外。鉴于各个行业领域迥异，有些领域如僵化应用违法行为发生地管辖可能带来诸多不便。为此，需保留一些例外情形。法律、行政法规、部门规章另有规定的，从其规定。需注意，地方性法规、地方政府规章等地方立法，并不能对地域管辖规则作出例外规定。

3. 管辖争议解决机制

两个以上行政机关都有管辖权的，由最先立案的行政机关管辖。对管辖发生争议的，应当协商解决，协商不成的报请共同的上一级主管部门指定管辖。

对其理解包括以下方面：首先，管辖争议解决，仅适用于两个以上都有管辖权的情形。如果有的行政机关后来查明无管辖权，则无须启动管辖争议解决。其次，"先立案"规则，是管辖争议解决的一般规则。"先立案"规则，作为民事诉讼、行政诉讼处理管辖权争议的一般规则，被引入行政处罚领域，有利于减少争夺、推诿管辖权情形的发生。再次，依然存在争议的，应当协商解决。最后，协商不成的，通过指定管辖来解决争议。两个以上行政机关属于同一主管部门，发生行政处罚管辖争议、协商不成的，由共同的上一级主管部门指定管辖；两个以上行政机关属于不同主管部门，发生行政处罚管辖争议、协商不成的，司法行政部门要会同有关单位进行协调，在本级人民政府领导下做好指定管辖工作。[1]

4. 行政处罚权下移

一般而言，行政处罚由县级以上人民政府具有行政处罚权的行政机关管辖。为解决县级部门"管到但看不着"而乡镇街道"看到但管不着"的问题，削减行政执法层次，

---

〔1〕 参见国务院《关于进一步贯彻实施〈中华人民共和国行政处罚法〉的通知》（国发〔2021〕26号）。

国家推进乡镇街道执法体制改革。[1]相应地，《行政处罚法》修订后，赋权乡镇街道实施行政处罚。省、自治区、直辖市根据当地实际情况，可以决定将基层管理迫切需要的县级人民政府部门的行政处罚权交由能够有效承接的乡镇人民政府、街道办事处行使，并定期组织评估。

（三）综合行政执法与相对集中行政处罚权

相对集中行政处罚权和综合行政执法，都是源于我国实践的术语。推进综合行政执法体制改革，是行政执法改革的重要内容。我国从中央到地方已有较多实践。[2]由此，成为中国行政法学不可不给予足够关注的法治现象。

集中行政处罚权，是指把不同部门、机构的全部或部分行政处罚权，集中起来交给一个部门行使。实践中，既有部门内部各个机构分散行使处罚权的集中，也有跨部门的集中。根据修订后的《行政处罚法》，决定一个行政机关行使有关行政机关的行政处罚权，由国务院或者省、自治区、直辖市人民政府决定。

针对多头执法、职责交叉、执法扰民等问题，国家近年来广泛推进综合执法改革。[3]国家在城市管理、市场监管、生态环境、文化市场、交通运输、应急管理、农业等领域推行建立综合行政执法制度，相对集中行政处罚权。除明确罗列的七大领域之外，其他领域在条件成熟后，也可推行综合行政执法体制改革。总体上，相对集中行政处罚和综合执法改革在一定程序上化解了多头执法、重复执法等问题，为合理配置政府职能探索出一些新的方向。[4]但相对集中行政处罚权、综合执法在改革中也并非尽善尽美，如何保障执法专业性，处罚、监督、审批职能如何科学划分，还有待深入研究

---

〔1〕比如，2019年中共中央办公厅、国务院办公厅印发了《关于推进基层整合审批服务执法力量的实施意见》提出："推进行政执法权限和力量向基层延伸和下沉，强化乡镇和街道的统一指挥和统筹协调职责。整合现有站所、分局执法力量和资源，组建统一的综合行政执法机构，按照有关法律规定相对集中行使行政处罚权，以乡镇和街道名义开展执法工作，并接受有关县级主管部门的业务指导和监督，逐步实现基层一支队伍管执法。"

〔2〕比如，2015年，中共中央、国务院《关于深入推进城市执法体制　改革改进城市管理工作的指导意见》提出："重点在与群众生产生活密切相关、执法频率高、多头执法扰民问题突出、专业技术要求适宜、与城市管理密切相关且需要集中行使行政处罚权的领域推行综合执法。具体范围是：住房城乡建设领域法律法规规章规定的全部行政处罚权；环境保护管理方面社会生活噪声污染、建筑施工噪声污染、建筑施工扬尘污染、餐饮服务业油烟污染、露天烧烤污染、城市焚烧沥青塑料垃圾等烟尘和恶臭污染、露天焚烧秸秆落叶等烟尘污染、燃放烟花爆竹污染等的行政处罚权；工商管理方面户外公共场所无照经营、违规设置户外广告的行政处罚权；交通管理方面侵占城市道路、违法停放车辆等的行政处罚权；水务管理方面向城市河道倾倒废弃物和垃圾及违规取土、城市河道违法建筑物拆除等的行政处罚权；食品药品监管方面户外公共场所食品销售和餐饮摊点无证经营，以及违法回收贩卖药品等的行政处罚权。城市管理部门可以实施与上述范围内法律法规规定的行政处罚权有关的行政强制措施。到2017年年底，实现住房城乡建设领域行政处罚权的集中行使。上述范围以外需要集中行使的具体行政处罚权及相应的行政强制权，由市、县政府报所在省、自治区政府审批，直辖市政府可以自行确定。"

〔3〕比如，2015年，中共中央、国务院印发的《法治政府建设实施纲要（2015—2020年）》提出，大幅减少市县两级政府执法队伍种类，重点在食品药品安全、工商质检、公共卫生、安全生产、文化旅游、资源环境、农林水利、交通运输、城乡建设、海洋渔业、商务等领域内推行综合执法，支持有条件的领域推行跨部门综合执法。到2021年，中共中央、国务院印发的《法治政府建设实施纲要（2021—2025年）》要求，继续深化综合行政执法体制改革，坚持省（自治区）原则上不设行政执法队伍，设区市与市辖区原则上只设一个行政执法层级，县（市、区、旗）一般实行"局队合一"体制，乡镇（街道）逐步实现"一支队伍管执法"的改革原则和要求。

〔4〕参见余凌云：《行政法讲义》，清华大学出版社2010年版，第300页。

解决。

五、行政处罚的适用规则

行政处罚的适用规则，主要包括以下方面。

1. 处罚责任能力规则

行政处罚的对象，必须具有责任能力。行政处罚的责任能力，大致借鉴了刑法上关于刑事责任能力的规则，分为完全、部分、无三个梯次，其判断因素主要为年龄和精神状态。

在年龄方面，不满 14 周岁的未成年人有违法行为的，不予行政处罚，责令其监护人加以管教；已满 14 周岁不满 18 周岁的未成年人有违法行为的，应当从轻或者减轻行政处罚。从今后发展态势看，其年龄标准可能有所下调。但也应注意，从未成年人保护的角度，其年龄标准的调整需谨慎，应广泛听取各方意见。

在精神状态方面，精神病人、智力残疾人在不能辨认或者不能控制自己行为时有违法行为的，不予行政处罚，但应当责令其监护人严加看管和治疗。间歇性精神病人在精神正常时有违法行为的，应当给予行政处罚。尚未完全丧失辨认或者控制自己行为能力的精神病人、智力残疾人有违法行为的，可以从轻或者减轻行政处罚。智力残疾人的判断，可参考国家相关的残疾人评定标准。

2. 责令改正与纠正违法行为并行

行政主体在处理违法行为时，无论是否最终给予行政处罚，抑或给予何种行政处罚，都应当要求违法行为主体纠正违法行为。纠正违法行为的常见样态，包括停止违法行为、消除违法行为所造成的危害后果、恢复合法状态等。责令改正的法律属性，在理论和实践中，都曾存在巨大争议。2021 年《行政处罚法》的修改，明确了责令改正不属于行政处罚，但把责令关闭明确为行政处罚。从本质上看，责令改正是一种恢复性行为，一般情况属于行政命令。当事人不服的，可提起行政诉讼。国务院《关于进一步规范和监督罚款设定与实施的指导意见》提出“行政机关实施处罚时应当责令当事人改正或者限期改正违法行为，不得只罚款而不纠正违法行为”。这也体现了行政处罚与责令改正的并行。

3. 当事人证明无过错不予处罚

我国的行政处罚法律制度，未要求行政处罚实施主体将查明违法行为人的主观过错，作为行政处罚的必要条件。2021 年《行政处罚法》的修订，同样秉持该立场，未要求行政处罚实施主体对主观过错承担证明责任。同时，为保障相对人的权益，法律明确了过错推定及其免责情形，即一般情形下，由违法行为发生，即推定违法行为人有主观过错。当事人有证据足以证明没有主观过错的，不予行政处罚。法律、行政法规另有规定的，从其规定。比如，《道路交通安全法》中，既有完全无须考虑过错的处罚，也有以“故意”为前提的处罚。前者如其第 92 条第 1 款规定“公路客运车辆载客超过额定乘员的，处二百元以上五百元以下罚款；超过额定乘员百分之二十或者违反规定载货的，处五百元以上二千元以下罚款”。后者如其第 95 条第 2 款规定：“故意遮挡、污损或者不按规定安装机动车号牌的，依照本法第九十条的规定予以处罚。”其遮挡、污损机动车号牌的行为，必须系“故意”采取，方属于该条处罚之情形。

4. 一事不再罚原则

“一事不再罚”，也被称为“一事不二罚”“禁止双重处罚”，是指针对同一个行政违法行为，一般不能给予多次处罚。其目的是保护当事人的信赖利益，维护法律的安定性。从域外看，一些国家在宪法层面有“一事不得二次给予刑事处罚”的要求，后来通过解释扩展到行政处罚领域。我国《行政处罚法》上的一事不再罚，可从以下方面理解：

首先，需确定为一个违法行为。单一违法行为，是不二罚的前提。如果被认定为数个违法行为分别给予行政处罚，则无“一事不再罚”的适用。在实践中，一个行为的手段、结果可能构成另一种违法，行为处于连续状态如何判断，比如持续飙车被数个摄像头拍到超速。其认定和处理，在实践中往往存在争议。在此，刑法学上的竞合、牵连等处理方式，值得行政处罚借鉴参考。

其次，对同一个违法行为，不得给予两次以上罚款的行政处罚。在原理上，同一行政主体不能根据同一法律规范再次作出行政处罚决定；同一行政主体或其他行政主体，不能根据不同的法律规范，作出同一种类的行政处罚。一般认为，对于同一违法行为，由不同行政主体分别给予不同种类的行政处罚，不属于重复处理，未违反一事不再罚原则。

最后，竞合处置从高。同一个违法行为违反多个法律规范应当给予罚款处罚的，按照罚款数额高的规定处罚。我国台湾地区“行政罚法”也有类似规定。

5. 行政处罚与刑罚衔接

行政处罚与刑罚都是国家对违法行为的法律制裁，二者关系紧密。其衔接机制的构建与完善，对于完善国家制裁体系意义重大。主要内容包括：两法衔接规则，以及行政处罚和判处刑罚的折抵规则。

（1）两法衔接。行政处罚与刑罚的衔接，要求完善案件移送制度，行政主体与司法机关之间的协调配合。其总体要求是，行政执法和刑事司法间完善衔接机制，行政执法机关、检察机关、审判机关信息共享、案情通报、案件移送制度建立并全面执行，克服有案不移、有案难移、以罚代刑现象。案件移送的主要情形如下。一则，行政移送司法。对于违法行为涉嫌犯罪的，行政主体应当及时将案件移送司法机关，依法追究刑事责任。二则，司法移送行政。司法机关对于依法不需要追究刑事责任或者免予刑事处罚，但应当给予行政处罚的，司法机关应当及时将案件移送有关行政主体。三则，有些情形下，存在刑罚和行政处罚的并行。既要追究刑事责任，又要依法给予行政处罚。其常见样态是，刑罚的同时需给予资格罚。

（2）折抵。违法行为构成犯罪，法院在判处刑罚时，行政主体已经给予的实质意义上具有同类属性的行政处罚，应当依法折抵，包括：行政拘留折抵相应刑期、罚款折抵罚金。如法院判处罚金，但行政机关尚未给予当事人罚款的，则不再罚款。在执法实践中，对同一违法行为，可能出现应罚款金额高于法院罚金金额的现象。那么，对于高出的差额部分，可否予以罚款，2021 年修订后的《行政处罚法》对此予以否定。

6. 从旧兼从轻规则

实施行政处罚，依据违法行为发生时的法律规定，但新的法律、法规和规章规定处罚较轻和不认为是违法的，则适用新规。需注意，从旧兼从轻指向是违法行为实体问题和制裁结果的认定、判断；在行政处罚实施的程序问题上，则适用新法规定。

7. 时效规则

时效制度对于维护社会秩序安定具有重要意义。行政处罚的时效，是指对违法行为追究责任，给予行政处罚的有效期限。如果超过该期限，则不能再对违法行为主体施加行政处罚。

（1）时效长度。处罚时效的一般情形是 2 年。对于涉及公民生命健康安全、金融安全且有危害后果的，期限延长至 5 年。法律另有规定的除外。比如，根据《治安管理处罚法》，治安管理领域的处罚时效是 6 个月；根据《税收征收管理法》，税务领域的处罚时效是 5 年。

（2）时效效力。国务院《关于进一步规范和监督罚款设定与实施的指导意见》要求"严禁对已超过法定追责期限的违法行为给予罚款"。超过法定追责期限，不但不能给予罚款，也不能予以其他类型的行政处罚。但针对违法行为，超过处罚时效之后，行政主体依然有权也应当责令当事人改正或限期改正。

（3）起算点。一般从违法行为发生之日起计算；违法行为有连续或者继续状态的，从行为终了之日起计算。所谓违法行为的连续状态，是指当事人基于同一个违法故意，连续实施数个独立的行政违法行为，并触犯同一个行政处罚规定的情形。〔1〕在一些领域，违法行为是否处于继续状态，存在较大争议。一般而言，一些执法机关往往倾向于认定处于继续状态。比如，对于违法建设的处罚时效起算，全国人大法工委认为，其建设工程质量安全隐患和违反城乡规划的事实始终存在，应当认定其行为有继续状态。〔2〕但在我国台湾地区则认为，违法建设属于状态的继续，其处罚时效应当自违法建设完成时起算；但对于违法的状态，可以责令恢复原状。

（4）发现主体。《行政处罚法》修订一审稿曾表述为"未被有权机关发现"，但最终通过前删除了"有权机关"的表述。相应地，除有管辖权的行政机关发现外，其他行政

〔1〕 参见《国务院法制办公室对湖北省人民政府法制办公室〈关于如何确认违法行为连续或继续状态的请示〉的复函》（国法函〔2005〕442 号）。

〔2〕 参见《全国人大法工委对关于违反规划许可、工程建设强制性标准建设、设计违法行为追诉时效有关问题的意见》（法工办发〔2012〕20 号）。住房城乡建设部《关于违反规划许可、工程建设强制性标准建设、设计违法行为追诉时效有关问题的请示》（建法函〔2011〕316 号）也显示，地方在查处时大致有两种意见：一是认为依照《行政处罚法》第 29 条第 1 款，发现相关责任单位实施违法行为时超过 2 年，不应再追究其违法责任；二是认为违反规划许可、工程建设强制性标准进行建设、设计、施工，其行为有继续状态，应当自纠正违法行为之日起计算行政处罚追诉时效。全国人大法工委则支持了第二种观点。

机关、司法机关、监察机关发现，也均构成这里的“发现”。[1]

六、行政处罚的程序

行政处罚的程序，是指享有行政处罚权的机关、组织对违法行为主体实施行政处罚的具体方式、方法和步骤。行政处罚的基本程序，包括行政处罚的决定程序和行政处罚的执行程序。对于行政处罚的执行程序，分别置于之后的“行政处罚的执行”以及“行政强制执行”部分，分别展开。本处聚焦于行政处罚的决定程序。

行政处罚的决定程序，是行政处罚实施的主体内容，是保障行政处罚依法规范的关键所在。作出行政处罚决定的程序，包括简易程序（或称为“当场处罚程序”）、一般程序（或称为“普通程序”）以及听证程序。违反法定程序构成重大且明显违法的，行政处罚无效。

无论何种决定程序，基本、底线的正当性要求必不可少。

一是应当查明违法事实。违法事实不清、证据不足的，不得给予行政处罚。

二是作出处罚决定前，应当告知当事人作出行政处罚决定的事实、理由和依据，并告知当事人依法享有的陈述、申辩、要求听证等权利。

三是应当听取当事人陈述申辩。应当充分听取当事人的意见，对当事人提出的事实、理由和证据，应当进行复核；当事人提出的事实、理由或者证据成立的，行政机关应当采纳；且不得因当事人陈述、申辩而给予更重的处罚。

（一）行政处罚的简易程序

简易程序，也被称为当场处罚程序，是指行政主体对符合条件的处罚情形，当场作出行政处罚决定的处罚程序。简易程序与一般程序比较，省略了若干步骤、环节，简单、快捷，有利于提高行政执法的效率，迅速处理较为轻微的行政违法行为。

简易程序需符合一定条件。首先，违法事实确凿并有法定依据。换言之，能够当场有充分证据确认违法事实，无须进一步调查取证。其次，对公民处以200元以下、对法人或者其他组织处以3000元以下罚款或者警告的行政处罚。法律另有规定的，从其规定。总体上，建议程序适用的范围，有着逐步扩大的趋势。

简易程序的步骤主要如下：

一是表明身份。应当向当事人出示执法证件。

二是确认违法事实，说明处罚理由和依据。

三是制作行政处罚决定书。填写预定格式、编有号码的行政处罚决定书。决定书应当载明当事人的违法行为，行政处罚的种类和依据、罚款数额、时间、地点，申请行政复议、提起行政诉讼的途径和期限以及行政机关名称，并由执法人员签名或者盖章。

---

〔1〕 在此，全国人民代表大会常务委员会法制工作委员会《关于提请明确对行政处罚追诉时效“二年未被发现”认定问题的函的研究意见》（法工委复字〔2004〕27号）同意了司法部的认识：公安、检察、法院、纪检监察部门和司法行政机关都是行使社会公权力的机关，对律师违法违纪行为的发现都应该具有《行政处罚法》规定的法律效力。因此上述任何一个机关对律师违法违纪行为只要启动调查、取证和立案程序，均可视为“发现”；群众举报后被认定属实的，发现时效以举报时间为准。

四是交付送达。依据简易程序作出的行政处罚决定，应当当场交付当事人。

五是备案程序。当场作出的行政处罚决定，应当报所属行政机关备案。

（二）行政处罚的一般程序

行政处罚的一般程序，也被称为普通程序，是行政处罚实施的基本程序。一般程序的适用范围非常广泛，除依法适用简易程序之外，行政处罚通常适用一般程序。

一般程序的步骤如下：

一是立案。符合立案标准的，行政机关应当及时立案。但立案标准和立案程序，《行政处罚法》未有明确规定。

二是调查。依据《行政处罚法》第 36 条，行政处罚的调查程序，应当遵循全面、客观、公正的原则。〔1〕在调查过程中，以非法手段取得的证据，不得作为认定案件事实的根据，这凸显出对调查、取证，应当依法进行的要求。

三是决定前的其他程序。重大行政处罚决定在作出决定前，应依法进行法制审核。国务院办公厅《关于全面推行行政执法公示制度执法全过程记录制度重大执法决定法制审核制度的指导意见》（国发办〔2018〕118 号）关于法制审核的要求，可作为把握行政处罚法制审核的重要参考。

四是作出行政处罚决定。对情节复杂或者重大违法行为，行政机关负责人应当集体讨论决定。

五是送达。行政处罚决定书应当在宣告后当场交付当事人；当事人不在场的，行政机关应当在 7 日内依照《民事诉讼法》的有关规定，将行政处罚决定书送达当事人。除常规的直接送达、留置送达、委托送达、邮寄送达、转交送达、公告送达之外，行政处罚引入了电子送达的方式。通过送达地址确认书的方式，行政机关可以采用传真、电子邮件等方式，将行政处罚决定书等送达当事人。

在一般程序中，行政机关应当依法以文字、音像等形式，对行政处罚的启动、调查取证、审核、决定、送达、执行等进行全过程记录，归档保存。〔2〕

（三）行政处罚的听证程序

听证程序，是一般程序中较为正式的调查处理程序，并不覆盖行政处罚实施全过程。听证程序属于行政处罚的特殊程序，听证会结束后，仍依照行政处罚一般程序作出决定。

听证程序的适用范围包括：较大数额罚款；没收较大数额违法所得、没收较大价值非法财物；降低资质等级、吊销许可证件；责令停产停业、责令关闭、限制从业；其他较重的行政处罚；法律、法规、规章规定的其他情形。2021 年《行政处罚法》的修订，

〔1〕 法院一些在行政处罚案件审理中，对于全面、客观、公正的调查原则进行阐释，并据此认为执法存在疏漏，进而认定行政处罚事实不清、证据不足，最终撤销被诉行政处罚决定。这些判决，成为理解行政处罚调查应当遵循“全面、客观、公正原则”的重要参考。参见北京市高级人民法院所审理的苏某鸿诉中国证监会行政处罚和行政复议决定上诉案终审判决。

〔2〕 国务院办公厅《关于全面推行行政执法公示制度执法全过程记录制度重大执法决定法制审核制度的指导意见》对于全过程记录有更为全面的要求，其内容值得关注。

扩大了听证范围，在罚款之外增加了没收，在吊销许可证件之外增加了降低资质等级，以及其他较重的行政处罚。在法律修订过程中，草案曾有“不得申请行政许可”“限制开展生产经营活动”等，拟纳入听证范围。从长远看，听证范围仍有扩大的空间。

听证笔录的效力。2021 年《行政处罚法》的修订，强化了听证笔录的效力，将案卷排他规则予以确定。行政机关应当根据听证笔录，依法作出决定。

七、裁量与处罚情节

行政处罚的裁量，是指行政主体在法律规定的范围内进行裁量的权力。行政处罚裁量基准，是指行政主体在自由裁量的空间内，根据案件具体情况，按照情节、危害后果等要素进行裁量空间划分，指导处罚行为在相对固定的类型、幅度内进行合法且合理的处罚。在中国，裁量基准是控制裁量权、压缩裁量空间的重要手段。行政处罚裁量基准应当向社会公布。一般认为，裁量基准可以作为行政处罚说理的内容，但不构成行政处罚的直接法律依据。〔1〕

不予行政处罚。根据《行政处罚法》的规定，主要包括以下情形：一是不具有处罚责任能力的，不予行政处罚；二是违法行为轻微并及时改正，没有造成危害后果的，不予行政处罚；三是违法行为轻微，依法可以不予行政处罚的，不予行政处罚；四是初次违法且危害后果轻微并及时改正的，可以不予行政处罚，也即被广泛关注的“首违免罚”；五是当事人有证据足以证明没有主观过错的，不予行政处罚。

从轻、减轻处罚。从轻，是指在依法可以选择的处罚种类、幅度范围内，适用较轻、较少、较低的种类或幅度。减轻，是指在适用法定行政处罚最低限度之下、之外的处罚种类和幅度。应当从轻、减轻行政处罚的情形包括：主动消除或者减轻违法行为危害后果的；受他人胁迫或者诱骗实施违法行为的；主动供述行政机关尚未掌握的违法行为的；配合行政机关查处违法行为有立功表现的；法律、法规、规章规定其他应当从轻或者减轻行政处罚的。对于已满 14 周岁不满 18 周岁的未成年人有违法行为的，也应当从轻或者减轻行政处罚；对于尚未完全丧失辨认或者控制自己行为能力的精神病人、智力残疾人有违法行为的，则可以从轻或者减轻行政处罚。

从重处罚。从重与从轻相对，是在法定处罚种类、幅度范围内，适用较重、较多、较高的种类或幅度。《行政处罚法》仅规定了突发事件相关的从重处罚。发生重大传染病疫情等突发事件，为了控制、减轻和消除突发事件引起的社会危害，行政机关对违反突发事件应对措施的行为，依法快速、从重处罚。〔2〕在《青藏高原生态保护法》《野生动物保护法》等法律，《证券公司风险处置条例》《海关行政处罚实施条例》等行政法规中，也有从重处罚的规范。

加重处罚。加重处罚与减轻处罚相对，是指在适用法定行政处罚最高限度之上、更

〔1〕 袁雪石：《中华人民共和国行政处罚法释义》，中国法制出版社 2021 年版，第 227 页。

〔2〕 在此需指出，《行政处罚法》修订一审稿对于突发事件处罚，除从重处罚外，还拟规定“可以简化程序”。对此，不少意见反映，简化程序容易侵害当事人合法权益，最终，法律表述为“依法快速、从重处罚”。

高、更多的处罚种类和幅度。从域外看，《俄罗斯联邦行政违法法典》等法律中有加重处罚的规定。我国《行政处罚法》并无加重处罚的一般规定。但个别法律文件中也有加重处罚的规范。比如，2020 年全国人民代表大会常务委员会《关于全面禁止非法野生动物交易、革除滥食野生动物陋习、切实保障人民群众生命健康安全的决定》提出“凡《中华人民共和国野生动物保护法》和其他有关法律禁止猎捕、交易、运输、食用野生动物的，必须严格禁止。对违反前款规定的行为，在现行法律规定基础上加重处罚”。国家体育总局的《反兴奋剂管理办法》对于未成年运动员发生兴奋剂违规的，对负有责任的辅助人员等加重处罚。[1] 但加重处罚如何实施，相关实践和研究还有待展开。

八、行政处罚的执行

行政处罚的执行，是指国家保证行政处罚决定所确定的义务得以履行的程序。执行是行政处罚实施的最后一道环节，也是行政处罚制裁性和强制力的集中体现。

（一）执行程序的一般规则

复议诉讼不停止执行为原则。行政处罚决定依法作出后，即对当事人产生法定约束力，当事人应当在行政处罚决定书载明的期限内，予以履行。当事人对行政处罚决定不服，有权申请行政复议或提起行政诉讼，但除法律另有规定且经过法定程序外，行政处罚原则上不停止执行。

罚缴分离原则。作出罚款决定的行政机关和收缴罚款的机构相分离。其运行机理是，执法人员不经手罚没款，由专门机构代收，禁止罚没款返还或变相返还。除特殊情况当场收缴之外，作出行政处罚决定的行政机关及其执法人员不得自行收缴罚款；当事人到指定的银行或者通过电子支付系统缴纳罚款。

（二）强制执行

当事人在法定期限内无正当理由逾期不履行行政处罚决定的，通过强制手段迫使其履行义务。我国《行政处罚法》第 72 条规定了以下执行措施。一是执行罚。到期不缴纳罚款的，每日按罚款数额的 3% 加处罚款，加处罚款的数额不得超出罚款的数额。二是根据法律规定，将查封、扣押的财物拍卖、依法处理或者将冻结的存款、汇款划拨抵缴罚款。三是法律规定的其他行政强制执行方式。四是申请人民法院强制执行。对于行政处罚强制执行，还需结合《行政强制法》关于行政强制执行的规范，以及《行政诉讼法》及相关司法解释关于非诉执行的规范，来综合理解把握。

---

〔1〕 2021 年《反兴奋剂管理办法》第 39 条规定：“未成年运动员发生兴奋剂违规的，依据《反兴奋剂规则》，可视情况适当减轻对运动员个人的处罚，对负有责任的辅助人员等加重处罚。构成犯罪的，移交司法机关，依法追究刑事责任。”

第四节　行政强制

一、行政强制的概念与特征

行政强制，是指行政机关在行政过程中，为了确保行政管理的顺利实施，针对行政相对人违反或拒不履行法定义务的情形，自行或者申请人民法院，对相对人的财产或者人身自由采取的强制行为。在立法方面，2011 年通过的《行政强制法》是我国行政强制活动的主要依据。其实早在 1988 年，国务院法制办就曾经主持起草“行政强制执行条例”，并形成了初步的试拟稿，后被搁置，1996 年《行政处罚法》出台后不久，学界就开始比较集中地研讨行政强制法。《行政强制法》从 1999 年 3 月法工委开始调研起草，到 2011 年 6 月 30 日通过，历时 12 年零 3 个月，历经三届人大，常委会审议跨越两届人大，是一部制定过程用时比较长的法律。在此期间，理论界举行了多次专题理论研讨会，就制定《行政强制法》诸多理论和实践问题进行了研究，最终形成了立法。这部法律就行政强制的设定、实施以及法律责任等进行了全面规定，这种统一就行政强制进行立法的模式也获得了世界范围的广泛关注，可以说是一部较有代表性和特色的立法。根据《行政强制法》的规定，行政强制包含两种主要类型，分别是行政强制措施和行政强制执行。行政强制措施，是指行政机关在行政管理过程中，为制止违法行为、防止证据损毁、避免危害发生、控制危险扩大等情形，依法对公民的人身自由实施暂时性限制，或者对公民、法人或者其他组织的财物实施暂时性控制的行为。行政强制执行，是指行政机关或者行政机关申请人民法院，对不履行行政决定的公民、法人或者其他组织，依法强制履行义务的行为。对于行政强制的特征，可以从以下几个方面来理解。

第一，行政强制是一种典型的侵益性行政行为，是对公民、法人或其他组织的财产以及人身实施的强制，包括对公民人身自由实施暂时性限制，对财产实施暂时性控制，或者采取一定的手段来进行强制执行。因此行政强制特别强调依法行政原则，其设定与实施都必须有非常严格的法律依据。

第二，行政强制的目的在于确保行政管理的顺利实施，或者具体一点说是为了确保行政法上的义务得到满足，因为行政机关实施行政强制的前提是相对人存在违反义务或者不履行行政法上义务的行为，只有为了制止违法行为，或者确保义务得到履行，才会采取相应的强制措施。这也构成了行政强制与行政处罚的主要区别，二者在外观上具有一定的相似性，且都带有明显的制裁性，不过与行政处罚不同，行政强制并不会额外给相对人增加义务，其主要的目的是确保相对人某个业已存在的义务依法得到履行。

第三，行政强制的主体是行政主体，但并不是所有行政强制都是由行政主体直接进行，有的时候法律规定了要由法院来执行，这个时候是由行政主体向法院提出申请来强制执行。这种行为其实到底是属于行政强制，还是属于司法强制，过去存在争议，不过主流观点认为这种行政主体申请人民法院强制执行的行为，本质上还是一种行政权的延伸，因此在 2011 年通过的《行政强制法》当中，也已经明确将这种行为划入了行政强制执行的范围。

第四，行政强制是一个复合性的概念。从前述法律规定也可看出，行政强制其实包含行政强制措施和行政强制执行两类，这两类行为也分别具有一定的特性，针对的是不同的情形，其目的和具体手段也有所不同。

根据《行政强制法》的规定，行政强制具有以下主要原则。其一，行政强制法定原则。《行政强制法》第 4 条规定，行政强制的设定和实施，应当依照法定的权限、范围、条件和程序。这里的法定原则包含了设定法定和实施法定两个方面。在行政强制的设定方面，由于行政强制具有较强的侵益性，我国《行政强制法》对于行政强制的设定权进行了明确规定，具体包含两个方面。对于行政强制措施，其设定须由法律进行；尚未制定法律，且属于国务院行政管理职权事项的，行政法规可以设定除限制公民人身自由、冻结存款汇款和应当由法律规定的行政强制措施以外的其他行政强制措施；尚未制定法律、行政法规，且属于地方性事务的，地方性法规可以设定查封场所、设施、财物和扣押财物的行政强制措施；法律、法规以外的其他规范性文件不得设定行政强制措施。对于行政强制执行，只能由法律设定，法律没有规定行政机关强制执行的，作出行政决定的行政机关应当申请人民法院强制执行。同时，《行政强制法》也对行政强制的实施程序作出了明确规定，本书将在下文中予以具体介绍。

其二，适当性与比例原则。比例原则是行政法上的基本原则之一，作为行政管理的一项重要手段，行政强制活动也须遵循比例原则的要求。《行政强制法》第 5 条规定，行政强制的设定和实施，应当适当。采用非强制手段可以达到行政管理目的的，不得设定和实施行政强制。这也意味着，行政强制的设定与实施都必须对手段和目的进行衡量，在确保达到行政管理目的的基础上，尽量做到在能运用非强制手段达成目的的情况下，就选择非强制手段，在能用较轻的强制手段达成目的的情况下，就选择较轻的强制手段。同时，所选择的强制手段要与其所想要达成的行政目的之间合乎比例，采取强制行动的收益要大于对相对人权益的侵害。以上要求也与《行政强制法》的立法目的有关，《行政强制法》总则部分即开宗明义地规定，该法的制定，是"为了规范行政强制的设定和实施，保障和监督行政机关依法履行职责，维护公共利益和社会秩序，保护公民、法人和其他组织的合法权益"。这里确立了两个最基本关系的平衡。一是保障和监督关系的平衡，《行政强制法》既要保障行政机关履行职责，又要监督行政机关依法履行职责。二是维护公共利益和社会秩序，保护公民、法人和其他组织的合法权益与保障作为被强制对象的行政相对人权益的平衡。在行政强制过程中，经常会遇有多种不同利益交织在一起的情形，因此，需要行政机关在利益衡量的基础上作出正确的行政决定。

其三，教育与强制相结合的原则。《行政强制法》第 6 条规定，实施行政强制，应当坚持教育与强制相结合。因此，在采取行政强制执行措施前，必须告诫当事人，通过说服教育工作，给予当事人依法自觉履行法定义务的机会。行政强制执行，既要有严肃性、权威性，又要对当事人做必要的说服教育工作，在说服教育后当事人仍不自觉履行法定义务时，方才实行强制执行。

其四，不得滥用原则。《行政强制法》第 7 条规定，行政机关及其工作人员不得利用行政强制权为单位或者个人谋取利益。此原则也是《行政强制法》第 1 条所规定的“保护公民、法人和其他组织的合法权益”这一立法目的的内在要求。这首先意味着，行政强制权的行使必须是基于正当的行政目的，任何单位和个人都不得借行政强制之名来谋求私益，或是为行政机关的违法活动保驾护航。同时，行政强制虽然最终具有维护行政秩序，保障行政机关职责得以履行的目的，但其在运行过程中也需要坚持一定的底线。例如《行政强制法》第 35 条规定，“行政机关作出强制执行决定前，应当事先催告当事人履行义务”，第 43 条第 2 款规定，“行政机关不得对居民生活采取停止供水、供电、供热、供燃气等方式迫使当事人履行相关行政决定”等。这意味着即便在相对人违法的情况下，其基本生活需要也必须得到尊重和保障。

其五，权益保障原则。《行政强制法》第 8 条规定，公民、法人或者其他组织对行政机关实施行政强制，享有陈述权、申辩权；有权依法申请行政复议或者提起行政诉讼；因行政机关违法实施行政强制受到损害的，有权依法要求赔偿。公民、法人或者其他组织因人民法院在强制执行中有违法行为或者扩大强制执行范围受到损害的，有权依法要求赔偿。根据前述规定，相对人在行政强制活动中的权益主要包含两个方面。一是陈述申辩权，该权利既是尊重和保障人权的要求，也是确保行政强制权公正行使、提高行政机关公信力的要求，有助于减少行政争议、提高行政效率。二是申请救济权，包含申请行政复议、提起行政诉讼以及获得国家赔偿的权利。这些权利在立法中的确立，对于完善对行政强制的事中事后监督机制具有重要意义。

二、行政强制措施

（一）行政强制措施的种类

行政强制措施，是指行政机关在行政管理过程中，为制止违法行为、防止证据损毁、避免危害发生、控制危险扩大等情形，依法对公民的人身自由实施暂时性限制，或者对公民、法人或者其他组织的财物实施暂时性控制的行为。在过去的学理讨论中，行政强制措施也被称为“即时强制”，而在 2011 年通过的《行政强制法》当中，“行政强制措施”这一概念得到正式确立。行政强制措施主要是针对行政管理过程中所遇到的情况紧急，且无法期待相对人自动履行的情形，其主要特征是具有紧迫性，行政处理和执行同步，相对方必须无条件执行，先执行，后争讼。根据《行政强制法》第 9 条的规定，行政强制措施可以大体划分为下列三类：

其一，对公民人身自由的限制。人身自由是公民的基本权利，在紧急状态下要对人身自由进行限制必须十分谨慎。通常而言，法律赋予行政机关以对人身自由的立即限制权，主要是出于以下情况：一是在醉酒、精神病发作等状态下，非管制不能避免对其本人的危险或对他人的安全构成威胁；二是意欲自杀，非管制不能保护其生命；三是存在其他严重危害公共安全或他人人身安全，非管制不足以预防或救护的情形。对人身自由的限制方式在我国的立法中种类繁多，如保护性约束、立即拘留、强制扣留、强制搜查、强制隔离、强制治疗、现场管制、强行驱散等。例如《治安管理处罚法》第 15 条第 2 款规定，醉酒的人在醉酒状态中，对本人有危险或者对他人的人身、财产或者公共安全有威胁的，应当对其采取保护性措施约束至酒醒，这就是一种典型的保护性约束行为。其他常见的限制公民人身自由的行政强制措施还包括：根据《道路交通安全法》第72条第2款之规定，因收集证据的需要，对事故车辆予以扣留的行为；根据《人民警察法》第11条之规定，为制止严重违法犯罪活动的需要依法使用警械的行为；根据《禁毒法》第38条之规定强制隔离戒毒的行为；根据《传染病防治法》第39条之规定强制隔离治疗的行为，等等。

其二，对财物的强制处置。行政机关在行政强制措施领域对财物的处置表现为对所有权四项权能，即占有、使用、收益、处分的各项处理。其具体表现为对财物的查封、扣押和冻结，对财物的使用，对财物的处分，对财物使用的某种限制等，主要包括以下几种措施。一是查封场所、设施或财物。查封，是指行政强制机关对场所、设施或者财物的查实、封存，以待行政行为作出后加以处理的行政强制措施。相对人对行政强制机关加封的封志不得开拆、毁弃，对被查封的财物不得动用、转移。查封的目的主要是保障行政决定的执行和行政相对方的金钱、财产给付义务的履行，防止行政相对人在行政决定强制执行前转移、隐匿或毁坏其可供执行的财产。二是扣押财物。扣押，是指行政强制机关强制留置相对人的财物，限制其继续对之进行占有和处分。需扣押的物品，有可能是证明行政违法行为人违法与否或责任大小的证据，或者是实施行政违法行为的工具、违禁物品、违法所得以及违法行为人的各种证照，也有可能是在行政行为生效后的执行对象。扣押的主要目的与查封相同，也是为了保证行政机关取得证据，保证行政决定的执行和行政相对人金钱、财产给付义务的履行。二者的区别在于：查封的财产一般是不易移动或没有必要转移于行政强制机关处所的物品，所以将之留在原地查封；而扣押的财产一般是可以移动的，且有必要从相对人处所转移的物品，或者是行政机关在执法检查监督中现场查获的与相对人实施违法行为有关的物品。三是冻结存款、汇款。冻结也称暂停支付，是指行政强制机关禁止相对人动用或支付银行等金融机构存款或汇款的行政强制措施。与查封、扣押等强制保全措施不同的是，冻结这种保全措施所针对的不是相对人一般的财产，而是相对人在银行等金融机构的存款或汇款。

其三，其他行政强制措施。根据《行政强制法》的规定，除了上述法定类型，行政强制的类型还包括"其他行政强制措施"，这是对行政强制类型的兜底条款，只有法律和行政法规可以加以设定，同时，行政法规在设定其他行政强制措施时，不得设定涉及限制公民人身自由，冻结存款、汇款，或者其他应当由法律规定的行政强制措施。目前我国立法上典型的"其他行政强制措施"可见《行政处罚法》上的"先行登记保存"。《行政处罚法》第56条规定，"行政机关在收集证据时，可以采取抽样取证的方法；在证据可能灭失或者以后难以取得的情况下，经行政机关负责人批准，可以先行登记保存，并应当在七日内及时作出处理决定，在此期间，当事人或者有关人员不得销毁或者转移证据"。

（二）行政强制措施的实施程序

在行政强制措施的实施方面，《行政强制法》就实施程序进行了规定，包括一般规定和针对查封、扣押、冻结等措施的具体程序规定。在一般规定方面，行政机关在实施行政强制措施时通常应遵循以下步骤。其一，依法判断采取行政强制措施的必要性，违法行为情节显著轻微或者没有明显社会危害的，可以不采取行政强制措施。其二，由行政机关具备相应资格的执法人员按照法定程序实施行政强制措施，具体包括以下步骤。一是报批。实施行政强制措施前须向行政机关负责人报批，情况紧急当场采取强制措施的，执法人员应在 24 小时内向行政机关负责人报告并补办批准手续。二是表明身份。行政强制措施须由两名以上行政执法人员实施，执法人员应表明身份，出示执法身份证件。三是告知与听取陈述申辩。实施行政强制措施须通知当事人到场，当场告知当事人理由、依据及当事人依法享有的权利、救济途径，并听取当事人的陈述和申辩。四是制作现场笔录。执法人员应制作现场笔录并由双方签名或盖章，当事人不到场的，邀请见证人到场，由见证人和行政执法人员在现场笔录上签名或者盖章。此外，《行政强制法》还就限制人身自由强制措施的特殊程序进行了规定，强制机关采取限制人身自由强制措施，除前述程序之外，还须履行以下特殊程序：一是当场告知或者实施行政强制措施后立即通知当事人家属实施行政强制措施的行政机关、地点和期限；二是在紧急情况下当场实施行政强制措施的，在返回行政机关后，立即向行政机关负责人报告并补办批准手续；三是实施限制人身自由的行政强制措施不得超过法定期限，例如根据《治安管理处罚法》规定，询问查证最长不超过 24 小时，根据《海关法》规定，扣留时间不超过 48 小时等。最后，实施行政强制措施的目的已经达到或者条件已经消失的，应当立即解除行政强制措施。

在针对查封、扣押、冻结等措施的程序规定方面，一个重要的原则是标的有限原则。标的有限原则主要包含以下内容：查封、扣押限于涉案的场所、设施或者财物，不得查封、扣押与违法行为无关的场所、设施或者财物；不得查封、扣押公民个人及其所扶养家属的生活必需品；当事人的场所、设施或者财物已被其他国家机关依法查封的，不得重复查封；冻结存款、汇款的数额应当与违法行为涉及的金额相当；已被其他国家机关依法冻结的，不得重复冻结；等等。在具体程序规定上，除了履行报批、告知等一般程序，查封、扣押与冻结措施还需遵守以下基本程序。一是依法制作送达法律文书。行政机关实施查封、扣押的，应当制作并当场交付查封、扣押决定书和清单；实施冻结的，应当在法定期限内向当事人交付冻结决定书。对于上述法律文书上应当载明的信息，立法也进行了明确规定。二是实施查封、扣押行为的行政机关还应履行妥善保管义务，不得使用或者损毁，造成损失的应当承担赔偿责任。三是要严格遵守法定时限，依法作出处理决定。立法对查封、扣押和冻结的期限都作出了明确规定，原则上不得超过 30 日，情况复杂的，经行政机关负责人批准，可以延长，但是延长期限不得超过 30 日。行政机关应当在上述期限内作出处理决定，不得久扣不决或久冻不决。

三、行政强制执行

行政强制执行，是指行政机关或者行政机关申请人民法院，对不履行行政决定的公民、法人或者其他组织，依法强制履行义务的行为。行政强制执行具有以下基本特征。

第一，在执行基础方面，行政强制执行以相对人不履行具体行政行为所确定的义务为前提。无此前提，不能适用行政强制执行。理解这一特征，需注意把握以下三点：其一，相对人所负义务是生效具体行政行为确定的义务；其二，相对人是故意或过失不履行义务，而不是无法履行义务，相对人无法履行义务不能适用行政强制执行；其三，相对人不履行义务已超过法定期限或行政主体依法确定的期限，如果未超过上述期限，则仍属于相对人自行履行义务的期限，同样不能适用行政强制执行。

第二，在执行主体方面，实施行政强制执行的主体是作出具体行政行为的行政机关或者有管辖权的人民法院。行政机关成为行政强制执行主体的条件有两个：一是该行政机关是作出待执行的具体行政行为的行政机关；二是法律明确授予行政机关行政强制执行权。这里的“法律”仅指全国人大及其常委会制定的法律，而不包括行政法规。人民法院成为行政强制执行主体的条件也有两个：一是法律没有明确授予行政机关行政强制执行权；二是作出具体行政行为的行政机关向法院提出了执行申请。只有在行政机关提出申请的情况下，人民法院才能实施行政强制执行。在过去，行政机关的决定多由自己负责强制执行，但《行政强制法》颁布后，除非有法律明确规定，否则以司法机关执行为原则，一般而言，除了情况紧急，必须立即采取强制执行的以外，基本上都应由行政机关申请人民法院强制执行。这种安排主要是为了实现“裁执分离”，使得中立的司法机关能够对行政权加以一定的制约，强化对相对人权益的保护。

第三，在执行的前提方面，行政强制执行须以为相对人确定义务的具体行政行为为前提。行政强制执行作为确保具体行政行为内容实现的保障行为或制度，其依据只能是已经成立并产生法律效力的具体行政行为。这一点与行政上的即时强制截然不同。行政强制执行以确定义务的行政处理决定的存在为前提，是对行政处理决定的执行；而行政即时强制却不需要行政处理决定存在这个前提，它是直接依据法律、法规的规定而实施的行政强制。

第四，在执行的目的方面，行政强制执行的目的在于以强制的方式迫使行政相对人履行义务，或达到与履行义务相同的状态，即实现具体行政行为所确定的义务内容。行政强制执行是在先前作出的具体行政行为确定的义务未得到实现情况下实施的行为，是先前作出的具体行政行为的后续行为，该行为的宗旨和目的就是实现前一行为确定的义务。

（一）行政机关强制执行

行政机关强制执行，是强制执行的一种方式，是指由具有行政强制执行权的行政机关依法对不履行行政决定义务的相对人采取强制执行措施。行政机关实施强制执行措施，必须满足以下法定条件。其一，强制执行以相对人逾期不履行法定义务为前提，行政机关应当首先对前述事实予以确认，并事先催告当事人履行义务。经催告，当事人逾期仍不履行行政决定，且无正当理由的，行政机关可以作出强制执行决定；不过在催告期间，对有证据证明有转移或者隐匿财物迹象的，行政机关可以作出立即强制执行决定。其二，强制执行主体由法律明确规定。我国《行政强制法》规定，法律没有规定行政机关强制执行的，作出行政决定的行政机关应当申请人民法院强制执行。这也意味着只有当法律明确赋予了行政机关以强制执行权的情况下，行政机关方能实施强制执行。

在具体的强制执行措施方面，按照强制手段相对于被强制义务人的形态，大致可分为间接强制和直接强制两种。

第一，间接强制，是指行政机关通过间接手段迫使义务人履行义务的强制执行，具体包含代履行和执行罚两种。

代履行，是指义务人不履行法律、法规等规定的或者行政行为所确定的可代替作为义务，由行政强制执行机关或第三人代为履行，并向义务人征收必要费用的行政强制执行方法。例如《行政强制法》第 50 条规定，行政机关依法作出要求当事人履行排除妨碍、恢复原状等义务的行政决定，当事人逾期不履行，经催告仍不履行，其后果已经或者将危害交通安全、造成环境污染或者破坏自然资源的，行政机关可以代履行，或者委托没有利害关系的第三人代履行。又如《森林法》第 75 条规定，违反本法规定，擅自移动或者毁坏森林保护标志的，由县级以上人民政府林业主管部门恢复森林保护标志，所需费用由违法者承担。

代履行必须同时具备四个要件。其一，存在相对人逾期不履行行政法上义务的事实，且此种不履行因故意或过失引起。其二，该行政法上的义务是他人可以代为履行的作为义务。可以由他人代为履行的义务，不能是人身方面的义务。有关人身方面的义务，如公民的结婚登记、节育义务，受行政拘留义务和法人的名称登记义务等，他人无法代为履行，只能由相对人亲自履行。因此，代履行的义务必须是非人身方面的义务，如拆除违章建筑、补种树木等。同时，不作为义务，如不得销售质量不合格的食品、不得违反规定排放污染物等，他人无法代为履行，只能由相对人亲自履行。因此，代履行的义务必须是作为义务。其三，代履行的义务必须是代履行后能达到与相对人亲自履行义务同一目的的义务。有些义务，虽然可以由他人代为履行，但他人代为履行不能达到相对人亲自履行义务相同的目的。例如，履行罚款义务，他人可以代为履行，但是他人代为履行就无法达到制裁和教育行政违法行为人的目的，因此不能用代履行的方法予以强制执行。其四，由义务人承担必要的费用。代履行的合理费用均由不履行义务的相对人承担，该种费用可依法事前征收或事后征收。费用的征收既是对不履行义务的相对人的制裁，又是对代履行者劳动的补偿。

执行罚，是指行政机关对拒不履行无法由他人代为履行的义务的相对人，科予金钱给付义务，迫使其履行义务的强制执行方式。典型的执行罚方式包括加处罚款，加收滞纳金等。例如《行政处罚法》第 72 条第 1 款第 1 项规定，到期不缴纳罚款的，每日按罚款数额的 3% 加处罚款，加处罚款的数额不得超出罚款的数额；《行政强制法》第 45 条第 1 款规定，行政机关依法作出金钱给付义务的行政决定，当事人逾期不履行的，行政机关可以依法按日加处罚款或者滞纳金；等等。

执行罚具有以下特点。其一，从适用的要件看，执行罚一般只适用于不可替代作为义务和不作为义务。就这些具有不可替代性的义务而言，适用执行罚更有利于实现行政目的。特别是对于责令停产停业整顿之类的行政处罚，当相对人不履行这类不作为义务时，行政机关较难自行强制执行，也较难申请法院强制执行，因此执行罚的适用，通过连续的科以相对人一定数额的金钱给付义务，可以对相对人造成一定的心理压力，促使相对人自动履行。其二，须以相对人不履行法定义务或已生效行政行为所确定的义务为前提。只有义务人在法定期限内无正当理由不履行义务时，行政主体才能发动执行罚。相对人有正当原因或特殊困难不能履行时，依法可以不适用行政强制措施。如《税收征收管理法》第 31 条第 2 款规定，“纳税人因有特殊困难，不能按期缴纳税款的，经省、自治区、直辖市国家税务局、地方税务局批准，可以延期缴纳税款，但是最长期限不得超过三个月”。其三，执行罚的数额必须由法律、法规明文作出规定，执行机关不得自由设定。其四，执行罚的数额从义务人应履行义务之日起，按日计算，并可反复适用。反复适用，连续科以义务，使义务额不断递增，是执行罚的显著特征。执行罚兼具行政处罚和行政强制执行性质。因为它是通过相对人的一种处罚制裁，达到促使其自动履行应履行的义务的目的。

第二，直接强制，是指在采用代执行、执行罚等间接手段不能达到执行目的，或无法采用间接手段时，执行主体可依法对义务人的人身或财产直接实施强制，迫使其履行义务或实现与履行义务相同状态的强制执行方法。具体而言，直接强制又可划分为人身强制和财产强制两种。人身强制如强制传唤、遣送出境等，财产强制如划拨存款、汇款，拍卖或依法处理查封、扣押的场所、设施或财物等。直接强制是一种十分有效的强制执行手段，能实现义务履行状态。但是，这种方式对基本人权存在很大威胁，它极易造成相对人合法权益的损害。因此其运用在不违背现行立法规定之外，还必须坚持一定的合理度，即直接强制的手段应以实现义务的内容为目的和限度。非出于义务内容实现的直接强制和非常不合理的直接强制方法都是滥用职权的行政行为。

除了上述强制，《行政强制法》第 12 条在规定强制执行方式时，还设定了兜底条款，即“其他强制执行方式”。根据《行政强制法》的要求，行政强制执行方式的设定只能由法律加以规定，因此，“其他强制执行方式”必须遵循法律保留的要求。

（二）申请法院强制执行

正如前文所提到的，实践中大多数行政机关都不具有行政强制执行权。行政机关作出处理决定后，当事人在法定期限内不申请行政复议或者提起行政诉讼，又不履行行政决定的，没有行政强制执行权的行政机关可以自期限届满之日起 3 个月内申请人民法院强制执行。行政机关向人民法院申请强制执行应当提供以下材料：（1）强制执行申请书；（2）行政决定书及作出决定的事实、理由和依据；（3）当事人的意见及行政机关催告情况；（4）申请强制执行标的情况；（5）法律、行政法规规定的其他材料。与此同时，申请人民法院强制执行还须满足以下实质要件：（1）行政行为依法可以由人民法院执行；（2）行政行为已经生效并具有可执行内容；（3）申请人是作出该行政行为的行政机关或者法律、法规授权的组织；（4）被申请人是该行政行为所确定的义务人；（5）被申请人在行政行为确定的期限内或者行政机关催告期限内未履行义务；（6）申请人在法定期限内提出申请；（7）被申请执行的行政案件属于受理执行申请的人民法院管辖。法院会对行政机关的申请进行审查，对于明显缺乏事实根据，明显缺乏法律、法规依据，或是存在其他明显违法并损害被执行人合法权益情形的申请，人民法院不予执行。

四、行政强制的监督救济

行政强制具有较高的侵益性，一旦发生违法情形，则很可能对当事人合法权益造成严重的，乃至是不可修复的损害。因此，行政强制的监督救济问题需要得到高度重视。《行政强制法》为此除规定行政机关在实施行政强制时须告知当事人依法享有的权利和救济途径以及应当听取当事人的陈述申辩之外，还专门就法律责任进行了专章规定。行政机关、人民法院以及金融机构违法实施行政强制的，直接负责的主管人员和其他直接责任人员将依法受到处分。与此同时，当事人也可通过行政复议、行政诉讼等渠道主张自身合法权益，对于符合停止执行条件的，当事人可以申请复议机关或法院停止相关行政行为的执行，以避免自身权益遭受更严重的损失。当然，对于行政强制中的即时强制，由于其常常与行政处理决定融为一体，并当即执行完毕，当事人不可能通过复议或者诉讼阻止强制措施的发生，此时当事人只能请求复议机关或法院确认该强制行为违法，并申请国家赔偿。

重要名词术语

行政规划、行政处罚、相对集中行政处罚权、相对集中行政许可权、许可评价机制、许可监督、事中事后监管、行政强制措施、行政强制执行

思考题

1. 行政处罚与行政许可的设定权有何差异？
2. 如何理解与评价“相对集中行政处罚权”“相对集中行政许可权”的改革试验？
3. 如何分析行政许可评价机制（《行政许可法》第 20 条）的规范构造与实践困境？
4. 如何理解当前审批改革进程中的制度创新与《行政许可法》之间的关系？
5. 行政处罚与行政强制的异同？
6. 应当让社会公众知晓的行政处罚相关内容有哪些？
7. 关于限制人身自由的行政处罚，有哪些特殊要求？
8. 没收违法所得的属性是什么？违法所得如何计算？
9. 不予行政处罚的情形有哪些？

典型案例分析

某（福建）盐业进出口有限公司苏州分公司诉江苏省苏州市盐务管理局盐业行政处罚案，江苏省苏州市金阊区人民法院（2009）金行初字第 0027 号行政判决书

2007 年 11 月 12 日，某公司从江西等地购进 360 吨工业盐。苏州盐务局认为某公司进行工业盐购销和运输时，应当按照《江苏省〈盐业管理条例〉实施办法》（以下简称

《江苏盐业实施办法》）的规定办理工业盐准运证，某公司未办理工业盐准运证即从省外购进工业盐涉嫌违法。2009 年 2 月 26 日，苏州盐务局经听证、集体讨论后认为，某公司未经江苏省盐业公司调拨或盐业行政主管部门批准从省外购进盐产品的行为，违反了《盐业管理条例》第 20 条、《江苏盐业实施办法》第 23 条、第 32 条第 2 项的规定，并根据《江苏盐业实施办法》第 42 条的规定，对某公司作出了（苏）盐政一般〔2009〕第 001-B 号处罚决定书，决定没收某公司违法购进的精制工业盐 121.7 吨、粉盐 93.1 吨，并处罚款 122363 元。某公司不服该决定，于 2 月 27 日向苏州市人民政府申请行政复议。苏州市人民政府于 4 月 24 日作出了〔2009〕苏行复第 8 号复议决定书，维持了苏州盐务局作出的处罚决定。

某公司向法院提起诉讼，认为行政行为执法主体错误、适用法律错误。苏州盐务局无权管理工业盐，也无相应执法权。根据原国家计委、原国家经贸委《关于改进工业盐供销和价格管理办法的通知》等规定，国家取消了工业盐准运证和准运章制度，工业盐也不属于国家限制买卖的物品。《江苏盐业实施办法》的相关规定与上述规定精神不符，不仅违反了国务院《关于禁止在市场经济活动中实行地区封锁的规定》，而且违反了《行政许可法》和《行政处罚法》的规定，属于违反上位法设定行政许可和处罚。苏州盐务局辩称：根据国务院《盐业管理条例》第 4 条和《江苏盐业实施办法》第 4 条的规定，苏州盐务局有作出盐务行政处罚的相应职权。《江苏盐业实施办法》是根据《盐业管理条例》的授权制定的，属于法规授权制定，整体合法有效。苏州盐务局根据《江苏盐业实施办法》设立准运证制度的规定作出行政处罚并无不当。《行政许可法》《行政处罚法》均在《江苏盐业实施办法》之后实施，根据《立法法》有关“法不溯及既往”的规定，《江苏盐业实施办法》仍然应当适用。

盐业管理的法律、行政法规没有设定工业盐准运证的行政许可，地方性法规或者地方政府规章不能设定工业盐准运证这一新的行政许可。盐业管理的法律、行政法规对盐业公司之外的其他企业经营盐的批发业务没有设定行政处罚，地方政府规章不能对该行为设定行政处罚。地方政府规章违反法律规定设定许可、处罚的，人民法院在行政审判中不予适用。

该案例主要涉及地方性法规、规章对行政许可、行政处罚的设定权以及人民法院在行政诉讼中如何正确参照适用规章问题。盐业管理领域的立法较少，全国人大及其常委会没有专门制定盐业管理方面的法律，目前常用的上位法主要有国务院制定的《盐业管理条例》和《食盐专营办法》。而不少省、自治区和直辖市都通过地方性法规或者规章的形式制定了本地区的盐业管理的实施办法。其中一些地方性法规或规章对工业盐的经营、运输均设定了行政许可，对未取得行政许可经营工业盐的行为设定了行政处罚。人民法院在审理因此而引发的行政诉讼案件中，究竟应当如何适用法律规范，各地的司法实践中一直存在不同认识。在盐业管理领域，《盐业管理条例》这一行政法规并没有设定工业盐准运证之类的行政许可，这已经说明国务院并不认为需要设定类似的行政许可。因此，按照《行政许可法》的相关规定，地方性法规、地方政府规章在行政法规没有明文规定的情况下，无权创设新的行政许可。本案例的生效判决对地方性法规、规章能否设定经营工业盐行政许可并规定相应的罚则作了明确的裁判，对如何判断下位法与上位法相抵触、如何理解《行政诉讼法》参照规章的规定也作了较为全面的阐述。[1]

〔1〕详见耿宝建、姚宝华:《〈鲁淮（福建）盐业进出口有限公司苏州分公司诉江苏省苏州市盐务管理局盐业行政处罚案〉的理解与参照》，载《人民司法》2014年第6期。

第六章　具体行政行为（下）

【内容提示】

本章涉及多种具体行政行为类型，其中第一节介绍的行政确认与行政证明，是行政机关明确法律关系和事实内容的重要抓手，通过行政确认和证明，促使行政机关依法对涉及公民、法人或其他组织的权利和义务给予明确的界定，为社会公共关系的有序运行提供必要的法律支撑，确保行政行为合法性和有效性。第二节介绍的行政检查，是行政机关开展日常行政执法行为和行政决定活动的前置性、先行性步骤，主要目的在于为最终的行政决定收集证据或查明案件事实，是行政过程中信息收集阶段的重要内容。规范行政检查活动能够防止行政权力被滥用，确保政府行为的公正性和透明度，及时发现并处理违法违规行为，维护行政相对人的合法权益和社会公平正义。第三节介绍的行政征收、行政征用、行政收费以及行政收税等行为，都是实践中常见的负担行政行为，本节也从现代监管型国家崛起的维度，探讨了“规制性征收”等征收制度的全新形态，并解读了行政征收的未来模式变迁。第四节介绍的行政给付与行政奖励，是典型的授益行政行为，反映了现代行政国家从秩序行政到给付行政、从“警察国”向“社会国”模式变迁的转型图景，在我国的行政活动实践中也具有极为丰富的场景样本。上述行为制度的完善，对于确保行政行为合法性和有效性，提高政府公信力，维护行政相对人的合法权益和社会公平正义，推动行政行为的公开透明，均具有重要意义，也是新时代法治建设需要重点关注的对象。

第一节　行政确认和证明

一、行政确认和证明的概念与特征

（一）行政确认和证明的概念

行政确认和证明是行政管理活动中一种常见的、不可或缺的行政行为。围绕行政确认和证明的概念学说也比较多。例如，有观点认为行政确认和证明是“行政主体依法对行政相对人的法律地位、法律关系或者有关法律事实进行甄别，给予确定、认可、证明

（或者否定）并予以宣告的行政行为”[1]。有观点认为行政确认和证明是“行政主体通过对特定的存疑的法律关系或者法律事实进行判断等方式行使职权、达成特定行政目标之活动”[2]。亦有观点指出，行政确认和证明是行政主体“为了证明特定法律地位、法律关系或法律事实是否存在或是否真实”[3]，而对相关情况进行认定的行为。归纳总结这些行政确认和证明的概念界定可以发现，行政确认和证明是指行政主体为了确定和宣告行政相对人的法律地位、法律关系或某些法律事实而采取的行政行为。这种行为通常会涉及对已发生但是存疑的事实情况通过确认、认证等形式进行判断和确认，目的是证实特定法律地位、法律关系或法律事实是否存在或者是否真实。

行政确认和证明存在以下基本的构成要素。

第一，主体要素。行政确认和证明的主体是具备法定资格的行政机关或授权的组织，即具备法定资格的行政主体。行政确认和证明行为直接来源于国家行政管理权，[4]由行政主体根据法律、法规规定的权限和程序，对行政相对人的法律地位、法律关系或法律事实进行权威性判断。

第二，对象要素。行政确认和证明的对象是涉及相对人、第三方或公共利益且具有一定争议或不确定性的法律地位、法律关系或者法律事实，包括但不限于个人的身份和资格认定、财产权属的确认、某些特定行为或事件的法律效力认定等内容。

第三，内容要素。行政确认和证明的内容涉及行政主体根据法律的规定执行的具体审查、判断和声明，包括对行政相对人的权利能力、义务状况以及特定法律事实进行肯定或否定以及进一步的明确。

（二）行政确认和证明的特征

从行政确认和证明的概念界定延伸来看，行政确认和证明具有区别于行政许可、行政裁决、行政命令等行政行为的显著特征。

1. 准行政行为与行政行为的融合性

行政确认和证明是对一些特定法律事实的权威明确和证实。这些事实情况在行政主体作出确认和证明之前，虽然在客观上可能已经存在或者已经发生，但在法律层面上尚未明确或状态不确定。通过行政确认和证明，这些特定事实得到法律上的确定。这种确认与证明本质上不直接授予或剥夺相对人的权益，不改变已有的法律状态，“没有针对相对人，或者没有设定、变更或消灭某种权利义务，或者尚未形成或完成对某种权利义务的设定、变更、消灭或确认”[5]。因此，行政确认和证明在一定程度上与那些会直接改变或影响原有法律关系的行政行为，例如行政许可、行政处罚等，是存在一定区别的。

---

〔1〕参见姜明安主编：《行政法与行政诉讼法》（第7版），北京大学出版社、高等教育出版社2019年版，第241—242页。

〔2〕参见江国华：《法治政府要论——程序法治》，武汉大学出版社2021年版，第313页。

〔3〕参见胡建淼、江利红：《行政法学》，中国政法大学出版社2014年版，第304页。

〔4〕参见姜明安主编：《行政法与行政诉讼法》（第7版），北京大学出版社、高等教育出版社2019年版，第242页。

〔5〕参见姜明安主编：《行政法与行政诉讼法》（第7版），北京大学出版社、高等教育出版社2019年版，第186—187页。

对此有观点认为，行政确认和证明是一种不含有直接法律效力的“准行政行为”，[1]它们对其他行政行为或司法、社会活动起着辅助性的作用，[2]更多地体现了技术性和程序性的特点。

但是，随着行政法研究和行政管理实践的逐步深入，“行政行为构成要素的逐步客观化以及间接法律效果亦可作为行政行为结果属性”[3]，即便行政确认不对原有的法律事实产生变更、消灭等作用，行政确认和证明仍是法律关系改变的不可缺少的一环，所产生的“间接法律效果”仍可能对行政相对人产生决定性的影响。例如，对律师、医师等身份的认定是其从事相关业务活动的基本要件。又如，在乘车人员缺失身份证的情况下，在车站或者机场公安机关获取的临时身份证明也是其可以获得相应公共交通服务的基本要件。因此，行政确认和证明也可以作为一种行政行为而非准行政行为而存在。

准行政行为与行政行为的融合性特征也使得部分理论研究尝试将行政“确认”与“证明”概念进行拆分，用来明确不同概念的边界，认为行政确认是一种行政主体改变法律关系而进行的一种“行政行为”，而行政证明则是为了完成这一过程而获取所必须“证据”的事实行为，二者并非并列关系。例如，对于某人是否应被认定为工伤，必须由劳动行政部门根据法律的授权来进行决定，这一行为属于行政确认的范畴。然而，如果此人在丢失“工伤认定书”后，再次请求劳动行政部门出具一份工伤证明，那么劳动行政部门为此所开具的证明，则被视为一种行政证明行为。[4]这类观点对于分界行政确认和证明的融合性特征有一定的帮助。尽管理论上对二者进行区分有其合理性，但行政确认和证明在具体法律关系中仍然存在经常相互交织的情况。例如，在原有行政确认行为难以追溯的情况下，行政主体再次出具的证明文件构成了对某一法律事实或状态作出的权威判断，此时的“证明”不仅只是一个对已有“确认”的补充，而是一次新的“确认”。由此来看，行政确认和证明的界限区分并非如同理论研究一般理想化的清晰。

2. 法定的权威性与优越性

作为一种以行政主体公信力为基础的行政行为，行政确认和证明能够为开展行政执法活动和各类社会活动提供基本的依据。以公安机关对交通事故责任的鉴定为例，该鉴定结果不仅在行政执法领域内具有决定性作用，成为处理交通事故、确定责任方和进行行政处罚的基本依据，同时，它也是保险理赔、民事诉讼中赔偿责任认定的基础，进而影响着当事人的经济利益和法律地位。此外，该鉴定结果的权威性不只局限于一次事故责任的认定，还可能对驾驶人未来的保险费率及征信评分产生显著影响。这些特点都充分表明了行政确认和证明的权威性。

此外，由于有行政主体的公信力作为背书，行政确认和证明的证明效力也较高，表现为其在证明力上的优越性特点。例如，最高人民法院《关于民事诉讼证据的若干规定》第 10 条规定了当事人无须举证证明的事实，其中第 7 项为“已为有效公证文书所

---

〔1〕 参见胡建淼、江利红：《行政法学》，中国人民大学出版社 2010 年版，第 270—271 页。

〔2〕 参见黎国智主编：《行政法词典》，山东大学出版社 1989 年版，第 82—83 页。

〔3〕 参见胡建淼、崔美晨：《行政证明：作为一种行政行为的考察》，载《行政法学研究》2023 年第 4 期。

〔4〕 参见胡建淼、崔美晨：《行政证明：作为一种行政行为的考察》，载《行政法学研究》2023 年第 4 期。

证明的事实”。又如，最高人民法院《关于行政诉讼证据若干问题的规定》第63条第1项规定，“国家机关以及其他职能部门依职权制作的公文文书优于其他书证”。此外，部分部门规章，例如《自然资源违法行为立案查处工作规程（试行）》《道路运输管理工作规范》等，也在其对应的行政执法规范性文件中明确了行政确认和证明优先的原则。由此可以发现，在我国法律规范与实践中，行政确认和证明在证明力方面有着超越普通书证的效力优势，具有一定的“优越性”。[1]

3. 行为的附属性与过程性

行政确认和证明作为确认特定法律事实的行政行为，在行政管理实践中扮演着承前启后的重要角色。这些行为通常不是孤立发生的，而是嵌入一系列行政流程之中，起着串联前后环节、保障法律程序连续性的作用。在行政管理的流程中，行政确认和证明往往是后续行为合法性和有效性的前置条件。例如，公安交通管理部门在调查交通事故时，会现场勘查、技术分析，并进行相关检验和鉴定，最终确定事故的事实、原因和责任归属，作出技术性的判断，进而出具交通事故认定书。交通事故认定书作为公安交通管理部门处理交通事故责任的证据，同样也是对交通肇事人员进行行政处罚，甚至追究其刑事责任的主要依据。

此外，过程性也是行政确认和证明区别于行政许可的特点。行政许可与行政确认和证明具有一定的相似性，都包含对特定法律事实或法律判断的认定和审查，可能出现行政确认与行政许可可以相互转化的情况。[2]区分行政许可与行政确认和证明的关键在于，虽然行政确认和证明与行政许可在同一类型的行政管理活动中有着密不可分的关系，但是行政许可是一种授益性的行政行为，会直接赋予行政某些相对人从事某种活动的权利，而行政确认和证明是一种过程性的行政行为，只是确认与行政相对人相关的某类特定的法律事实。同时，行政确认和证明可能是行政许可的前置条件。例如，司法部颁布的法律职业资格认证作为一种行政确认，就是行政相对人获取律师职业资格这一行政许可的前提条件。

4. 设定和实施的羁束性

行政确认和证明作为行政主体行使公共权力对特定法律事实所进行的审查和评估，通常会以正式的书面文件行使对外发布，以显示其权威性和确定性。因此，行政确认和证明必须严格按照现行法律和法规的明确规定来进行。这意味着，行政确认和证明从启动程序、收集证据、进行审查、作出判断到最终宣告结果，每一个环节都应当遵循法定的流程和标准，由法律规范对其范围、条件、标准、形式、程序等进行较详细、具体、明确的规定[3]，以此明确行政确认和证明的设定和实施。同时，由于行政确认和证明的过程相对规范和明确，少有自由裁量的空间，因此行政确认和证明也具有显著的羁束性特征。

---

〔1〕参见张卫平：《公证证明效力研究》，载《法学研究》2011年第1期。

〔2〕参见高秦伟：《行政确认的法理与商事主体登记的监管研究》，载《中国市场监管研究》2022年第9期。

〔3〕参见罗豪才、湛中乐主编：《行政法学》（第4版），北京大学出版社2016年版，第126页。

现行法律法规中也多有关于某项行政确认和证明的规范要求。例如，在交通事故认定方面，根据《道路交通事故处理程序规定》第 64 条，交通事故认定书应当载明包括道路交通事故当事人、车辆、道路和交通环境等基本情况；发生经过；证据及事故形成原因分析；过错及责任或者意外原因；公安机关交通管理部门名称和日期等。又如，在部队军人牺牲的认定方面，《〈烈士光荣证〉管理工作暂行规定》第 8 条明确要求，《烈士光荣证》登记内容包括烈士姓名、牺牲时间、牺牲原因和证书编号、制发日期，并对其具体要求进行了详细规定，包括烈士身份确认以身份证件或历史档案记载为准；牺牲时间以死亡证明或法院宣告日期为准，无具体证明则依据档案资料；牺牲原因根据相关褒扬和抚恤条例填写；2011 年 8 月 1 日前牺牲的按旧政策；证书编号由"国烈"加年份号和顺序码组成；制发日期标明证书制作实际日期等等。再如，对于行政相对人是否具有国家统一法律职业资格的认定，需要严格按照国家统一法律职业资格的考试、应试、监考等各类规则明确报名条件、组织实施、违纪处理、资格授予管理等工作，符合相应构成要件的行政相对人即可获得相应的资格证书。

需要强调的是，行政确认和证明的羁束性特征不代表其毫无裁量的空间。"羁束行为和自由裁量行为的划分并不是绝对的，羁束行为通常也存在一定的自由裁量成分。"[1]例如，司法行政机关应对符合取得法律职业资格构成要件的行政相对人发放资格证书，否则司法行政机关就会违法。但是在对相对人是否符合法律职业资格标准的具体事实认定中，司法行政机关仍然拥有一定的判断和决定的自由空间。这种自由空间可能体现在对相对人考试答案是否达到标准的评定上，或者在判断相对人是否符合报名资格的禁止性条件等方面。因此，虽然行政确认和证明在本质上是受法律严格规范的行为，但是在具体执行过程中，行政主体在一定范围内仍然可以行使适当的裁量权。

二、行政确认和证明的类型

行政确认和证明的类型可以从抽象理论与行政管理实践活动两个角度具体展开。

（一）行政确认和证明的理论区分

第一，根据行政确认和证明的实施条件的不同，可以将行政确认和证明分为依职权的行政确认和证明与依申请的行政确认和证明。一类是依职权的行政确认和证明，即行政主体基于自身的职权范围或授权的职责范围，主动对某些事实状态或法律关系进行确认和证明。例如，城市规划部门根据城市发展需要，对某片区域的土地用途进行规划性质的确认。又如，税务部门对涉及对纳税人申报的税收情况进行核查，以确定其是否依法纳税，是否存在逃税、漏税或者错误申报等情况。依职权的行政确认和证明无须外部申请，由行政主体直接根据职权进行确认和公告，是行政主体监督管理职责的直接体现。另一类是依申请的行政确认和证明，是指在当事人提出申请后，由行政主体依法对相关事实或法律状态进行确认和证明的行为。例如，公民向公安部门申请户籍证明，公安部门在核实申请人提供的信息后，出具相应的户籍证明文件，这是基于公民个人申请

---

〔1〕 参见罗豪才、湛中乐主编：《行政法学》（第 4 版），北京大学出版社 2016 年版，第 127 页。

而启动的行政程序。

在行政管理实践中，行政确认和证明通常是基于行政相对人的主动申请而展开，这是因为行政确认和证明一般情况下旨在确认特定的权利、资格或状态，涉及行政相对人的切身利益。相对人会主动提出申请，启动行政主体的确认程序，行政主体依法予以审查并作出决定。相较而言，无申请的依职权行政确认较为少见，仅在某些特定的法律规定或特殊情况下，行政主体会依据其职权主动进行行政确认和证明。

第二，根据行政确认和证明所针对的事项类型以及具体内容的不同，可以将行政确认和证明分为身份确认、资格或能力确认、事实确认、法律关系确认、权利归属确认等。[1]身份确认，例如公安部门颁发的居民身份证，交通管理部门颁发的驾驶员证、出入境管理部门颁发的护照等情形。资格或能力确认，例如卫生部门对医生执业资格的认定和证书发放，司法行政部门对法律职业资格的认定和证书发放等情形。事实确认，例如环保部门对企业排放污染物是否超标的检测认定，市场监督管理部门对产品是否符合国家标准的检验等情形。法律关系确认，例如房地产管理部门对房屋买卖合同的鉴证，法院或民政部门对遗嘱或法定继承关系的确认等情形。权利归属的确认，例如知识产权局对专利申请的审核和专利证书的授予，国土资源部门对个人或企业的土地使用权的确认和颁发土地使用证等情形。

第三，根据行政确认和证明涉及的专门领域的不同，可以将行政确认和证明分为公安行政确认、司法行政确认、社会行政确认、劳动行政确认、卫生行政确认、经济行政确认等。公安领域的确认与证明，例如对公民身份的确认、户籍管理中的身份证明、对犯罪嫌疑人身份的认定、交通事故责任的鉴定等情形。司法行政确认，例如对法律文书效力的认证、对律师和公证员等法律职业人员的执业资格进行确认和认证、对司法鉴定机构出具的鉴定意见书进行认证等情形。社会领域的确认与证明，例如对婚姻关系形成和存续的确认、对领养关系形成和存续的确认、残疾人及残疾类别与等级的认定等情形。劳动领域的确认与证明，例如对工伤事故责任及保险费率的认定、对劳动合同有效性的确认以及劳动关系证明等情形。卫生行政确认，例如对医疗事故责任的认定、对职业病的诊断和鉴定、餐饮业从业人员是否有危害食品安全的疾病的证明等情形。经济行政确认，例如对企业经营范围和服务的认定、对外贸企业是否具备出口退税资格的认证、对专利和商标等知识产权权属的确认等情形。

（二）行政确认和证明的实现形式

行政主体进行行政确认和证明行为时，主要通过下列方式来确认或证明法律事实、法律关系和法律地位。

第一，确定。行政确认和证明中的确定，是指行政主体对个人或组织的法律地位、权利义务关系进行明确界定的行政行为，其法律效果是明确和界定相对人的法律状态，使之具有确定性和稳定性。例如，土地使用权的确定、不动产所有权的确定等情形。

第二，鉴定。行政确认和证明中的鉴定，是指行政主体或其委托的专门机构对某些

---

〔1〕 参见罗豪才、湛中乐主编:《行政法学》(第4版)，北京大学出版社2016年版，第220页。

专业性或技术性问题进行评估、检验和鉴别，并出具具有法律效力的技术性结论。鉴定行为是基于专业技能或者技术知识对特定事实进行的评价，结果通常用于解决行政争议或作为行政决策的依据。例如，医疗事故鉴定、伤残等级鉴定等情形。

第三，证明。行政证明，是指行政主体对相对人具有特定法律地位、法律关系或法律事实的存在进行证明的行为。证明行为的目的是确认某个法律事实的存在，以便于相对人在法律上能够进行特定活动或行为。例如，公安机关出具的无犯罪记录证明、教育部门出具的学历证明以及个人的身份证明等情形。

第四，认定或认证。行政确认和证明的认定或认证，是指行政主体对特定的法律地位、法律关系或法律事实是否符合法律规定的要求或标准进行的确认行为。认定或认证的目的是确认或核实某个法律事实的具体内容，以便作出相应的行政决策。例如，交通事故责任的认定等情形。

第五，登记。行政确认和证明中的登记，是指行政主体根据相对人的申请，在登记簿册上对相对人的权利或法律事实进行确认和记录。登记行为具有法律上的公信力，可以对抗第三人。例如，在房地产管理部门进行的不动产登记，该部门会在不动产登记簿上记录个人或组织的房产权属信息，这种登记确认了产权人的所有权，并且对任何第三方都具有法律效力。

第六，检验检疫。行政确认和证明中的检验检疫，是指主管机关及其授权的检验检疫机构对进出口商品、食品、动植物等进行的安全性、卫生性、质量和标准符合性的检查和确认过程。通过检验检疫，可以为合格的商品和产品发放相应的证书和标志，以证明它们符合相应的法规和标准，适合市场流通或者进出口贸易。

三、行政确认和证明的设定与实施

（一）行政确认和证明的设定

1. 设定行政确认和证明的基本原则

设定行政确认和证明需要遵循相应的原则，旨在确保行政确认和证明可以合法、公正、高效，保护公民和组织的权益，主要包括合法原则、公开原则、公平原则、效率原则、质量原则、有效救济原则、保密原则等。

第一，合法原则。合法原则，是指行政确认和证明必须有法律法规作为依据，不得违背法律的明文规定。行政主体进行行政确认和证明行为，应严格遵守法律法规的规定，不得超越法定职权，保证行政确认和证明的合法性和正当性。

第二，公开原则。公开原则，是指行政确认和证明的程序和结果应当向社会公众公开，以便于接受社会监督。这包括公示行政确认和证明的法律依据、申请条件、办理流程、时限要求、费用标准等信息，确保公民和组织能够准确理解和依法申请。

第三，公平原则。公平原则，是指行政确认和证明必须保证各方权益得到平等对待，不受歧视。行政主体应当保证程序的公正性，公平地对待每一位申请人，不得因申请人的身份、地位、关系等非法律规定的因素影响应有的工作方法或认定标准。

第四，效率原则。效率原则，是指行政确认和证明的结果往往是诸多行政行为的基本依据，为保障行政确认和证明高效便民而优化行政确认和证明的办理流程，减少不必要的行政环节，减少相对人或其他第三人的等待时间，降低办事成本，提升整体行政效能。

第五，质量原则。质量原则，是指确保行政确认和证明的内容真实、准确，不得存在虚假或误导性的信息。行政主体应当采取有效措施，对申请材料进行严格审核，保证所作出的确认和证明结果与事实相符。

第六，有效救济原则。有效救济原则，是指行政确认和证明的结果虽然不直接影响公民，但可能产生间接的影响，应为相对人提供对其结果提出复核、更正等申请的条件和程序，从而保障其合法权益能够得到有效维护。同时，行政主体还应积极协助相对人了解和操作这些救济程序，提供必要的指导和帮助，确保其合法权益不因程序的复杂性而难以实现。

第七，保密原则。保密原则，是指在行政确认和证明的过程中，行政主体可能会接触到涉及相对人的商业秘密和个人隐私。为了保护这些信息不被不当使用或泄露，行政主体必须严格遵守保密原则，确保这些信息仅用于与行政确认和证明直接相关的目的。行政确认的结果如果确需对外提供，必须经过相对人的同意或依据法律的明确规定，以防止对相对人造成不必要的风险和损害。

2. 设定行政确认和证明的构成要件

行政确认和证明以公权力为基础，其设定必须严格依照法律法规的规范要求进行。结合相关法律规范的设计和具体条款的内容，行政确认和证明通常应当具备负责机关、主要事项、工作方法、规范约束、监督管理等基本构成要件。

第一，负责机关。行政确认和证明应明确行政确认和证明的职责主管机关，以及负责监督的机关，确保各方能够明确责任机关，便于理解程序、寻求帮助和进行监督。主管机关负责实施确认与证明工作，监督机关负责确保工作的合法性、公正性和效率，并处理相关的投诉和申诉。

第二，主要事项。行政确认和证明应详细规定行政确认和证明的主要事项，如所需确认与证明的名称、类型、范围、适用对象、办理流程、时间限制、费用标准等，明确申请人的权利义务，指导其依法依规办理相关手续。

第三，工作方法。行政确认和证明应明确行政确认和证明工作的基本方法与流程，例如对事实内容的检查或勘察方法、所需材料的收集和审核流程、根据勘察检验结果的分析方法、最终结果的判断和公示方法等，确保工作的客观性、准确性和有效性。

第四，规范约束。应规定行政确认和证明的操作规范和约束性要求，如身份核验、材料真实性和准确性、中介机构的诚信要求以及证书或鉴定书的法律效力规范，确保操作的合法性，预防滥权和腐败行为，保护申请人的合法权益。

第五，监督管理。行政确认和证明应具备完善的监督管理体系，包括证书和鉴定书的管理、备案、查询和公示，确保行政确认和证明的公开透明和信息的可追溯性。明确规定改正、变更、宣布证书失效及废止等程序，并设立投诉申诉渠道，加强对行政主体行为的监督，以及时纠正不当行为，保障程序的公正执行。

（二）行政确认和证明的实施

1. 行政确认和证明的实施目标

第一，确保行政执法、司法审判等各项活动的准确性和客观性。行政确认和证明需要明确特定的法律事实以及某种性质和状态，为行政管理和执法提供了明确的依据。就司法审判而言，行政确认和证明的支撑作用更加明显。随着行政审判的深化，事实审查与法律审查的职能分离愈发明显，法院对行政主体事实认定的依赖度逐渐增强。行政确认和证明需要通过对行为的本质进行精确界定，为司法审判提供确凿的事实基础，确保司法决策的合法性和正当性。

第二，确立相对人的法律地位与权利义务。行政确认和证明需要通过规范路径赋予相对人明确的法律关系和权利义务，为其权益提供必要的法律支持和保护。除了对已存在的法律关系和权利义务的认定，行政确认和证明需要在新的法律关系形成时起到确定各方权利义务的关键作用，从而保障法治社会应有的稳定性和预测性，弥合各类争议冲突，提升法律实施效果。

第三，预防和解决社会纠纷。通过行政确认和证明可以明确相对人的法律地位和权利义务，减少法律关系不明引起的社会争议，提供解决纠纷的有效途径，增强社会治理的法治化、规范化水平。[1]

2. 行政确认和证明的实施内容

行政确认和证明所需要"确认"和"证明"的内容可以分为特定的法律关系与法律事实。

第一，对法律关系的确认和证明。法律关系，是指"以法律规范为基础形成的、以法律权利与法律义务为内容的社会关系"。[2]法律关系具有法律效力并受到法律保护，是社会关系经过法律规范的调整后形成的特殊关系。与一般的社会关系相比，法律关系的特点是具有法律规范性、权利义务对等性、羁束性等。行政主体可以通过行政确认和证明确定特定法律关系存在与否以及行政相对人在特定法律关系中的地位和权利义务。例如，涉及不动产所有权（如城镇私有房屋所有权、土地所有权等）的确认以及不动产使用权（如自然资源使用权、土地使用权）的确认。同时，还包括对合同效力或解除合同效力的确认等。这些确认都能够为维护交易安全、保护当事人权益提供法律基础。

第二，对法律事实的确认和证明。法律事实，是指"法律规范所规定的，能够引起法律关系产生、变更与消灭的客观情况或现象"[3]。行政主体可以通过行政确认和证明针对具有确定性质的特定事实进行权威认定，这些事实直接关系到行政相对人的法律地位及其权利义务的确立。例如，通过技术鉴定确认产品是否符合安全标准，通过卫生检疫确保进口食品的安全性，通过抚养性质和等级的鉴定为社会福利政策提供依据，或者对

---

〔1〕参见姜明安主编：《行政法与行政诉讼法》（第7版），北京大学出版社、高等教育出版社2019年版，第246页。

〔2〕参见张文显主编：《法理学》（第5版），高等教育出版社2018年版，第152页。

〔3〕张文显主编：《法理学》（第5版），高等教育出版社2018年版，第160页。

文化产品的合法性进行确认以维护知识产权和市场秩序。

3. 行政确认和证明的实施程序

作为一种羁束性较强的行政活动，行政确认和证明需要规范化、透明化的实施程序，具体可以分为启动程序、材料收集、分析认定、管理和监督等阶段。

第一，启动程序。启动程序根据行政确认和证明的启动者不同有所区分。依申请的行政确认和证明由申请人主动向行政主体提出申请，请求进行特定事项的确认或证明。该种情形需要由申请人按照规定的条件和程序提交相应的申请材料。依职权的行政确认和证明由行政主体基于自身的职权和职责，主动对某些事项进行确认或证明。该种情形通常涉及公共利益或法律规定必须由行政主体主动进行的确认与证明。

第二，材料收集。材料收集是行政确认和证明的重要阶段，具体而言，是指行政主体对申请人提交的材料（例如报考人的证明材料、交通事故现场的证据材料等）进行收集和获取。必要时，行政主体还可以进行现场勘察、调查或者取证，以收集到完整的事实材料。

第三，分析认定。分析认定是行政确认和证明的核心阶段，具体而言，是指行政主体根据收集的材料和信息，采用科学合理的鉴别认定方法进行分析和评估，基于所收集的材料得出关于特定法律事实、法律关系的认定结果，并将结果对相对人或公众进行宣告。

第四，管理和监督。行政确认和证明的管理，是指行政主体对于符合条件的对象发放相应的行政确认或证明文件，例如证书、批准文件等，并进行保存、撤销、变更、废止等活动的管理行为。此外，“基于现代行政的风险性，并非所有的行政确认都是客观公正的”，[1]行政确认和证明的复核、监督或救济程序也应纳入行政确认和证明的管理程序之中。

四、小结

行政管理与行政执法活动强调以事实为依据，以法律为准绳。行政确认和证明正是将“事实”与“法律”相结合的重要途径。通过行政确认，行政主体对特定的事实进行认定，并依据法律规定确定其法律意义和后果，以此作为执法决策的基础。而行政证明则是行政主体对某一法律事实或法律关系的存在进行确认，并通过书面文件的形式对外证明，保障行政确认和证明公开公正。行政确认和证明的实施需要相应行政主体具备高水平的专业能力和审慎的工作态度，对于超越职权、不符合鉴定标准、没有充足的法律依据和事实依据而产生的行政确认和证明，应当通过法定程序进行更正或废止，以维护行政行为的正当性。公众有权质疑和监督行政确认和证明活动，确保行政权力在法治轨道上运行，推动了社会的和谐与进步。

行政确认和证明在增强法律确定性、规范行政行为、提升治理效能方面发挥着至关重要的作用。通过对具体事实或法律状态的确认，行政主体既能够为公民和企业提供权

〔1〕 参见江国华：《法治政府要论——程序法治》，武汉大学出版社 2021 年版，第 313 页。

利保障和义务指引，又能够为政府自身的决策和行政执行提供坚实依据。行政确认和证明的存在确保了行政管理和执法活动既有具体、可靠的事实基础，又符合法律的规范和要求，从而提高了行政效率和公正性，体现了国家行政权力对各类活动的规范化管理，是实现行政法治的重要手段，不仅确保了行政行为的合法性和有效性，也维护了公共利益和私人权益的平衡。

第二节　行政调查和检查

一、行政调查的概念与特征

（一）行政调查的概念

行政调查是行政机关及其工作人员为了查明案件事实，依职权进行的信息收集的程序性行政行为。[1]但是，关于行政调查是否为一种独立的行政活动在理论上存在争议，存在“事实行为说”“程序行政行为说”“中间行政行为说”等多种学说。有观点认为行政调查活动是一种独立的行政活动。[2]也有观点认为行政调查活动是行政程序的重要组成部分之一，是一种行政机关日常执法过程中的重要信息收集行为。[3]亦有观点对行政调查进行更加细化的区分，例如认为行政调查可能构成行政行为、行政活动与行政手段三种类型，[4]又如行政调查分为行政调查方式与行政调查活动两大类，以相应的法律文本为基础可以对行政调查进行不同定义。[5]

行政调查的实质在于，行政主体为了实现既定的行政目标，根据职权进行深入的信息了解和详尽的证据收集。虽然大多数行政调查表现为程序性行为[6]，但是其重要性在于，它能够为行政主体提供决策的基础和支撑：一方面，行政调查帮助行政主体更准确地掌握实际情况，实施更加正确和有针对性的行政决策，确保其行动的合法性和合理性；另一方面，行政调查既能保障行政行为的公正性和有效性，也增强了公众对行政机关工作的信任与满意度。行政调查在法律法规中非常常见。例如，《非物质文化遗产法》第 11 条规定，“县级以上人民政府根据非物质文化遗产保护、保存工作需要，组织非物质文化遗产调查。非物质文化遗产调查由文化主管部门负责进行。县级以上人民政府其他有关部门可以对其工作领域内的非物质文化遗产进行调查”。又如，《环境行政处罚办

---

〔1〕 参见章志远:《行政调查初论》，载《长春市委党校学报》2007 年第 1 期。

〔2〕 参见余凌云主编:《行政调查的理论与实践》，中国人民公安大学出版社 2014 年版，第 1 页。

〔3〕 参见孙树志、蔡斌:《行政调查的内涵、边界及法律规制》，载《兰州大学学报（社会科学版）》2011 年第 6 期。

〔4〕 参见杨海坤、郝益山:《关于行政调查的讨论》，载《行政法学研究》2000 年第 2 期。

〔5〕 参见张娟:《行政调查基本概念初探》，载《法学杂志》2009 年第 10 期。

〔6〕 参见黄学贤:《行政调查及其程序原则》，载《政治与法律》2015 年第 6 期。

法》第 26 条规定，“环境保护主管部门对登记立案的环境违法行为，应当指定专人负责，及时组织调查取证”。这些都是较为典型的行政调查的相关规定。

（二）行政调查的特征

从性质特征上来看，行政调查一般具有以下特点。

第一，行政调查具有公开性。通常而言，行政调查应当符合公开性的要求，在开展行政调查活动前，相关执法人员应当出示证件、表明身份，在被调查者了解相关情况的前提下展开相应的行政调查活动。

第二，行政调查具有附属性。行政调查的附属性，是指行政调查行为往往是独立的行政决定的前置性行为。行政调查本身旨在调查清楚案件事实或收集相关证据材料，是查明案件事实或收集证据的手段而非最终目的。

第三，行政调查具有程序性。从行政过程论的视角来看，行政调查是行政活动或行政行为作出前的行政程序的一个特定阶段，通常是行政程序中的事实调查或证据调查阶段，往往发生在行政决定最终作出之前。因此，依照依法行政原则的基本原理，在行政程序终结后，除特殊情况以外，行政补充调查行为是缺乏合法性基础的。此外，先调查取证后作出决定也是行政程序法对于行政机关依法行政的基本要求，行政决定作出即行政程序终结后的行政调查行为违反了这一基本原则与精神。〔1〕

第四，行政调查具有裁量性。行政调查的裁量性，是指依据不同案件的不同具体情况，行政机关可以选择最佳形式开展调查活动。一般认为，行政调查的目的在于查明案件事实并调查取证，考虑到行政活动的复杂性，法律法规为行政机关设计了多种形式的取证调查方法，并可以在此期间根据需要采用必要的行政强制措施等手段固定和保存证据。例如，《行政处罚法》第 56 条规定：“行政机关在收集证据时，可以采取抽样取证的方法；在证据可能灭失或者以后难以取得的情况下，经行政机关负责人批准，可以先行登记保存……”行政机关在进行行政调查的过程中，需要根据不同案件的具体情况运用比例原则，采取对行政相对人合法权益影响最小的手段与形式来查明案件事实、固定证据。

第五，行政调查以间接形式影响相对人的合法权益。行政机关最终形成的决定会对行政相对人的合法权益产生直接的实质影响，而行政调查对行政相对人权利义务的影响是间接的。因此通常认为，行政调查活动属于行政程序的重要组成部分，但是由于其本身并不对相对人的权利义务产生直接影响，难以对其直接提起行政复议或行政诉讼。当然，如果行政机关在行政调查活动中超越法定职权或滥用职权，未按照法定的范围或程序对行政相对人的权利义务产生影响，行政相对人可以对行政调查直接提出救济请求。〔2〕

二、行政调查的类型

行政调查有着多种形式，根据不同的标准存在多种分类方式。〔3〕

---

〔1〕参见章志远：《行政调查初论》，载《长春市委党校学报》2007 年第 1 期。

〔2〕参见章志远：《行政调查初论》，载《长春市委党校学报》2007 年第 1 期。

〔3〕本部分内容可参考黄学贤：《行政调查及其程序原则》，载《政治与法律》2015 年第 6 期。

根据行政调查目的的不同，行政调查可以分为特定调查和一般调查。特定调查，是指行政机关针对特定主体或事件进行专门的调查。这种行政调查方式往往目标较为明确、针对性较强，主要是为了解决某一具体的问题或案件，其特点是具体、深入，往往涉及特定的行政相对人。例如，税务部门对某企业进行税务稽查就属于特别调查。一般调查，是指针对某一类主体、事物或现象进行的广泛性、基础性的调查。这种行政调查方式不针对具体的个体，而是对整个行业、地区或群体进行普遍性的调查，特点是覆盖面广、针对性较弱，往往不涉及特定的行政相对人，通常与政策制定或宏观决策相关。例如，统计部门进行的全国人口普查，“为正确行使行政决策权、研订施政计划、颁订行政命令之目的，在行政计划或者行政立法之前所为的‘规划调查’”[1]等都属于一般调查。

根据强制性程度的不同，行政调查可以分为任意调查和强制调查。任意调查，是指行政主体根据法律法规的笼统授权，根据职权对某事项享有概括意义上的调查权。这种调查方式依赖于被调查者的自愿配合和协助，尊重被调查者的意愿，如果被调查者拒绝接受调查，行政主体不能采取强制手段。强制调查则具有更加明显的强制力、约束力和执行力，对此被调查者有义务接受和配合调查，被调查者拒绝的，行政主体可以依法采取相应的强制措施。因此强制调查需要存在法律的明确授权才能进行，并且严格遵守法律保留原则，避免出现滥用权力和侵犯公民权益的情况。

根据行政机关在调查中的地位不同，行政调查可以分为行政公开调查与行政隐蔽调查。行政公开调查较为常见，在此不作赘述。行政隐蔽调查，是指行政机关在具体执法过程中，为了满足调查取证的需要，在难以通过传统的公开调查取证方式查清违法行为或者获取违法行为的证据前提下，所采取的以故意隐瞒、不告知行政相对方和外界自己执法者身份的方式查清事实，并获取与行政违法行为相关的证据材料等信息的行为。例如，在部分热门旅游城市，地方文化和旅游管理局为了查处乘客投诉的“黑景点”问题，联合地方物价部门、工商管理部门、税务管理部门等多个部门组成“综合执法调查小组”，采用“暗访”为主的调查方式。又如，在打击“黑车”的过程中，部分地方交通执法人员采用“潜伏”“蹲点守候”的方式查处车辆的非法营运行为。再如，部分地方卫生监督执法人员通过“暗访”调查方式查处无证经营的“黑诊所”。

行政公开调查是行政调查最普遍、最常见的形式。但是在特殊情况下，行政主体为实现一定的行政目的，在难以通过传统方式查清违法行为或获取证据时，需要采取不告知当事人和外界而进行调查取证的行为。行政隐蔽调查中，行政调查人员可以不告知行政相对人或利害关系人自身真实的执法者身份，隐蔽或者乔装进行调查取证，区别于传统的行政执法程序中“出示证件、表明身份”的前提性步骤，具有隐蔽性、秘密性等特点，能够帮助行政主体快速、便捷地获取相关证据材料，有助于提高行政执法效率。但是行政隐蔽调查也直接限制了行政相对人的抵抗权，极易对公民的隐私权等行政相对人的合法权益造成直接侵害，因此需要在法律框架内严格、规范地实施。

---

〔1〕 参见黄学贤：《行政调查及其程序原则》，载《政治与法律》2015年第6期。

三、行政调查制度

在具体的行政执法实践中，行政调查广泛存在于各种、各类、各项行政行为之中。部分单行法对行政调查的程序和实施进行了较为具体的规定，例如《行政处罚法》第55条规定，“执法人员在调查或者进行检查时，应当主动向当事人或者有关人员出示执法证件。当事人或者有关人员有权要求执法人员出示执法证件。执法人员不出示执法证件的，当事人或者有关人员有权拒绝接受调查或者检查。当事人或者有关人员应当如实回答询问，并协助调查或者检查，不得拒绝或者阻挠。询问或者检查应当制作笔录”。

但是由于缺乏针对行政程序法出台专门性的法律规定，我国也尚未出台统一的行政法法典与行政程序法法典，关于行政调查活动的法律规范散落于各个单行法或部门法（例如前文所述的《行政处罚法》等），导致现阶段行政调查在实践中存在较大的非规范性，主要表现为行政调查存在较强的裁量性和较大的任意性。具体而言，根据启动程序的不同，行政调查的启动程序大致可以分为依职权启动与依申请启动两种情况，但是这两种行政调查的启动方式在具体的执法实践中均存在较大的任意性：依申请启动的行政调查活动往往无法在行政相对人提出申请后立即进行，极易错过最佳调查时机，从而影响行政调查的结果；依职权启动的行政调查活动则极易由于行政执法实践中人力资源紧张等因素的局限，出现怠于履职或不及时履职等情况，违背了依法行政原则的基本精神，导致实践中许多案件不了了之。此外，行政调查活动的任意裁量性还体现在调查对象以及调查内容的选择性上。行政调查是最终行政决定作出的重要基础，其根本任务在于帮助行政机关全面了解案件情况、收集信息并获取相应的证据等材料，因此行政调查活动最重要的原则之一就是要坚持全面调查原则，对与案件有利害关系的所有人员和相应的案件事实作出全面调查。但是在具体的执法实践中，行政机关可能出现对调查结果或调查内容进行选择性执法的情况，其选择标准可能来自客观的资源约束，也可能来自主观的人情考量、办案压力或是自身对案件调查结果的倾向性意见等方面，导致行政调查在实际中受到多种因素的影响。

因此，我国行政法对行政调查活动进行明确和规范，规范的重点是约束行政调查的任意裁量性，尤其是注重规范行政调查活动的程序。对此，行政调查活动的基本程序要求大致包含以下五个方面。

第一，履行事前告知程序。除了极少数行政调查因现实条件或案件情况不宜告知，事前告知行政相对人有关调查的相关事项是行政机关在行政调查活动中必须履行的基础性步骤。例如葡萄牙法律规定，行政机关在进行相应的调查、检查或采取相关的行政措施前，应当先通知利害关系人，并告知其拟采取的措施以及相关事项，充分保障相对人的知情权与参与权。

第二，出示证件，表明身份。依据我国《行政处罚法》的相关规定，行政执法人员在进行相应的调查前，应当出示证件表明身份，否则行政相对人拥有拒绝权。此外，在行政调查活动中，执法人员一般应当着标准制服，并佩戴公务标志，保障执法的严谨性与统一性。行政调查活动通常应该由2名或2名以上的执法人员进行，这不仅可以保障调查活动的公正性，也有利于保护行政相对人的合法权益。

第三，说明理由并告知行政相对人其所享有的权利。相关执法人员在出示证件表明身份后，还应当告知相对人进行调查活动的理由以及相应的法律依据。这一要求不仅可以帮助行政相对人更好地配合调查活动，而且体现了依法行政的基本原则。根据现代法治的基本精神，权利义务具有一致性，要求行政相对人配合行政机关的调查活动时，也应当充分保障行政相对人的合法权益，特别是各项程序性权利。同时，根据权责一致的基本原则，行政机关在享有行政调查权的同时也应当履行相应的义务，这些义务往往与行政相对人的权利所对应，例如保障行政相对人的陈述权、申辩权、申请回避权、提出异议权等，以充分保障相对人的合法权益，更好地规范行政调查活动的合法展开。

第四，组织开展调查活动。完成上述步骤后，行政执法人员正式组织开展调查活动，例如进行询问相关当事人及利害关系人、勘验现场、调取相应的案件资料、进行现场检查，以及在必要时采取证据保全措施等各项调查活动。《行政处罚法》还要求，询问未成年人的，应当通知其监护人到场；询问聋、哑人的，应当有通晓聋、哑手势的人参加；询问不通晓当地语言文字的人，应当为其配备翻译。同时，根据程序正当原则的基本要求，行政机关在行政调查活动中应当注意调查时限的问题，原则上应当在法定时限内完成相应的调查活动，如遇特殊情况也应当及时向本级首长或上级行政机关申请期限延长。

第五，制作调查笔录。行政机关工作人员在进行行政调查活动后，应当制作调查笔录，并交由行政相对人或见证人签字盖章。为了更好地落实依法行政的基本要求，部分国家如英国等还规定行政机关所作出的最终决定必须要以调查笔录所载明的事实或收集的证据为依据，[1]未经相对人认可或知悉的案件事实原则上不能作为认定案件事实并作出最终行政决定的依据，即“案卷排他原则”。案卷排他原则可以更好地保障行政相对人的知情权与参与权，也有利于更好地限制行政机关及其工作人员在行政调查活动中肆意行使权力的行为，更好地落实行政公开原则。

除此之外，为了保障行政调查活动合法有序地展开，行政机关在进行行政检查的过程中还应注意遵守全面履职原则、比例原则、公开原则、平等原则、参与原则等基本的程序性原则。也有观点认为，为了更好地保障行政相对人的合法权益，考虑到为了平衡行政执法效率与行政执法权特别是行政调查权的范围扩张之间的关系，还应当在非公开调查活动中确立不得自证己罪原则。[2]

四、行政检查的概念与特征

行政检查作为行政机关获取信息的重要手段，存在于行政执法活动的全过程之中。《行政处罚法》第 54 条第 1 款规定：“除本法第五十一条规定的可以当场作出的行政处罚外，行政机关发现公民、法人或者其他组织有依法应当给予行政处罚的行为的，必须

---

〔1〕 参见章志远：《行政调查初论》，载《长春市委党校学报》2007 年第 1 期。

〔2〕 参见汤俪瑾：《论行政调查中的不得自证己罪原则》，载《行政法学研究》2010 年第 1 期。

全面、客观、公正地调查，收集有关证据；必要时，依照法律、法规的规定，可以进行检查。”可以看出，行政检查主要是指行政机关为了完成特定的行政管理目标，以收集资料或验证相关案件事实为目的，对行政相对人进行的检查与收集资料等活动。[1]

关于行政检查的性质，行政法学界主要有行政事实行为说、行政法律行为说以及区分说三种观点。[2]第一，行政事实行为说。有学者对行政事实行为进行分类，将其分为程序型、处理型、服务型与告知型四类行政事实行为，并将程序性行政事实行为分为准备性与执行性两类，其中行政调查活动是典型的准备性行政事实行为。[3]第二，行政法律行为说。有学者认为行政调查是一种依职权的、独立的单方行政行为，属于行政监督行为。[4]还有学者认为行政检查是行政机关为实现特定目的，以国家强制力为保障的一种原则上无须取得相对人同意的职权行为。[5]第三，区分说。有学者将行政检查进行更加细致的类型划分，将其分为行政事实行为型行政检查与行政行为型行政检查两类，前者不对行政相对人产生法效力但可能会影响行政相对人的权利义务，后者是行政机关为了实施特定的行政管理目标，为特定的行政相对人设立相应的行政义务，原则上是一个独立的行政行为，该行政检查本身除了公定力与确定力还包含了执行力，用来辅助行政机关更好地完成相应的行政目标。[6]

通说认为，行政检查主要具有下列特征：

第一，行政检查活动具有法律上的强制性。行政检查活动的强制性旨在帮助行政机关更好地完成了解案件相关情况、收集相应证据等特定目的，同时行政检查的强制性也有利于行政机关更好地履行相应的法定职责，增强行政相对人的配合度，提高行政效率。例如，2016 年《海上交通安全法》第 12 条中规定，“国际航行船舶进出中华人民共和国港口，必须接受主管机关的检查”。又如，2014 年《安全生产法》第 63 条规定，“生产经营单位对负有安全生产监督管理职责的部门的监督检查人员（以下统称安全生产监督检查人员）依法履行监督检查职责，应当予以配合，不得拒绝、阻挠”。

第二，行政检查活动具有权益影响的间接性。通常而言，行政检查是行政机关为了解案件相关情况收集资料与相关证据材料所进行的活动，以为最终的行政活动提供事实依据与证据支持，并且在行政检查阶段，行政机关一般不会直接作出行政决定或行政处分。因此，行政检查活动对行政相对人合法权益的影响通常是间接性的，行政检查活动原则上并不会直接影响或决定行政相对人的权利或义务，这一特点与行政调查是相似性的。

第三，行政检查活动具有特定性。行政检查活动的对象和内容一般具有特定性，前

〔1〕 参见陈春生：《事实行为》，载翁岳生编：《行政法》，中国政法大学出版社 2002 年版，第 907—908 页。

〔2〕 参见陶志刚：《揭开行政检查面纱——以检查结果为主线》，载《天水行政学院学报》2016 年第 3 期。

〔3〕 参见胡建淼、王银江：《现代行政视野中的事实行为——行政环境、蕴含与诉讼》，载《行政法学研究》2003 年第 1 期。

〔4〕 参见罗豪才、湛中乐主编：《行政法学》（第 4 版），北京大学出版社 2016 年版。

〔5〕 参见朱维究：《中国行政法概要》，中国人民大学出版社 2009 年版。

〔6〕 参见章剑生：《现代行政法专题》，清华大学出版社 2014 年版。

者是指行政检查活动的对象一般不包含行政机关及其工作人员，其范围原则上限于行政相对人，即作为被管理者的公民、法人或其他组织。此外，行政检查活动的内容一般限于对行政相对人是否遵守相关法律规范与政策或是否履行相应的行政法义务的了解，并不对行政相对人的一切行为进行调查。

第四，行政检查活动具有独立性。行政检查的独立性一般体现在其独特的运行过程，由相关法律规范明确、具体地规定检查主体、检查权、检查程序及检查效力等内容。例如，《海事行政检查规定》对海事行政检查应遵循的程序要求进行了详细规定。[1]

五、行政检查的类型

根据检查对象、目的、启动方式的不同，行政检查可以分为日常检查、专项检查和个案检查。日常检查，是指行政机关在日常行政管理活动中对不特定行政相对人所进行的常态化或常规性的检查行为。专项检查，是指行政机关除了日常行政检查，针对执法过程中具有普遍性与突出性的问题，或者针对某些特定的或重大事项所进行的专门检查。个案检查，是指行政机关根据举报或者其他线索所进行的具有针对性的检查行为。因此，日常检查与专项检查主要针对不特定的行政相对人（对象），而个案检查主要针对特定的行政相对人（对象）。

根据检查方式的不同，行政检查可以分为现场检查与非现场检查两种，其中非现场检查又可以细分为书面检查和在线视频检查等多种方式。现场检查，是指在特定场所或针对特定对象直接进行的实地勘查、采样、检测、询问等方式的检查行动。其特点是实地性、直观性和即时性，能够直接观察现场情况，使行政主体能够收集到第一手资料，有助于及时发现问题并采取相应的措施。非现场检查，是指通过远程监控、文件审查、数据分析等方式进行行政检查。其特点是具有灵活性、效率性和预警性，可以对多个对象进行实时、同时的检查，使行政主体能够及时发现异常情况，并进行预警、提示等快速反应。

六、行政检查制度

行政检查活动应当从内容、程序与救济三个方面规范其依法有序进行，充分保障行政相对人合法权益，推动行政机关依法行政，提高行政机关的行政效率。

第一，行政检查的内容应当坚持“依法行政”原则。“行政检查是行政机关的一项法定职权，在依法行政原理框架之下当然要有法的依据。”[2]因此，保障行政检查活动合法性的首要条件就是具有相应的法律依据，符合职权法定原则。行政机关依法启动行政检查活动应当于法有据，遵守宪法、法律、法规、规章的相关规定。对于行政规范性文件是否可以成为行政检查权的依据应当根据具体情况进行区分：如果行政规范性文件缺

---

〔1〕 参见邱奇：《海事行政检查的本质、基本内容分析与执法风险规避》，载《中国海事》2019 年第 5 期。

〔2〕 参见曹鎏：《“放管服”改革背景下行政检查监管目标实现研究》，载《中共中央党校（国家行政学院）学报》2020 年第 3 期。

乏上位法依据，所规定的行政检查是首次规定并且增加了行政相对人的义务，根据《立法法》的原则和基本要求，该种规定超越了立法权限，应当无效或被撤销；如果相关规定是对上位法进行具体细化，并且在内容上与上位法的精神、规定和范围保持一致，则可以成为启动行政检查活动的依据之一。与此同时，行政检查的内容即检查项目必须符合相应的法律规定，并且原则上应当事先告知行政相对人，或者采用行政相对人易于查询知晓的方式提前予以公布。行政检查结果的笔录也应当交由行政相对人核查无误并签字盖章。通过对行政检查实体法内容进行明确规定，严格规范行政检查权的行使，防范行政机关及其工作人员滥用职权或超越职权，有效遏制可能损害行政相对人合法权益的事件的发生，最大程度保障行政相对人的知情权与参与权。

第二，行政检查的程序应当坚持“程序正当”原则。行政检查的程序正当要求既包含行政机关在启动程序前的内部程序控制，也包含行政检查过程中的外部程序法规制。行政机关及其工作人员在启动行政检查前，除了特殊紧急情况，原则上应当事先报批，向行政首长说明理由并获取批准，规范行政机关内部权力的运行流程。在开展行政检查活动的过程中，也应当注重程序规范。行政机关及其工作人员应当穿着统一制服、主动出示证件表明身份，告知开展行政检查活动的事实依据与法律依据，在对行政相对人作出不利结果前还应当听取其陈述申辩，充分保障行政相对人的程序性权利。

第三，充分保障行政检查过程中行政相对人的救济权。现代法治的基本原理要求有权力必有救济，行政检查权的行使同样如此。行政检查可能会对行政相对人的权利义务产生影响，应当充分保障行政相对人的救济权，这种救济权不仅包括行政相对人提起行政复议或行政诉讼的权利，还包括保障行政相对人拥有申诉的权利。充分保障行政相对人的救济权利，既是行政相对人合法权利的应有之义，也是有效监督行政机关行使行政检查权，实现依法行政的重要方式。

此外，现代化的信息技术手段也在助力行政检查活动的规范化与标准化建设。例如，伴随着《养老机构行政检查办法》的出台，民政部门将行政检查活动过程中执法的重点步骤纳入“金民工程”全国养老服务信息系统，实现行政检查活动的重大过程留痕和行政检查结果的可追溯。又如，我国行政执法在实践中已基本全面配备行政执法记录仪，通过行政执法全过程记录制度，以拍照、录音、录像等多种形式逐步推动行政检查过程全步骤或全过程的电子化留痕。甚至有部分地方国土部门、行政执法局购置配备了具有红外夜视功能的多翼巡航无人机，实现了行政检查活动的不落地实时传回与自动抓拍、精准测量等多项功能，提高了行政检查活动的智能化水平。

七、小结

行政调查和行政检查都是重要的行政行为，关于二者的关系和定位在理论研究中存在不同观点。有观点认为行政调查和行政检查属于行政监督的具体方式，也有观点认为行政调查是行政检查的一种具体方式，而非独立的行政活动。行政检查与行政调查虽然在概念内涵上存在一定的相似性，但也存在区别。

第一，行为性质的区别。通说认为，行政检查是独立行政行为，而行政调查往往是前置性程序行为，不是独立行政行为。根据行政执法先取证后裁决的基本要求，行政调查与行政检查在行政执法实践中可能会出现程序上的衔接关系，例如在行政检查活动过程中发现涉嫌违法行为时，可以在立案后转入行政调查程序。但是，这种程序上的衔接性并不代表行政检查是行政调查的前置环节或唯一启动方式。

第二，行政机关价值判断的差别。在行政机关开展行政检查后，往往会形成相应的检查结果，该检查结果不仅包含行政相对人是否遵守法律或履行法定义务的相关情况，也包含行政机关的独立意思表示。但是行政调查结果是行政机关对于客观事实的调查与相应证据的收集，其目的是发现客观事实并为最终的行政决定的作出提供事实依据或收集相关证据材料，原则上并不包含行政机关及其工作人员的意思表示或主观成分。例如，《行政处罚法》第 30 条规定，“公民、法人或者其他组织违反行政管理秩序的行为，依法应当给予行政处罚的，行政机关必须查明事实；违法事实不清、证据不足的，不得给予行政处罚”。此处的“查明事实”就是典型的行政调查活动，为行政机关作出处罚决定收集信息、提供证据，重点在于查明具体行政行为的事实要件，而非对行政相对人产生直接的法律效果。

第三，救济方式的差异。在对行政相对人权利的救济方面，由于行政调查行为是过程性行政行为，通常不会直接对行政相对人的权利义务产生实质影响，因此行政相对人不能直接对行政调查行为提起行政复议或行政诉讼，一般不属于行政诉讼的受案范围或行政复议的申请范围。而行政检查通常被认为是一项独立的行政行为，检查结果本身就可以对行政相对人的权利义务产生直接影响，如果行政相对人对行政检查的结果不服，可以提起行政复议或行政诉讼。

第四，行政相对人范围的差异。一般而言，行政机关在进行行政检查的过程中，除个案检查之外，并不针对特定的行政相对人。例如，交警对于酒驾的行政检查行为，并不针对某一特定驾驶员，而是针对该路段来往行驶车辆的驾驶员，在对象上具有不特定性。相较而言，行政调查是为作出最终决定查明案件信息并收集相应证据，并在对客观的案件事实进行充分分析后作出相应的行政决定，因此在行政调查实践中，行政机关往往是在掌握初步线索后开展行政调查行为，除一般调查之外，行政调查的对象通常在启动行政调查程序之前就已经确定了，是特定的对象。

第三节　行政征收和征用

一、行政征收

（一）行政征收的概念

“征收”这一概念最早可追溯至古罗马时期最高主权者被赋予的一种“紧急权”，该权力内容为对臣民的私权进行剥夺和限制。17 世纪时，格劳秀斯对国家征收权作出近代意义上的阐释，其认为，即使缺乏法律依据，君主只要出于公共用途的需要，也应当有权对私人财产进行征收，条件是针对私人财产的损失给予相应的补偿，体现了征收的公益性与补偿性。直至 18 世纪末在法国资产阶级革命中诞生的《人权宣言》明确规定“公用征收须依法律始得为止”，征收得以成为严格遵循“法律保留”原则的宪法制度与行政法制度。1919 年《德国魏玛宪法》在第 153 条规定了财产权的社会义务性，认为私人的财产权本应促进社会公共利益，如若不然公权力就会介入并迫使财产权人履行这一义务，受此观念影响，德国的征收目的扩大到一般性的“公共利益”，征收方式也由剥夺财产权人的所有权扩张到对财产权的限制。时至今日，世界范围内各国大多都以宪法为载体对行政征收制度作出了规制，如《德意志联邦共和国基本法》第 14 条第 3 款、《美国联邦宪法第五修正案》《日本宪法》第 29 条以及《俄罗斯联邦宪法》第 35 条。〔1〕

我国 2004 年《宪法》修正之前，只有关于财产权征用的规定，但 1979 年颁布的《中外合资经营企业法》包含了征收及补偿的条款。行政法学界在这一时期区分了行政征收与行政征用，当时的通说认为，“行政征收是行政主体凭借国家行政权，依法向行政相对人强制地无偿地征集一定数额金钱或实物的法律制度或行政行为，即行政主体根据法律规定，以强制方式无偿取得相对方财产所有权。主要包括行政征税与行政收费两大类。行政征用是指行政主体为了公共利益的需要，依法强制转移相对人财产所有权、使用权（或劳务），并给予合理补偿的法律制度或行政行为”〔2〕。

随着 2004 年《宪法修正案》明确区分了“征收”与“征用”的概念，学界对行政征收的认识也发生了变化。有学者将行政征收定义为“行政主体凭借国家行政权，根据国家和社会公共利益的需要，依法向行政相对人强制地、无偿地征收税、费或者实物的行政行为”。〔3〕但这一观点并不符合现行《宪法》第 10 条第 3 款、第 13 条第 3 款有关征收补偿的规定。也有学者指出，“虽然一般的租税义务也是对财产权的限制，但这不属于行政征收的概念”〔4〕。综合来看，行政征收，是指行政主体基于公共利益的需要，依法单方强制取得公民财产的所有权，并给予补偿的行政行为，不包括征税、收费、征调劳力等行政行为。

（二）行政征收的法律特征

1. 公益性

公共利益是行政征收的目的性、合法性要件以及正当性基础，尽管我国《宪法》《民法典》《土地管理法》等法律法规都对公共利益作出规定，但其内涵仍然难厘清。

诸学者从多维角度就公共利益的界定作出了积极的尝试与探索。第一种观点以实体的角度界定公共利益，从正面抑或运用反面排除的方法，根据某种特定利益的主体和内容判断其是否属于公共利益；第二种观点认为，仅以实体的角度界定实践中的公共利益

〔1〕 胡建淼：《行政法学》（第 5 版），法律出版社 2023 年版，第 604—606 页。

〔2〕 唐杰英：《房屋公益征收法律制度及实践探索》，上海人民出版社 2020 年版，第 15 页。

〔3〕 姜明安主编：《行政法与行政诉讼法》（第 7 版），北京大学出版社、高等教育出版社 2019 年版，第 261 页。类似观点参见罗豪才、湛中乐主编：《行政法学》（第 4 版），北京大学出版社 2016 年版，第 181 页。

〔4〕 陈新民：《中国行政法学原理》，中国政法大学出版社 2002 年版，第 267 页。

存在局限性、片面性，因此存在引入程序机制的必要性，应当通过公众参与程序、听证程序界定公共利益；第三种观点克服单从实体或程序的角度界定公共利益的弊端，主张综合运用实体与程序的标准与方法，希望实现实体内容正确且程序合法的行政征收。除此之外，有学者经考察国外实践情况后归纳了四种确认公共利益的方式：一是公共利益列举法，即在法律中具体列举公共事业项目；二是公共利益报告法，由行政主体对所提出公益项目的合理性、可行性作研究报告，再由代议机关审议确定；三是公共利益征求意见法，行政主体在正式实施公益项目前经由多种渠道广泛征求各方意见；四是公共利益司法审查法，允许人们向法院就公共利益的界定以及对因公共利益受损害的个人利益是否予以合理补偿等事项提起诉讼。[1]

尽管公共利益在一定程度上具备了超越法律文化或法律体系的普遍意义，但我国与国外行政征收法律制度之间还未形成统一认识，主要表现为，我国行政征收法律制度历来以实现应然的公共利益的“绝对至上”为理想，而忽视了应然层面公共利益的具体内容，以及应然与实然层面“公益”的差异，即未对“公共性”与“私人性”之间的分界给予足够的关注，导致实践中公共利益的内涵被扩张，纳入了如个别政府部门特殊利益等非公共利益；国外的行政征收则更重视维护“相对的公共利益”或“过程的公共利益”，以市民、包括行政机关在内的团体等多样化利益主体之间的相互关系为切入口，在动态的权衡各种利益关系、寻找各方利益共同点的过程中确定公共利益。影响采取不同公益界定模式的主要因素是各国或地区的公益价值观有所区别。一种观点是，行政征收遵循着一种法治秩序，这种法治秩序以某种恒定不变的或“超越个人意思和活动的既成法治秩序及其相伴随的固定的抽象公益内容”为前提；另一种观点是，公益的具体内容往往在征收决策的行政裁决过程以及针对因征收引起的纠纷的司法裁决过程中形成，公益界定模式的选择实际上映射着这两种公益价值观的主从地位。[2]

作为宪法所规定的“不确定法律概念”，就实体的角度而言，公共利益的最大特征在于其内容的不确定性，这种不确定性表现在受益对象的不确定性和利益内容的不确定性两个方面。所谓受益对象的公共性，有两种界定标准：一种是地域标准，地区内的大多数人的共同利益构成公益；另一种是利益标准，即公共利益的受益人具有开放性，人数不确定，因为利益与价值判断联系紧密，而价值判断具有主观性。所谓利益内容，既包括事实上已经取得的各种正当利益，比如财产；也包括可能获得的或者丢失的各种正当利益，如经济结构的良性发展、社会秩序的安定等。有学者认为，公共利益在内容上应当包括有关国家主权及安全的事业、有关国家重点建设的项目及公共设施建设、有关抢险救灾等工作，以及让社会公众受益的教育、医疗、卫生、社会保障等事业。[3]

2. 强制性

行政主体进行行政征收的权力来自国家主权，具有强制公民服从的效力，行政征收

---

〔1〕 沈太霞：《行政征收征用中公共利益的界定——以厦门 PX 事件为例》，载《天津行政学院学报》2011 年第 6 期。

〔2〕 钱弘道、吴亮：《论行政征收的公共利益判断》，载《法律科学》2007 年第 6 期。

〔3〕 胡建淼：《行政法学》（第 5 版），法律出版社 2023 年版，第 611—612 页。

行为是行使国家主权的具体表现。行政主体实施行政征收，基于国家的单方意思表示即可，不需要征得行政相对人的同意，也无须与行政相对人协商一致，甚至可以在违背行政相对人意志的情况下进行。行政征收行为被赋予强制性的原因可以回溯到征收的目的，即维护、实现公共利益，促进社会与国家的发展。

3. 法定性

行政征收的结果是剥夺行政相对人的财产所有权，直接侵害公民利益。因此为确保行政相对人不受违法行政征收行为侵害，必须确立行政征收法定的原则。首先，行政征收的设立必须遵循法律保留原则。现行《宪法》第 13 条第 3 款规定，“国家为了公共利益的需要，可以依照法律规定对公民的私有财产实行征收或者征用并给予补偿”。《立法法》第 11 条第 7 项规定，“对非国有财产的征收、征用”属于法律保留事项，只能由全国人大或全国人大常委会制定法律。其次，行政征收决定的作出应当符合正当法律程序原则。从性质上看行政征收属于侵害行政。根据行政程序的基本原理，作出侵害行政应当为利害关系人提供有效的参与机会。例如《土地管理法》第 47 条即规定了征收土地时听取利害关系人意见的程序。

4. 补偿性

无补偿则无征收，行政征收必然伴随着行政补偿。为了弥补被征收者的财产损失、限制政府滥用征收权，国家必须给予被征收者公平补偿。《宪法》第 10 条第 3 款与第 13 条第 3 款分别对征收或征用土地、公民的私有财产进行补偿作出了规定，形成了“要征收必补偿”的法治逻辑。与此同时《民法典》《土地管理法》《国有土地上房屋征收与补偿条例》《国防法》《森林法》等部门法又进一步使用了“公平补偿”“公平、合理的补偿”等经限定修饰后更精细化的表述，最终可归纳为“合理补偿”，其中“理”既包括法理，也包括情理。合理补偿原则已经演化为具体包括足额补偿原则、平等补偿原则、公开补偿原则、同时补偿原则、先行补偿原则等原则在内的综合性原则。[1] 征收征用与补偿构成“唇齿条款”，二者不可偏废，既要实现增进公共利益的目的，又要保护行政相对人的利益。

结合我国的法律实践和行政法学研究成果，行政征收主要包括集体土地征收和国有土地上房屋征收两大类，此外还包括国有土地使用权有偿收回、准征收等特殊类型。我国的土地所有权分别由国家和集体经济组织所有。《土地管理法》第 45 条规定了国家可以征收农民集体所有土地的情形。2019 年修正前的《土地管理法》还对农村集体土地使用权作了诸多限制，如集体土地的非农业使用必须先经过行政机关的审批，以及集体土地除宅基地、乡镇企业或乡村公益事业用地及实现抵押权外，不能直接用于建设等。在该制度改革前，若在集体所有的土地上进行商业开发建设，集体土地所有权人不得直接与用地者签订合同，设立集体建设用地使用权，而必须先经集体所有的土地被征收为国有，而后由国土资源主管机关将国有建设用地使用权出让给用地者，有学者认为这也是征收的一种特殊类型，即不基于实现社会公共利益而是商业利益等的需要，并概括为

〔1〕 胡建淼：《行政法学》（第 5 版），法律出版社 2023 年版，第 613 页。

“先征收、再出让”模式。[1]现行《宪法》第10条第1款规定城市的土地属于国家所有。不过，个人虽然并不享有土地所有权，但对其在合法取得的土地上自行建设或购买的房屋享有所有权。《城市房地产管理法》第6条和《国有土地上房屋征收与补偿条例》对国有土地上房屋的征收进行了明确规定。《土地管理法》第58条第1款规定了国有土地使用权收回的情形，虽然并未使用“征收”这一概念，但从实质上看，国有土地使用权收回等同于国家对土地使用权的征收。准征收并未被我国现行法律明确规定，它是行政法学界借鉴外国法引入的学术概念。国家以促进公共利益为目的，通过抽象行政行为、具体行政行为或事实行为对私有财产权进行限制，严重影响私人财产经济价值、造成特别牺牲，应当给予经济或其他补偿的行为，就是准征收。[2]

对于行政征收与行政征用的制度异同，“征收与征用既有共同之处，又有不同之处。共同之处在于，都是为了公共利益需要，都要经过法定程序，都要依法给予补偿。不同之处在于，征收主要是所有权的改变，征用只是使用权的改变”[3]。改变权属的不同是区分行政征收与行政征用的核心点。从上述不同也可以推导出另一点区别，即被征收者财产权利丧失的期限不同，行政征收导致行政相对人永久失去财产权，而行政征用是使行政相对人暂时失去财产的使用权。

（三）行政征收的特殊形态——规制性征收

除了上述古典意义上的征收制度，伴随现代监管型国家的兴起，征收的概念在域外国家也不断扩张衍生出规制性征收（Regulatory taking）这一全新模式。按照规制性征收的定义理解，即便私人的财产所有权未被物理性剥夺，但由于政府的规制行为超过了必要界限，限制了个人财产的正常使用，造成了公民财产权的特别牺牲，也应当视为征收并予以补偿。[4]诚如布鲁斯·阿克曼对于征收区分的两类视角：一类视角是科学政策制定者（Scientific Policymaker）的视角，另一类则是普通观察者（Ordinary Observer）的视角。在前一种视角下，判断行政征收的标准主要看政府行为对财产发生的效果，譬如是否减少了财产价值，这种政策制定者的视角将依赖于法律人的判断，即将财产视为权利束，或者从经济学的角度来衡量其使用价值的减损。而后一类普通观察者的视角，更多基于普通常识来看财产是否受到物理性的侵入，诉诸普通人对于财产被物理性剥夺的常识感。[5]可以说，随着现代规制型国家的日渐崛起，行政征收将更多依赖于政策制定者的视角，对财产权的限制行为更多的不再是物理性的财产剥夺，而是基于规划政策、环

〔1〕崔建远：《征收制度的调整及体系效应》，载《法学研究》2014年第4期。

〔2〕参见沈开举主编：《行政征收征用制度教程》，中国法制出版社2023年版，第8—11页。

〔3〕王兆国：《关于〈中华人民共和国宪法修正案（草案）〉的说明》，载《全国人民代表大会常务委员会公报》2018年特刊。

〔4〕胡建淼：《行政法学》（第5版），法律出版社2023年版，第620页。

〔5〕Bruce Ackerman, *Private Property and the Constitution*, Yale University Press, 1977.

保政策[1]、历史古迹保护[2]以及经济性目的对于私人财产权施加诸多规制限制，这种限制就表面而言，并没有物理上剥夺私人财产权，却限制减损了其使用价值，就科学政策制定者（Scientific Policymaker）的视角而言，这便构成了一种规制性征收。规制性征收制度尚未进入我国的立法政策视野，本土实践中类似规制性征收的现实议题亦不断涌现，这对我国传统行政征收的学术概念与制度框架构成了挑战。

二、行政收费

行政收费，是指行政机关在税收以外依法向行政相对人收取各种款项的行政行为。行政收费涉及行政相对人的合法财产在其没有实施违法行为的情况下受减损，因此行政收费的合法性十分关键。

在既有法规中，行政收费通常被表述为“行政事业性收费”。根据国家发改委、财政部 2018 年发布的部门规章《行政事业性收费标准管理办法》（发改价格规〔2018〕988 号），行政事业性收费分为“实施社会公共管理”的行政性收费和“提供特定公共服务”的事业性收费两大类。从性质和用途上看，行政收费分为行政管理类收费、资源补偿性收费、鉴定类收费、考试类收费和培训类收费五种。上述五种收费类型的收费标准也有所不同。其中，行政管理类收费一般按照直接成本确定，证照印制费用原则上根据招标价格确定。资源补偿性收费需要综合考虑资源的价值或者稀缺性以及可持续发展因素来确定，可持续发展因素，是指开采利用给自然资源带来的生态破坏、环境污染和因之产生的治理和恢复成本。除此之外，鉴定类收费、考试类收费、培训类收费都按照支出成本来确定。其他类别的收费标准，根据管理或者服务需要，按照成本补偿和非营利原则审核。

由于不同类别的行政收费服务于不同的行政目的，其收费理由和法理基础也有所不同。总体而言，除资源补偿性收费外，我国的行政收费通常遵循填补行政成本的原则。“财政补足论”可以作为大部分类别行政收费的法理基础。资源补偿类收费则是国家为了防止公共资源被过度消费、矫正资源开采行为的负外部效应而收取，可以从“负外部效应矫正理论”“国有资源有偿使用理论”中获得法理支持。[3]

目前，我国还尚未制定一部统一的“行政收费法”，有关行政收费的规定散落于行政法规、部门规章乃至地方性法规、地方政府规章中，“乱收费”问题时常出现。有学者认为行政收费主体除有立法机关的授权或法律依据之外，还应当在此基础上制定并执行更细化的行政收费准则，作为行政主体行使职权和行政相对人缴纳费用的依据，抑制行政主体在泛授权理念下采取过于宽泛的收费手段。[4]

---

〔1〕 Blaine I. Green, *The Endangered Species Act and Fifth Amendment Takings: Constitutional Limits of Species Protection*, 15 Yale J. on Reg.329（1998）, pp.331–38.

〔2〕 Carol M. Rose, *Preservation and Community: New Directions in the Law of Historical Preservation*, 33 Stan. L. Rev. 473（1981）.

〔3〕 参见章剑生：《行政收费的理由、依据和监督》，载《行政法学研究》2014 年第 2 期。

〔4〕 关保英：《行政收费的性质研究》，载《中州学刊》2017 年第 1 期。

为规范行政收费行为，我国实行了行政事业性收费目录清单制度。在中央政府层面，财政部定期向社会公布《全国性及中央部门和单位行政事业性收费目录清单》，未列入该目录清单的收费项目，负责审批收费标准的部门一律不得审批。“目录管理”向社会公众，尤其是承担缴费义务的行政相对人开放了监督渠道，并赋予了行政相对人拒绝支付权，对保障行政收费合法性有积极的制度性意义。

除“目录管理”之外，实践中可以采取“收支分离”“许可管理”的方法规范行政收费。收支分离，即通过行政相对人直接将费用缴纳到指定的银行账号并上缴国库，行政机关执法所需要的经费纳入本部门财政预算，切断行政收费与行政执法经费之间的关联性，消除行政机关为了获得更多执法经费而滥施行政收费的可能性。1996 年《行政处罚法》第 46 条第 1 款规定“作出罚款决定的行政机关应当与收缴罚款的机构分离”，统一的罚款收缴分离制度在行政处罚领域建立起来。基于行政收费与罚款的相似性，行政收费可借鉴该制度，建立起统一的行政收费收支分离制度。许可管理费即指行政机关和事业单位实施行政收费必须向物价部门申领收费许可证，凭许可证收费。作为一项预防性的行政收费合法性监督制度，收费许可制度为行政相对人提供了拒绝违法收费的制度性机制。〔1〕在近年的“放管服”改革背景下，部分收费许可证正在取消年审。〔2〕

根据美国公法理论中的“代理成本理论”，在现代的大规模社会系统中，行政权力归属于社会公众或代议机构，行政系统及其行政主体依据社会契约论在社会系统中享有广泛的管理权与处置权，事实上行使行政权力。但行政系统可被解释为行政权力归属者为获得更多社会财富而投入的成本，如果不能创造社会财富，就社会系统而言就是一项冗余的负担，因此这样的负担必须限定在必要限度之内，〔3〕因此清理行政收费项目对于社会系统的运转具有积极作用。但在清理行政收费项目过程中，存在全国性及中央部门和单位行政事业性收费目录清单与具有法律、行政法规依据的收费项目数量不符的问题。也就是说，一些行政收费项目的取消或停征没有采取法律途径。在没有修改其法律依据的情况下取消或停征行政收费或许客观上减轻了企业或公民的负担，但在合法性上存在缺陷，具有一定随意性。〔4〕

关于行政收费与行政收税关系的解读，有学者概括为亚税收论、税收过渡论以及税收平行论。亚税收论认为，税收作为一种合理的社会负担，其运行需要遵循严格而相对稳定的法律机制，因此往往与迅速变化发展的社会之间存在一定张力，因此在分配公共负担时需要行政收费作为税收机制的补充。税收过渡论认为，收取费用的行为如果由行政系统决定且暂时未进入立法范畴，该行为就是行政收费，而一旦经立法机关通过立法进行调整，即转为税收。税收平行论认为，行政收费是现代行政权运行过程中分配公共负担的一项独立于行政收税的必要举措。〔5〕从目的来看，行政收费与为增加财政收入的

---

〔1〕 章剑生：《行政收费的理由、依据和监督》，载《行政法学研究》2014 年第 2 期。

〔2〕 胡建淼：《行政法学》(第 5 版)，法律出版社 2023 年版，第 637 页。

〔3〕 关保英：《行政收费的性质研究》，载《中州学刊》2017 年第 1 期。

〔4〕 王锴：《论行政收费的理由和标准》，载《行政法学研究》2019 年第 3 期。

〔5〕 关保英：《行政收费的性质研究》，载《中州学刊》2017 年第 1 期。

税收的区别，不在于盈利，而在于补偿特定支出的行政成本，“其目的是为了实现受益者与未受益者之间的公平或者为了提高自然资源、公共设施的使用效率”[1]。即便都采取法定主义，因税费边界不明晰、以费代税弥补财政收入上的缺乏，现代国家有从“租税国家”滑向“收费国家”之虞。[2]

有学者认为，行政收费与行政征收区别的关键在于“可归因于个人”，具体判断标准如下。其一，额外成本原则，该原则主要适用于行政规费，是指行政因对特定人提供个别给付，导致其付出了事先无法预见的成本。其二，个别受益原则，适用于公共物品的使用具有排他性的规费，包括因公共物品数量有限的排他、公共物品再生期间内的暂时性排他以及因受益人范围明确导致的排他。其中“个别”，是指非全民性，不是公共物品实际的使用人数，而是“可能”的使用人数，即是否通过立法等方式将公共物品的使用者局限在特定范围。其三，经济诱导原则，主要适用于成本和受益都不明显的收费项目，如针对违反计划生育义务行为的社会抚养费，以及适用于拥挤性公共物品的使用规费，其诱导的主要目的是避免拥挤的出现。需要强调的是，经济诱导原则仍符合“可归因于个人”，但是政策上的归因而非法律上的归因。[3]

三、行政收税

行政收税，是指特定国家机关（税务机关和海关）根据法律授权，通过其行政权力依法强制地、无偿地取得财政收入的行政行为。税务机关行使征税权力与作出征税行为都以公民和企业由宪法和法律设定的纳税义务为前提，征税行为的基本依据是《税收征收管理法》《海关法》等相关法律。

按照征税对象的不同，可将税收分为流转税、所得税、财产税、资源税和行为税五类；按照税收管理权限的不同，可将税收分为中央税、地方税和中央地方共享税三类。通过对各种税的征收与管理，国家得以调解资源和收入分配，实现各行业协调发展。通过合理分配中央税、地方税、中央地方共享税，中央和地方的利益受到平衡与兼顾，为市场经济条件下实施宏观调控创造有利环境。[4]税收是国家财政的主要来源，税收入库后不区分税种，一并由国家统一支配，通过国家预算支出。

通说认为，税具有强制性、固定性和无偿性三个特征。强制性，一方面体现在税收分配关系上，国家以立法形式规定了税种、税率、税务征收管理等征税规则，任何个人以及单位都必须遵守包括《企业所得税法》《个人所得税法》《契税法》《印花税法》等在内的税法；另一方面体现在税收征收过程中，特定国家机关以国家强制力征收税款。固定性，是指国家征税之前预先规定了统一的征税标准，包括纳税人、课税对象、税率、纳税期限、纳税地点等。这些标准一经确定，在一定时间内是相对稳定的。无偿性，是指国家在征税过程中无须向纳税人支付代价，也无须偿还。由于国家行政机关作

〔1〕江利红：《论行政收费范围的界定》，载《法学》2012年第7期。

〔2〕王锴：《论行政收费的理由和标准》，载《行政法学研究》2019年第3期。

〔3〕王锴：《论行政收费的理由和标准》，载《行政法学研究》2019年第3期。

〔4〕胡建淼：《行政法学》（第5版），法律出版社2023年版，第630页。

为管理机关并不直接从事社会生产、创造财富，但国家为能完成其职能，维持社会秩序，又必须消耗一定的物质资财，因此只能通过行使国家行政权力实现财产由行政相对人向国家的单方向流转，充实国家财产以确保国家财政开支。[1]需要指出的是，税收的无偿性是针对单个纳税人而言的，单个纳税人所享有的公共服务和利益与其所缴纳的税款并非一一对应，但就纳税人整体而言则是对等的，因为税收“取之于民，用之于民”，政府使用税收的目的是向全体社会成员提供公共服务和公共产品。因此，税收的无偿性表现为个体的无偿性、整体的有偿性。

区分行政收税与行政收费的关键也在于其是否具有个体的无偿性。行政收费具有个体的有偿性，即在特定关系中各方主体之间存在利益交换。“税是对整个社会征收的，不考虑谁获得了资助公益事业的利益。相反，费只向特定获益者征收，并依据其个人接受服务的数量。”[2]

税收涉及私人财产以税收形式转变为国家财产，因此税收征收争议不可避免。如果纳税人、扣缴义务人、纳税担保人对税务机关作出的纳税决定不服，适用“先缴后诉”和“复议前置”原则进行处理。“先缴后诉”要求当事人必须依照税务机关的纳税决定缴纳或解缴税款及滞纳金，或者提供相应的担保，否则将没有诉权。“复议前置”则要求当事人不能绕过行政复议直接针对不服的纳税决定提起行政诉讼，只能先就纳税决定申请复议，对复议决定仍不服的才可以提起行政诉讼。当事人对纳税决定以外的如保全措施、执行措施、处罚决定等不服的，区别于对纳税决定不服所适用的救济程序，直接适用一般的法律救济程序，既可以选择申请行政复议也可以直接提起行政诉讼。另外，对“处罚决定”的强制执行适用“选择执行”原则，既可以由行政机关自行强制执行，也可以由行政机关申请人民法院强制执行。[3]

四、行政征用

（一）行政征用的法律概念

行政征用与行政征收共享了基本相同的行政法理与适用条件，均属于国家通过合法手段干预私人财产权的两种并行机制，可以称为行政法体系下的一对“孪生兄弟”，[4]我国的行政征用也是从行政征收概念之中脱嵌分离出来的，因此在我国《宪法》与法律法规之中，对于行政征用与行政征收通常一并作出相关规定。譬如我国《宪法》第 13 条第 3 款规定：“国家为了公共利益的需要，可以依照法律规定对公民的私有财产实行征收或者征用并给予补偿。”《土地管理法》第 2 条第 4 款规定：“国家为了公共利益的需要，可以依法对土地实行征收或者征用并给予补偿。”较为特殊的是，《民法典》赋予了

---

〔1〕 姜明安主编：《行政法与行政诉讼法》（第 8 版），北京大学出版社、高等教育出版社 2024 年版，第 272—273 页。

〔2〕［美］霍尔姆斯、桑斯坦：《权利的成本——为什么自由依赖于税》，毕竟悦译，北京大学出版社 2004 年版，第 7 页。

〔3〕 胡建淼：《行政法学》（第 5 版），法律出版社 2023 年版，第 632 页。

〔4〕 胡建淼：《行政法学》（第 5 版），法律出版社 2023 年版，第 622 页。

行政征用专门的定义，《民法典》第 245 条规定："因抢险救灾、疫情防控等紧急需要，依照法律规定的权限和程序可以征用组织、个人的不动产或者动产。被征用的不动产或者动产使用之后，应当返还被征用人。组织、个人的不动产或者动产被征用或者征用后毁损、灭失的，应当给予补偿。"《民法典》通过这一概念条款阐明了行政征用与征收之间的内在差异，将行政征用制度的特殊性予以明确。

因此在行政法学理上，我们可以将行政征用定义为，行政征用是行政主体出于疫情防控、抢险救灾等紧急需要，为了维护公共利益，依法单方强制性地使用行政相对人的财产，事后应当返还并给予合理补偿的行政行为。

（二）行政征用的法律特征

现行的行政法学理论一般更多将行政征用与行政征收置于一起讨论其法律共性特征，譬如行政征用与征收制度相似，均是建立在强制力基础上对行政相对人利益的一种减损，行政征用是一种典型的负担行政行为，而非授益行政行为，行政征用也是基于国家的单方意志作出的，不以取得行政相对人的同意为前提。与之相关，由于行政征用是对行政相对人财产权益的一种严重干预，相比其他的授益性行政行为，行政征用的法定性要求极高，《立法法》中明确了行政征用与行政征收均适用法律保留原则，行政法规、地方性法规以及规章均无权设定征用权。另外，行政征用的启动与行政征收相类似，均必须出于公共利益的需要，公共利益是启动行政征收与行政征用的前提要件。简言之，负担性、法定性以及公益性是行政征用与行政征收共享的几项法律特征。

但与此同时，行政征用依然存在诸多独有的法律特征。

第一，行政征用的非处分性。行政征用不会导致财产所有权的转移，只是强制性地借用被征用财产。正如《民法典》第 245 条的规定，"因抢险救灾、疫情防控等紧急需要，依照法律规定的权限和程序可以征用组织、个人的不动产或者动产。被征用的不动产或者动产使用后，应当返还被征用人"。因此，返还相对人财产是行政机关的法定义务，即便相关财产损毁或者灭失的，也应当予以金钱补偿。

第二，行政征用的短期与临时性。征用存在截止期限，被征用财产的使用权在特定期限内受到限制。特定紧急状态结束之后，行政机关必须及时返还相关被征用财产。因此，与行政征收相比，行政征用是一种短期性的行政行为。

第三，行政征用的适当补偿性。征用财产应当向行政相对人支付补偿金，征用劳务需支付劳务费。《民法典》第 117 条规定，"为了公共利益的需要，依照法律规定的权限和程序征收、征用不动产或者动产的，应当给予公平、合理的补偿"。行政征用与行政征收均体现了补偿性，但是在补偿数额与强度上，行政征收的补偿需要遵循完全补偿原则，一般先补偿后征收；行政征用的补偿是适当补偿，而且在紧急征用的情况下，可以进行事后补偿。[1] 这是由于行政征用一般具有紧急性和临时性，并不会造成行政相对人的永久性财产损失，因此在补偿强度上往往弱于行政征收。

---

〔1〕 参见沈开举：《征收、征用与补偿》，法律出版社 2006 年版，第 18—20 页。

（三）行政征用的场景类型

我国行政征用的类型与场景以应急征用、国防征用较为常见。尤其在应急状态下，行政征用是极为普遍的行为手段。譬如 2007 年《突发事件应对法》第 12 条规定："有关人民政府及其部门为应对突发事件，可以征用单位和个人的财产。被征用的财产在使用完毕或者突发事件应急处置工作结束后，应当及时返还。财产被征用或者征用后毁损、灭失的，应当给予补偿。"除了应急状态情形之外，国防征用也是行政征用较为常见的场景类型之一。《国防法》第 51 条规定："国家根据国防动员需要，可以依法征收、征用组织和个人的设备设施、交通工具、场所和其他财产。县级以上人民政府对被征收、征用者因征收、征用所造成的直接经济损失，按照国家有关规定给予公平、合理的补偿。"《国防交通法》第 7 条规定："县级以上人民政府根据国防需要，可以依法征用民用运载工具、交通设施、交通物资等民用交通资源，有关组织和个人应当予以配合，履行相关义务。民用交通资源征用的组织实施和补偿，依照有关法律、行政法律执行。"除了应急与国防征用，在交通行政等特殊的执法场景下，行政征用也时常出现，譬如《海警法》第 54 条规定："海警机构因海上维权执法紧急需要，可以依照法律、法规、规章的规定优先使用或者征用组织和个人的交通工具、通信工具、场地，用后应当及时归还，并支付适当费用；造成损失的，按照国家有关规定给予补偿。"

（四）行政征用的法律救济

同行政征收类似，行政征用作为一类典型的负担行政行为，会给行政相对人的财产权益带来明显的负面影响，因此行政相对人或者利害关系人认为征用行为违法的，有权提起行政复议或者行政诉讼。《行政复议法》第 11 条第 4 项规定当事人"对行政机关作出的征收征用决定及其补偿决定不服"的，可以依法申请行政复议。与之类似，《行政诉讼法》第 12 条同样规定"对征收、征用决定及其补偿决定不服的"，当事人可以向人民法院提起诉讼。《国家赔偿法》第 4 条第 3 项亦规定了行政机关及其工作人员违法征收、征用财产的，需要承担相应的国家赔偿责任。

第四节　行政给付和奖励

一、行政给付

（一）"给付行政"概述

随着科技的不断发展和人们生活方式的转变，社会成员生存更多依赖社会，传统行政理论出现严重不足，"给付行政"理论应运而生。1938 年德国学者福斯特霍夫在其发表的《作为给付主体的行政》一文中首次提出了"生存照顾"的理念。福斯特霍夫认为"生存照顾乃现代行政之任务"，在此基础上形成了给付行政的概念，并为德国公法学者所认同。[1]日本的给付行政理论从德国移植引进，日本学者通过将给付行政放在与干预行政相对应的位置上对其进行理解，日本学者认为给付行政是行政主体为了确保公民生活发展的可能性，为之提供的精神或物质利益和便利的活动。[2]

给付行政与国家经济形态与行政模式的演变密不可分，自由资本主义时期，西方国家大多奉行“守夜人”式政府的执政理念，这一时期具有给付行政意义的措施被限制在极少数领域。垄断资本主义时期，经济危机的爆发使得大量企业破产、工人失业，为缓和阶级矛盾，西方国家加强了对社会经济弱者的社会权保障，进而强化了政府的行政给付职能。[3]当国家发展到一定阶段，行政任务随之逐渐增大，政府除了传统的秩序行政，还要介入失业保险、养老保险等社会行政领域开展给付行政活动。

（二）行政给付的概念与特征

1. 行政给付的学理概念

行政给付的概念分为广义说、狭义说以及折中说。广义说认为行政给付就等同于给付行政，这一学说受到日本行政给付理论的影响较大，广义说认为一个行政行为只要具有支付内容的就属于行政给付。[4]中国的主流学说认为，给付行政与行政给付是两种不同的概念。给付行政是一种积极行政模式，是一种福利行政、服务行政，相对于干预行政、警察行政、计划行政等概念而言。而行政给付是给付行政的产物，是一种具体行政行为，相对于行政处罚、行政许可等概念而言。狭义说是目前我国行政法学教材的主要观点，[5]行政给付局限在物质层面，属于社会保障行政的一种，行政给付一般界定为行政机关以法律、法规、规章及其他规范性文件为依据，根据行政相对人的申请，在公民下岗、失业、低经济收入或者遭受天灾、人祸等特殊情况下，以及在公民年老、疾病或者丧失劳动能力等情况下，为该行政相对人提供物质利益或者与物质有关的利益的具体行政行为。折中的行政给付的概念认为，随着社会的不断发展，服务型政府理念的不断深入，行政给付的内涵与外延也在不断扩展，局限于物质层面的狭义说难以体现现代行政行为的服务理念和行政给付的发展趋势，过宽的广义行政给付概念可能会产生误导，因此只要能带来物质利益或者精神利益的行政行为都是行政给付。[6]折中的观点将行政给付界定为行政主体为实现特定的公共目的，为特定的行政相对人提供物质帮助（如扶贫救济金、助学金、补贴）、建设公共设施或者为公众提供其他服务，以保障和改善公民生活条件的行政行为。[7]行政给付的内涵或核心要素并不难确定，不过基于语境与背

〔1〕参见闫尔宝：《关于给付行政的若干思考——以德日行政法为中心》，载《行政法学研究》2010年第3期。

〔2〕杨建顺：《行政规制与权利保障》，中国人民大学出版社2007年版，第103—113页。

〔3〕胡建淼：《行政法学》（第5版），法律出版社2023年版，第577—578页。

〔4〕胡建淼：《行政法学》（第5版），法律出版社2023年版，第579页。

〔5〕参见姜明安：《行政法》，北京大学出版社2017年版，第381页；罗豪才、湛中乐主编：《行政法学》（第4版，北京大学出版社2016年版，第263页；应松年主编：《当代中国行政法》（第三卷），人民出版社2018年版，第1169—1171页。

〔6〕喻少如：《行政给付制度研究》，人民出版社2011年版，第21—30页。

〔7〕杨解君主编：《行政法学》，中国方正出版社2002年版，第382页。

景不同，外延也会存在一定的差异。[1]

2. 行政给付的法律特征

相较于行政处罚、行政许可等具体行政行为，行政给付的法律特征主要表现在以下几个方面。

第一，行政给付是一项授益行政行为。无论是哪一种行政给付概念，授益性都是行政给付的首要特征。行政给付是国家福利政策的体现，行政给付之所以出现，究其原因是行政主体为了保障公民的基本生活、改善公民的生存状况或者提高公民福利而作出的给付行为。[2]因此，相较于行政处罚、行政强制等负担行政行为，行政给付是行政主体通过给予物质帮助等方式给予行政相对人利益的行为，而不是使行政相对人额外承担责任或权利受损的行为。

第二，行政给付的主体和对象是法定的。行政给付的主体是负有法定职责的行政机关，法律法规授权的组织及行政机关委托的组织。与其他组织、个人提供的利益不同，行政给付是一种履行国家行政管理职能的活动，必须由适格的行政主体实施。行政给付的对象是符合法定条件的行政相对人。

第三，行政给付是依法作出的行政行为。行政给付是一种行政行为，而行政行为必须依法作出，法律优位原则和法律保留原则是依法行政的基本原则，行政给付适用法律优位原则基本上并无争议，而法律保留原则适用到何种程度目前争议较大。具体来说，在法律暂时缺位，相对人又亟待获得救助的情况下，行政主体根据法规、规章、行政规范性文件等作出的行政给付行为仍然有效。[3]

第四，行政给付原则上依相对人申请得以启动。除了自然灾害等紧急状态由行政机关主动实施，绝大多数行政给付都需要给付对象提出申请。[4]行政给付同行政许可相类似，通常均以当事人的申请作为行政给付的启动条件，但并不能将行政给付归入严格意义上的依申请行政行为，因为在特定情形下，依然有大量的行政给付由行政机关依职权作出。

第五，行政给付以财产给付或物质给付为主要内容。无财产给付内容的行政行为不属于行政给付。行政给付是行政主体向相对人给付金钱或实物，是无偿地用之于民，实践中最常见的抚恤金、离退休金、社会救助金以及救灾物资等行政给付类型，均是具有具体的财产或物质给付内容。

第六，行政给付具有救助和福利性。行政给付是国家福利政策的体现，行政给付不是出于对经济损失的弥补，而是对公民生活困难的一种救助和补助，[5]行政给付仅仅提

---

〔1〕参见胡敏洁：《给付行政范畴的中国生成》，载《中国法学》2013 年第 2 期。

〔2〕参见李国兴：《超越生存照顾的给付行政：论给付行政的发展及对传统行政法理论的挑战》，载《中外法学》2009 年第 6 期。

〔3〕沈福俊、邹荣主编：《行政法与行政诉讼法学》，北京大学出版社、上海人民出版社 2007 年版，第 270—271 页。

〔4〕姜明安：《行政法》，北京大学出版社 2017 年版，第 382 页。

〔5〕胡建淼：《行政法学》（第 5 版），法律出版社 2023 年版，第 579 页。

供满足最低生活需求的资金或实物，其背后是生存权保障的宪法义务。

（三）行政给付的功能作用

1. 生存权保障的功能

给付行政理论创设之初，生存照顾就被视为核心内容。对人权保障内涵进行何种界定直接影响到国家授益范围的界限。当仅将人权保障的内涵界定为生存权保障时，国家授益范围即为生存利益；而当人权保障的内涵界定为包括生存权保障和发展权保障时，国家授益范围就相应扩展为生存利益和发展利益。无论如何界定，国家需要在个人力量无法在公共服务领域维持其生存利益时，对公民负担以生存利益保障为底线的必要授益义务，行政机关则基于此履行给付职责。〔1〕行政给付的目的在于为遭遇各种风险的人民提供平等机会、脱贫能力和资源，保障其最基本的生存权与人的尊严。

2. 维系社会公平与正义的功能

公平正义是法治社会永恒的主题。首先，行政主体可以通过开放公共设施使更多的人能够享受到公共资源，可以通过完善社会保障制度使有困难的群体得到救助。其次，现代政府正在向“服务型政府”转型，政府的所有职能必须围绕这一目标运转，这是最根本的正义，也是所有行政正义的本源。〔2〕最后，行政给付依据法定的行政程序运转，程序正义在一定程度上保证了实体上的正义。

3. 利益分配的功能

首先，行政给付具有收入再分配的功能。国民收入的初次分配是在生产领域主要围绕生产要素来分配的，而收入的再分配是由政府或国家主导的，在初次分配的基础上通过税收财政或转移支付等手段进行。其次，行政给付具有利益调节和补偿功能。通过国民收入的二次分配，可以协调不同阶层、地域和行业等利益关系，甚至补偿那些利益受损者。最后，行政给付具有促进经济发展的间接功能。一方面，预防和消除劳动者遭遇的各种风险，为劳动力再生产提供保证；另一方面，则是通过行政资助、扶持、帮助等给付手段调整经济结构，从而激发经济发展活力。〔3〕

4. 维护社会稳定的功能

如果没有一定的风险控制机制，就会容易引发社会风险甚至社会动荡。社会保障充当着社会的首选的稳定机制。〔4〕行政给付等社会保障能够帮助预防和应对各种生存风险，从而防范化解陷于生存困境的社会成员对政府的抵触心理，以达到消除社会矛盾、维护社会稳定的功能目的。

（四）行政给付的基本原则

1. 社会国原则

社会国是与警察国相对应的概念。一般认为，社会国理念起源于 1919 年《德国魏玛宪法》，在社会国原则的要求下，国家有必要创设一个使个人得以自我决定、自我发

〔1〕解志勇：《基于中国式扶贫实践的给付行政法治创新》，载《法学研究》2022 年第 6 期。

〔2〕柳砚涛：《行政给付研究》，山东人民出版社 2006 年版，第 45 页。

〔3〕喻少如：《行政给付制度研究》，人民出版社 2011 年版，第 44—45 页。

〔4〕郑功成：《社会保障学——理念、制度、实践与思辨》，商务印书馆 2000 年版，第 249 页。

展、自我完成的前提环境。社会福利国家负有积极的作为义务。社会国对国家目标或任务的描述性概念，与基本权利尤其是社会基本权利关系密切，我国现行《宪法》对于社会主义的强调与社会国原则息息相关，具体到行政给付领域，社会国表现为一国中符合设定条件的任何公民都有从国家获得最低限度生活保障的权利，而国家则负有积极作为的义务。[1]

2. 平等原则

《宪法》第 33 条第 2 款规定“中华人民共和国公民在法律面前一律平等”，这可被视为是平等权的宪法规范。平等原则是现代行政法的基本原则，平等原则要求行政主体客观、公正的适用法律，行政给付的相对人有平等的获得行政给付的机会和权利。平等原则既包括形式平等也包括实质平等，在某些方面采取有利于弱势者的区别对待更有利于实现行政给付上的平等。

3. 比例原则

比例原则以保护公民的基本权利为目标。在行政给付中，主要包括两个问题：禁止过剩给付和禁止过低给付。[2]前者是因为行政给付是一种授益行政行为，需要一定的经济实力作为支撑，而国家用于再分配领域的资源是有限的。因此，为了保证有限的资源合理分配到社会最需要的领域，必须尽量避免过剩给付。后者是因为在社会主义国家，行政给付的目的已经不再局限于“生存照顾”，而是要保障行政给付的相对人过上有尊严的生活。[3]

4. 国家辅助性原则

社会法治国背景下，国家逐渐承担公民的生存照顾义务并越来越多地积极行使给付，已有的行政主体无力承担更多的行政任务。[4]生存照顾和国家给付之间并不存在必然的联系，个人或组织也可提供生存照顾，国家所需要提供的是“有益的帮助”。当社会不能凭己力维持稳定时，国家才扮演“国家补充功能”的角色。[5]国家辅助性原则的提出，正是源于对国家财力有限性的承认，无节制的行政给付不仅会诱发财政危机，还会诱发管理危机、信任危机甚至道德危机。[6]在行政给付领域，辅助性原则意味着除了国家行政的作用，个人自助有着重要的意义，此外各种社会团体或社会组织也在其间发挥重要的作用。

---

〔1〕 参见李敏：《支配给付行政的法原理分析——从“行政国家”的特点谈起》，载《苏州大学学报（哲学社会科学版）》2008 年第 4 期。

〔2〕 参见王贵松：《支配给付行政的三大基本原则研究》，载刘茂林主编：《公法评论》（第 1 卷），北京大学出版社 2003 年版。

〔3〕 参见李敏：《支配给付行政的法原理分析——从“行政国家”的特点谈起》，载《苏州大学学报（哲学社会科学版）》2008 年第 4 期。

〔4〕 参见胡敏洁：《给付行政与行政组织法的变革——立足于行政任务多元化的观察》，载《浙江学刊》2007 年第 2 期。

〔5〕 陈新民：《公法学札记》，法律出版社 2010 年版，第 75—77 页。

〔6〕 参见吕艳辉：《行政给付限度论》，载《当代法学》2011 年第 2 期。

5. 信赖利益保护原则

一般而言，除了紧急状态下的行政给付是一次性、临时性的，大多数的行政给付都是定期、定额、连续且稳定发放的。基于信赖利益保护原则，政府对自己作出的给付决定以及给付行为不得随意变更。但若作出给付决定的客观条件发生变化，确需改变有关基准或变更、撤销、废止已经作出的给付行为时，应进行利益考量，采取适当的应对与补偿措施。[1]

（五）我国行政给付的分类

我国行政给付的依据散见于各类法律、法规与行政规范性文件中，立法机关先后制定并通过了《残疾人保障法》《老年人权益保障法》《妇女权益保障法》《社会保险法》等法律。同时，国务院根据《宪法》及相关法律精神，在立法机关没有制定社会保障相关立法的情况下，先后制定了相关行政法规，譬如《农村五保供养工作条例》《城市居民最低生活保障条例》《残疾人就业条例》《失业保险条例》《军人抚恤优待条例》等。在此基础上，又从教育、就业以及其他领域方面以行政规范性文件的方式，制定多样且繁杂的行政给付政策。可以说，在中国，“行政给付”尽管没有成为法律上的用语，却依然有着极其丰富的制度实践。[2]从目前相关立法与政策来看，我国行政给付主要包括以下几种类型。

1. 抚恤金制度

抚恤金制度具有社会优抚和社会保障两层内涵。抚恤金制度在实践中具有多种类型，大致可以分为两类：一是由政府根据相关法规为伤残公职人员或者因公牺牲的公职人员的直系亲属发放的资金补助；二是根据《兵役法》与《军人抚恤优待条例》的相关规定，给予伤残军人或者革命烈士的家属一定的资金抚恤。

2. 最低生活保障制度

社会救济金等最低生活保障制度也是社会保障制度中的一种。1999 年制定的《城市居民最低生活保障条例》是我国城市最低生活保障制度建立的开始，该条例明确了政府在城市低保工作中的责任，并对资金来源、发放程序以及监督处罚等方面作出了详细的规定。与城市低保制度相对应，农村低保制度工作的开展依据主要是《农村五保供养工作条例》，该条例对农村五保户的认定、供养对象、供养内容、供养启动程序以及监督管理等方面作出了明确的规定。

3. 自然灾害救助制度

遭受自然灾害的灾民有要求政府提供给付的权利，政府救助灾民是不可推卸的行政给付职责。自然灾害救助制度通常体现为生活救济费与救济物资以及安置抢救转移费与物资援助的形式，我国已陆续出台包括《防震减灾法》《防洪法》《地质灾害防治条例》《突发公共卫生事件应急条例》《自然灾害救助条例》等法律法规。我国的灾害救助制度也在不断的完善过程中。

---

〔1〕应松年主编：《当代中国行政法》（第 3 卷），人民出版社 2018 年版，第 1177—1180 页。

〔2〕参见宋华琳：《作为宪法具体化的行政法——〈公法学札记〉的札记》，载《中外法学》2003 年第 5 期。

4. 行政补助制度

行政补助制度由行政补助制度和行政助长制度组成。前者包括对不可移动文物保护的补贴、扑救森林火灾人员医疗与抚恤、粮食生产补贴、增加农民收入的补贴、促进就业补贴构成。如根据《文物保护法》第21条规定，非国有不可移动文物有损毁危险，所有人不具备修缮能力的，当地人民政府应当给予帮助。其中的财务性帮助属于行政给付。后者包括国家助学贷款、义务教育经费。如根据《义务教育法》相关规定，义务教育经费全面纳入财政保障范围，由国务院和地方各级人民政府依照本法规定予以保障。

二、行政奖励

（一）行政奖励的基本概念与特征

1. 行政奖励的基本概念

伴随福利国、社会国等新型国家观的出现，政府职能也由公共秩序维护向社会保障、公共服务等领域扩展。随着市场经济的发展以及社会生活领域的日益多元化，带有强制色彩的传统行政行为类型已不能完全适应社会发展的需要，而行政奖励等带有非强制色彩的行政活动方式被广泛运用于行政管理各个领域之中。

对于行政奖励的概念界定有广义和狭义之分。广义的行政奖励，是指国家行政机关为了鼓励先进、鞭策后进，激励人们奋发向上，积极为国家和人民作贡献而对于严格遵纪守法、认真完成国家计划和任务，在一定领域内为国家和人民作出了重要贡献的先进单位和先进个人所给予的精神鼓励和物质鼓励。广义的行政奖励认为行政奖励的对象既包括行政相对人也包括行政机关工作人员。狭义的行政奖励，是指行政主体为实现行政目标，通过赋予物质、精神及其他权益，引导、激励和支持行政相对人实施一定的符合政府施政意图行为的非强制行政行为。[1] 狭义的行政奖励认为行政奖励的对象仅限于行政相对人。

2. 行政奖励的法律特征

（1）行政奖励是一种行政行为。如果行政相对人实施的行为符合行政奖励的要求，就在其与行政主体之间建立起特定的行政法律关系。行政主体就有义务依据相关的法律、法规给予行政相对人相应的奖励，而行政主体是否适当履行行政奖励的义务将会对行政相对人的实体权利产生影响。这体现了行政奖励具有处分性，处分性正是行政行为的首要特征。此外，自2021年1月1日颁布施行的最高人民法院《关于行政案件案由的暂行规定》中明确将“行政奖励”列为二级案由，这也从司法实践角度确定了行政奖励是一种行政行为类型。既然行政奖励是一种行政行为，其当然也具备了行政行为应有的法律特征。

（2）行政奖励是一种授益性行政行为。依据行政行为的效果对行政相对人是否有利为区分标准，行政行为又可分为授益性行政行为和负担性行政行为。授益性行政行为，是指授予行政相对人以一定权利、利益或者免除其义务的行为，典型譬如行政许可和行政给付。行政奖励的特点在于其行为给行政相对人带来积极的获益效果，具有明显的赋

[1] 傅红伟：《行政奖励研究》，北京大学出版社2003年版，第33—34页。

权性，因此其显然不同于带有惩罚性质的行政处罚、行政强制等负担性行政行为。行政奖励与行政给付最大的不同在于行政给付以行政相对人的申请为条件，行政奖励通常并不以行政相对人的申请作为必要条件，正如胡建淼教授所指出的，“行政奖励是出于对先进的表彰，以行政奖励法为基础和依据；而行政给付是福利行政的体现，是一种社会救助制度，它以社会救助法为基础和依据”。〔1〕

（3）行政奖励是不具有强制力、带有倡导性质的行政行为。强制性的行政行为都要给行政相对人科以一定的义务或责任。而行政奖励主要通过利益驱动机制，向特定的行政相对人施以作用和影响，并谋求其为一定作为或不作为，从而达到一定的行政目的。〔2〕行政相对人只要满足了奖励条件便依法享有获得奖励的权利，如果行政相对人不主张权利，行政主体也不能强迫行政相对人接受奖励。与具有强制性的行政处罚等行政行为不同，行政奖励是一种柔性的、倡导性的并带有激励色彩的行政行为。

（二）行政奖励的类型

根据我国有关行政奖励的法律规定，行政奖励大致可以区分为以下几种类型。

（1）依据实施行政奖励的主体不同，可分为国家行政奖励和地方行政奖励。国家行政奖励包括国务院及其各工作部门层级的奖励。譬如国务院制定的《国家科学技术奖励条例》中规定的“国家最高科学技术奖”“国家自然科学奖”等；国家市场监管总局与财政部联合印发的《市场监管领域重大违法行为举报奖励暂行办法》中给予举报人奖励的相关内容。地方行政奖励包括地方各级人民政府及其职能部门的相关行政奖励，譬如陕西省人大颁布实施的《陕西省奖励和保护见义勇为人员条例》等。

（2）依据行政奖励的内容不同可以分为精神奖励、物质奖励。精神奖励是通过授予相对人以象征意义的符号或行为等提升其社会评价的奖励形式，大致包括有表扬、通令嘉奖、授予荣誉称号（譬如劳动模范、战斗英雄、文明单位）等。物质奖励是以实物形式作为奖励手段，譬如授予奖品和奖金等。实践中的行政奖励形式可能既是精神奖励又是物质奖励，典型例如《教学成果奖励条例》就专门规定“国家级教学成果奖分为特等奖、一等奖、二等奖三个等级，授予相应的证书、奖章和奖金”。该奖项就同时给予相对人以精神和物质层面的权益。

（3）根据行政奖励的客体不同，可以将行政奖励分为如下几类。第一，对科学研究成果和技术发明创造成果的奖励，譬如《科学技术进步法》第18条第2款中规定的“国家建立和完善科学技术奖励制度，设立国家最高科学奖等奖项，对在科学技术进步活动中做出重要贡献的组织和个人给予奖励”。第二，对检举揭发或制止违法行为有功行为的奖励，譬如《上海市社会治安综合治理条例》第37条规定：“市和区、县综治委对社会治安综合治理和平安建设工作作出突出贡献的单位和个人，进行表彰和奖励。”第三，对在本职工作中做出突出贡献行为的奖励等类型。〔3〕

〔1〕胡建淼：《行政法学》（第5版），法律出版社2023年版，第583页。

〔2〕傅红伟：《行政奖励研究》，北京大学出版社2003年版，第44页。

〔3〕李友根：《法律奖励论》，载《法学研究》1995年第4期。

（三）行政奖励的基本原则

行政法应遵循的基本原则同样适用于行政奖励领域。行政奖励的原则主要体现为以下几项。

1. 依法奖励原则

依法行政作为行政法的基本原则，在行政奖励领域的体现便是依法奖励。依法奖励原则意味着，行政奖励的设定必须依循法律法规的规范要求，行政主体不能任意创设行政奖励。行政奖励的行使均必须坚持法定的标准和条件，不能超越或者低于法定标准。行政奖励必须严格依循法定程序，要符合遵循程序正当的要求，行政主体也不得随意地撤销、变更已经生效的行政奖励决定。

2. 奖励公开原则

公开原则作为行政法基本原则，贯穿行政奖励的活动实践。首先，行政奖励是行政主体通过对某些行为和事实的积极评价，从而起到引导的作用。其目的决定了行政奖励要具备公开性。其次，行政奖励的运行具有权力单方色彩，表现为奖励范围、是否予以奖励、奖励程度以及奖励方式等问题，几乎均由行政机关单方自行决定。因此为了更好地监督权力的行使，行政奖励应坚持公开性的原则。最后，行政奖励在一定程度上使得政府公权力介入到经济和社会生活领域，如果运用不当则会侵害公平的环境。所以，坚持公开原则能更好地约束行政奖励的权力运行。

3. 精神奖励与物质奖励相结合原则

1982 年国务院发布的《企业职工奖惩条例》所确立的“物质奖励与精神奖励相结合原则”，后适用于行政奖励的各个领域，并逐步成为我国行政奖励的基本原则。物质奖励其激励效果更为直接，但一味注重物质奖励又会导致行政相对人滋生物欲的膨胀。所以在物质丰盈的当下，更不能忽视精神奖励的作用。精神奖励来自获得认可、实现个人目标等所带来的满足感或自我价值感。精神奖励对于激发个人的创造力、积极性等具有重要作用。物质奖励和精神奖励在实践中紧密统一，二者不可截然界分。

（四）行政奖励的实践功能

我国的行政活动实践中，行政奖励主要体现为以下几项功能。

1. 行政奖励蕴含的引导激励功能

行政奖励通过对行政相对人予以肯定性评价从而激发其主观动机，助推或者激励行政相对人积极履行特定行政任务，进而引导实现行政主体意图实现的行政目标。

2. 行政奖励具有促进资源优化配置的功能

当前行政奖励涉及的领域范围不断扩展丰富，特别是对于诸多新兴行业领域，国家可以通过政策优惠、财政补贴、专项资金等各类行政奖励方式，激励吸引更多人力、资本、科技等资源向新兴领域倾斜，进而促进实现资源的优化配置。

3. 行政奖励具有便宜高效促进公共利益实现的功能

相比于传统高权色彩的行政行为模式，行政奖励的行为方式更为柔和、程序更为宽松，行政奖励充分考虑个体利益与主观意愿，并给予积极的引导和鼓励，这将有利于更为高效地促进公共利益的实现。

重要名词术语

行政确认和证明、行政调查、行政检查、给付行政法、行政给付、行政征收、行政征用、行政奖励

思考题

1. 如何理解行政确认和证明之间的区别与联系?
2. 如何理解行政确认和证明的羁束性特征?
3. 如何保障行政确认和证明公正有序实施?
4. 行政检查中相对人的配合义务的性质和范围边界是什么?
5. 行政调查在哪些情况下可以成为行政复议或行政诉讼的受案范围?
6. 如何理解行政给付与行政奖励的制度功能?
7. 如何理解行政征用与行政征收的制度共性及其差异?

典型案例分析

案例一　重庆市某物业管理有限公司诉重庆市涪陵区人力资源和社会保障局劳动和社会保障行政确认案，重庆市涪陵区人民法院（2013）涪法行初字第 00077 号行政判决书

罗某系重庆市某物业管理有限公司（以下简称某物业公司）保安。2011 年 12 月 24 日，罗某在某物业公司服务的某小区上班（24 小时值班）。8 时 30 分左右，在兴华中路宏富大厦附近有人对一过往行人实施抢劫，罗某听到呼喊声后立即拦住抢劫者的去路，要求其交出抢劫的物品，在与抢劫者搏斗的过程中，不慎从 22 步台阶上摔倒在巷道拐角的平台上受伤。罗某于 2012 年 6 月 12 日向被告重庆市涪陵区人力资源和社会保障局（以下简称涪陵区人社局）提出工伤认定申请。涪陵区人社局当日受理后，于 2012 年 6 月 13 日向罗某发出《认定工伤中止通知书》，要求罗某补充提交见义勇为的认定材料。2012 年 7 月 20 日，罗某补充了见义勇为相关材料。涪陵区人社局核实后，根据《工伤保险条例》第 14 条第 7 项之规定，于 2012 年 8 月 9 日作出涪人社伤险认决字〔2012〕676 号《认定工伤决定书》，认定罗某所受之伤属于因工受伤。某物业公司不服，向法院提起行政诉讼。在诉讼过程中，涪陵区人社局作出《撤销工伤认定决定书》，并于 2013 年 6 月 25 日根据《工伤保险条例》第 15 条第 1 款第 2 项之规定，作出涪人社伤险认决字〔2013〕524 号《认定工伤决定书》，认定罗某受伤属于视同因工受伤。某物业公司仍然不服，于 2013 年 7 月 15 日向重庆市人力资源和社会保障局申请行政复议，重庆市人力资源和社会保障局于 2013 年 8 月 21 日作出渝人社复决字〔2013〕129 号《行政复议决定书》，予以维持。某物业公司认为涪陵区人社局的认定决定适用法律错误，罗某所受伤依法不应认定为工伤。遂诉至法院，请求判决撤销《认定工伤决定书》，并

责令被告重新作出认定。

另查明，重庆市涪陵区社会管理综合治理委员会对罗某的行为进行了表彰，并作出了涪综治委发〔2012〕5号《关于表彰罗某同志见义勇为行为的通报》。

重庆市涪陵区人民法院于2013年9月23日作出（2013）涪法行初字第00077号行政判决，驳回重庆市某物业管理有限公司要求撤销被告作出的涪人社伤险认决字〔2013〕524号《认定工伤决定书》的诉讼请求。一审宣判后，双方当事人均未上诉，裁判现已发生法律效力。

被告涪陵区人社局是县级劳动行政主管部门，根据国务院《工伤保险条例》第5条第2款规定，具有受理本行政区域内的工伤认定申请，并根据事实和法律作出是否工伤认定的行政管理职权。被告根据第三人罗某提供的重庆市涪陵区社会管理综合治理委员会《关于表彰罗某同志见义勇为行为的通报》，认定罗某在见义勇为中受伤，事实清楚，证据充分。罗某不顾个人安危与违法犯罪行为作斗争，既保护了他人的个人财产和生命安全，也维护了社会治安秩序，弘扬了社会正气。法律对于见义勇为，应当予以大力提倡和鼓励。

《工伤保险条例》第15条第1款第2项规定，职工在抢险救灾等维护国家利益、公共利益活动中受到伤害的，视同工伤。据此，虽然职工不是在工作地点、因工作原因受到伤害，但其是在维护国家利益、公共利益活动中受到伤害的，也应当按照工伤处理。公民见义勇为、跟违法犯罪行为作斗争，与抢险救灾一样，同样属于维护社会公共利益的行为，应当予以大力提倡和鼓励。因见义勇为、制止违法犯罪行为而受到伤害的，应当适用《工伤保险条例》第15条第1款第2项的规定，即视同工伤。

另外，《重庆市鼓励公民见义勇为条例》为重庆市地方性法规，其第19条、第21条进一步明确规定，见义勇为受伤的视同工伤，享受工伤待遇。该条例上述规定符合《工伤保险条例》的立法精神，有助于最大限度地保障劳动者的合法权益、最大限度地弘扬社会正气，在本案中应当予以适用。

综上，被告涪陵区人社局认定罗某受伤视同因工受伤，适用法律正确。

案例二　戴某诉济南市公安消防支队消防验收纠纷案，济南高新技术产业开发区人民法院（2012）高行初字第2号；济南市中级人民法院（2012）济行终字第223号

原告戴某诉称：原告所住单元一梯四户，其居住的801室坐东朝西，进户门朝外开启。距离原告门口0.35米处的南墙挂有高1.6米、宽0.7米、厚0.25米的消火栓。人员若要入室需后退避让，等门扇开启后再前行入室。原告的门扇开不到60—70度根本出不来。消防栓的设置和建设影响原告的生活。请求依法撤销被告济南市公安消防支队批准在其门前设置的消防栓通过验收的决定；依法判令被告责令报批单位依据国家标准限期整改。

被告济南市公安消防支队辩称：建设工程消防验收备案结果通知是按照建设工程消防验收评定标准完成工程检查，是检查记录的体现。如果备案结果合格，则表明建设工程是符合相关消防技术规范的；如果不合格，公安机关消防机构将依法采取措施，要求建设单位整改有关问题，其性质属于技术性验收，并不是一项独立、完整的具体行政行为，不具有可诉性，不属于人民法院行政诉讼的受案范围，请求驳回原告的起诉。

法院经审理查明，针对戴某居住的馆驿街以南棚户区改造工程1–8号楼及地下车库工程，济南市公安消防支队对其消防设施抽查后，于2011年11月21日作出济公消验备〔2011〕第0172号《建设工程消防验收备案结果通知》。

济南市高新技术产业开发区人民法院于2012年11月13日作出（2012）高行初字第2号行政裁定，驳回原告戴某的起诉。戴某不服一审裁定提起上诉。济南市中级人民法院经审理，于2013年1月17日作出（2012）济行终字第223号行政裁定：（1）撤销济南市高新技术产业开发区人民法院作出的（2012）高行初字第2号行政裁定；（2）本案由济南市高新技术产业开发区人民法院继续审理。

关于行为的性质。2008年《消防法》第4条规定："县级以上地方人民政府公安机关对本行政区域内的消防工作实施监督管理，并由本级人民政府公安机关消防机构负责实施。"2012年《公安部建设工程消防监督管理规定》第3条第2款规定："公安机关消防机构依法实施建设工程消防设计审核、消防验收和备案、抽查，对建设工程进行消防监督。"第24条第1款规定："对本规定第十三条、第十四条规定以外的建设工程，建设单位应当在取得施工许可、工程竣工验收合格之日起七日内，通过省级公安机关消防机构网站进行消防设计、竣工验收消防备案，或者到公安机关消防机构业务受理场所进行消防设计、竣工验收消防备案。"上述规定表明，建设工程消防验收备案就是特定的建设工程施工人向公安机关消防机构报告工程完成验收情况，消防机构予以登记备案，以供消防机构检查和监督，备案行为是公安机关消防机构对建设工程实施消防监督和管理的行为。消防机构实施的建设工程消防备案、抽查的行为具有行使行政职权的性质，体现了国家意志性、法律性、公益性、专属性和强制性，备案结果通知是备案行为的组成部分，是备案行为结果的具体表现形式，也具有上述行政职权的特性，应该纳入司法审查的范围。

关于行为的后果。2008年《消防法》第13条规定："按照国家工程建设消防技术标准需要进行消防设计的建设工程竣工，依照下列规定进行消防验收、备案：……（二）其他建设工程，建设单位在验收后应当报公安机关消防机构备案，公安机关消防机构应当进行抽查。依法应当进行消防验收的建设工程，未经消防验收或者消防验收不合格的，禁止投入使用；其他建设工程经依法抽查不合格的，应当停止使用。"2012年《公安部建设工程消防监督管理规定》第25条第2、3款规定："公安机关消防机构应当在已经备案的消防设计、竣工验收工程中，随机确定检查对象并向社会公告。对确定为检查对象的，公安机关消防机构应当在二十日内按照消防法规和国家工程建设消防技术标准完成图纸检查，或者按照建设工程消防验收评定标准完成工程检查，制作检查记录。检查结果应当向社会公告，检查不合格的，还应当书面通知建设单位。建设单位收到通知后，应当停止施工或者停止使用，组织整改后向公安机关消防机构申请复查。公安机关消防机构应当在收到书面申请之日起二十日内进行复查并出具书面复查意见。"上述规定表明，在竣工验收备案行为中，公安机关消防机构并非仅仅简单地接受建设单位向其报送的相关资料，还要对备案资料进行审查，完成工程检查。消防机构实施的建设工程消防备案、抽查的行为能产生行政法上的拘束力。对建设单位而言，在工程竣工验收后应当到公安机关消防机构进行验收备案；否则，应当承担相应的行政责任，消防设施经依法抽查不合格的，应当停止使用，并组织整改；就公安机关消防机构而言，备案结果中有抽查是否合格的评定，实质上是一种行政确认行为，即公安机关消防机构对行政相对人的法律事实、法律关系予以认定、确认的行政行为，一旦消防设施被消防机构评定为合格，那就视为消防机构在事实上确认了消防工程质量合格，行政相关人也将受到该行为的拘束。

据此，法院认为作出建设工程消防验收备案通知，是对建设工程消防设施质量监督管理的最后环节，备案结果通知含有消防竣工验收是否合格的评定，具有行政确认的性质，是公安机关消防机构作出的具体行政行为。备案手续的完成能产生行政法上的拘束力。故备案行为是可诉的行政行为，人民法院可以对其进行司法审查。原审裁定认为建设工程消防验收备案结果通知性质属于技术性验收通知，不是具体行政行为，并据此驳回上诉人戴某的起诉，确有不当。

第七章　行政协议

【内容提示】

行政协议作为一种非权力性的行政活动方式和治理方式的创新，体现了现代行政管理民主化、灵活性的趋势，在实践中起到了促进行政民主化、提高行政效率等作用。

通常认为，识别行政协议应从主体、目的、法律关系和意思四个要素入手，采取“综合判断说”。从比较法视角来看，一些国家或地区通过制定行政程序法或通过司法判例，初步勾勒出各具特色的“行政协议群”。从我国法规范上看，2019年最高人民法院《关于审理行政协议案件若干问题的规定》明确了行政协议的定义：“行政机关为了实现行政管理或者公共服务目标，与公民、法人或者其他组织协商订立的具有行政法上权利义务内容的协议”，并列举了政府特许经营协议，土地、房屋等征收征用补偿协议，矿业权等国有自然资源使用权出让协议，政府投资的保障性住房的租赁、买卖等协议；部分政府与社会资本合作协议等几类行政协议。

行政协议的订立，应遵循依法订立、公正公开、竞争择优、自由协商、书面订立等原则。行政协议的履行，应遵循实际履行、亲自履行、信赖保护、诚实信用等原则。行政协议的变更，包括行政机关单方变更、行政相对方请求变更、双方协商变更和情势变更等。行政协议的解除可分为单方解除和双方解除。

第一节　行政协议概述

一、行政协议的概念

合同作为“整个文明的产物”本无所谓公私，然历史上大陆法系公私法的二元划分使合同制度出现分野，合同渐被民法学者视为私法之“独占物”。[1]“行政协议”的概念，[2]曾遭遇法学界的冷漠、否定乃至反对。无论是在以奥托·迈耶为代表的传统行政法学统帅的德国，还是在戴雪的古典法治思想影响下的普通法国家，抑或行政协议的理念和制

〔1〕《法学研究》编辑部编著：《新中国民法学研究综述》，中国社会科学出版社1990年版，第413页。

〔2〕本书中，行政协议与行政合同、行政契约、公法契约等为同一概念。

度借鉴自前两者的中国台湾地区等，都曾就行政协议概念的正当性问题展开激辩。传统大陆法系法学理论认为，合同的原始意义与公法无关，合同上的当事人地位平等、意思自由、双方合意等要素在行政法领域几无存在的可能。加之传统行政法学所主张的是以维护秩序为主要任务、以命令—服从式的高权行政为主要方式的“秩序国家”理论，对于合同方式有着天然的排斥，因而“公法合同长期以来曾被视为一个自相矛盾的概念”。〔1〕所幸，进入 20 世纪后，随着国家行政从高权行政走向给付行政、从秩序行政走向福利行政，随着市场经济理念、福利国家理念、契约理念向公共管理领域渗透，随着民营化实践和管制改革的深入，合同作为国家管理的手段被引入公共行政领域。当下，在世界范围内，无论作为一种理念、制度，抑或政策执行、管制和政府组织的工具，行政协议已被普遍接受和运用。

在我国，行政协议也一向属于较少为学者所研究的行政行为，一度挣扎在“巨大的问号”的泥淖中，〔2〕相关理论、立法和实践呈现一种“碎片式”的存在。行政机关与公民、法人或者其他组织签订的协议或合同，很长一段时期在司法上被当作民事案件来处理。这一局面随着 2014 年《行政诉讼法》的修订而出现转变。2014 年 11 月 1 日，十二届全国人大常委会十一次会议通过《关于修改〈中华人民共和国行政诉讼法〉的决定》（自 2015 年 5 月 1 日起施行），在《行政诉讼法》第 12 条第 1 款中增加了第 11 项，将公民、法人或者其他组织提起的“认为行政机关不依法履行、未按照约定履行或者违法变更、解除政府特许经营协议、土地房屋征收补偿协议等协议的”诉讼，正式列入行政诉讼的受案范围。2015 年 4 月，最高人民法院《关于适用〈中华人民共和国行政诉讼法〉若干问题的解释》（已失效）第 11 条第 2 款中将“政府特许经营协议；土地、房屋等征收征用补偿协议”定名为行政协议，同时在第 11 条第 1 款中给行政协议下了定义，即“行政机关为实现公共利益或者行政管理目标，在法定职责范围内，与公民、法人或者其他组织协商订立的具有行政法上权利义务内容的协议，属于行政诉讼法第十二条第一款第十一项规定的行政协议”。

2019 年 11 月 27 日，最高人民法院公布了《关于审理行政协议案件若干问题的规定》，该解释第 1 条对行政协议上述的定义作了修改，删除了“在法定职责范围内”的表述，规定“行政机关为了实现行政管理或者公共服务目标，与公民、法人或者其他组织协商订立的具有行政法上权利义务内容的协议，属于行政诉讼法第十二条第一款第十一项规定的行政协议”。

二、行政协议的要素

作为一种非权力性的行政活动方式和治理方式的创新，行政协议体现了现代行政管理民主化、灵活性的趋势，在实践中起到了促进行政的民主化、提高行政效率等作

〔1〕［德］平特纳：《德国普通行政法》，朱林译，中国政法大学出版社 1999 年版，第 147 页。

〔2〕 余凌云：《它还是个问号吗？》，载氏主编：《全球时代下的行政契约》，清华大学出版社 2010 年版，第 1 页。

用。[1]作为一种新的法律行为形态，行政协议这个“混血儿”具有作为行政管理方式的行政性和作为公私合意产物的协议性的双重属性，它的出现打破了私法对合同的“独占”，充分体现了公法与私法相互渗透的发展趋势。

根据《行政诉讼法》第12条第1款第11项和《关于审理行政协议案件若干问题的规定》第1条的规定，行政协议具有以下四大要素。

（一）主体要素：行政机关与公民、法人或者其他组织

行政协议是行政行为的一种，其一方当事人必须是行政机关，另一方当事人必须是公民、法人或者其他组织。

将“缔约方中是否至少有一方为行政主体”作为行政协议的要素之一，在我国几无疑义。[2]然而，就行政协议是否可存在于行政主体之间这一问题，学界曾有分歧：一类观点认为行政协议仅存在于行政主体与相对人之间，例如认为“行政合同即行政契约，是指行政主体和相对人以协商一致的方式，设立、变更或消灭行政法上权利义务关系的合同”，行政主体之间达成的协议不属于行政协议。其主要理由是，行政主体之间的合同不适用“行政优益权”原则，亦不属行政诉讼范畴而经受司法审查。[3]另一类观点主张，行政协议亦可存在于行政主体之间。如应松年教授曾认为，“……不但行政主体与相对人之间可以缔结行政合同，行政主体之间、行政机关和其所属下级机构或者公务员之间亦可能存在行政合同关系……”[4]；余凌云教授认为，“行政契约可以在行政主体与相对人之间、行政主体之间和其所属下级机构或者公务员之间缔结”，甚至“在法律有特别规定时，非行政主体间也可能缔结”[5]。这两种观点的对立，其实质是对于对等权合同[6]是否属于行政协议的意见不一。第一种观点赞同行政协议仅为隶属性合同，第二种观点则将隶属性合同和对等权合同列入行政协议之中。这两种不同观点也从侧面反映了学者们对于国外行政协议理论及具体制度内容的不同理解和偏好。需要明确的是，对等

〔1〕参见［法］古斯塔夫·佩泽尔：《法国行政法》，廖坤明、周洁译，国家行政学院出版社2002年版，第94—95页。

〔2〕也有学者认为，存在两个私法主体之间签订的特殊的行政合同，这种合同的内容是有关行政事务的，或者合同受到行政法规则的支配，或者决定了公法上权利义务归属的，同样也是行政合同。参见陈敏：《行政法总论》，台北新学林出版股份有限公司2004年版，第572页；宋子慧、董鸿波：《论行政合同法律关系主体与分类》，载《中国工商管理研究》2002年第11期。持这种观点的学者不多，在德国和法国的实践中，也有这种情况。例如，德国Nordrhen-Westfalen的《水力法》第95条规定：“维护水道之义务，经高等水利机关之同意，得以协议之方式由他人承受，发生公法之效力。”本书认为，行政协议作为现代国家行使行政目的的一种新型法律方式，是行政主体行使其职能的一种手段，其发起方应当是行政主体。尽管有些情况下私法主体间签订的合同涉及传统的公法活动领域，例如其效果促进了公共利益或者有助于公共管理目标的实现，但实践中判断这类协议的效果并不容易。

〔3〕参见叶必丰：《我国区域经济一体化背景下的行政协议》，载《法学研究》2006年第2期。亦可参见刘莘：《行政合同刍议》，载《中国法学》1995年第5期。

〔4〕参见应松年主编：《行政法与行政诉讼法学》，法律出版社2005年版，第305—309页。

〔5〕余凌云：《行政法讲义》（第3版），清华大学出版社2010年版，第253页。亦可参见余凌云：《行政契约论》，中国人民大学出版社2006年版，第24页。

〔6〕对等权合同，“是指原则上地位相同的合同当事人之间，特别是具有权利能力的行政主体间所签订的合同”。［德］哈特穆特·毛雷尔：《行政法学总论》，高家伟译，法律出版社2000年版，第353页。

权合同与隶属行政协议在功能、规则适用、缔结的目的、具体权利义务分配、救济渠道和方式等方面大相径庭，因而不应作为典型意义上的行政协议，而应作为一类特殊的行政协议由公务员法或行政组织法等予以规范。

法国和日本等国也将行政主体的存在作为行政协议的要素之一。〔1〕法国行政法院在判例中，对行政协议的主体标准作出了如下判断：（1）缔约双方若都是公法人，则肯定是行政协议；（2）缔约双方中若没有任何一方是公法人，则不属行政协议。从后一标准中可推导出，两个私法人之间签署的合同不属于行政协议。〔2〕具体而言，在法国，得到法律承认、能够签订行政协议的行政主体只有三种，即所谓的国家（是最主要的，指公权力机关）、地方团体（即作为地方行政机关的省或市、镇等）和公共设施或公共机构（王名扬教授将其译为“公务法人”，是指具有独立的法律人格，以实施公务为目的而成立的公法人或称公务机关）。日本学者认为，将把行政主体作为合同一方或双方当事人的合同（包括行政主体基于行政目的而订立的私法合同）普遍看成行政协议，从而研究其中具有的特有法理，才是合适的。〔3〕

（二）目的要素：为了实现行政管理或者公共服务目标

历史的考察发现，行政协议在出现之初，正是作为一种替代行政管理手段而行使一些行政职权，完成一定的行政管理目标。因而，缔结合同的公共目的常被作为行政协议的一大要素。并非所有行政机关作为一方当事人的合同都是行政协议。在法律上，行政机关具有双重性，即具有行政主体和私法主体两种身份。作为行政主体，它具有法定的事务管辖权限，可以依法行使相应的行政职权；作为私法主体，它具备拟制法人所具有的从事普通民事行为的权利能力、行为能力以及相应的责任能力。因此，行政主体所参与缔结的合同，既可能是行政协议，也可能是私法上的合同。

行政机关为了实现行政管理或者提供公共服务而与相对方订立的协议是行政协议。例如，行政机关根据法律的授权，出让国有土地使用权与企业签订的《国有土地使用权出让合同》，其目的是通过行使国土行政管理权获取财政收益，因此该合同属于行政协议。行政机关如果只是为了满足和实现自身的日常利益而签订的合同，则是民事合同。例如，行政机关购买办公用品、签订办公用房租赁合同、单位职工宿舍楼建设合同等是民事合同，而不是行政协议。〔4〕

多数大陆法系国家和深受大陆法影响的日本，将合同的订立目的作为行政协议的要

---

〔1〕 参见［日］南博方：《日本行政法》，杨建顺、周作彩译，中国人民大学出版社1998年版，第623页。

〔2〕 这一规则存在例外，主要包括三类：（1）与公法人关系密切（如由政界人物领导或资本由公法人提供）的私法人；（2）根据法律规定承担某项公共服务管理职能的私法人；（3）靠公共财政支持的私法人。这些私法人相互订立的合同，可被定性为行政合同。当然，这种合同如要构成行政合同，则还需要具备一定的条件：合同必须是以公法人名义或为某一公法人与另一私法人订立的某项合同，其是为公法人订立合同。例如，对于某些规模很小的市镇，缺乏签订合乎规范的公共采购合同的能力，就可请求某一私法人与另一私法人签订合同，这类合同属于行政合同。这种作为公法人的代理人和其他私法人签订行政合同的私法人，法国称为“混合经济公司”或“合资经济公司”。参见王名扬：《法国行政法》，中国政法大学出版社1988年版，第25页。

〔3〕［日］室井力主编：《日本现代行政法》，吴微译，中国政法大学出版社1995年版，第142—143页。

〔4〕 参见梁凤云：《行政协议司法解释讲义》，人民法院出版社2020年版，第11页。

素之一，认为行政主体签订行政协议应以执行公务为目的。[1]例如，法国国家行政法院在“贝尔丹夫妇案”[2]（1956 年 4 月 20 日）的裁决中认为，只要某项合同是以委托共同签署人直接履行公共服务为目的的，该合同即属行政合同。[3]而所谓的公共服务，又应具备若干要素：一是必须为行政机关作出的行为，且必须与公益有关；二是公共服务应有连续性，即持续之原则；三是公共服务必须对一切人平等对待，即平等之原则。[4]日本第二次世界大战后也接受了“目的说”，将行政协议定义为“行政厅（行政主体）为实现行政目的而与国民缔结的契约”[5]。日本现代行政法走得更远，倾向于借鉴法国的“公务”概念，将作为达成行政目的的手段而缔结的合同（包括私法合同）统称为行政协议，从中考察其共同的特征（如都应受到公法规制等）。[6]

（三）法律关系要素：行政法上的权利义务

法律关系是法秩序的基本概念，正是无数个法律关系组成了法秩序的整个世界。产生、变更、终止行政上的法律关系的合同，属于行政协议；如果合同的缔结、变更或解除，不能引起行政法律关系的建立、变更或消灭，则不被认为是行政协议。[7]这一标准“能够清晰地说明将这类合同从民事合同中分离并加以规范的理由和必要性”。[8]

大陆法系多数国家和地区确认了行政协议的这一内容要素。例如，德国《联邦行政程序法》第 54 条认定“行政合同是一种建立、变更和消灭公法领域关系的合同”，即只要合同的基础事实内容和所追求的目的属于行政法上的法律关系范畴，则该合同属于行政合同。[9]甚至有行政法学者主张，两个地位平等的行政相对人之间，也可以缔结有关公法上权利义务的契约。[10]葡萄牙《行政程序法》第 178 条规定，行政协议为一合

---

〔1〕 但对“以执行公务为目的”这一标准，一般作较严格的解释，也就是只有为直接执行公务而设定的合同才构成行政合同，具体包括两种情况：一是合同当事人直接参加公务的执行，例如，法国将国有森林的培育视为行政公务，因而国有森林管理机关为委托私人培育森林而签订的合同被定性为行政合同；二是合同本身构成执行公务的一种方式，例如，巴黎市政府为疏散过于集中的企业，而与接受疏散的企业签订的给予一定援助的合同，被认为是行政合同，这类合同主要包括公共采购合同、公共服务委托管理合同等。参见余凌云：《论行政契约的含义——一种比较法上的认识》，载《比较法研究》1997 年第 3 期；杨解君编：《法国行政合同》，复旦大学出版社 2009 年版，第 42—64、68—69 页。

〔2〕 在该案中，合同的订立者负责向一个收容所提供食物或服务，该收容所主要用来集中被遣送回国的法国公民。他与行政机关签订的关于供应物品的合同被认为是行政合同。

〔3〕 直接履行公务的合同发生在两种情况下：一是合同的当事人直接参加公务的执行；二是合同本身构成执行公务的一种方式。

〔4〕 参见吴庚：《行政契约之基本问题》，载《台大法学论丛》1978 年第 7 卷第 2 期，第 111 页。

〔5〕［日］石井昇：《行政契约的理论和程序》，弘文堂 1987 年版，第 1 页。

〔6〕［日］室井力主编：《日本现代行政法》，吴微译，中国政法大学出版社 1995 年版，第 141、142、143 页。转引自余凌云：《行政契约论》，中国人民大学出版社 2006 年版，第 54 页。并可参见余凌云：《论行政契约的含义——一种比较法上的认识》，载《比较法研究》1997 年第 3 期。

〔7〕 参见于安编著：《德国行政法》，清华大学出版社 1999 年版，第 138 页。

〔8〕 参见余凌云：《论行政契约的含义——一种比较法上的认识》，载《比较法研究》1997 年第 3 期。

〔9〕 参见林明锵：《行政契约法论》，载《台大法学论丛》1995 年第 1 期。

〔10〕 参见［德］汉斯·J. 沃尔夫、奥托·巴霍夫、罗尔夫·斯托贝尔：《行政法》（第 2 卷），高家伟译，商务印书馆 2002 年版，第 152 页。

意，基此合意而设定、变更或消灭一行政法律关系。学界亦大多以法律关系的性质作为判断行政合同的主要标准。[1]此类见解可以吴庚的学说为代表：行政协议的定义可谓为，因当事人意思表示一致，而发生行政法上效果之法律行为；从这一定义演绎开去，行政合同应有下述三项要素：（1）系法律行为；（2）系双方之法律行为；（3）发生行政法上之效果。并且除了这三项要素，其余各因素均不足以影响合同性质。[2]英国的法院也认为，仅凭合同的一方当事人为政府这一标准并不足以创设公法责任。司法审查只针对具有“公法因素”的合同，即行政机关签订合同时所执行的任务涉及公共管理或规制的方式。[3]

同时还需注意，《关于审理行政协议案件若干问题的规定》第1条规定只是强调行政协议必须“具有行政法上权利义务内容”，如无此内容不构成行政协议。但同时并不排除行政协议按照民事法律的规定约定民事上的有关权利义务，如用益物权、给付请求权等。

（四）意思要素：必须经双方当事人协商一致达成

行政协议与单方行政行为之间最重要的区分，在于其合同性；而合同性的内核，就在于合同主体之间的合意。传统行政法上之所以对“行政协议”的概念多有质疑，其中一个重要理由就是“私法上契约概念肇基于二个地位平等权利主体之合意，而在公法契约中几乎皆属权力支配关系，当事人彼此关系并不平等，从而‘合意’亦无法产生”。[4]这种观点及其理由业已成为历史。现代通说认为，尽管合同当事人之间地位并不完全平等，[5]尽管行政主体因公益之需要而在合同中享有特别权力，尽管形成的并非完全对等的法律关系，但它们都不能妨害合同的合意性和选择性。合同中的平等，其要义是平等对待不平等的人，不允许把当事人的不相关的社会身份带入合同关系。[6]在行政协议这一特定的“双方法律关系”中，“双方意思表示具有相同价值，而有别于一方命令他方服从之关系”[7]。若无相对人的同意，或者相对人不选择进入合同来实现自己的利益，行政主体的所谓特殊权力无从实现。双方意思表示的“同值性”是合同存在的根本依据，也正是在这个意义上，充分说明行政协议并非行政命令的“障眼法”。[8]

法国承认“行政机关享有执行职务的特权，是整个行政法的特征。行政机关可以采取任何必要的措施执行或管理合同，而无须求助于行政法院”[9]，因而将行政协议视为实

---

〔1〕参见林明昕：《行政契约法上实务问题之回顾——兼论公、私法契约之区别》，载《台湾中正大学法学集刊》，中正大学法律学系2005年版，第274页。

〔2〕参见吴庚：《行政法之理论与应用》，中国人民大学出版社2005年版，第268—269页。

〔3〕P.P.Craig, Administrative Law, Sweet&Maxwell, 1994,pp.567,568. 转引自余凌云：《论行政契约的含义——一种比较法上的认识》，载《比较法研究》1997年第3期。

〔4〕林明锵：《行政契约法研究》，台湾大学法学丛书编辑委员会2006年版，第60页。

〔5〕参见杨解君：《行政契约与政府信息公开》，东南大学出版社2002年版，第97页。

〔6〕参见于立深：《行政协议司法判断的核心标准：公权力的作用》，载《行政法学研究》2017年第2期。

〔7〕参见吴庚：《行政法之理论与实用》，中国人民大学出版社2005年版，第269页。

〔8〕张宁：《由民法学者的质疑而引起的对行政合同的再思考》，载《河北法学》2004年第6期。

〔9〕B.Nocholas, French Law of Contract, London, 1982,p.26. 转引自L.Neville Brown&John S.Bell, *French Administrative Law*, Oxford University Press,1993,p.192.

质上不平等的当事人之间的商定。[1]德国也存在由行政机关与相对人居于事实上不对等地位而缔结的合同——“隶属契约”。当然，行政协议上的自由合意的实现，具有不同于私法合同的特点，前者是通过事先对合同内容的限定、有效的行政程序与救济，来保障处于劣势的合同相对方的自由表达意思而形成的。[2]

实践中，判断“合意”的存在与否并非易事，尤其是对于处于二者模糊地带的“假契约”而言。[3]对法国行政法院来说，会仔细判断一项安排，究竟到何种程度是真正的双方行为从而构成行政协议，而在何种范围内它实际上属于一个单方的行政决定（另一方对此只能表示同意）。加之“通过合同进行规制”的理念在一些领域的拓展，也使得法国行政法院将所谓的一些“合同”归为“单方行政行为”，尤其是在集体协定产生规制效力的案例中。[4]

三、小结：行政协议的识别

行政协议所具有的多重要素，使得识别行政协议的标准必须应用多重标准。

从比较法视角来看，判断一份合同是否属于行政协议，法国和日本采用所谓“三要素说”；德国和我国台湾地区虽然规定的是“法律关系要素标准”，但对于“何谓公法上的法律关系”“是否构成公法上的法律关系”，也需要综合参酌协议的订立主体、协议的条款、协议的目的等因素。

从比较法上来看，迄今为止仍未出现一个无争议的界分民事合同和行政协议的明确标准，有关某一合同究竟属于公法合同抑或私法契约的争议仍时有发生。完全相同或相似的一类合同，在有些国家和地区可能被认为属于行政协议，而在另一些国家和地区则被认为属于私法合同。[5]这一现实给予了我们启示：或许并不存在一个普适性的行政协

---

〔1〕 法国人认为，“行政法是在不平等当事人之间做出的一种安排”（［英］L. 赖维乐·布朗、约翰·S.Bell、［法］让 – 米歇尔·加朗伯特：《法国行政法》，高秦伟、王锴译，中国人民大学出版社 2006 年版，第 193 页）；“整个行政法的特征就是行政机关享有行政决定执行权这一特权。它可以采取必要的步骤去实施或监督合同，而不需要行政法院的援助。行政机关永不会成为原告”（B.Nocholas, French Law of Contract,2nded,Oxford,1992,p.27, 转引自［英］L. 赖维乐·布朗、约翰·S.Bell、［法］让 – 米歇尔·加朗伯特：《法国行政法》，高秦伟、王锴译，中国人民大学出版社 2006 年版，第 193 页）。

〔2〕 参见余凌云：《行政契约论》，中国人民大学出版社 2006 年版，第 11—13 页。

〔3〕 余凌云教授根据行政合同中“合意”和“行政权力”两个变量值的高低，将行政协议分为混合契约、纯粹契约和假契约（假契约中主要包括行政机关和所属部门、工作人员之间签订的责任书，以及行政机关与相对人之间签订的“门前三包协议”、计划生育合同等）。由于对“假契约”中是否存在当事人双方的“合意”存在不同判断，学界对此类契约是否属于行政合同见解不一。余凌云教授认为，这类合同外在形式上采取了协议的方式，而且具有一定的合意色彩，是一类特殊形态的行政合同。参见余凌云：《行政法讲义》，清华大学出版社 2010 年版，第 256—257 页。

〔4〕 See D.Harris&D.Tallon, Contract Law Today, Oxford, 1988, pp.138-144；R.RÖmi, La, requalification parle juged esactesn é goci é senactesunilat é raux,AJDA1989,9. 转引自［英］L. 赖维乐·布朗、约翰·S.Bell、［法］让 – 米歇尔·加朗伯特：《法国行政法》，高秦伟、王锴译，中国人民大学出版社 2006 年版，第 193 页。

〔5〕 在这方面，最典型的例子是政府采购合同。政府采购合同在法国多被视作行政协议，在德国被视作私法合同，我国台湾地区的某些案例中则以“双阶理论”来进行拆解，政府采购合同缔结阶段被视为行政契约，履行阶段被视为私法契约。

议概念；每一法域都应当根据各自的法治资源、实践及目标来识别行政协议，通过一种方式循序渐进地形成和发展符合本法域需要的“行政协议群”。

第二节 行政协议的种类

一、域外行政协议的种类

对行政协议进行分类具有特殊意义：第一，有助于从不同的侧面和角度了解行政协议，了解行政协议适用领域之广泛性和灵活性；第二，对不同种类的行政协议，应当予以法律上的区别规范和控制；第三，在面对所涉个案时，应根据不同类行政协议各自的特殊性，选择适用相应的法律规范。[1]

从比较法视角来看，尽管“在行政契约之范畴，尚无发展出如同民法债编相似之模型契约”[2]，然而随着行政协议实践之拓展，理论研究逐步深入，一些国家或地区通过制定行政程序法或通过司法判例，已初步勾勒出各具特色的“行政协议群”。

（一）大陆法系

1. 德国

德国《联邦行政程序法》规定，行政合同主要包括两大类：一类是平等行政主体之间签订的对等合同（例如两个乡镇政府之间签订的共同开发河域的合同），另一类是行政机关与行政相对人之间签订的隶属合同。德国《联邦行政程序法》又在第 55 条[3]和第 56 条[4]中对隶属合同中的两类特殊合同，即和解合同和双务合同作出了特别规定，而这些规定均不适用于对等合同[5]。双务合同是最重要的行政合同类型，“以互负对待给付义务为特性”[6]；和解合同，主要指的是通过相互让步来消除有关事实或者法律状态的不确定性而达成的，主要由行政机关根据裁量，通过相互让步而与相对人达成协议，以消除不确定性状态——“不确定性”是指不可能查明或者非经不合乎比例的重大支出不能查

---

〔1〕 参见莫于川等：《柔性行政方式法治化研究——从建设法治政府、服务型政府的视角》，厦门大学出版社 2011 年版，第 208—209 页。

〔2〕 吴庚：《行政法之理论与实用》，中国人民大学出版社 2005 年版，第 272 页。

〔3〕 德国《联邦行政程序法》第 55 条规定：“第 54 条第 2 句（行政机关尤其可以与拟作出行政行为的行政相对人，以签订公法合同代替行政行为的作出）意义上的公法合同，经明智考虑事实内容或法律状况，可借以通过相互让步消除存在的不确定性（和解）时，可以签订，但以行政机关按义务裁量认为达成和解符合目的者为限。”

〔4〕 德国《联邦行政程序法》第 56 条规定：“（1）合同当事人对行政机关所负担的对待给付义务在合同中为特定目的已达成合意，且有利于行政机关履行公务的，允许签订第 54 条第 2 句所指的公法合同。其中的对待给付按整体情况判断须为适当，并须与行政机关履行合同给付有实质联系。（2）对行政机关履行对待给付存在请求权时，仅可在合同中就亦可作为第 36 条规定的行政行为付款内容的对待给付达成合意。”

〔5〕 德国学者哈特穆特·毛雷尔认为，对等合同也可再分为和解合同和双务合同。参见［德］哈特穆特·毛雷尔：《行政法学总论》，高家伟译，法律出版社 2000 年版，第 355—357 页。

〔6〕 陈新民：《行政法学总论》，三民书局 1997 年版，第 269 页。

明的状态。[1]

就政府与社会资本合作（PPP）合同而言，德国 1976 年《联邦行政程序法》在制定和施行之初，就以防范国家滥用行政合同的形式来规避依法行政的监督为主要目的，因而规范的对象以取代行政处分的隶属合同为主，强调对于弱势相对人权益的保障；对于对等合同，则欠缺规范的框架，因而不足以应对在公私合作趋势下行政与私人合作的多元关系发展所带来的挑战。德国最大的 PPP 合同，是“高速公路卡车收费特许合同”。[2]

2. 我国台湾地区

我国台湾地区在行政协议的分类方面，基本是德国的复刻版。我国台湾地区“行政程序法”第 136、137、142 条分别列举了和解契约、双务契约和“代替行政处分之行政契约”。对照该法第 136 条和第 137 条第 2 项的规定，“代替行政处分之行政契约”分别是“和解契约”和“双务契约”的一种下位契约，因而和解契约和双务契约应是仅有的两类有名合同。和解契约在行政审判的实务中比较少见，主要原因是该类型的契约正是由缔约双方相互让步而成立，所以较少有对簿公堂的必要。此外，由于和解契约的成立需要行政机关让步，因而若在依法行政的要求和担心“图利于人民”的客观不利条件下，行政机关甚少缔结。2010 年 8 月，我国台湾地区“行政院经建会”出版的《台湾新经济简讯》（Taiwan New Economy Newsletter）报道：海关拟与进口商签订“估价预先审核契约”（契约有效期间 3 年），借以确定货物进口的完税价格。此即和解契约，通过事先的和解来避免海关和进口商因完税价格的不同而产生漏报关税或滋生进口货物估价争议，在实务上有很大的实用性，并可在很大程度上避免纷争。[3] 双务契约则是一类最常见的行政合同，其可能“造成典型危险情况，因而需要特别的防范”。正因为此，翁岳生教授在主持起草我国台湾地区 1990 年“行政程序法（草案）”时，就第 86 条予以了特别说明：双务契约是最典型的行政契约，引起极可能出现诸如行政机关假借双务契约之便“出售公权力”，或凭借其优势使行政相对人遭受不利等弊端，故设本条规定其概念与要件，以加防范。[4] 因而对于双务契约的效力，我国台湾地区“行政程序法（草案）”设置了一些限制条款，违反该限制的契约内容即为无效：（1）约定人民给付之特定用途；（2）人民给付有助于行政机关执行其职务；（3）人民给付与机关给付间应相当，亦有正当合理之关系；（4）人民之给付，若行政机关无裁量权时，需得依“行政程序法”第 93 条第 1 项规定，得为附款者为限。作这些诸多限制的目的，在于避免行政机关利用行政契约（或回避行政处分的限制）出卖公权力（慷慨为法令所定之外的机关给付）或滥用公权力来压榨人民（约定不当之人民给付）。[5] 在行政实务中，在相关的法律框架下，

---

〔1〕［德］汉斯·J. 沃尔夫、奥托·巴霍夫、罗尔夫·施托贝尔：《行政法》，高家伟译，商务印书馆 2002 年版，第 152—155 页。

〔2〕 参见李建良：《民营化时代的行政法新思维》，载李建良主编：《2011 行政管制与行政争讼》，我国台湾地区“中央研究院”法律学研究所 2012 年版，第 1—27 页。

〔3〕 林明锵：《2010 年行政法发展回顾》，载《台大法学论丛》2011 年第 40 卷。

〔4〕 转引自应松年：《外国行政程序法汇编》，中国法制出版社 1999 年版，第 700—701 页。

〔5〕 参见陈敏：《行政法总论》（第 7 版），台北新学林出版股份有限公司 2011 年版，第 574—577 页。

还发展出了许多独立的无名合同。最普遍的是依照“民间参与公共建设法”所缔结的BOT、BOO等PPP合同。

在我国台湾地区还出现了一类附属于行政处分而生的行政契约。例如，台北“高等行政法院”2009年度诉字第2834号判决（2010年7月15日作出）认为，原告与被告缔结的“切结书”（该“切结书”是申请利用土地资源的相对人与主管机关签订的，载明如果相对人在核准期间内有违反主管机关管理要点中任何规定的，得动用保证金来处理必要事项），并非“单独成立的行政契约”，而是附属于行政处分而订立的。〔1〕

在学理上，我国台湾地区将行政契约分为隶属契约和对等契约两大类型，隶属契约因为容易陷入“出卖”甚至“贱卖”公权力的危险而成为规制的重点，而对等契约则没有这一危险，所以没有严格限制的必要。〔2〕我国台湾地区“行政程序法”关于行政契约的规定，仅适用于“隶属契约”（即取代行政处分的契约），审判实务上也并未意识到对等契约缺乏法律规范的问题，所以这种分类在我国台湾地区实践上并不具有实质意义。

3. 法国

法国的行政机关每年缔结成千上万份行政协议。这些行政协议大致可分为以下几种：（1）政府采购合同，是指行政机关为提供公共服务，向私法主体购买某种产品、工程或者服务的合同。2003年立法直接将基于公私合作达成的PPP合同划定为行政合同，2015年后也被归入政府采购合同领域。（2）公共服务特许经营合同，是指行政机关将公共服务之内容外包给私人企业来开发经营的合同。政府采购合同和公共服务特许经营合同的区别主要体现在风险分担上。在公共服务特许经营模式下，特许企业的收入主要源于其开发经营的公共服务项目，一般来自购买公共服务的使用者付费，比如自来水供应、污水处理等领域，风险更高；在政府采购合同中，则是行政机关向行政合同相对人直接支付价款，风险较低。（3）服务租用合同，是指行政机关向个人或者社会租用服务满足机关日常工作所需的合同。需要明确的是，行政机关的工作人员原则上属于公务员，其与行政机关之间的法律关系是由行政规范和法律规定直接确定的，而非行政合同约定的，不属于服务租用范畴。此外，出于公共管理的弹性需要，还有部分工作人员以合同方式确立法律关系，受劳动法调整，属于私法合同。〔3〕

4. 日本

就学理上的分类而言，日本有学者以“行政上的契约之形式”作为分类标准，将行政合同分为准备行政中的合同、给付行政中的合同、规制行政中的合同以及行政主体间的合同。〔4〕目前最普遍的分类方法，是从管理领域的角度将行政合同分为有关行政的事务合同、作为财政作用的合同、公务员劳动合同、公用设施和公共事业合同、作为协助

〔1〕 参见李建良：《公法类实务见解》，载《台湾法学杂志》2010年第159期。

〔2〕 参见詹镇荣：《行政合作法之建置与开展》，载台湾行政法学会编：《行政契约之法理 / 各国行政法学发展方向》，台湾元照出版公司2009年版，第101—159页。

〔3〕 参见杨科雄、郭雪：《行政协议法律制度的理论与实践》，中国法制出版社2021年版，第102—103页。

〔4〕 参见［日］盐野宏：《行政法》，杨建顺译，法律出版社1999年版，第135—140页。

手段的合同，以及作为限制手段的合同。[1]

（二）英美法系

1. 英国

英国的政府合同，有公法下的政府合同（Public Law of Government Contract）和私法下的政府合同（Private Law of Government Contract）之分，由于英国公、私法的分野不如大陆法系国家般泾渭分明，因而其区别的实质，在于合同相对方于执行公共职能时是否已取得公权力之身份，而必须接受司法审查。[2]

2. 美国

美国的政府合同中，最典型的可分为两类——公共采购合同和管制合同。其中，涉及公共采购等公私服务的相关法制发展较为完备，在学术上一般被统称为“公共合同法”（Public Contract Law）或“政府合同法”（Government Contract Law）。随着政府职能的扩张与管制形态的多元化，政府与私人之间的合同逐渐逸脱公共采购法规范下的合同类型，发展出涉及人民和政府就管制事项进行协商的管制合同，而管制合同正是晚近理论发展的焦点所在。[3]对于管制合同的概念，有学者作了如下界定：“管制合同是指政府与受管制（或可能受管制）的私人之间订立的合同，政府在合同中承诺维持特定的管制规范，以换取私人投入资金或为一定之行为。”[4]但不同学者之间就管制合同的定义并未达成共识，各采狭义与广义说。[5]此外，也可以不同标准进行划分，例如，以合同所涉的法律关系和标的的类型为标准，将政府合同分为供应合同、劳务合同和建筑合同三类[6]；以合同签订的规则和程序为标准，将政府合同分为严格意义上的合同[7]和非正式合

---

〔1〕参见［日］室井力：《日本现代行政法》，中国政法大学出版社 1995 年版，第 144 页。

〔2〕例如，在 Wandsworth LBC v. Servite 案中，被告为一住宅协会，提供养老居所及设施予原告使用，被告以无获利为由欲结束营业，法院认为 1948 年之国家协助法案（National Assistance Act 1948）仅规范地方自治之事项，并未授权被告 Wandsworth LBC 取得公权力身份之地位，双方所定立之合同为私法合同，因而被告无接受司法审查的义务。相对地，在 Partnership in Care 一案中，法院即认为被诉医院未提供足够之专业人员及设备来照顾病人，违反了“1984 年护理设施及精神护理设施”（Nursing Homesand Mental Nursing Homes Regulations 1984）的规定。医院一旦定约执行政府照顾病患之公共职能，即取得公法人资格。

〔3〕管制合同原为学术之用语，后为美国联邦最高法院所援用。

〔4〕David Dana & Susan P.Koniak, *Bargaining in the Shadow of Democracy*,148U.Pe.L.Rev.473，480(1999).

〔5〕其中，采广义说者甚至认为，在政府以特许的权利赋予私人经营公用事业（如电力、电信事业）且要求其尽一定之义务之时，业者进入市场之时的管制结构即构成政府与业者之间的管制合同关系，而管制合同可以存在于任何管制领域。参见 J.Gregory Sidak&Daniel F.Spulberg, Deregulatory Taking Sand Theaegulatory Contrct: The Competitive Transformation of Network Industries in the United States,1997。该书的主要论点在于认为受管制的公用事业，在政府放松管制而引入更多竞争者时，所造成的先前投资上的损失，构成一种对于合同权利的征收，而应享有征收之补偿。另可参见［美］J. 格里高利·西达克、丹尼尔·F. 史普博：《美国公用事业的竞争转型——放松管制与管制契约》，宋华琳、李鸻等译，世纪出版社集团、上海人民出版社 2012 年版。反对如此广之定义的观点，参见 Herbert Hovenkampt, Book Reviews: The Takings Clauseand Improvident Regulatory Bargains,108 Yale Law Journal 801-834(1999)。

〔6〕参见余凌云：《行政契约论》，中国人民大学出版社 2006 年版，第 49—50 页。

〔7〕即正式的政府合同，受到合同法的一般原则与特定规则制约，主要用于政府采购或提供劳务。

同[1]两类；等等。[2]

二、我国行政协议的种类

（一）学理分类

由于“种类是分类的结果，离开分类谈种类是不可能的，也是不科学的。对于层出不穷的合同行政实践，要想穷尽所有的合同形式也是比较困难的，但这并不意味着我们不能找到一定的标准来进行分类”，[3]因而我们须先确立分类和分类标准，再谈行政协议的种类。

学理上，在行政协议的分类标准上，目前还未达成统一认识。除借鉴域外的一些分类标准外，也针对国内行政协议的特殊性提出了一些独有的划分。比如，根据行政关系的范围不同，分为内部合同和外部合同；根据合同的内容不同，分为承包合同、转让合同和委托合同；根据合同的目标不同，分为政府采购合同、外包合同和管制性契约；[4]根据合同是否有给付内容，分为有金钱给付内容的合同和无金钱给付内容的合同；根据行政机关的职务范围不同，分为各种专业管制合同，如工业管制行政合同、交通管制行政合同、农业管制行政合同、文化管制行政合同、计划生育合同等；[5]根据行政合同的作用领域，分为行政组织中的行政合同（如政府人事任免合同、机关内部责任书、行政事务委托合同等）、行政争议中的行政合同、行政活动中的行政合同（主要适用于规制行政和给付行政领域，前者包括许可管制中的合同、治安管理处罚中的担保协议，房屋拆迁协议等，后者包括政府借贷合同、奖励承诺书、给付合同等）；[6]根据法律上是否对行政合同予以了特别规定，将行政合同分为有名行政合同与无名行政合同；[7]根据合同双方在自然状态下所处的事实或法律上的地位，分为对等权合同和隶属合同；[8]根据合同中的行政主体是否承担经济性任务，分为经济性行政合同和非经济性行政合同；[9]根据相对人一方义务是否具有法定性，分为法定义务型合同和非法定义务型合同。[10]

上述分类，各有其合理性，有助于把握行政合同的内涵和外延。颇值强调的是，余凌云教授以合同中的两个变量——合意和权力因素——的程度为标准，将行政合同这一“游离于公法上行为与普通民事合同之间的一种特殊形态”划分为混合契约、纯粹契约

---

〔1〕 即非严格意义上的合同，是依非正式程序发生的，不属于合同法体系调整。往往只具备合意或协商特性，用以实现行政目的或解决各类争议。

〔2〕 参见应松年主编：《当代中国行政法》（下卷），中国方正出版社2005年版，第984页。

〔3〕 余凌云：《行政契约论》，中国人民大学出版社2000年版，第81页。

〔4〕 毕洪海：《合作行政法：现代公共治理的一种法律框架》，北京大学2009年博士学位论文，第113页。

〔5〕 参见张正钊、韩大元主编：《比较行政法》，中国人民大学出版社1998年版，第413页。

〔6〕 参见施建辉：《行政契约缔结论》，法律出版社2011年版，第11—13页。

〔7〕 参见蔺耀昌：《行政契约效力研究》，法律出版社2010年版，第28—29页；杨解君：《契约在行政中的运用》，海峡两岸行政法2001年学术研究会论文。

〔8〕 余凌云：《行政契约论》，中国人民大学出版社2006年版，第125页。

〔9〕 参见史际春、邓峰：《合同的异化与异化的合同》，载《法学研究》1997年第3期。

〔10〕 朱新力：《行政法基本原理》，浙江大学出版社1995年版，第213页；朱新力、金伟峰、唐明良：《行政法学》，清华大学出版社2005年版，第292页。

和假契约，直指行政合同的核心要素，也为不同类型的行政合同寻找相应的法律适用规则和纠纷解决渠道提供了理论准备。然而，由于处于切分边缘的“混合契约”（与私法合同之间）和“假契约”（与行政处分之间）的界限比较模糊，在具体归类上也引发了一些争议。[1] 作为辩护也是作为解释，余教授主张，不必在合同的属性上过分较真，而要“以问题为导向、以解决问题为本位”；不应削足适履、墨守成规，应“更关注鲜活的社会实践，适时地自我更新”。[2]

毕洪海教授综合合同的目标与权力要素的程度，将以行政主体为缔约一方的合同[3]划分为以下三类。第一类是政府采购合同，指的是政府以契约的方式购买由政府消费的商品或服务。这可以说是政府存续的物质保障手段，政府本身是购买者，也是消费者。第二类是外包合同，即公私双方主体合作提供由公众消费的服务，例如政府与私人主体签订公用事业的特许经营协议。政府本身是购买者，但并不是消费者。这是公私主体合作实现公共任务的一种方式，也是本文第五章关注的对象。第三类是管制合同，是指通过利害关系人之间的协商、交易或合意的方式履行职能、制定规则，往往体现为书面的协议。这类合同不仅包括协商制定行政规则，也可以包括执行和实施方面的协议，因而背后的权力性因素要超过第二种类型的外包合同。毕洪海教授同时主张，对于不同类型的合同形式，应就制度上如何设置，根据各自特点进行有针对性的讨论。

进而，作为实现行政目的的一种新型的手段与方式，行政协议也可以以其适用的事项范围这一具体标准来进行分类。因为行政协议所适用的事项，决定了协议两造的权利义务——协议的标的，而协议标的无疑可以作为行政协议分类的一个客观且实用的标准。通过对行政协议调整的客观事项进行分类，有助于我们依据行政管理实践当中的客观情况有针对性地运用行政协议去解决有关的问题，实现行政的具体目标。另一个理由是，在可预见的未来，有名行政合同将是行政合同制度发展的重点和方向。有名行政合同借鉴自私法的概念。在私法上，“有名契约亦称典型契约，谓法律为之设有特别规定之契约。无名契约，亦称非典型契约，谓法律上未设特别规定之契约”。[4]有名行政合同，则指在某一特定法域对公共行政实践中复杂多样的行政合同加以理论概括后予以模式化，并经法律固定后的合同。[5]

（二）法律分类

最高人民法院 2019 年公布的《关于审理行政协议案件若干问题的规定》第 2 条规定，公民、法人或者其他组织就下列行政协议提起行政诉讼的，人民法院应当依法受

---

〔1〕 参见余凌云：《行政契约及其法治化》，载莫于川等：《柔性行政方式法治化研究——从建设法治政府、服务型政府的视角》，厦门大学出版社 2011 年版，第 208—209 页；余凌云：《行政法上的假契约现象——以警察法上各类责任书为考察对象》，载《法学研究》1998 年第 3 期。

〔2〕 参见余凌云：《对行政契约的三点感悟》，载氏主编：《全球时代下的行政契约》，清华大学出版社 2010 年版。

〔3〕 如本章所分析的，以行政主体为缔约一方的合同不一定属于行政合同，也包括私法合同。对于公私合作合同性质的分析详见后文。

〔4〕 史尚宽：《债法总论》，中国政法大学出版社 2000 年版，第 10 页。

〔5〕 参见蔺耀昌：《行政契约效力研究》，法律出版社 2010 年版，第 28 页。

理：（1）政府特许经营协议；（2）土地、房屋等征收征用补偿协议；（3）矿业权等国有自然资源使用权出让协议；（4）政府投资的保障性住房的租赁、买卖等协议；（5）符合本规定第1条规定的政府与社会资本合作协议；（6）其他行政协议。

一些地方立法也对行政协议的种类作了规定。例如，2011年《山东省行政程序规定》第100条规定："本规定所称行政合同，是指行政机关为了维护公共利益，实现行政管理目的，与公民、法人和其他组织之间，经双方意思表示一致达成的协议。行政合同主要适用于下列事项：（一）政府特许经营；（二）国有自然资源使用权出让；（三）国有资产承包经营、出售或者租赁；（四）公用征收、征用补偿；（五）政府购买公共服务；（六）政策信贷；（七）行政机关委托的科研、咨询；（八）计划生育管理；（九）法律、法规、规章规定可以订立行政合同的其他事项。"2022年《江苏省行政程序条例》第117条规定："行政协议适用于下列事项：（一）政府特许经营；（二）土地、房屋等征收征用补偿；（三）矿业权等国有自然资源使用权出让；（四）政府投资的保障性住房的租赁、买卖等；（五）政府与社会资本合作；（六）可以订立行政协议的其他事项。"2022年《湖南省行政程序规定》第93条第2款规定："行政合同主要适用于下列事项：（一）政府特许经营；（二）国有土地使用权出让；（三）国有资产承包经营、出售或者出租；（四）政府采购；（五）政策信贷；（六）行政机关委托的科研、咨询；（七）法律、法规、规章规定可以订立行政合同的其他事项。"

归纳来看，法规范中规定的行政协议主要包括如下种类。

1. 政府特许经营协议

我国法律框架中的政府特许经营，是指投资者或经营者经公部门选择而获得排他性或垄断性的权利，在一定期限和范围内开发利用某种自然资源、从事某种特定行业、提供某项公共服务或经营某项公用事业产品，[1]即"吸引民间资本参与特许经营性项目建设与运营"。[2]特许经营权的标的，包括自然资源的开发利用、公共基础设施建设、公用事业产品提供和特定服务提供等。获得政府特许经营权的企业，通过直接向公众提供公共产品和服务，履行经营协议，从使用者处收取费用来获取收益，同时接受主管部门对产品和服务质量的监督检查。[3]

政府特许经营协议，是指政府根据相关法律，通过市场竞争的方式来选择公用事业经营者，该公用事业经营者再与政府签订的在一定期间内从事某项市政公用事业或者提供某项产品或服务的合同。[4]该类协议具有以下特征。（1）主体的特定性。政府特许经营者是政府通过市场竞争的方式来选定的，市场竞争的方式包括招标、拍卖等方式，未经过招标、拍卖等方式而取得经营资格的经营者不是协议的主体。而协议另一方可以是政府，也可以是管理公用事业的行政机关或法律、法规授权的其他行政组织。（2）范围的

〔1〕参见《行政许可法》第12条第2项、2024年《基础设施和公用事业特许经营管理办法》第3条第2款等。

〔2〕《关于加强城市基础设施建设的意见》（国发〔2013〕36号）。

〔3〕参见李霞：《论特许经营合同的法律性质——以公私合作为背景》，载《行政法学研究》2015年第1期。

〔4〕参见2015年《市政公用事业特许经营管理办法》第2条、2024年《基础设施和公用事业特许经营管理办法》第3条第2款等。

特殊性。政府特许经营协议范围只能是法律规定的特殊领域，包括供水、供电、供气、供热、垃圾处理、公共交通等公用事业领域，一般涉及公共利益领域。（3）公益性。政府特许经营协议本质上体现了社会公益性。以往只有政府享有公用事业经营权，利用单纯的传统行政命令和禁止性管制手段来管理公共事业，这种管理手段已经无法适应新形势下行政管理的需要，而采用政府特许经营协议方式来管理公用事业，一方面将行政权和市场有机结合起来，利用市场竞争的方式来选定经营者，具有资金、技术、管理经验的经营者能更好地完成公共利益名义下的行政活动；另一方面改变了以往简单粗暴的行政管理模式，通过协议进行管理更为柔和，能体现行政相对人的合意，防止行政权的滥用。政府特许经营协议取代了传统的行政行为，其协议内容是从事某项市政公共事业或者提供某项产品或服务，因而具有公益性。

政府特许经营是行政许可行为，却又不同于一般的行政许可，区别之一就在于：在一般的行政许可中，许可人主要通过命令和强制等高权行为来规范被许可人的行为；而在政府特许经营模式下，政府在授予特许经营权后，以政府特许经营协议作为调控其与受让方（被特许人）之间关系的主要方式。

比照行政协议的“综合判断标准”，政府特许经营协议在性质上应属行政协议，理由如下。第一，主体符合。一般情形下，政府特许经营合同的当事人一方为“主管部门”，即特许的授予方，另一方为“特许经营者”，即特许的受让方，形式上满足行政协议的要求。即使在某些特殊情形下，基于客观需要，政府委托某些公用企业（如电力公司、污水处理公司等）与获取特许经营权的企业签订政府特许经营协议的，如果“是基于法律的特别规定或授权”，那么根据“受委托方的行为效力及于委托方”的原则，公用企业与获取特许经营权的企业签订的合同，也应被认为符合行政协议的主体标准。第二，目的符合。特许经营自20世纪80年代在我国大陆出现后，就被赋予了引进外资、促进国家基础设施建设、提高公共服务质量的功能。发展至今，其目标更是体现了浓厚的行政与公益性。原建设部的《关于加快市政公用行业市场化进程的意见》（2002年12月27日）提出，“……建立特许经营制度，是为保证公众利益和公共工程的安全，促进城市市政公用事业发展，提高市政公用行业的运行效率而建立的一种新型制度”。一些政策性文件更是明确指出了建立特许经营制度、开展公私合作的目的所在，包括：创新投融资机制、拓宽城镇化建设融资渠道、鼓励和引导社会资本进入，理顺政府与市场关系、促进政府职能转变，调整产业结构、促进行业健康发展，增强公共产品供给能力、提高公共产品和公共服务质量，改善公共服务、拉动有效投资等。[1]《欧盟公共采购指令》亦将公共采购作为实现经济和社会发展政策目标（包括打破贸易壁垒、保护环境、扶持中小企业等）的一种有效途径。第三，合同标的符合。行政主体就“有限自然资源开发利用、公共资源配置以及直接关系公共利益的特定行业的市场准入等”，将特定权

〔1〕 参见国务院：《关于创新重点领域投融资机制鼓励社会投资的指导意见》；财政部：《关于推广运用政府和社会资本合作模式有关问题的通知》；国家发展改革委、财政部：《关于规范实施政府和社会资本合作新机制的指导意见》等。

利赋予相对方，运用的是一项公权力。政府特许经营是“一种政府监管手段”；[1]政府特许经营协议的签订和履行本质上是行政主体通过合同方式来实现监管目标的、履行公共服务职能，其所确立的是行政法上的法律关系。根据现代宪政理念，保障公民的福利是现代国家的积极义务。现代公共行政的核心也不再只是秩序的维持，而更多延伸到了公共服务的提供领域。正如和田英夫教授所说：“现代国家的行政，无论在原理上还是在实定法制上，以19世纪自由法治国家的行政为前提，同时又发展充实20世纪社会福利国家的行政，把这两重特性很好地结合在一起。”[2]行政合同与福利国家背景之勾连被伯纳德·施瓦茨教授道破：在“职业公务”尚未形成、“政府福利几乎还不存在”的情况下，“政府合同在经济中只占很小部分”；而在当今福利国家中，以政府合同为表现形式的特许权则“几乎无处不有”。[3]第四，协议为行政机关保有了特殊权力。采行“特殊权力保留”标准的法国行政法院在审判中，一般是通过寻找合同中有无私法合同中不具有的条款或制度，从而为行政合同与私法合同划定界限，[4]即判断是否存在“显然偏袒行政主体”的合同条款。在我国的政府特许经营协议中，此类保留政府特权和主导型权利之条款比比皆是。其一，发出缔结政府特许经营协议要约的，只能是行政主体。其二，取得特许经营权必须经过行政主体组织的招标、拍卖等特殊程序。其三，在政府特许经营协议履行过程中，政府有关部门依据自身行政职能对项目运营进行监管，特许经营者必须予以配合。政府还可在不影响项目正常运营的原则下安排特别监管措施（包括委托专业机构开展中期评估和后评价、政府临时接管措施等），并与特许经营者议定费用分担方式。其四，未经批准，特许经营者不得擅自停业、歇业，否则主管部门应责令其限期改正，或者依法采取有效措施督促其履行义务。其五，行政主体可依法调整产品和服务价格。其六，行政主体拥有依法收回特许经营权、单方解除合同的权利。其七，由于事关公共利益，行政主体可对特许经营人进行财务监管等。[5]

从比较法的角度来看，在法国和日本，政府特许经营合同被认为是行政协议的一类，这一点在立法和司法上均无疑义。[6]在美国，政府采购也是政府合同最常应用的领域——“在将普通法适用于政府合同时，联邦法院已经将法的原理适用于政府采购的特殊情形，并且已经使用这个方法发展了政府合同的单独判例法”。[7]此外，尽管现行的德国《联邦行政程序法》中没有关于政府特许经营协议的规定，但主流观点认为“具有公法效果的”公私合作合同应该是一类与《联邦行政程序法》中规定的和解合同和双务合

---

〔1〕 章志远、李明超：《公用事业特许经营中的临时接管制度研究——从“首例政府临时接管特许经营权案”切入》，载《行政法学研究》2010年第1期。

〔2〕［日］和田英夫：《现代行政法》，倪建民、潘世圣译，中国广播电视出版社1993年版，第235页。

〔3〕［美］伯纳德·施瓦茨：《行政法》，徐炳等译，群众出版社1986年版，第200—201页。

〔4〕 参见王名扬：《法国行政法》，中国政法大学出版社1989年版，第185—190页。

〔5〕 参见李霞：《论特许经营合同的法律性质——以公私合作为背景》，载《行政法学研究》2015年第1期。

〔6〕 L. Neville Brown, *French Administrative Law*, Claredon Press, 1998, p.203；应松年主编：《当代中国行政法》（下卷），中国方正出版社2005年版，第1004页。

〔7〕 Colin Turpin, *Government Contract*, Penguin Books,1972,p.71.

同并存的、独立的公法合同。[1]最后，我国台湾地区台北“高等行政法院”在“ETC 案”的判决书中对民间参与公共建设投资契约的公法属性之定位铿锵有力，值得引荐：“投资契约在政府管理监督及调整契约内容机制上，具公权力行使之性质，此一见解，应不能退让，否则攸关全民利益之公共建设，只要依促参法决标后，其后之建置营运阶段，即依民事法‘契约自由’原则，其得标之营运建置又如脱缰不受政府管控，殊非全民之福，亦有损政府施政威望，自非法解释所应为”。[2]

2. 国有自然资源使用权出让领域的行政协议

国有土地使用权、矿业权出让协议等国有自然资源使用权出让协议，是指行政机关代表国家将国有自然资源的使用权在一定期限内出让给行政相对人，行政相对人支付出让金并按协议的规定开发利用国有自然资源而签订的协议。[3]目前，在行政管理领域，国有自然资源大量采用协议方式出让，我国《民法典》《城市房地产管理法》《城镇国有土地使用权出让和转让暂行条例》等中均有类似规定。下文以争议较大的国有土地使用权出让合同为例，讨论国有自然资源使用权出让协议是否属于行政协议。

国有土地使用权出让协议，是指行政机关代表国家和相对人约定在一定期限内将国有土地使用权出让给相对人，相对人依据协议开发利用土地并支付出让金的协议。[4]多数民法学者认为国有土地使用权出让协议属于民事合同，[5]行政法学者则大多认为其应当属于行政协议，[6]还有的观点认为它既不属于民事合同也不属于行政协议，而是一种混合合同。[7]但是在《行政诉讼法》将政府特许经营协议纠纷纳入行政诉讼受案范围后，将此类协议定性为行政协议成为主流意见。

国有土地使用权出让协议，符合《关于审理行政协议案件若干问题的规定》关于行政协议的定义：第一，协议的一方主体为国有土地管理部门，符合主体要件；第二，协议目的是通过签订土地出让协议保护及合理利用土地资源，进而实现社会公共利益；第三，协议内容中，土地管理部门常将其法定职责细化为不得协商的协议条款，且与协议相对方的权利义务并不对等；第四，协议履行方面，土地管理部门享有行政优益权，可以为实现公共利益和行政管理目的，在履约中单方变更、解除协议，甚至可以依法单方作出行政强制、行政处罚行为。[8]

将国有土地使用权出让协议视作典型行政协议，更深层次的理由如下。第一，符合党中央有关文件的要求和《行政诉讼法》的规定。2014 年《中共中央关于全面推进依法治国若干重大问题的决定》明确了检察机关可以提起行政公益诉讼。《行政诉讼法》第

〔1〕 Jan Ziekow, Verankerung Verwaltungsrechtlicher Kooperationsverhältnisse (Public Private Partnership) in Verwaltungsverfahrensgesetz, Wissenschaftliches Gutachten, erstattet fürdas Vunderministerium des Innern, 2001.

〔2〕 我国台湾地区台北“高等行政法院”2005 年停字第 122 号裁定。

〔3〕 杨科雄、郭雪：《行政协议法律制度的理论与实践》，中国法制出版社 2021 年版，第 109 页。

〔4〕 江利红：《行政法学》，中国政法大学出版社 2014 年版，第 327 页。

〔5〕 参见房绍坤主编：《物权法案例教程》，知识产权出版社 2012 年版，第 129 页。

〔6〕 参见王克稳：《政府合同研究》，苏州大学出版社 2007 年版，第 73 页。

〔7〕 参见梁凤云：《行政协议司法解释讲义》，人民法院出版社 2020 年版，第 26—27 页。

〔8〕 参见卞修全：《行政协议的理论与实践》，中国政法大学出版社 2022 年版，第 94 页。

25条第4款规定，对于人民检察院在履行职责中发现国有土地使用权出让等领域负有监督管理职责的行政机关违法行使职权或者不作为，人民检察院可以依法提起行政公益诉讼。《城市房地产管理法》第26条规定[1]中的征收土地闲置费和无偿收回土地两项措施属于行政权力范畴，这表明行政机关在协议中享有“行政优益权”。第二，符合立法原意。最高人民法院在起草《关于审理行政协议案件若干问题的规定》过程中与立法机关的工作沟通中，立法机关明确表示，国有土地使用权出让协议属于行政协议。《城镇国有土地使用权出让和转让暂行条例》中，作为合同当事人的土地管理部门一方以“出让人”来表述，而对履行行政管理职能的土地管理部门则以“土地管理部门”来表述。第三，规章和司法实践均作为行政协议审理。前述湖南省、山东省、江苏省关于行政程序的地方政府规章，都将国有土地使用权出让协议作为行政协议的类型。最高人民法院的一些司法批复和答复也确立了该类协议的可诉性。例如，最高人民法院《关于收回国有土地使用权案件适用法律问题的答复》(〔2012〕行他字第10号)规定：“在国有土地使用权出让合同纠纷中，具有土地行政管理职能的市、县人民政府决定收回国有土地使用权的行为，是单方履行行政职权的行为，对该行为不服提起诉讼的，属于行政诉讼受案范围。”第四，将国有土地使用权出让协议纳入行政诉讼，有利于解决土地出让领域的乱象，推进政府守信践诺，保护国有资产。将国有土地使用权出让协议视作民事合同，按照意思自治规则来审理，缺乏对出让土地行为的合法性审查和监督，导致国家利益和社会公共利益遭受巨大损失。同时，由于缺乏公法规制，一些地方政府不守诚信恶意毁约，损害相对人权益，影响政府公信力。第五，国务院自然资源管理部门书面答复国有土地使用权出让协议属于行政协议。原国土资源部答复函(2016年11月16日)认为，国有自然资源使用权出让协议是行政协议的重要类型，是政府作为国有自然资源资产的代表行使所有者权能的体现，不管是不是一个部门管，只要资源配置是政府行使职能的行为，都应当纳入行政司法监督。第六，将国有土地使用权出让协议作为行政协议审理，有利于行政争议的实质性化解。司法实践中，国有土地使用权出让是土地征收、规划、补偿等行政程序中的一个环节，与征地拆迁相关的征收决定、立项批准、规划许可、用地审批、拆迁协议、环评批复、竣工验收备案等所有行政程序和环节，应一并纳入行政诉讼受案范围。若仅将国有土地使用权出让协议由民事审判部门审理，而它又不具有对行政行为合法性的审查权，有可能导致民事和行政审判的不一致，既不利于节约司法资源，也不利于行政争议的实质性化解。[2]

3. 征收补偿协议

征收补偿协议，是指征收部门与被征收人之间签订的，涉及被征收财产补偿方式、补偿金额、支付方式等事项的，约定相互之间权利义务的协议。2014年《行政诉讼法》

---

〔1〕《城市房地产管理法》第26条规定：“以出让方式取得土地使用权进行房地产开发的，必须按照土地使用权出让合同约定的土地用途、动工开发期限开发土地。超过出让合同约定的动工开发日期满一年未动工开发的，可以征收相当于土地使用权出让金百分之二十以下的土地闲置费；满二年未动工开发的，可以无偿收回土地使用权；但是，因不可抗力或者政府、政府有关部门的行为或者动工开发必需的前期工作造成动工开发迟延的除外。”

〔2〕参见梁凤云：《行政协议司法解释讲义》，人民法院出版社2020年版，第29—33页。

第 12 条明确将土地房屋征收补偿协议纠纷纳入行政诉讼的受案范围，这是立法层面上对征收补偿协议的首次定性。

签订征收补偿协议是行政机关行政征收行为的一部分。根据《民法典》第 229 条的规定，被征收财产自征收决定生效时即发生物权变动。因此，征收补偿协议实质上是双方就政府行政征收行为所签订的补偿协议，属于公法上的损害补偿协议，构成公法上的法律关系。平等协商是协议行为的共同特征，虽然行政协议应当是双方当事人自由协商的结果，但不能以此将征收补偿协议认定为民事协议。征收补偿协议是行政征收的结果，行政征收是典型的高权行政。现代法治最重要的精神就是对公民权利的尊重。从世界上主要法治国家的经验来看，行政征收的范围不断缩小，如英国就引入了私法上的购买程序，即把“征收决定 + 补偿协议”机制转换为“行政处分（强制购买处分）+ 买卖协议”。这可以有效地限制公权力，保障公民的基本权利。[1]

4. 政府投资的保障性住房的租赁、买卖等协议

政府投资的保障性住房，是指政府为中低收入住房困难家庭所提供的限定标准、限定价格或租金的住房，一般由廉租住房、经济适用住房、政策性租赁住房、定向安置房等构成。这种类型的住房有别于完全由市场形成价格的商品房。政府投资的保障性住房的租赁、买卖等协议，是指行政机关为了推行和实现福利政策，与行政相对人签订的由政府投资建设的保障性住房的租赁、买卖等协议。原建设部《廉租住房保障办法》（2007 年 11 月）规定了相应的协议类型。该办法第 20 条第 1 款规定：“对轮候到位的城市低收入住房困难家庭，建设（住房保障）主管部门或者具体实施机构应当按照已确定的保障方式，与其签订租赁住房补贴协议或者廉租住房租赁合同，予以发放租赁住房补贴或者配租廉租住房。”通过签订政府投资的保障性住房的租赁、买卖等协议，将有力保障城市低收入群体的“房子是用来住的”合法权益。

民法学界的多数学者主张，因为在保障房的租赁和买卖过程中需要缔结合同，所以保障房的租赁和买卖应属于民事法律关系。有的保障性住房协议中，一方当事人是国有企业而非行政机关；公房买卖和租赁合同只是房产管理部门代表国家行使对公房的处分权，即享有民事主体的权利。即使合同中的一方是行政机关，其法律关系仍然应当属于私法的调整范围，应当以平等的民事法律关系来看待。[2]行政法学者则大多主张其属于行政协议。考虑到我国保障房所具有的产权属性以及合同本身存在逃避公法约束的风险，都要求在民事合同以外寻求其他的机制来对保障房租赁和买卖关系进行调整，至少合同的缔结应认定为行政行为，使其受到行政程序和合法性审查的约束。[3]

《关于审理行政协议案件若干问题的规定》将政府投资的保障性住房的租赁、买卖等协议明确规定为行政协议，理由如下。第一，公房出售租赁合同属于行政管理的方式。公房出售租赁合同是国家通过对公有房屋的租赁和出售，满足和保障特定的公民的

---

〔1〕 参见谭启平：《论房屋征收补偿争议的司法救济》，载《当代法学》2013 年第 5 期。

〔2〕 参见龙卫球：《保障住房借名买房合同私法效果研究——“崔立诉白家连、隋婷所有权纠纷再审案”》，载《月旦民商法杂志》2016 年第 12 期。

〔3〕 参见凌维慈：《保障房租赁与买卖法律关系的性质》，载《法学研究》2017 年第 6 期。

居住权，属于行使行政职权，而非作为民事主体追求利益交换。第二，房产管理部门在公房出售租赁协议中具有行政管理职权，不同于民事权利，且该行政管理权力不受合同约定所限制或者剥夺，其所拥有特殊义务亦不因合同的约定而解除。为了规范房产管理部门的职权行为，也应当通过行政诉讼对其职权行为进行监督和纠正。

政府投资的保障性住房的出租和出让协议符合行政协议的构成要件。从目前全国范围来看，保障性住房协议的主体绝大多数是政府或者住房建设职能部门，符合行政协议主体要素。无论是公有租赁住房还是新类型的保障房，都是国家通过财政、土地等支付或者协助，再由国家所有或者开发商所有，物业企业运营的房屋，其目的都在于保障部分人的住房权利，属于国家福利行政的范围，具有强烈的公共服务性质。其相关协议属于行政协议的范畴。有的保障性住房租赁买卖协议的签订主体是城建公司等国有企业，但约定了政府等行政机关协助办证等协议义务、行政机关盖章许可，因此也应当认定该协议的行政协议属性。[1]

5. 符合《关于审理行政协议案件若干问题的规定》第 1 条规定的政府与社会资本合作协议

政府与社会资本合作（Public-Private Partnerships，PPP）是近几十年来各国行政改革中的热门概念和流行做法，也即俗称的公私合作。其中“public”是指（广义的）国家，具体表现为政府部门或其他公共机构；“private”是指私人主体，包括自然人和私法人；“partnerships”则是指公私双方为共同履行公共任务而采取的协作行动。对这一概念所包含的范围有不同的界定。在最广义上，只要有私部门参与公共任务的履行，就可视为公私合作。公私合作的运作逻辑，是公私部门为着共同目的分工合作，共担风险、共享收益，并结成一种互补性的合作伙伴关系。[2]通过公私合作，可以将私部门的资本、专业知识、效率和灵活性引入公共行政当中，创造出有效结合公私部门优势、资源和专业的效果，[3]从而改善公部门绩效，降低公共服务成本，提高服务品质，减少政府财政压力。正是着眼于公私合作在这些方面的优势，联合国欧洲经济委员会（United Nations Economic Commission for Europe, UNECE）对其甚为推重，[4]发展中国家的 PPP 也日渐盛行。

就我国而言，公私合作的特殊意义还在于它回应了政府职能转变的需要。新中国成立后的相当长一段时期内，因为奉行全能政府、计划经济，国家垄断了一切公共事务，私人领域也在很大程度上被公共化，极大禁锢了社会的活力。20 世纪 80 年代以后，转变政府职能被纳入改革议程，并形成了一个延续至今的放权趋势，呈现由全能政府向有限政府、由管制政府向服务政府转变的态势。而与“不是政府就是市场”“不是公就是

〔1〕 参见梁凤云：《行政协议司法解释讲义》，人民法院出版社 2020 年版，第 33—34 页。

〔2〕 参见［英］达霖·格力姆赛、［澳］莫文·K. 刘易斯：《公私合作伙伴关系：基础设施供给和项目融资的全球革命》，济邦咨询公司译，中国人民大学出版社 2008 年版，第 10—12 页。

〔3〕 Dima Jamali, *Success and Failure Mechanisms of Public Private Partnerships in Developing Countries: Insights from the Lebanese Context*, 17 The International Journal of Public Sector Management pp. 414-430 (2004).

〔4〕 UNECE, Guidebook on Promoting Good Governance in Public-Private Partnerships, the United Nations Econoic Comission for Europe, http: //www. unece. org/ceci/publications/ppp. pdf/, accessed April 15，2015.

私”的简单化思维相比，公私合作可以为政府职能的转变提供另一种或许更符合实际的选项。在基础设施建设与公用事业等领域，这一点表现得尤为突出。

公私合作往往涉及多方错综复杂的关系，这使得公共部门亟须运用有效的工具来明确公私各方的权利与义务、风险与责任，以应对不可预见性和不确定性。立法规制和传统行政规制手段却都捉襟见肘：高度的法律化不仅受制于因立法资源的不足而难以及时有效回应权利义务明确的需求，而且存在阻碍公私双方根据项目的特定情形灵活应对的弊端；以“命令—服从”为特征的传统规制进路亦与公私合作的理念和逻辑不合。在此背景下，以双方平等协商、内容具体明确为特征的合同的重要性就得到凸显：合同作为一种自律性的规范形成工具，其内容尽可能由合同当事人自由形成，而法律则仅对其作出框架性规范，这种机制特别适合运用在公私合作领域。[1]

以公私合作中最具代表性的 BOT 模式为例，由于 BOT 主要用于公用基础设施建设项目，涉及众多利益攸关方、影响范围广、持续时间长、投资金额大，因此必须通过合同的形式来确定和维持合同各方约定的具体内容和彼此间的法律关系。BOT 模式的实质，即包括特许权、合资、融资、建设、管理、维修、收费、回购、保险、担保等在内的一系列合同。

从 BOT 合同中，我们也可以一窥公私合作合同的特性。其一，公私合作合同在实践中往往表现为一个由系列相关合同构成的庞大的“合同群”。其二，公私合作涉及具体项目的规划、执行和结束的各个阶段，合同的内容须涵盖此长期合作关系的全过程。其三，由于公私合作存在于国家与社会的交叉领域，公私合作合同中必然成为汇聚国家与市场、公部门与私部门等场域中不同行为主体意志与利益的混合架构。其四，公私合作合同通过书面的形式，将公、私部门的任务分工、责任分配与风险配置固定下来，在此基础上以公用事业的政府特许经营合同为例加以分析。根据前述判断标准，政府特许经营合同应属行政合同，这是因为政府特许经营合同的缔结、变更或解除，对应的是公法上法律关系的建立、变更或消灭。

但是就作为一个集合的公私合作合同而言，联合国国际贸易法委员会编制的指南的观察比较准确：“在属于民法传统或受民法传统影响的许多法律制度中，公共服务的提供可能受到一些称作‘行政法’的法律的管辖，这种法律规范着广泛的政府职能。这种制度按这样的原则运作，即政府可以通过行政行为或行政合同行使其权力和职能。人们还普遍认识到，另一种方式是，政府可以根据管辖私人商业合同的法律签订私法合同。这两种合同之间的差别可能是很大的。”[2] 简言之，公私合作合同既可能是行政（公法）协议，也可能是民事（私法）合同。同时需要强调的是，即便属于行政协议的公私合作合同，与一般的行政协议也是存在区别的：就理念而言，一般行政协议仍带有传统的公

---

〔1〕 李建良：《民营化时代的行政法新思维》，载李建良主编：《2011 行政管制与行政争讼》，我国台湾地区“中央研究院”法律学研究所 2012 年版，第 1—27 页。

〔2〕 UNCITRAL, Legislative Guide on Privately Financed Infrastructure Project, 2000, Chapter Ⅶ, 6. Rules on Government Contracts and Administrative Law, p.24.

私对峙的意味，而公私合作则强调私部门作为公部门的平等和互助伙伴的地位。[1] 就法律关系而言，有别于一般行政协议的两造线性关系，公私合作合同涉及的至少是三角，甚至多角的复杂关系。就制度而言，由于公私合作合同更具长期性和不确定性，所涉资金、资源和利益巨大，因而对于程序和内容规范都有更高的要求。

事实上，对于公私合作合同这样一组跨公、私域的混合事物，指望在公或私的任何一个单独法律体系中予以规范，其弊病都是不可克服的——单纯以私法模式加以规范，将导致公共利益削弱的问题；单纯以公法模式来规范，又缺乏对私方当事人利益的关照和平衡。在公私合作合同的法律体系及技术框架中，必须融入诸如公平、公开、理性和责任等体现公法价值的安排。也许正因为如此，《关于审理行政协议案件若干问题的规定》增加了"符合本规定第一条规定"的定语，将符合行政协议定义的政府和社会资本合作合同界定为行政协议。

三、我国司法解释排除受理的协议

根据《关于审理行政协议案件若干问题的规定》第 3 条的规定，因行政机关订立的下列协议提起诉讼的，不属于人民法院行政诉讼的受案范围：（1）行政机关之间因公务协助等事由而订立的协议；（2）行政机关与其工作人员订立的劳动人事协议。

（一）公务协助协议

所谓公务协助，是指行政机关之间为了行政管理的需要，就相互之间的行政管理事务进行沟通协作的行为。行政机关之间由于法律法规规定的职责不同，相互之间也不存在隶属关系，因此有必要进行行政合作、公务协助。公务协助的内容在相关法律法规中有所体现。例如，《行政许可法》第 64 条规定："被许可人在作出行政许可决定的行政机关管辖区域外违法从事行政许可事项活动的，违法行为发生地的行政机关应当依法将被许可人的违法事实、处理结果抄告作出行政许可决定的行政机关。"《税收征收管理法》第 15 条第 2 款规定："工商行政管理机关应当将办理登记注册、核发营业执照的情况，定期向税务机关通报。"2022 年《江苏省行政程序条例》第 28 条第 1 款规定："有下列情形之一的，行政机关可以书面请求相关行政机关协助：（一）独立行使行政职权不能实现行政管理目的的；（二）因人员、设备等事实原因或者技术性考量，需要相关机关出具专业意见的；（三）执行公务所必需的文书、资料、信息为其他行政机关所掌握，自行收集难以获得的；（四）可以请求协助的其他情形。行政机关请求协助的事项，属于被请求行政机关应当履行的法定职责的，不视为行政协助。请求协助的内容，主要包括调查、提供具体信息等。"

为了解决行政机关之间由于分工不同、职能不同造成的执法困难，或者为了实现国家行政管理整体效能、经济一体化等目标，不同行政机关之间，特别是没有隶属关系的行政机关之间会签订一些协议。例如，《上海市行政协助管理办法（试行）》（2017 年 3

---

〔1〕 例如，国务院办公厅转发国家发展改革委、财政部《关于规范实施政府和社会资本合作新机制的指导意见》（2023 年 11 月 3 日）强调："项目实施机构与特许经营者应在法律地位平等、权利义务对等的基础上签订特许经营协议。"

月 30 日）第 22 条规定了“意定行政协助”：“鼓励行政机关之间，在不违反本办法规定的原则和内容的前提下，签订行政协助协议，纳入行政协助目录。”《厦门市行政协助管理办法（试行）》（2018 年 3 月 3 日）第 8 条规定：“在日常工作中存在阶段性、长期性或者数量较多协助的请求机关和被请求机关，可以通过签订《行政协助协议书》明确协助内容和权利义务。包括但不限于：（一）双方名称、地址、联系方式等；（二）阐明协助的行使依据、已掌握的疑点或者线索等具体情况、有针对性的请求事项；（三）明确协助的具体内容、期限、形式；（四）其他协商一致或应当列明的费用列支、法律责任和争议处理办法等内容。”执法实践中，有的行政机关之间基于经济一体化发展需要、环境治理需要等签订区域性的行政协议。例如，兰州和西宁两市签订生态环境联防联治专项合作协议。

行政机关之间基于公务协助等事由而订立的协议，并不对当事人的权利义务产生影响，并不对外发生法律效力，且不符合《关于审理行政协议案件若干问题的规定》关于行政协议的定义。因此，公民、法人或者其他组织就这类协议提起诉讼的，不属于人民法院行政诉讼受案范围。这类公务协议可分为上下级行政机关之间的协议和平级行政机关之间的协议。

其中，平级行政机关之间的行政协议包括行政事务协议以及行政区域合作协议等。行政事务协议是不存在隶属关系的行政主体之间针对某项行政事务而达成的协议。行政事务协议又可分为行政事务管辖协议和行政执法协作协议。[1]其中，行政事务管辖协议是行政主体之间为明确行政事务的管辖权而订立的协议。例如，根据《行政区域边界争议处理条例》第 3 条的规定，当发生行政区域界线不明的纠纷时，双方政府可以协商解决。通过协商所达成的协议便属于行政事务管辖协议。行政执法协作协议，是指为完成行政事务，行政主体彼此之间达成的合作协议，它主要适用于行政执法领域。例如，青岛海关和青岛港务通过签订行政协议的方式，来实现相关行政事务的有效协作。[2]所谓行政区域合作协议，是指不同区域的行政主体，基于特定行政目的或者发展需要，进行合作而达成的协议。行政委托协议，是指行政主体依法将自己的行政职权委托给另一行政机关或相对人行使而与其签订的协议。[3]例如，根据《行政处罚法》和《行政许可法》的规定，行政机关可在其职权范围内，委托其他机关实施行政许可和行政处罚。行政委托协议根据被委托者与被委托职权的关系，可以分为两种。第一种为地域委托协议，即行政主体将其管辖区域内的某一行政事务委托给另一行政区域内具有相同职能的行政主体的协议。第二种为权限委托协议，即被委托者在被委托前没有某种行政职权，因被委托而取得该项职权，如乡、镇人民政府委托村民委员会办理某项行政事务的协议，行政委托协议签订后，被委托人在执行该项事务时，必须以委托的行政主体的名义进行，行为的法律后果由委托的行政主体承担。如果被委托人超越被委托的权限，其代理行为无

〔1〕 黄学贤、廖振权：《行政协议探究》，载《云南大学学报（法学版）》2009 年第 1 期。

〔2〕 王克稳：《政府合同研究》，苏州大学出版社 2007 年版，第 8—9 页。

〔3〕 江利红：《行政法学》，中国政法大学出版社 2014 年版，第 329 页。

效，由被委托人自己承担法律责任。法律法规规定某种行政事务不能委托的，行政主体不能签订关于该项事务的协议。

（二）劳动人事协议

《关于审理行政协议案件若干问题的规定》所称的劳动人事协议，是指行政机关与其工作人员之间因劳动关系签订的协议。

2005 年《公务员法》第 95 条至第 100 条首次规定，行政机关可以对专业性较强的职位和辅助性职位实行聘任制。在此基础上，2011 年中共中央组织部、人力资源和社会保障部联合印发了《聘任制公务员管理试点办法》，就公务员聘任制度作出了进一步细化规定。但是二者均未明确聘任协议的具体性质。根据《聘任制公务员管理试点办法》第 2 条的规定，“本办法所称聘任制公务员，是指机关在规定的编制限额和工资经费限额内，经中央或者省级公务员主管部门批准，以合同形式聘任、依法履行公职、由国家财政负担工资福利的工作人员”。聘任制协议在内容上涉及公务员身份的取得，涉及行政职权、职责的承担，包含公法上的权利义务关系。现行《公务员法》第 102 条规定：“机关聘任公务员，应当按照平等自愿、协商一致的原则，签订书面的聘任合同，确定机关与所聘公务员双方的权利、义务。聘任合同经双方协商一致可以变更或者解除。聘任合同的签订、变更或者解除，应当报同级公务员主管部门备案”；第 105 条规定：“聘任制公务员与所在机关之间因履行聘任合同发生争议的，可以自争议发生之日起六十日内申请仲裁。省级以上公务员主管部门根据需要设立人事争议仲裁委员会，受理仲裁申请。人事争议仲裁委员会由公务员主管部门的代表、聘用机关的代表、聘任制公务员的代表以及法律专家组成。当事人对仲裁裁决不服的，可以自接到仲裁裁决书之日起十五日内向人民法院提起诉讼。仲裁裁决生效后，一方当事人不履行的，另一方当事人可以申请人民法院执行。”

除聘任制公务员外，行政机关也可以与工勤人员等其他工作人员签订劳动人事协议。但行政机关与其工勤人员等其他工作人员签订的劳动人事协议，既不属于行政诉讼法意义上的行政协议，也不属于人民法院的行政诉讼受案范围。

第三节　行政协议的订立

一、行政协议订立的原则

（一）依法订立原则

依法行政是行政法的基本原则之一。订立行政协议的基本原则之一，就是依法订立。

依法订立原则有以下几点内涵。首先，当法律规定行政机关需要通过行政协议来行使某项行政职权时，行政机关必须严格按照法律规定的路径行使职权，实施行政管理行为。其次，当法律没有对行政机关行使职权的方式进行具体规定时，行政机关可以在其职权范围内根据所行使职权事务的性质订立行政协议。《关于审理行政协议案件若干问题的规定》第 1 条明确规定行政机关与行政相对人应在法定职权内订立协议，此项也是法院司法审查中的重点。同时，订立协议，已成为行政机关行使职权的重要形式。其一般原理是：一方面，行政机关不应消极地怠于行使法定职权（包括裁量性权力），因为在每一个具体的情形下，基于公共利益作出自己的具体决定，是行政机关的义务所在；另一方面，行政机关的权力中当然地包括订立协议的权力。行政机关签订的协议，必然（或多或少地）约束行政机关（未来）的行为，因此，协议的界限问题在这里就转化为行政机关究竟可以在何种程度上对自己将来的行为作出有效的约束。[1]对于这个问题，一个重要的判断标准就是，签订协议的目的与法律授予行政机关权力所基于的目的之间的一致性。最后，行政机关必须严格按照法定程序订立行政协议。

如果法律没有明确规定，订立行政协议需受到以下三个方面限制：第一，行政机关必须在其有管辖权的范围内订立行政协议，其管辖权包括但不限于事务管辖权、地域管辖权和层级管辖权；第二，行政协议不能违背现行法律规定；第三，订立可能对第三人造成直接损害的行政协议必须经过第三人的同意。

（二）公正、公开原则

公正、公开原则贯穿于行政协议从订立到履行的始终。公正原则，是指行政机关在可能作出对相对人不利的决定时要听取相对人的意见，并在作出决定后告知相对人理由，具体表现在选择行政相对人或在履行行政协议、行使行政权力等过程中。公开原则，是指行政协议的订立动机、制定过程以及最终行政协议的文本都要公开，让民众广泛参与行政协议的制定。例如，在订立国有土地有偿使用合同中，是否坚持公正、公开原则订立协议，在协议签订的结果方面差异极大，不仅可以使政府行为的透明度大为增加，还可以避免交易的不公正性。

（三）竞争择优原则

行政协议事项需要行政机关和行政相对人共同合作，因此为了更好地维护公共利益，保证行政行为的质量和效率，行政机关需要择优选择合适的行政相对人。

（四）自由协商原则

订立行政协议是协议各方自愿的行为。自由是行政协议有效实现的前提。协商是凝聚共识、排除对立的过程，是达成行政协议的途径。行政协议的订立应遵循自愿原则，若行政协议在受胁迫等违背相对方真实意思表示的情形下签订，则人民法院可依法判决撤销该行政协议。

（五）书面订立原则

在其他国家及地区，对于行政协议的缔结采取以书面形式为原则，以其他形式为例外的做法。德国《联邦行政程序法》第 57 条规定："公法合同以书面形式订立，但以法

---

〔1〕 H.W.R.Wade &C.F. Forsyth, Administrative Law, Clarendon Press, Oxford, 1994, p.333. 转引自余凌云：《论行政契约的含义——一种比较法上的认识》，载《比较法研究》1997 年第 3 期。

规未规定其他形式为限。”在法国，行政协议可以是书面形式的，也可以是口头形式的，用招标方式缔结的协议都采取书面形式，用直接磋商方式缔结的协议，法律往往规定所涉金额在一定标准以上时也要采取书面形式，金额的高低随行政机关的地位和各时期的经济情况而不同。不仅在大陆法系国家，而且在英美法系国家也一般认为书面形式是防止和解决行政协议纠纷的较好方式。英美等国政府协议制度中也出现鼓励使用标准合同的倾向，而且美国要求对政府协议的任何变更都要采用书面形式。

我国地方性行政程序立法也对行政协议的订立形式作出规定。例如，2022 年《湖南省行政程序规定》第 95 条规定：“行政合同应当以书面形式签订。”当然，不分行政协议的种类、大小都要求采取书面形式，一概排斥“口头等其他形式”也不可取。但是，具体应当如何理解“书面形式”，仍然有待进一步深入探讨。行政协议要求以书面形式作出，主要目的在于明确内容、防止纠纷和警示双方当事人，使协议双方当事人免受仓促缔约的不利影响。以书信、电报、邮件等方式达成意思表示，只要是内容明确，签名手续完备，也应当认为符合书面形式缔约的规则，只是书面的载体可能有所差别。我国《民法典》第 469 条第 2 款对“书面形式”也作出了具体规定。[1]

二、行政协议订立的程序

行政协议的订立程序是行政协议成立之前的各个阶段、步骤。在行政协议缔结过程中，行政机关与行政相对人就合同内容相互协商，最终达成订立合意。行政协议采取的各种具体缔结方式，依照法律规定都分别有不同的程序步骤，但从一般原理上来说与民法领域的私法合同类似，通常都要经历要约邀请、要约与反要约、承诺等阶段。遵守行政协议的订立程序，是实现协议目的的保障，是配置当事人权利义务的关键，可以通过程序为相对人权利提供保护并强化对行政特权的控制。

（一）订立程序的启动：要约邀请和要约

行政协议具有“合同性”和“行政性”双重属性。从“合同性”角度来讲，其与普通民事合同的订立程序相同，包括要约人发出要约、受约人作出承诺两个基本环节，无要约和承诺则合意无从谈起，合同无从成立。从“行政性”角度来讲，其与普通民事合同双方均可启动订立程序存在不同。民事合同主体签订合同是为了自身利益，行政主体签订行政协议是实现行政管理目标，维护公共利益。因此基于行政协议为了执行公务和实现公共利益的制度宗旨，在行政协议的订立过程中，启动者往往是行政主体。这也是“行政优益权”在订立程序中的体现，即行政主体依法享有选择协议相对方的权利，享有对协议履行的指挥权和监督权。但是随着行政协议方式适用范围越来越广泛，行政协议具体类型越来越丰富，现实中并不排除在某些情况下相对人作为行政合同订立程序的启动者首先发出要约或者要约邀请的可能。

---

〔1〕《民法典》第 469 条规定：“当事人订立合同，可以采用书面形式、口头形式或者其他形式。书面形式是合同书、信件、电报、电传、传真等可以有形地表现所载内容的形式。以电子数据交换、电子邮件等方式能够有形地表现所载内容，并可以随时调取查用的数据电文，视为书面形式。”

行政协议启动程序，一般包括要约邀请和要约。依据《政府采购法》，行政机关采取招标的方式发出的招标公告或者招标邀请书，是一种要约邀请；投标是要约；招标人选定中标人是承诺。一般而言，行政协议的要约邀请，是启动行政协议谈判的基础和前置性条件，为行政主体与潜在的另一方当事人磋商提供方便和扫清障碍，以使另一方当事人得以真实的意思表示发出要约或者对行政主体的要约予以承诺。在发出要约邀请以后，要约邀请人撤回其邀请，只要未给善意相对人造成信赖利益的损失，要约邀请人一般不承担责任。但是，行为人在要约邀请中有欺诈等不诚信行为时，仍然要承担责任。这是因为当事人为订立合同在协商之际，已经由一般的关系转入特殊的信赖关系，依照民法上的诚实信用原则，尽管此时合同尚未成立，但在当事人之间产生了一种互相照顾、协调、保护、诚实等附随义务。所以，行政机关一方在协议订立前，需要以诚实信用原则履行保护、协助、保密、保管等义务，这些义务是行政协议先合同义务的重要组成部分，违反则需要承担缔约过失责任。

要约则是进入行政协议订立程序的第一个正式步骤，从程序的角度来讲，进入要约阶段才是真正启动行政协议订立程序。邀约是发生承诺之前的意思表示，也是受法律规范约束的表意行为，一旦对方作出承诺，双方即受到该意思表示的约束。要约的意思表示必须表明，只要经受要约人承诺，要约人就要受该意思表示的约束，因此要约含有行为人在该意思表示被另一方当事人接受时就受其约束的意旨，这也是要约与要约邀请在效力上最大的不同。从内容上来讲，我国《民法典》合同编明文规定，要约的内容必须具体、确定。所谓“具体”，是指要约内容必须具有足以使合同成立的主要条款，当然，合同的性质不同，其主要条款亦不相同。究竟哪些才是合同的主要条款，应当根据合同的性质和内容来具体予以判断。所谓“确定”，是指要约的内容必须明确，合同内容不能含混不清。

（二）选择确定协议相对人：承诺和强制承诺

在订立行政协议的程序启动之后，需要确定协议相对人，确定方式有两种：承诺和强制承诺。承诺是受要约人向要约人发出的无条件接受要约内容，并决定以要约的内容与要约人订立行政协议的意思表示。根据《民法典》合同编的规定，承诺一般是以通知的形式作出，但根据交易习惯或者要约表明可以通过行为作出承诺的除外。承诺的法律效力在于，一经作出并到达要约人，该合同即告成立，要约人不得拒绝。

从行政机关作出承诺前的必要环节来看，从要约到承诺还有一个很长的过程。对于行政机关来说，承诺前如何选择确定相对人的过程非常复杂也非常重要，至少应该包括如下考量。一方面，行政机关应当首先对受要约人的综合情况进行调查，对作为受要约人的行政相对人的诚信状况、资产资质、履约资格和能力进行把握，同时要充分调查了解自身履约能力。防止出现行政主体没有在订立阶段做好市场调查和估算，给行政相对人和公共利益带来巨大损失的情况。同时行政机关也应当认真审查协议内容，比如其中的唯一性条款是否能够履约，一旦后期违约是否可能造成整个项目失败等。另一方面，行政机关应该有针对性地与潜在协议相对人进行磋商和谈判，在比较的基础上选择确定最优协议相对人，并与其协商确定协议具体条款。在做好前面两个步骤之后，行政主体应该对拟签订的行政协议文本进行合法性审查，确保其内容合法。最后是向选择确定的协议相对人作出承诺，即可正式签订行政协议。

与此相关的是强制缔约制度。依据传统的契约自由理论，任何人都不负有与他人订立合同的义务，也不得强迫其他人与之订立合同。但如果法律规定，受要约人负有对要约人向其发出的要约予以承诺的义务，非有正当理由不得拒绝该要约，强制缔约就表现为法律对民事主体施加的强制承诺的义务。行政协议中强制承诺的情形主要有以下两种。一是在招标和拍卖等缔约方式中，投标人和竞拍人向行政主体发出要约，行政主体有义务向提供最优条件且超出标底的投标人，或者出价最高且超过标底的竞拍人作出承诺。如果允许行政主体任意拒绝，投标或者竞拍的相对人利益将受到损害，行政主体的公信力也会受到损害，投标或者竞拍这种最能体现公开竞争原则的程序设计也就完全丧失了意义。二是在行政主体以合同方式提供诸如道路通行、公共资源供应等公共服务时，如果允许其通过保留拒绝承诺的权利而控制行政协议的成立，可能会对行政相对人享受公共服务造成不利后果，因此应当通过强制承诺制度保障公共服务提供的公开性和公平性。〔1〕

（三）依法审查或批准：协议生效

行政协议的成立是其生效的基础条件，行政协议的生效是对行政协议的成立在法律上的进一步肯定，行政协议若未成立，就谈不上生效。行政协议的成立属于事实上的判断，主要解决有没有行政协议、行政协议事实是否存在等问题；行政协议生效属于法律上的价值判断，是对已经成立的行政协议对行政机关和相对方是否具有法律约束力的衡量，是判断行政协议是否符合法律规定，即判断有效、无效还是效力待定的问题。

依照《民法典》合同编的规定，依法成立的合同，自成立时生效。一般来说，行政协议成立之时就是行政协议生效之时。但是，有的行政协议还需要符合特别生效要件，《关于审理行政协议案件若干问题的规定》规定："法律、行政法规规定应当经过其他机关批准等程序后生效的行政协议，在一审法庭辩论终结前未获得批准的，人民法院应当确认该协议未生效。"也就是说，法律、行政法规规定行政协议应经其他机关履行批准、同意等手续后，该行政协议才能生效；在未获批准或未获同意前，该行政协议即使已经成立也未能生效，其效力处于待定状态；最终未获批准或未获同意，致使行政协议不能生效，造成相对方损失的，行政协议约定负有履行批准程序义务的行政机关应当承担缔约过失责任，但无此约定或者约定免责的，行政机关可不承担缔约过失责任。同时对于须经批准、登记生效的，在一审法庭辩论终结前未获得批准的，人民法院应当确定行政协议不发生效力。行政协议的审查事项一般包括：协议的内容是否合法、公平合理，行政主体单方行为的事实和法律依据，是否约定违约责任，签订行政协议的主体是否合法，行政相对方是否符合缔约的条件，行政主体行使行政优益权是否合法，订立协议的程序和形式是否合法，等等。

规定行政协议依法审查或批准才能生效，主要基于以下两方面的考虑：一是行政协

---

〔1〕 参见施建辉：《行政契约缔结论》，法律出版社2011年版，第68—71页。

议双方当事人的意思自治是有界限的，任何违反或者超越这一界限的行为，法律都要对其进行否定性评价。因为，双方当事人合意的效果可能会存在侵害社会公共利益、其他个人利益等情况。二是行政机关必须依法、依权限、依程序订立行政协议，并接受有权机关监督。如果行政机关滥用其优势地位造成信息不对称，签订可能导致当事人之间利益不平等的协议，或者超越权限、违反程序与行政相对人缔结协议，都是违反行政协议本意的，法律必须对其进行否定性评价。因此，很多时候法律、法规有必要作出规定，即行政协议经过依法审查或批准才能生效。此外，有些情况下，由于缔结行政协议的行政机关权限问题，其行政协议并不能立即生效。例如，2022 年《湖南省行政程序规定》第 96 条规定："行政合同依照法律、法规规定须经其他行政机关批准或者会同办理的，经过其他行政机关批准或者会同办理后，行政合同才能生效。"每个行政机关只具有在其管辖事务范围内签订行政协议的权限，不可以越权签订。

三、行政协议订立的方式

（一）招标

招标是一种被广泛采用的行政协议订立方式。行政机关可以根据行政公务本身需要确定行政协议的标底和主要条款（以招标公告或招标邀请书方式公布特定的标准和条件），参加投标者根据行政协议作出承诺（报价及相应条件），行政机关经过评标和议标程序，从符合标底的参加者中选择最优者并与之签订行政协议。其中招标的行政机关称为招标人，参加投标的行政机关称为投标人，与行政机关签订协议的行政相对人称为中标人。与一般的交易方式相比，招标主要有以下三个特点：一是招标是由参加投标的企业按照招标人所提出的条件，一次性递价成交的贸易方式，双方无须进行反复磋商；二是招标是一种竞卖的贸易方式；三是招标是在指定的时间和指定的地点进行的，并事先规定了一些具体的条件，因此，投标必须根据其规定的条件进行，如不符合其条件，则难以中标。

我国《招标投标法》规定，招标方式分为公开招标、邀请招标，其中占主要地位的是公开招标。比如，《政府采购法》第 26 条规定："政府采购采用以下方式：（一）公开招标；（二）邀请招标；（三）竞争性谈判；（四）单一来源采购；（五）询价；（六）国务院政府采购监督管理部门认定的其他采购方式。公开招标应作为政府采购的主要采购方式。"公开招标具有竞争性、公开性，可以在一定程度上防止营私舞弊和财政经费的浪费，确保选择最优者签订行政协议。是否采用公开招标的方式需要根据客观数额标准进行判断，禁止采购人以各种形式规避应当以招标方式采购的货物或者提供的服务。只有不适合公开招标的才可以进行邀请招标，但也有法律上的限制。比如《招标投标法》第 11 条规定："国务院发展计划部门确定的国家重点项目和省、自治区、直辖市人民政府确定的地方重点项目不适宜公开招标的，经国务院发展计划部门或者省、自治区、直辖市人民政府批准，可以进行邀请招标。"许多法律中规定了相应的行政行为需要通过招标、拍卖的方式进行，如国有建设用地使用权出让协议、政府特许经营协议、政府采购协议等。

目前主要的法律法规依据有《招标投标法》《招标投标法实施条例》等。招标投标要遵循一定的程序和原则。其一，招标行为一般包括招标准备、招标邀请、发售招标文件、审查招标文件、标前会议、投标、评标、签标等过程。其作为订立行政协议过程中的程序性行为，具有全面、动态呈现行政程序的特点。在保证程序性行为效率的前提下，规范和严谨地实施此类行为是为了通过程序规范，实现公平、公正地找到合适的行政相对人的程序目标。

其二，具体开展招标投标活动也需要遵循公平、公正原则。招标投标行为是市场经济的产物，必须遵循市场经济活动的基本原则。因此各国立法普遍规定招标投标行为需要遵循“三公原则”，即公开、公平、公正。在我国，《招标投标法》第5条就规定，“招标投标活动应当遵循公开、公平、公正和诚实信用的原则”，这也符合宪法上的平等权，只有程序公开透明，才更有利于保护行政相对人的程序权利，只有信息公开，才有利于保障公民的知情权。在进行招标投标之前的准备阶段，包括项目的可行性论证、风险论证等，这些行政机关的内部程序并不需要符合公开性和竞争性的要求。但是进行招标投标的具体过程必须符合《招标投标法》《招标投标法实施条例》中所规定的依法公开原则。

其三，在评标阶段，选择行政相对人（投标人）时还有回避制度。《招标投标法实施条例》第46条第3款规定:“评标委员会成员与投标人有利害关系的，应当主动回避。”第71条又规定了“应当回避而不回避”的法律责任。因此，为了保证评标工作的公平、公正，必须实行评标委员会成员的回避制度。凡与投标人有直接利害关系或作为投标人组成的课题组成员的专家不宜作为评标委员会成员。由此可见，回避原则同样是行政程序的重要内容，在行政合同缔结的招标投标过程中应当得到体现。

其四，招标投标前后具有相关的审批程序。《招标投标法》第9条第1款规定：“招标项目按照国家有关规定需要履行项目审批手续的，应当先履行审批手续，取得批准。”《招标投标法实施条例》第7条作了更为详细的规定。此外，通过相关行政机关对招标项目的审核、批准可以降低行政协议风险，预防腐败滋生。

（二）拍卖

行政协议订立的最主要方式除了公开招标，还有拍卖。拍卖是指行政机关或其委托机构以公开竞价的方式，将特定的物品或财产权利转让给最高应价或条件最优的行政相对人而与其签订行政协议的方式。这种行政协议订立方式从竞争性、公开性上考虑，应该是与招标方式处于同一水平，都能够通过行政协议订立过程的透明性，来有效防止“暗箱操作”问题，确保选择到最优者并与其订立行政协议。例如，2022年《湖南省行政程序规定》第94条规定，订立行政合同应当遵循竞争原则和公开原则，订立行政合同一般采用公开招标、拍卖等方式。订立行政合同应以招标、拍卖方式为主，其他订立方式为辅；采用招标方式时如上所述，以公开招标为主，以邀请招标为辅。然而，应当如何确定何时采用招标方式，何时采用拍卖方式呢？这个问题在实践中实际上是很清楚的，根据相关法律法规规定，招标方式主要适用于政府采购物品、服务过程中，拍卖主要适用于国有资产的出让领域。也就是说，政府作为购买方原则上应当采用招标方式，一般是以报价最低者为最优；政府作为出卖方原则上应当采用拍卖方式，一般是以报价最高者为最优。招标、拍卖程序应适用《招标投标法》《拍卖法》《政府采购法》等法律、法规、规章的规定。

（三）竞争性谈判

竞争性谈判，是指行政主体对不能或者不宜采取招标或拍卖的方式缔约的事项，通过与多个相对人分别谈判，从中选择最合适的相对人订立协议。应用此种方式，行政机关享有更大的选择权，并且符合行政协议的原始意味。但因为公开性、竞争性上受到影响和限制，法律规定适用竞争性谈判的条件往往比较严格。例如，《政府采购法》第 30 条规定："符合下列情形之一的货物或者服务，可以依照本法采用竞争性谈判方式采购：（一）招标后没有供应商投标或者没有合格标的或者重新招标未能成立的；（二）技术复杂或者性质特殊，不能确定详细规格或者具体要求的；（三）采用招标所需时间不能满足用户紧急需要的；（四）不能事先计算出价格总额的。"这四种情形应当原则上优先适用竞争性谈判方式。依据《政府采购法》第 38 条的规定，采用竞争性谈判方式采购的，应当遵循下列程序：成立谈判小组——制定谈判文件——确定邀请参加谈判的供应商名单——谈判——确定成交供应商。竞争性谈判相对操作简便，有利于节约经济成本和时间成本，提高效率，因而通常在情况特殊复杂、时间紧迫的情况下，作为招标投标的补充手段或简易手段而存在。

竞争性谈判的特点在于行政机关享有更大的选择决定权。因此，竞争性谈判可能会因为行政机关更大的选择决定权导致对行政相对人不利，因此法律上对其适用条件有更严格的限制。竞争性谈判的适用范围为：（1）依法制定的集中采购目录以内，且未达到公开招标数额标准的货物、服务；（2）依法制定的集中采购目录以外、采购限额标准以上，且未达到公开招标数额标准的货物、服务；（3）达到公开招标数额标准、经批准采用非公开招标方式的货物、服务；（4）按照招标投标法及其实施条例必须进行招标的工程建设项目以外的政府采购工程。

（四）邀请发价

邀请发价，是指行政主体为实现某种公务，提出一定的条件邀请相对人发价，然后由行政主体综合各方面的因素，选择最合适的相对人签订行政协议。与招标投标相比，在邀请发价中，行政主体只确定行政公务达到的标准，不确定标底；另外，在邀请发价中没有中标人，行政主体可以综合各方面因素选择最合适的相对人而不一定是报价最低或报价最高的相对人，具有更大的自由选择权。在学理上"邀请发价"的提法，容易与"邀请招标"混淆，具体而言，邀请发价相当于《政府采购法》中规定的询价，该法第 32 条规定："采购的货物规格、标准统一、现货货源充足且价格变化幅度小的政府采购项目，可以依照本法采用询价方式采购。"

邀请发价一般应当遵循以下程序：成立询价小组——确定被询价的供应商名单——询价——确定成交供应商。采购人应当根据符合采购需求、质量和服务相等且报价低的原则确定成交供应商，并将结果通知所有被询价的未成交的供应商。

（五）直接磋商

直接磋商，是指行政机关在某些情况下，直接通过和行政相对人进行单一协商，通过协商双方直接签订行政协议的方式。《政府采购法》所规定的“单一来源方式采购”即是其重要表现形式。根据《政府采购法》第31条，“符合下列情形之一的货物或者服务，可以依照本法采用单一来源方式采购：（一）只能从唯一供应商处采购的；（二）发生了不可预见的紧急情况不能从其他供应商处采购的；（三）必须保证原有采购项目一致性或者服务配套的要求，需要继续从原供应商处添购，且添购资金总额不超过原合同采购金额百分之十的”。根据《政府采购法》第39条，采取单一来源方式采购的，采购人与供应商应当遵循本法规定的原则，在保证采购项目质量和双方商定合理价格的基础上进行采购。通过直接磋商订立行政协议的方式几乎不存在竞争，因此对于这种方式的适用在法律上的规定也更为严格，如对于相对人资格和能力要求较高的国家科研合同，可以用此种订立方式。

（六）统一定价

统一定价，是指在土地征收等行政领域，法律规定由国家或者省、自治区、直辖市统一制定土地补偿费、安置补助费标准，并依照标准与相对人签订行政合同的方式。如《土地管理法》第48条第2款规定：“征收土地应当依法及时足额支付土地补偿费、安置补助费以及农村村民住宅、其他地上附着物和青苗等的补偿费用，并安排被征地农民的社会保障费用。”统一定价行政机关在价格方面处于绝对优势地位，又因为缺少监督会有损害行政相对人利益之嫌，所以需要法律赋予处于弱势地位的行政相对人更多的权利，例如赋予行政相对人提出意见的权利。《土地管理法》第47条第2款规定，县级以上地方人民政府拟申请征收土地的，应当开展拟征收土地现状调查和社会稳定风险评估，并将征收范围、土地现状、征收目的、补偿标准、安置方式和社会保障等在拟征收土地所在的乡（镇）和村、村民小组范围内公告至少30日，听取被征地的农村集体经济组织及其成员、村民委员会和其他利害关系人的意见。

第四节　行政协议的履行

一、行政协议履行的原则

（一）实际履行原则

行政协议在履行方面和民事合同差异较大，民事合同如果没有实际履行，履行方可以通过民事诉讼取得违约金或赔偿金等方式弥补没有履行造成的损失。而行政协议的目的在于维护社会公共利益，只有行政协议实际履行，才能达到保障社会公共利益的目的。因此，行政协议以实际履行为原则，同时赋予行政主体在协议履行过程中的制裁权，从而保障更好地实现公共利益。

实际履行原则，并非意味着任何情况下行政协议都要得到实际履行，也并非仅针对行政相对人提出的原则要求，而是要在一定程度上限制行政协议双方对于履行协议的意思自治行为。法律上认可不履行的三种情况，无论是因为协议目的发生重大变化导致协议的履行已无必要，还是因为协议主体行为能力或者协议标的物导致协议的客观履行不能，应当是针对协议双方而言的，并不能仅仅要求行政相对人实际履行。

如协议未履行，人民法院要根据协议的条款和原告的诉讼请求，判决继续履行，如被告不能继续履行或者继续履行无实际意义的，可依据民事法律规范参照协议约定判决采取补救措施、赔偿等。行政相对人实际履行协议时，行政机关要基于协议的约定给予配合，以保证公共利益得以实现。因行政相对人自身条件而导致根本不可能履行行政协议的情况是存在的，同时，即使之前能够缔结有效的行政协议，由于之后行政机关职责权限调整，导致行政机关根本不可能履行行政协议的情况也是存在的，这时不能要求行政相对人单方实际履行行政协议。关于"公共利益发生根本变化"，有的学者认为应当将此类公共事务裁量和判断权完全交给政府，但应当认为短时期内"公共利益发生根本变化"的可能性还是比较小的，这种关系到行政相对人协议信赖利益和社会公共利益的重大判断至少在程序上应当让协议相对方和社会公众参与，才能最大限度杜绝行政机关独断专行，较好地促进行政协议的稳定履行和行政协议目的真正实现。

（二）亲自履行原则

行政协议履行的另一个重要原则是亲自履行原则，该原则重视行政相对人自身的实际履行。未经行政主体同意不能将其权利和义务转由他人代为履行，行政主体也不能随意更换。也就是说，亲自履行原则同样是约束协议双方当事人的，并不仅仅是要求行政相对人应当亲自履行。在行政协议中，基于依法行政原则，法律系统地规定了行政主体的设立、职权，职权行使的条件、程序等，国家行政职能由各类行政机关分别行使。行政机关作为公权力的代表，在从事包括行政协议在内的行政行为时，不得以任何方式违背其权利或义务，对于法律赋予权力范围之外的事项，没有行为能力。行政机关作为行政协议的当事人，对于通过缔结行政协议所处理的行政事务，应当具有相应的事务管辖权、级别管辖权和缔约管辖权，并且应当在其权限内实施履行行政协议的行为。当行政机关依据协议约定负有履约义务时，如果由其他行政机关代为实施，则有违反依法行政原则尤其是职权法定原则的嫌疑，因此，行政机关也应当依照协议约定亲自履行协议。代为履行会带来履行的众多风险，可能违背行政协议签订的初衷，也可能妨碍行政主体实施行政管理，不利于实现公共利益。

民事合同以追求自身经济利益为目的，只要能实现经济利益，对合同的实际履行者就并没有严格的限制。与民事合同不同，行政机关为了执行公务而签订行政协议，协议的缔结方式包括招标、拍卖、竞争性谈判、直接磋商、邀请发价等，其中招标、拍卖都特别强调通过贯彻公开竞争原则选择和确定行政相对人来缔结行政协议，竞争性谈判、直接磋商、邀请发价等方式特别强调行政相对人的自身因素，如行政相对人的能力问题、履行条件、相关经验等。重视行政相对人的自身因素，通过公开竞争程序选择和确定行政相对人，是行政协议区别于民事合同的一个重要特征，这也同样决定了在实际履行原则下强调行政相对人应当亲自履行行政协议，原则上不能委托或转包他人代为履行，否则极有可能使得选择行政相对人的公开竞争程序失效，导致行政协议的目标不能实现。当然，亲自履行原则并不排除代为履行情况的存在，但代为履行必须经过行政机关的同意。

（三）信赖保护原则

信赖保护原则是行政法中的一项基本原则，是指政府一旦作出一个行政决定就会使行政相对人产生一种信任和依赖，行政相对人因这种信赖而从事的活动，理应受到法律保护。信赖保护源于德国联邦行政法院根据法的秩序安定性原则以及民法的诚实信用原则推论而确立，后为大陆法系其他国家所借鉴与接受。信赖保护原则的作用在于防止行政主体反复无常的行为给行政相对方权益造成损害，行政主体一旦作出某种行为，特别是赋予行政相对方一定权益的行为，即使存在瑕疵，也不得任意改变。信赖保护原则包括以下两方面内容。一方面是值得保护的信赖利益的标准。根据德国联邦行政法院判例，授益行政行为在不违背信赖保护的前提下方可撤销。符合下列情况时，信赖保护须予以承认：（1）受益人的信赖保护须予以承认；（2）受益人的信赖需要保护；（3）保护信赖利益大于恢复合法性公益。另一方面是合理补偿。如果因行政相对人的信赖利益小于公共利益而解除行政协议，行政主体应给予受信赖利益保护的行政相对人以适当的补偿。

政府行使行政权力的基础固然在于其权力来源的正当性和合法性，而政府行使权力的有效性和权威则基于政府的公信力。政府行使权力的公信力则基于其行使权力的确定力。无论是从保护公民合法权益的角度，还是从维护政府公信力的角度，都很有必要从法律层面确立信赖利益保护原则。我国《行政许可法》第 8 条规定："公民、法人或者其他组织依法取得的行政许可受法律保护，行政机关不得擅自改变已经生效的行政许可。行政许可所依据的法律、法规、规章修改或者废止，或者准予行政许可所依据的客观情况发生重大变化的，为了公共利益的需要，行政机关可以依法变更或者撤回已经生效的行政许可。由此给公民、法人或者其他组织造成财产损失的，行政机关应当依法给予补偿。"在孙某巨与沈阳长白岛经济区管理委员会案中，2019 年 8 月 16 日，原告孙某巨与被告沈阳长白岛经济区管理委员会以及被委托拆迁单位沈阳某土地整理有限公司签订《农地拆迁补偿安置协议》，该协议第 3 条"拆迁补偿金额"约定，被告补偿原告地上附属物补偿金额 171 万元；在协议第 5 条"补偿金额支付时间及方式"中，被告支付时间处为空白，支付方式为一次性支付给原告。法院根据 2019 年《关于审理行政协议案件若干问题的规定》第 11 条第 2 款规定："原告认为被告未依法或者未按照约定履行行政协议的，人民法院应当针对其诉讼请求，对被告是否具有相应义务或者履行相应义务等进行审查。"第 19 条第 1 款规定："被告未依法履行、未按照约定履行行政协议，人民法院可以依据行政诉讼法第七十八条的规定，结合原告诉讼请求，判决被告继续履行，并明确继续履行的具体内容；被告无法履行或者继续履行无实际意义的，人民法院可以判决被告采取相应的补救措施；给原告造成损失的，判决被告予以赔偿。"本案中，原、被告及被委托拆迁单位签订的《农地拆迁补偿安置协议》合法有效，被告应当按照约定履行给付原告补偿款的义务。

关于协议的履行时间、方式问题，原告主张被告履行给付补偿款的时间为随时履行且一次性支付，而被告则主张该协议尚未届履行期。法院认为，虽然该协议中，双方对补偿金额支付时间并未约定，但约定一次性支付，在双方已就征地拆迁补偿事宜达成协议，且原告已在规定期限内履行搬迁腾出被征用土地义务的情况下，根据相关规定，被告应在合理期限内一次性支付补偿款。然而被告至今未履行，因此应承担给付原告补偿款的责任。

经双方协商缔结的行政协议，会使行政相对人产生一种信任和依赖，行政相对人因这种信赖而从事履行行政协议的活动，期待从行政协议中获得合理回报，这种信赖利益理应给予保护，唯有如此才能从根本上保障行政协议的顺利履行。行政机关在履行行政协议过程中，以及上级行政机关在检查行政协议履行情况时应当确保行政相对人的信赖利益不受侵害。

（四）诚实信用原则

诚实信用原则，被称为民法中的“帝王条款”或者“一般原则”，其基本含义是行使权利、履行义务，应依诚实及信用之法。我国《民法典》第 7 条规定：“民事主体从事民事活动，应当遵循诚信原则，秉持诚实，恪守承诺。”将诚实信用原则引入行政协议中，主要是为了约束行政协议双方当事人在行政协议中讲信用，恪守诺言，诚实不欺，维护双方的利益以及当事人利益与社会利益的平衡。

实践中发生的一些“招商投资，关门打狗”的事例，对于政府的诚信形象以及行政协议制度造成重大损害。2012 年 11 月 3 日，红网报道湖北商人宋某峰在第二届中博会上，与某县人民政府签署《签约项目协议书》，投资 6000 多万元建设 307 国道固关服务区项目，遭遇“招商忽悠”，项目建成却无法运营。原本应该车水马龙的服务区，修建完工 2 年多以后，因一张遥遥无期的运营许可证而“胎死腹中”，致使 6000 多万元投资“打了水漂”。〔1〕

二、行政协议履行中的特殊情形

（一）行政主体的无法履行

《民法典》第 590 条规定：“当事人一方因不可抗力不能履行合同的，根据不可抗力的影响，部分或者全部免除责任，但是法律另有规定的除外。因不可抗力不能履行合同的，应当及时通知对方，以减轻可能给对方造成的损失，并应当在合理期限内提供证明。当事人迟延履行后发生不可抗力的，不免除其违约责任。”所谓“不可抗力”，依照《民法典》的规定是指不能预见、不能避免且不能克服的客观情况。具体地说，构成不可抗力的客观情况变化主要包括自然灾害和社会事件两种。在行政协议中也是一样，因

〔1〕 诚实信用原则由于其高度抽象性和概括性，使其难以被我国法官适用到具体的案件中，在我国的司法审判实践中直接适用诚实信用原则审理的案件十分罕见。但是，在日益讲求行政机关自律和自我约束的今天，缔结和履行行政协议的行政机关自身，以及有权批准和审查行政协议的上级行政机关都应当遵循诚实信用原则，积极发现并纠正行政机关在履行行政协议过程中有损诚实信用原则的行为。

为不可抗力独立于人的意志和行为之外影响到行政协议的正常履行，导致客观不能履行行政协议的，应当根据不可抗力的影响程度，部分或全部免除有关当事人的法律责任。在不可抗力面前，行政主体与行政相对人的权利义务平等。对于因不可抗力导致行政协议客观履行不能时，负有给付义务的当事人须及时通知另一方当事人，并将有关证明文件提交另一方当事人。

不可抗力与情势变更都是当事人不能预见的客观情况，但需注意以下几点区别。第一，客观表现不同。情势变更一般是由社会经济情势的变化引起的，如通货膨胀、经济政策变化等因素。而不可抗力是起因于重大的自然灾害（如水灾、地震等）和重大的社会事件（如战争状态、暴乱等）。第二，履行结果不同。情势变更发生后，行政协议一般仍然能够履行，只是履行之后会造成明显的不公平后果。而不可抗力发生后，一般来说行政协议的全部或部分义务不能履行。第三，法律后果不同。适用情势变更原则的法律后果是变更行政协议内容或者解除行政协议并免除当事人的法律责任，变更或者解除行政协议的目的在于平衡双方当事人的利益，消除对其中一方的不公平后果。而不可抗力则仅仅是变更或者解除行政协议的因素之一，主要法律后果在于确立法律责任的减免问题。第四，不可抗力是引起情势变更的原因，情势变更可能是不可抗力所产生的后果，但二者不能互为因果，一般来说情势变更不能引起不可抗力的出现。

（二）行政主体的继续履行无实际意义

行政协议的履行过程中，也可能会存在不守信用、当事人主观不愿履行协议约定义务的情形。一是行政相对人不履行的情况。由于行政机关等行政主体享有对协议执行的监督指挥权、制裁权等，在有法律规定的情形下，行政机关可以发布命令要求行政相对人必须采取某种履约措施；在没有法律规定的情形下，从行政协议旨在实现公共利益的宗旨出发，为了确保行政协议的实际履行，行政主体可以行使特权，对不愿履行行政协议的行政相对人实行金钱制裁予以督促（主要包括违约金、损害赔偿等），也可以采用代履行等强制手段强制行政相对人改变主观任性并诚实履行行政协议。二是行政主体不履行的情况。一般情况下，行政机关等行政主体均遵循诚实信用原则履行所签订的行政协议。但是，既有可能存在部分行政机关工作人员因为谋求个人利益而在履行行政协议过程中故意制造障碍的情况；也有可能存在行政协议制度管理不规范，缔结行政协议的负责人调离职务以后，新上任的负责人不愿意履行原有的行政协议的情况；还有可能存在缔结行政协议的行政主体愿意履行行政协议，但是缺乏足够资金导致行政协议难以履行的情况。为此，应当分门别类通过完善行政协议制度，加强对行政主体履行行政协议的监督和保障。一般来说，应当通过采取以下措施来预防和减少行政主体不愿或不能履行已经签订的行政协议的情况。第一，行政协议缔结程序应当合法有效，经过行政主体内部法制机构的合法性审查和备案，避免在履行过程中存在合法性瑕疵，导致出现继任负责人不愿意履行行政协议的情况。第二，行政协议缔结程序中应当有行政主体内部财务部门的审核认可，履行行政协议时行政主体内部财务部门应当及时拨付足够资金，并掌控行政协议资金的分阶段使用情况。

第五节　行政协议的变更和解除

一、行政协议变更、解除权的法律属性

在行政单方变更、解除权的法律属性问题上，一向有争议。2014 年《行政诉讼法》修订前，有审判观点认为其属于具体行政行为。有学者认为，不论是行政机关变更或解除行政协议，还是命令行政相对人继续履行协议，均属于公法上之单方意思表示。在民法上，单方意思表示与法律行为之区分在于是否产生法律上之效果，而在行政法上，由于行政行为的公定力、拘束力、执行力，单方意思表示在作出时便已产生法律上之效果，因此二者在行政法层面是统一的。有学者认为，单方变更解除行为表现了“公权力属性”，构成高权行为，但此高权行为也有独特之处，即权力行使的场域被协议关系所包裹，使得行政主体的单方变更解除行为应在一定程度上受到协议关系约束。[1]还有学者认为行政单方变更、解除权属于行政优益权，情势变更只是其中一种行使情形，此外还包括公共利益损失及协议基础丧失等情形。目前学理上，行政特权理论（行政优益权理论）占主流地位。

二、行政协议的变更

行政协议的变更，是指行政主体根据公共利益的需要，在不改变行政协议根本性质的限度内，对已经发生法律效力但尚未履行或者尚未完全履行的行政协议的主体、客体和内容的条款，进行必要的修改、补充或者限制。

1. 行政机关单方变更

基于公共利益发生变化，行政主体有权对行政协议进行变更，但其变更行为给行政相对人造成损失时，应对其损失进行补偿。《行政诉讼法》第 78 条第 2 款规定：“被告变更、解除本法第十二条第一款第十一项规定的协议合法，但未依法给予补偿的，人民法院判决给予补偿。”《关于审理行政协议案件若干问题的规定》第 16 条第 1 款规定：“在履行行政协议过程中，可能出现严重损害国家利益、社会公共利益的情形，被告作出变更、解除协议的行政行为后，原告请求撤销该行为，人民法院经审理认为该行为合法的，判决驳回原告诉讼请求；给原告造成损失的，判决被告予以补偿。”

行政机关单方变更行政协议的内容应当具有合法的变更事由。一般情况下，需要变更协议时，应首先协商，但如果相对方不同意变更，或者基于一些特殊情况，行政机关可以单方变更、解除协议。作出单方变更、解除协议的决定，通常是为了更好地实现公共利益或者行政管理目标，而对行政协议的履行作出单方调整；有时，也是基于协议存在某种违法的情形。依法行政原则要求行政行为保持合法的状态，撤销一切违法的行政行为。行政协议的违法性包括通过恶意欺诈、胁迫或者通过对重要问题的不正确、不完

〔1〕 参见陈天昊：《行政协议变更、解除制度的整合与完善》，载《中国法学》2022 年第 1 期。

整的陈述而促成行政协议的订立，以及其他导致协议目的无法实现的情形。

在单方变更、解除协议案件之司法审查思路方面，我国法院主要从单方变更、解除权是否法定；单方变更、解除条件是否满足；单方变更、解除是否依法定程序三个维度进行审查。行政机关单方作出变更后，相对方不服提起诉讼，人民法院经审查认定行政机关单方变更合法的，应当驳回原告的诉讼请求；人民法院经审理认为行政机关单方变更合法的，考虑行政协议所要“实现行政管理或者公共服务目标”的目的，应当判决驳回原告诉讼请求。但行政机关合法单方变更造成相对方损失的，行政机关应当给予适当补偿；行政机关不予补偿或者相对方对补偿有异议的，相对方可以向人民法院提起诉讼，由人民法院判令行政机关予以补偿。

在不存在“可能出现严重损害国家利益、社会公共利益的情形”的情况下，行政机关单方变更协议，则属于违法的行政行为。《行政诉讼法》第 78 条第 1 款规定：“被告不依法履行、未按照约定履行或者违法变更、解除本法第十二条第一款第十一项规定的协议的，人民法院判决被告承担继续履行、采取补救措施或者赔偿损失等责任。”《关于审理行政协议案件若干问题的规定》第 16 条第 3 款规定：“被告变更、解除行政协议的行政行为违法，人民法院可以依据行政诉讼法第七十八条的规定判决被告继续履行协议、采取补救措施；给原告造成损失的，判决被告予以赔偿。”根据上述规定，行政协议依法成立并有效，行政机关没有法定事由违法变更是无效的行政行为。就此，人民法院应判决行政机关继续履行行政协议；相对方同意变更，但主张赔偿损失的，人民法院应当判决行政机关承担行政赔偿责任。

《关于审理行政协议案件若干问题的规定》第 16 条第 2 款规定：“被告变更、解除行政协议的行政行为存在行政诉讼法第七十条规定情形的，人民法院判决撤销或者部分撤销，并可以责令被告重新作出行政行为。”结合《行政诉讼法》第 70 条的规定，在没有“可能出现严重损害国家利益、社会公共利益的情形”下，行政机关“适用法律、法规错误”“违反法定程序”“超越职权”“滥用职权”单方变更行政协议的，属于《行政诉讼法》第 70 条规定的可撤销情形，向对方就此提起行政协议诉讼的，人民法院在认定变更违法的同时，判决撤销或者部分撤销被告的变更行为和内容，并可以责令被告重新作出行政行为，由此造成相对方损失的，判决被告承担行政赔偿责任。

2. 相对方请求变更行政协议

根据平等原则，相对方也有向行政机关提出变更行政协议的权利。从实践情况来看，相对方要求变更行政协议应当先向行政机关提出，行政机关认为相对方提出变更请求有法定事由，可与相对方协商一致变更行政协议。行政机关不同意变更的，相对方可以向法院提起诉讼，请求法院变更行政协议的部分内容。例如，相对方认为房屋拆迁补偿协议中约定补偿金过低，请求按照规定标准提高补偿金数额，人民法院认为相对方的变更请求合法，且不损害社会公共利益和他人合法权益的，应当判决变更。人民法院经审查认为，相对方提出的变更请求没有事实根据和法律依据，或者有损社会公共利益、他人合法权益的，应当驳回相对方的诉讼请求。

3. 双方约定变更

根据合同意思自治原则，行政协议在双方自愿、不违反行政法律法规和订立协议的目的的情况下，行政机关与相对方在行政协议中可以约定变更内容。从实践来看，行政协议约定相对方可以单方变更的情形极为少见，行政机关基于行政优益权而约定其可以单方变更的情形较为常见。约定行政机关可以单方变更行政协议某些内容，是行政优益权的体现，应从其约定，出现约定变更情形的，行政机关可以单方行使变更权。即便行政协议约定行政机关不得单方变更行政协议，行政机关根据“实现行政管理或者公共服务目标”的需要，法定变更也可优于约定变更，从而行政机关仍有单方变更行政协议的权利。相对方除另有正当理由外，以行政协议已经约定行政机关不得单方变更为由进行抗辩的，该抗辩不能成立。

总之，行政协议有效成立后，无论是约定变更还是行政机关单方变更，都不得违背“实现行政管理或者公共服务目标”这个法定目的，否则变更无效。

4. 行政协议的情势变更

情势变更原则是滥觞于私法领域的一项原则。一般认为，合同建立在一定的客观环境基础之上，如果这一客观环境不可预见地发生了显著变化，应允许当事人对合同进行变更或者解除，使其符合情势之变化，以此保证合同当事人之实质公平。〔1〕对于情势变更原则是否同样适用于行政协议，如何适用于行政协议，尚存在争议。

有学者认为，情势变更原则当然适用于行政协议，如此可以为相对人提供多元救济途径，有利于协议双方和谐关系的维持。同时认为，行政协议的“情势变更”与“当事人协商变更”二者存在的基础不同，前者针对的是作为合同基础的法律或事实关系的变更。情势变更与行政主体单方变更、解除权也不同。从理论视角来看，二者的区别主要如下。一是行使主体不同。单方变更解除权为行政主体一方所独享，而情势变更原则双方均可主张。二是行为性质不同。单方变更解除权属于行政行为的一种，系一种“权力”，主要体现行政协议的“行政性”特征；而情势变更原则是双方当事人的“权利”，侧重于行政协议的“合同性”特征。三是风险分担不同。单方变更解除权行使后，行政主体需要对相对人由此造成的损失予以补偿；而因情势变更原则所造成的损失由当事人进行合理分担。四是目的不同。这一区别是二者的本质区别，也是法院认定的关键。单方变更、解除权的实质要件为“公共利益的需要”，制度设置的出发点为维护公共利益；而情势变更原则的设置初衷主要是防止客观环境的变化打破当事人利益的平衡，反映的是“公平”“正义”的价值取向。〔2〕实践中，情势变更原则与单方变更解除权也存在一定的交叉混合关系。行政主体除了代表公共利益，还具有单位利益或部门利益，当公共利益受损时行政机关可行使单方变更解除权；当情势变化导致单位利益或部门利益显失公平时，便可援引情势变更原则。也就是说，情势的变更既可能适用情势变更原则，也可

〔1〕 参见谢怀栻等：《合同法原理》，法律出版社 2000 年版，第 188 页。

〔2〕 参见冯莉：《论情势变更原则在行政协议履行中的适用》，载《经贸法律评论》2021 年第 5 期。

能导致行政主体行使单方变更、解除权，关键在于侵害的利益不同。[1]法院在进行认定时，需要针对不同情况进行个案裁断，以公共利益的实现为考量的基本出发点，同时兼顾相对人利益和行政协议的存续性，并综合对两种措施进行判断。[2]

也有学者对行政协议的情势变更持不同态度。认为其逻辑链条应该是“行政协议—行政优益权—单方变更、解除权—情势变更”，在民法的视角下，情势变更仅为合同变更、解除的触发情形之一，与当前《关于审理行政协议案件若干问题的规定》规范语境下的单方变更、解除存在质的差别。并不赞同情势变更属于能够直接适用至行政法的一般法律制度。但鉴于《关于审理行政协议案件若干问题的规定》第 27 条第 2 款规定的“人民法院审理行政协议案件，可以参照适用民事法律规范关于民事合同的相关规定”，情势变更可能进入行政协议诉讼的法律适用中。

研究者认为，司法实践已呈现宽松把握参照适用界限的趋势。通过梳理相关裁判文书，总结目前司法实践中行政协议适用情势变更的情形主要在于物价的大幅波动、法律政策的调整、政府行为与环境变化等。这些适用情形的共同之处在于：一是使行政协议赖以成立的环境或基础发生异常变动；二是这些情形的发生具有不可归责性，否则应由过错方来承担损失，无情势变更适用的空间；三是从程度上看，继续履行合同将导致显失公平或者不能实现合同目的。[3]

三、行政协议的解除

行政协议的解除，是指行政协议在缔结后尚未履行或者尚未完全履行的情况下，提前结束行政机关双方当事人的权利义务关系。从解除的形式上看，行政协议的解除可分为双方合意解除和行政机关单方解除。

（一）双方合意解除

双方合意解除行政协议，是指双方当事人在平等、自愿的基础上协商一致对行政协议的解除。分两种情况：一是在行政协议成立后经双方合意解除，二是行政协议约定的解除条件成就时，协议得以解除。

《民法典》第 562 条规定：“当事人协商一致，可以解除合同。当事人可以约定一方解除合同的事由。解除合同的事由发生时，解除权人可以解除合同。”只要不违反法律、行政法规的禁止性规定，同时不损害他人合法权益的，民事合同的当事人可以经协商一致解除合同。但行政协议与民事合同的合意解除的条件不一样。行政协议的合意解除，则首先要考虑是否与“实现行政管理或者公共服务目标”相符合。行政管理或者公共服务不再需要履行行政协议的，可以合意解除；行政管理或者公共服务仍然需要的，则不可合意解除。

行政协议约定附条件解除，在约定解除条件成就时行政协议解除，约定解除条件未

---

〔1〕 步兵：《行政契约变更研究》，载《东南大学学报（哲学社会科学版）》2008 年第 1 期。

〔2〕 严益州：《论行政合同上的情势变更：基于控权论立场》，载《中外法学》2019 年第 6 期。

〔3〕 参见冯莉：《论情势变更原则在行政协议履行中的适用》，载《经贸法律评论》2021 年第 5 期。

出现时行政协议不得解除。

（二）行政机关单方解除

行政机关单方解除行政协议，是指行政机关或者相对方未与对方协商或者协商不成而主张解除行政协议的行为。

《民法典》第563条第1款规定了可以单方解除合同的情形："有下列情形之一的，当事人可以解除合同：（一）因不可抗力致使不能实现合同目的；（二）在履行期限届满前，当事人一方明确表示或者以自己的行为表明不履行主要债务；（三）当事人一方迟延履行主要债务，经催告后在合理期限内仍未履行；（四）当事人一方迟延履行债务或者有其他违约行为致使不能实现合同目的；（五）法律规定的其他情形。"而对于行政协议而言，因"实现行政管理或者公共服务目标"需要和行政优益权的存在，上述规定的法定情形并不完全适用于行政协议的单方解除。

行政机关行使单方解除权，主要适用于三种情形：一是因不可抗力致使不能实现行政协议目的；二是行政主体遇有法律政策重大调整或者其他情势变更，确实无法履行行政协议；三是履行行政协议会出现严重损害国家利益或者公共利益等的重大情形。在这些情形下，行政机关单方决定解除行政协议的，根据《关于审理行政协议案件若干问题的规定》第16条规定，相对人不服提起行政诉讼的，法院经审查认为行政机关单方决定解除行政协议合法的，判决驳回相对人诉讼请求，给相对人造成损失的，法院应当判令行政机关向相对人补偿；如果违法的，法院可以判决撤销行政机关单方作出的解除行政协议决定，使行政机关继续履行行政协议。

（三）相对方提出解除行政协议

相对方向行政机关提出解除行政协议，行政机关不同意解除的，根据《关于审理行政协议案件若干问题的规定》第4条的规定，相对方可以向法院提起行政诉讼，请求法院判决解除行政协议。关于可否解除行政协议，则适用《关于审理行政协议案件若干问题的规定》第17条"原告请求解除行政协议，人民法院认为符合约定或者法定解除情形且不损害国家利益、社会公共利益和他人合法权益的，可以判决解除该协议"的规定。

也就是说，相对方提出解除行政协议的请求的，有两种合法解除情形和一个合法解除要件。两种合法解除情形包括：一是向对方提出的解除请求符合行政协议约定条件，依约定解除；二是符合法定解除情形的，依照有关法律、行政法规的规定解除。一个合法解除要件是，不论约定解除还是法定解除，都不得"损害国家利益、社会公共利益和他人合法权益"。

此外，相对人解除行政协议的诉讼请求如果符合《民法典》第563条规定的情形，例如行政机关在行政协议履行期限届满前明确表示或者以自己的行为表明不履行主要义务的，或者迟延履行义务或者有其他违约行为致使不能实现协议目的的，法院可以判决解除行政协议。但是，如果解除行政协议有损于实现行政管理或者公共服务目标，则可不准解除，但必须采取其他补救措施，补偿或赔偿相对人的损失，以维护相对人的合法权益。

例如，法国著名的"波尔多煤气案"中，由于第一次世界大战期间，波尔多市煤炭价格比战前上涨5倍，导致以煤气为能源的公共照明公司损失巨大。波尔多市政府不愿意补偿公共照明公司所遭受的巨大损失，还以特许经营行政合同合法有效为由，要求后者继续提供公共照明服务。公共照明公司以“不可抗力”为由诉至法院要求解除合同。案件最后诉至法国最高行政法院，法院经过综合考量以“情势变更”理论为由，判决政府补偿照明公司的大部分损失，由公共照明公司继续提供公共照明服务，以满足公共服务的持续性要求。

重要名词术语

行政协议、公私合作、行政优益权、情势变更、行政补偿

思考题

1. 行政协议概念逐渐被接受和应用的时代背景是什么？
2. 识别行政协议的标准包括哪些？
3. 行政协议中，行政优益权表现在哪些方面？行政优益权的正当性是什么？行政优益权的行使应恪守哪些原则和规则？
4. 行政协议对传统的依法行政原则是否形成了挑战？
5. 行政协议诉讼与一般行政诉讼相比，具有哪些特点？

典型案例分析

寿光某燃气有限公司诉寿光市人民政府、潍坊市人民政府解除特许经营协议案，山东省高级人民法院（2017）鲁行终 191 号行政裁定书

2011 年 7 月 15 日，寿光市人民政府授权寿光市住房和城乡建设局与寿光某燃气有限公司（以下简称某燃气公司）签订《天然气综合利用项目合作协议》，约定由某燃气公司在寿光市从事城市天然气特许经营，特许经营期限为 30 年。协议签订后，某燃气公司办理了一部分开工手续，并对项目进行了开工建设，但一直未能完工。2014 年 7 月 10 日，寿光市住房和城乡建设局发出催告通知，告知某燃气公司在收到通知后 2 个月内抓紧办理天然气经营许可手续，否则将收回燃气授权经营区域。2015 年 6 月 29 日，某燃气公司向寿光市人民政府出具项目建设保证书，承诺在办理完相关手续后 3 个月内完成项目建设，否则自动退出授权经营区域。2016 年 4 月 6 日，寿光市人民政府决定按违约责任解除特许经营协议并收回某燃气公司的特许经营权。某燃气公司不服，经复议未果，遂起诉请求确认寿光市人民政府收回其天然气特许经营权的行为违法并撤销该行政行为。

经潍坊市中级人民法院一审，山东省高级人民法院二审认为，特许经营协议在履行过程中，出现了损害社会公共利益的情形，符合协议解除的法定条件，行政机关可以单方解除特许经营协议并收回特许经营权，但该行为亦应遵循法定程序，给相对方造成损

失的还应当予以补偿。本案中，寿光市人民政府多次催促某燃气公司完成天然气项目建设，但某燃气公司长期无法完工，致使授权经营区域内居民供气目的无法实现，损害了社会公共利益，解除特许经营协议的法定条件成立。寿光市人民政府解除特许经营协议并收回某燃气公司已获得的特许经营权，应依据《市政公用事业特许经营管理办法》第25条之规定告知某燃气公司享有听证的权利，但其未能履行相应的告知义务，违反法定程序。因此，被诉行政行为虽然内容合法，但程序违法。鉴于被诉行政行为涉及社会公共利益，该行为一旦撤销会影响城市发展需要和居民供气需求，故该行为应判决确认程序违法但不予撤销。寿光市人民政府对此应采取相应的补救措施，对某燃气公司的合理投入予以弥补。

政府特许经营协议属于行政协议。在政府特许经营协议履行过程中，行政相对人迟延履行致使协议目的无法实现，出现损害社会公共利益的情形，符合协议解除的法定条件，行政机关可以单方解除特许经营协议并收回特许经营权。但是，对于收回特许经营权过程中没有履行听证程序的做法，应给予确认违法的评价。因公用事业特许经营涉及社会公共利益，当程序正当与公共利益发生冲突时，法官应运用利益衡量方法综合考量得出最优先保护的价值。该案在取消特许经营权行为实体正确、程序违法的情况下，选择确认违法判决但不撤销该行政行为，并要求行政机关采取补救措施，体现了人民法院在裁判过程中既要优先保护社会公共利益，又要尽力维护行政相对人的合法权益。

第八章　行政指导

【内容提示】

本章全面概述了行政指导的理论基础、域外经验、国内实践以及现存问题与完善措施，旨在提供一幅从宏观理论到微观操作、从国际视野到本土实践的行政指导全景图，以促进对行政指导更深层次的认识和理解。第一节对行政指导的概念、发展脉络和特征进行了详细阐释，通过历史分析、法律文献研究和学理探讨，为全面、准确理解行政指导奠定基石。第二节进一步探讨了行政指导的分类标准和功能，通过历史考察和理论归纳，揭示了行政指导在市场经济发展和利益调和中的作用。第三节通过比较日本、德国和美国的行政指导制度，展示了不同国家在行政管理和法律实践中的特色和创新。第四节聚焦于中国行政指导制度的发展历程，在全面梳理我国行政指导制度的演进历程基础上，细致剖析其立法现状与发展水平，深入解读相关具体规范，总结梳理我国行政指导的实践现状。第五节则系统地揭示了我国行政指导制度目前存在的罅隙与短板，并提出了一系列切实可行的改进措施，以期推动行政指导制度的成熟与完善。

第一节　行政指导概述

一、行政指导的发展脉络及概念

自第二次世界大战爆发以来，特别是在20世纪60年代后，行政指导日益广泛地应用于市场经济国家的经济与行政管理之中，成为当今行政法的重大现象和行政法学的重要范畴。然而，国内法学界对于行政指导的研究长期缺乏足够的重视，导致许多人对行政指导的认知和理解存在不足，这给行政指导的正确实施和法治化进程的推进构成了障碍。深入探究行政指导的演进历程，准确界定其概念及外延，是揭开行政指导神秘面纱、洞悉其本质特征的首要步骤，也是行政指导理论与实践研究的基石。本节在梳理行政指导发展脉络的基础上，对行政指导的概念加以系统讨论，以期能有助于深化认识、把握要点以促进行政指导的理论发展和制度建设及其法治化进程。

（一）行政指导的发展脉络

自第二次世界大战后，特别是20世纪六七十年代以来，行政指导逐渐受到了广泛的关注和应用。其独特的现代行政管理功能使其成为市场经济国家中一项关键的行政手段、行政方式以及政府职能和职责。同时，行政指导也成为当代行政法学领域中一个重要的研究对象。然而，这绝非偶然和暂时的现象。从 16 世纪至今，行政指导制度伴随着市场经济发展与政府经济职能演化的历史过程，经历了从产生到发展的演变历程，对此，本部分创造性地将彼岸性原理运用到行政指导的发展脉络梳理中，并融合性地运用马克思主义政治经济学原理将行政指导发展与政府职能与市场配置之间的关系相挂钩，从市场和政府配置资源的功用发展历程来加以纵向考察。

1. 行政指导的产生

早在 16—18 世纪，施行重商主义的国家便认为，政府应在促进贸易与工业发展方面起积极作用，而建构强硬、孔武有力的政府是实现资本市场有效扩张的必要途径。到了 18 世纪中后期和 19 世纪，商业资本逐渐深入生产领域，演变成产业资本，重商主义保姆式行政模式已经无法满足当时资本主义经济的发展，以亚当·斯密理论体系为标志的古典经济学逐步逐渐崭露头角。古典经济学认为，市场存在一种自我调节的机制，如同一只无形的手，在无须政府干预的情况下，也能确保经济市场的有序运作，政府无须再扮演“家长”的角色，而应秉持无为而治的原则，消极地扮演“守夜人”的角色，仅在必要时维护基本的社会秩序即可。总的来说，古典经济学派崇尚经济自由主义，极力反对政府过度干预，但并不意味着他们否认政府的作用，而是将政府的职能限定在特定的范围内，专注于维护法律秩序、保障产权权益以及提供公共产品等领域。然而古典经济学派所推崇的资本主义经济能够自行调节的神话并未维持太久，1929 年至 1933 年期间，资本主义世界遭受了一场前所未有的经济危机，人们对自由放任的市场机制产生了怀疑。在此背景下，凯恩斯主义理论适时而生。凯恩斯主义理论认为，市场针对有效需求不足难以自发调节，市场失灵必须靠政府直接干预，政府是“强力有效”的政府。20 世纪 70 年代以后，西方资本主义经济出现的“滞胀”现象使凯恩斯主义陷入困境，主张“自由化”和“私有化”的新自由主义登上历史舞台。新自由主义政策基调是反对政府干预，认为政府的主要职责是保证自由竞争的环境。然而实践证明，这种经济上的私有化、社会生活上的个人主义，并未实现国家经济的繁荣发展，反而以失败告终。于是人们开始思考和研究这样一个问题：市场调整与政府干预如何得以有效共生以应对政府与市场双重失效的状况？研究结论是：一方面，现代市场经济条件下，对于市场与政府的功能定位需进一步明晰，以便更科学合理地界定二者在不同领域的作用；另一方面，政府宜更多地采用一些建立在平等协商基础上的非权力性、非强制性的行政调控手段（即软性行政方式），作为单纯经济手段、法律手段等硬性行政手段的补充。也就是说将“看得见的软手”纳入行政调控手段范畴内。至此，现代市场经济理论下，给付行政模式搬上政治舞台，行政指导应运而生。

2. 行政指导的发展

在世界行政法的发展史上，行政指导作为一种灵活的行政管理手段，在第二次世界大战结束之后的日本、德国等现代市场经济国家得到了广泛运用。行政指导使用最为普遍的是日本，第二次世界大战后，以麦克阿瑟元帅为首的美军总司令部为推行政治、经济改革，谋求和平占领，常常采用向日本政府提交备忘录、书信，发布指示、警告，提出劝告、建议等间接统治手段，这些手段形式上宽松温和，但实质上同命令一样不容违反。日本政府从这种行为的有效性中获得启发，媾和条约生效以后，行政指导得以广泛运用，并渗透到各个领域。尤其是在20世纪五六十年代日本经济高速增长时期，行政指导在推动日本经济发展中起到了不可或缺的作用，因此被誉为战后日本经济发展的一把“金钥匙”。与此同时，日本学术界对行政指导理论给予了极高的重视。1993年，《日本行政程序法》颁布，其中特别对行政指导进行了规定，在全球范围内率先实现了行政指导的规范化和制度化，这也成为日本行政程序法典的一大鲜明特点。

除日本之外，这一时期法国、英国、美国等国家的行政指导制度也均呈现迅猛的发展态势，展现了强大的活力和潜力。法国行政管理相较于过去，更加强调说服与合作的重要性，行政机关发布的诸多命令已不再采取单方面的决定形式，而是更倾向于通过一种协商程序，与相关的个人或企业进行实质性的谈判，并最终达成双方都能接受的结果。这种转变加快了法国行政管理的民主化、透明化和参与性决策进程的发展，提升了行政决策的合法性和有效性。英国则在第二次世界大战后将“利率诱导、资讯指导、道德劝导”作为政府推行货币政策的非强制性手段。美国政府则是通过一些主动的、积极的、非强制性的行政活动方式来引导美国企业和公民的行为选择，例如联邦行政机关为完善全国交通运输网等基础设施而采取向私营康采恩赠送土地的鼓励性措施，向一些具体行业、企业负责或减价提供统计、商贸、技术等方面的官方信息，此外政府还采取总统任命、授予荣誉头衔和全国功勋奖章等非货币刺激（精神表彰）等措施，这些措施有效推动了美国经济与社会的协调发展。

行政指导在我国大陆得以广泛应用得益于社会主义市场经济体制的确立，这一时期行政指导在经济领域及部分社会管理领域的价值和影响力逐渐凸显。尤其在20世纪90年代中期之后，行政指导逐渐受到我国行政法学者的重视，这一时期，大量专题论文及著作相继问世。迄今为止，国内行政法学界对行政指导研究的热情仍未缩减。

（二）行政指导的概念

行政指导是行政主体在其职权、任务或其所管辖的事务范围内，为适应复杂多变的经济和社会生活的需要，基于国家的法律原则和政策，在行政相对人的同意或者协助下，适时灵活地采取非强制手段，以有效地实现一定的行政目的，不直接产生法律效果的行为。对于行政指导概念的研究，可以从法律概念和学理概念两个方面来理解。

1. 行政指导的法律概念

行政指导最早出现在日本，可以说日本是行政指导的“母国”。行政指导曾一度被日本学者称为该国独有的制度，并因其在促进日本第二次世界大战后经济腾飞方面发挥的作用而受到突出重视。在日本，行政指导经历了由非法律术语向法律术语、由认为日本单独存在向行政指导名词国际化转化的过程。“行政指导”一词最初作为官方用语使用，后逐渐出现于各新闻媒体，本来并非法律用语，在法令中的对应词语为“劝告”“助言”“指示”等。随着学界和实务界对行政指导认识的深入，在法令以及各省厅设置法等法律中开始使用指导一词，最具有代表意义的就是1993年发布的《日本行政程序法》，该法专门列出一章对行政指导作出了规定。[1]1993 年《日本行政程序法》第 4 章第 32 条至第 36 条对行政指导进行了专门的规定，该法第 2 条第 6 款明确了行政指导的概念为："行政机关在其职权或所管事务的范围内，为实现一定的行政目的，要求特定人为一定的作为或不作为的指导、劝告、建议以及其他的不属于处分的行为。"[2]

韩国从 1962 年实施经济发展五年计划以来，韩国经济保持了较为平稳的高速增长，创造了"汉江奇迹"，使"韩国模式"备受推崇。在韩国经济发展的过程中，政府扮演了一个至关重要的角色，它成功地引领韩国摆脱了贫困，使一个落后的国家成为世界经济强国，从政府所运用的调控手段来看，行政指导是最为突出、使用最为频繁的行政行为方式之一，行政指导制度在韩国社会与经济发展过程中起着十分重要的作用。[3]韩国于 1996 年制定了《韩国行政程序法》，并于 1998 年执行，该法在第 6 章第 48 条至第 51 条对行政指导问题作了专门规定，从而使《韩国行政程序法》成为继日本之后第二部对行政指导加以专门规定的行政程序法。[4]该法第 2 条第 3 款规定："行政指导，是指行政机关为实现其管辖范围内的某些行政目的，向特定人员提供指导、建议和建议，要求其采取或不采取某些行动的行政行为。"

"行政指导"这一概念在 1999 年由我国最高人民法院通过的《关于执行〈中华人民共和国行政诉讼法〉若干问题的解释》中被直接使用。随着我国立法机关计划制定统一的行政程序规则，行政指导作为行政行为的重要组成部分，也逐渐被纳入立法议程。在 2002 年和 2004 年分别由姜明安和应松年主持起草的两部《行政程序法（试拟稿）》均试图明确行政指导的概念，并认为行政指导是指行政机关为实现一定的行政目标而采取的建议、劝告等非强制性手段的行为。但基于当时立法基础薄弱，缺乏具体实践作为支撑，制定一部统一的行政程序法尚存难度，因此采用"化整为零"的立法体制，先由地方先行根据地方特色制定地方法律规范。2008 年湖南省人民政府发布《湖南省行政程序规定》明确行政指导是指行政机关为实现特定的行政目的，在其法定的职权范围内或者依据法律、法规、规章和政策，以指导、劝告、提醒、建议等非强制性方式，引导公民、法人和其他组织作出或者不作出某种行为的活动。除地方行政程序规范先行外，一些具体领域的比如工商管理、市场监督先后出台一系列行政指导工作规则，2013 年，原国家工商行政管理总局进一步在《工商行政管理机关行政指导工作规则》中详细规定了行政指导的定义，强调其为工商行政管理机关在其法定职权范围内，通过非强制性方式引导行政相对人自愿行为的行政管理活动。2023 年北京市市场监督管理局印发的《北京市市场监督管理局行政指导工作规范》第 3 条规定，市场监督领域行政指导"是指本市市场监管部门在其法定职权范围内，运用非强制措施，引导行政相对人作出或不作出某种行为，以有效实现行政管理目的的行政活动"。尽管中央层面的法律规范尚未对行政

---

〔1〕 闫尔宝：《日本的行政指导：理论、规范与救济》，载《清华法学》2011 年第 2 期。

〔2〕《日本行政程序法》（1993 年），载微信公众号"判例研究院"2023 年 3 月 28 日。

〔3〕 田文利、张艳丽：《行政指导与韩国发展——行政指导制度的国别实证研究》，载《盐城师范学院学报（人文社会科学版）》2009 年第 4 期。

〔4〕 杨海坤、黄学贤：《行政指导比较研究新探》，载《中国法学》1999 年第 3 期。

指导作出统一规定，但随着地方和部门规章的逐步完善，行政指导的法律概念和实践正在不断成熟，体现了中国在行政指导领域的立法进步和实践探索。这些规定和实践为未来可能的中央层面立法提供了基础和经验。

2. 行政指导的学理概念

综观学界关于行政指导概念的研究，运用解构性分析法将行政指导概念拆解成行政主体、法定性、柔软特性、表现形式、目标、管辖范围、行政对象、后果及其他要素，分别从界定逻辑和内容实质两方面来梳理总结国内外学界关于行政指导概念的共识与争议焦点。

从界定逻辑上看，大多数学者主要从行政指导的内涵和外延两个切入点去界定行政指导，虽然在界定逻辑达成一致，但内涵中涵盖的概念架构范围可谓样态众多，少见统一，唯一一致的是学者在对行政指导的内涵进行界定时均涵盖了对行政主体、行政对象、行政目标的基本描述，关于其他要素的涵盖程度可谓百花齐放。比如日本学者林修三在基本描述的基础上还增加了对行政指导的非法定性、表现形式、法定性、表现形式、后果的描述；日本学者系田省吾虽然也是采用七要素界定逻辑，但与林修三不同的是，系田省吾未描述行政指导是否具有法定性，但提出行政指导采用非强制性手段，且其不具有限制国民权利和科以国民义务的法律强制力。还有的学者则仅聚焦于行政指导的内涵，主要从行政主体、行政目标以及行政对象来界定行政指导，比如日本学者根岸哲、室井力。

从内容实质来看，目前学界已就多方面达成共识，部分内容尚存在认识上的差异，主要表现在以下几点。

一是基本内容描述上，大多数学者均认为行政指导行为的实施主体是行政机关（或行政机构），但美国学者休·帕特里克则将行政主体范围缩小到了政府机关；在对行政指导目标的阐述上，学界就行政指导旨在实现某种行政目的达成一致，还有部分学者关注到了行政指导中涉及的利益相关方的互动关系方面，认为行政指导旨在实现两个“谋求”：一方面谋求相对人的同意，另一方面谋求相对人的合作；在对行政对象的描述上，不同学者表述呈现不一，大部分学者称之为“相对人”，有的学者具体到“特定个人，公法、私法上的法人和团体”，还有的学者则将其称为国民。

二是在对行政指导是否具有法定性的界定上，呈现三种声音：一部分学者认为行政指导是非基于法令依据的行为，即非法定性；还有的学者则认为行政指导须基于国家的法律原则和政策来实施，日本学者新藤宗幸在此基础上，还考虑了无法令依据时的适用情形——援引其他相关法令依据；[1] 日本学者和田英夫则认为有无法令依据均可。[2]

三是在如何理解和表述行政指导行为的柔软特性时，学者的表述不甚一致，采用非权力性、非强制性、非行政强制性、非权力强制性等众多提法均有，较之其他学者，日本学者系田省吾描述颇为详细，他认为，行政指导不具有限制国民的权利，或科以国民

[1] 陈斯彬：《作为行为和制度的行政指导——中日行政指导比较研究》，载《环球法律评论》2009 年第 6 期。

[2] [日] 和田英夫：《现代行政法》，倪健民、潘世圣译，中国广播电视出版社 1993 年版，第 218 页。

义务的、法律的强制力。

四是行政指导实施效果上，杨海坤认为实施行政指导会使相对人接受其意思表示并付诸实践（作为 / 不作为）；林修三则认为实施行政指导会促使相对人自愿协力和同意去行动；原田尚彦认为会产生鼓动、诱导国民作出行政厅所希望的行为的效果。

二、行政指导的特征

关于行政指导的特征，学界众多学者曾作过多种多样的概括。基于前文对行政指导概念的详尽阐释，现采用比较分析法，对行政指导的特征进行提炼与概括：行政指导，相较于行政许可与行政处罚而言，独具七大鲜明特征，具体包括指导性、非强制性、外部性、职权性、主体特征、积极性、利益诱导性。这些特征之间存在一定的内在联系和递进关系，共同构成了行政指导的独特性和实施方式，使其在行政管理中发挥着重要作用。

（一）职权性

行政指导的职权性要求行政指导应当在行政机关的法定职权范围内进行，从而构成了行政指导合法性的基础。这意味着，尽管行政指导不依赖于具体的法律条文，但其实施仍然受到法定职权范围的限制。行政机关必须在法律框架内审慎行使指导权，确保其行为既符合公共利益，又尊重行政相对人的自主权和法律地位。其职权性特征具体表现为：

第一，行政指导的行为主体是国家行政机关以及法律、法规、规章授权的组织。现代社会国家公权力越来越多地向社会转移，行政职能的行使主体不再局限于行政机关这一唯一主体，同时，法律、法规、规章也授权给公法人等非国家行政机关，因此，得到授权的公法人组织与行政机关共同成为行政职权的行使主体。

第二，行政主体代表国家行使管理职能的权力受到一定的限制，与公民享有权利不同的是，行政主体行使的权力应当有法律的明确规定，即“法无授权不可为”，超越职权的行为不具有合法性。据此，行政指导行为也应当在法律授权的范围内作出并遵守相应的法定程序，这是行政指导行为合法性的前提保障。

第三，行政权力的管理范围以及实现目标不同，权力作用的程度存在明显的差异。[1]比如不同的行政层级和领域，权力的管理范围有着天壤之别。在地方政府的层面，行政权力主要关注于地方的基础设施建设、民生改善和社会治安等方面。而在国家层面，行政权力则更多地涉及宏观经济政策、外交事务和国家安全等重大议题。这种管理范围的广泛性使得行政指导在不同层面上发挥的作用各不相同，对社会的影响程度也随之不同。

（二）主体特征

行政指导作为一种社会管理行为，主要由具备法定资格的行政机关或经法律法规特别授权的组织实施。其有效性源于行政机关的法定授权和其法律地位所赋予的权威及影

〔1〕 李劲：《东北绿色发展背景下行政指导功能研究》，载《社会科学辑刊》2017 年第 3 期。

响力。本质上，行政指导是行政机关单方面履行职责的行为，但在某些情况下，也允许具有行政主体资格的非行政机关组织进行此类指导。[1]

从行政指导实施主体范围来看，行政指导的实施主体主要涵盖以下几类：一是国家行政机关，从中央到地方的各级政府及其部门，构成了行政指导的核心执行者，在法律框架下，这些机关负责依法向行政相对人提供指导；二是法律、法规授权的某些非政府组织或社会团体，这些组织凭借其专业知识和行业经验在专门领域内发挥作用；三是承担行政职能的公共机构，如公立学校和医院，虽然他们不完全是行政机关，但可能被赋予一定的行政职能，在特定情况下也可能成为行政指导的实施主体；四是税务所、工商所等派出机构和分支机构，在各自管辖区域内执行指导职能。随着政府职能的优化和公共服务的扩展，开发区、自贸区等新兴管理机构亦可能被赋予行政指导的职责。所有这些主体在行使指导权时，都须严格遵循法定职权，确保其行为合法合规。[2]

（三）非强制性

行政指导的非强制性是行政指导最根本的特征，它定义了行政指导与其他行政行为的主要区别。所谓的非强制性，是指行政指导不依赖国家强制力来实现行政目的，而是通过更为柔性的手段进行。

作为不同于其他行政行为的明显特征，行政指导的非强制性体现在以下几个方面。第一，行政指导行为是行政主体行使行政职权作出的，旨在引导行政相对人为或不为一定的行为，行政相对人对其是否遵守行政指导具有自由选择权。这种不同于行政命令的任意性，与现代民主行政的发展趋势相一致。第二，行政指导主要以柔性、非强制性的方式进行，并辅以利益诱导机制，通常采用引导、建议、协商、示范等柔性化的方式。[3]第三，尽管行政相对人对行政指导的选择具有主动权，但是否选择并未与法律后果具有直接联系。行政指导本质上是以权力为基础而产生的，即行政机关拥有对社会的行政管理权，但超越权力职责范围进行的指导是违背法律规定的越权行为。权力性不等于强制性，在传统刚性行政中权力性意味着强制性，然而在现代民主社会中强制性只是权力的一种方式，权力属性并不排斥非强制属性，两种属性的结合正是行政指导区别于传统行政行为的最突出特征。行政机关单方实施行政指导行为即可成立，但这并不排除以行政相对人的同意或协力配合因素进行两造互动、双向沟通的情况。[4]

尽管某些行政指导行为在实际执行中可能展现出一定的强制性特征，但这种强制性并不具备法律上的约束力。因此，在描述行政指导的特征时，我们依然着重强调其非强制性的本质。对于那些在效果上呈现出显著强制性的行政指导行为，它们通常被视为行政指导的一种异化形态。这类行为不仅可能触犯行政法律规范，而且在法律救济方面，应当参照行政处罚或行政强制的相关程序进行处理或规制。

---

〔1〕 夏立平、魏敬胜：《简论行政指导与法治行政》，载《法学论坛》2001年第6期。

〔2〕 孙萍、邓小川：《论行政指导的国家行政赔偿救济》，载《学习与探索》2016年第11期。

〔3〕 李劲：《东北绿色发展背景下行政指导功能研究》，载《社会科学辑刊》2017年第3期。

〔4〕 孙萍、邓小川：《论行政指导的国家行政赔偿救济》，载《学习与探索》2016年第11期。

（四）指导性

在现代行政管理中，行政指导作为一种非强制性的治理手段，以其独特的指导性、柔性和互动性，发挥着日益重要的作用。行政指导主要通过指导、劝告、建议、提醒等形式，以说服、教育、示范、协商、政策指导等多种方法实现其治理目标，旨在引导行政相对人自愿遵循某种行为模式，而非通过强制命令来实现行政意志。不同于直接产生法律效果的强制性行政行为，行政指导的指导性在于行政指导并非按照具体的法律法规作出并实施的，行政相对人是否服从行政指导行为也具有不确定性，故不会对行政相对人直接产生权利义务的增减，不会直接产生法律后果。但这并不意味着不存在责任，行政指导一经作出，无论相对人是否进行选择都对行政主体具有约束力，因而不经一定法定程序不可随意撤销或变更，由此给相对人造成的损失也必须承担相应的法律责任。[1]

（五）外部性

行政指导是指向行政相对人但不直接产生法律效果的行政行为，上级行政机关对下级行政机关的工作指导主要由行政学研究，所以不宜将接受这种内部工作指导的下级行政机关列为行政指导的对象（但在日本的某些法律文件和法学著述中是将此种内部指导行为也一并纳入的）。

尽管行政指导的作用对象是行政相对人，但许多行政指导行为不是基于具体的法律规范作出的（即行政作用法上对它未作出具体规定），对于相对人不具有法律拘束力；而在有具体规定的情况下作出的行政指导行为，行政相对人具有自由选择权，即具有行为选择上的任意性，其权利或义务不会直接受到影响，该指导行为本身也不直接产生法律效果。因此，具有这种单方行为和事实行为特点的行政指导与行政契约是有所不同的（后者是一种特殊的行政机关与行政相对人通过合意而成立的直接产生法律效果的双方行为）。[2]

（六）积极性

行政指导属于积极行政行为的范畴。随着社会生活日趋多样化和复杂化，政府必须转变传统单一的行政手段和被动的应对模式来满足现代社会公共管理需求——公益与私益之间的平衡、公平与效率之间的兼顾、社会成本的降低、社会福利的增进。基于这样的发展趋势，行政主体作出的行政指导行为可以灵活地采用包括指导、建议、劝告、提倡、告诫、提醒、鼓励等多种多样的具体方式。尽管法律法规没有对这些具体方式进行明确规定，但行政指导行为是在符合法律精神、原则、规则或政策前提下作出的，因而必须遵照法律法规实施且在违反法律规定时应承担必要的法律后果。由此可见，行政指导行为既是对依法行政的必要补充，也是符合现代行政法治原则的特殊表现形式。[3]

---

〔1〕孙萍、邓小川：《论行政指导的国家行政赔偿救济》，载《学习与探索》2016 年第 11 期。

〔2〕莫于川：《行政指导范畴论——行政指导的概念与若干相关问题》，载《金陵法律评论》2001 年第 1 期。

〔3〕孙萍、邓小川：《论行政指导的国家行政赔偿救济》，载《学习与探索》2016 年第 11 期。

（七）利益诱导性

行政指导行为的特征还在于利益诱导性。作为一种非强制性的行为，之所以得到行政相对人的认可和接受，是因为行政指导行为的利益性。[1]有的学者认为，行政机关实施的单纯的事实公开、事实确认行政服务、提供信息、舆论宣传等行为，由于不具有利益诱导性，所以不算是行政指导行为；某些不具有利益诱导性的行政商谈行为也不能算是行政指导行为。[2]

由此可见，行政指导是以设置利益诱导为存在前提的，旨在促使相对方主动自愿地配合，以助于实现行政目标。[3]所谓利益，既包括物质利益（经济利益即一种物质利益），也包括精神利益（得到公众积极评价和受人尊重即一种精神利益）；所谓行政指导行为的诱导、引导力量，既可以是经济利益诱导性的力量，也可以是精神利益引导性、示范性的力量（如某种道德榜样的引导、示范作用），还可以是兼具经济利益诱导性和精神利益引导性、示范性的力量。[4]因此，利益的范围可以包括物质、精神、人格示范等诸多方面。

第二节　行政指导的分类标准和功能

一、行政指导的分类标准

对于行政指导种类的划分，基于不同的分类标准，可以作出不同的分类。从国内外学界相关研究的阐述中来看，国内外学者主要从行政指导功能、有无法律依据、行政指导目的的角度来加以划分的，各划分方法基于不同目的和需求提供不同的视角和重点，在帮助理解和分析行政指导的特点与效果的同时，根据具体情况结合多个分类方式来对行政指导进行更全面的分类和分析。本部分在参考借鉴国内外学者的分类理论的基础上，将行政指导的分类标准细分为“功能视角三分说”“法律表现形式视角三分说”“法律表现形式视角二分说”“实施范式视角五分说”四种学说。

（一）法律行为功能标准

在国内外学术界，秉持“功能视角三分说”的学者不在少数，虽在文字描述上尚有差别，但窥其实质，仍有一定相通之处。对此，以行政指导功能为分类标准，将行政指导划分为规制性行政指导、助成性行政指导、调整性行政指导三类。

第一，规制性行政指导，是指行政机关为了维护和增进公益，预防危害公益的现象发生，对违反公共利益的行为加以规范和制约的行政指导，即对于妨害公共秩序或公益

---

〔1〕李劲：《东北绿色发展背景下行政指导功能研究》，载《社会科学辑刊》2017 年第 3 期。

〔2〕莫于川：《行政指导范畴论——行政指导的概念与若干相关问题》，载《金陵法律评论》2001 年第 1 期。

〔3〕郭润生、宋功德：《行政指导概念界探》，载《山西大学学报（哲学社会科学版）》2000 年第 2 期。

〔4〕莫于川：《行政指导范畴论——行政指导的概念与若干相关问题》，载《金陵法律评论》2001 年第 1 期。

之行为加以预防或抑制。例如，行政机关就青少年辅导工作，以及抑制物价暴涨和消除违章建筑所采取的提醒、告诫等行政指导行为。〔1〕根据该指导与权力的规制有无关系，又分为独立的行政指导和附随的行政指导。〔2〕

（1）独立的行政指导，即与权力的规制无关而独立进行的指导，又分为应急的和代替的两种。应急的行政指导是在没有权力规制的法律根据、不能进行权力规制的情况下，为应对紧急情况进行的指导。如为防止住宅用地的无序开发，防止住民因中高层建筑物遭受损害，或者为了保护自然环境的紧急需要，地方公共团体通过制定指导纲要进行的指导。代替的行政指导，是指在相关法律或者条例中直接设定了指导的法律根据，相比于权力规制而言，基于用行政指导手段更加明智的政策判断进行的指导。如有关法律规定中对行政指导的单独规定。

（2）附随的行政指导。又分为事前劝告、改正劝告和对申请者所做的劝告三种。事前劝告是以行政机关享有下命权为前提，在发布命令之前，对行政相对人可以进行为或不为一定行为的指导。该事前劝告又分为法律上的事前劝告和事实上的事前劝告。前者是法律明确规定的作为行政行为程序环节的指导，缺少之将构成程序上的瑕疵；后者是行政机关基于裁量进行的指导。改正劝告，是指在出现违反法律规定的标准的情况下，行政机关作出的改正性的劝告，区别于改正命令，后者为一种处分行为。对申请者所做的劝告是以行政机关享有的许可、认可或承认等权力为背景，对提出相关申请的人员或者想要提出相关申请的人员实施的指导。以劝告内容为标准分为三种情况：撤回劝告；申请变更劝告；申请不作为劝告，即劝告申请人不要提出申请的指导。

第二，助成性行政指导，是指以帮助和促进相对人自身利益或事业的发展为目的，为相对人出主意、指方向的行政指导，即为了促使相对人的行为合理化而给予的行政指导。〔3〕例如政府为推进中小企业的合理化、现代化，以实现社会平衡协调发展，所主动实施的各种指导措施。此类行政指导方式特别多，农业经营指导、农业技术指导、职业（就业）指导、投资指导、价格指导、行政鼓励、行政资助、发布官方信息、导向性政策、指导性计划等都属此类。〔4〕

第三，调整性行政指导，是以调整相互对立的当事人之间的利害关系为目的的行政指导，即行政相对人之间发生争执又协商不成时，行政机关出面调停以求达成妥协。〔5〕例如对居民之间的纠纷的劝解、对建筑业者和临近住民之间因日照权发生争议进行的指导等。〔6〕

---

〔1〕 莫于川：《行政指导范畴论——行政指导的概念与若干相关问题》，载《金陵法律评论》2001 年第 1 期。

〔2〕 闫尔宝：《日本的行政指导：理论、规范与救济》，载《清华法学》2011 年第 2 期。

〔3〕 石佑启：《行政指导及其法制化探析》，载《福州大学学报（哲学社会科学版）》2001 年第 2 期。

〔4〕 林纪东：《行政法》，台湾三民书局股份有限公司 1988 年版。

〔5〕 莫于川：《行政指导与建设服务型政府——中国的行政指导理论发展与实践探索》，中国人民大学出版社 2015 年版。

〔6〕 刘铮：《中美行政指导制度比较研究》，载《行政与法》（吉林省行政学院学报）2006 年第 4 期。

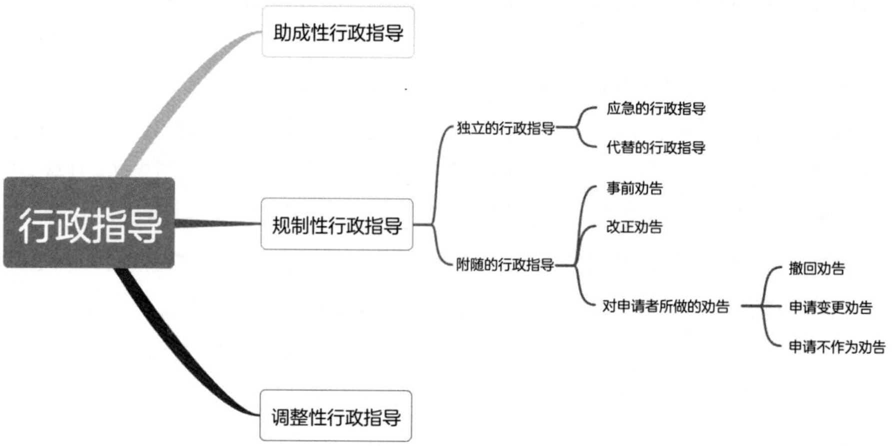

图 8-1　行政指导分类

（二）法律表现形式标准

1.“法律表现形式视角三分说”的划分

除了上述功能视角的分类标准，按照有无法律依据可以将行政指导归为三大类：一是有行政指导的具体法律依据，行政主体可据此采取劝告、建议等行政指导行为；二是无行政指导的具体法律依据，但就该事项在已有可作出的行政命令、许可、认可行为之前，先行采取行政指导，以期更简便地达到行政目的；三是就具体事项而言，无任何行政行为法上的法律依据，但属于行政主体的职责或管辖事务范围内之事项，则可基于行政组织法的一般授权，而实施行政指导。〔1〕还有的学者（杨海坤〔2〕、刘立新〔3〕）则基于对日本行政指导的研究，以法律依据为分类标准，将行政指导归类如下：

第一类是有直接法律依据的行政指导，包括法律明文规定的、法律授权的或法律特别规定的。这种有直接法律依据的劝告、建议、指导等指导行为可称为法定行政指导，国外有学者称为“正式行政指导”，它一般对实行某项行政指导的主体、范围、程序等均作出明确的法律规定，诸如劝告、希望、助言等基于法律直接规定进行的指导。

第二类是法律虽未明文规定得直接进行行政指导，却对该事项法律赋予行政机关命令、许可撤销、停止等处分权限，行政机关以该权限为后盾而进行的行政指导。这种类型的行政指导代替了行政权的行使，虽然是非强制性的任意措施，却因有行政处分等行政权为后盾，相对方心理压力相当大，不得不服从之。

第三类是法律对行政机关能否为行政指导及其他行政行为均无明文规定时，行政机关依照组织法所规定的一般权限而为行政指导。此种类型的行政指导也被称为“独立的行政指导”或“应急的行政指导”，它存在的理由是虽有紧急行政需要，但因没有法律

〔1〕林纪东：《行政法》，台湾三民书局股份有限公司 1988 年版。

〔2〕杨海坤、黄学贤：《行政指导比较研究新探》，载《中国法学》1999 年第 3 期。

〔3〕刘立新：《日本行政指导述评》，载《法学家》1995 年第 3 期。

根据而无法行使行政权，仅能以这种行政指导应急。

2.“法律表现形式视角二分说”的划分

以行政指导有无法律依据为标准，将其二分为有法律依据的行政指导和无法律依据的行政指导，而前者又包括两种情形。一是既有组织法上的依据，又有行为法上的依据，这类行政指导多较为规范。进而就此类行政指导从其行为法上授权方式差异角度又细分为如下两种情形：（1）行为法上有明确的为某种行政指导的授权和规制；（2）行为法上只作笼统授权。二是仅有组织法上的依据，缺乏行为法上的依据。此可谓“法律表现形式视角二分说”。〔1〕

（三）实施范式标准

随着社会利益博弈主体的多元性、博弈渠道的复杂性和参与法律法规、公共政策制定的不充分性，以及行政指导类型的多样化，以行政指导实施类型为视角，以中国式理论与实践探索为现实桥梁，并以此为分类标准，将行政指导划分为五类：

一是标准化行政指导。以推荐性标准等形式，引导相对人进行生产、经营、服务、竞争等合规管理。如国家标准《企业知识产权合规管理体系要求》、湖北省地方标准《团体标准餐饮经营主体反餐饮浪费工作指引》等。

二是合规型行政指导。“合规行政指导”是指行政机关为相关企业建立或改进合规管理提供行政指导的活动，具有针对性、规范性、预防性、可操作性等特征，分为一般性合规指导、专门性合规指导。如国务院国资委出台的《中央企业合规管理办法》、国家发展改革委等部门联合发布的《企业境外经营合规管理指引》、国务院反垄断委员会的《经营者反垄断合规指南》等。近年来这类行政指导呈渐趋增多之势，例如江苏张家港、浙江金华等地探索企业合规体系建设，努力打造企业产业合规城市。

三是组合型行政指导。随着传播手段的丰富和经营业态的多元化，行政指导实施呈现越来越综合性、多样化势头。如江苏省昆山市针对近年来阳澄湖大闸蟹经营中出现的“过水蟹”“洗澡蟹”和电商销售“鱼龙混杂”带来的消费纠纷增多等现象，通过加强经营主体法律培训，指导经营主体完善进货查验、索证索票、蟹卡预售等管理，实施信用信息数据标准化工程等综合指导措施，推动阳澄湖大闸蟹投诉量大幅下降。

四是现代式行政指导。行政指导实施方式有书面、口头、电话、电子邮件、手机短信、邮寄快递等，近年来微信指导、视频指导、直播指导等现代科技指导方式逐渐增多。一些地方探索“一户一码”方式，开展“码”上了解政策信息、“码”上接受教育科普、“码”上查询服务指南等掌上指导。

五是其他型行政指导。包括全过程、包容性等实施范式，通过推行涉企免罚轻罚清单、不予实施行政强制措施清单，有效助力经营主体和新技术、新产业、新业态、新模式健康发展。〔2〕

---

〔1〕郭润生、宋功德：《论行政指导》，中国政法大学出版社 1999 年版。

〔2〕李文成：《行政指导演进发展检视与优化路径探析》，载《中国市场监管研究》2023 年第 10 期。

二、行政指导的功能

在现代行政管理的多元手段中，行政指导以其独特的优势与效能，正逐渐获得社会各界的广泛瞩目。作为一种非强制性的行政举措，行政指导在市场经济建设过程中扮演着举足轻重的角色，它不仅能够有效调和不同利益主体间的矛盾冲突，而且能够积极引导并推动市场经济建设的深入实践。此外，行政指导具备多重功能。在维护社会秩序方面，行政指导通过提供科学、合理的行政建议，有助于规范市场主体的行为，减少市场乱象，从而维护社会经济的稳定与和谐。在推动民主制度建设方面，行政指导注重与市场主体的沟通与协商，充分尊重并反映民意，有助于提升决策的民主性与科学性。在提升政府治理水平方面，行政指导强调政府的服务性与法治性，通过优化行政流程、提高行政效率，有效提升了政府的公信力和执行力。

（一）引导与助推市场经济发展

我国市场经济是从破除计划经济桎梏中发展起来的，采取的是“自上而下”政府主导型的改革路径。[1]在市场经济体制中，政府对经济的干预是必要的，但这种干预的方式必须审慎选择。强制性手段的使用应当受到限制，因为市场经济更加倾向于灵活而非僵硬的行政管理方式，更加需要民主而非专制的决策过程。这种转变是适应现代民主化潮流的必然要求，也是市场经济健康发展的必要条件。

正如制度法学派的魏因伯格所言，“以威吓力为基础的强制不是法律的本质要素，将制裁视为法律的唯一刺激力是对法律的极大的误解，法律的主要作用是引导和协调，其主要手段不是强制而是促进”[2]。因此，政府应当寻求更加合理、有效的干预方式，以促进市场经济的稳定和发展。行政指导既体现了政府行为之目的性，又兼顾市场经济之自由性；既是现代行政法中合作、协商的民主精神发展的结果，也是现代市场经济发展过程中对市场调节失灵和政府干预失效双重缺陷的一种补救方法。[3]

（二）调和多元利益矛盾

在社会生活中，利益冲突是普遍存在的现象。尤其在市场经济社会中，崇尚竞争的环境下，这种利益矛盾往往会不断加剧。为了维护社会秩序和公平正义，必须通过各种途径和手段来协调这些冲突，而行政指导正是这样一种比较灵活有效的协调手段。由于行政指导的非强制性和自主抉择性，以及指导主体所具有的相对于利益冲突各方的某种超脱性和中立性，使其在缓解和平衡各利益主体之间的矛盾和冲突的过程中，起着一种特殊而有效的协调作用。特别是社会经济组织之间的冲突，更需要处于市场竞争主体之外的行政机关采用行政指导措施进行公正有效的协调和斡旋。[4]

从市场与政府在市场经济调控中的价值目标和运用手段来看，显然二者是鱼和熊掌

---

〔1〕上海市人民政府行政法制研究所“行政指导”课题组:《中国行政指导的实践与理论研究（上）》，载《政治与法律》2003年第3期。

〔2〕莫于川、田文利:《行政指导的功能解读》，载《北京行政学院学报》2004年第5期。

〔3〕石佑启:《行政指导及其法制化探析》，载《福州大学学报（哲学社会科学版）》2001年第2期。

〔4〕莫于川、田文利:《行政指导的功能解读》，载《北京行政学院学报》2004年第5期。

的关系。市场与政府是两种依不同的规律而运行的机制，市场以自由为第一要旨，而政府则以平等为首要价值；市场排斥干预，政府则不能放任过度的自由；市场以“看不见的手”来支配资源的分配，而政府则用“看得见的手”来矫正不公。而行政指导则恰恰显示了兼容并收的取向，既让政府的权威在经过公众的选择后发生作用，又让公众在更加可靠的前提下做出理性的判断。可以说，行政指导内嵌的二元机制是其发展的内在逻辑基础。[1]

（三）高效节约成本与促进决策优化之治理良策

行政指导的节约成本功能不仅体现在直接的经济支出上，还体现在提升行政决策的质量和效率上。通过行政指导，行政机关能够以较低的成本实现对行政相对人的监管和服务，避免了大规模的行政执法行动可能带来的高昂费用。同时，行政指导的非强制性特点使得行政机关可以将有限的资源集中在高风险或高违规行为的监管上，从而实现资源的优化配置。

此外，行政指导通过提前介入和预防性措施，有助于减少违规行为的发生，从而降低了因违法行为导致的行政处罚、诉讼等后续成本。这种前瞻性的管理策略不仅减轻了行政机关的负担，而且为行政相对人提供了遵守法律的激励，减少了因违规可能产生的经济损失。

在促进社会经济健康发展方面，行政指导通过减少行政相对人的合规成本，鼓励了合法经营和创新活动。企业和个人在明确了法律要求和政策导向后，能够更加自信地进行投资和经营决策，这有助于激发市场活力，提高整体经济效率。同时，行政指导还能够作为一种政策沟通的工具，帮助政府更好地理解市场和民众的需求，从而制定出更加精准有效的政策措施。

总之，行政指导在节约行政成本的同时，为建立高效、透明、互动的行政管理体系提供有力支撑。它通过减少不必要的行政开支，提高政策执行的效率，促进了政府职能的转变和社会治理的创新，为实现经济的持续增长和社会的全面进步作出了积极贡献。

第三节 域外行政指导制度

一、日本行政指导制度

日本行政指导的产生与其特殊的历史背景密切相关，特别是在第二次世界大战后美国的占领军对日本政府的“指导”。美国占领军通过指示、警告、备忘录等方式，对日本进行经济政治改革的引导，这种“指导”由于日本战败国的地位而得到了有效执行。这种由占领军引入的行政指导方式，在日本社会经济的各个领域得到了广泛应用，成为

〔1〕 莫于川、田文利：《行政指导的功能解读》，载《北京行政学院学报》2004 年第 5 期。

日本政府广泛使用的一种行政管理手段。

（一）日本行政指导的法律规定

日本行政指导的法律规定经历了一个从实践探索到法律规范的过程，面对行政指导实践中出现的负面问题，日本社会普遍认识到了立法规范的必要性。在早期，尽管有通产省等政府机关对行政指导进行了一些解释性规定，并在部分行政作用法中对行政指导作了零散规定，但整体上相关立法仍显不足。

为了解决这一问题，日本临时行政调查会在 1964 年提出了关于行政程序改革的意见，建议制定统一的行政程序法。这一建议得到了响应，1991 年，日本内阁总务厅的临时行政改革推进审议会发表了行政程序法要纲草案的中期报告，提出了行政指导的法律限制，包括行政机关在实施行政指导时不得超出其职能范围、不得因相对人不服从指导而采取不利措施等原则。[1]经过多年的努力，1993 年，日本国会通过了《日本行政程序法》，该法不仅在多个章节中对行政指导作了规定，还专门设立了一章（具体参见表 8-1）对行政指导的重要问题进行了集中规范。这部法律的制定，标志着日本在行政程序立法史上迈出了重要一步，对行政指导的法治化提供了重要保障，并对其他国家和地区产生了影响。

表 8-1 《日本行政程序法》中行政指导相关规定

条款	内容
第 32 条	行政指导的一般原则：行政指导实施者必须在行政机关的任务和管辖范围内行事，内容需基于相对人的自愿合作实现，不得因不遵从而作出不利处理
第 33 条	有关申请的行政指导：如果申请人表明不遵从撤回或变更申请内容的行政指导，实施者不得妨碍申请人行使权利
第 34 条	有关许可认可等权限的行政指导：行政机关不得故意表示可行使许可认可等权限，以迫使相对人遵从行政指导，除非实际上有意行使该权限
第 35 条	行政指导的方式：实施者需向相对人明确说明指导的目的、内容和负责人，以及行使权限的法令根据、规定要件和符合要件的理由
第 36 条第 1 款	以多数人为对象的行政指导：行政机关对多数人实施行政指导时，必须事先设定并公布行政指导指针，除非有行政上的特别障碍
第 36 条第 2 款	中止行政指导等的要求：相对人认为行政指导不符合法律规定时，可要求行政机关采取中止指导等措施，并需提交包含相关事项的声明书

由此可见，《日本行政程序法》对行政指导的意义、原则、方式等内容作出了明确的规定，从而使日本的行政指导更加科学化、规范化和制度化。在日本，行政指导已正式成为一种社会影响巨大的行政现象，几乎覆盖整个行政管理领域，主要涵盖职业训练、特定行业规制、商业交易规制、就业保障以及国家文化财产管理、农业、个人信息保护等方方面面。具体参见表 8-2。

---

〔1〕 根岸哲、鲍荣振：《日本的产业政策与行政指导》，载《环球法律评论》1992 年第 1 期。

表 8-2　日本行政指导立法相关内容

法律名称	法律条文	内容描述
《日本职业训练法》（1979 年第 68 号法令）	第 7 条（建议）	劳动大臣和都道府县知事可向企业主团体提出职业训练建议
	第 30 条第 3 款（对企业主等的援助）	国家和都道府县为职业训练提供援助，包括派遣指导员、提供教材和技术支持
《日本烟草事业法》	第 40 条	大藏大臣制定香烟广告方针，对不服从者进行劝告，必要时公布其不服从事实
《日本噪音规制法》	第 12 条	都道府县知事首先劝告噪音超标工厂采取防止措施，不服从可发出改善命令
《日本特定商业交易法》（2023 年第 63 号法令修改）	第 7 条	主管部长可指示经销商或服务提供商纠正违规行为，保护消费者利益
《日本海员就业保障法》（1948 年第 130 号法令）	第 5 条	政府开展活动调整海上劳动力供求，提供职业指导或帮助
《日本国家文化财产组织部级条例》	第 1 条之二第 2 款	审计师在履行职责时应与相关人员沟通，创造信息收集和审计环境
《日本煤炭开采合理化临时措施法》	第 60 条第 1 款	如果国际贸易与工业部长发现采矿权或采矿租赁权持有人的煤炭销售价格明显高于标准煤炭价格，他 / 她可以建议采矿权或采矿租赁权持有人降低销售价格
《日本国民生活安定紧急措施法》	第 7 条第 1 款	当主管部长发现销售指定商品的人的指定商品的销售价格超过以下各项对相关项目所列物品类别规定的价格时，可指示该人以低于相关项目规定的价格销售指定商品：（1）标准品：其标准价格（当交易条件或地区情况及其他情况与确定标准价格时所考虑的交易条件或地区情况及其他情况不同时，根据标准价格并考虑交易条件或地区情况及其他情况后认为合理的价格；以下各项亦同。（同样适用于以下项目）（2）标准项目以外的项目：在标准价格的基础上，考虑到该项目与标准项目在质量、尺寸和其他情况上的差异，认为合适的价格
《日本噪声控制法》	第 9 条	市长在接到根据第 6 条第 1 款或前一条第 1 款的规定提交的申报时，如果认为该申报所涉及的特定工厂等产生的噪音因不符合管制标准而损害了该特定工厂周边的生活环境，他们可以在接到申报之日起 30 日内，劝告申报者在必要的限度内更改防止噪音的方法或特定设施的使用或配置计划，以消除这种状况
	第 12 条	当市长认为，在指定区域内设立的特定工厂等所产生的噪音由于不符合规定标准，从而损害了该特定工厂等周边的生活环境时，他们可以对设立该特定工厂等的人设定一个期限，劝告其在必要的限度内改善防止噪音的方法，或更改特定设施的使用方式或布局，以消除这种状况
《粮食、农业和农村基本法》	第 21 条	为促进高效、稳定的农业经营，建立农业经营在农业生产中发挥重要作用的农业结构，国家根据耕作类型和区域特点，发展农业生产基础设施。采取必要措施，推进农业经营，扩大农业经营规模，夯实农业经营基础

续表

法律名称	法律条文	内容描述
《关于个人信息保护的基本方针》	第7条第4款	明确了个人信息保护委员会的职责，指出个人数据保护委员会除自身努力对有关个人数据等的投诉进行必要的调解外，还应在必要时，如在投诉咨询机构等咨询时，就个别案件的处理提供建议和合作，以便投诉咨询机构等能够适当、迅速地处理投诉。联合监督委员会应在必要时为个案处理提供建议和合作
《新型流感等特别措施法》	第31条第6款第1项	都道府县（其区域全部或部分位于第31条第4款第1项第2号所列区域（以下本条中称“重点区域”内的都道府县）的知事（以下本条中称“都道府县知事”），在该项规定的情况下，如果认为有必要防止在重点区域中新型流感等的蔓延，且该蔓延可能对国民生活和国民经济产生重大影响，都道府县知事可以根据新型流感等的潜伏期和治愈期以及发生情况，考虑制定政令中规定的事项，在都道府县知事确定的期间和区域内，对属于认为有必要采取措施的业态的经营者，可以要求其采取政令中规定的营业时间变更及其他对国民生活和国民经济可能产生重大影响的措施，以防止在重点区域中新型流感等的蔓延
	第31条第6款第2项	都道府县知事在第31条第4款第1项规定的情况下，可以要求该都道府县的居民在该知事规定的期间和区域内，不要在规定营业时间之外的时间无故出入属于该业态的场所，以及其他为防止新型流感等感染所需的合作
《电信商业法》	第115条	总务大臣应向支援机构提供必要的信息和资料，或者就支援行动的实施提供指导和建议

（二）日本行政指导的实践方式

行政指导形式上的特点是灵活性，既可以是抽象性的指导，也可以是具体性的指导；既可以是书面指导，也可以是口头指导等。日本有长期的行政指导传统，创造了多种多样的行政指导形式。从表现形态上看，有使用文件的，也有利用口头的，文件形态有通知、告示等。对其实施形态，又可以分为“一般指导”和“个别指导”两种。一般指导是使用范围很广的一种指导形式，其中包括通知和请求合作两个方面的内容。“‘通知’是指官厅使用各种各样的通知借以提示指导对方的活动。”其方式包括基准方针的提示，如使对方承认药品生产的基本方针，或者为缩短汽车运输司机劳动时间而下发的通告就属于此种指导；遵守事项的提示；处分标准的提示，在对方发生错误之前，预先告知关于错误的惩罚标准，以引起对方的注意。“‘请求合作’，是指行政官厅对有关国策方面的重要紧急事项，向企业界和一般国民发出的号召，请求对方予以合作。”个别指导是针对某一种特定对象进行的单独指导形式。比较常见的是有关省厅在各地区设置指导窗口，与前来申请的人交谈，针对内容给予相应的协助、建议；也有的派出专门的经营指导员深入基层，到农村、企业、团体中直接同对方接触进行专项农业科技、经营等个别指导。或者地方公告团体以指导纲要的文件形式对某专门事项进行指导。个别指导还有一种是政府官厅持有特定的目标，通过各种提示进行个别指导的方式，来推动对方的工作。[1]

二、德国行政指导制度

（一）德国行政指导的法律规定

德国是实行社会市场经济即所谓莱茵模式的代表性国家，也是典型的大陆法系国家。联邦德国行政指导的理论根基深植于其社会市场经济的体系之中。第二次世界大战后，德国致力于发展社会市场经济，行政指导制度应运而生，成为政府自我约束与变革务实的体现。[2]原联邦德国官方和学者普遍认为，国家已经摆脱了19世纪资本主义时代“守夜人”的角色，转而承担起维护经济秩序和推动宏观经济目标的责任，国家应采取积极措施以避免繁荣转变为萧条，而这积极措施既要维护和扩大“社会保障”以及实现“社会公正”，又不得妨碍或者甚至取消市场机制发挥作用，即政府应更多地采用非权力强制性的调控措施，如行政指导、行政契约等积极而又柔和的手段，在不妨碍或取消市场机制发挥作用的限度内实施经济与社会管理。[3]

20世纪50年代后期以来，德国政府在社会市场经济理论与法哲学理论（主要指社会法学主张利益与平衡的理论）的指导下，非常自觉地、规范地运用行政指导来调控社会经济秩序，积极地采取了一系列“尽可能温和的”非强制性的行政调控手段，配合财政、税收、货币政策和法律强制手段进行管理，且成绩显著。譬如第二次世界大战以来，政府实施鼓励中小企业发展政策、鼓励企业兼并与合作政策、培育高新产业政策、制定区域开发计划和预算计划等指导计划制度，为企业投资决策和结构调整提供市场信息与建议等，均有很好的收效。[4]

行政指导理论源于德国行政法学理论中的“非正式协商”。德国的行政法学理论中，行政法院提供司法保护的范围包括行政行为、其他法律行为和事实行为，行政指导作为事实行为同样被纳入其中。[5]《德国行政程序法》第25条第1款规定，如果声明或申请明显因无意或无知而遗漏，或者提交或错误提交，主管部门应鼓励提交声明、申请或更正声明或申请。如有必要，它提供有关行政程序所涉人员所享有的权利和所承担的义务的信息。

除此之外，德国的行政指导还贯穿于职业安全、机动车管理以及财政等多个法律规范领域，这种跨领域的指导确保了行政机构能够在各自的专业领域内提供必要的支持和建议，促进法规的遵循与执行，同时维护公共利益并提高行政效率。例如，《保护雇员免受人工光辐射风险的条例》第9条明确规定，运行安全委员会需依据《工业安全条例》第21条，就人工光辐射相关的安全与健康问题向联邦劳动和社会事务部提供咨询意见。在机动车管理方面，《德国道路商用车辆技术管制条例》第9条第1款规定，联邦物流和交通办公室作为国家联络点，负责履行条例规定的任务，而各州的主管当局则直接向

---

〔1〕陈斯彬：《作为行为和制度的行政指导——中日行政指导比较研究》，载《环球法律评论》2009年第6期。

〔2〕肖陆军：《中外行政指导比较研究初探》，载《四川师范学院学报（哲学社会科学版）》2002年第6期。

〔3〕莫于川：《行政指导比较研究》，载《比较法研究》2004年第5期。

〔4〕杨海坤、黄学贤：《行政指导比较研究新探》，载《中国法学》1999年第3期。

〔5〕孙萍、邓小川：《论我国行政指导的诉讼救济》，载《辽宁大学学报（哲学社会科学版）》2019年第5期。

该联络点报告、沟通和提出请求。此外，在财政领域，德国联邦财政部（MoF）于2023年6月6日发布了更新后的《转让定价管理原则》（AP TP 2023）[1]，这些原则虽然对纳税人或税务法院没有法律约束力，但在税务机关评估或审计纳税人时具有实际的指导意义。AP TP 2023继续以经合组织转让定价指南为基础，并针对议价幅度为负的特殊情况提供了具体的指导，进一步体现了德国行政指导在确保法规得到有效执行方面的重要作用。

（二）德国行政指导的实践方式

《德国行政程序法》为行政指导行为方式之一的“提醒”提供了明确的法律依据，根据该法第25条的规定，当参与者因疏忽或不知情而未能提交声明或申请，或者提交了不正确的声明或申请时，行政机关有责任提醒参与者进行补充或更正，并在必要时告知他们在行政程序中的权利与义务。此外，第72条至第78条专门针对“行政指导性计划”这一行政指导形式进行了详细规定。[2]

在德国的行政实践中，除了上述法律规定的行政指导方式，还广泛采用了行政警告或告诫的形式。这是一种行政机关向公民传达特定信息、提供建议的行为，如联邦卫生部发布的关于尼古丁吸食和生活用品危险的警告。虽然行政警告在形式上仅是向公众介绍潜在风险，但其实际效果与行政命令或禁令相仿。因为一旦公众接受并遵循这些警告，相关产品的市场需求将受到影响，从而达到与禁止销售相似的实际效果。如果警告未能实现预期的行政目的，行政机关仍保留依法采取进一步处分措施的权利。然而，这种指导行为若处理不当，也可能侵犯相对人的权益，因此在实施时需谨慎行事。[3]

三、美国行政指导制度

（一）美国行政指导的法律规定

美国行政指导制度源于对传统自由主义和凯恩斯主义的反思，发展于自由市场经济和普通法系的背景下。罗斯福新政时期，政府基于凯恩斯主义加强了对经济的干预。然而，20世纪70年代的滞胀现象促使人们对过度干预的政策进行反思。美国政府在民众压力和规制缓和论的影响下，转向更柔性的非强制性行政调控方式。行政指导作为这种转变的体现，逐渐受到重视并被纳入司法复审范围，体现了美国对行政行为灵活性和有效性的追求。[4]

美国的行政指导立法整体呈现分散和不均衡的发展态势。在联邦和州层面，立法机构逐步推出一系列针对行政指导的法律规范，这些规范主要涉及科技、中小企业发展、农业发展、气候管理等多个领域，特别是行政机关自身制定的行政规章中，关于行政指导的规定更为常见。

---

〔1〕参见EY网站，https://globaltaxnwes.ey.com/news/2023-1095-german-minitny-of-finance-issues-updated-administratice-principles-regardny-transfer-pricing.

〔2〕廖明岚：《行政指导制度比较研究》，载《行政论坛》2007年第3期。

〔3〕应松年主编：《比较行政程序法》，中国法制出版社1999年版，第267页。

〔4〕刘铮：《中美行政指导制度比较研究》，载《行政与法》（吉林省行政学院学报）2006年第4期。

在促进科技发展领域，美国国会于 1976 年 5 月 11 日通过的《1976 国家科学技术政策、组织和重点法》第 1 章第 2 条的第 2、3 款中均涉及行政指导的内容。例如，第 2 款规定："为实现本条第 1 款中所阐述的政策，国会宣布：联邦政府应在行政部门中坚持中央政策的各个要点，这些行政部门应协助联邦政府所属各机构。"又如，第 3 款规定："为加速和实现本条第 1 款中所阐述的政策，国会认为下述步骤是具有头等重要意义的：（1）联邦政府所采取的政策应鼓励采用科学技术，以有利于节约使用原料、能源和所拨给的资金，保护环境，提高产品的性能；……（5）加强和鼓励科学技术，其中包括自然科学界、社会科学界以及生物医学界的不同学科之间的专业人员更密切的联系；……（7）鼓励充分利用科学技术成果以支持州及地方政府的目标。[1]"在超导计划方面，《美国法典》第 15 卷第 78 章规定，科学技术政策办公室应与国家关键材料委员会和国家超导委员会协调制定超导行动计划和本章要求的任何建议，[2]并提出国家科学基金会应促进基础研究以实现本章的目标[3]。

在促进小企业发展方面，美国于 1953 年成立了小企业管理局（SBA），旨在支持和引导中小企业的发展。具体指导策略涉及融资支持、风险投资机遇、技术援助以及政府采购与宣传四个关键领域：（1）融资支持上，通过提供贷款担保和促进间接投资，SBA 帮助小企业解决融资难题，截至 2009 年，SBA 已为美国的小企业和创业者提供了超过 2000 万份贷款、担保和采购合同，极大地推动了创业活动和经济增长；（2）风险投资机遇上，SBA 为小企业营造有利投资环境，创造获取风险投资的机会，促进企业的创新和扩张；（3）技术援助上，SBA 向小企业提供技术援助服务，帮助提升技术水平，增强市场竞争力；（4）政府采购与宣传上，SBA 协助小企业参与政府采购项目，并提供宣传推广支持，增强小企业的市场可见度和品牌影响力。此外，《美国法典》第 15 卷第 14A 章第 631 条第 1 款中明确指出，政府应尽可能援助、咨询、协助和保护小企业的利益，以维护自由竞争的企业。

在促进农业发展方面，美国 1938 年颁布的《农业调整法》明确以下指导：（1）鼓励建土和保持土壤的作物和做法，以保护国家资源、防止土壤肥力的浪费；（2）协助国内消费和出口农产品的营销；（3）协助农民在可行的范围内获得棉花、小麦、玉米和大米的平价和收入平价；（4）协助消费者以公平的价格获得充足、稳定的棉花、小麦、玉米和大米供应。

在气候管理方面，《美国法典》第 15 卷第 56 章有关国家气候计划中规定，管理和预算局局长和国家经济委员会主任应与财政部长协商，就将气候相关金融风险纳入联邦财务管理的相关方法向国家气候工作组提出建议和财务报告，特别是因为该风险与联邦贷款计划有关。这些建议应酌情评估增强联邦财务报告会计标准的选项，并应确定进一步鼓励市场采用此类标准的任何机会。

---

〔1〕 莫于川：《行政指导比较研究》，载《比较法研究》2004 年第 5 期。

〔2〕《美国法典》第 15 卷第 78 章第 5202 条（a）（2）。

〔3〕《美国法典》第 15 卷第 78 章第 5205 条。

（二）美国行政指导的实践方式

美国行政指导的形式多样，涵盖了从解释性规则到政策声明的广泛文件，旨在为政府机构及利益相关方提供关于规则、法律和程序的建议。这些指导文件虽然不具备《行政程序法》（APA）下通过规则制定程序发布的规则的法律约束力，但它们对机构如何管理法规和计划具有重要影响。

美国行政指导主要采取备忘录、通知、公告、指令、新闻稿、信件和博客文章等多种形式。譬如，白宫科技政策办公室发布的《确保免费、立即和公平地获得联邦资助的研究备忘录》（Ensuring Free，Immediate，and Equitable Access to Federally Funded Research）为联邦机构的研发公共访问政策提供了更新，推动了科学研究成果的公开获取。又如，为建立人工智能的治理和风险管理框架，美国白宫发布了《推进人工智能机构使用的治理、创新和风险管理备忘录》（Advancing Governance，Innovation，and Risk Management for Agency Use of Artificial Intelligence），旨在为人工智能治理、创新和风险管理建立新的机构要求和指导。

美国行政会议（ACUS）作为一个独立的联邦机构，专注于提出改善行政流程的建议，并区分了几种行政指导类型：（1）解释性规则，如《小规模实体合规指南》，根据1996年《小企业监管执法公平法案》第212条的要求编写的，旨在帮助小规模实体，遵守美国颁布的受益所有权信息报告规则；（2）以指南、手册、员工指示、意见书和政策声明形式提供的指导，比如美国联邦贸易委员会发布的《有关在广告中使用认可和推荐的指南》（Guides Concerning the Use of Endorsements and Testimonials in Advertising）代表联邦贸易委员会执行的法律的行政解释，旨在指导公众按照法律要求处理其事务；（3）同期指南，这些通常与行政规则一同发布，包括官方摘要、注释、示例和附录，如美国总务管理局（GSA）发布的《联邦咨询委员会管理：最终规则》，为联邦机构执行规定提供了行政和解释方面的指导方针和管理控制，旨在改善联邦咨询委员会的管理和运作。

第四节　我国行政指导制度的实践

一、我国行政指导制度规定

本节深入分析了中国行政指导制度的历史背景、立法现状和实践发展。我国行政指导制度起源于社会主义改造时期，经历了从计划经济到市场经济的转型，其发展与市场经济改革紧密相连。尽管在法律层面上有所体现，但整体立法状况仍显不足，缺乏程序性规定和充分的法律依据。行政指导在实践中显示了其在社会管理中的效用，但同时面临规范化和制度化程度不高的挑战。随着时间的推移，行政指导的目标从“公平优先”转向“效率优先”，并在多个领域得到应用。近年来，行政指导实践更加注重跨部门合作，利用现代信息技术提升效率，展现包容性、开放性和自主发展的特点，标志着制度的不断完善和发展。

（一）我国行政指导制度的总体概况

1. 演进历程

我国行政指导制度的建立可追溯至社会主义改造时期，但在社会主义改造完成后，随着政府转向指令性计划经济管理模式，行政指导的作用空间受到了限制。直至 1978 年改革开放前，行政指导并未在国家治理中扮演显著角色。然而，进入 20 世纪 80 年代，特别是 1992 年邓小平南方谈话后，随着市场经济改革的深入和经济社会的快速发展，行政指导开始被重新认识并广泛应用于行政管理活动中。这种指导方式以其灵活性和非强制性，逐渐展现在社会管理中的独特价值和实际效果。

尽管如此，相较于美国等国家，我国在行政指导的实践和理论研究上缺乏足够的自觉性。长期的计划经济体制和集中式的行政管理理念根深蒂固，使得在体制转型过程中，实务界难以主动适应市场经济对行政指导的新要求，学术界对这一领域的研究也相对不足。在当前我国全面推进依法治国和依法行政的新环境下，深化对行政指导制度的理论研究和实践探索，更新观念，创新制度，对于加快行政指导法治化进程具有重要意义。

2. 立法状况

宏观来看，在我国行政指导立法特点是缺乏统一的、专门的法律规范，是通过各种政策性文件、指导性计划和行政措施等形式体现。这些规定往往强调指导性、灵活性和非强制性，但在实际操作中可能存在规范性和明确性的不足。

目前，我国行政指导立法基础较为分散，涉及宪法、法律、行政法规、地方性法规以及部门规章等多个层级，在行政指导形式上，主要涵盖有指导性的法律、规章、指导性政策、指导性计划、行政纲要、信息和舆论指导以及以示范、建议、劝告、提倡、赞成、鼓励、限制等方式为主的具体行政指导，涉及经济、教育、文化、卫生、体育等领域。限于篇幅，这里试从各层次的法律、行政法规、地方法规中我国行政指导制度的立法情况举例，具体参见表 8–3。

表 8–3　我国行政指导立法相关内容

法律层级	法规名称	与行政指导有关的条款内容
宪法	《宪法》	第 8 条第 3 款规定，国家保护城乡集体经济组织的合法的权利和利益，鼓励、指导和帮助集体经济的发展
法律	《产品质量法》	第 6 条第 1 款规定，国家鼓励推行科学的质量管理方法，采用先进的科学技术，鼓励企业产品质量达到并且超过行业标准、国家标准和国际标准
	《高等教育法》	第 6 条第 1 款规定，国家根据经济建设和社会发展的需要，制定高等教育发展规划，举办高等学校，并采取多种形式积极发展高等教育事业 第 6 条第 2 款规定，国家鼓励企业事业组织、社会团体及其他社会组织和公民等社会力量依法举办高等学校，参与和支持高等教育事业的改革和发展
	《环境保护法》	第 7 条规定，国家支持环境保护科学技术研究、开发和应用，鼓励环境保护产业发展，促进环境保护信息化建设，提高环境保护科学技术水平

续表

法律层级	法规名称	与行政指导有关的条款内容
法律	《中小企业促进法》	第 3 条规定，国家将促进中小企业发展作为长期发展战略，坚持各类企业权利平等、机会平等、规则平等，对中小企业特别是其中的小型微型企业实行积极扶持、加强引导、完善服务、依法规范、保障权益的方针，为中小企业创立和发展创造有利的环境
	《就业促进法》	第 12 条规定，国家鼓励各类企业在法律、法规规定的范围内，通过兴办产业或者拓展经营，增加就业岗位。国家鼓励发展劳动密集型产业、服务业，扶持中小企业，多渠道、多方式增加就业岗位。国家鼓励、支持、引导非公有制经济发展，扩大就业，增加就业岗位
	《农业法》	第 11 条第 1 款规定，国家鼓励农民在家庭承包经营的基础上自愿组成各类专业合作经济组织
	《企业所得税法》	第 25 条规定，国家对重点扶持和鼓励发展的产业和项目，给予企业所得税优惠
	《价格法》	第 25 条第 2 款规定，消费者、经营者可以对政府指导价、政府定价提出调整建议
行政法规	《价格管理条例》	第 8 条第 2 款规定，国家指导价是指由县级以上各级人民政府物价部门、业务主管部门按照国家规定权限，通过规定基准价和浮动幅度、差率、利润率、最高限价和最低保护价等，指导企业制定的商品价格和收费标准
	《食品安全法实施条例》	第 17 条第 1 款规定，国务院食品安全监督管理部门会同国务院农业行政等有关部门明确食品安全全程追溯基本要求，指导食品生产经营者通过信息化手段建立、完善食品安全追溯体系
	《土地管理法实施条例》	第 10 条第 3 款规定，鼓励社会主体依法参与土地整理
	《专利法实施细则》	第 92 条第 1 款规定，被授予专利权的单位可以与发明人、设计人约定或者在其依法制定的规章制度中规定专利法第十五条规定的奖励、报酬的方式和数额。鼓励被授予专利权的单位实行产权激励，采取股权、期权、分红等方式，使发明人或者设计人合理分享创新收益
	《民办教育促进法实施条例》	第 3 条规定，各级人民政府应当依法支持和规范社会力量举办民办教育，保障民办学校依法办学、自主管理，鼓励、引导民办学校提高质量、办出特色，满足多样化教育需求。对于举办民办学校表现突出或者为发展民办教育事业做出突出贡献的社会组织或者个人，按照国家有关规定给予奖励和表彰
地方法规	《上海市促进中小企业发展条例》	第 7 条第 1 款规定，市和区、县人民政府应当采取措施，鼓励创办科技型、资源综合利用型、节能环保型等中小企业，支持中小企业发展高新技术产业、战略性新兴产业和现代服务业 第 7 条第 2 款规定，本市鼓励经营管理人员、科技人员、高校毕业生等创办中小企业，引导各类专业人才向中小企业流动
	《广东省市场监管条例》	第 5 条第 1 款规定，各级人民政府应当建立行政监管、行业自律、社会监督、公众参与的社会共治体系，鼓励和支持社会组织、公众参与市场监督
	《北京市物业管理条例》	第 4 条第 2 款规定，支持社会资本参与老旧小区综合整治和物业管理 第 5 条规定，本市支持在物业管理区域内成立业主大会、选举产生业主委员会决定物业管理区域内的重大事项及有关共有部分利用和管理等事项

续表

法律层级	法规名称	与行政指导有关的条款内容
地方法规	《深圳经济特区科技创新促进条例》	第5条第2款规定，市、区人民政府及其相关部门应当综合运用财政后补助、间接投入等方式，通过资助、贷款贴息、奖励、基金等多种形式支持高等院校、科研机构、企业以及科技人员开展科技创新活动
	《西藏自治区环境保护条例》	第7条第2款规定，自治区建立政府、企业、社会多元化的环境保护投融资机制，鼓励、支持和引导各类资金用于环境保护。鼓励开展能源节约、资源循环利用、生态修复、污染治理等领域关键技术的研究、开发和推广利用
	《江苏省消费者权益保护条例》	第51条第2款规定，县级以上地方人民政府应当支持消费者权益保护委员会依法开展工作，为其常设办事机构配备必要人员；消费者权益保护委员会履行法定职责所需经费应当纳入同级财政预算
	《浙江省电子商务条例》	第5条规定，各级人民政府应当将电子商务基础设施建设纳入国土空间规划，统筹安排电子商务寄递物流、仓储等用地，组织完善农村地区的电子商务服务点、配送中心和中转站等寄递物流服务网络的配套建设。鼓励社会资本参与电子商务基础设施建设

3. 发展程度

我国行政指导制度经历了从计划经济向市场经济的根本性转变，这一转型标志着行政体系在经济管理模式上的重大演进。改革的推动力源自经济实体与行政机构间的互动，二者在新规则框架下共同探索实现效益最大化的路径。然而，当前中国的行政指导仍面临规范化和制度化程度不足的问题。长期以来形成的“官本位”思维定式，使得行政指导在实际操作中易于实施，但这种模式并不总是符合市场经济的法治精神。

受传统体制和政策惯性的影响，加之政府在经济管理方面的经验尚待积累，中国的行政指导仍在逐步构建和完善之中。这一过程中，行政指导缺乏必要的程序规范、责任机制和保障措施，导致其在实践中可能出现违法、不当或失误的情况。尽管行政指导本质上是非强制性的行政行为，但在中国特定的历史背景和社会心理特征下，其实际执行过程中往往带有强制色彩，与美国的行政指导实践相比，存在显著差异。

目前，中国行政实务界对行政指导制度的全面理解和认识尚不充分，部分人甚至持否定或排斥态度。在实际操作中，一些行政机关和工作人员可能会将行政指导误作为行政指令或命令来执行，从而侵犯了行政相对方的自主权利。为了确保行政指导的正确运用，需要建立相应的约束和纠错机制，但目前中国法律体系在这方面尚显不足，使得行政指导的实施缺乏必要的制度性保障。

4. 具体规范

在行政指导的目标方面，我国自改革开放以来就基本形成了一种共识：效率优先、兼顾公平。事实上由于受计划经济中平等思想的影响及出于对社会稳定因素的考虑，政府在行政指导中长期奉行“公平优先”战略。直到1992年邓小平南方谈话后，以经济增长为主要价值目标的“效率优先”原则才在行政指导领域初步形成。在行政指导的指导主体、指导对象的态度方面，基于对权力行使的传统偏好和某些特殊利益的巨大诱惑以及其他一些体制上的原因，我国行政机关对于实施行政指导的积极性和主动性也日渐增强；由于严格的行政程序制度和司法审查制度和受到一定的事实上的强制力，我国的行政相对人对于行政机关实施的指导行为，能自由作出选择的余地实际上较小。在行政指导的指导范围方面，从行政指导的具体方式、作用范围、社会基础和社会效果等方面来看，我国的行政指导的具体方式、适用面、社会接受程度、社会影响力和实际效果较美国宽些。从行政指导的负面效应来看，我国较美国高些。在行政指导的监督与救济机制方面，我国行政诉讼法的受案范围虽然在逻辑上并没有排斥行政指导，但实践上很不容乐观，我们相信随着行政诉讼受案范围在实践中的日渐拓展，行政指导必将被纳入行政诉讼范畴。[1]

（二）我国行政指导实践历史发展脉络

自 1952 年我国社会主义建设的浪潮涌动之初，行政指导便作为国家治理体系中的一股潜流，悄然铺展其发展的轨迹。纵观其演进脉络，可大致地划分为四个阶段：萌芽时期、发展时期、形成时期与完善时期，每个阶段都是对国家治理能力的深思与淬炼。

1. 萌芽时期（1952—1978 年）

新中国成立之初，政府为了引导经济成分从多元化向单一公有制的转型，采取了一系列非强制性的政策工具，这标志着行政指导在中国的初步尝试。在推进农业合作化方面，政府特别强调了坚持自愿原则，反对强迫手段。特别是在 1954 年召开的第二次全国农村工作会议上，明确提出了必须贯彻群众的自愿互利原则，并坚持依靠教育说服、实例示范的方针。[2] 1955 年颁布的《农业生产合作社示范章程》第 1 条明确规定，农业生产合作社是农民在共产党和人民政府的领导和帮助下，按照自愿和互利的原则组织起来的。[3] 随着社会主义改造的基本完成，政府逐步转向使用指令性计划来管理经济，行政指导的运用空间相对减少。但即便如此，政府依然频繁运用行政指导来达成行政目标。[4]

2. 发展时期（1979—1991 年）

随着计划经济体制的固有缺陷逐步显现，促使人们开始寻求更为高效灵活的行政管理模式，行政指导制度便是在这样的背景下逐步发展起来的。1982 年，我国宪法在经济制度方面作出了重要修订，正式承认了除国营经济之外的其他经济成分，并确立了对这些非国营经济成分的指导关系。[5] 1984 年 10 月，《中共中央关于经济体制改革的决定》中首次提出并强调了“社会主义的国家机构必须通过计划和经济的、行政的、法律的手

---

〔1〕 刘铮：《中美行政指导制度比较研究》，载《行政与法》（吉林省行政学院学报）2006 年第 4 期。

〔2〕 中共中央批转中央农村工作部《关于第二次全国农村工作会议的报告》，载百度百科，https:/baike.baidu.com/item/%E4%B8%AD%E5%85%B1%E4%B8%AD%E5%A4%AE%E6%89%B9%E8%BD%AC%E4%B8%AD%E5%A4%AE%E5%86%9C%E6%9D%91%E5%B7%A5%E4%BD%9C%E9%83%A8%E3%80%8A%E5%85%B3%E4%BA%8E%E7%AC%AC%E4%BA%8C%E6%AC%A1%E5%85%A8%E5%9B%BD%E5%86%9C%E6%9D%91%E5%B7%A5%E4%BD%9C%E4%BC%9A%E8%AE%AE%E7%9A%84%E6%8A%A5%E5%91%8A%E3%80%8B/17018554。

〔3〕《农业生产合作社示范章程》（已失效）第 1 条。

〔4〕 陈小华：《构建中国特色的行政指导制度》，载《行政论坛》2001 年第 2 期。

〔5〕《宪法》（1982 年）第 11 条。

段对企业进行必要的管理、检查、指导和调节”，这体现了对国营企业实施行政指导的方针。1987年，在中国共产党第十三次全国代表大会上，提出了具有深远影响的经济改革理念，即“国家调节市场，市场引导企业”，明确了政府在经济活动中的调节者角色。自此，行政指导逐渐取代了指令性计划“统制”经济的地位，成为政府引导经济发展的新手段。

3.形成时期（1992—2010年）

1992年邓小平南方谈话后，中国政府开始加速推进经济体制改革，通过《全民所有制工业企业转换经营机制条例》等政策文件，赋予企业更多自主权，同时明确政府在宏观调控和行业管理中的指导者角色。[1]1992年党的十四大进一步明确了政府在市场经济体制下职能的转变，强调政府应通过统筹规划、政策引导、信息服务和监督检查等方式，发挥其在市场经济中的引导和服务作用。1993年《宪法修正案》取消了政府对国有企业的直接领导权，强化了企业的法律地位和自主经营权，政府职能转向加强经济立法和宏观调控。行政指导制度不仅在经济领域得到应用，还扩展到文教、劳动、科技等多个非经济领域。例如，《高等教育法》的实施，确认了教育行政部门在高等教育发展中的宏观指导地位，推动了高等教育领域的行政指导制度建设。

4.完善时期（2011年至今）

自2011年以来，中国的行政指导制度经历了显著的发展和创新。这一制度以其灵活性和非强制性特点，成功融入了行政管理的多个领域。特别是，行政指导已从单一部门的推行，转变为跨层级、跨部门、跨领域的联合实施，展现了协同共治的发展态势。行政指导的实施类型也由早期的建议、辅导等，发展为包括标准化、合规型、组合型及现代式等多样化的实施范式。随着信息技术的发展，行政指导亦实现了信息化和数字化，利用大数据、云计算、人工智能等技术手段，提升了行政指导的科学性、精准性和个性化服务能力。在法治化方面，虽然中国行政指导的法律规范尚需进一步完善，但已有地方政府规章开始对行政指导进行规制，如江苏省和湖南省的地方性法规，以及北京市市场监管局的行政指导工作规范。这表明中国行政指导正逐步进入依法行政的轨道，其法治性、规范性和效用性均在不断提升。

二、具体领域行政指导实践

中国式现代化背景下，快速变化和复杂多样的社会需求，对行政指导提出了更高效、更智能、更创新的指导和服务的要求，不同场景下，涉及的问题、利益相关方和执行方式可能存在差异，行政指导在理论与实践层面的发展也呈现场景化的新趋势。行政指导场景化可以更好地满足实际需求，提供个性化、精准化的指导，促进协同合作，应对变化，提升行政效能，为各方提供更好的支持和服务。因此针对不同场景下行政指导的类型的研究是行政指导场景化理论研究的基石。

[1]《全民所有制工业企业转换经营机制条例》（1992年）第8条。

（一）科技行政指导

随着现代服务行政观念的兴起，非强制性行政方式受到各国政府的普遍重视。科技行政管理中的行政指导作为一种重要的行政法律制度和一种灵活有效的行政方式，在各国科技行政管理中得以广泛运用。

理解科技行政指导的内涵，首要任务是明确科技行政管理的定义与范畴。所谓科技行政管理，是指政府科技行政机关根据国家科技方针、科技政策和科技法规的规定，针对与社会公共利益息息相关的各类科技事务所开展的有计划、有决策、有指挥、有执行、有监督的组织活动。科技行政管理中的行政指导，是科技行政机关改造其管理职责时，在其所管辖的事务范围内，基于国家法律原则和法治精神，在行政相对人的同意协助下，适时灵活地采取如引导、劝告、鼓励建议等非强制性手段，要求行政相对人一定的作为或不作为，以有效地调整科技领域的社会关系，调动行政相对方的积极性，实现一定的行政目标的一种行政行为。[1]

科技行政管理中的行政指导，作为一种非强制性的行政手段，其有效性取决于行政相对方的认可。通过获得行政相对方的接受和配合，行政指导得以实现其设定的行政目标，进而建立起科技行政机关所期望的行政秩序。科技行政管理的目标是促进科技发展和创新，在传统行政管理体系下，科技行政管理必须建立在合法的基础上的，行政指导为科技行政管理提供了一种软性可能性。

（二）海关行政指导

行政指导具有社会性，可适用于一般行政管理领域，也可运用于海关领域。在确保依法行政的同时，在海关领域运用行政指导，既可以促进经济发展，适应现代信息化社会和经济全球化发展的需要，增加进出口贸易量，满足国内国际两个市场紧密联系的要求，也实现了行政服务社会的功能。此外，行政指导就是较为柔和的行为方式，更多地体现对相对人的尊重，使得原先的“行政管理者”和“被管理者”之间摆脱了单纯的命令——服从关系，更多地调动海关行政相对人的积极性和主动意识，更容易获得行政相对人的理解和配合，有助于改善“官民”关系，凸显了新时期中国行政法治“以人为本”的特色。如果能够恰当运用行政指导，则有利于海关行政效率和效能的改善。[2]

（三）公安行政指导

行政指导是现代市场经济和行政管理方式不断发展的产物。随着经济体制的转变和现代法治理论的发展，行政指导作为一种较新的行政管理形式已经开始渗透到行政管理的各个领域。现代社会文明化程度越来越高，依据行政指导展开的公共行政管理也开始渗透到公安行政执法领域中，行政指导在公安行政执法领域内也发挥着日益重要的作用。

公安行政执法行为历来是以强制性、命令性、不平等性为典型特征，但随着我国政府职能的转化，依法治国理念的进步深化，特别是公民日益高涨的私权利观念，这种管

〔1〕 王枫云、刘龙伏：《科技行政管理中的行政指导探析》，载《科技进步与对策》2004年第6期。

〔2〕 唐璨：《论我国海关行政指导》，载《政法论丛》2005年第5期。

理模式已经不适应现代公安行政执法理念，必须用更为柔和的管理模式即行政指导来加以辅助。所谓公安行政指导，是指公安机关基于国家法律、法规的规定而作出的，运用非强制性手段，针对特定的行政相对人，获得行政相对人的同意或协助，引导行政相对人采取一定作为或者不作为，以实现一定公安行政目的的行为。

公安行政指导除了具备行政指导的特性，还与公安机关履行法定职能密切相关的，公安行政指导是发生在公安行政领域中的一种准法律现象，也是基于行政职能作出的，在公安机关所管辖的范围内，以调整行政关系为其基本内容的行政活动，其实施者为公安行政机关，其实施对象为公安行政相对人。此外，公安行政指导具有自由裁量性，法律对公安行政指导行为的具体形式没有作出明确的规制，而是由公安机关依据具体情况并运用自由裁量权来决定采取具体的行政指导方式。

（四）环境行政指导

随着全球环境问题越来越多样化，波及的范围越来越广，传统环境行政管理手段由于过多地依靠政府的强制行政，弹性大，操作性不强，应对新型环境问题明显力不从心。无论是从现代行政法和环境法的理论基础来看，还是从公私法融合的发展趋势来看，环境行政指导成为环境行政的重要行为方式，都具备法学理论的支撑。

环境行政指导是环境行政主体运用建议、示范、教育、劝告以及协商等方式和通过提供经费、知识及技术帮助等非强制性手段并辅之以利益诱导，使环境行政相对人为或者不为某种行为而实施的不具有法律拘束力，但可对环境行政相对人直接起作用的事实行为。

环境行政指导作为一种环境行政管理手段，最早是在 20 世纪 50 年代末 60 年代初日本公害泛滥时期产生，我国在 20 世纪 70 年代末 80 年代初就已采用。但由于长期计划经济体制的障碍，环境行政指导在我国并没有得到足够的重视，其应有的作用尚未发挥。随着社会主义市场经济进程的不断深入和行政法制及环境法制的日益完善，我国政府行政管理范式由管制型政府向服务型政府过渡；随着科学技术的发展，人类抵御原生环境问题的能力不断加强，但是面临的次生环境问题日益严重，环境行政指导的作用便日益显现。环境行政指导受到了理论界和实务界的高度关注，并将深刻地影响我国的依法行政实践。

环境行政指导主体在环境行政指导中具有其他环境行政手段所不具有的相对于利益冲突各方的超脱性和中立性，使其在缓解和平衡各利益主体之间的矛盾和冲突的过程中起着一种特殊而有效的沟通作用。环境行政指导制度可以避免实施环境行政征收和环境行政处罚等强制性手段的不足，设定了环境行政管理双方当事人之间通融、妥协的余地，发挥环境行政相对人的积极性。环境行政指导体现环境行政关系的平等化，体现国家干预的必要性及限度。社会生活的多元主体之间的环境利益矛盾和冲突是难免的，在崇尚竞争、更具活力的市场经济社会，这种环境利益矛盾和冲突有增无减，导致社会的不和谐。因此，需要通过各种渠道和手段来予以协调，而环境行政指导正是这样一种比较灵活有效的协调手段。

（五）档案行政指导

所谓档案行政指导，是指国家档案行政机关在其所管辖的范围内，对特定的人、企业、社会团体、组织机构等运用非强制性的手段，获得相对人的同意或协助，指导相对人采取或不采取某种行为，以实现档案工作目的的行为。通常采用的是教育、说服、示范、劝告、建议、协商、政策指导、提供知识、技术帮助等非强制性手段和方法，对贯彻档案法规和方针政策、档案业务规范和技术标准进行指导。

档案行政指导因档案工作管理的特殊性而使其逐渐成为档案行政工作中具有普遍性和经常性的行为方式。其一，从经常性方面看，《档案法》《档案法实施办法》规定，中央和地方各级档案行政管理部门必须经常、及时地对本辖区内的档案工作进行指导、监督以保证档案工作的规范化和合理化。其二，从普遍性方面看，档案行政指导内容不但涉及档案的收集整理、鉴定、保管、检索、编研、利用和统计等档案管理工作，还涉及档案科研、教育、宣传、出版和国际交流等档案事业的各方面工作。例如，《档案法实施办法》第 11 条中规定，国家档案主管部门"组织、指导档案理论与科学技术研究、档案信息化建设、档案宣传教育、档案工作人员培训"。可以说，有档案工作的地方，便有档案行政指导。〔1〕

（六）平台经济行政指导

随着互联网平台之间竞争日益加剧，互联网领域"二选一"问题再次引发各方关注。2020 年 11 月 6 日，市场监管总局、中央网信办、税务总局三部门联合召开规范线上经济秩序行政指导会，要求互联网平台企业坚持依法合规经营，强化自我约束管理，共同促进线上经济健康规范发展。京东、美团、阿里巴巴、字节跳动、滴滴、快手、拼多多等 27 家主要互联网平台企业代表参会。

2020 年 12 月，中央经济工作会议提出"强化反垄断和防止资本无序扩张"，并对平台企业依法规范发展作出明确部署，要求完善平台企业垄断认定、数据收集使用管理、消费者权益保护等方面的法律规范。平台经济自此进入严监管时期。2021 年 3 月 15 日召开的中央财经委员会第九次会议上，再次提及平台经济。要求"从构筑国家竞争新优势的战略高度出发，坚持发展和规范并重，把握平台经济发展规律，建立健全平台经济治理体系"。考虑到面对市场经济领域的新问题，平台企业在合规经营上存在把握不准、理解不到位的情况，通过行政指导的方式，一方面，可引领平台在过渡期之内，实现合规经营；另一方面，由于互联网新业态中的一些违法行为较为复杂，执法机关通过行政指导，对平台经济领域中的不规范行为进行提醒，督促平台企业自查整改，可降低执法成本。

2021 年 4 月 13 日，市场监管总局会同中央网信办、税务总局联合召开互联网平台企业行政指导会。对互联网平台经济的监管策略主要集中在以下几点：一是"五个严防"与"五个确保"，会议提出了预防资本无序扩张、保障经济社会安全等五项重要措施，以及确保市场公平竞争、防止技术扼杀创新等五项保障措施；二是依法合规经营承诺，要求平台企业在 1 个月内全面自检自查并向社会公开《依法合规经营承诺》，接受

---

〔1〕 杨立人、简莹莹：《档案行政指导制度的建立与完善》，载《档案学通讯》2011 年第 1 期。

社会监督，以加强平台经济治理；三是对“二选一”问题的重视，会议特别指出“二选一”等反竞争行为的严重性，强调必须坚决根治这一行为，以维护市场竞争秩序；四是对于未能有效整改的平台企业，市场监管部门将依法从重从严处罚，强调政策底线不可逾越，法律红线不可触碰，加强规范治理是为了推动平台经济健康有序发展。

2021 年 6 月 3 日，市场监管总局价监竞争局会同反垄断局、网监司召开“共享消费”领域行政指导会，哈啰、青桔、美团、怪兽、小电、来电、街电、搜电等 8 个“共享消费”品牌经营主体参加。2021 年 11 月 6 日，市场监管总局向全国互联网平台企业和各地市场监管部门下发《关于规范“双十一”网络促销经营活动的工作提示》，旨在规范促销经营行为，切实维护“双十一”期间网络交易市场秩序，保护消费者合法权益。

第五节　我国行政指导制度的完善

一、我国行政指导制度的不足

虽然我国积极推行行政指导取得明显成效，但是作为一种理论性、创新性、实践性都很强的现代行政管理方式，从我国法治政府建设、营商环境改善、激发经营主体活力等现实需求来看，目前行政指导实施还存在一些短板。

（一）法治化有待深化

行政指导的规范化实施，离不开完善的法律规范作为支撑。良好的法律是实现有效治理的基石，就行政指导而言，尤其如此。然而，由于行政指导在我国的发展相对滞后，目前尚缺乏一部全国性的专门立法来规范其运作。现有的较高层级的法律法规虽然涉及行政指导的相关内容，但多采用“鼓励”“建议”“劝告”等表述，缺乏明确的法律定义和操作指引。尽管在部门规章和地方政府规章中有所涉及，但这些规章不仅数量有限，而且在内容和实施上存在不少缺陷，导致行政指导的法律规范显得零散且笼统。

在实践中，行政机关的行为合法性问题备受关注。由于行政指导行为在法律上缺乏具体依据，有时会导致行政机关在积极履行指导职责时遭遇合法性质疑。为了适应时代的发展，我们需要对“法”的理解进行更新，将行政指导行为纳入依法行政的框架内。传统上，法律保留原则被视为依法行政的核心，要求行政机关的行为必须有明确的法律依据。但在当今社会经济快速发展的背景下，我们应当对“法”的含义有更为宽泛的理解，允许行政机关在不超越法律授权范围、不违反法律基本原则和国家政策的前提下，采取更为灵活和积极的行政指导行为。[1]

行政指导在行政机关的日常活动中无处不在，但在实践过程中由非强制性行为异化为强制或类似强制性行为的现象屡见不鲜。首先，行政指导可能异化为变相强制。这种

〔1〕王丹阳：《我国行政指导行为现存问题及规范化路径》，载《实事求是》2016 年第 4 期。

情况下，行政机关可能以行政指导的名义实际上采取强制性措施。例如，在“反垄断法第一案”中，国家质检总局将推广电子监管网的行为转变为强制推行，通过文件规定对未加入电子监管网的企业不予发放生产许可证和强制性产品认证，这种做法实际上已经超出了《产品防伪监督管理办法》第 17 条所规定的“鼓励”范畴，构成了不合法的变相强制。[1]其次，行政指导可能异化为行政合同。在这种情况下，行政机关与行政相对人通过协商达成协议，双方约定在一定期限内行政机关提供帮扶和指导，而相对人则需接受行政机关的特定要求，如采用指定的下水道建造方式或承担环境整治费用。这种协议虽然基于双方自愿，但实际上已经形成了一种具有约束力的合同关系，可能会对当事人的权利义务产生实质性的影响。

（二）程序规范化有待补缺

行政指导程序是行政指导工作顺利开展及运行的重要基础保障，有其相对的重要性及作用性。目前我国尚未制定统一的行政程序法，行政指导的程序处于无法律可依的状态。行政法律行为通常要求具备合法的主体资格、明确的职权范围、合法的依据以及严格的程序遵循，以确保行政行为的正当性和有效性。然而，行政指导作为一种行政事实行为，其与行政法律行为的区别在于缺乏足够的程序规范和透明度，这在一定程度上影响了行政指导的公正性和效率。

第一，行政主体及其工作人员程序意识缺失。我国传统法律思想中“重实体、轻程序”的观念影响了行政指导的实施。在这种观念下，行政机关及其工作人员可能更注重结果而忽视程序的重要性，这不仅可能导致行政裁量权的滥用，还可能损害相对人的合法权益和市场秩序。[2]

第二，缺少对行政指导合理性、科学性的程序保障。随着我国社会经济的不断发展，行政指导这一政府行为的实施频率越来越高，这对行政指导的合理性、科学性提出了更高的要求。虽然一些行政规章规定了诸如举行听证会、座谈会，专家论证会以及听取意见等方式，但是这些规则适用的前提并不明确，且不具有强制性。这种模糊的、任意的规定难以在决策中保证专业性、民主性。

第三，行政指导的决策过程缺乏透明度。实践中，行政指导的决策过程往往缺乏必要的公开性，导致了暗箱操作的出现。这种现象不仅违背了行政指导应有的“公平、公正、公开”原则，也严重损害了立法的公正本质和初衷。此外，行政指导中存在的肆意妄为现象同样不容忽视。在某些情况下，行政指导的内容和对象选择显得随意而无序，缺乏对可行性的客观分析和评估。这种主观臆断的做法，不仅忽视了行政指导应有的责任性和使命感，而且可能导致行政资源的浪费和政策效果的偏差。

（三）配套制度有待健全

行政指导作为一种非强制性的行政管理方式，其有效实施依赖于科学合理的配套制度。然而，在我国，行政指导的配套制度建设尚处于起步阶段，缺乏系统性的约束与奖

〔1〕 周鑫：《行政指导异化的合法性问题研究》，载《法制与社会》2011 年第 28 期。

〔2〕 赵志浩：《市场干预之规范：论我国行政指导程序的完善》，载《中国市场》2020 年第 24 期。

励机制，以及明确的责任追究制度。这种制度上的缺失不仅影响了行政指导的实施效果，而且可能导致行政指导行为的滥用或不当行为的发生，从而损害行政相对人的合法权益。

第一，行政指导的约束与奖励制度尚未形成有效的激励与约束机制。在实践中，由于缺乏对行政主体行为的规范与监督，行政指导往往难以达到预期效果。同时，就行政相对人而言，由于缺乏明确的奖励法律依据和实施机制，行政指导的吸引力和执行力受限。此外，行政指导的责任制度也不够完善，缺乏对行政指导者行为的明确规范和责任追究，这在一定程度上削弱了行政指导的权威性和严肃性。

第二，行政指导的救济制度也存在明显的不足。目前，行政指导行为尚未被明确纳入《行政复议法》和《行政诉讼法》的适用范围，导致行政相对人在面对行政指导行为的违法或不当情形时，难以寻求法律救济。此外，国家赔偿制度也未能充分涵盖行政指导行为可能造成的损害，使得行政相对人的合法权益得不到有效保障。这些问题的存在，不仅影响了行政指导的法治化进程，而且制约了行政指导在社会管理和服务中发挥更大作用的可能性。因此，迫切需要通过法律制度的创新和完善，建立和完善行政指导的配套制度，以保障行政指导的健康、有序发展。

第三，缺乏明确的责任追究机制，导致了行政指导行为的随意性和不可预测性。在实际应用中，行政机关可能出现失误的情况，甚至是忽视法律规定和程序要求，出现滥用职权、偏袒特定利益集团等违法行为。当这种情况发生时，由谁来为此承担责任，是一个问题。虽然行政指导是一种自愿接受的行为，但在现实生活中，由于信息不对称，在很多时候相对人接受行政指导往往并不是真正的出于自愿，如果行政指导行为所造成的严重后果全由行政相对人来承担，而政府无须承担任何责任，这有违信赖保护原则，且显然是不公平的。

二、我国行政指导制度的完善

在本章第一节中对我国行政指导制度暴露的短板与现实困境进行了深入的剖析与总结的基础上，本节将瞄准问题的症结，对症下药，旨在为我国行政指导制度的完善提出切实有效的建议和路径，以期推动行政指导工作的规范化、法治化和有效性。

（一）遵循基本的行政指导原则，坚守法治底线[1]

行政指导作为一种灵活而富有弹性的行政手段，行政机关在运用该手段时，必须遵循以下原则：

第一，合法指导原则。行政指导必须严格限定在行政机关的职权和所管辖事务范围内，不得越权，即必须贯彻法律优位原则。在此需要说明的是，至于行政指导是否应像传统行政行为一样，必须有法律依据才能为之，即行政指导是否须有法律保留原则的适用，这是行政指导理论尚待进一步探讨的问题。具体到我国的行政指导的制度安排，我们应结合不同的指导类型而区别对待。对于助成性指导，因其内容限于行政主体为私人

〔1〕 张忠：《日、韩和我国台湾地区行政指导比较》，载《江南大学学报（人文社会科学版）》2005年第4期。

提供资讯或技术援助，无权力规制的背景，故无须严格要求有法律依据；而对于规制性和调整性指导，尤其是规制性行政指导，因其是“指本来应以行政处分规制者，而代之以劝告形式要求国民协助者”。也就是说，它以公权力为背景，因而往往会产生事实上的不容相对人任意选择是否服从，此类指导具有事实上的强制力，具有权力规制代用物的特征。因而，根据法治行政和人权保障的法理，规制性行政指导必须要有法律依据。

第二，服从行政指导之任意性原则。相对人是否服从指导由自己判断。当相对人不愿意接受指导时，行政机关也不得对相对人实行区别对待：对接受者予以恩惠；对不接受者予以惩罚。

第三，为了确保行政指导的实效性，韩国在行政指导中所贯彻的“比例原则”值得我们借鉴。同时，由于行政指导并非都有法律依据，当无法律依据时，我们必须考虑该指导是否同党的路线、方针、政策相一致。因此，“合政策性原则”也是实施行政指导时应坚持的原则之一。

（二）深化行政指导法治化进程，铸牢法治基石

行政指导在实践中常常被异化成其他行政行为。比如，在某些地区，地方政府提倡一些农作物的种植，这本来应当是行政指导行为。但在实施过程中，当地政府没有严格实施相关行政指导程序，而在实际上却要求农民必须接受这个所谓“指导”，甚至当农民不接受时采取强制措施，迫使农民种植某种农作物，这样行政指导就被异化成了具有强制力的行政命令。

因此，在我国行政法体系日趋完善的背景下，针对行政指导这一重要行政手段，建议于即将出台的行政程序法典中或待时机成熟时专门制定“行政指导法”，对行政指导行为程序的核心问题予以明确规制。根据现代行政法治的基本要求，任何行政权力都应该按照宪法和法律的规定实行，行政指导规范的制定和实施是行政机关行使行政权力的结果，因此必然应当遵守宪法和法律的规定。虽然行政指导规范在性质上被归类为“软法”，但这并不意味着它可以随意僭越法律的权限或违背正当程序。因此在具体制度设计上，应以实现行政民主化和保障相对人的合法权益为宗旨，增强行政指导程序规定的公开性、参与性和民主性。具体程序内容大致可以包括采用书面形式、公开指导内容及过程、说明实施指导的理由和依据、为不服从指导者在被公布姓名之前提供陈述意见的机会等。值得注意的是，对一些最基本、最常用的行政指导程序（如商谈、告知、说明事由、听取意见、交付资料等）所作的规定应富有一定的弹性，只有这样才能体现行政指导的灵活性。

（三）完善行政指导程序立法，强化法治保障

行政指导程序，是指行政机关在实施行政指导时应当遵循的方式、步骤等所构成的一个连续过程。行政指导程序是保证行政指导得以有效实施的路径，然而由于我国尚未形成统一的行政程序法，缺少对行政指导合理性、科学性的程序保障等，使得在行政指导实践过程中依然存在行政指导实施主体程序意识薄弱、决策程序不透明、难以通过合理程序追究责任等问题。正是上述问题的存在，给市场造成许多危害，并带来一些其他严重的负面效应。因此，完善我国的行政指导程序是保证我国行政指导制度在国家治

理体系和治理能力现代化的法治轨道上有效运行的关键一步，也是引领我国经济破浪前行、健康发展的锐利剑刃。从策略上说，对于行政指导程序的立法构想建议从事前—事中—事后全链条去设计。具体可主要涵盖以下几个方面：

第一，确立行政指导程序的基本原则。行政指导程序的法律原则除了应当遵守合法行政原则等我国行政活动的基本原则，还应当结合我国当前行政指导的现状，确立平等自愿原则、诚实信用原则、禁止越权原则、信赖利益保护原则四大基本原则。

第二，建立专家听证与咨询制度。我国社会主义市场经济的进一步发展，必然要求在行政指导领域广泛引入听证程序，一方面可以保证行政指导决策的合法性、科学性与合理性；另一方面可以借助民众对权威专家的信赖，增强行政相对人对行政指导的自愿接受度。行政指导听证是政府在进行指导过程中就指导动议、方案或效果依法直接听取专家学者特别是与该指导有利害关系的当事人意见的一种程序规定。在制度设计上，应着重注意以下两点：（1）扩大指导听证制度的推行领域，目前我国的指导听证主要集中于指导方案的规划阶段，以后应当逐步在指导效果评估等阶段也引入这一制度；（2）扩大行政指导听证会制度的推行领域，对重大行政指导实行“阳光听证”，让老百姓能够参与到行政指导的整个过程。

第三，确立行政指导决策信息公开制度。行政主体在进行行政指导时，应当向相对人说明行政指导的内容、理由、目的和需要注意的事项，或负责人通过政府网站、报纸、广播、电视等媒体或政府信息公告栏，制作行政指导信息小册子和设立相关电脑查询和资料检索点以及政府信息咨询电话等形式向行政相对人和其他与行政指导有关的人员及社会公开。

第四，提高行政主体程序意识。提高行政主体程序意识第一步应转变观念，破除传统的“重实体、轻程序”的旧思想，加强行政人员的培训和教育，通过定期举办培训班、研讨会等活动，让行政人员深入了解行政程序的重要性和必要性，掌握行政程序的基本知识和技能，提高他们依法行政的能力和水平。

（四）深化行政指导配套制度，构建全方位支撑体系新探索

由于行政指导是行政机关以协商的方式去诱导被指导者的一种行政管理方式，是一种“温情的”“柔性的”方法，它既不是行政命令，也不具有法律依据，所以，行政指导的有效实施，离不开一套科学、完善的配套制度来支撑和保障。

1. 建立行政指导的约束与奖励制度

在行政指导实施过程中，约束与激励机制均不可或缺。其中的关键问题在于针对不同相关主体运用不同的手段以达到最好的效果。行政指导实施过程中涉及可总结概括为两个主体：一个是行政指导的实施者；另一个则是行政相对人。因此行政指导能否发挥其应有的作用一方面受制于行政主体能否给行政相对方一定的诱导利益，另一方面受制于行政主体能否按照行政指导程序实施有效的行政指导。因此一方面应针对行政主体建立相应的约束机制，另一方面对于行政相对人所许诺的利益如果不能兑现，将沉重打击行政相对方服从行政指导的积极性，所以完善与行政指导相配套的奖励制度是必要的。

第一，推动多元主体共同参与行政指导监督。首先，在事前、事中引入行政机关内

部评价机制。事前行政指导内部评价旨在通过事前监督的手段，在行政指导作出之前，有行政机关内部对其进行审查修改，判断其是否符合行政目的需要；事中行政指导内部评价旨在通过行政机关内部监督，针对行政主体实施行政指导的过程中进行审查，是否存在不符合行政指导程序的行为，以发挥行政指导最大效能。其次，引入人民群众作为监督主体。充分发挥人民群众在行政指导监督中的作用，群众监督作为外部监督的主要形式之一，也是公众参与的一种表现，建议将信访工作与行政指导监督工作有效衔接起来，及时处理群众的来信，来访工作。最后，加强新闻舆论对行政指导的监督。加强新闻立法，以法律形式赋予新闻媒体以重大事情的知情权、采访权和评论权等，完善舆论监督的信息反馈和责任追究机制，对新闻报道批评和揭露的问题、被曝光的单位或上级主管部门要及时进行查处，并将处理的情况及时向有关新闻单位通报，新闻媒体应公开报道处理结果。

第二，建立行政指导利益诱导机制，应从新设行政指导奖励的法律依据、明确行政指导奖励实施机制和监督保障机制三方面着手。其一，新设行政指导奖励的法律依据，将行政指导奖励行为纳入法制化轨道，要有法可依、有章可循，这样才能规约行政指导奖励行为，不会导致“滥奖”而影响行政主体的形象。明确行政指导奖励的设立依据，防止行政指导奖励泛滥而降低行政指导奖励的“含金量”，也避免影响相对方争取奖励的积极性，从而最大限度发挥行政指导奖励的激励作用，并最终实现通过激励机制达致个人利益与公共利益的双赢。其二，明确行政指导奖励的程序。行政指导行为的实施离不开程序，由于行政指导行为内容的灵活性致使实体法对之规范不能过细，这种情况下规定行为的程序更为重要。其三，建立行政指导的监督保障机制，行政主体应当将行政指导奖励的内容、方式、程序以及奖励条件向社会公开，这有利于保证行政指导奖励行为的公平、公正，也有利于相对方在平等基础上的竞争以保证机会均等。

2. 建立行政指导的责任制度

任何政府都需要建立一套责任机制，这样才能在社会广泛的支持下进行运作。对于任何主张民主的社会来讲，责任机制都是基本因素。可现代责任制中的责任是对公众的责任，是对多数人的责任，不是对少数人的责任。行政指导责任制，是指指导者在行政指导的过程中，由于错误指导或指导失误而导致社会经济、政治发展的不良后果，侵犯了公共利益和公民的基本权利，而必须对其作出的指导负责，并依照宪法和相关法律、法规给予应有的处理和制裁的制度。

在西方一些发达国家，指导责任制最重要的内容是，当指导造成不良后果时，指导者要承担责任而承担责任的主要形式是，对指导不良后果负主要责任的指导者要辞职。辞职有两种方式，一种是主动辞职，另一种是被动辞职。由于存在这两种指导责任制，在民主国家行使行政指导的权力是受到一定监督和制约的，从而促进了指导的公正性、科学性。如果缺少这种指导责任制，就会导致指导权的滥用，进而产生一些失误或不公正的行政指导。另外，由于公民与政府的关系可以看成一种委托—代理关系，公民同意推举某人以其名义进行指导，但是必须满足公民的利益并且为公民服务。政府与公民之间的关系形成了责任机制。

由此可见，现代行政指导责任制度建立的前提是掌握行政指导权的指导者必须通过民主选举产生，并按照法律规定范围进行活动，行政指导权置于民主与法治的监好制约下，这是建立现代指导责任制的根本条件。在公共行政和私人部门行政的所有词汇中，责任一词是最为重要的。可指导者在行政指导过程中的偏差行为在很大程度上源于责任心的淡化，而根本原因在于缺乏科学、有效的指导责任制度。建立行政指导的责任制度，就是要从法律的角度规范和约束行政指导者，以提高政府的责任性和有效性。没有行政指导责任制，就没有对指导权最基本的制约机制。

目前，我国行政指导责任制还存在不够科学的问题，最重要的是缺之相应的责任追究制度。我们应当根据我国的实际情况，借鉴国外的有益做法，逐步建立一套行之有效的行政指导责任制度，这主要包括两方面：一是继续大力推进行政指导负责制；二是加强和完善行政指导责任追究制度。[1]

3. 完善行政指导的救济制度

行政指导作为一种行政活动方式，必然会产生违法和不当的情形，从我国目前的情况来看，行政指导存在的负面问题，除行政指导行为透明度较低、行为方式不规范以外，对行政指导的法律救济制度远未完善，甚至可以说是尚处于空白状态，损害行政相对人权利的事情时有发生，救济制度的完善也就成了不可回避的问题。鉴于此，通过法律制度创新加大对行政指导行为的监督约束力度，将其纳入法律救济范围，形成比较完善的监督救济机制，对于维护行政相对人合法权益和督促行政机关依法履行职责，实现行政指导法治化，具有重大的行政法治理论价值与实践意义。

一是立法方面。根据《行政复议法》《行政诉讼法》《国家赔偿法》的相关规定，都没有将行政指导明确纳入范围之内。根据现行法律，只能在概括性规定上找到可以对行政指导要求行政复议、行政赔偿的法律依据，由于最高人民法院的司法解释将行政指导排除在行政诉讼范围之外，如果行政主体拒绝受理与行政指导有关的行政复议，拒绝确认与行政指导有关的行政赔偿，或者行政相对人对行政主体的行政复议和行政主体确认的赔偿数额有异议，都将无法通过行政诉讼这一最后的救济方式来保障自己的合法权益。建议立足我国现实，更为切实可行的方法是利用现有的法律资源，对其进行补充，将行政指导纳入《行政诉讼法》《行政复议法》的可诉范围，扩大《国家赔偿法》的赔偿范围，将行政指导补充在内。

二是将行政指导纳入我国《国家赔偿法》的赔偿范围。将行政指导行为纳入《国家赔偿法》有两种立法模式选择：第一种是在第 3 条、第 4 条中分别将行政指导行为列举其中；第二种是分别将第 3 条、第 4 条兜底条款改成“造成公民身体伤害或者死亡的其他侵权行为”“造成财产损害的其他侵权行为”。相比较，采用第二种更为适宜。第二种模式不仅可以将行政指导行为纳入赔偿范围，还适用于所有类似行政指导的柔性行政管理行为，符合现代行政对行政法律制度发展趋势的要求。实践中认定行政指导行为应获

〔1〕彭向刚、曹静晖：《论行政指导的制度困境与路径选择》，载《同济大学学报（社会科学版）》2008 年第 3 期。

得国家行政赔偿，需要考虑以下四个要件。第一，错误的行政指导行为，即行政机关实施了错误的行政指导这一事实，事实认定后并不考虑行政机关故意或过失的主观状态，这里包括违法的、不当的、反复无常的行政指导行为。第二，产生损害后果，即既包括物质损害又包括精神损害，既包括直接损害又包括间接损害，这是获得国家行政赔偿的直接原因。第三，损害的后果是因错误的行政指导行为所致且具有直接因果关系。由行政相对人自身原因产生的损害是国家承担赔偿责任的排除事由。第四，相对人选择行政指导行为并不知道将对自己造成损害，如果相对人明知会产生损害而自愿选择行政指导行为，行政机关将不负有责任。

三是完善精神损害赔偿制度，既赋予行政指导相对人精神损害赔偿请求权。在《国家赔偿法》中完善精神损害赔偿制度既是落实《宪法》规定的公民基本权利的需要，也是督促行政人员依法行政、不得随意侵害公民精神利益的要求。一方面，应扩大精神损害赔偿范围。如前所述，将《国家赔偿法》第3条兜底条款中的“违法”改成“侵权”，这样就包括了行政指导造成的侵权行为。为了更好地明确行政指导行为的涵盖范围，避免实践中行政机关以行政指导造成损害行为没有被列举而规避责任，可以在最高人民法院《关于适用〈中华人民共和国国家赔偿法〉若干问题的解释（一）》中进行说明解释。同时，根据侵权责任法的相关规定，凡是日常生活中所常见的人格权或身份权都应该受到保护。不仅包括现有规定的人身权、生命健康权、名誉权，还应将肖像权、隐私权、人格尊严权以及亲权纳入其中。另一方面，应明确“严重后果”的具体情形。我国民事赔偿法律中存在关于“严重后果”情形的归纳，借鉴已有解释并结合行政赔偿特点，具体可以总结为以下四种情形：第一，对公民生命权的侵害，从而给死者亲属造成精神损害的；第二，对公民健康权和身体权的侵害，侵害的程度由专门的司法鉴定机构进行确认评估；第三，对公民人身自由权的侵害，需要根据相对人重获自由后的精神状态以及行政机关的侵害手段、情节、方式等综合考虑；第四，对公民名誉权和隐私权的侵害，主要考虑在社会上造成不良影响的范围和程度。[1]

重要名词术语

服务型政府、行政指导、非强制性行政行为、给付行政、莱茵模式、非正式协商、行政指导原则、法治化、行政指导程序

思考题

1. 行政指导的发展脉络是如何与市场经济的发展及政府在市场经济中调节地位的演变相联系的？请结合历史背景和经济理论，分析行政指导产生与发展的经济基础和政策导向。

2. 根据提供的本章内容，阐述行政指导的法律定义在不同国家和不同时期的演变过

〔1〕 孙萍、邓小川：《论行政指导的国家行政赔偿救济》，载《学习与探索》2016年第11期。

程，并比较这些定义之间的共性与差异。这些差异如何反映了各国行政法律体系和文化背景的特点？

3. 学理概念中对行政指导的界定存在哪些主要的共识与分歧？这些共识和分歧如何影响了行政指导的理论发展和实践应用？请结合具体的学者观点进行分析。

4. 行政指导的特征中，“职权性”和“非强制性”如何共同作用于行政指导的实施过程？请结合实际案例，探讨这两种特征如何平衡行政机关的权威与行政相对人的自主权。

5. 利益诱导性作为行政指导的一个重要特征，是如何在实践中发挥作用的？请讨论行政机关如何通过设置利益诱导来促进行政目标的实现，并分析这种策略可能面临的挑战和限制。

6. 行政指导的分类标准有哪些，它们各自的特点和适用场景是什么？请结合实际案例说明不同类型的行政指导如何影响行政管理和相对人的行为。

7. 在市场经济建设中，行政指导如何平衡政府干预与市场自由的关系？请讨论行政指导在促进市场经济发展中的作用及其可能面临的挑战。

8. 行政指导在调和多元利益矛盾方面发挥了哪些作用？请分析行政指导如何作为解决社会经济组织间冲突的有效手段，并探讨其在实际操作中的难点和局限性。

9. 行政指导如何作为一种节约成本和促进决策优化的治理策略？请讨论行政指导在提升行政效率和降低行政成本方面的具体做法及其对行政相对人行为的影响。

10. 行政指导在推动民主制度建设和提升政府治理水平方面起到了哪些积极作用？请结合行政指导的功能和实践，分析其如何促进政府与市场主体之间的沟通与协商，以及如何提升政府决策的民主性和科学性。

11. 比较日本、德国和美国的行政指导制度，它们在实施过程中有哪些共同点和差异？这些共同点和差异如何反映了各自国家的文化、法律传统和社会经济背景？

12.《日本行政程序法》对行政指导的规定体现了哪些法治原则？这些原则在实际操作中如何得到贯彻执行，以及可能面临哪些挑战？

13. 德国行政指导制度在社会市场经济体系中扮演了什么角色？它如何平衡市场自由与政府干预的关系，以及这种平衡对德国经济发展有何影响？

14. 美国行政指导制度的发展如何反映了其对自由市场经济和政府干预政策的调整？从罗斯福新政到20世纪70年代的政策转变，美国行政指导的法律表现形式和实践方式经历了哪些重要变化？这些变化对美国行政管理和公众生活产生了哪些影响？

15. 我国行政指导制度在从计划经济向市场经济转型过程中发挥了哪些积极作用？在当前社会主义市场经济体制下，行政指导面临哪些新的挑战和问题？

16. 鉴于我国行政指导立法状况的分散性和不足，如何加强立法工作，以提高行政指导的规范性和明确性？是否有可能制定统一的、专门的行政指导法律规范？

17. 行政指导在实践中如何平衡效率优先与公平优先的目标？在实际操作中，如何确保行政指导既能促进经济社会发展，又能维护社会公平正义？

18. 面对数字化和信息化的发展，行政指导如何有效利用现代信息技术手段提升效率和效果？在实施行政指导时，如何确保数据的准确性和使用的合法性？

19. 在具体领域如科技、海关、公安、环境和档案管理等领域，行政指导有哪些成功的实践案例？这些案例对其他领域的行政指导有何启示？在平台经济等新兴领域，行政指导应如何适应新情况，促进健康有序发展？

20. 鉴于我国行政指导制度在法治化方面存在的不足，如何加强立法工作，以确保行政指导行为具有明确的法律依据和操作指引？

21. 针对行政指导程序规范化的缺失，应如何设计和实施一套既透明又高效的行政指导程序，以提高行政指导的公正性和效率？

22. 在配套制度建设方面，如何构建一个科学合理的约束与奖励机制，以及明确的责任追究制度，以确保行政指导的有效实施并防止滥用？

23. 考虑到行政指导在实践中可能出现的异化问题，如何通过法律和制度设计防止行政指导行为转变为具有强制力的行政命令，确保其非强制性的特点得以保持？

24. 针对行政指导的法律救济制度不完善的问题，应如何改进现有的《行政复议法》《行政诉讼法》《国家赔偿法》，以更好地保障行政相对人的合法权益？

典型案例分析

案例一　王某诉深圳市市场监督管理局行政指导行为纠纷案，广东省深圳市福田区人民法院（2011）深福法行初字第497号行政裁定书

2009年9月9日，深圳市某电子有限公司股东会决议注销公司并成立清算组，同日，原深圳市工商行政管理局备案清算组成员，并指引清算组在指定报纸上刊登清算公告。清算组随后在《晶报》上发布公告，公司于2009年12月3日依法注销。前员工周某因劳动仲裁裁决执行未果，向法院提起诉讼，要求清算组成员赔偿损失，最终清算组成员向周某支付26100元损失赔偿费及515.5元二审受理费。王某（清算组成员）认为，由于原深圳市工商行政管理局的指引导致其在《晶报》而非省级有影响力的报纸上刊登公告，最终导致其在民事诉讼中败诉，因此提起行政诉讼，要求原深圳市工商行政管理局赔偿损失50779.84元。

广东省深圳市福田区人民法院在审理此案时认定，原深圳市工商行政管理局向清算组提供的指引行为属于不具有强制力的行政指导行为，根据最高人民法院《关于执行〈行政诉讼法〉若干问题的解释》第1条第2款第4项规定，公民、法人或者其他组织对不具有强制力的行政指导行为不服提起诉讼的，不属于人民法院行政诉讼的受案范围。据此，该院裁定驳回了原告王某的起诉。

此案中，关键点在于行政指导行为的司法认定上，在本案中，法院指出行政指导的实施通常采用非强制性的手段，如说服、教育、建议、劝告和协商等，这些手段并不具备法律上的强制力。行政指导的这一特征与其他类型的行政行为相区别，后者可能涉及法律义务或强制性措施。这也从侧面强调了“不具有强制力”是行政指导行为的本质属

性，而不是对其性质的限定或条件。换句话说，行政指导自始至终都是非强制性的，不存在所谓的具有强制力的行政指导。这一解释明确了行政指导的法律性质，即它是一种柔性的、引导性的行政管理手段，旨在通过合作和沟通而非强制手段来实现行政目的。

案例二　乳山：加强农业技术指导，助力乡村振兴发展

2021 年，为深入推进乡村振兴战略，乳山市农业农村局通过举办培训班、现场技术指导、录制农业科普节目等多种方式提升农业生产质量和效率。一是组织苹果冬季修剪培训，直接在果园内进行实践教学，帮助果农提高果树管理技能；二是对大棚草莓种植提供专业的现场指导，包括种植管理、保温增温、病虫害防治和市场营销等方面的建议，有效提升了草莓产业的标准化生产和市场竞争力；三是市农业农村局通过媒体录制并播放农业科普节目，如小麦返青拔节期的病虫害防控知识，以增强农民对农作物管理的认识和能力；四是技术人员深入田间地头进行实地调查和防治技术指导，开展专业化统防统治作业，确保农作物的健康生长和丰收。〔1〕

该案例属于典型的助成性行政指导，这类指导在行政管理实践中是常见的，本案例属于农业技术指导，政府或相关部门通过提供技术支持等非强制性手段以帮助农民或农业企业提高生产效率、增加收入或改善经营模式。

案例三　关于晋升中的歧视性待遇

2011 年，× 企业女性员工向公司提交了请愿书，表达了她们对于职位晋升的不满和疑问。她们发现自己的职级低于拥有相同教育背景的男性同事，但当她们试图了解背后的原因时，公司并没有给出合理的解释。她们希望能够得到晋升的机会，并希望公司能够明确告知她们未能晋升的具体原因，以及她们需要作出哪些努力才能获得晋升的机会。在与雇主的面谈中，公司方面表示，晋升的决定是基于候选人的业绩、能力和服务年限，并且在确定候选人的职责和工作表现是否与晋升后的职级相称后才会作出。公司强调，晋升过程中不会因性别而拒绝任何人的晋升申请。劳动总局在审查了 × 公司的就业管理情况，建议 × 公司就不升职的原因和今后升职所需的事项等进行具体说明，尽管不能说有歧视的待遇，例如推迟升职妇女，但在实际情况下，男女之间存在的差异是不可否认的，因此建议 × 公司就不升职的原因和今后升职所需的事项等进行具体说明。最终 × 企业同意晋升申请人，并为其提供今后工作推进方法和未来职业发展的培训，纠纷得以解决。〔2〕

案例四　市场监管总局价监竞争局召开“共享消费”领域行政指导会

2011 年 6 月 3 日，市场监管总局价监竞争局会同反垄断局、网监司召开“共享消

---

〔1〕《乳山：加强农业技术指导助力乡村振兴发展》，载国家发改委官网，https：//www.ndrc.gov.cn/fggz/nyncjj/tzzn/202103/t20210323_1270106_ext.html。

〔2〕《关于平等就业办公室的行政指导等情况》，https：//www.mhlw.go.jp/file/05-Shingikai-12602000-Seisakutoukatsukan- Sanjikanshitsu_Roudouseisakutantou/0000029203.pdf。

费”领域行政指导会，旨在规范“共享消费”行业的市场行为和价格政策。会议指出该行业中存在的定价规则不明确、明码标价不规范等不当行为，并要求相关企业遵循《价格法》和《反垄断法》的规定，确保公平、公正、合法和诚实信用的经营原则，建立良好的市场价格秩序，依法合规经营，建立健全内部治理规则，提高定价规则的公开性和透明度，并接受社会监督。同时要求，“共享消费”行业企业要对照相关法律法规认真整改，在收到行政指导书30日内提交整改报告。[1]

---

〔1〕《市场监管总局价监竞争局召开“共享消费”领域行政指导会》，载中国政府网，http://www.gov.cn/xinwen/2021-06/04/confent5615419.htm。

第九章　行政程序法治

【内容提示】

行政法更多的是程序和救济的法，而不是实体法。如何规范和制约权力，除分权之外，程序大概是最为重要的途径。本章通过对行政程序及其主要制度的介绍，引导学生加深对行政程序法治的价值与功能的理解，并通过学习行政程序违法及其法律后果，重新审视程序法治在我国行政法乃至法治中的地位。本章分三节，分别是行政程序概述、行政程序基本原则和主要制度以及行政程序立法及其历史沿革。第一节是行政程序概述，重点论述行政程序的价值与功能，旨在强调法治乃程序之治，行政程序的实质是通过控制和规范行政权力的行使，从而保障和实现行政相对人的权利。第二节讲述行政程序的民主、公正和效率等基本原则以及行政回避制度、行政听证制度、信息公开制度等行政程序主要制度，重点论述行政程序违法的法律后果，包括行政行为无效、行政行为被撤销、行政行为被确认违法等。第三节是行政程序立法及其历史沿革，讲述行政程序法典化三次浪潮和我国行政程序法典化路径以及法典化的意义。本章最后通过案例引导读者从违反行政程序的法律后果审视程序正义在我国行政法中的地位，并结合行政执法三项制度对行政审慎程序的制度设计和实践进行再认识与反思。

第一节　行政程序概述

一、行政程序的概念

行为从开始到终结须经历一个过程，而这一过程通常由行为的方式、步骤以及实现这些方式和步骤的时间及顺序构成。行政程序是指行政主体行使行政权力作出行政行为所遵循的方式、步骤、时限和顺序的总和。所谓方式，是指行政活动相应的方法和表现形式，如口头形式、书面形式等；步骤，是指完成一项行政活动所必经的阶段，如行政处罚一般要经历立案、调查、决定、执行等步骤；顺序，是指步骤的前后次序，如行政执法须遵循“先取证、后裁决”的顺序；时限，是指行政活动须在一定期限内完成，如一般的行政许可须在受理之日起 20 日内作出。行政程序是一个连续过程，其本质上是行政活动空间和时间表现形式的有机结合：步骤和方式构成程序的空间表现形式；时限和顺序构成了行政行为的时间表现形式。行政程序可以从以下几个方面加以理解。

其一，行政程序是行政权力的运行程序。程序是为权力量身定做的，为了防止权力的恣意，必须对其行使过程加以控制。凡是公权力的运行，均须遵循特定的程序要求，如立法机关行使立法权制定法律规范须遵循立法程序；司法机关行使司法权解决纠纷须遵循司法程序，也称诉讼程序；行政机关行使行政权力、实施行政活动须遵循行政程序。相对而言，私主体活动则无须遵循复杂的程序要求，这也是为什么在民事法律活动和刑事法律活动中，除司法机关必须遵循的民事诉讼程序和刑事诉讼程序之外，无民事活动程序和刑事活动程序，而在行政法律活动中，除行政诉讼程序之外，还存在行政活动程序。相应地，在民事法律制度中，实体法是指民法典，程序法是指民事诉讼法；在刑事法律制度中，实体法是指刑法，程序法是指刑事诉讼法；而在行政法律制度中，实体法是指行政法中的实体部分，程序法则不仅指行政诉讼程序，还包括行政活动程序。这也是为什么通常认为私法主要是实体法，而公法主要是程序法。

其二，行政程序是行政机关作出行政行为时遵循的程序。行政机关具有多重身份，并非其所有的行为程序都是行政程序。当行政机关以民事主体身份进行民事行为时所遵循的程序并不是行政程序，如行政机关依据民法典与公司签订订购办公用品合同，其行为程序不是行政程序。行政机关只有在行使行政权力作出行政行为时，其遵循的程序才是行政程序。

其三，行政程序对于行政主体是义务与约束，对于行政相对人则是权利和保障。行政程序其实质是通过控制和规范行政权力的行使，从而保障和实现行政相对人的权利。在没有程序控制的情况下，权力可以任意行使；而在程序控制下，权力的行使必须遵循一定的方式、步骤、时限和顺序。例如，行政主体在作出行政决定之前，要先调查、取证，履行告知、说明的义务，均是为了保障行政相对人的知情权、参与权，防止权力运行的偏私和不公正。

二、行政程序的分类

为了更好地理解行政程序，需要对行政程序进行分类研究。依据不同的标准，可以对行政程序进行多种分类。

（一）内部程序与外部程序

学界通常将行政程序按照其适用的范围分为内部程序和外部程序。所谓内部程序，是指行政主体内部行政事务的运作程序，是基于上下级行政机关的领导监督关系或对等行政机关的制约协调关系而发生的；外部程序则是指行政主体在对外实施行政管理行为时所应遵循的程序，如行政许可程序、行政处罚程序（详见本书第五章第三节）。内部行政程序不直接影响相对人的权利义务，而外部行政程序则直接对相对人的权利义务产生影响，因此行政法主要调整和规制外部行政程序。但是，这种分类并不严谨，因为行政许可、行政处罚等这种外部行政行为也是由一系列程序构成，也会涉及上下级行政机关之间的请示汇报和行政机关内部的审查审核、集体讨论，而这些显然并不属于外部程序。内部程序与外部程序的区分主要在于是否有当事人参与。行政组织自身是一个结构复杂的系统，包含不同行政机关之间的关系、行政机关内部成员之间的关系以及行政机关与当事人之间的关系。[1]以当事人的参与为标准，内部行政程序主要发生在不同行政机关之间以及行政机关内部成员之间，如决定立案、指派经办人员、审查审核、请示汇报、讨论决定等；外部行政程序则是指行政主体在对外实施行政管理行为时所应遵循的程序，发生在行政机关与当事人之间，如接受当事人的申请、预先告知相关事实、听取意见、送达行政决定书、说明行政决定的理由等。需要说明的是，内部程序与外部程序在很多情况下也难以严格区分，甚至内部程序可以转化为外部程序。例如，随着行政民主化的发展，行政决策程序已从过去的纯内部程序发展为越来越注重外部参与的外部程序。

无论是外部行政程序，还是内部行政程序，如果对相对人的权利义务产生一定的影响，均应该纳入行政法的调整范围。通常认为外部行政程序能够直接影响相对人的权利义务，因此违反外部行政程序的行政行为往往会被认为行政程序违法而被复议机关或司法机关撤销。但是也并非一概而论，有些内部行政程序，如法制审核程序、集体讨论决定程序，也对最终的行政决定产生重大影响，因此在行政复议和行政诉讼中，也会受到严格审查。

（二）主要程序与次要程序

行政程序以其对相对人合法权益是否产生实质影响为标准，划分为主要程序和次要程序。这种划分的法律意义在于为行政监督、司法监督提供一个更为合理的、可操作的规则。然而是否对行政相对人的合法权益产生实质影响标准本身也比较抽象，有待在行政执法和司法审查中进行具体考量。

（1）主要程序。主要程序是指行政机关若不遵守将可能对行政相对人合法权益产生实质影响的行政程序，如行政处罚中的告知程序、表明身份程序和听证程序等。主要程序欠缺，会直接影响行政行为的合法性。因此，违反主要程序的行政行为，会因被认定行政程序违法而被有权机关撤销或者确认无效。

（2）次要程序。次要程序是指行政机关不遵守并不会对行政相对人合法权益产生实质影响的行政程序。违反次要程序的行政行为，会因被认定为程序轻微违法而被有权机关确认违法但不会被撤销。当然，有权监督机关也可以追究违反程序的责任人相应的法律责任。

（三）强制性程序与任意性程序

行政程序以行政机关遵守行政程序是否具有一定的裁量权为标准，可以划分为强制性程序和任意性程序。这种划分的学理基础是行政裁量权理论，而其法律意义在于：其一，强制性程序只发生合法与否的问题，而任意性程序还可能发生是否合理的问题；其二，违反强制性程序在司法审查中将导致行政行为的被撤销或确认违法、无效，而违反任意性程序只有在超出法定选择范围或选择极不合理的情况下，在司法审查中才会导致相应行政行为的被撤销或确认违法。

---

〔1〕何海波：《内部行政程序的法律规则》，载《交大法学》2012年第1、2期。

（1）强制性程序。强制性程序是行政机关在实施行政行为时没有裁量余地，必须严格遵守，不得增加或者减少行政行为的步骤、方法、时限，也不得颠倒顺序。无裁量性是强制性程序的最大特征。例如，责令停产停业的行政处罚，行政机关必须告知当事人听证权利之后才能作出，否则，该行政处罚决定无效。

（2）任意性程序。任意性程序是行政机关在实施行政行为时，法律为其规定了裁量空间，由其根据具体情况酌情决定适用何种程序。例如，《行政许可法》第34条第3款规定："根据法定条件和程序，需要对申请材料的实质内容进行核实的，行政机关应当指派两名以上工作人员进行核查。"这里的核查程序就是由行政机关依据"需要"而确定的任意性程序。

（四）抽象行政程序和具体行政程序

根据行政行为的性质，行政程序又可划分为抽象行政程序和具体行政程序。抽象行为程序是制定行政法规、规章和其他规范性文件的程序，是广义上的行政立法程序。相较而言，行政法规、规章的制定程序更为严格，其他规范性文件的制定程序较为宽松。具体行政程序是作出行政许可、行政处罚等具体行政行为的程序，通常也被称为行政执法程序。具体行政程序又因行政行为类型不同而在程序上呈现很大差异。抽象行政程序和具体行政程序的分类较为简单，其意义主要在于将来制定行政程序法典时要考虑是否将抽象程序纳入。

三、行政程序的价值与功能

就现代法治而言，程序正义是一个核心概念，法治乃程序之治。法治究其实质是对公权力的约束和控制。对公权力的控制主要有两种途径，一是通过权力来制约权力，即对权力分而治之；二是通过程序来控制权力，即对权力的行使过程进行控制。在分权缺失和程序缺位的地方，无法治可言。程序可以限制政府的主观任意性，从而使国家秩序具有更充分的正当化根据。强有力的程序规则将能够有效规范和制约自由裁量权的行使，降低或者分散决策风险，并根据权限和责任所在而逐一进行问责。

程序是行政法的基石，在一定程度上，行政法就是程序法。美国行政法学者施瓦茨指出，行政法的"焦点是行政程序自身——是行政机关在行使它们的权力时必须遵从的程序。行政法更多的是关于程序和救济的法，而不是实体法。由各个不同的行政机关制定的实体法不属于行政法的对象，只有当它们可以用来阐明程序法和救济时才是例外"。[1]行政程序法根本目的在于规范行政权力公正、高效行使。就行政程序的作用而言，一方面可以限制行政权的滥用，另一方面可以吸收行政相对人的不满，最大限度避免或较为彻底地解决行政争议。行政程序作为规范行政权、体现法治形式合理性的行为过程，是实现法治行政的重要前提，因此，行政程序发达与否，是衡量一个国家法治行政程度的重要标志。[2]现代法治国家特别强调对于重要的行政行为程序加以规范化，即

〔1〕［美］伯纳德·施瓦茨《行政法》，徐炳译：群众出版社1986年版，第1页。

〔2〕姜明安主编：《行政法与行政诉讼法》（第7版），北京大学出版社、高等教育出版社2019年版，第325页。

对直接影响行政相对方重大权益的行政行为实行严密的程序控制，以法定的形式设置若干程序规则和制度来控制监督行政权力的运行，规范行政行为的实施过程，力图反映现代行政的民主、法治精神，体现公正、公开和公平的原则。

（一）行政程序是正当法律程序原则的体现

行政程序主要源于英国的“自然正义”原则和美国的“正当程序”原则。英国“自然正义”原则来源于法谚——“一个人不应成为自己案件的法官”（Nemo judex in causa sua）。自然正义包括两个方面的内容，一是反对偏私规则（nemo judex in causa sua），即任何人不能作为自己案件的法官，或者说案件的裁决人不得对该案持有偏见和拥有利益，反对偏私规则的一个重要功能是维护公众对官员的信赖；二是听证规则（audi alteram partem），即“对他人做出不利行为要事先告知、说明理由和听取申辩”。在传统上，自然正义原则只适用于司法或者准司法功能，或者说在负有义务按照司法要求进行活动的情况下才可以适用该原则（there was a duty to act judicially），后来被逐步移植到行政程序上。早在 1354 年，“正当法律程序”一词就出现在英国成文法《自由令》（爱德华三世第 28 号法令）中。《自由令》第 3 章规定：“未经正当法律程序进行答辩，不论其财产和身份如何，任何人都不得被驱离其土地或者住所，不得被逮捕或者监禁……”[1] 英国柯克爵士（Sir Edward Coke）认为该条款是对 1215 年《英国大宪章》（Magna Carta）第 39 条的阐释和说明。《英国大宪章》第 39 条规定，“凡自由民，未经其同级贵族之依法裁判、或经国法判决，皆不得被逮捕、监禁、没收财产、剥夺法律保护权、流放、或加以任何其它损害”[2]。

美国在制定宪法时继承了英国自然正义观念。以宪法第五、第十四修正案为基础建立和发展起来的正当程序制度代表着美国最基本的程序性要求。1791 年第五修正案规定,“公民的生命、自由和财产非经正当程序不受任何行政机关、司法机关等的侵害,（nor be deprived of life，liberty，or property，without due process of law）；1868 年第十四修正案规定，“非经正当程序任何州不得剥夺公民的生命、自由和财产”（nor shall any State deprive any person of life，liberty，or property，without due process of law）。正当程序作为一项重要的法律原则，与民主、法治理念之生成与发展息息相关。在普通法系国家，原本适用于司法程序，特别是刑事程序，其后逐渐扩及行政程序；同时，将程序与实体权利保障的目标相关联，与比例原则的功能类似。

尽管中国传统法律历来“重实体、轻程序”，但正当法律程序具有规范权力公正、高效行使，保护面对权力处于弱势地位的公民的权利的功能，对此，中国法学界已经基本形成共识。[3] 行政程序是正当法律程序原则在行政执法领域的体现。正当法律程序原则要求行政机关在作出影响行政相对人权益的行政行为时，必须遵循正当法律程序，包

---

〔1〕 28 Edw. 3，c. 3（1354）（Eng.），quoted in Keith Jurow，Untimely Thoughts：A Reconsideration of the Origins of Due Process of Law，19AM. J. LEGAL HIST. 265，266（1975），转引自刘东亮：《论实体性正当程序》，载《法治研究》2017 年第 2 期。

〔2〕 J.C. Holt，*Magna Carta*，Cambridge：Cambridge University Press，p. 326-327（1992）.

〔3〕 王万华：《论我国尽早制定行政程序法典的必要性与可行性》，载《中国法学》2005 年第 3 期。

括事先告知相对人，向相对人说明行为的根据、理由，听取相对人的陈述、申辩，根据听证笔录作出行政决定，事后为相对人提供相应的救济途径等。行政程序保证了行政机关在行使权力时能够公正、公开、公平地处理行政事务，保护了行政相对人的合法权益。

（二）行政程序是制约行政权力的重要机制

在各国现代化进程中，行政权力不断扩张，行政国家成为现代国家的特点。行政权力具有扩张性和侵略性，如果不加以制约，就容易导致滥用和腐败。行政程序通过理性设定行政机关行使权力的方式、步骤、时限和顺序，限制了行政权力的恣意行使。例如，行政程序要求先取证、后裁决的顺序以确保行政决定的理性。

（三）行政程序是保障公民权利的重要手段

行政相对人的法律程序权利是一种被法律实用主义长期掩饰而不为人们所重视的法律权利。轻视法律程序权利的结果往往是行政机关以国家神化为理由剥夺公民实体法上的权利。一个不言而喻的命题是，任何法律实体权利如没有相应的法律程序权利予以保障，则立法赋予再多的法律实体权利也是没有任何意义的。[1]通过规定行政机关行使权力的程序，可以保证公民在受到行政行为影响时能够及时获知相关信息，表达自己的意见和诉求，维护自己的合法权益。同时，行政程序还可以为公民提供救济途径，当公民认为自己的权益受到侵害时，可以通过行政复议、行政诉讼等方式寻求救济。

（四）行政程序是实现民主政治的重要途径

现代政治是民主政治。在我国，民主政治的另一表述是“人民当家作主”。民主政治是参与政治，只有吸收人民广泛地参与国家事务和社会事务的治理，才能真正实现民主政治。公民参与权的实现有两种途径：一是间接参与，即通过代议制的形式间接参与国家治理；二是直接参与，行政程序则为公民直接参与国家事务和社会事务的治理提供了可能和保障。在这个过程中，公民权利可以成为约束行政权合法、正当行使的一种外在规范力量，并随时可以对行政权的行使是否合法、正当，在法律范围内进行质疑、抗辩，为行政机关行使职权提供一个反思的机制。如果行政机关发现其行政行为有不合法或欠缺正当性的情况，即可以自己纠正。这也是符合现代行政法的法治精神所要求的合作与协商原则的。[2]

在我国，现代行政程序的法律价值还未被完全认识，程序公正的理念也没有真正贯彻到底。影响法律程序发挥作用的因素，除程序设计本身存在漏洞之外，中国特有的传统文化观念和政治行为方式与程序正义理念相去甚远。长期以来，人们形成了“结果好，什么都好”的实用价值理念，忽视过程正当性，甚至决策者会对程序乃至法律产生误解，认为程序、法律是为民众设置的，是法律强加给人的义务。这种认识甚至误解导致法治实践中出现很多违背正当程序的现象，严重损害现代法治的精神内核。

---

〔1〕 姜明安主编：《行政法与行政诉讼法》（第7版），北京大学出版社、高等教育出版社2019年版，第328页。

〔2〕 姜明安主编：《行政法与行政诉讼法》（第7版），北京大学出版社、高等教育出版社2019年版，第328页。

第二节　行政程序基本原则和主要制度

一、行政程序法的基本原则

行政程序原则，是指反映程序价值精神、指导程序制度规范、贯穿于行政程序规范制定和运作始终的基本准则，是对行政权力公正运行的最低要求。行政程序法基本原则作为行政程序法目标模式和价值取向与具体原则、规则和制度的中介，应将价值取向和目标模式的思想内核和精华表达，并且还要对具体原则、规则和制度具有统帅作用，成为具体原则、制度和规则的设计标准、评价标准。因此，行政程序法基本原则包括行政程序民主原则、行政程序公正原则和行政程序效率原则。

（一）行政程序民主原则

行政程序民主原则，是指行政程序的设计和进行应该确保公民的有效参与，应当体现公民的意愿与呼声。人民主权是民主原则的政治基础，公民的参政议政权是其宪法基础。作为行政程序法的基本原则，民主原则主要涵盖行政公开原则和行政参与原则。

1. 行政公开原则

行政公开原则是指用于规范行政权的行政程序，除涉及国家秘密、商业秘密或个人隐私外，应该一律向行政相对人和社会公开。民主与公开具有天然的联系，既不存在不公开的民主，亦不存在不民主的公开。行政公开原则涵盖行政主体实施行政行为过程的开放性以及行政信息的公开性。开放行政过程、公开行政信息乃是行政相对人参与行政程序、维护自身合法权益的重要前提，也是社会公众参与行政过程、监督行政权力运行的重要基石。除非基于对国家秘密、商业秘密或者个人隐私保护的特别考量，行政过程和行政信息应当面向行政相对人、社会公众开放和公开，以利其获取行政信息、参与行政过程、监督行政权力，同时排除行政暗箱操作、消除行政随意性。我国正式确立行政公开原则的法律是 1996 年的《行政处罚法》和 2003 年的《行政许可法》，这两部法律均将行政公开原则列为相应行政行为的基本原则，此标志着我国对行政公开原则的全面接纳，对于推动我国的行政公开化、提升行政透明度、减少行政腐败现象具有重要的促进作用。2008 年实行的《政府信息公开条例》全面贯彻行政公开原则，以期建立一个公开、透明政府。[1]行政程序公开原则需要一系列行政程序制度予以保障，包括行政机关公布法令、会议公开、说明理由、告知诉权和阅览卷宗等。行政公开原则的要求主要有下述三项。

（1）行政行为的行使依据公开。如果作出行政行为的行使依据是抽象的，必须提前以法定形式向社会公布。如果作出行政行为的行使依据是具体的，那么在作出决定以前须将该依据以法定形式告知行政相对人。我国《行政处罚法》第 5 条第 1 款规定了“行政处罚遵循公正、公开的原则”，即“对违法行为给予行政处罚的规定必须公布；未经

---

〔1〕 姜明安主编:《行政法与行政诉讼法》(第 7 版)，北京大学出版社、高等教育出版社 2019 年版，第 330 页。

公布的，不得作为行政处罚的依据”。第 39 条进一步规定，“行政处罚的实施机关、立案依据、实施程序和救济渠道等信息应当公示”。第 41 条第 1 款规定，“行政机关依照法律、行政法规规定利用电子技术监控设备收集、固定违法事实的”，应当“确保电子技术监控设备符合标准、设置合理、标志明显，设置地点应当向社会公布”。

（2）行政职权的行使过程公开。行政职权的行使过程公开一般包括行政资讯的公开以及听证程序的建立两个方面。行政主体行使执法活动，对相对人的权益会产生一定的影响，故而其执法行为的标准、条件、程序和手续都应当公开。在作出影响相对人权益的决定前，应该召开听证会，让其表达意见、提供证据，而行政主体对有关问题的质疑或者有关情况应当予以说明、解释。

（3）行政决定公开。行政主体在作出行政快定之后，应当将决定的内容以法定的形式向相对人及社会开，使相对人在不服行政决定时能及时行使救济权。未公开的行政决定不能产生法律效力，不具有执行力。

2. 行政参与原则

行政参与原则，是指行政主体在制定规范、政策和作出行政裁决、决定过程中，为公民、法人和其他组织提供参与行政行为过程的机会和条件，以保证社会公众的民主参与权利和行政相对人的法律程序权益。行政程序参与原则有广义与狭义之分。广义的行政程序参与原则适用于立法与决策、管理与执法、监督与问责等不同行政层面，如重大行政决策必须经过公众参与环节。狭义的行政参与原则是指行政相对人对行政行为过程的参与，如在行政处罚过程中，行政相对人陈述事实、进行申辩，就是行政程序参与原则的主要表现。通常而言，行政程序参与原则主要是指行政主体在作出对行政相对人权益产生直接影响的行政行为时，为行政相对人参与行政行为过程提供充分的机会和必要的条件，以确保行政相对人能够真正享有程序性权利，维护和保障行政相对人的主体地位、独立人格和尊严，有效保护行政相对人的人身权、财产权等合法权益。

行政程序参与原则需要落实到一系列行政程序制度，如行政咨询制度、听取意见制度、举报和控告制度、行政听证制度、抗辩制度、行政诉愿制度等。例如，抗辩制度是行政相对人依据事实和法律针对行政主体提出的不利指控进行反驳，以从程序上消灭或者从实体上减轻不利指控的制度。抗辩制度贯彻了正当程序精神，体现了行政程序参与原则，有利于规范行政权力行使，防止行政权力滥用，从根本上保障和维护行政相对人的程序性权利和实体性权益。

（二）行政程序公正原则

行政程序公正原则，是指行政主体实施行政行为应当在程序上平等对待行政相对人，排除各种可能导致不平等或产生行政偏见的因素。从一定意义上讲，行政公正原则包含行政公平原则。行政公平原则是指行政主体平等对待行政相对人，消除行政程序上的偏见，防止行政歧视。行政公正需要以行政公开为前提和基础，有利于维护和提升行政公信力。行政程序公正原则的基本要求包括：一是保持中立，即自己不能做自己案件的法官，以去除行政过程中的利益冲突；二是公平对待，即对行政相对人一视同仁，给予公平的机会、对称的信息、均衡的权利义务，做到不偏不倚，以避免偏见和歧视；三是尊重人格，即尊重行政相对人的主体地位，允许行政相对人申辩，从而避免行政专横独断；四是尊重事实，即行政决定应当以事实为根据，注重证据，避免行政随意，通过接近事实维护公平正义。

行政程序公正原则需要一系列行政程序制度加以保障，如回避制度、审裁分离制度、信息对称制度、禁止私下接触制度、行政证据制度、案卷排他制度等。例如，信息对称制度是在信息公开基础上保障行政主体与行政相对人之间以及行政相对人相互之间平等共享信息的制度。行政信息公开基础上的信息对称制度，不仅有利于防止行政专横独断，而且是行政程序公正原则的基本要求和具体体现。

（三）行政程序效率原则

行政程序效率原则，是指行政程序诸项要素及其组合应当体现行政便捷性、便民性，以便迅速、及时和有效地实现行政目的。行政效率是行政活动的生命。全面准确地理解行政程序效率原则，就是以不损害行政相对人的合法权益为前提，尽可能提高行政活动的效率。效率原则要求优化组合方式、步骤、时限、顺序等程序要素以确保基本的行政效率。一方面，行政效率是维护公共秩序和公共利益的需要，如及时制止违法行为，恢复被破坏的公共秩序。另一方面，行政效率同样适用于对行政相对人权益的保护，不仅表现为对违法侵害的及时排除，而且表现在服务行政领域。就服务行政而言，效率原则是最基本的原则，它要求行政主体有效地回应社会公众需求，均衡和高效地实现公共服务。

行政程序效率原则需要一系列行政程序制度加以保障。简易程序制度、代理制度、文书格式化制度、行政时效制度、行政顺序制度、不停止执行制度、行政应急制度，以及电子政务制度和各种服务行政的便民制度等，都体现了行政程序效率原则。例如，文书格式化制度是指按照法定的统一格式制作行政记录、执法笔录以及鉴定、裁定等文书的制度，它不仅保证了行政行为的规范化、标准化和统一性，而且是保证行政管理、执法和服务效率性的基本需要。[1]

二、行政程序法的主要制度

（一）行政回避制度

行政回避制度，是指行政机关工作人员在行使职权过程中，因其与所处理的事务有利害关系，为保证实体处理结果和程序进展的公正性，根据当事人的申请或行政机关工作人员的请求，有权机关依法停止其职务的行使并由他人行使的一种法律制度。

1. 行政回避的缘由

回避缘由，是指行政机关工作人员与行政相对人之间基于何种理由，导致行政相对人认为其不能公正处理行政事务的心理倾向。从许多国家行政程序法的规定看，回避缘由内容在表述上不尽一致，如“个人偏见”“招致不公正事由”“偏袒嫌疑”和“利害关系”等。回避缘由既有行政相对人的主观判断，如“偏见”，也有人无法改变的客观存

〔1〕 行政法与行政诉讼法学编写组：《行政法与行政诉讼法学》，高等教育出版社 2018 年版，第 241 页。

在，如“利害关系”。[1]

偏见即偏于一方面的见解。在法律上，这种个人的“偏于一方面的见解”因行政机关工作人员未了解全部案情形成，或者因行政机关工作人员因民族种族、性别等非人为因素对某些事情产生看法而形成。对有偏见的行政机关工作人员来说，全面、客观地了解案件真实情况已并不重要，因为他对案件的处理在内心早已有了结论，法律程序作为形成行政决定的过程已经变成了“过场”。

利害关系系指案件处理的结果影响到负责处理案件的行政机关工作人员的金钱、名誉、友情、亲情等利益的增加或减损。人作为社会人，始终处于各种利害关系中，离开了这种利害关系，是无法生存的。因此，人所处的社会关系本质上就是利害关系。行政机关工作人员虽然是经过比较严格的法律程序选拔出来的，但这种选拔程序并没有隔绝其与社会其他成员的关系。基于人与生俱来的趋利避害的本性，行政机关工作人员在行使职权时有时可能会屈从于与其有利害关系成员的无理要求，如自己儿子的老师说情、亲朋好友的劝告等，都可能会导致行政机关工作人员失去公正而徇私枉法。利害关系构成了法律上回避的另一个缘由。[2]

然而，利害关系本身的内涵极其复杂，如果将所有的利害关系都列入回避缘由，可能导致行政机关中没有一个符合法律规定的行政机关工作人员来行使相应事务的处理职权。因此，师生关系、同学关系、老乡关系以及曾经为同事、上下级关系等可以不列入回避缘由。这些关系在行政管理领域中经常可以构成行政法律关系的双方主体。如果这种关系成为回避缘由，可能会导致行政机关工作人员动辄得“避”，尤其是在县、乡（镇）两级行政机关中，回避缘由可能引起大多数公职人员无法正常履职。如同费孝通先生所言，人与他人的关系如同向河中扔一块砖头，引起的波纹由近及远，直至消失。回避缘由的利害关系究竟划定于何处，应当考虑特定传统文化下人们对这种利害关系的认识程度。[3]

2. 行政回避的程序

（1）行政回避的提出。行政回避的提出有两种情形，一种是公务员自行要求回避，另一种是当事人申请公务员回避。行政机关工作人员可以在对相应事务作出决定之前的任何时候，如认为自己与相应事务有法律规定的回避情形时，可以提出回避请求。当事人认为处理相应事务的行政机关工作人员有法律规定的回避情形时，在行政程序结束之前依法向有权限的行政机关提出该行政机关工作人员回避处理相应事务的请求。回避请求或申请须以书面形式提出，并附具回避的理由，如果当事人提出书面申请有困难的，也可以口头形式提出，接待当事人的行政机关工作人员应当制成笔录，与当事人书面申请具有同等的法律效力。当事人在有权限处理的行政机关作出决定之前，可以撤回申请，但这并不影响他在行政程序结束之前再次提出回避申请。

---

〔1〕姜明安主编:《行政法与行政诉讼法》(第7版)，北京大学出版社、高等教育出版社2019年版，第336页。

〔2〕姜明安主编:《行政法与行政诉讼法》(第7版)，北京大学出版社、高等教育出版社2019年版，第336页。

〔3〕姜明安主编:《行政法与行政诉讼法》(第7版)，北京大学出版社、高等教育出版社2019年版，第336页。

（2）行政回避的审查。行政机关负责人或有权的行政机关在收到回避请求或申请时，应当尽快给予审查。审查应当以书面形式为主，必要时应当听取当事人和被申请回避的行政机关工作人员的陈述。

（3）行政回避的决定。经审查，行政机关负责人或有权限的行政机关认为回避请求或申请理由不成立的，应当决定驳回。对于驳回申请的决定，当事人有权申请复核一次。行政机关负责人或有权机关认为回避情形成立的，应当立即终止该行政机关工作人员处理相应事务的职权，并任命另一行政机关工作人员接替此案的处理。应回避的行政机关工作人员在接到此决定后，应当尽快将相应事务材料移交给接替其职权的行政机关工作人员。如果有权限的行政机关一时不能确定接替的行政机关工作人员，应决定中止相应事务的行政程序。值得注意的是，行政回避决定作出之前，除非紧急情况，行政执法人员原则上应停止本案工作，但是我国《行政处罚法》有着不同观点的规定。《行政处罚法》第 43 条第 3 款规定了回避制度，其中规定“当事人提出回避申请的，行政机关应当依法审查，由行政机关负责人决定。决定作出之前，不停止调查”。

（二）行政听证制度

听证的内涵是“听取当事人的意见”，尤其是在作出不利于当事人的决定前，要听取当事人的意见，从而体现行政公正原则。行政听证制度是行政机关在作出影响行政相对人合法权益的决定之前，由行政机关告知决定理由和听证权利，行政相对人陈述意见、提供证据以及行政机关听取意见、接纳证据并作出相应决定等程序所构成的一种法律制度。

听证源于英国普通法上自然正义原则之一，即“听取对方意见”，最初适用于司法程序，要求法官在作出判决前必须公开审判，就事实问题和法律问题，听取当事人和证人的意见。听证制度后来移植到行政程序中，成为约束行政机关行政活动的程序规则。20 世纪之后，许多国家通过行政程序立法确立了行政法上的听证制度。听证有广义和狭义两种之分。广义的听证，是指行政机关听取当事人意见的程序；狭义的听证，是指行政机关以听证会的形式听取当事人意见的程序，是一种正式的形式。美国采取的是广义的听证概念，并将听证分为正式听证和非正式听证。我国《行政处罚法》《行政许可法》均采取狭义的听证概念，相当于美国的正式听证概念。我国《行政处罚法》第 63 条规定，行政机关拟作出特定类型的行政处罚决定，应当告知当事人有要求听证的权利，当事人要求听证的，行政机关应当组织听证。《行政许可法》第 47 条第 1 款规定，“行政许可直接涉及申请人与他人之间重大利益关系的，行政机关在作出行政许可决定前，应当告知申请人、利害关系人享有要求听证的权利；申请人、利害关系人在被告知听证权利之日起五日内提出听证申请的，行政机关应当在二十日内组织听证”。

1. 听证制度的范围

听证制度的范围意味着并不是所有的行政行为在作出之前都需要听取行政相对人的意见。界定行政听证范围应考虑下述要素：（1）行政听证的功能在于相对人在接受不利决定之前，有发表自己意见的机会，因此，如果行政机关作出有利于相对人的决定，则不需要事先听取其意见；（2）行政效率是行政的生命，行政听证在一定程度上减损了行政效率，因此为了确保行政基本的效率，有的行政行为在作出之前可以不听取相对人的意见；（3）行政听证意味着要求行政机关在作出行政决定之前公开有关证据材料，如果这些证据材料的公开将损害国家利益、公共利益和个人利益，则可以将这些行政行为排除在行政听证范围之外。《德国联邦行政程序法》第 28 条规定第 1 款规定，“干涉当事人权利的行政决定作出之前，应给予当事人对与决定有关之重要事实，表示意见的机会”。我国《行政处罚法》第 63 条列举了听证的范围，即较大数额罚款；没收较大数额违法所得、没收较大价值非法财物；降低资质等级、吊销许可证件；责令停产停业、责令关闭、限制从业；其他较重的行政处罚；法律、法规、规章规定的其他情形。

2. 行政听证的程序

听证程序是行政程序的核心。行政听证的程序规定得是否合理、正当，决定了行政程序法的质量。正式行政听证的主要过程步骤包括通知、质辩、决定。

（1）通知。通知的基本内涵是指行政机关在举行听证之前，将有关听证的事项依法定程序通知到有关当事人的一种行政行为。这里的通知是一种要式行为，除非法律另有规定。通知的目的在于让行政相对人了解与听证有关的事项为其及时、有效地行使听证权利提供保障。首先，听证通知对当事人来说，意味着听证程序已经启动。如果是行政机关发动的听证程序，那么，接到通知的当事人就有义务提出答辩书，否则，将视为承认通知中所记载的他方主张；如果是私人发动的听证程序，那么接到通知的当事人有权对通知内容——法律问题或者事实问题——提出异议。其次，听证通知是当事人参加听证的权利的法律依据，没有听证通知书，就意味着其没有取得听证的权利，因此，听证通知也是行政机关对当事人参与听证权利的确认。最后，听证通知是当事人有充分时间进行听证准备的保证。因为，一份合法的听证通知在到达当事人之后，应当给予当事人充分的听证前的准备时间，否则，听证通知对当事人来说就没有意义。

（2）质辩。质辩是在听证主持人的主持下，由行政机关的调查人员与当事人就行政案件的事实和法律问题展开质证和辩论的过程。质辩是听证的核心。就功能而言，质辩乃是行政案件调查的一种延续，是将调查的事实和法律的适用问题交给当事人质疑，从而提升行政机关认定案件事实真实性和适用法律准确性的程度。听证当事人有权陈述对自己有利的事实，并提交相关的证据，发表自己对法律适用问题的看法，对行政机关提出的不利指控进行抗辩。为了更好地行使陈述和抗辩的权利，当事人可以获得律师的帮助，并在律师的帮助下出席听证。在个人受到行政机关指控时，个人永远处于弱势地位，为确保程序的公正性，给弱势方予以法律帮助是对这一倾斜法律关系的平衡。[1]

无论是行政机关依职权开始还是依申请进行听证，行政机关手中都已经有了一个拟定的行政决定。听证的主要目的是将该拟定的行政决定交给当事人并听取他的意见。因此，行政机关首先应当向当事人举出该拟定的行政决定所依据的事实和法律规定，否则，听证就不可能进行下去。当事人为了提高自己陈述、抗辩意见的说服力，也可以提出相关的证据。但在听证中，行政机关和当事人法律地位的不对等性决定了双方不可能

〔1〕 姜明安主编:《行政法与行政诉讼法》（第 7 版），北京大学出版社、高等教育出版社 2019 年版，第 336 页。

承担相同的举证责任。不少国家行政程序法中规定行政机关必须对自己的行政行为说明理由，表明在行政程序中行政机关应负有主要的举证责任。

（3）决定。经过质辩后，听证主持人应作出一个书面报告，对于听证所涉及的事实和法律问题表明观点。这里涉及一个核心问题，即笔录。笔录是对质辩过程的一种书面记录，在质辩结束之后交当事人阅读、补正并签名，便成为具有法律意义的文书。听证笔录就内容而言，大致与法院的庭审笔录相当；但就效力而言，不同的国家有不同的规定。经过质证，听证主持人作出的决定是否具有法律效力，不同国家的规定也不一致。在美国，行政法官可以作出两种决定：初步决定和建议性决定。对于行政法官作出的初步决定，如果当事人不提出上诉，行政机关也没有要求复议，则该决定成为行政机关的决定。对于行政法官作出的建议性决定如为行政机关所接受，则成为行政机关的决定。二者的区别在于，前者一经作出即具有法律效力，而后者只有在为行政机关接受后才对当事人产生约束力。我国行政处罚或者行政许可的听证主持人没有直接作出行政决定的权力。[1]

（三）政府信息公开制度

政府信息是行政机关在行使职权过程中所形成的各种“记录”，包括笔录、书信、书籍、图片、刻印、照片、微缩影片、录音带、可以机器读出的记录与其他非具有固定形式或特征的文件资料及记录影印或复制的各种信息。政府信息公开是行政机关根据职权或者行政相对人请求，将政府信息向相对人或者社会公开展示，并允许查阅、摘抄和复制。

历史上，北欧的瑞典于1766年通过《新闻自由法》承认公民有请求政府公开信息的权利。美国在1946年《联邦行政程序法》中也作出了相应的规定。但因该法规定，行政机关为了“公共利益”或者有“正当理由”，可以拒绝提供政府信息，所以它受到了社会民众的强烈指责。在这样的背景下，美国于1966年制定了《信息自由法》。即便如此，“美国在行政公开方面的立法总体上比其他西方国家早，而且更为完备，在 定程度上对其他西方国家起了示范作用”。至今，法国、日本、加拿大、澳大利亚等均制定了有关政府信息公开的立法。[2]

行政程序法系一国行政程序的基本法，其基本任务是确立有关行政程序的基本原则和基本制度等主要内容，而这些内容往往需要通过相应的立法加以进一步落实。其结果是，一国的行政程序法总是由一部行政程序法典匹配若干单行的行政程序法构成。如美国在制定了行政程序法后，又分别制定了《信息公开法》《隐私权法》《阳光下的政府法》。日本在1993年制定了《行政程序法》之后，也在1998年制定了《行政信息公开法》。政府信息公开法是行政程序法所确立的行政公开原则和听证制度的具体化，是行政程序法典之下重要的单行行政程序法。在我国，2007年公布的《政府信息公开条例》正式实施之前，广东省广州市在2003年1月1日实施了中国第一部有关政府信息公开

〔1〕姜明安主编：《行政法与行政诉讼法》（第7版），北京大学出版社、高等教育出版社2019年版，第336页。

〔2〕姜明安主编：《行政法与行政诉讼法》（第7版），北京大学出版社、高等教育出版社2019年版，第336页。

的地方政府规章，即《广州市政府信息公开规定》。[1]我国现有的政府信息公开制度是由《政府信息公开条例》确定的。《政府信息公开条例》于2008年实施，并于2019年进行了重要修订。

1. 政府信息公开的范围

（1）主动公开的范围。《政府信息公开条例》第19条规定，“对涉及公众利益调整、需要公众广泛知晓或者需要公众参与决策的政府信息，行政机关应当主动公开”。第20条列举了主动公开的政府信息：行政法规、规章和规范性文件；机关职能、机构设置、办公地址、办公时间、联系方式、负责人姓名；国民经济和社会发展规划、专项规划、区域规划及相关政策；国民经济和社会发展统计信息；办理行政许可和其他对外管理服务事项的依据、条件、程序以及办理结果；实施行政处罚、行政强制的依据、条件、程序以及本行政机关认为具有一定社会影响的行政处罚决定；财政预算、决算信息；行政事业性收费项目及其依据、标准；政府集中采购项目的目录、标准及实施情况；重大建设项目的批准和实施情况；扶贫、教育、医疗、社会保障、促进就业等方面的政策、措施及其实施情况；突发公共事件的应急预案、预警信息及应对情况；环境保护、公共卫生、安全生产、食品药品、产品质量的监督检查情况；公务员招考的职位、名额、报考条件等事项以及录用结果。该条还规定了兜底条款，即法律、法规、规章和国家有关规定应当主动公开的其他政府信息。例如，《广州市政府信息公开规定》第9条第3款第1项规定，“政府领导成员的履历、分工和调整变化情况”属于主动公开的范围。《政府信息公开条例》第21条规定，“设区的市级、县级人民政府及其部门还应当根据本地方的具体情况，主动公开涉及市政建设、公共服务、公益事业、土地征收、房屋征收、治安管理、社会救助等方面的政府信息；乡（镇）人民政府还应当根据本地方的具体情况，主动公开贯彻落实农业农村政策、农田水利工程建设运营、农村土地承包经营权流转、宅基地使用情况审核、土地征收、房屋征收、筹资筹劳、社会救助等方面的政府信息”。第22条进一步规定，行政机关应当依照本条例第20条、第21条的规定，确定主动公开政府信息的具体内容，并按照上级行政机关的部署，不断增加主动公开的内容。

（2）依申请公开的范围。除行政机关主动公开的政府信息外，公民、法人或者其他组织可以向地方各级人民政府、对外以自己名义履行行政管理职能的县级以上人民政府部门申请获取相关政府信息。

（3）依申请公开事项向主动公开事项转换。《政府信息公开条例》第44条规定，多个申请人就相同政府信息向同一行政机关提出公开申请，且该政府信息属于可以公开的，行政机关可以纳入主动公开的范围。对行政机关依申请公开的政府信息，申请人认为涉及公众利益调整、需要公众广泛知晓或者需要公众参与决策的，可以建议行政机关将该信息纳入主动公开的范围。行政机关经审核认为属于主动公开范围的，应当及时主动公开。

（4）不予公开的信息。不予公开的信息包括绝对不予公开的信息和相对不予公开的

〔1〕姜明安主编:《行政法与行政诉讼法》（第7版），北京大学出版社、高等教育出版社2019年版，第336页。

信息。绝对不予公开的信息包括“依法确定为国家秘密的政府信息”“法律、行政法规禁止公开的政府信息”“公开后可能危及国家安全、公共安全、经济安全、社会稳定的政府信息”；相对不予公开的信息是指“涉及商业秘密、个人隐私等公开会对第三方合法权益造成损害的政府信息”，该类信息在第三方同意公开或者行政机关认为不公开会对公共利益造成重大影响的情况下，可以公开。

（5）可以不予公开的信息。可以不予公开的信息包括三类：一是行政机关的内部事务信息（如人事管理、后勤管理、内部工作流程等方面的信息）；二是行政机关在履行行政管理职能过程中形成的讨论记录、过程稿、磋商信函、请示报告等过程性信息；三是行政执法案卷信息。

2. 政府信息公开的主体

政府信息公开的主体主要是行政机关，具体负责公开的机关是制作机关、保存机关。根据《政府信息公开条例》的规定，对于行政机关制作的政府信息，由制作该政府信息的行政机关负责公开；行政机关从公民、法人和其他组织处获取的政府信息，由保存该政府信息的行政机关负责公开；行政机关获取的其他行政机关的政府信息，由制作或者最初获取该政府信息的行政机关负责公开；两个以上行政机关共同制作的政府信息，由牵头制作的行政机关负责公开；行政机关设立的派出机构、内设机构依照法律、法规对外以自己名义履行行政管理职能的，可以由该派出机构、内设机构负责与所履行行政管理职能有关的政府信息公开工作。另外，法律、法规授权的具有管理公共事务职能的组织公开政府信息的活动，适用《政府信息公开条例》。

（四）说明理由制度

行政行为说明理由，是指行政机关在作出对行政相对人合法权益产生不利影响的行政行为时，除法律有特别规定外，必须向相对人说明其作出该行政行为的事实因素、法律依据以及裁量时所考虑的政策、公益等因素。行政行为说明理由是现代法治国家公认的一项原则。说明理由包括说明行政行为的事实原因和法律原因，一般以明文方式作出，并且要做到简洁、清楚。

行政行为说明理由是行政机关就作出行政行为的依据所进行的一种法理上的论证、阐述，有利于促使行政机关作决定时慎重考虑，减少行政决定的错误，并可以使当事人了解行政机关作决定的动机，从而充分体现现代行政法治下行政行为以理服人之特点，以提高行政相对人对行政行为的可接受性程度，从而有利于事后执行，减少不必要的争讼。行政机关处理案件时必须论证、阐述某一内容不确定的法律规范为什么能够适用到某一具体案件的理由，并将这种理由告诉相对人，行政行为说明理由的论理性可以排除或减少行政机关行使行政权的独断、专横、恣意。

行政机关就行政行为的说明理由在内容上必须确定、清楚，避免相对人对行政行为的理由在理解上产生歧义。在通常情况下，许多法律规范的内涵和外延是不确定的，行政机关依据该法律规范作出行政行为时，应当将这一模糊的法律规范向相对人阐释清楚，不能将一个模糊的法律规范交给相对人，由其自己琢磨、猜测。行政机关在对可定案证据的选择上，尤其是排除相对人提供的证据时，必须明确地说明排除的理由，既不能言而不及，也不能言之不清。行政行为说明理由的明确性是确保行政机关就行政行为所作的说明理由的质量，否定行政行为说明理由的形式意义。

行政机关在作出行政行为的同时，必须随附作出该行政行为的理由。但这种程序性要求不适用于如下两种情形。其一，行政机关为了确保相对人行使听证权的有效性，在作出行政行为之前告知相对人拟作决定的理由，但这不是本处所指的行政行为说明理由。因为此时行政机关在法律上并没有作出行政行为，行政行为的理由也就没有存在的基础。其二，在不服行政行为时，相对人启动了行政或司法救济程序后，行政机关为证明被指控的行政行为合法性而提示的事实依据和法律依据，也不是行政行为的说明理由，而是承担行政行为合法性的举证责任。因此，在行政程序上，行政机关就行政行为说明理由是与作出行政行为同时进行的，否则，任何事后说明理由都将构成行政行为的程序违法，除非法律有特别规定。行政行为说明理由的程序性要求保证相对人在接到一个不利的行政行为时，同时收到作出行政行为的理由。至于行政行为说明理由的形式，可由法律作出具体规定。就行政机关而言，说明行政行为的理由的根本目的在于说服相对人，减轻他的对抗情绪；就行政相对人而言，说明理由有助于他以同意的态度接受行政行为。如相对人不认同行政行为的理由时，他可从中寻找提起行政救济或者司法救济的依据。

基于现代行政法中依法行政的基本原则，行政机关只有在获得了符合法律规定的事实依据和法律依据之后，才能作出行政行为。当这一行政行为对相对人的合法权益产生不利影响时，除法律有特别规定外，行政机关必须将这一行政行为的合法性理由告诉相对人，以接受相对人对这一行政行为合法性的评判。一个不附合法性理由的行政行为，其内容可能是合法的，但形式是专横的，不可接受的。现代行政法中行政相对人不应再是行政权的客体，而是可依法支配行政权的主体。基本人权的发达要求行政机关在行使行政权时，尽可能做到尊重与保障相对人的基本人权。给予决定的理由是一个正常人的正义感所要求的。对基本人权的尊重与保障，可演绎出如下结论：行政机关依行政权实施的行政行为如对相对人的合法权益产生不利影响时，除法律有特别规定外，应当随附作出该行政行为的合法性理由。

1. 事实依据

事实依据不仅是指案件发生后在客观世界中留下的各种痕迹，而且要求这些痕迹应当有行政机关通过合法程序收集的证据加以证实由此推定。这里的“事实依据”是法律事实依据，即被合法证据证实了的客观事实。以行政程序规范行政权的价值目标并不仅仅是为了确保行政机关通过行政权发现案件事实真相，更重要的是防止行政权不合法地行使。因此，行政机关通过不合法的行政程序收集的证据，其内容即便可以反映案件的真实情况，也不能作为定案的证据，更不能依此作出对相对人合法权益产生不利影响的行政行为。

事实依据对行政机关说明理由产生如下规则。第一，禁止主观臆断规则。禁止主观臆断规则，是指行政机关不得以主观臆断的“法律事实”作为行政行为的依据，并将这种“法律事实”强加于相对人。行政机关在行使行政权时，可以对案件事实是否存在进行"内心确认"，但这种确认必须建立在足够的证据基础上。因此，任何先入为主所获得的"法律事实"都不得列为说明理由的内容。第二，符合证明逻辑规则。作为说明理由内容之一的"法律事实"是行政机关通过一系列证据在遵循证明逻辑的前提下获得的。在遵循证明逻辑规则下，法律事实能最大限度地接近客观事实的真实性，由此可以提高行政行为事实理由的说服力。第三，主要事实依据规则。一个行政行为的事实依据可以分为主要事实依据和次要事实依据。主要事实依据，是指足以影响行政行为性质，或是否作出、改变和废除行政行为等情况的事实依据。筛选事实。行政行为的裁量并不仅仅表现在对法律的适用权上，对事实的确定同样存在自由裁量权。行政机关在定案过程中经常要对在调查过程中获得的事实进行筛选，将认为与案件有关的事实列入作出行政行为的事实依据，同时排除与案件无关的事实。行政机关这一项行为是一种主观判断，即"内心确认"。就本质而言，它是一种裁量活动。如果法律不要求行政机关将支持这一内心确认的依据作为行政行为的理由向相对人予以说明，这种内心确认就有可能质变成一种专横的、捉摸不定的权力。对相对人在听证中提出的事实依据，如果行政机关否定这类事实依据而不说明理由的话，那么听证制度必将流于形式。因为，相对人无论提出多么有利的事实依据，行政机关都可以在不展示理由的前提下毫不费力地加以否定，并以自己在听证所收集的证据和确定的法律依据作出行政行为。

2. 法律依据

法律依据，是指用于支撑行政行为具有合法性的法律规范。法律规范具有确定性、可预测性和稳定性之特点。行政机关在已经确定的法律事实基础上能否或者如何作出行政行为以及作出怎样的行政行为，都已由法律作出规定。依法行政原理要求行政机关作出的行政行为必须具有法律依据，并将所依据的法律规范作为行政行为的理由之一告知相对人，从而使相对人根据自己的经历、体验和法律认知水平来判断行政行为的合法性，继而作出是否接受相应行政行为的决定。一个确有法律依据但不展示法律依据的行政行为，是难以提高相对人对行政行为的可接受性程度的。如果相对人不知道行政行为的法律依据，就无法判定行政行为的合法性，更遑论寻求司法救济的途径。

法律依据对行政机关说明理由产生如下规则。第一，全面展示法律规则。全面展示法律规则，是指凡是用于支撑行政行为的法律规范，必须以不会引起相对人误解的方式，全部展示给相对人。任何保留、部分保留或者误导的展示，都是违反此规则的行为。如行政机关以"根据有关规定作出决定"之方式展示法律依据，此应当列入禁止范围。第二，法律冲突择上规则。法律冲突择上规则，是指当行政机关面对两个以上且又发生效力上存在冲突的法律规范时，必须选择处于法律效力位阶最上的那个法律规范作为行政行为的理由。尽管在法律上行政机关没有审查行政法律规范合法性的权力，但它应有甄别行政法律规范合法性并选择具有合法性法律规范作为行政行为理由之职责。第三，排除非法律性规范规则。非法律性规范，是指行政规章以下的其他规范性文件。排除非法律性规范规则，是指行政机关不能将行政规章以下的其他规范性文件直接作为行政行为理由的内容。因为这些规范性文件主要由行政机关自己制定，仅凭此规范性文件来说明其行政行为的合法性本身缺乏正当性，不容易为行政相对人、社会一般人所接受。当然，在现阶段要完全排除“其他规范性文件”还是有难度的，需要随着法制的不断完善而逐渐落实这一规则。

三、行政程序违法的法律后果

大陆法系传统上奉行行政程序工具主义观点，认为行政程序不是目的，只是行政机关作出正确行政决定的手段。例如，1996 年《德国联邦行政程序法》第 46 条规定，“对不属于第 44 条的行政行为，不得仅因其成立违反程序、形式或地域管辖的规定而主张将之撤销，除非另一决定也会导致同样的结果”。大陆法系强调了违反程序和实体结果之间的因果关系，当程序的违反与实体结果之间缺乏违法性关联时，行政行为的效力并不因程序上的违法而受到影响，无须仅因程序上的违法而被撤销。日本学者盐野宏也坚持这一观点，认为“在实体正确的情况下，如果仅以行政程序瑕疵而撤销，行政机关最终还会作出同样的处分，这会违反行政经济的原则”〔1〕。随着程序法治的发展，行政程序工具主义也受到一定的质疑和挑战，行政程序的价值得到重新认识。例如，日本学者谷口安平在《程序的正义与诉讼》一书中针对行政程序与实体的关系提出两个新命题，一是程序法是实体法之母，二是权利先于实体法，判决创造了权利。受大陆法系的影响，我国基本上秉持了行政程序工具主义观点，将程序视为实现实体的手段，认为程序与实体就是形式与内容、手段与目的的关系。当然，也有学者认识到行政程序独立于实体而存在的自身价值，如余凌云较早地提出在考虑行政程序违法的可撤销情形时，除了要考虑遵不遵守该程序是否会对行政裁量结果产生实质性的影响、是否会左右最终形成的结果，还要考虑某些特定程序本身是否具有法律严格保护的价值，违反了这两种情况的任何一者，在司法上的后果都是撤销。〔2〕

根据《行政诉讼法》《行政复议法》《行政处罚法》的规定，行政程序违法会产生以下三种法律后果。我国实定法关于行政程序违法的法律后果的规定，也在一定程度上体现了行政程序在我国行政法治中的实际地位，也将会随着程序法治的发展而不断完善。

（一）行政行为无效

《行政处罚法》第 38 条规定行政处罚无效的两种情形：一是行政处罚没有依据或者实施主体不具有行政主体资格的；二是违反法定程序构成重大且明显违法。《行政处罚法》揭示了行政处罚无效与程序违法的关系，即违反法定程序构成重大且明显违法的，行政行为才归于无效。依据《行政处罚法》的规定，行政处罚无效必须同时具备两个条件，一是违反法定程序，二是构成重大且明显违法的。由于“违反法定程序”与“重大且明显违法”都有解释的空间，因此实践中行政处罚决定无效的情形并不容易判断。虽然《行政处罚法》将违反法定程序规定为行政处罚无效的情形，但是《行政复议法》《行政诉讼法》关于“确认无效”的规定并无涉行政程序。《行政复议法》第 67 条规定，“行政行为有实施主体不具有行政主体资格或者没有依据等重大且明显违法情形，申请人申

〔1〕［日］盐野宏：《行政法总论》（第 4 版），杨建顺译，北京大学出版社 2008 年版，第 214 页。
〔2〕 林鸿潮：《行政行为审慎程序的司法审查》，载《政治与法律》2019 年第 8 期。

请确认行政行为无效的，行政复议机关确认该行政行为无效”。《行政诉讼法》第 75 条规定，“行政行为有实施主体不具有行政主体资格或者没有依据等重大且明显违法情形，原告申请确认行政行为无效的，人民法院判决确认无效”。《行政处罚法》与《行政诉讼法》关于行政行为“无效”的规定存在的张力在司法实践中也有所反映。例如，在某特种材料公司诉榆林市知识产权局行政处理案中，法院认为，已被变更的合议组成员又在被诉行政决定书上署名，实为“审理者未裁决、裁决者未审理”，已构成对法定程序的重大且明显违反，应予撤销〔1〕。在该案中，法院认为“构成对法定程序的重大且明显违反”，也并未按照《行政处罚法》第 38 条的规定作出确认无效的判决。

（二）行政行为被撤销

《行政诉讼法》第 70 条规定了行政行为被人民法院判决撤销或者部分撤销情形，“违反法定程序”是其中的一项情形，与“主要证据不足”“适用法律、法规错误”“超越职权”“滥用职权”“明显不当”等情形并列，并且可以判决被告重新作出行政行为。《行政诉讼法》第 71 条对“重做”进行了限制，即“人民法院判决被告重新作出行政行为的，被告不得以同一的事实和理由作出与原行政行为基本相同的行政行为”。但是，《行政诉讼法解释》第 90 条第 2 款规定，“人民法院以违反法定程序为由，判决撤销被诉行政行为的，行政机关重新作出行政行为不受行政诉讼法第七十一条规定的限制”。综合《行政诉讼法》及《行政诉讼法解释》，违反行政行为违反法定程序的，人民法院可以撤销或部分撤销行政行为，且行政机关重新作出行政行为不受“不得以同一的事实和理由作出与原行政行为基本相同的行政行为”限制。《行政复议法》对此有类似的规定。《行政复议法》第 64 条规定将“违反法定程序”与“主要事实不清、证据不足”“适用的依据不合法”“超越职权或者滥用职权”并列，作为行政复议机关决定撤销或者部分撤销该行政行为的理由，并进一步规定，行政复议机关以违反法定程序为由决定撤销或者部分撤销的不受“被申请人不得以同一事实和理由作出与被申请行政复议的行政行为相同或者基本相同的行政行为”的限制。实践中，行政行为因违反法定程序而被撤销或部分撤销主要是指这几种情形。〔2〕其一，未依法举行听证。在某房地产公司诉漯河市政府行政复议案中，法院认为，漯河市城乡规划局在作出涉案规划许可前，未依法告知利害关系人享有听证权利，该许可属重大违反法定程序的行政行为，漯河市政府据此撤销上述规划许可，符合法律规定〔3〕。其二，未依法听取陈述、申辩。在“某鞋业公司等诉潮州市政府行政复议案中，法院认为，潮州市政府未通知某鞋业公司等利害关系人“作为第三人参加复议，即作出撤销颁证行为的复议决定，违反程序正当原则”，属应予撤销的“违反法定程序”情形［详见最高人民法院（2019）最高法行再 3 号行政判决书］。其三，未保障相对人申请回避的权利。在某塑料工艺公司诉国家工商行政管理总局商标评委会案中，法院认为，商标评委会在评审程序中，未及时向当事人告知评审人员名单，致使其

〔1〕参见最高人民法院（2017）最高法行再 84 号行政判决书，载《最高人民法院公报》2018 年第 5 期。

〔2〕梁君瑜：《行政行为程序轻微违法的识别》，载《行政法研究》2024 年第 2 期。

〔3〕参见最高人民法院（2018）最高法行申 4760 号行政裁定书。

申请回避的权利落空，属违反程序性规定的行为[1]。其四，未予送达。在于某等诉大连长兴岛经济区管委会行政补偿案中，法院认为，管委会收回于某等二人共同承包的海域使用权，“但对于直接关系权利人利益的重大事项都仅仅通知于某一人……不符合程序正当要求”，原审法院判决撤销被诉补偿决定，并无不当[2]。其五，未说明理由。在叶某诉海南省公安边防总队海警第二支队行政处罚案中，法院认为，海警第二支队未将被诉处罚决定的事实、理由、法律依据和相关权利告知当事人，也未向其送达该决定，属违反法定程序[3]。

（三）行政行为被确认违法

《行政诉讼法》第74条规定了人民法院判决确认违法但不撤销行政行为的两种情形，其中之一与程序违法有关，即“行政行为程序轻微违法，但对原告权利不产生实际影响的”。《行政诉讼法解释》第96条解释了何为“对原告权利不产生实际影响”，即“对原告依法享有的听证、陈述、申辩等重要程序性权利不产生实质损害”，并进一步列举了“程序轻微违法”的情形，即处理期限轻微违法；通知、送达等程序轻微违法；其他程序轻微违法的情形。《行政复议法》也规定了程序轻微违法被复议机关确认行政行为违法的情形。《行政复议法》第65条规定，“程序轻微违法，但是对申请人权利不产生实际影响”，行政复议机关不撤销该行政行为，但是确认该行政行为违法。对于行政行为被确认违法的，《行政诉讼法》第76条进一步规定了相应的法律责任，即“人民法院判决确认违法或者无效的，可以同时判决责令被告采取补救措施；给原告造成损失的，依法判决被告承担赔偿责任”。

第三节　行政程序法及其历史沿革

一、行政程序法的界定与分类

行政程序法时规范行政法律关系主体在行政活动过程中应遵循的方式、步骤、顺序和时限的法律规范。行政程序法在行政法中占据很大的比例，以不同的形态存在于行政法中。

（一）一般的行政程序法和特殊的行政程序法

一般的行政程序法，是指适用于全部或多数行政活动中的程序性制度；特殊的行政程序法；是指适用于一种或者一类行政活动中的程序性制度。一般的行政程序法是主干部分或者总则部分，能够规范行政活动实施的基本过程，对于那些缺乏特殊程序制度的

---

〔1〕参见最高人民法院（2014）行提30号行政判决书。该案在判决时仍适用旧法，故法院提及的“违反程序性规定”只能对应于旧法第54条第2款第3项的“违反法定程序”审查标准。

〔2〕参见最高人民法院（2020）最高法行申364号行政裁定书。

〔3〕参见最高人民法院（2014）行监43号行政裁定书。

行政活动方式，可以直接成为其法律依据，对行政活动实行过程控制的“兜底”作用。由于我国还不存在一个统一的行政程序法典，因此一般的行政程序法分散在《政府信息公开条例》《行政诉讼法》《行政复议法》等规范中，还未进行归纳梳理。

目前我国行政程序法主要是由特殊的行政程序法组成，适用于特定行政活动程序，如行政处罚程序、行政许可程序、行政强制程序、行政征收程序、行政决策程序、行政立法程序、行政复议程序、公务员管理程序等。另外，一些特定领域的行政法，如治安处罚、市场监管等，也会规定一些特殊的行政程序法。由于缺乏统一的行政程序法，因此特殊的行政程序法之间会产生冲突，甚至有些行政程序法的规定不符合正当程序原则，有的行政活动程序空白出现“无法可依”。

（二）单独的行政程序法和混合的行政程序法

单独的行政程序法是指一部法律以程序法命名，其内容主要是程序性规范，实体性规范较少。例如，许多国家的行政程序法典，主要规定了行政程序规范，但也会规定行政主体的类型和职权、行政行为的效力等实体性规范。混合的行政程序法是指融程序性规范和实体性规范于一体的法律，如《政府信息公开条例》既规定了相应主体政府信息公开的权力职责等实体性规范，也规定了政府信息如何公开的程序性规范。目前在我国，行政程序制度主要还是通过与实体性规定相融合的立法方式存在的，典型的有《行政许可法》《行政处罚法》《行政强制法》等，包含了大量的实体性规范和程序性规范。

（三）综合的行政程序法和单行的行政程序法

综合的行政程序法，是指一部法律中规定了各种主要的行政程序制度，也就是一部比较完整的统一的行政程序法典；单行的行政程序法，是指规定了某一类行政程序制度的专门立法，如关于政府信息公开的立法、关于行政听证的立法等。统一的行政程序法典模式，其优点在于能够为行政活动提供一套明确的程序法律规范，从而有效地规范行政权力的行使。但是这种高级的立法模式需要具备许多必要的前提条件，如立法技术的娴熟、行政法学理的高度发达等。

二、行政程序法的历史发展

行政程序法的兴起和发展，是 20 世纪行政法发展的最重要内容之一。行政程序法的产生是人类社会科技、经济、政治、文化演进的结果。行政权的扩张和对行政权控制的需要，宪政的推行，人权意识的凸显，正当程序理念的传播，已有法院判例对行政程序的关注，都对行政程序法的发展产生了深刻影响。自 19 世纪末以来，行政程序法典化逐渐发展成为行政程序发展的一种主要形式。行政程序法典化迄今经过了三次浪潮。

（一）行政程序法典化第一次浪潮

行政程序法典化第一次浪潮发生在欧洲大陆。西班牙是最早从事行政程序法典编纂的国家，早在 1889 年即制定了共有 159 条的《行政程序标准法》。奥地利则在 1925 年通过了《一般行政程序法》，共 6 编、80 条，收录行政程序法院判例中所确立的行政程序基本原则。奥地利的行政程序立法对邻国发生了重要影响，捷克于 1928 年制定了有关行政程序的行政命令，波兰和南斯拉夫也分别于 1928 年和 1930 年制定了《行政程序法》。德国虽然没有统一的行政程序法，但是各邦国都在制定。这一时期，行政程序立法的主要目的是行政的简化和高效，对私人的程序权利考虑不周。[1]

（二）行政程序法典化第二次浪潮

行政程序法典化第二次浪潮以第二次世界大战后的美国与德国为代表。作为普通法系的代表，美国传统上重视通过正当程序控制行政权力的行使。如前所述，美国宪法修正案第 5 条和第 14 条“正当程序”条款要求联邦和州的行政机关“未经正当的法律程序，不得剥夺公民的生命、自由和财产”。20 世纪 30 年代罗斯福新政以后，大量独立管制机构出现，集立法权、行政权、司法权于一身，对传统的三权分立格局产生强烈的冲击，引发广泛的争议。为化解新政反对者对美国走向专制的疑虑，美国选择通过行政程序控制和规范不断扩张的行政权力，于 1946 制定了《联邦行政程序法》（APA）。该法对行政立法和行政裁决程序均作了规定，并且贯彻了公开、参与、公正等程序原则，实现了对行政权的程序控制。此后，美国又陆续颁布了一系列与联邦行政程序法配套的法律，如《信息自由法》（1967 年）、《隐私权法》（1974 年）、《阳光下的政府法》（1976 年）等。美国成为行政程序法治最为完善的国家之一，并对此后许多国家的行政程序法产生重要影响。

作为典型的大陆法系国家，德国有“重实体、轻程序”的传统，表现在行政法上重视行政实体法的完善及其法典化，对行政程序立法不够重视。第二次世界大战后，全世界开始反思战争带给人们的灾难，保障人权成为共识。德国制定了基本法，其中规定了法治、民主和基本权利保护等原则，为行政程序法治的发展提供了坚实的宪法基础。由于德国致力于整个行政法总则（包括行政程序法和行政实体法）的法典化，因此立法难度较大，直到 1976 年方通过《联邦行政程序法》。

德国和美国行政程序法体现了两种不同的立法模式。一是美国法的规范对象同时包括抽象的规则制定与具体的行政裁决，而德国法基本上局限于具体的行政决定和公法契约；二是美国法是纯粹的行政程序法，而德国法中则规定了一些实体性的内容，尤其是行政决定的成立和效力等制度，从而实现了行政法总则的部分法典化。在这一时期，匈牙利（1958 年）、瑞士（1968 年）、瑞典（1971 年）等也相继制定了《行政程序法》，西班牙则于 1958 年制定了新的《行政程序法》。[2]

（三）行政程序法典化第三次浪潮

行政程序法典化第三次浪潮发生在 20 世纪 90 年代以后。在欧洲，意大利（1990 年）、葡萄牙（1991 年）、荷兰（1994 年）、希腊（1999 年）等国制定了行政程序法。西班牙也配合其新的民主宪法，于 1992 年彻底抛弃了 1957 年《国家行政机关法》和 1958 年《行政程序法》中的陈旧内容，制定了全新的《公共行政机关及共同的行政程序法》。这一时期，亚洲国家和地区也竞相制定行政程序法。其中，日本早在 1964 年即起草了第一部行政程序法草案，但直到 1993 年《行政程序法》才正式获得通过，该法最初仅

---

〔1〕李洪雷：《国外行政程序法制建设简要历程》，载《紫光阁》2015 年第 2 期。

〔2〕李洪雷：《国外行政程序法制建设简要历程》，载《紫光阁》2015 年第 2 期。

主要规范行政决定（行政处分）和行政指导，后来在 2005 年增加了作为行政立法事前程序的意见公募程序。此外，韩国于 1996 年制定了《行政程序法》[1]。

三、我国行政程序法典化

随着《民法典》的编纂与实施，我国正式进入法典化时代，学术界掀起研究法典化的热潮。习近平总书记在中央全面依法治国工作会议上提出“要总结编纂民法典的经验，适时推动条件成熟的立法领域法典编纂工作”[2]。全国人大常委会将“拟研究启动环境法典、教育法典、行政基本法典等条件成熟的行政立法领域的法典编纂工作”列入 2021 年度立法工作计划。在 2023 年 9 月 7 日发布的《十四届全国人大常委会立法规划》中，第一类项目里仅明确列举了环境法典：“积极研究推进环境（生态环境）法典和其他条件成熟领域的法典编纂工作”，没有再明确列出行政基本法典和教育法典。学界就“行政法典编纂工作”的必要性与可行性达成共识，但在具体编纂路径和方法上，仍存在较大分歧，其中，较为成熟的思考仍是“行政程序法典化”路径。[3]

（一）行政程序法典化路径

行政程序法典化路径，是指以行政程序规范为核心进行编纂的法典化进路。凡是法治国家，都必有一套相对完整的行政程序法律体系——或者是制定统一的行政程序法典，或者由判例等法源构成的行政法定程序。通常认为，行政法是难以制定统一法典的法，这主要是针对实体性行政法或者说行政实体法而言的，实际上也未必要制定一部包罗万象的行政法典。相对来说，既有必要也有可能实现行政程序法典化，即制定统一的行政程序法，因为对不同领域、不同形式的行政行为有共性的要求，即程序性要求。[4]

行政法不同于民法，其最重要、最核心的内容是程序规范而非实体规范。无论是英美国家的“自然正义”规则（自己不做自己案件的法官，对他人做出不利行为应向相对人说明理由、听取其申辩）、正当法律程序规则、公开公平公正规则，还是欧洲大陆国家的行政处分告知、送达和说明理由规则、信赖利益保护规则等，都是程序性规则，而且是规范各种不同行政行为的普遍性规则。从域外立法经验来看，目前绝大多数编纂了行政法典的国家和地区都选择程序主义进路，以程序规范为主要内容[5]。行政法有其特殊性，在其体系内程序规范比实体规范具有更加重要的地位[6]。另外，有学者指出，程序立法目前存在的问题也需要通过法典化解决，如类型化立法对行政行为程序覆盖不足的问题等[7]。当然，行政程序法典化并不意味着法典由纯粹的程序规范组成，程序规

---

〔1〕 李洪雷：《国外行政程序法制建设简要历程》，载《紫光阁》2015 年第 2 期。

〔2〕 习近平：《坚定不移走中国特色社会主义法治道路　为全面建设社会主义现代化国家提供有力法治保障》，载《求是》2021 年第 5 期。

〔3〕 彭超：《中国行政法法典化的组织法典路径》，载《学术论坛》2023 年第 4 期。

〔4〕《行政法与行政诉讼法学》编写组：《行政法与行政诉讼法学》，高等教育出版社 2018 年版，第 243 页。

〔5〕 王万华：《我国行政法法典编纂的程序主义进路选择》，载《中国法学》2021 年第 4 期。

〔6〕 姜明安：《关于编纂我国行政程序法典的构想》，载《广东社会科学》2021 年第 4 期。

〔7〕 叶必丰：《行政法的体系化：“行政程序法”》，载《东方法学》2021 年第 6 期。

范和实体规范之间相互联系，难以分离，法典应当是程序与实体并存，但以程序规范为主[1]。

此外，行政实体法规范分散，且体系庞杂，难以法典化。在行政法部门内，规范繁杂，渊源多样，要将数千部层次不一的规范性文件中的实体规范和程序规范融汇成一部统一的行政法典，其难度过大，几乎是不可能的[2]。就我国目前的情况而言，现有行政性法律 200 多部、行政法规 700 多部、地方性法规和规章几千部。欲将这些法律、行政法规、地方性法规、规章中的行政实体规则和程序规则都编纂成一部法典，即使不是不可能，也是很难或者几乎不可能的。[3]

我国行政程序法典化具备相对坚实的法律基础。我国已经有了一系列关于行政程序的法律法规。通过对现有法律法规的整合、修订和完善，可以形成一部统一、系统的行政程序法典。以《行政处罚法》为例，该法明确规定了行政处罚的种类、设定、实施机关、管辖和适用等方面的程序要求，确保了行政处罚的公正、公开和合法性。又如《行政许可法》，它规范了行政许可的设定、实施、监督等各个环节，为公民、法人和其他组织提供了明确的行政许可程序指引。此外，还有《行政复议法》《行政诉讼法》《治安管理处罚法》《海关行政处罚实施条例》，这些具体的法律法规不仅为行政行为的规范化、法治化提供有力的支撑，而且为编纂行政程序法典提供了宝贵的经验和参考。

2008 年湖南省人民政府颁布的《湖南省行政程序规定》是我国第一部直接以“行政程序”命名的法律规范，在行政程序立法领域具有标志性意义。在此之后，江苏、浙江、安徽、山东、广东等诸多地方都制定了专门的行政程序规范性文件。地方的立法工作为中央制定行政程序法典提供了重要参考价值。《法治中国建设规划（2020—2025 年）》提出“加强对权力运行的制约和监督，健全规范共同行政行为的法律法规，研究制定行政程序法”。

在长期的行政管理实践中，各国已经积累了大量的行政程序实践经验。这些实践经验为行政程序法典化提供了宝贵的参考和借鉴，有助于制定更加符合实际、具有可操作性的行政程序法典。

（二）行政程序法典化的意义

1. 行政程序法典化有助于树立正当程序观念

在我国当前的法治实践中，行政程序法典的欠缺已经成为一个不容忽视的问题。这种欠缺导致了一系列连锁反应，其中最显著的就是难以在行政执法人员和公众中树立起正当行政程序的观念。由于缺乏统一、系统的行政程序法典，分散在各个单行法中的程序规定往往被行政机关虚化，未能得到切实有效的执行。同时，这些单行法中的程序规定也并未如学者和立法者所预想的那样，被相对人积极主动地行使来保护自身的合法

〔1〕 杨海坤：《中国行政程序法典化构想》，载《法学评论》2003 年第 1 期。

〔2〕 姜明安：《关于编纂我国行政程序法典的构想》，载《广东社会科学》2021 年第 4 期。

〔3〕 姜明安：《关于编纂我国行政程序法典的构想》，载《广东社会科学》2021 年第 4 期。

权益。

对生活在现代法治状态中的人们来说，法律的存在不仅是一种约束和限制，而且是一种保障和依靠。而统一的行政程序法典的存在，无疑是立法者向公众传输正当程序重要性的必要方式。通过制定行政程序法典，可以将分散在各个单行法中的程序规定进行整合和系统化，形成一个统一、完整的行政程序规范体系。这将有助于提升行政执法人员对正当行政程序的认知和重视程度，同时能够增强公众对行政程序的了解和信任。

2. 行政程序法典化有助于提升行政程序立法质量

行政程序法本质上应是一部旨在保障相对人程序权利、规范行政机关程序义务的法律。然而，现行行政程序规则在实际操作中多由各级行政机关通过规章自行设定，其内容往往偏离这一初衷，带有很强的管理主义色彩，相对人的程序权利在很大程度上被忽视或弱化。这种现象的存在，不仅使得行政程序法的立法质量大打折扣，而且在实践中导致了行政机关权力的滥用和相对人权益的受损。

管理者自己制定管理规则的做法无疑是造成现行行政程序制度管理法色彩浓厚的重要原因。对此不应指责部门规章和地方政府规章的制定者缺乏自律，不能依靠对行为主体的道德要求来达到目的，而应从制度保障人手。现行行政程序规定管理法色彩浓厚的问题是由法律层面行政程序规定严重缺位造成的。〔1〕

要恢复行政程序法的本来之义，即强调其作为相对人程序权利法和行政机关程序义务法的属性，不能仅仅寄望于规章制定机关的自律和自觉。在缺乏统一、高位阶的行政程序法典的情况下，各级行政机关在制定和执行行政程序规则时往往会出于管理便利的考虑，而忽视或牺牲相对人的程序权利。因此，制定一部统一的行政程序法典，将行政程序的基本原则、制度、程序等以法律的形式固定下来，是集中解决行政程序立法中法律层面严重缺位问题的最佳途径。

制定统一的行政程序法典，不仅可以提升行政程序法的立法位阶和权威性，确保其在各级行政机关中得到有效实施和执行，还可以明确规定相对人的程序权利和行政机关的程序义务，为相对人提供有效的权利救济途径，同时制约和监督行政机关的权力行使。借助法典化，行政程序制度才能真正发挥其应有的作用，成为保障公民权益、促进依法行政、建设法治政府的重要法律武器。

（三）行政程序法典化的体例选择

我国行政程序法典化须有确定的体例，即除规定行政行为的程序之外，是否将行政立法、行政裁决、行政合同以及行政复议等行政活动的程序纳入统一行政程序法。在讨论这一问题时，有必要参照域外有影响的行政程序法的相关规定。

美国行政程序法共计 20 条，内容包括五个部分：一是对“机关”“规章制定”“裁决”等术语进行规定；二是规定行政机关与公民的关系，如法规的公布、意见及命令的公告、记录的公布等，此部分为《信息自由法》《隐私权法》《阳光下的政府法》等内容；三是法规制定程序，包括正式程序和非正式程序，前者是仅适用于法律有特别规定

〔1〕 王万华:《论我国尽早制定行政程序法典的必要性与可行性》，载《中国法学》2005 年第 3 期。

时，且行政机关必须举行审判型的口头听证，后者是制定法规普遍适用的程序；四是行政裁决程序；五是听证的具体规定，听证制度是美国行政程序法的核心内容；六是司法审查，此乃美国行政程序法独有的特点，其他国家的行政程序法无司法审查的规定，而是出台专门的行政诉讼法加以规定。美国行政程序法是规范行政权力和为公众提供救济的法，因此很少涉及实体问题，并且对司法审查进行了规定。于美国而言，行政程序和司法审查都是对政府活动的控制手段，不同的是前者是事前、事中控制，后者为事后救济。

德国《行政程序法》分 8 章，主要涵盖：第一，行政程序主体，包括行政机关、当事人、参与人；第二，行政程序的一般规定，即代理、回避、证据、听证、阅卷、期间、期日、恢复原状、认证等制度；第三，行政处分，即行政处分的概念、种类、成立条件、效力等，此部分为实体规定；第四，公法契约，包括和解契约和双务契约，均以书面形式订立；第五，特种程序，包括正式程序和确定计划程序；第六，法律救济程序，主要指诉愿制度。德国《行政程序法》最大的特点是集合了程序规定和实体规定，因此德国行政程序法部分实现了行政法法典化。

除美国、德国之外，日本的行政程序法也非常有特点和影响力。日本行政程序法重点规定了行政指导，使行政指导公开透明、避免暗箱操作，是日本行政程序法制定的主要目的。日本关于行政指导的规定，对于亚洲其他国家的行政程序法产生深刻影响，如韩国行政程序法规定了行政指导的内容。另外，日本行政程序法将行政处分分为申请的处分和不利益的处分，分别适用不同的程序，其中审查基准、标准处理期间、处分基准、听证与赋予辨明机会等制度构成了行政程序公正、民主、透明的基本制度。

重要名词术语

行政程序、程序法治、正当程序原则、程序正义、自然正义原则、程序违法、行政程序法、听证制度、回避制度、重大执法决定、行政执法三项制度

思考题

1. 从违反行政程序的法律后果审视程序正义在我国行政法中的地位，随着行政程序法的出台，这种状况会不会发生变化？

2. 对行政审慎程序的认识与反思：重大执法决定法制审核制度作为行政执法三项制度之一，已被《行政处罚法》吸纳而成为法定程序，法制审核程序与集体讨论决定程序一起构成行政审慎程序，这种程序是否具有阶段性，是否会随着执法人员水平的提升而终结？经过审慎程序作出的决定最终被有权机关撤销或确认违法后，一旦追责，行政机关内部责任承担如何确定？

典型案例分析

朱某诉河北省唐山市丰南区人民法院及唐山市丰南区公安局南孙庄派出所行政复议决定案，最高人民法院（2017）最高法行申 5104 号行政裁定书

2015 年 1 月 10 日，唐山市丰南区南孙庄乡无名泊村村民王某在朱某家中与之发生口角，后双方相互殴打。朱某报警后，南孙庄派出所于 2015 年 1 月 11 日立案，于 2015 年 2 月 9 日延长办案期限 30 日，于 2015 年 8 月 18 日对朱某作出罚款 100 元的治安处罚。朱某对处罚决定不服，于 2015 年 9 月 7 日向丰南区人民政府申请行政复议，请求撤销处罚决定，并赔偿损失 2 万元。2015 年 11 月 2 日，丰南区人民政府作出复议决定，认为南孙庄派出所作出的处罚决定事实清楚，适用法律正确，但南孙庄派出所于 2015 年 1 月 11 日立案受理该案件，2015 年 8 月 31 日下达行政处罚决定书，超出了法定期限，属程序违法，决定撤销南孙庄派出的处罚决定。朱某以南孙庄派出所作出的行政处罚决定、丰南区人民政府作出的行政复议决定已经侵犯了其合法权益为由，向河北省唐山市中级人民法院提起行政诉讼，请求判决撤销被诉行政复议决定。一审法院认为丰南区人民政府作出的复议决定认定事实清楚，证据充分，程序合法，适用法律正确，遂于 2016 年 5 月 12 日作出（2015）唐行初字第 247 号行政判决：驳回原告朱某的诉讼请求。朱某不服，向河北省高级人民法院上诉，请求撤销一审判决，改判支持其一审的诉讼请求。二审法院认为，南孙庄派出所 2015 年 1 月 11 日立案，2015 年 8 月 31 日作出行政处罚决定，超出了《治安管理处罚法》第 99 条规定的期限，属于程序违法。但是，在南孙庄派出所认定的朱某违法事实存在，适用法律正确的情况下，丰南区人民政府仅以南孙庄派出所作出行政处罚决定超过法定期限为由，撤销南孙庄派出所作出的行政处罚决定明显不妥。作出原行政处罚就已超期，重新作出新的行政行为会造成客观上更加迟延。故南孙庄派出所超期限作出行政处罚应视为程序瑕疵，可通过其他方式或途径促进南孙庄派出所改进，不宜撤销。综上所述，丰南区人民政府作出的复议决定依据《行政复议法》第 28 条第 1 款第 3 项的规定撤销南孙庄派出所作出的行政处罚决定属适用法律错误，依法予以改判。遂于 2016 年 11 月 2 日作出（2016）冀行终 488 号行政判决：（1）撤销唐山市中级人民法院作出的（2015）唐行初字第 247 号行政判决；（2）撤销丰南区人民政府作出的被诉复议决定，丰南区人民政府于法定期限内重新作出复议决定。朱某仍不服，向最高人民法院申请再审。

再审法院认为，在处罚决定事实清楚、法律适用正确的情况下，复议机关丰南区人民政府以办案超期为由，认定程序违法进而撤销被诉处罚决定存有不妥，因为撤销被诉处罚决定后再让南孙庄派出所重新作出处罚决定，只会在客观上更加延迟。二审法院将之认定为程序瑕疵不宜撤销，并建议丰南区人民政府通过其他方式或者途径督促南孙庄派出所改进工作的裁判尺度，更为合理。

该案进一步明确了最高人民法院对待超期限执法的态度，即行政处罚决定不能仅以办案超期为由撤销。该案也揭示了行政程序在我国法治中的地位，与认定事实和适用法

律相比，像办案期限这类程序只是服从于实体公正的工具，即使违法，也不足以撤销行政决定，甚至算不上程序违法，而是程序瑕疵。众所周知，行政程序是由方式、步骤、时限和顺序组成，时限应该是重要的程序，于司法机关而言，超过法定期限办案是严重的违法行为，但是在行政程序法治实践中，超期作出执法决定，仅为瑕疵，这与程序正义要求不符。

第十章　政务公开

【内容提示】

政务公开并非行政法学上的学理概念，而是与当代政治、政府管理密切相关，又与政府信息公开存在交叉领域。政务公开是现代法治政府建设、发展民主政治的基础，也是国家治理的重要手段。其法理基础是知情权这一宪法上的基本权利。向公众公开、公示政府行为、过程、结果的做法自古有之，但从保障公众知情权角度逐步固定好、制度化则是近现代民主法治发展的产物。其法治化的重要标识是基于对知情权保障的确认而制定的政府信息公开制度，该制度允许任何人不必表明任何原因和理由去获取政府管理过程中形成的文档、数据等信息，并允许司法机关对政府机关公开或者不公开的行为进行审查。中国的政务公开实践自新中国成立以来尤其是 20 世纪 80 年代以来就在探索和推行，而《政府信息公开条例》的出台标志着其中一个重要领域的制度化、法治化。《政府信息公开条例》的制定、修订和实施充分体现了法治政府建设过程中政府管理日趋公开透明的发展趋势。不仅如此，中国还根据自身国情，因地制宜地加强了政策发布、重点领域信息公开、回应关切等工作，立体化推动政府管理的开放、透明。

第一节　政务公开的概念、基本原则与意义

一、政务公开的概念

政务公开并非一个严格意义上的法学概念，其生成与当代政治和政府实践与理论发展密切相关，同时与政府信息公开、透明政府等概念彼此交叉、相互界定。政务公开更多地意指政府具体工作事项，政府职责之一端，以及在特定历史时期内制定的政策和相关制度集群。

“政务公开，一般是指国家（政府）的政治事务或活动在法律规定范围内应让大众了解。”2000 年在天津召开的中国行政管理学会 2000 年会暨“政府政务公开理论与实践”研讨会上，就政务公开的含义作了专题研讨。基于对“政务”的不同理解，与会成员主要有两种观点。一种观点认为，所谓政务，就是有关政治的种种事务，其中包括政党事务、行政事务和其他社会公共事务。政务公开，就是指除属于国家规定保密以外的

党务、行政事务、社会公共事务等都要向社会和群众公开。这种理解可以被看作广义的政务公开。根据这种理解，政务公开除包括政府行政机关部门的政务公开之外，还应该包括立法、司法部门、政党、社会团体以及其他各种公共组织。因此，我国当前比较普遍和广泛的村务公开、检务公开、审务公开、警务公开、厂务公开等都可以涵盖进来。另一种观点则认为，政务公开中的政务，应该是指行政事务。因此，有人认为，政务公开仅仅限于政府机关的范围内，尤其是与公共行政管理密切相关的，与民众切身利益密切相关的事务，因此不应该包括群众自治组织的村务公开，不包括司法领域的检务公开和审判公开，也不包括国有企业内部推行的厂务公开。

姜明安教授则在同政府信息公开的比较中界定政务公开的内涵与外延。“首先，‘政务公开’的‘政务’是指整个国家公权力的运作，包括决策、立法、执行、监督的整个过程。在中国，政务的主体不仅包括国家机关，而且还包括作为执政党的中国共产党。而‘政府信息’仅指作为国家公权力一部分的行政权运作的信息和行政权运作获取的信息，其主体只是行政机关，而不包括立法机关，更不包括作为执政党的中国共产党。其次，‘政务公开’的‘政务’包括公权力运作的动态的活动和静态的信息，而‘政府信息’仅指行政权运作的静态信息和行政权运作获取的静态信息。最后，‘政务公开’的‘政务’虽然包括政务信息，但一般只包括公权力运作的信息，而‘政府信息’既包括行政权运作的信息，也包括行政权运作获取的信息，即行政机关在履行职责过程中制作或者获取的，以一定形式记录、保存的公民、法人和其他组织的信息。”〔1〕

行政法和通常使用语境下政务公开宜采纳狭义的理解，即单指行政的公开。“行政公开是指个人或团体有权知悉并取得行政机关的档案资料和其他信息，通常称这种权利为了解权（the right to know）。”〔2〕2016年中共中央办公厅、国务院办公厅印发了《关于全面推进政务公开工作的意见》，继而国务院办公厅印发《〈关于全面推进政务公开工作的意见〉实施细则》，文末指出：“政务公开是行政机关全面推进决策、执行、管理、服务、结果全过程公开，加强政策解读、回应关切、平台建设、数据开放，保障公众知情权、参与权、表达权和监督权，增强政府公信力执行力，提升政府治理能力的制度安排。”

二、公开最大化原则——政务公开的基本原则

对公开最大化原则的表述也可能有多种形式，例如“应公开尽公开”“以公开为原则，不公开为例外”“以公开为常态，不公开为例外”，等等。这些表述皆源自政务公开理念与立法模式的转变。国内外政务公开以有限内容的公开为传统，而当代政务公开立法与实践则转变为除明文规定的有限的不公开内容外，行政工作均应公开的模式。新模式根源于当代民主政治的兴起引发的对行政权属性的重新认识与各项权力关系的重构。

我国的政务公开工作法律文件的制定最早源自政府信息公开方面地方立法的创新探索，湖北、河北、江苏、辽宁等地的地方性法规中大多包含公开最大化原则。但2007

〔1〕 姜明安：《论政务公开》，载《湖南社会科学》2016年第2期。

〔2〕 王名扬：《美国行政法（下）》，北京大学出版社2016年版，第711页。

年出台的《政府信息公开条例》则并未采纳地方试点的经验而是采取了保密优先的保守性规定。[1]

2011 年，中共中央办公厅、国务院办公厅印发《关于深化政务公开加强政务服务的意见》首次以正式文件的形式明确“按照公开为原则、不公开为例外的要求，及时、准确、全面公开群众普遍关心、涉及群众切身利益的政府信息”。2014 年党的十八届四中全会明确指出政务公开工作要“坚持以公开为常态、不公开为例外原则”[2]。这两个重要文件的规定影响了后续《政府信息公开条例》的修订，2019 年通过的新修订的《政府信息公开条例》第 5 条规定：“行政机关公开政府信息，应当坚持以公开为常态、不公开为例外，遵循公正、公平、合法、便民的原则。”政务公开最大化原则自此正式成为一项法律原则，虽然仅呈现于关于政府信息公开的法律之中，但政府信息公开是政务公开的核心重点工作，足以代表行政机关公开意识与工作作风的整体转变。

2019 年《政府信息公开条例》还为“以公开为常态、不公开为例外”原则做出了周密的制度安排。其第 13 条第 1 款规定：“除本条例第十四条、第十五条、第十六条规定的政府信息外，政府信息应当公开。”对不公开的例外情形以列举的方式予以明确，不可任意解读与扩大，从而推动了各地政府信息公开清单制度的出现，使一直延伸至基层政府的信息公开工作指引清晰、有章可循。

即使是在公开的例外情形中，也并非均采取强制性规范的立法模式，而是将 16 条行政机关内部事务信息公开设计为任意性规范。“行政机关的内部事务信息，包括人事管理、后勤管理、内部工作流程等方面的信息，可以不予公开。”换言之，行政机关在对其内部事务的公开问题上拥有一定的自主决定权，事实上这一法律条文在兼顾行政机关对内部事务信息是否公开享有自主权的同时，以一种隐晦的方式鼓励有改革创新意愿的机关公开相关信息。

公开最大化原则还体现在部分公开的情况下。2019 年《政府信息公开条例》第 37 条规定：“申请公开的信息中含有不应当公开或者不属于政府信息的内容，但是能够作区分处理的，行政机关应当向申请人提供可以公开的政府信息内容，并对不予公开的内容说明理由。”这对限制政府部门过度解读不予公开的规定，以部分内容属于不予公开范围为由拒绝公开全部政府信息的做法起到了防范作用。

三、政务公开的意义

（一）根源于民主政治，巩固民主政治基石

政务公开并非只存在于当代，即便是在传统社会，自上而下的政令传递也是一种宽泛意义上的“政务公开”。但通行意义上的政务公开则特指当今民主政治语境下，以满足公众知情权为首要目的，以公众参与为治理路径的政务公开。民主政治的逻辑起点为人民选举产生政府，政府代表人民管理国家行政事务，因此人民对政府活动享有知情

---

〔1〕 参见肖卫兵：《新时代政务公开》，复旦大学出版社 2023 年版，第 44—45 页。

〔2〕 参见《中共中央关于全面推进依法治国若干重大问题的决定》。

权。同时，民主政治以有限政府、协商民主与社会自治为最高境界，这就要求有事前、事中的政务公开为前提，为公众参与提供基础与路径。以这一角度观之，政务公开强化了公众参与，只要持续公开便源源不断地巩固民主政治的基础。

（二）防治行政领域的腐败

诚如法谚所言："阳光是最好的防腐剂。"行政权代表的是社会公共利益，理应受到公众监督。早在20世纪初，中国老一辈共产党人已经为跳出"政怠宦成"的历史周期律指明了方向："我们已经找到了新路，我们能跳出这周期律。这条新路，就是民主。只有让人民来监督政府，政府才不敢松懈；只有人人起来负责，才不会人亡政息。"[1]人民直接监督政府即社会监督，能够有效弥补国家权力机关监督、司法监督、法律监督的空白，并与上述监督形式形成合力遏制腐败滋生，人民监督是最符合民主政治本质要求的监督形式。人民监督的前提条件是政府工作全流程、全方位地对人民公开，避免"暗箱操作"与行政领域的权力腐败。

（三）法治国家治理能力和治理手段现代化的需要

法治是民主政治的实践路径，也是民主权利的保障。法治政府建设的深意在于让国家治理过程在法治轨道上运行，一方面行政权力必须关进法律制度的笼子，另一方面人民的知情权、监督权受到宪法和法律的保护。事前、事中、事后全流程的政务公开是人民依法以法治标准评判政府工作的前提，防范决策风险于未然，防止公权力恣意妄为、寻租偏私等情形出现，让公平正义以看得见的方式得以呈现。政务公开是应人民法治诉求而生，也是政府的法定义务，是保证国家治理遵循法治原则，以实现治理能力和治理手段现代化的必然要求。

第二节　政务公开的法理基础

一、知情权

政务公开的理论基础首要的是知情权。近代工业经济的高速发展使得人与人之间的联系更为密切，社会交往结构直至政治结构也得以重塑，基于个人需求而对经济社会信息和政治决策信息知悉、了解的要求空前强烈。公众诉求为政治活动所正视，知悉、参与逐渐成为民主政治的推动力。1789年《法国人权和公民权宣言》第15条规定："社会有权要求机关公务人员报告其工作。"[2]"知情权"（Right to Know）作为一个明确的概念是由美国新闻记者肯特·库柏在1945年的演讲中首次提出的。知情权是一种新型的权利，是第二次世界大战后宪政运动的产物。"库柏所提出的知情权的含义是指公民有权

[1] 黄炎培：《八十年来》，文史资料出版社1982年版，第148—149页。

[2] 谷春德：《人权的理论与实践》，陕西人民出版社1991年版，第199页。

知道他应该知道的事情，国家应最大限度地确认和保障公民获取信息的权利，尤其是获得政府信息的权利。”[1]

1946 年联合国大会第 59（1）号决议宣告：“信息自由是一项基本人权，也是联合国追求的所有自由的基石。”[2]1948 年《世界人权宣言》在序言中宣布“而一个人人享有言论和信仰自由并免予恐惧和匮乏的世界的来临，已被宣布为普通人民的最高愿望”[3]，并以第 19 条规定“人人有权享有主张和发表意见的自由；此项权利包括持有主张而不受干涉的自由，和通过任何媒介和不论国界寻求、接受和传递消息和思想的自由”[4]。知情权与表达自由有着非常密切的关系，知情权是表达自由的重要逻辑前提，只有“知道”才可能有属于自己的主张进而实际享有表达自由，这就是法律文件关于表达自由的条款均被公认为是对知情权的支持与保护的根源所在。1966 年《公民权利和政治权利国际公约》第 19 条将《世界人权宣言》对知情权的原则性规定具体化，规定：“人人有自由发表意见的权利；此项权利包括寻求、接受和传递各种消息和思想的自由，而不论国界，也不论口头的、书写的、印刷的、采取艺术形式的，或通过他所选择的任何其他媒介。”[5]1966 年《美国情报自由法》的颁布以国家法律规范的方式确立了知情权的法律地位和保护方式。

随着信息化时代的来临，无差别的获取信息以及在网络空间的表达自由成为更为重要的权利。联合国人权委员会于 1993 年设立了联合国观点表达自由特别报告员。特别报告员在 1995 年的报告中指出，言论与表达自由的要素之一是寻找或者获得信息资源的权利，在 1998 年的报告中指出：“寻找、接收与传播信息的权利使国家负有积极义务，以保证获得信息，尤其是政府以所有方式储存的信息。”[6]联合国人权委员会在 2000 年《联合国观点与表达自由特别报告》中指明了公民信息自由权包括的具体内容，最重要的一点就是再次确认公共机构有义务公开信息。

中国于 1998 年加入《公民权利和政治权利国际公约》，受到公约第 19 条约束。在宪法和法律层面均对保护知情权有所体现。宪法根本上保证了国家的一切权力属于人民，并规定了对人民负责受人民监督的人民代表大会制度，政府行政权运行理应属于人民监督的范围，因此政务信息应尽可能全面地让人民知道。我国《宪法》第 35 条规定：“中华人民共和国公民有言论、出版、集会、结社、游行、示威的自由。”对公民言论自由的肯定即是对公民知情权的肯定。

---

〔1〕向佐群：《政府信息公开制度研究》，知识产权出版社 2007 年版，第 46 页。

〔2〕沈定成：《政府信息公开司法审查制度研究》，东南大学出版社 2021 年版，第 101 页。

〔3〕张伟主编：《联合国核心人权文件汇编》，中国财富出版社 2013 年版，第 66 页。

〔4〕张伟主编：《联合国核心人权文件汇编》，中国财富出版社 2013 年版，第 68 页。

〔5〕中国人权发展基金会编：《中国签署批准的国际人权公约》，新世界出版社 2003 年版，第 128 页。

〔6〕参见牛忠志、曲海鹏等：《政府信息资源的共享——增值性开发与利用》，知识产权出版 2011 年版，第 35 页。

二、行政程序与防御权

从制度层面来看，政务公开是行政程序的重要制度之一，而对行政程序的特别强调与立法则归因于公民对国家权力的防御权的理论。美国行政法学者 B. 施瓦茨（B.Schwartz）曾经明确指出："行政程序法的制定，清楚地表明了国会要求停止行政权的扩大。"[1]防御权最初仅包含国家对个人基本自由权的容忍，从国家角度来看是对公权力提出的一种消极性的要求，排除国家对个人基本自由的干预。但近代民主政治兴起致使国家同个人之间的关系趋于更为频繁的互动且具有复杂化倾向，这就使得防御权逐步有了积极的意味。"社会法治国理念是法治国与社会国的结合，国家要积极介入社会生活，对每个人都负有生存保障义务，根据正义原则分配经济资源，维护社会正义、公共福祉、社会安全。在个人与国家的关系上，个人请求国家不作为和停止侵害无法适应社会国的需要，应当允许个人向国家提出改善个人状况、享有社会资源、获得物质保障、形成更好社会关系等方面的请求。这一给付请求权表明了个人相对国家而言的积极色彩。"[2]民主政治之下，广泛的民主参与诉求使得国家必须以更加积极的姿态去提供资源与便利以维护人民主权的政治基础，政务信息（或其获取渠道）作为一种重要的社会资源应该公平地分配至公民，是为个人对当代法治国家防御权的新要求和国家政权合法性的新意涵。

第三节　中外政务公开制度溯源

当代政务公开制度变革源于对政府文件应否保密的探讨。政府文件是政府工作的主要记载方式，不论中外的政治传统中大部分文件在官僚体制内部流转，虽尚未达到严格意义上的"保密"程度，但也仅有少部分政令文件以"昭告天下"的方式予以公示。当民主政治成为主流，社会公众的民主意识增强，对传统惯常做法的质疑之声渐起，政务文件应该保密还是公开、在何种范围和程度上公开，成为公众急迫的诉求和政府无所适从的困惑。在矛盾与争议的推动下，行政领域的各类信息事项的公开成为第二次世界大战后产生的新趋势，是为多个国家政府所采纳的世界潮流。受世界主流趋势影响，我国也逐渐受到"开放政府""透明政府"等理念影响，改革传统行政观念和相关政策，不断扩大政务公开范围，强化政务公开深度，并逐步建立起中国政务公开制度体系。

一、美国政务公开制度

"美国在行政公开方面的立法比其他西方国家早，而且更为完备，在一定程度上对

---

〔1〕《政府信息公开条例读本》编写组编：《政府信息公开条例读本》，中央文献出版社 2008 年版，第 49 页。

〔2〕 于文豪：《基本权利》，江苏人民出版社 2016 年版，第 43 页。

其他西方国家起了示范作用。”[1]美国的政务公开制度构建起始于情报公开，经由会议公开和咨询委员会公开走向成熟完备。

美国早期行政法中由《管家法》（Housekeeping Act）规定了行政机关长官有权公布其主管行政机关文件的传统。相关法条规定：“行政部门或军事部门的机关长官可以制定法规管理该机关……以及机关的记录、公文、财产的保管、使用和维持。”[2]如无其他法律特殊规定，行政长官在行政文件的使用、维持，以及决定其是否公开方面拥有很大程度的决定权。而在诉讼程序中，相对人出于案件需要而对行政文件进行了解的请求也可为行政特权所拒绝。

法律忽视公民获知行政文件权利的局面被1946年的《行政程序法》率先打破。《行政程序法》第3节首次提出了“公共情报”的概念，并以法律形式要求联邦政府应公布部分行政法规、政府意见或事关公共利益的记录等项目，因而被认为是美国信息公开制度的开端。但因该法规定行政机关出于公共利益和诸多正当理由可以拒绝向公众提供上述信息，并且对行政机关应保密事项的界定广泛而模糊，反而成为行政机关拒绝向公众提供信息的依据。

1946年《行政程序法》对政府文件公开的规定自其问世之日起争议之声便不绝于耳，一方面“公共情报”的概念响应了公众对公开的诉求，另一方面实质性规定的反其道而行之又激化了社会力量与政府保守主政官员之间的矛盾。在律师、新闻界等社会力量的争取之下，推动修订1946年《行政程序法》的运动在1955年迎来转机，国会启动了法律的修改程序。

1966年国会制定《情报自由法》，取代1946年《行政程序法》第3节“公共情报”的规定。1967年《情报自由法》的主要条款编入《美国法典》第5编第552节，自1967年起开始实施。

1966年《情报自由法》对美国保守的行政文件保密传统作出颠覆性改革，对于世界政府信息公开制度的发展真正具有里程碑意义。《情报自由法》采取了根本不同的立法逻辑，一改《行政程序法》中拒绝公开的含混不清的公共利益、正当理由等说辞，明确列举了9项免除政府机关公开责任的情形，除这9项法定情形外，一切政府文件都应对公众公开，公众（而非局限于和文件有直接关系的人）可以依照政府机关规定的程序获得政府文件。即便是法律规定可以免于公开的政府文件，行政机关有权决定是否公开。尤为重要的是，《情报自由法》赋予当事人就行政机关拒绝公开政府文件的行为提起行政诉讼的权利，从而使得这项权利因救济渠道的设置而获得司法保障。

《情报自由法》作为世界政府信息公开制度初创性质的法律虽在法制史上意义重大，但也并非完璧无暇。例如，以往法律语焉不详、定义模糊而导致任意解释扩大免于公开范围的问题依然存在；行政机关利用法律规定的粗疏以部分包含免于公开的信息为由拒接公开全部文件；该法仅规定行政机关必须“及时”“迅速”地提供文件而没有明确的

---

〔1〕 王名扬：《美国行政法（下）》，北京大学出版社2016年版，第711页。

〔2〕《美国法典》第5编第301节。

时效性规定，致使当事人期限利益丧失；对拒绝提供文件提起诉讼成本高昂，且收费标准不一；公开责任承担主体不清，对拒绝提供文件而违法的政府官员未规定惩罚措施，致使立法目的落空；等等。此后，经过 1974 年、1976 年、1986 年等多次修改，《情报自由法》对“免于公开”进行了用语更为科学、细致的表述，统一了时效性规定与诉讼收费标准，最重要的是对违法拒绝提供文件的官员规定了明确的责任与行政处分。直至 1996 年《电子情报自由法》问世，顺应了信息技术发达带来的电子政务新趋势，在信息化环境下充分保障公民知情权，美国的政府信息公开制度日臻完善。

《联邦咨询委员会法》制定于 1972 年，适用于本身没有决定权力，为行政机关提供意见、建议的咨询机关。美国素有借助外部力量辅助行政活动的传统，咨询委员会即为表现形式之一。第二次世界大战之后，政治局势的变化导致美国行政机关数量增加，而社会形势的演变同时致使行政技术性增强，大量的专业的咨询委员会的建立成为必然。数百个咨询委员会的管理成为令政府头痛、公众不满的现实问题。由于没有制度约束，任意设立咨询委员会现象愈演愈烈，有些委员会功能重叠，有些在完成咨询事项后仍不解散浪费公共资源，而秘密会议的议事方式导致政府公信力下降是公众质疑咨询委员会制度的根源所在。《联邦咨询委员会法》明确了联邦行政机关的咨询委员会的组织程序和监督方式，并要求其文件和会议公开。

1976 年《阳光中的政府法》规定了政府信息公开制度的另一重要组成部分——会议公开。该法律规定合议制行政机关的会议必须公开举行，公众得以监督会议过程并有权获得会议信息和相关文件。《阳光中的政府法》适用于采取委员会制议事程序的行政机关，委员会制的行政机关作出决定必须举行会议，委员会委员意见的表达是必经程序并且其责任归属是集体负责制的逻辑前提，因此会议过程有必要置于公众监督之下。实行独任制的行政机关由行政长官一人作出决定并承担领导责任，下属官员实际上也会提出意见，但对决定作出不产生实质性影响且无须因此承担责任，为了保护独任制行政机关非领导官员提出意见的积极性，其内部讨论备忘录自《情报自由法》起便属于免于公开的范畴。会议公开是对行政公开范围的重要拓展，意味着从静态的有限的文件公开转向更为全面反映行政工作全貌的过程公开。美国国会在说明制定《阳光中的政府法》的目的和政策时声称：“公众有权在可以实行的范围内，充分了解联邦政府作出决定的程序。本法的目的是对公众提供这样的信息，同时保护个人的权利和政府执行职务的能。”[1]借此，公众对于行政工作的了解更为全面。

二、中国政务公开制度的发展

（一）政令传递——政务公开的历史渊源

毫无疑问，如今所称政务公开是民主政治的产物，但无论是作为一项行政管理制度还是一种理念，在历史上依然可以探寻到其萌发的脉络渊源。政务公开制度始于古已有之的政令传递，以政令传递为核心的政务信息公开范围在接受民主诉求影响的前提下不

〔1〕 王名扬：《美国行政法（下）》，北京大学出版社 2016 年版，第 766 页。

断扩张形成了当代的政务公开制度，政令传递由此成为政务公开的有机组成部分。

政令传递为任何类型的政治结构行使治理职能所必须，因此其历史可以追溯到久远的上古时代。《尚书·舜典》记载“舜置纳言”之事：“帝曰：‘龙！朕塈谗说殄行，震惊朕师。命汝作纳言，夙夜出纳朕命，惟允！’。”“纳言”即是负责上传下达的官员。同样还有“王归自克夏，至于亳，诞告万方”（《尚书·汤诰》）的政令传递故事流传至今。广泛传播政令的还有“遒人”，“遒人以木铎徇于路”（《尚书·夏书》），“振木铎于朝，天子之政也”（《礼记·明堂位》）。

中国延续千年的邮驿体系和公报制度都是悠久的政令传递制度的确证。“车同轨”之后的邮驿制度为政令逐级传递提供了硬件条件，逐步规范化的公报制度则体现了政令传递在实质内容上日益走向正式与权威的发展过程。始于汉代的“邸报”被公认为政府公报的萌芽〔1〕，邸报制度至宋代臻于成熟越发具有“官报”的性质。以典章建立起完整的流程与固定的程式，由进奏院核定后的邸报称为“定本”，具有不可擅自改动的权威性。邸报的内容则为朝廷政事，面向各级地方官署官吏（而非社会大众）传播，是作为奏本诏令之补充的一种公文程式和国家政务信息流转途径。邸报延续至清末发生了一些变化，官书局发行《官书局报》和《官书局汇报》，并将《时务报》收为官办，除谕折等传统内容外还刊登同文馆翻译而来的国外政事，以达到教化民众的目的，邸报所载政务信息的发行对象由此扩大至社会公众。“宣统三年，新官制之内阁成立，又改《政治官报》为《内阁官报》。一切新法令，以报道之日起发生效力。至是，官报始成为公布法律命令之机关，其用益宏伟矣。”〔2〕紧随其后创办《北洋官报》，近代意义上的“政府公报”产生。民国时期，《中华民国公报》《临时政府公报》正式成为向大众公开政务活动的国之定制，对打破封建专制、推动近代民主政治兴起意义重大。新中国成立起以人民主权为依归的政府公报和政务公开制度，这既有对传统善政理念的承继与发扬，又有结合了马克思主义人民民主先进理念的理论与制度创新。

（二）中国政务公开制度发展历程

中国政务公开制度建设始于20世纪80年代，呈现由政策萌发逐步法治化、规范化的发展趋势。

中国政务公开制度建设源于改革开放之初人民民主制度在社会社会形势推动下进入新的发展阶段。改革开放对中国社会的改变是全面而深刻的，在其初始阶段各类社会利益的协调均衡在摸索中进行，不免出现社会矛盾增加的客观现象。为更好地解决新出现的问题，1987年党的十三大重新强调了群众路线这一“制胜法宝”的重要意义。一方面要求各级领导机关倾听群众意见，了解实际从而避免失误；另一方面要求领导机关将工作面临的困难告知群众知晓，争取理解与支持。因此党的十三大报告指出：“建立社会协商对话制度的基本原则，是发扬‘从群众中来、到群众中去’的优良传统，提高领导机关活动的开放程度，重大情况让人民知道，重大问题经人民讨论。”党的重大方针拉

〔1〕参见戈公振：《中国报学史》，河南人民出版社2018年版，第23页。

〔2〕戈公振：《中国报学史》，河南人民出版社2018年版，第46页。

开了当代中国政务公开制度建设的序幕。

在经济社会转型期，国家机关廉洁性是保障社会平稳运行的底线，对国家机关及其工作人员的监督也是人民的民主权利。1988 年 12 月中共中央书记处讨论廉政建设会议提出："办事公开和群众举报，是党的十三大以来在保持党和国家机关廉洁方面的两项重要制度建设。"由此，"两公开一监督"（公开办事制度、公开办事结果、接受群众监督）制度应运而生。纪委成为推动政务公开制度的重要力量。

2004 年国务院印发《全面推进依法行政实施纲要》，将公开作为依法行政的主要表现和重要途径："科学化、民主化、规范化的行政决策机制和制度基本形成，人民群众的要求、意愿得到及时反映。政府提供的信息全面、准确、及时，制定的政策、发布的决定相对稳定，行政管理做到公开、公平、公正、便民、高效、诚信。"在依法行政的基本要求中提道："行政机关实施行政管理，除涉及国家秘密和依法受到保护的商业秘密、个人隐私的外，应当公开，注意听取公民、法人和其他组织的意见；要严格遵循法定程序，依法保障行政管理相对人、利害关系人的知情权、参与权和救济权。"在转变政府职能方面提出："推进政府信息公开。除涉及国家秘密和依法受到保护的商业秘密、个人隐私的事项外，行政机关应当公开政府信息。对公开的政府信息，公众有权查阅。行政机关应当为公众查阅政府信息提供便利条件。"在民主决策方面要求："除依法应当保密的外，决策事项、依据和结果要公开，公众有权查阅。涉及全国或者地区经济社会发展的重大决策事项以及专业性较强的决策事项，应当事先组织专家进行必要性和可行性论证。社会涉及面广、与人民群众利益密切相关的决策事项，应当向社会公布，或者通过举行座谈会、听证会、论证会等形式广泛听取意见。重大行政决策在决策过程中要进行合法性论证。"《全面推进依法行政实施纲要》为政务公开基本原则与信息公开、决策公开、结果公开等各项基本内容的确立奠定了基础。

2005 年中共中央办公厅、国务院办公厅联合下发《关于进一步推行政务公开的意见》，对此前对政务公开工作的政策导向和要求进行了较为全面的梳理总结。其中对于政务公开重要意义的论述涵盖了发展人民民主、依法行政和预防腐败三个主要方面，并且明确了"要把人民群众普遍关心、涉及人民群众切身利益的问题作为政务公开的重点内容，围绕行政主体基本情况和行政决策、执行、监督的程序、方法、结果等事项，不断拓展政务公开的内容"的要求，还专门强调了从乡镇到国务院不同层级政府分别需要着重公开的事项，在政务公开的形式方面特别提出了充分利用网络公开的要求。该意见对其后政务公开工作的深远影响主要有两点：其一，明确提出建立依申请公开制度；其二，提出抓紧制定"政府信息公开条例"的要求，推动政务公开工作尽快迈入法治化轨道。

2007 年《政府信息公开条例》应运而生，标志着我国政务公开工作不再局限于政策导向和工作要求，而是正式走上法治化轨道。虽然政府信息仅属于政务信息中的一部分，但为其主干，因此对政务公开法律制度的进一步完善有奠基和示范意义。最直接保障公民知情权的依申请公开制度经 2007 年《政府信息公开条例》正式被我国认可采用。该条例第 13 条规定："除本条例第九条、第十条、第十一条、第十二条规定的行政机关主动公开的政府信息外，公民、法人或者其他组织还可以根据自身生产、生活、科研等特殊需要，向国务院部门、地方各级人民政府及县级以上地方人民政府部门申请获取相关政府信息。”这一依申请公开条款由于设置了“自身生产、生活、科研等特殊需要”的目的限制一度为人所诟病，但以行政法规这一较高位阶的法律渊源对依申请公开制度的确认较之以往已经在保障公民知情权方面迈出了关键一步。此前依宏观政策办事的政府信息公开工作随意性较大，《政府信息公开条例》的出台强化了政府信息公开方面的责任划分与制度保障，规定了层次分明的组织架构，并以工作考核、社会评议与责任追究为底线，以行政复议和行政诉讼为救济，确保政府信息公开工作质效。

2016年国务院办公厅发布《〈关于全面推进政务公开工作的意见〉实施细则》，就进一步推进决策、执行、管理、服务、结果公开（统称“五公开”），加强政策解读、回应社会关切、建设公开平台等工作进行具体部署，并特别提出推进基层政务公开标准化规范化，开展“五公开”标准化规范化试点工作的要求。2017年《开展基层政务公开标准化规范化试点工作方案》颁布，15个省份、100个县级政府作为试点就26个领域的政务公开标准化、规范化工作开展地方探索创新。为2019年《政府信息公开条例》的修订积累了大量基层经验。

2013年党的十八届三中全会通过的《中共中央关于全面深化改革若干重大问题的决定》指出全面深化改革的总目标是：“完善和发展中国特色社会主义制度，推进国家治理体系和治理能力现代化。”2019年党的十九届四中全会通过《中共中央关于坚持和完善中国特色社会主义制度 推进国家治理体系和治理能力现代化若干重大问题的决定》，指出要“坚持权责透明，推动用权公开，完善党务、政务、司法和各领域办事公开制度，建立权力运行可查询、可追溯的反馈机制”。政务公开既是政府治理能力现代化的前提条件，也是政府观念职能转变、建设法治政府、治理效果提升的具体表现，在国家治理体系和治理能力现代化全局中占有重要地位。

面临新形势、站在新高度的政务公开制度需要与时俱进，2019年《政府信息公开条例》的修订是实践经验积累和治国理政理论创新双重作用的结果。新修订的《政府信息公开条例》首次将“以公开为常态，不公开为例外”的基本原则写入法条之中，这一举动的宣誓意义积极且影响深远。新修订的《政府信息公开条例》还扩大了主动公开的范围，建立主动公开内容动态调整机制，取消了对依申请公开目的的限制性规定，同时要求各级人民政府加强政府信息资源的规范化、标准化、信息化管理，加强互联网政府信息公开平台建设，从而强化了信息化时代政府网站是政务公开第一平台的行动准则。

党的十八大以来，党中央提出“全过程人民民主”的重大理念。2019年11月2日习近平总书记在上海市长宁区虹桥街道古北市民中心考察时的讲话指出：“人民民主是一种全过程的民主。”2021年7月1日，习近平总书记在庆祝中国共产党成立100周年大会上的讲话中再次强调要“发展全过程人民民主”。全过程人民民主是我国社会主义政治建设实践取得的新的理论成果，是中国式现代化的本质要求，为新时期中国特色社会主义政治发展道路指明了方向。作为践行全过程人民民主的重要方面，政务公开制度应在坚持“三统一”原则前提下不断深化，《2022年国务院政府工作报告》明确提出“坚持依法行政，深化政务公开，加强法治政府建设”的工作任务。在现有《政府信息公开条例》基础上，政务公开立法进程也应持续加速，以更高位阶的法律为政务公开全方位、全流程标准化、规范化提供法制保障。

第四节 政务公开的主要内容

一、“五公开”

2014 年《中共中央关于全面推进依法治国若干重大问题的决定》在“深入推进依法行政，加快建设法治政府”部分提出：“全面推进政务公开。坚持以公开为常态、不公开为例外原则，推进决策公开、执行公开、管理公开、服务公开、结果公开。”“五公开”的政务公开主体内容得以确立。

2016 年中共中央办公厅、国务院办公厅印发《关于全面推进政务公开工作的意见》对“五公开”的内涵进行了相应阐释。

1. 决策公开

把公众参与、专家论证、风险评估、合法性审查、集体讨论决定确定为重大行政决策法定程序。实行重大决策预公开制度，涉及群众切身利益、需要社会广泛知晓的重要改革方案、重大政策措施、重点工程项目，除依法应当保密的外，在决策前应向社会公布决策草案、决策依据，通过听证座谈、调查研究、咨询协商、媒体沟通等方式广泛听取公众意见，以适当方式公布意见收集和采纳情况。探索利益相关方、公众、专家、媒体等列席政府有关会议制度，增强决策透明度。决策作出后，按照规定及时公开议定事项和相关文件。

2019 年《重大行政决策程序暂行条例》出台，决策公开得以在“五公开”之中率先具备法制化程序与鲜明的法治要素。

2. 执行公开

主动公开重点改革任务、重要政策、重大工程项目的执行措施、实施步骤、责任分工、监督方式，根据工作进展公布取得成效、后续举措，听取公众意见建议，加强和改进工作，确保执行到位。各级政府及其工作部门都要做好督查和审计发现问题及整改落实情况的公开，对于不作为、慢作为、乱作为问责情况也要向社会公开，增强抓落实的执行力。

3. 管理公开

全面推行权力清单、责任清单、负面清单公开工作，建立健全清单动态调整公开机制。推行行政执法公示制度，各级政府要根据各自的事权和职能，按照突出重点、依法有序、准确便民的原则，推动执法部门公开职责权限、执法依据、裁量基准、执法流程、执法结果、救济途径等，规范行政裁量，促进执法公平公正。推进监管情况公开，重点公开安全生产、生态环境、卫生防疫、食品药品、保障性住房、质量价格、国土资源、社会信用、交通运输、旅游市场、国有企业运营、公共资源交易等监管信息。公开民生资金等分配使用情况，重点围绕实施精准扶贫、精准脱贫，加大扶贫对象、扶贫资金分配、扶贫资金使用等信息公开力度，接受社会监督。

4. 服务公开

把实体政务服务中心与网上办事大厅结合起来，推动政务服务向网上办理延伸。各地区各部门要全面公开服务事项，编制发布办事指南，简化优化办事流程，让群众不跑冤枉路，办事更明白、更舒心。公布行政审批中介服务事项清单，公开项目名称、设置依据、服务时限。推行政府购买公共服务、政府和社会资本合作（PPP）提供公共服务的公开。大力推进公共企事业单位办事公开，行业主管部门要加强分类指导，组织编制公开服务事项目录，制定完善具体办法，切实承担组织协调、监督指导职责。通过最大限度方便企业和群众办事，打通政府联系服务群众“最后一公里”。政务服务领域的“一件事”改革，属于服务公开的一项重点创新，在全国政务服务系统推广后便民成效颇为显著。

5. 结果公开

各级行政机关都要主动公开重大决策、重要政策落实情况，加大对党中央、国务院决策部署贯彻落实结果的公开力度。推进发展规划、政府工作报告、政府决定事项落实情况的公开，重点公开发展目标、改革任务、民生举措等方面事项。建立健全重大决策跟踪反馈和评估制度，注重运用第三方评估、专业机构鉴定、社情民意调查等多种方式，科学评价政策落实效果，增强结果公开的可信度，以工作实绩取信于民。

2016 年国务院办公厅印发的《〈关于全面推进政务公开工作的意见〉实施细则》明确提出“五公开”的简称，此后在历年《政务公开工作要点》中均对落实“五公开”相关要求有不同侧重的提及。“五公开”涵盖了政务公开的主干内容，政策发布、重点领域信息公开、回应关切等其他公开内容与“五公开”在含义上存在交叉重叠。

二、政策发布与政策解读

政策一经出台必然要通过发布才可为全社会贯彻执行，因此政策发布已具备成熟完善的制度机制和载体，政府公报、政府网站、新闻媒体都能为政策在社会公众间的到达率提供保障，近年来还出现了建立在大数据计算基础上的政策精准推送，对企业或某项政策的相关群体点对点进行告知。

政策解读是针对以往出现的下级政府或社会公众对发布的政策理解不充分甚至产生误读的问题而建立的预先防范机制，其作用就是避免误解误读、稳定预期，进而促进政策顺利落实。2009 年印发的国务院《关于进一步促进中小企业发展的若干意见》率先提出：“完善中小企业信息服务网络，加快发展政策解读、技术推广、人才交流、业务培训和市场营销等重点信息服务。”2011 年国务院办公厅印发的《关于进一步加强政府网站管理工作的通知》提出：“重要政策出台后，要及时通过政府网站做好政策解读工作。”2013 年国务院办公厅印发《关于进一步加强政府信息公开回应社会关切提升政府公信力的意见》，其中多次提到要主动做好重要政策法规解读，明确通过政府网站及时发布政策解读的途径，并要求建立专家解读机制，让群众“听得懂”“信得过”。

2014 年国务院办公厅印发《关于加强政府网站信息内容建设的意见》进一步提出加大政策解读力度的要求：“政府研究制定重大政策时，要同步做好网络政策解读方案。涉及经济发展和社会民生等政策出台时，在政府网站同步推出由政策制定参与者、专业机构、专家学者撰写的解读评论文章或开展的访谈等，深入浅出、通俗易懂地解读政策。要提供相关背景、案例、数据等，还可通过数字化、图表图解、音频、视频等方式予以展现，增强网站的吸引力亲和力。”2013 年国务院办公厅《关于印发当前政府信息公开重点工作安排的通知》明确政策解读的步骤，即加强信息解读工作，对一些涉及面广、社会关注度高或专业性比较强的政策性信息及相关重要信息，要加强事前舆情风险评估，制定信息发布、解读和回应的整体方案。公开前，要同步考虑相应解读事宜，准备解读预案及通俗易懂的解读材料；公开时，同步配发解读材料，及时组织专家进行科学解读、阐释，增进公众对政府工作的了解和理解。2016 年，中共中央办公厅和国务院办公厅联合印发的《关于全面推进政务公开工作的意见》全面规定政策解读的主体、方式、内容、渠道等原则性要求，提出主要负责人是“第一新闻发言人”的理念，在解读方式上要求运用数字化手段，通过图表图解、音视频等方式展现，在内容上深入浅出地讲解政策背景、目标和要点，要充分利用多种渠道确保政策发布与政策解读到达率。国务院办公厅《〈关于全面推进政务公开工作的意见〉实施细则》针对政策解读建立起更为细致的规范化举措，确立“谁起草、谁解读”的责任，提出“同步组织、同步审签、同步部署”的“三同步”要求，将解读提前至政策发布前的吹风解读和预期引导，并着重于解读内容的细化与解读效果的强化。此后，多地出台政策解读实施方案落实同步解读的要求，收效良好。

三、重点领域信息公开

重点领域信息公开是对政府信息中属于重点的部分信息的公开予以强调的制度安排，重点领域信息一般指人民群众普遍关心和涉及人民群众切身利益的政府信息。

重点领域信息涵盖范围始终处于变动之中，既有一直属于重点的政府信息，也有特定阶段因执行重点任务、重点工作而成为重点的政府信息。重点领域信息主要是指财政预决算信息、公共资源配置信息、重大建设项目信息、社会公益事业信息和其他重点领域的信息。

2000 年，中共中央办公厅和国务院办公厅联合印发的《关于在全国乡镇政权机关全面推行政务公开制度的通知》中要求：“乡镇政务公开要从人民群众普遍关心和涉及群众切身利益的实际问题入手，对群众反映强烈的问题、容易出现不公平、不公正甚至产生腐败的环节以及本乡镇经济和社会发展的重大问题，都应当公开。其中，重点是财务公开。”2005 年，中共中央办公厅和国务院办公厅联合印发的《关于进一步推行政务公开的意见》提出：“要把人民群众普遍关心、涉及人民群众切身利益的问题作为政务公开的重点内容，围绕行政主体基本情况和行政决策、执行、监督的程序、方法、结果等事项，不断拓展政务公开的内容。”并就不同层级政府信息公开的重点内容分别作出规定。

2007 年《政府信息公开条例》将重点领域信息公开制度法制化，在主动公开部分区分县级以上各级人民政府及其部门、设区的市级人民政府、县级人民政府及其部门乡（镇）人民政府，就其各自应公开的重点信息作出规定。2019 年《政府信息公开条例》第 20 条、第 21 条所列举和规定的都应属于重点领域信息。

2012 年、2013 年连续两年出台的政府信息公开重点工作安排和 2012 年、2013 年、2015 年出台的政务公开工作要点均对重点领域信息公开有特别要求。

2014 年《中共中央关于全面推进依法治国若干重大问题的决定》提出：“各级政府及其工作部门依据权力清单，向社会全面公开政府职能、法律依据、实施主体、职责权限、管理流程、监督方式等事项。重点推进财政预算、公共资源配置、重大建设项目批准和实施、社会公益事业建设等领域的政府信息公开。”

2016 年《关于全面推进政务公开工作的意见》提出：“推进重点领域信息公开。着力推进财政预决算、公共资源配置、重大建设项目批准和实施、社会公益事业建设等领域的政府信息公开，有关部门要制定实施办法，明确具体要求。各级行政机关对涉及公民、法人或其他组织权利和义务的规范性文件，都要按照政府信息公开要求和程序予以公布。规范性文件清理结果要向社会公开。加强突发事件、公共安全、重大疫情等信息发布，负责处置的地方和部门是信息发布第一责任人，要快速反应、及时发声，根据处置进展动态发布信息。”

四、回应关切

回应关切是对存在瑕疵发布问题或风险的政府信息公开行为的补救性措施。影响或者可能影响社会稳定、扰乱社会管理秩序的虚假或者不完整信息可能在社会上引发蝴蝶效应，导致危害社会稳定的严重后果。及时主动地回应公众关切，有助于消除公众误解和质疑，提升政府形象和公信力，是新形势下做好信息公开工作、掌握舆论主导权和话语权、维护社会稳定的重要举措，也是进一步提升公开质量的新要求。

2007 年《政府信息公开条例》第 6 条规定，行政机关应当及时、准确地公开政府信息。行政机关发现影响或者可能影响社会稳定、扰乱社会管理秩序的虚假或者不完整信息的，应当在其职责范围内发布准确的政府信息予以澄清。2019 年修订的《政府信息公开条例》第 6 条对上述条款稍有改动，规定：“行政机关应当及时、准确地公开政府信息。行政机关发现影响或者可能影响社会稳定、扰乱社会和经济管理秩序的虚假或者不完整信息的，应当发布准确的政府信息予以澄清。”国务院高度重视政府部门回应社会关切的问题，国务院办公厅《关于进一步加强政府信息公开 回应社会关切 提升政府公信力的意见》明确提出：“对涉及政务活动的重要舆情和公众关注的社会热点问题，要积极予以回应，及时通过政府网站发布权威信息，讲清事实真相、有关政策措施以及处理结果等。”《关于在政务公开工工作中进一步做好政务舆情回应的通知》则针对政务舆情回应关切工作作出细化的可操作性的具体规定。

五、法规、规章和规范性文件的发布与管理

地方性法规、地方政府规章、行政规范性文件是政府权力行使的重要依据，也与公民的权利义务紧密相关，公开并方便公众查询这些文件是法治政府、透明政府建设的必然要求。建设集中公开平台有助于提升地方性法规、地方政府规章、行政规范性文件公开效果，推动依法行政，保障公众合法权益。

国务院办公厅 2018 年 5 月 16 日发布的《关于加强行政规范性文件制定和监督管理工作的通知》对加强行政规范性文件公开工作提出了系列要求，也对探索应用信息化手段辅助行政规范性文件公开提出了要求。《法治政府建设实施纲要（2021—2025 年）》要求各省（自治区、直辖市）实现本地区现行有效地方性法规、规章、行政规范性文件统一公开查询。

2022 年 4 月 11 日国务院办公厅发布的《关于印发 2022 年政务公开工作要点的通知》，也强调深化行政法规和规章集中公开，开展行政规范性文件集中公开工作。

搭建地方性法规、地方政府规章、行政规范性文件集中公开平台，是我国推进政务公开和推进法治政府建设的重要举措。不仅方便公众查询办事，也有助于提升各级政府制定、发布地方性法规、地方政府规章、行政规范性文件的规范化程度，提高政府法治建设的水平。

第五节　政府信息公开

一、政府信息

政府信息公开得以被重视和突出强调与国家的大政方针有密切关系。“自 20 世纪 90 年代后期开始，国家领导人就提出了要走一条‘以信息化带动工业化’的新型工业化之路。政府信息再利用作为信息化发展的重要组成部分理应获得优先发展。”〔1〕“政府信息公开是政府信息再利用的重要举措，因而是我国信息化发展不可或缺的内容。”〔2〕

“信息是依托一定的载体存在的，能够反映事物的本质、特征、运动规律乃至事物之间相互联系、相互作用的状况和规律的表征，是经过加工处理并可以检索的数据。”〔3〕2007 年《政府信息公开条例》对“政府信息”的定义进行界定，其第 2 条规定：“本条例所称政府信息，是指行政机关在履行职责过程中制作或者获取的，以一定形式记录、保存的信息。”国务院办公厅《关于做好政府信息依申请公开工作的意见》的进

---

〔1〕 中共中央办公厅、国务院办公厅《关于加强信息资源开发利用工作的若干意见》（中办发〔2004〕34 号）。

〔2〕《中华人民共和国政府信息公开条例（草案）》（送审稿），2002 年 12 月 27 日，第 14 页。

〔3〕 吕艳滨：《透明政府：理念方法与路径》，社会科学文献出版社 2015 年版，第 24 页。

一步解释为：行政机关向申请人提供的政府信息，应当是正式、准确、完整的，申请人可以在生产、生活和科研中正式使用，也可以在诉讼或行政程序中作为书证使用；行政机关向申请人提供的政府信息，应当是现有的，一般不需要行政机关汇总、加工或重新制作（作区分处理的除外）。

由此可见，政府信息经过制作或获取的过程，并且在载体形式上有一定要求，因此是一种业已形成的静态的政务信息，属于政务信息的重要组成部分。目前政务公开仅在政府信息公开部分实现了法制化。

二、《政府信息公开条例》

（一）2007 年《政府信息公开条例》

2007 年《政府信息公开条例》的出台是我国政务公开工作法制化的重要里程碑。早在 2002 年，原国务院信息化办公室就委托中国社会科学院法学研究所起草《政府信息公开条例》，中纪委与全国政务公开领导小组从预防腐败出发多次推动《政府信息公开条例》尽早出台，国务院在 2004 年和 2005 年将《政府信息公开条例》列为二类立法规划项目。地方政府信息公开立法与在实践中积累的立法经验为《政府信息公开条例》的出台奠定了坚实的前期基础，自 2004 年上海、湖北等省级政府率先出台政府信息公开地方性规定起，至 2006 年已有 12 家省级政府出台类似规定，正式出台全国性的《政府信息公开条例》的条件趋于成熟。

2006 年国务院将《政府信息公开条例》列为一类立法计划，2007 年 1 月 17 日，《政府信息公开条例》经国务院常务会议通过，自 2008 年 5 月 1 日起施行。

（二）2019 年《政府信息公开条例》

具有奠基性质的 2007 年《政府信息公开条例》对推进政府信息公开工作意义重大，但也因设置依申请公开"三需要"限制而从出台之初便遭受到质疑。并且，"随着改革的深入和信息化的快速发展，条例在实施中遇到一些新情况、新问题：一是人民群众参与公共决策、关心维护自身权益的积极性增强，对政府信息公开的广度、深度提出了更高要求，但有的行政机关存在公开内容不够全面准确，公开深度不能满足群众需要的问题；二是依申请公开制度实施中遇到一些问题，有的申请人向行政机关反复、大量提出信息公开申请，或者要求为其收集、整理、加工政府信息，占用了大量行政资源，影响政府信息公开工作的正常开展；三是由于制定条例时我国政府信息公开工作刚刚起步，尚处于探索阶段，有些制度规定比较原则，实践中容易引发争议"[1]。2015 年起国务院将条例修订工作纳入议程。2016 年 2 月，中共中央办公厅和国务院办公厅联合下发《关于全面推进政务公开工作的意见》，明确提出要"修订政府信息公开条例，完善主动公开、依申请公开信息等规定"，条例修订位列国务院 2016、2017 年度立法工作计划中全面深化改革急需项目。2019 年 4 月 3 日，新修订的《政府信息公开条例》对外发布，并于

---

〔1〕《坚持"公开为常态、不公开为例外"——司法部负责人就政府信息公开条例修订答记者问》，载中华人民共和国中央人民政府网，http://www.gov.cn/zhengce/2019-04/15/content_5383155.htm。

2019 年 5 月 15 日起施行。

新《政府信息公开条例》第 5 条规定：“行政机关公开政府信息，应当坚持以公开为常态、不公开为例外，遵循公正、公平、合法、便民的原则。”并在第 13 条第 1 款规定：“除本条例第十四条、第十五条、第十六条规定的政府信息外，政府信息应当公开。”为贯彻该原则设置了明确的保障。“以公开为常态、不公开为例外”原则的写入回应了学术界与社会公众的强烈呼吁，是新《政府信息公开条例》最值得称道的亮点之一。

新《政府信息公开条例》扩大了公开的范围。第 7 条规定：“各级人民政府应当积极推进政府信息公开工作，逐步增加政府信息公开的内容。”确立了应公开的政府信息只增不减的总体趋势。第 19 条规定：“对涉及公众利益调整、需要公众广泛知晓或者需要公众参与决策的政府信息，行政机关应当主动公开。”在第 20 条的主动公开列举性规定中增加了“实施行政处罚、行政强制的依据、条件、程序以及本行政机关认为具有一定社会影响的行政处罚决定”“财政预决算信息”“公务员招考的职位、名额、报考条件等事项以及录用结果”等具体政府信息项，并为主动公开设置兜底性条款。第 22 条和第 44 条建立起主动公开内容动态增加机制。

新《政府信息公开条例》取消了饱受诟病的依申请公开“三需要”条件，申请人提出政府信息公开申请不再需要说明目的。同时，为了保证政府信息公开工作的严肃性和申请政府信息公开权利不被滥用，新条例增加身份证明作为申请的必要条件，并规定申请公开政府信息的数量、频次明显超过合理范围的可以收取信息处理费。

重要名词术语

政务公开、知情权、政务公开基本原则、政府信息公开

思考题

1. 政务公开的法理基础有哪些？
2. 政府在行政工作中掌握的公民、法人或其他组织的信息是否属于政府信息？

典型案例分析

案例一　李某某诉中新天津生态城管理委员会政府信息公开案，天津市第三中级人民法院（2023）津 03 行终 68 号行政判决书

李某某向中新天津生态城管理委员会（以下简称生态城管委会）下设建设局邮寄政府信息公开申请，申请公开某建设项目所在楼栋的建设用地规划许可证及前置文件、建设用地规划许可证附图附件、建设工程规划许可证及前置文件、建设工程规划许可证附图及各层平面图、建设工程验线证明文件、建设工程竣工规划验收测量报告、建筑工程

竣工图的信息。生态城管委会认为其申请公开的上述项目的“建设用地规划许可证附图附件、建设工程验线证明文件、建设工程竣工规划验收测量报告”的信息属于测绘成果，并分别向天津中新生态城某置业公司、某测绘公司、某勘测公司作出《关于征求是否公开星光汇项目的相关测绘材料的函》，征求上述单位是否同意公开上述三项信息。某测绘公司、某勘测公司复函称，经与天津中新生态城某置业公司沟通，其无权公开相关测绘成果。某置业公司复函称，上述三项信息均为该公司所有，其作为上述信息的成果所有者，不同意向第三方提供。后生态城管委会下设建设局对李某某作出《政府信息公开告知书》，内容为：（1）李某某申请公开的“建设工程验线证明文件、建设工程竣工规划验收测量报告、建设用地规划许可证附图附件”信息，属于汇交测绘成果，依据《天津市测绘管理条例》第 21 条的规定，未经成果所有者和著作权人同意不得向第三人提供，因该信息所有者及著作权人不同意公开，根据《政府信息公开条例》第 32 条之规定，对上述信息不予公开；（2）关于李某某申请公开的“建设工程竣工图”信息，根据《政府信息公开条例》第 35 条第 2 项规定，告知李某某于工作时间携带身份证原件及复印件到中新天津生态城建设局，由工作人员陪同前往中新天津生态城图书档案馆进行调阅；（3）关于李某某申请公开的“建设用地规划许可证及前置文件、建设工程规划许可证及前置文件、建设工程规划许可证附图及各层平面图”，根据《政府信息公开条例》第 32 条第 2 项之规定，将该信息的复印件以邮寄的形式发给李某某。李某某对上述《政府信息公开告知书》的第一项答复内容不服，诉至法院，请求判决撤销生态城管委会对李某某作出的《政府信息公开告知书》中就李某某申请公开的“建设工程验线证明文件、建设工程竣工规划验收测量报告、建设用地规划许可证附图附件”信息作出的答复内容，并责令生态城管委会公开上述三项信息。

天津市滨海新区人民法院于 2022 年 12 月 12 日作出（2022）津 0116 行初 305 号行政判决：被诉《政府信息公开告知书》的第一项答复内容合法适当，依照《行政诉讼法》第 69 条之规定，驳回李某某的诉讼请求。宣判后，李某某向天津市第三中级人民法院提起上诉。天津市第三中级人民法院于 2023 年 3 月 28 日作出（2023）津 03 行终 68 号行政判决：驳回上诉，维持原判。

法院生效裁判认为，本案争议焦点为李某某申请公开“建设用地规划许可证附图附件、建设工程验线证明文件、建设工程竣工规划验收测量报告”三项政府信息是否属于应予公开范围。

对于“建设用地规划许可证附图附件、建设工程验线证明文件、建设工程竣工规划验收测量报告”，被李某某提交的相关证据及其在庭审中所作说明能够证实上述文件系天津市中新生态城某测绘公司、某勘测公司就中新天津生态城某商业地块项目通过测绘形成的相关数据、信息、图件资料，属于《测绘成果管理条例》第 2 条规定的测绘成果。《天津市测绘管理条例》第 21 条规定：“对汇交的测绘成果，测绘行政主管部门和保管单位未经成果所有者和著作权人同意，不得向第三方提供。”李某某向生态城管委会申请公开的上述信息涉及测绘成果的著作权保护和管理，经生态城管委会书面征求相关第三方意见，该测绘成果的所有者天津中新生态城某置业公司明确表示不同意公开。故生态城管委会按照《天津市测绘管理条例》的规定未公开上述文件，并向李某某说明了不予公开的理由，符合《政府信息公开条例》第 32 条的规定，并无不当。

李某某提出其作为涉案项目业主与涉案信息具有利害关系，公开涉案信息不会危害任何第三方的合法权益。通常来讲，一般公众享有的信息公开知情权不得侵犯他人合法权益。李某某申请公开的信息涉及该测绘成果所有者依照法律和合同约定享有的相关著作权，若行政机关未经测绘成果所有者同意擅自公开该信息将危害测绘成果所有者的相关著作权。故李某某该主张不成立，不予采信。综上，被诉《政府信息公开告知书》具有合法性。

《政府信息公开条例》第 32 条规定，依申请公开的政府信息公开会损害第三方合法权益的，行政机关应当书面征求第三方的意见。第三方不同意公开且有合理理由的，行政机关不予公开。人民法院审理依申请公开的政府信息公开案件，公开政府信息涉及第三方合法权益的，主要应从公共利益和第三方利益平衡角度审查行政机关是否对第三方合法权益依法进行了审查判断。公开相关信息可能侵害第三方合法权益时，行政机关履行上述规定的法定程序，并根据比例原则对第三方利益与公共利益进行比较和衡量，不予公开相关政府信息的，人民法院应予以支持。

案例二　廖某某诉四川省人民政府政府信息公开案，四川省高级人民法院（2023）川行终 423 号行政判决书

2022 年 1 月 11 日，廖某某向四川省人民政府（以下简称省政府）提出政府信息更正申请，其主要内容为：省政府公开的《四川省人民政府关于三台县 2018 年第 1 批城市建设用地的批复》（川府土〔2018〕1166 号，以下简称 1166 号批复）中同意将三台县 × 镇 × 社区 2.5365 公顷集体农用地转为建设用地的内容以及与之相对应的勘测定界图，与所征地社区土地实际性质、面积、地理位置不符，严重失实，侵犯廖某某的合法权益，廖某某申请予以更正。省政府次日收到该申请材料后，于 2022 年 2 月 14 日作出延期答复告知，告知廖某某将延期至 2022 年 3 月 14 日前作出答复。2022 年 3 月 14 日，省政府作出并向廖某某送达川府自然资公开告知〔2022〕67 号《关于廖某某〈政府信息更正申请书〉的答复》（以下简称 67 号答复）：经审查，1166 号批复涉及的土地实际性质、面积、地理位置与三台县人民政府（以下简称县政府）上报的三府〔2018〕43 号《关于三台县 2018 年第 1 批城市建设用地的请示》和其对应的勘测定界图一致，根据《政府信息公开条例》第 41 条的规定，廖某某反映的情况不属实。廖某某不服，提起行政诉讼，请求撤销 67 号答复。

四川省成都市中级人民法院于 2023 年 3 月 14 日作出（2022）川 01 行初 156 号行政判决：驳回廖某某的诉讼请求。廖某某提出上诉，四川省高级人民法院于 2024 年 1 月 12 日作出（2023）川行终 423 号行政判决：撤销四川省成都市中级人民法院（2022）川 01 行初 156 号行政判决，驳回上诉人廖某某的起诉。

法院生效裁判认为，《政府信息公开条例》第 2 条规定，本条例所称政府信息，是指行政机关在履行行政管理职能过程中制作或者获取的，以一定形式记录、保存的信息。第 41 条规定，公民、法人或者其他组织有证据证明行政机关提供的与其自身相关的政府信息记录不准确的，可以要求行政机关更正。前述规定明确了公民在有证据证明与其自身相关政府信息记录不准确时有权申请更正。值得注意的是，第一，公民申请政府信息更正的信息事项应当与其自身相关，主要指可直接识别出姓名、性别、身份证件等特定公民个人身份的相关信息。本案中，廖某某申请更正的 1166 号批复中并不包含其姓名、身份证号码等特定化的个人自身信息，不属于法律规定的与其个人自身相关政府信息更正的范畴。第二，公民申请政府信息更正，应当直接针对与其自身相关信息记录不准确的部分提出，例如对涉及其自身相关政府信息的部分细节事实记载、记录存在笔误、错漏、不准确等情形，而非针对该信息所指涉行政决定本身主要事实认定、性质、合法性等的质疑，后一种情形实际已不属于政府信息记录更正的范畴，而是属于对信息所指涉行政行为所认定的基本事实是否清楚、适用法律是否正确等提出异议，属于行政行为合法性审查范畴。此时公民以政府信息更正申请为名，本质是为了借助更正程序实现重新进行行政确认或否定政府信息所指涉行政行为的合法性，显然信息更正程序本身不具备重新进行行政确认或否定行政行为合法性的救济功能，公民应当通过行政行为合法性审查的救济途径实现其主张，否则将使任一行政行为都衍生出无尽的政府信息更正申请，从而架空原有的合法性审查之法定救济途径，并存在导致滥诉之风险。本案中，廖某某在其《政府信息更正申请书》中明确其提出本次更正申请，是认为 1166 号批复提及的相应村社并没有该批复所载面积大小的集体土地，省政府作出的 1166 号批复和相关勘测定界图与所征地社区土地实际性质、面积、地理位置不符，严重失实，侵犯廖某某的合法权益，请求更正 1166 号批复。其在起诉状中同时提出更正与撤销 1166 号批复两项诉请，并在一审法院向其释明时明确表示更正与撤销这两个诉求实质是一个意思，并要求对是否应予撤销也应在裁判文书中进行说明。廖某某申请更正及提起本案诉讼实质，是认为其本人房屋所在相应土地系国有而非集体土地，1166 号批复将其房屋所在相应社区的土地错误划定为集体土地予以征收，省政府作出该批复系超越职权、事实认定错误，故该批复应予以更正、撤销。因此，从廖某某的更正申请、起诉状及其相关陈述等，均可以看出其实质上是对 1166 号批复所涉相应土地的性质、位置范围等主要事实不服，实际属于对行政行为合法性审查而非政府信息更正申请之范畴，其应通过合法性审查的法定救济渠道主张权利，而非申请政府信息更正途径主张。因此，廖某某的申请不属于政府信息更正范畴，省政府作出 67 号答复认为 1166 号批复正确，实际并未对廖某某设定新的权利义务，对其合法权益未产生实际影响，故根据《行政诉讼法解释》第 69 条第 1 款第 8 项的规定，应驳回其起诉。

公民申请政府信息更正的信息事项应当与其自身相关，主要指可直接识别出姓名、性别、身份证件等特定公民个人身份的相关信息。公民申请更正的政府信息中并不包含或并不能直接识别出公民姓名、身份证号码等特定化的个人自身信息的，不属于法律规定的与其个人自身相关政府信息更正的范畴。

公民以申请政府信息更正为名，实质是要对信息所指涉行政行为的主要事实与依据进行合法性审查的，不属于政府信息更正范畴，其应通过合法性审查的法定救济渠道主张权利。此时政府信息制作机关作出答复认为其制作的信息正确的，该答复并未对申请人产生新的权利义务影响，公民起诉该答复的，不属于行政诉讼受案范围，应驳回其起诉。

第十一章　行政复议

【内容提示】

行政复议是发展社会主义民主和保障人权的重要法律制度，是权利救济的重要法律制度。与其他救济制度相比，行政复议具有高效率、低成本、方式灵活、审查深度较为彻底等优势。发展至今，行政复议与行政诉讼、行政赔偿共同构成中国行政救济的基本制度。近年来，发挥行政复议公正高效、便民为民的制度优势和化解行政争议的主渠道作用，受到党和国家的高度重视。为此，有必要在法治国家、法治政府、法治社会一体化建设的背景下，理解行政复议的定位、功能、原则和具体规则。

行政复议具有行政性和司法性的双重属性。就其行政性而言，其一些规则和规范体现了行政活动的基本原则、要求；就其司法性而言，行政复议的各项制度和机制，与行政诉讼有较多类似之处和共同点。对于行政复议的学习和把握，需充分考虑这两方面的理解和辨析。

1990 年 12 月国务院通过了《行政复议条例》，首次对行政复议制度作了较为系统的规范。现行《行政复议法》于 1999 年施行，于 2019 年和 2017 年分别对部分条款进行了修改。2023 年《行政复议法》修订通过，揭开了中国行政复议制度运行的新篇章。法律的修订，健全完善了行政复议各个环节的程序机制，使其更好地与行政诉讼制度接轨，有利于发挥行政复议公正高效、便民为民的制度优势，必将逐步成为行政争议化解的主要渠道。

第一节　行政复议概述

一、行政复议的概念

行政复议，是指公民、法人或者其他组织认为行政机关的行政行为侵犯其合法权益，向行政复议机关提出行政复议申请，行政复议机关依照法定程序进行合法性、适当性审查，并作出处理的法律制度。行政复议既是政府系统内部自我纠错的监督制度，也是化解“民告官”争议的行政救济制度。行政复议的概念，包括以下几层含义。

第一，行政复议的目的，是防止和纠正违法或者不当的行政行为，从而实现行政系统内部行政监督的功能。这种对行政权运行的监督、纠错功能，是行政复议的首要功能。

第二，行政复议是依申请的行政救济行为。公民、法人或其他组织提出行政复议申请，是行政复议程序启动的前提。作为内部层级监督和行政纠错机制，这是行政复议的特殊性所在。相应地，对复议申请权利的确认、保护，以及便利其行使的机制安排，具有重要意义。申请行政复议的权利，作为当事人的程序性权利，当事人可以行使，也可以放弃。但是，在强制性行政复议前置的情况下，行政复议作为行政诉讼的必经程序，如果放弃行政复议，则无权再提起行政诉讼。

第三，行政复议的客体是行政行为。行政复议以行政行为为审查对象。在以往，其指向主要是具体行政行为。2023 年《行政复议法》修订后，表述为行政行为，将行政合同行为、部分事实行为等行为类型明确涵盖在内。

第四，行政复议具有化解行政争议的功能。行政复议所处理的客体是行政争议。行政复议并不聚焦民事争议，其制度安排、程序设计均应当充分考虑行政争议的内在规律和特点。近年来，行政复议被定位于化解行政争议的主渠道。“发挥行政复议化解行政争议的主渠道作用”被明确纳入修改后《行政复议法》第 1 条，从政策提倡纳入法治轨道。

第五，行政复议只能由法定机关来行使。行政复议在行政系统内部解决争议，原则上为上一级复议，特殊情况下，由原行政行为作出机关来实施复议。

二、行政复议的性质

关于行政复议的性质，学界的观点可大致划分如下几种。第一种认为行政复议是纯粹的行政性活动，直接、单方行使行政权力的行为。第二种认为行政复议是行政救济活动。其出发点是，将行政复议与行政诉讼并列，作为面对公权力可能之威胁，为私权利提供救济和保障的制度。第三种认为行政复议具有行政、司法双重属性，是具有一定司法性的行政活动，或者“准司法”性。上述观点虽然各有优劣，但均提供了不可或缺、也不可偏废的观察视角。可通过外部对比观察，来把握行政复议的性质。

1. 行政复议与行政行为

行政复议作为由行政机关实施的活动，与一般的行政行为具有许多相同之处，包括对效率的追求，遵循层级监督原则等。但是，行政复议也具有较多特殊性。在根本上，行政复议具有一定司法性，是专门主体以准司法程序处理并解决行政争议。且从我国行政复议法律制度的变迁来看，其行政行为的色彩有所淡化，而司法属性则不断加强。

2. 行政复议与行政诉讼

行政复议与行政诉讼具有较多相似之处。特别是 2023 年《行政复议法》的修订，使得这种相似性更是密集增加。行政复议的范围、参加人、程序、审理、决定、证据规则、附带审查等，体现与行政诉讼的趋同。但是，二者仍存在一些差别：

一则，性质不同。行政复议在形式上具有行政行为的外观，而行政诉讼属于司法行为。

二则，受理机关不同。行政复议由一级政府或特殊情况下由主管部门受理，而行政诉讼由法院受理。

三则，审查深度有别。行政诉讼主要审查行政行为的合法性，作为例外，对明显不当的，也可有所处理；而行政复议作为一般原则，既可审查合法性，也可审查适当性，其审查程度要更深一些。

四则，审查范围不同。行政诉讼需遵循“不告不理”的原则，行政复议则“有错必纠”，其审查范围不限于申请人的申请事项。

五则，程序规则不同。行政诉讼实行两审终审、公开开庭等制度，而行政复议则原则上一次复议，虽然引入了普通程序和简易程序，但依然保留书面审理的广泛适用空间；其证据规则也远较行政诉讼证据规则简单。总体上，行政复议程序较为灵活、简便，“便民为民”的特色较为突出，与行政诉讼具有较大差别。

需指出的是，随着行政复议集中管辖的改革和法律修订，行政复议范围、程序、结果与行政诉讼迈向趋同，行政复议越来越多体现“初审”的特点；但与此同时，行政复议依然存在一些独有的规则、制度，这也是理解把握行政复议制度时需给予足够注意的。

三、我国行政复议制度的产生与发展

新中国成立后不久，在财政、税收、海关等领域实行了行政复议制度。1950 年 1 月，政务院批准、财政部公布的《财政部设置检查机构办法》规定了被检查的部门对检查机构之措施认为不当时，得具备理由，向其上级检查机构申请复核处理。这里的“申请复核处理”，被认为是新中国成立初期行政复议制度的雏形。1950 年 12 月政务院政务会议通过的《税务复议委员会组织通则》，第一次正式出现了“复议”的表述。20 世纪 50 年代后期到 60 年代初期，有的法律、行政法规中规定了行政复议。1989 年《行政诉讼法》出台后，行政复议制度发展进入快车道。为配合行政诉讼制度施行，1990 年 12 月国务院通过了《行政复议条例》，首次对行政复议制度做了较为系统的规范。1996 年，原国务院法制局开始研究起草行政复议法。1998 年 10 月国务院将行政复议法（草案）提交九届全国人大常委会审议，1999 年 4 月《行政复议法》颁布，这是中国行政复议制度建设的里程碑。2009 年、2017 年两次修正。2020 年 2 月，中央全面依法治国委员会审议通过《行政复议体制改革方案》（中法委发〔2020〕5 号），为行政复议体制改革明确了方向和路径。2023 年 9 月《行政复议法》修订通过，于 2024 年 1 月 1 日起施行，这是该法通过以来第一次大修。

四、行政复议的基本原则

行政复议的基本原则，对于行政复议具有较强的指引意义，既可用来解决法律条文的含义，也可在缺少明确法律规定时，作为处理和解决的指南。

（一）坚持党的领导

中国共产党的领导是中国特色社会主义最本质的特征，党的领导是做好行政复议工作的根本保证。行政复议工作需坚持正确政治方向，以高水平行政复议保障经济社会高质量发展。

（二）合法原则

合法原则是行政复议工作开展的基本准则，行政复议活动必须依照法定程序和法定权限。在此需注意，行政复议的合法原则，在衡量标准上，既包括行政复议法和相关专业领域法律法规，也包括行政复议作为层级监督制度的一种，相关行政组织法和监督法，也构成行政复议活动合法的渊源。

通过合法原则，可推导出行政复议的有错必纠要求。其要求包括两方面：一是对违法或不当行政行为的监督纠正；二是对规范性文件的附带审查。行政复议的合法原则，与调解、和解并不矛盾。行政复议的调解、和解，“不得违反法律、法规的强制性规定”的要求，为实质性化解行政争议奠定了合法性基础。

（三）公正原则

行政复议活动的公正原则，是指行政复议权的行使，应当控制裁量权，不被滥用。

首先，行政复议机关应当从合法性、适当性两个层面审查行政行为。合法性审查与行政诉讼并无二致。在此需说明的是适当性审查，对于内容不适当的，行政复议机关可决定变更。

其次，行政复议机关应当正当、合理行使复议裁量权。复议审查本身包括一定裁量因素，其行使也应当公正。

（四）公开原则

公开是行政复议机关履行行政复议职责的基本要求。其要求包括以下方面：

第一，行政复议指南、指导案例公开。行政复议指南、行政复议指导性案例应当以多种方式向社会公开发布。

第二，行政复议活动公开进行。行政复议活动的关键性流程、节点，应当向申请人、第三人等主体告知。比如，行政复议不属于本机关管辖的，行政复议机关决定不予受理的，应当在不予受理决定中告知申请人有管辖权的行政复议机关；行政复议延长审理期限的，应当书面告知当事人；等等。

第三，申请人、第三人及其代理人的查阅复制权。申请人、第三人及其委托代理人可以查阅、复制被申请人提出的书面答复、作出行政行为的证据、依据和其他有关材料，除涉及国家秘密、商业秘密、个人隐私或者可能危及国家安全、公共安全、社会稳定的情形外，行政复议机构应当同意。在此，申请人、第三人及其委托代理人不仅有查阅权，还有复制权。

第四，行政复议决定书向社会公开。根据被申请行政复议的行政行为的公开情况，依规将行政复议决定书向社会公开。在法律修订中，曾表述为“除涉及国家秘密、个人隐私或者公开后可能危及国家安全、公共安全、经济安全、社会稳定的情形外，行政复议机关应当将发生法律效力的行政复议决定书向社会公开”，但考虑到现实复杂性，最终采取了对照行政行为的公开情况的做法。在此，行政复议决定书的公开，并未表述为“依法”公开，而是“按照国家有关规定”。考虑到行政复议涉及领域广泛、部门众多，存在较强的政策性。因此，其公开的依据既包括法律、法规和规章，也包括各类规范性文件。

在此需注意，《政府信息公开条例》的精神和规范，对于行政复议的公开原则的理解，具有补充性功能。

（五）高效便民原则

行政复议具有灵活性与高效率优势，这与其高效便民低成本密切相关。行政复议活动应当在法律规定期限内尽快完成，及时作出处理决定。行政复议机关应当严格遵守法定时限的要求，尽快完成行政复议程序，并作出决定。

行政复议的高效，还体现在简易程序的广泛应用。对于事实清楚、权利义务关系明确、争议不大的特定类型行政复议案件，以及当事人各方同意适用简易程序的，可以适用简易程序。适用简易程序审理的行政复议案件，可以书面审理，且行政复议机关应当自受理申请之日起 30 日内作出行政复议决定。

行政复议的便民要求。便民为民是行政复议工作的重要原则，行政复议活动应为申请人提供足够的便利，使得行政复议真正成为保护权益、化解纠纷的经济、适用、有效果的救济手段。根据修订后的《行政复议法》总则部分第 8 条，行政复议机关应当加强信息化建设，运用现代信息技术，方便公民、法人或者其他组织申请、参加行政复议，提高工作质量和效率。其思路上，通过推进行政复议的信息化和智慧化，落实行政复议的高效率和便民化。其具体体现例如申请行政复议，可以书面申请；书面申请有困难的，也可以口头申请。书面申请的，可以通过邮寄或者行政复议机关指定的互联网渠道等方式提交行政复议申请书，也可以当面提交行政复议申请书。行政机关通过互联网渠道送达行政行为决定书的，应当同时提供提交行政复议申请书的互联网渠道。又如，行政复议申请材料不齐全或者表述不清楚的，行政复议机关应当自收到申请之日起 5 日内书面通知申请人补正，补正通知应当一次性载明需要补正的事项。行政复议机关对于不属于本机关管辖的行政复议申请，应当在不予受理决定中告知申请人有管辖权的行政复议机关。再如，行政复议机构听取当事人意见，可以通过互联网、电话等方式进行。这些做法，为当事人参与行政复议活动提供了便利条件，免除其反复奔波之苦。

（六）监督纠错原则

监督和纠错，是行政复议的基本功能。行政复议作为行政监督的方式之一，理应督促行政机关自我纠错，保障法律、法规的正确实施。近年来，行政复议的纠纷化解功能得到较多强调。需注意的是，监督和纠错是行政复议化解纠纷的基础，二者应相互促进。

（七）司法审查原则

一般而言，行政复议决定并不是对行政行为效力的最终裁决。除法律有明确规定外，行政复议申请人对行政复议决定不服的，可以向人民法院提起行政诉讼。

第二节　行政复议参加人

行政复议参加人，是指与行政行为有利害关系而参加行政复议，并依法受行政复议决定约束的当事人及与当事人复议地位相似的主体。行政复议当事人主要包括申请人、被申请人和第三人等。除当事人之外，行政复议参加人还包括行政复议代理人。

一、行政复议申请人

行政复议申请人，是指认为行政行为侵犯其合法权益，对行政机关作出的行政行为不服，以自己名义向行政复议机关申请行政复议的公民、法人或者其他组织。行政复议申请人，在外在特征上，与行政诉讼的原告具有较多可类比性。具体而言，行政复议申请人，具有以下特征：

一则，申请人是合法权益可能受到行政行为不利影响的人。包括行政相对人和利害关系人。

二则，申请人是认为行政行为侵害其合法权益的主体。所谓“认为”，是申请人的主观认识；在客观上行政行为是否的确侵犯其合法权益，则在复议机关审查作出判断后再行确定。只要申请人主观认为侵犯其权益，即可申请行政复议。

三则，申请人以自己的名义申请行政复议。如果以他人名义申请行政复议，则为行政复议代理人。申请人资格可能发生转移。有权申请行政复议的公民死亡的，其近亲属可以申请行政复议。有权申请行政复议的法人或者其他组织终止的，其权利义务承受人可以申请行政复议。有权申请行政复议的公民为无民事行为能力人或者限制民事行为能力人的，其法定代理人可以代为申请行政复议。

二、行政复议被申请人

行政复议被申请人，是指其行政行为（包括不作为）被行政复议申请人指控为侵犯其合法权益，并由行政复议机关通知参加复议的行政主体。被申请人与申请人的概念相对，在实体上，是指申请人不服的行政行为的实施主体；在程序上，是申请人认为指控其行为侵犯合法权益，由行政复议机关通知参加复议的主体。

鉴于行政机关是一个庞大的组织系统，各类机构、组织复杂多样，行政复议被申请人的确认问题，时常相当复杂。行政复议被申请人在外在特征和确定规则上，与行政诉讼被告具有较多可类比性。具体而言，被申请人主要有以下情形：

（1）对行政主体的行政行为不服申请行政复议的，该行政主体是被申请人。包括行政机关、法律、法规、规章授权的组织。在此需注意，规章授权的组织，可以作为被申请人。除宪法、组织法意义的行政机关之外，还包括依据特别法规定而享有、行使行政权并承担法律责任的主体。

（2）两个以上行政主体以共同名义作出同一行政行为的，共同作出行政行为的行政机关是共同被申请人。

（3）行政机关委托的组织作出行政行为引起行政复议的，委托的行政机关是被申请人。

（4）作出行政行为的行政机关被撤销或者职权变更的，继续行使其职权的行政机关是被申请人。具体而言，作出行政行为的行政机关被合并的，被申请人是合并后的行政机关；作出行政行为的行政机关被拆分的，被申请人是继续行使该职权的相应行政机关；作出行政行为的行政机关被撤销、解散的，被申请人是撤销的上级行政机关或有权机关指定的其他行政机关。

三、第三人

行政复议第三人，是指申请人以外的同被申请行政复议的行政行为或者行政复议案件处理结果有利害关系，通过申请或者由行政复议机构通知，参加到行政复议中来的公民、法人或者其他组织。实践中的行政争议及其处理结果经常涉及申请人、被申请人以外的其他主体。第三人参加行政复议，既有利于保护其合法权益，也有利于案件事实真相全面查清，增强复议处理考虑的全面性，促进案结事了。

行政复议第三人，在行政复议中具有独立的法律地位，享有与申请人基本相同的复议权利。第三人参加行政复议，有两种基本方式。一种是主动申请参加行政复议，另一种是行政复议机构依职权通知其参加。但第三人不参加行政复议，不影响行政复议案件的审理。第三人虽然与申请人有很多类似之处，享有共性权利，但其区别也不容忽视。申请人是行政复议的必要角色，如果申请人放弃复议权利，撤回复议申请，则行政复议终止；但第三人并非行政复议的必要角色，其不主动申请参加，或通知后拒绝参加，不会对行政复议案件的审理产生实质影响。从正面来看，第三人参加行政复议，更多的是保障第三人的参与权，其放弃或拒绝参加，影响的是自身权益，而非整个行政复议案件的进度。

实践中，行政复议第三人的常见情形包括：行政处罚案件中的被处罚人或权益被侵害的人；行政裁决、行政确认案件中被裁决、确认的另一方当事人；共同作出行政行为的主体，该主体不是行政主体无法成为被申请人的，可以作为第三人参加行政复议。两个或更多行政机关基于同一事实，对同一相对人作出相互矛盾的行政行为的，行政相对人就其中某个行政行为申请行政复议，其他行政行为的作出机关，可以作为第三人参加行政复议。

四、代理人

代理是行政复议制度的重要组成部分。通过复议代理人，有利于维护当事人的权利；有利于查清案件事实和明晰法律关系与法律适用；最后，对于行政复议工作更加高效、合法，也更加有积极意义。

申请人、第三人可以委托1—2名律师、基层法律服务工作者或者其他代理人代为参加行政复议。委托代理人的，应当向行政复议机构提交授权委托书、委托人及被委托人的身份证明文件。在授权范围内之行为，视为被代理人的行为。

第三节　行政复议的受案范围与管辖

一、行政复议范围

行政复议的范围，是行政复议制度解决行政争议、监督行政活动的边界。近年来，各类新的行政行为方式层出不穷。行政复议吸纳入口偏窄、部分行政争议难以进入行政复议渠道的问题凸显。对此，扩大救济范围势在必行。2023 年《行政复议法》的修订，扩大了行政复议范围，并与行政诉讼受案范围大幅接轨。

（一）行政复议范围的确定标准

在学理上，行政复议范围理应广于行政诉讼。所有行政争议，都没有理由不可以进入行政复议。[1] 对于行政复议范围的确定，可从以下方面理解：

一是行政行为标准。行政复议围绕行政行为进行，认为行政行为侵犯其合法权益的，可以提出行政复议申请。

二是具体罗列事项对照行政诉讼。参考《行政诉讼法》规定的受案范围，最高人民法院《关于审理行政协议案件若干问题的规定》的规定，充实行政复议范围。行政协议、行政赔偿、行政机关滥用行政权力排除或者限制竞争、政府信息公开、工伤认定 5 类案件被明确纳入受案范围。从罗列事项来看，行政复议范围基本等同于行政诉讼受案范围。在原理上，行政复议范围仍有扩展空间，可以也应当大于行政诉讼受案范围。

三是兜底条款的界定。“认为行政机关的其他行政行为侵犯其合法权益”的，可以申请行政复议。其指向有二，首先，在行为类型，不限于《行政复议法》第 11 条已经罗列的行为类型，而包括其他新类型、新情形的行政活动方式。其次，行为在结果上，认为其侵犯合法权益，并不限于侵犯人身权、财产权的情形，而包括行政行为可能侵犯相对人宪法和法律规定的各类权利、法律保护的利益。

四是明确排除事项的不予受理范围。参考《行政诉讼法》立法模式，列举不属于行政复议范围的四类事项。其表述上，与《行政诉讼法》第 13 条基本一致：

（1）国防、外交等国家行为。

（2）行政法规、规章或者行政机关制定、发布的具有普遍约束力的决定、命令等规范性文件。在此，《行政诉讼法》的表述是“行政法规、规章或者行政机关制定、发布的具有普遍约束力的决定、命令”。其指向，并无实质性差异。

（3）行政机关对行政机关工作人员的奖惩、任免等决定。

（4）行政机关对民事纠纷作出的调解。

（二）行政复议前置范围的调整

行政复议和行政诉讼构成我国行政争议法律体系的主体内容。行政复议和行政诉讼的前后衔接，以当事人自由选择为常态。除此之外，还有强制性行政复议前置、行政复

[1] 余凌云：《行政法讲义》（第 3 版），清华大学出版社 2019 年版，第 497 页。

议终局、选择复议则终局的特殊样态。行政复议终局，是指当事人对特定类型行政争议只能申请行政复议一种选择。选择复议则终局，是指当事人既可以申请行政复议也可以提起行政诉讼，但当事人选择行政复议则行政复议终局，不得再提起行政诉讼。主要情形是不服省部级行政机关的行政行为，如果当事人选择行政复议，其行政复议机关为行政行为作出机关；对行政复议决定仍不服的，可选择提起行政诉讼，也可选择向国务院申请裁决，申请国务院裁决的，则裁决终局，不得就国务院的裁决提起行政诉讼。在此需要展开讨论的是强制性行政复议前置。

强制性行政复议前置，是指依据法律、法规的规定，公民、法人或其他组织对特定类型行政行为不服的，应当在申请行政复议之后才能提起行政诉讼，而不得直接提起行政诉讼的制度安排。由此，强制性行政复议前置的设置，使得行政复议成为行政诉讼的特殊前提。调整行政复议前置范围，有利于在客观上增加通过行政复议解决行政争议的比例。对其理解可从以下方面展开：

一则，将当场作出的行政处罚决定、未履行法定职责、不予公开政府信息等行为，明确纳入强制性行政复议前置的范围。这四类案件数量相对较大，且案情相对简单，纳入前置有助于分流行政诉讼案件。这四类行为的边界如何确定，还需继续明晰化。比如，行政机关不予公开，是否包括经检索该政府信息不存在，不属于本行政机关负责公开，告知依照特别法律、行政法规规定办理，区分处理后部分公开的情形。

二则，复议前置兜底条款的调整，即修订后的“法律、行政法规规定应当先向行政复议机关申请行政复议的其他情形”。对比修订之前的“法律、法规”，将地方性法规排除在外。比如，《税收征收管理法》规定了纳税争议的强制性复议前置；《专利法》《商标法》规定了对驳回申请不服的复议前置；等等。以往，有的地方性法规设定了复议前置，在《行政复议法》修订生效后，地方性法规无权创设复议前置，其规定应予以清理。

三则，《行政复议法》之外的法律、行政法规设定复议前置，往往采取一事一议的做法。在立法过程中，经历过曲折变迁。比如，《城市居民最低生活保障条例》对于最低生活保障待遇的行政给付及其调整，规定了复议前置；但到了《社会救助暂行办法》，则调整为自由选择。2003 年《工伤保险条例》曾规定了复议前置，在 2010 年修改时也调整为自由选择。2010 年《社会保险法》在社会保险领域全部规定为复议诉讼自由选择。在《行政复议法》修订过程中，强制性的行政复议前置涉及当事人的救济渠道选择权问题，如何扩大，边界如何，存在较大分歧。今后，随着行政复议制度实效性、公信力的不断提升，强制性行政复议前置的法律规范将可能随之大幅增加。

四则，对于强制性行政复议前置，为避免当事人由于缺乏相关知识而丧失救济权利，法律明确了行为作出时的告知要求，即要求行政机关在作出行政行为时，应当明确告知公民、法人或者其他组织先向行政复议机关申请行政复议。在此，如因行政机关未告知复议前置或者告知错误而导致逾越复议申请期限的，其法律效果如何，仍是值得研究的实践问题。

二、行政复议的管辖制度

（一）行政复议机关与行政复议机构

行政复议机关，是指依照法律规定，受理行政复议申请，对行政行为进行审查并作出处理决定的行政机关。

行政复议机构，是指行政复议机关办理行政复议事项的机构。根据 2023 年修订后的《行政复议法》，行政复议机构同时组织办理行政复议机关的行政应诉事项。此规定有利于行政复议与行政诉讼的更好对接，有利于优化解纷资源配置。行政复议机关应当支持和保障行政复议机构依法履行职责。实践中，这种支持体现为足够的经费、人力资源和培训、信息共享和协同配合等。

法律还明确了上下级复议机构之间的关系，上级行政复议机构对下级行政复议机构的行政复议工作进行指导和监督。这种指导监督，并未达到“领导”的层面，带有非强制、弱影响的特征。上级行政复议机关的指导监督，是对一级政府复议集中管辖的重要补充，有利于增强行政复议工作的合法性、合理性。

（二）行政复议管辖

行政复议管辖，是指行政复议机关之间，对案件在受理处置上的具体分工，即在行政相对人、利害关系人提出行政复议申请后，应当由哪一个行政机关来行使行政复议权。

1. 历史变迁

1999 年《行政复议法》实施以来，确立起“条块结合”的复议管辖体制。当时认为，将行政复议机关的确定权利交给申请人行使，有利于克服地方保护、行业保护。但制度实践中，由于复议机关分散、碎片化，带来一些问题。一是导致群众难以找准行政复议机关；二是带来复议资源分散、苦乐不均，有的所谓行政复议机关数年才办理几件复议案件，有的复议机关则办案压力巨大；三是导致复议标准不统一，条块复议机关对同类案件认识不一致，难以做到统一标准处理案件；四是不利于行政复议队伍的职业化和专业化建设。

改革逐步取消地方政府部门的复议职责。2020 年以来的行政复议改革，着力构建统一的行政复议管辖体制。2020 年，中央全面依法治国委员会印发《行政复议体制改革方案》，对于构建统一、科学的行政复议体制作出部署。在《行政复议法》修订通过前，一些地方已陆续推进集中管辖改革。比如，上海市自 2021 年 8 月 1 日正式启动了行政复议案件集中管辖。对于县级以上地方各级政府工作部门及其派出机构、授权组织作出的行政行为，原则上向本级人民政府申请行政复议。

法律修改明确相对集中模式。通过《行政复议法》的修订，行政复议权相对集中，管辖体制由“条块结合”模式，调整为以“块块管辖”为主。在地方，原则上由县级以上地方人民政府统一行使行政复议权。由此，基本实现了行政复议“一口对外”，既方便群众找准行政复议机关，也避免了复议资源的分散和浪费，有利于案件统一处置。

2. 现行管辖规则

在地方，原则上行政复议职责由县级以上地方人民政府统一行使，并设置若干例外，作为对集中管辖的补充。

例外情形主要包括：

一是垂直领导的行政机关和税务、国家安全机关的行政行为。对海关、金融、外汇管理等实行垂直领导的行政机关、税务和国家安全机关的行政行为不服的，向上一级主管部门申请行政复议。在表述上，之前的“国税”调整为“税务”，且不再列入垂直覆盖范围之内，而单列属于条条管辖。其背景是，2018 年机构改革启动后，中共中央办公厅、国务院办公厅印发《国税地税征管体制改革方案》，对税务部门领导管理体制作了规定，明确国税地税机构合并后实行以税务总局为主、与省区市党委和政府双重领导的管理体制。考虑到税务活动的特殊性和专业性，对税务机关的行政行为不服的，向上一级主管部门申请行政复议。

二是履行行政复议机构职责的地方人民政府司法行政部门的行政行为。对此类行为不服的，可以向本级人民政府申请行政复议，也可以向上一级司法行政部门申请行政复议。地方一级政府，其复议权职责由司法行政部门具体实施，因此，对司法行政部门的行政行为不服，如规定为仅向本级政府申请复议，则可能导致事实上的行为机关与复议机构的同一。为弥补此缺陷，行政复议法对于履行行政复议机构职责的地方人民政府司法行政部门的行政行为不服，特地选择了管辖规则。

三是省级人民政府和国务院部门、直属机构的自我管辖。对于省、自治区、直辖市政府和国务院部门作出的行政行为，均实施自我管辖。从程序公正的角度考虑，应尽可能减少自我管辖。但对于省部级单位，如果设置为上一级行政机关，则由国务院来行使管辖权，将加剧国务院负担，且后续救济机制较为缺失，加之省级政府层面的行政复议力量和专业性相对较强，因此，依然保留了省部级单位的自我管辖。在此，一些特殊问题的处置，也值得关注。

四是国务院部门的行政复议管辖权。包括：对本部门作出的行政行为；本部门依法设立的派出机构依照法律、行政法规和部门规章规定，以派出机构的名义作出的行政行为；本部门管理的法律、行政法规、部门规章授权的组织作出的行政行为。

五是上级监督与提级管辖。《行政复议法》修订过程中，有建议完善行政复议机关的上下互通渠道。最终，表现为对行政复议的上级监督和提级管辖。当行政复议机关存在不作为，比如，无正当理由不予受理、驳回申请或者受理后超过行政复议期限不作答复的，申请人有权向上级行政机关反映，上级行政机关应当责令其纠正；必要时，上级行政机关可以直接受理。

借鉴司法审判提级管辖的做法，行政复议建立起提级管辖的制度，也被称为“行政复议案件管辖权转移制度”。包括：上级行政复议机关根据需要，可审理下级行政复议机关管辖的行政复议案件；下级行政复议机关对其管辖的行政复议案件，认为需要由上级行政复议机关审理的，可以报请上级行政复议机关决定。所谓“提级管辖”，意味着复议管辖权只能“下转上”，而不能“上转下”。既包括“上直接审下”，也包括“下报请上审”。

第四节　行政复议的程序

行政复议工作的办案质效，取决于行政复议的程序。2023 年《行政复议法》的修订，充分借鉴行政诉讼法律制度的流程、机制，对行政复议的程序进行了调整、细化和完善。

一、行政复议的申请与受理

行政复议申请，是指公民、法人或者其他组织认为行政行为侵犯其合法权益的，向行政复议机关提出复议申请的行为。

（一）申请行政复议的条件

（1）申请人适格。申请人与行政行为有利害关系。

（2）被申请人符合法律规定。

（3）有具体的行政复议请求和理由。

（4）属于行政复议范围。

（5）属于所申请的行政复议机关管辖。

（6）行政复议机关未受理过该申请人就同一行政行为提出的行政复议申请，并且人民法院未受理过该申请人就同一行政行为提起的行政诉讼。

（7）法律、法规规定的其他条件。

（二）申请行政复议的期限

申请人必须在法定期限内提出行政复议申请。借鉴《行政诉讼法》关于起诉时限的规范，明确行政机关未告知复议救济渠道时申请期限的计算，规定了行政复议的最长申请期限。

一般规则。申请人自知道或者应当知道该行政行为之日起 60 日内提出行政复议申请；但是法律规定的申请期限超过 60 日的除外。所谓“知道”，是指有充分证据证明，申请人知道行政行为的时间；所谓“应当知道”，是指运用逻辑推理和生活经验，根据相关证据材料，推导出申请人知道行政行为的时间。在起算点方面，行政复议借鉴了行政诉讼的立法模式。

作出行政行为未告知救济权利的特殊规则。行政机关作出行政行为时，未告知公民、法人或者其他组织申请行政复议的权利、行政复议机关和申请期限的，申请期限自公民、法人或者其他组织知道或者应当知道申请行政复议的权利、行政复议机关和申请期限之日起计算，但是自知道或者应当知道行政行为内容之日起最长不得超过 1 年。

行政复议申请的最长期限。因不动产提出的行政复议申请自行政行为作出之日起超过 20 年，其他行政复议申请自行政行为作出之日起超过 5 年的，行政复议机关不予受理。其内容，借鉴了行政诉讼最长保护期的规则。其考虑是，为保证行政法律关系的稳定性，区分不动产行政争议和其他类型，设定了行政复议救济的最长申请期限。

行政复议申请期限的中止。主要是指，因正当理由耽误法定申请期限的情形。因不可抗力或者其他正当理由耽误法定申请期限的，申请期限自障碍消除之日起继续计算。所谓不可抗力，一般指不能预见、不能避免也无法克服的客观情况，如火山、海啸、地震等。

（三）行政复议的受理

行政复议机关收到申请后，应当在 5 日内进行审查。

1. 对于符合条件的，应当予以受理

行政复议机关依法受理后，在行政复议期限不得向人民法院提起行政诉讼。与之相关，如人民法院已受理就同一行政行为提起的行政诉讼，则不得再申请行政复议。行政复议机关受理行政复议申请，不得收取任何费用。

推定受理规则，是指行政复议申请的审查期限届满，行政复议机关未作出不予受理决定的，审查期限届满之日起视为受理。需注意，在法律规则设置上，修订前也有推定受理，其起算点为行政复议机关负责法制工作的机构收到之日起即为受理。《行政复议法》修订后，调整为审查期限届满之日为受理之日。

2. 不予受理的说明理由

对于不符合行政复议条件的，应当在审查期限内决定不予受理并说明理由。对于不属于本机关管辖的，应当在不予受理决定中告知申请人有管辖权的行政复议机关。在此，法律修订借鉴行政法一般原理，强化了理由说明的要求。无论是不符合行政复议条件还是不属于本机关管辖行政复议机关均应当作出不予受理决定，并说明理由。这也有利于避免行政复议机关推诿复议职责。

3. 一次性告知补正

申请材料不齐全或者表述不清楚，无法判断行政复议申请是否符合法定条件的，行政复议机关应当自收到申请之日起 5 日内以书面形式通知申请人补正，一次性告知申请人需要补正的事项。

4. 通过处罚机关提交复议申请的特殊规则

对当场作出或者依据电子技术监控设备记录的违法事实作出的行政处罚决定不服申请行政复议的，可以通过作出行政处罚决定的行政机关提交行政复议申请。行政机关收到行政复议申请后，应当及时处理；认为需要维持行政处罚决定的，应当自收到行政复议申请之日起 5 日内转送行政复议机关。其原理是，发挥行为作出机关的自我纠错积极性，由行为作出机关依职权自行撤销、变更、履责，在行政复议程序正式启动前实现纠纷化解和权利救济。由此，行政复议申请人的诉求可直接、快速实现。

二、行政复议的审理

行政复议审理，系 2023 年《行政复议法》修订新增的一章内容。其具体内容体现了繁简分流的理念，审理程序区分案件情形分别适用普通程序和简易程序。

（一）简易程序

行政复议简易程序的设置，须兼顾权利保障、依法运行和高效便民三个维度。《行政复议法》明确的具体规则包括：

适用范围。适用简易程序的情形包括：当场作出的行政行为，警告或者通报批评；案件涉及款额 3000 元以下，政府信息公开案件；当事人各方同意适用简易程序的。

行政复议机构应当自受理行政复议申请之日起 3 个工作日内，将行政复议申请书副本或者行政复议申请笔录复印件发送被申请人。

被申请人应当自收到行政复议申请书副本或者行政复议申请笔录复印件之日起 5 个工作日内，提出书面答复，并提交作出行政行为的证据、依据和其他有关材料。

适用简易程序审理的行政复议案件，可以书面审理，其审理期限是自受理申请之日起 30 日内。简易程序下，行政复议机构有了较大的程序决定权，无须当事人同意，即可直接选择书面审理程序。与此同时，行政复议机构仍可以通过多种方式听取当事人意见。

简易程序转换为普通程序。适用简易程序审理的行政复议案件，行政复议机构认为不宜适用简易程序的，经行政复议机构的负责人批准，可以转为普通程序审理。其转换机制为单向转换，即只能简易程序转换为普通程序，而普通程序不得转换为简易程序。

（二）普通程序

行政复议的普通程序，是审理行政复议案件的一般程序。

行政复议机构应当自行政复议申请受理之日起 7 个工作日内，将行政复议申请书副本或者行政复议申请笔录复印件发送被申请人。

被申请人应当自收到行政复议申请书副本或者行政复议申请笔录复印件之日起 10 个工作日内，提出书面答复，并提交作出行政行为的证据、依据和其他有关材料。被申请人需要提交的材料，包括行政复议答复书，以及行政行为的证据、依据等材料。

以听取当事人意见为原则。适用普通程序审理的行政复议案件，行政复议机构应当当面或者通过互联网、电话等方式听取当事人的意见，并将听取的意见记录在案。因当事人原因不能听取意见的，可以书面审理。

适用普通程序审理的行政复议案件，其审理期限是自受理申请之日起 60 日内，但法律规定的行政复议期限少于 60 日的除外。但情况复杂不能在规定期限内作出行政复议决定的，经行政复议机构的负责人批准，可以适当延长，并书面告知当事人；延长期限最多不得超过 50 日。

（三）听证程序

对于重大、疑难、复杂的行政复议案件，行政复议机构应当组织听证。行政复议机构认为有必要听证，或者申请人请求听证的，行政复议机构可以组织听证。行政复议的听证程序，由 2007 年《行政复议法实施条例》引入。依据《行政复议法实施条例》第 33 条，对重大、复杂的案件，申请人提出要求或者行政复议机构认为必要时，可以采取听证的方式审理。2023 年修订的《行政复议法》，在“普通程序”一节，对听证程序作了相对较为细致的规定。

行政复议听证的启动，包括依职权、依申请两种形式。前者，对于重大、疑难、复杂的行政复议案件，行政复议机构应当组织听证。后者，行政复议机构认为有必要听证，或者申请人请求听证的，行政复议机构可以组织听证。

行政复议机构组织听证的，应当于举行听证的5日前将听证的时间、地点和拟听证事项书面通知当事人。申请人无正当理由拒不参加听证的，视为放弃听证权利。在法律修订过程中，曾表述为“申请人无正当理由拒不参加听证的，可以按照撤回行政复议申请处理”。考虑到听证程序在复议中的辅助性，并发挥行政复议监督功能之需求，是否行使听证权利并不能影响到实体权益的处置。〔1〕为此，借鉴行政处罚上的有关规则〔2〕，视为放弃听证权利。

被申请人的负责人应当参加听证。不能参加的，应当说明理由并委托相应的工作人员参加听证。要求被申请人负责参加听证的规范，与行政诉讼行政机关负责人出庭应诉的要求，有异曲同工之妙。

（四）行政复议委员会的咨询程序

行政复议委员会由相关政府部门、专家、学者等共同组成。《行政复议法》修订过程中，曾有建议专家、学者在复议委员会中占比不低于50%。考虑到各地各领域情况复杂不一，最终法律将其组成、工作规则，授权由国务院行政复议机构制定。

行政复议委员会的职能包括两方面。一是个案咨询。为办理行政复议案件提供咨询意见。二是宏观研究。就行政复议工作中的重大事项和共性问题研究提出意见。行政复议委员会提出的这些咨询意见，只具有咨询、建议性质，并不具有强制性的法律效力。

三、行政复议的调解与和解

调解、和解是实质性化解行政争议的重要抓手。近年来，行政诉讼、行政复议以及其他各类多元纠纷化解形式，对于调解、和解的重视程度不断提升。

（一）行政复议的调解

在《行政复议法》修订过程中，有意见建议更充分发挥调解之功能。对此，《行政复议法》作出回应。一则，将调解的内容在第一章“总则”部分有所体现。二则，在表述上，将“审理行政复议案件”，修改为“办理行政复议案件”。〔3〕由此，调解可向前延伸至案件审理之前。按照合法、自愿的原则进行调解，不得损害国家利益、社会公共利益和他人合法权益，而非以“和稀泥”的方式简单追求纠纷化解。当事人不愿调解、拒绝调解或其他原因导致调解不成的，或者调解书生效前一方反悔的，行政复议机关应转入审查程序并及时作出复议决定。

当事人经调解达成协议的，行政复议机关制作行政复议调解书。经各方当事人签字或者签章，并加盖行政复议机关印章，即具有法律效力，申请人、被申请人均应当履

---

〔1〕 江必新主编：《中华人民共和国行政复议法条文解读与法律适用》，中国法制出版社2023年版，第147—148页。

〔2〕 参见《行政处罚法》第64条第6项之规定，“当事人及其代理人无正当理由拒不出席听证或者未经许可中途退出听证的，视为放弃听证权利，行政机关终止听证”。

〔3〕《行政复议法》第一章“总则”之第5条第1款规定：“行政复议机关办理行政复议案件，可以进行调解。”

行。一方拒绝履行的，生效调解书可作为强制执行的依据。

（二）行政复议的和解

行政复议和解，是申请人、第三人与被申请人之间经过协商，自愿达成协议解决行政争议的活动。和解以自愿为原则，不能通过强迫达成和解。和解内容不得损害国家利益、社会公共利益和他人合法权益，不得违反法律、法规的强制性规定。

一事不再理及其例外。当事人达成和解后，申请人向行政复议机构撤回行政复议申请。申请人撤回行政复议申请，并不能简单等同于行政复议程序没有发生，或视作未发生行政复议。申请人撤回、行政复议机构准许后，将引起相应的法律后果。撤回作为一种法律上的行为，将引起法律关系的发生、变更或消灭。如允许申请人重新申请，则将再度带来法律关系的变动。在此，适用“一事不再理”原则。也就是说，行政复议机构准予撤回行政复议申请、行政复议机关决定终止行政复议的，申请人不得再以同一事实和理由提出行政复议申请。但是，申请人能够证明撤回行政复议申请违背其真实意愿的除外。违背其真实意愿，意味着其意思表示不真实，比如，重大误解、受欺诈、虚假串通等。

四、证据规则

行政复议证据规则是行政复议制度的重要组成部分。修订之前，行政复议证据规则较为单薄、零散。2023 年《行政复议法》修订，借鉴行政诉讼证据的有关规定，对证据规则进行了充实，单列一节，主要内容包括证据种类、举证责任、行政复议机关调查取证、申请人和被申请人的举证、取证权责等。

（一）行政复议证据种类

证据种类，是指根据证据的表现形式，在学理上、法律上对证据进行的分类。在分类上，行政复议证据充分借鉴了行政诉讼的证据类型，即分为书证、物证、视听资料、电子数据、证人证言、当事人的陈述、鉴定意见和勘验笔录、现场笔录。以上证据，须经行政复议机构审查属实，只有具备客观性、关联性和合法性，才能作为认定行政复议案件事实的根据。

（二）举证责任分配

举证责任是在案件事实真伪不明的情况下所采用的司法技术。

1. 被申请人的举证责任

借鉴行政诉讼法上被告对其行政行为合法性负有举证责任的规范，《行政复议法》明确被申请人对其作出的行政行为的合法性、适当性负有举证责任。

2. 申请人应当提供证据的情形

被申请人负有一般意义的举证责任，并不否定申请人可以提供证据。申请人应当提供证据的情况，主要包括以下方面：

一则，不作为案件的申请证明责任。认为被申请人不履行法定职责的，提供曾经要求被申请人履行法定职责的证据，但是被申请人应当依职权主动履行法定职责或者申请人因正当理由不能提供的除外。在此需注意，申请人仅需证明“曾经要求被申请人履行法定职责”。该规则有两个例外：被申请人应当依职权主动履行法定职责；申请人因正当理由不能提供。比如，由于被申请人的登记制度不完备，导致申请人无法证明自己提出过请求。

二则，提出行政赔偿请求的，提供受行政行为侵害而造成损害的证据，但是基于被申请人原因导致申请人无法举证的，由被申请人承担举证责任。行政赔偿案件的损害事实证明，具有“谁主张、谁举证”的特征。另外，参照《行政诉讼法》相关规则，提出行政补偿请求的，亦应参照适用。

三则，兜底条款。法律、法规规定需要申请人提供证据的其他情形。

（三）行政复议机关的调查取证权

调查取证既是行政复议机关的法定职权，也是其纠错违法、不当行政行为，监督依法行使职权的重要手段。

行政复议机关有权向有关单位和个人调查取证，查阅、复制、调取有关文件和资料，向有关人员进行询问。调查取证时，行政复议人员不得少于 2 人，并应当出示行政复议工作证件。

在此，行政复议机关是否可为证明行政行为的合法性调查取证，是值得研讨的。在修订过程中，曾有委员提出，借鉴行政诉讼法上禁止法院不得为证明行政行为合法调取证据的规则，增加行政复议机关不得为证明行政行为合法调取证据的规范。但考虑到行政复议的特殊性，该建议未被采纳。

（四）申请人、第三人、被申请人的举证权利

行政复议期间，申请人、第三人及其委托代理人可以按照规定查阅、复制被申请人提出的书面答复、作出行政行为的证据、依据和其他有关材料，除涉及国家秘密、商业秘密、个人隐私或者可能危及国家安全、公共安全、社会稳定的情形外，行政复议机构应当同意。

（五）补充证据规则

借鉴《行政诉讼法》有关被告在诉讼中自行收集证据的禁止性规定，《行政复议》作了类似规定。行政复议期间，被申请人不得自行向申请人和其他有关单位或者个人收集证据；自行收集的证据不作为认定行政行为合法性、适当性的依据。

行政复议期间，申请人或者第三人提出被申请行政复议的行政行为作出时没有提出的理由或者证据的，经行政复议机构同意，被申请人可以补充证据。其内容也是借鉴了行政诉讼被告补充证据规则的内容。

五、附带审查规范性文件程序

行政复议对规范性文件的审查，区分依申请还是依职权，设置两套规则。

（一）依申请附带审查

申请人在申请行政复议的同时，依法提出对有关规范性文件的附带审查申请。行政复议机关有权处理的，应当在 30 日内依法处理；无权处理的，应当在 7 日内转送有权处理的行政机关依法处理。

依申请附带审查规范性文件的机制，其特征可从以下方面理解：

首先，关于审查范围，限于国务院部门的规范性文件，县级以上地方各级人民政府及其工作部门的规范性文件，乡、镇人民政府的规范性文件，以及法律、法规、规章授权的组织的规范性文件。但是，不包括规章。

其次，审查启动来自申请人。也就是说，必须附带在对特定行政行为不服，一并提出对规范性文件的附带审查申请。

最后，关于处理方式。行政复议机关有权处理的，应当在 30 日内依法处理；无权处理的，应当在 7 日内转送有权处理的行政机关依法处理。

（二）依职权附带审查

行政复议机关在对被申请人作出的行政行为进行审查时，认为其依据不合法，本机关有权处理的，应当在 30 日内依法处理；无权处理的，应当在 7 日内转送有权处理的国家机关依法处理。

依职权附带审查的特征有：

首先，关于审查范围，较为广泛，包括法律、法规、规章在内的各类规范性文件。

其次，启动主体上，依职权附带审查由行政复议机关主动启动。

最后，关于处理方式。行政复议机关有权处理，在 30 日内依法处理完毕。行政复议机关无权处理的，则 7 个工作日内转送有权处理的国家机关依法处理。在此，转送对象是“有权处理的国家机关”，并不限于行政机关。转送后，接受转送的国家机关，应当自收到转送之日起 60 日内，将处理意见回复转送的行政复议机关。

（三）审查方式

行政复议机关应当中止行政复议。行政复议机关有权处理的，行政复议机构应当自行政复议中止之日起 3 日内，书面通知规范性文件或者依据的制定机关就相关条款的合法性提出书面答复。制定机关应当自收到书面通知之日起 10 日内提交书面答复及相关材料。行政复议机构认为必要时，可以要求规范性文件或者依据的制定机关当面说明理由，制定机关应当配合。

行政复议机关无权处理的应当转送有权处理的国家机关，接受转送的行政机关、国家机关应当自收到转送之日起 60 日内，将处理意见回复转送的行政复议机关。

（四）审查结果

行政复议机关有权处理有关规范性文件或者依据，认为相关条款合法的，在行政复议决定书中一并告知；认为相关条款超越权限或者违反上位法的，决定停止该条款的执行，并责令制定机关予以纠正。

行政复议机关转送的，接受机关自收到转送之日起 60 日内，将处理意见回复转送的行政复议机关。

第五节 行政复议的决定

行政复议的决定，是行政复议机关对行政行为进行审查后所作出的法律结论。行政复议的决定是行政复议监督依法行政，发挥个案纠错效能，以及权利救济的关键所在。行政复议决定的类型设置，需兼顾两个方面：一是对行政行为的合法性、适当性作出评判；二是需对申请人的申请、请求予以回应。本着“实质性化解行政争议”的理念，行政复议决定调整为与行政诉讼判决形态更为接近的决定体系。修订前的《行政复议法》，对于纠错类型的行政复议决定，包括撤销、变更、确认行政行为违法的适用情形，未作具体区分。以实质性化解行政争议为目标，在《行政复议法实施条例》并参考行政诉讼一审裁判类型基础上，修订后的《行政复议法》对行政复议决定类型予以类型化、精细化和完备化。

鉴于行政复议机关与被申请人的特殊关系，一般为上下级领导关系，或者为被申请人本身，这种组织法基础决定了，行政复议决定的制度构建和运行与行政诉讼判决相比，其灵活性更强，也更适合实质性化解行政争议。在此，行政复议在与行政诉讼趋同的同时，也表现了较大区别的另一面。

行政复议的决定，可以分为以下基本类型。在顺位上，《行政复议法》在修订时，将变更、撤销等纠错类决定前移，而将维持、驳回后移，这也体现了行政复议实质性化解行政争议和监督纠错的功能。

一、行政行为不合法、不适当的复议决定情形

《行政复议法》修订之前，将撤销、变更、确认三种复议决定笼统规定，在实施中灵活空间有余但不够精确。修订后，对于行政行为不合法、不适当的，采取了逐一规范的立法例。

（一）变更决定

变更决定，是对行政行为进行审查后，直接变更行政行为的内容、依据、结果的决定。变更决定是行政复议各类决定中最严厉也最具形成效力的决定形式。此时，行政复议机关居于类似被申请人的法律地位，对被申请行政行为进行调整、替换。行政复议机关行使变更权力，在根源上来自《宪法》有关规定。[1] 2023 年《行政复议法》修订后，对变更决定予以单独规定，并居于各类行政复议决定之首。这体现了立法者对于变更决定的重视，以及通过变更决定达到实质性化解行政争议的制度预期。

变更决定的适用情形包括：事实清楚，证据确凿，适用依据正确，程序合法，但是内容不适当；事实清楚，证据确凿，程序合法，但是未正确适用依据；事实不清、证据不足，经行政复议机关查清事实和证据。

---

〔1〕《宪法》第 108 条规定：县级以上的地方各级人民政府领导所属各工作部门和下级人民政府的工作，有权改变或者撤销所属各工作部门和下级人民政府的不适当的决定。

变更决定的特殊规则。一则，行政复议机关不得作出对申请人更为不利的变更决定，但是第三人提出相反请求的除外。这体现了不利变更禁止的理念。考虑到申请人申请行政复议的目的，是减轻或免除负担，如果经过行政复议活动后加重负担或权利减损，则违背了行政复议作为权利救济制度的基本宗旨。其例外是，第三人提出相反请求。在行政复议过程中，第三人具有独立的申请权，如第三人要求对申请人减损权利或增加一层，则不再适用不利变更禁止原则。其规则，与行政诉讼中的不利变更禁止，具有相通之处。二则，对于仅程序违法的行政行为，不适用变更决定。违反法定程序的行政行为，其违反程序的行为已经发生，客观上无法通过变更决定而实现变更。

（二）撤销决定

撤销决定是重要的行政复议决定形式。2023 年《行政复议法》修订后，对撤销决定予以单独规定，排在变更决定之后，居于各类行政复议决定的第二位。撤销是行政复议机关对行政行为予以撤除、废弃、取消。撤销决定的效力，可从可撤销行政行为的角度把握理解。撤销决定作出后，被行政复议机关撤销的行政行为，自作出之时溯及无效。

撤销决定的一般适用情形。包括：主要事实不清、证据不足；违反法定程序；适用的依据不合法；超越职权或者滥用职权。

未提交证据、依据和材料的撤销。撤销决定还有一种特殊情况，即申请人违反举证要求的撤销。被申请人不提供或无正当理由逾期提出书面答复、提交作出行政行为的证据、依据和其他有关材料的，视为该行政行为没有证据、依据，行政复议机关决定撤销、部分撤销该行政行为，确认该行政行为违法、无效或者决定被申请人在一定期限内履行，但是行政行为涉及第三人合法权益，第三人提供证据的除外。

撤销同时的责令重作。撤销行政行为的同时，行政复议机关可以责令被申请人在一定期限内重新作出行政行为。行政复议机关责令被申请人重新作出行政行为的，被申请人不得以同一事实和理由作出与被申请行政复议的行政行为相同或者基本相同的行政行为，但是行政复议机关以违反法定程序为由决定撤销或者部分撤销的除外。

（三）确认违法决定

确认行政行为违法的决定，简称为“确认违法决定”。2023 年《行政复议法》修订后，对确认违法决定予以单独规定，置于撤销决定之后，作为对于本应作出撤销行政行为决定，但基于各种原因不宜、不能、无法撤销或责令履行之补充样态。

确认违法决定，属于确认决定。确认决定，可分为确认行政行为合法性的决定和确认行政行为效力性的决定。确认违法决定，包括以下情形：

1. 依法应予撤销，但是撤销会给国家利益、社会公共利益造成重大损害的

此规定借鉴了行政诉讼法上情况判决的规范。行政复议决定与情况判决的适用条件相似。在此种情形下，行政复议决定书正文应明确表明被申请的行政行为违法应当依法撤销，并最终作出确认该行政行为违法的决定。这也显示了行政复议对行政活动的监督功能。

2. 程序轻微违法，但是对申请人权利不产生实际影响的

行政行为一般的“违反法定程序”，应当予以撤销。但有的法定程序瑕疵对于申请

人权益并无实际影响，并无必要撤销，故适用确认决定。其规范也来自行政诉讼法律的确认判决。在此需注意，对于“对申请人权利不产生实际影响”的判断，不应滥用，不得作扩大解释。

3. 行政行为违法，但是不具有可撤销内容的

该内容同样借鉴了行政诉讼法上有关规定。如殴打等暴力行为，强制拆除的执行行为等事实行为，已经实施完毕，行政复议机关审查后认为行为违法，但不具有可撤销的内容。对此，行政复议机关确认违法。

4. 被申请人改变原违法行政行为，申请人仍要求撤销或者确认该行政行为违法的

此规定借鉴了行政诉讼法上的继续确认诉讼与继续确认判决的规范。继续确认诉讼，是指原告请求确认已经消灭的行政行为违法的诉讼。被申请人已经改变原违法行政行为，原违法行政行为已不复存在。但申请人并不撤回申请，依然要求撤销或确认违法。这时，行政复议机关对原行政行为的合法性继续确认，以满足申请人的确认利益。

5. 被申请人不履行或者拖延履行法定职责，责令履行没有意义的

本规定同样借鉴了行政诉讼法的有关规范。由于时过境迁，责令被申请人履行职责已无意义，行政复议机关应当确认该不作为违法。

（四）履行决定

履行决定，是指行政复议机关针对被申请人不履行法定职责的，作出的要求其在一定期限内履行的决定。如行政复议机关认为被申请人的裁量空间被压缩为零，可以直接代替被申请人作出决定；但如行政复议机关认为被申请人履行职责存在裁量空间，则可作出相对概况性的，要求被申请人作出行政行为的决定。这里的不履行，应作广义理解，既包括拒绝履行、拖延履行，也应包括部分履行而部分未履行的情形。[1]

（五）确认无效决定

对确认无效决定的把握，可参考行政诉讼法关于确认无效判决的规范。在行政行为一般原理上，无效的行政行为不同于一般违法的行政行为。无效的行政行为在效力上自始无效、当然无效、绝对无效。一些国家的行政程序法上有无效行政行为的法律规范。我国《行政处罚法》上也有关于行政处罚无效的规范。[2]对于行政复议确认无效决定的理解，包括以下方面：在实体层面，行政行为有实施主体不具有行政主体资格或者没有依据等重大且明显违法情形。所谓“重大且明显违法”，主要包括：一则，实施主体不具有行政主体资格；二则，行政行为没有依据，既包括毫无依据、肆意妄为的情形，也包括直接依据与上位法直接、明显抵触的情形；三则，其他重大且明显违法的情形。对此，《行政诉讼法》及相关司法解释[3]可资借鉴。在程序层面，需申请人申请确认行政行

〔1〕 参见梁凤云：《行政复议法讲义》，人民法院出版社 2023 年版，第 252、253 页。

〔2〕《行政处罚法》第 38 条第 1 款规定：“行政处罚没有依据或者实施主体不具有行政主体资格的，行政处罚无效。”第 38 条第 2 款规定：“违反法定程序构成重大且明显违法的，行政处罚无效。”

〔3〕《行政诉讼法解释》第 99 条规定：有下列情形之一的，属于行政诉讼法第七十五条规定的“重大且明显违法”：（1）行政行为实施主体不具有行政主体资格；（2）减损权利或者增加义务的行政行为没有法律规范依据；（3）行政行为的内容客观上不可能实施；（4）其他重大且明显违法的情形。

为无效。

（六）行政协议案件的特殊规则

行政复议范围在调整时，借鉴行政诉讼将行政协议明确纳入。相应地，法律也明确了行政协议案件复议决定的特殊规则。被申请人不依法订立、不依法履行、未按照约定履行或者违法变更、解除行政协议的，行政复议机关决定被申请人承担依法订立、继续履行、采取补救措施或者赔偿损失等责任。被申请人变更、解除行政协议合法，但是未依法给予补偿或者补偿不合理的，行政复议机关决定被申请人依法给予合理补偿。

二、行政行为合法、适当的复议决定情形

对于行政行为合法、适当的，其行政复议决定主要包括两种样态，即维持决定和驳回决定。

（一）维持决定

维持决定，是行政复议机关作出维持行政行为效力的决定，是对行政行为效力的支持，突出体现了行政复议的保障功能。维持决定与2014年修改之前的《行政诉讼法》的维持判决，有相通之处。鉴于行政诉讼上的维持判决已经过法律修改被取消，《行政复议法》修订时，有学者建议取消维持决定。[1]考虑到行政复议作为行政内部的监督功能，以及《行政诉讼法》对复议维持下被告确定等规则，牵一发而动全身。最终，行政复议法对于维持决定，最终采取了维持现状的态度。

维持决定的适用条件是：行政行为认定事实清楚，证据确凿，适用依据正确，程序合法，内容适当。总体上，维持决定的适用标准较高，需要行政行为的合法性、适当性均无懈可击。并且维持决定仅适用于作为类的行政行为，对于给付类请求的不作为案件，则不适用维持决定。如果申请人的请求不能成立，行政复议机关可以作出驳回申请人请求的决定。

（二）驳回决定

驳回决定，是对行政复议申请人的请求的驳回。驳回决定的适用情形主要包括：

（1）行政复议申请不符合法律规定的行政复议条件。

（2）申请人认为被申请人不履行法定职责的行政复议申请后，发现被申请人没有相应法定职责或者在受理前已经履行法定职责的。

三、行政复议意见书

根据《行政复议法》第76条，行政复议机关在办理行政复议案件过程中，发现被申请人或者其他下级行政机关的有关行政行为违法或者不当的，可以向其制发行政复议意见书。有关机关应当自收到行政复议意见书之日起60日内，将纠正相关违法或者不当行政行为的情况报送行政复议机关。2007年《行政复议法实施条例》即规定了行政复

---

〔1〕王万华：《行政复议法的修改与完善研究：以实质性解决行政争议为视角》，中国政法大学出版社2020年版，第175、176页。

议意见书。对我国的行政复议意见书，根据现行法律制度，其理解应包括以下方面：

第一，行政复议意见书，由行政复议机关制发。虽然行政复议事项大量由行政复议机构实施。《行政复议法实施条例》规定行政复议机构可以制作行政复议建议书。但行政复议意见书与行政复议决定，则明确由行政复议机关制作，具有法定效力。

第二，行政复议意见书的制发，无须等到复议流程终结作出复议决定时，而是在办案过程中即可。

第三，行政复议意见书针对的对象，既包括被申请的行政行为，也包括被申请人或其他下级行政机关的有关行政行为，这突出体现了行政复议的监督功能。当然，行政复议意见书的监督也有一定边界，必须有一定关联，而不能是其他无关行为。

第四，行政复议意见书有关机关应当反馈。有关机关应当自收到行政复议意见书之日起60日内，将纠正相关违法或者不当行政行为的情况报送行政复议机关。

第五，行政复议意见书的制发具有裁量性，属于行政复议机关的裁量范围而非羁束行为。

四、行政复议抄告制度

鉴于行政复议体制改革后，由县级人民政府集中管辖工作部门为被申请人的行政复议案件。同时，应当让上一级主管部门掌握被申请人的行政复议情况，发挥上一级主管部门的督促、纠正和监督功能。抄告制度的实施，对此具有重要意义。其要求是，县级以上地方各级人民政府办理以本级人民政府工作部门为被申请人的行政复议案件，应当将发生法律效力的行政复议决定书、意见书同时抄告被申请人的上一级主管部门。

（1）抄告的实施主体。为县级以上各级地方人民政府，包括县级、设区的市级和省级人民政府。

（2）抄告的内容。包括生效的行政复议决定书、意见书。行政复议调解书并非强制抄告的文书。

（3）抄告的对象。为被申请人的上一级行政主管部门。

五、行政复议结果的执行

行政复议决定书、调解书、意见书作出后，一经送达即发生法律效力。各方当事人，均负有履行义务。行政复议结果的执行，包括三种属性不同的行为方式，分别是内部行政行为、行政机关的强制执行和法院的非诉执行。

（一）对被申请人的执行

鉴于层级监督关系，被申请人对于行政复议决定书、调解书、意见书，负有服从义务。被申请人履行行政复议结果，可从以下方面理解：

一是履行范围。包括行政复议决定书、调解书和意见书。

二是以自动服从执行为原则。由于层级监督和领导关系，被申请人一般会主动履行上述法律文书确定的义务。即便被申请人对决定书、意见书有异议，也应当及时、完全、不打折扣地履行，而不应当拖延履行或拒不履行。

三是执行措施。被申请人不履行或无正当理由拖延履行的，行政复议机关或有关上级行政机关应当责令其限期履行，并可以约谈有关负责人或者予以通报批评。这里的执行措施，均为内部行政行为。

（二）对申请人、第三人的执行

对申请人、第三人的强制执行行政复议结果，可从以下方面理解：

一是适用前提。申请人、第三人逾期不起诉又不履行行政复议决定书、调解书，或者不履行最终裁决的行政复议决定。逾期不起诉，意味着申请人、第三人已经丧失诉权，行政复议决定不再具有可诉性；不履行义务，意味着可启动《行政诉讼法》或《行政强制法》上的行政强制执行、非诉行政执行程序。

二是维持决定的执行。行政复议机关作出维持决定后，被申请行政行为的效力得到支持、肯定。行政行为明确申请人、第三人义务的，申请人、第三人有义务履行。其不履行的，由行政行为作出机关依法强制执行或者申请法院执行。行政行为作出机关有强制执行权的，其依据《行政强制法》等规定来执行；否则，申请法院非诉执行。

三是变更行政行为的行政复议决定、行政复议调解书的执行。如确定了申请人、第三人义务的，申请人、第三人有义务履行。其不履行的，由行政复议机关依法强制执行或者申请法院执行。

重要名词术语

行政复议范围、强制性行政复议前置、相对集中管辖权、行政复议委员会、附带审查规范性文件、行政复议决定、行政复议意见书

思考题

1. 如何理解行政复议的审查标准？
2. 分析强制性行政复议前置的利弊。
3. 行政复议的制度优势有哪些，需如何实现？
4. 请阐释行政复议工作的原则。
5. 如何发挥好行政复议实质性化解行政纠纷的功能？
6. 请阐释行政复议的决定体系。
7. 如何理解行政复议的变更决定，与行政诉讼变更判决的异同？
8. 论行政复议的调解。
9. 论行政复议与行政诉讼的衔接。

典型案例分析

案例一　顶格处罚复议调解结案[1]

某出行科技有限公司分公司驾驶员朱某上传的从业资格证系伪造，该公司未发现该情况并为其派单。3 月 7 日，某市交通运输综合行政执法支队因该公司未保证提供服务的驾驶员具有合法从业资格而对其作出罚款 3 万元、责令改正的行政处罚。该公司不服该行政处罚，遂提请行政复议。

该公司认为，公司曾到市交通运输综合行政执法支队的交通运输服务中心办理出租汽车从业人员注册手续，但因该中心未开展此项业务办理未果，若交通运输服务中心开展此项业务，则可以预防违法情形发生。同时，伪造网约车驾驶员证系朱某个人所为，公司不存在主观过错，市交通运输综合行政执法支队按情节特别严重进行处罚，处罚过重。

市交通运输综合行政执法支队认为，朱某上传伪造的从业资格证并通过审核，某出行科技有限公司分公司为其派单 35 件，事实清楚、证据充分。此外，朱某的从业资格证伪造情形十分明显，该公司监管审核具有明显过错，属情节严重，故作出上述处罚。

行政复议机关认为，根据《网络预约出租汽车经营服务管理暂行办法》规定，“网约车平台公司应当保证提供服务的驾驶员具有合法从业资格……并将驾驶员相关信息向服务所在地出租汽车行政主管部门报备”。基于此，某出行科技有限公司分公司的行为违反规定，应当予以处罚。但是，该市交通运输综合行政执法支队认定出行科技有限公司分公司行为情节严重，按照法定处罚幅度的上限对该公司处以罚款，自由裁量不当。为实质化解行政争议，行政复议机关积极促成双方达成调解，将处罚金额由 3 万元调整为 1 万元。随后，在复议机关主持下双方在调解书上签字确认，调解书生效后未引发新的复议、诉讼。

请结合本案例，就行政复议实质性化解纠纷，调解适用及其注意事项，进行分析。

案例二　甲公司不服某县人民政府会议纪要决定事项申请行政复议案[2]

2013 年，甲公司与某县住建局签订《某公共租赁住房项目建设合同》，约定公共租赁住房产权属共同所有。乙公司中标承建该项目。2019 年，甲公司与某县住建局签订《公共租赁住房回购协议》，约定项目建成后，由住建、审计、财政等部门共同对项目进行审计决算，审计决算价格扣除政府补助资金后即为回购价格。2020 年 8 月，项目竣工验收备案，甲、乙两公司未就工程款结算事宜达成一致意见，项目未交付使用。为推进项目交付使用进度，某县人民政府于 2021 年 12 月 5 日召开政府常务会议，对该项目相

---

〔1〕《四川十大涉企行政复议典型案例发布——明晰行政机关权力边界　维护民营企业合法权益》，载四川法制网，https：//www.scfzw.net/sifa/36/93485.html。案情表述有删减。

〔2〕《行政复议典型案例④丨甲公司不服某县人民政府会议纪要决定事项申请行政复议案》，载搜狐网，https：//www.roll.sohu.com/a/637878411_121106869。案情表述有删减。

关事宜进行研究，并于 12 月 13 日作出《会议纪要》，决定将涉案公共租赁住房项目所涉土地出让给乙公司。甲公司对该决定事项不服，向复议机关申请行政复议。

复议机关经审查认为，根据《民法典》第 356 条“建设用地使用权转让、互换、出资或者赠与的，附着于该土地上的建筑物、构筑物及其附属设施一并处分”之规定，某县人民政府将某公共租赁住房项目所涉 1 万余平方米国有建设用地协议出让给乙公司，地上建筑物、构筑物及其附属设施应当一并处分。按照某县住建局与甲公司签订的《某公共租赁住房项目建设合同》约定，涉案土地地上建筑物、构筑物及其附属设施产权属于甲公司与某县人民政府双方共有，某县人民政府无权单方处分。该县人民政府《会议纪要》中“原则同意公开出让二宗国有建设用地，由乙公司补缴土地出让金。……土地使用年限 70 年。县自然资源局依法依规做好相关工作”之决定事项无法律依据，复议机关作出《行政复议决定书》，撤销该部分内容。

第十二章　国家赔偿

【内容提示】

作为国家责任的重要承担方式，国家赔偿既是一项重要的人权保障制度，体现对人权的尊重与保护，也是一项重要的限权制度，体现对国家权力行使的规范和制约，实现国家责任的法律归位与担当。本章分为五节，包括国家赔偿的基础理论，行政赔偿，司法赔偿、国家赔偿的方式和标准以及国家赔偿的立法模式。关于国家赔偿的性质，有代位责任说、自己责任说、合并责任说、中间责任说、折中说等几种学说。国家赔偿制度经历了从国家无责任论到法律拟制论再到国家无过错责任论的历史演进，国家赔偿的归责原则也分为过错归责原则、无过错归责原则和违法归责原则。就我国而言，国家赔偿的规则原则由原来单一的违法归责转变为违法归责与结果归责并行的多元归责体系，但并没有发生本质的变革，除了刑事赔偿（司法赔偿）领域的错误羁押和错误裁判适用结果归责以外，其他刑事赔偿与原有行政赔偿仍适用违法归责。本章在系统阐释国家赔偿基本理论和相关知识点的基础上，引导读者加深对国家赔偿立法体系、归责体系以及精神损害赔偿的认识和理解，通过案例反思现有国家赔偿制度本身以及背后存在的深层问题，旨在推动建构更加完善的国家赔偿制度。

第一节　国家赔偿的基础理论

一、国家赔偿的基本含义

（一）国家赔偿的概念与特征

国家赔偿，是指国家机关及其工作人员行使职权侵犯公民、法人或其他组织的合法权益造成损害，依法应给予的赔偿。国家赔偿是国家责任的下位概念，是国家承担国家责任的一种方式。广义的国家责任，是指公民合法权益遭受公权力侵害或者公民因犯罪行为、侵权行为以及灾害事故陷入生存困境，国家对其承担的损害填补、困难救济和基本生存保障。狭义的国家责任，是指国家就其行使公权力或非公权力行为（私法行为），致人民生命、身体与财产等法益遭受损害之结果，所负起损害赔偿或补偿之责任。[1]国家赔偿是国家承担国家责任的一种方式，其他方式还包括国家补偿、国家救助、社会保障等。现代化法治国家致力于构建以国家侵权损害赔偿、特别牺牲补偿、危难救助和社会保障为主要内容的国家责任体系。国家赔偿承担的是国家侵权责任，即由国家对于行使公权力的侵权行为造成的损害后果承担赔偿责任。这里的国家机关包括行政机关、审判机关、检察机关、监狱管理机关等。这里的损害，有学者提出是一种特别损害，即国家赔偿是指国家和其他公权力主体为了补救其公权力措施给公民造成的特别损害而承担的公平财产性给付责任。[2]

近代以来，各国普遍建立了国家赔偿制度。各国的国家赔偿制度在适用范围上存在较大差异，有最狭义、狭义、广义、最广义几种情形。最狭义的国家赔偿，是指国家赔偿国家机关及其工作人员因违法实施公务行为而造成的侵害。这一适用范围排除了国家机关及其工作人员的非公务行为，特别是在私法领域内的行为所造成的侵害赔偿责任，同时将国家机关及其工作人员的合法行为所造成的侵害排除在国家赔偿之外。狭义的国家赔偿，是指国家赔偿国家机关及其工作人员实施的公务行为而造成的侵害。与最狭义国家赔偿相比较，狭义的国家赔偿同样排除了非公务行为所造成的侵害，但包括了国家补偿，即只要是国家机关及其工作人员的公务行为所造成的侵害，不论其行为是否合法，国家均应承担赔偿责任。广义的国家赔偿，是指国家赔偿因国家机关及其工作人员违法实施的行为造成的侵害。这一适用范围与上述最狭义“国家赔偿和狭义”国家赔偿相比较，包括了国家机关及其工作人员在私法领域实施的行为，而不限于公务行为；与狭义国家赔偿相比较，将国家机关及其公务员合法行为造成的损害排除在国家赔偿的范围之外。最广义的国家赔偿是指国家赔偿因国家机关及其工作人员以国家的名义实施的行为所造成的损害，既包括国家机关及其工作人员的违法行为造成的损害，也包括国家机关及其工作人员合法行为造成的损失；既包括国家机关及其工作人员公务行为造成的损害，也包括国家机关及其工作人员在私法领域的行为所造成的损害。

我国《国家赔偿法》采用的是最狭义的概念和范围。《国家赔偿法》第 2 条第 1 款规定：“国家机关和国家机关工作人员行使职权，有本法规定的侵犯公民、法人和其他组织合法权益的情形，造成损害的，受害人有依照本法取得国家赔偿的权利。”根据这一规定，我国国家承担赔偿责任的基本要点有二：一是必须为国家机关和国家机关工作人员的职权行为；二是国家机关和国家机关工作人员的侵权行为必须符合《国家赔偿法》的规定。我国国家赔偿具备以下几个方面的特征。

第一，国家赔偿的主体为国家。实施侵权行为的主体虽为具体的国家机关及其工作人员，但由国家从国家财政即国库中支付赔偿费用。在具体的国家赔偿程序中，由实施侵权行为的国家机关或者国家机关工作人员所在的国家机关作为赔偿义务机关，但这些

---

〔1〕 董保城、湛中乐：《国家责任法——兼论大陆地区行政补偿与行政赔偿》，台湾元照出版公司 2005 年版，第 1 页。

〔2〕 高家伟：《国家赔偿法》，商务印书馆 2004 年版，第 2 页。

国家机关只是作为具体办理国家赔偿事宜的主体，并不是实际向受害人支付国家赔偿费用的主体。国家作为国家机关及国家机关工作人员所实施的侵权赔偿责任的主体是国家赔偿的主要特征。

第二，国家所承担的国家赔偿侵权责任的范围限于国家机关及其工作人员以国家的名义实施的行为所造成的损害。近代以来，无论是资本主义国家还是社会主义国家，国家权力均存在一定的分工，如立法、行政和司法。相应地，国家机关也分为立法机关、行政机关和司法机关。各国通常只承担因行政机关及其工作人员和司法机关及其工作人员的行为所造成的侵权赔偿责任，而不承担立法机关的立法行为所造成的侵权赔偿责任。立法机关的立法行为被认为属于立法机关的立法裁量范畴，同时，立法是议员们以少数服从多数的原则共同表决的结果，因此，立法机关的立法行为难以确定赔偿的标准和承担责任的主体。国家机关在作出某种行为时通常以机关的名义进行。在实行不同范围的国家赔偿的国家，国家所承担赔偿责任的前提都必须是以机关的名义，所不同的仅仅在于其行为合法与否及是否承担在私法领域实施的行为所造成的损害的赔偿责任。国家机关工作人员以机关的名义实施的行为即公务行为所造成的损害由国家承担赔偿责任，而如果以个人的名义实施的行为即个人行为造成的损害由其个人承担民事赔偿责任。国家除承担由上述国家机关及其工作人员的行为造成的损害之赔偿责任外，绝大多数国家将公有公共设施因设置不当和管理不善所造成的损害也纳入国家须承担的侵权赔偿责任范围。我国《国家赔偿法》未将之纳入国家赔偿范围，即公有公共设施因设置不当或者管理不善而造成损害，国家并不对此承担国家赔偿责任，而是由相应的主体承担民事赔偿责任。

第三，国家通常只承担国家机关及其工作人员的公务行为中的具体行为所造成的侵权损害责任。公务行为根据其所针对的对象可以分为具体的公务行为和抽象的公务行为，国家通常只承担由前者造成的侵权损害责任。

第四，国家承担侵权赔偿责任的形式主要是物质性赔偿，且这种物质性赔偿标准是法定的。国家机关及其工作人员的公务行为既可能给当事人的精神造成损害，也可能给当事人的生命、健康、人身自由造成损害，还可能给当事人的财产造成损害，无论造成何种损害，国家赔偿的基本形式是物质性赔偿，包括返还财产、恢复原状和支付赔偿金。建立精神损害赔偿制度是法治文明进步发展的重要体现。对于国家机关及其工作人员的行为所造成的精神损害，1994 年《国家赔偿法》制定时，考虑到精神损害难以计量，以及国家经济发展和财政状况等现实因素，并未规定精神损害赔偿制度。然而，国家赔偿实践的困境越发彰显精神赔偿的重要性。在轰动一时的“处女嫖娼案”一审中，麻某某提出的精神损害赔偿申请因“不属于国家赔偿法规定的赔偿范围”而被拒绝。时隔数年后，因“亡者归来”而沉冤得雪的佘某林所提出的精神损害赔偿请求也因缺乏法律基础未得到支持。这一系列案件引发了社会各界对于国家赔偿中精神损害赔偿的关注。在学界和社会的一致呼吁下，2010 年《国家赔偿法》第 35 条规定，致人精神损害的，赔偿义务机关应当在侵权行为影响范围内为受害人消除影响、恢复名誉、赔礼道歉；造成严重后果的，应当支付相应的精神损害抚慰金。

（二）国家赔偿的性质

关于国家赔偿责任的性质，有代位责任说、自己责任说、合并责任说、中间责任说、折中说等几种学说。

1. 代位责任说

代位责任说的主要观点是，公务人员在执行职务过程中的侵权行为，本质上仍是公务人员的个人侵权行为，由此形成的赔偿责任也应该是公务人员个人赔偿责任。但是，公务人员的个人财力有限，让其承担赔偿责任，不足以保护受害人。同时，若公务人员总要为其职务行为的侵权负责赔偿，难免会使其产生对执行职务的畏惧心理，从而影响公务的开展和效率。因此，对于公务人员职务行为的侵害后果，由国家代替公务人员向受害人赔偿，国家同时保留对公务人员的追偿权。

2. 自己责任说

自己责任说的主要观点是，公务人员执行职务的侵权行为，是公务人员代表国家时所作的不法行为，由此产生的责任应该直接归属于国家，由国家对受害人负责。国家授权公务人员执行职务，而公务人员在行使职权过程中难免会产生侵害个人或组织正当权益的情形。公务人员的这种侵害危险，应由国家担负责任，无论造成侵害的行为是违法的还是合法的。

3. 合并责任说

我国台湾地区学者一般持“并合责任说”，认为国家赔偿责任的性质不能一概而论，应该视公务人员是否具有公务机关工作人员的身份而定。若公务人员有公务机关工作人员的身份，那么，公务人员行使职权中的侵害行为，可视为国家自身的侵权行为，国家为此向受害人承担的赔偿责任，就是国家的自己责任。若公务人员不具备公务机关工作人员的身份，而仅仅是受雇人员的地位，其在行使职权过程中的侵权行为，就不是国家自身的侵权行为，国家向受害人的赔偿，应该视为国家的代位责任。

4. 中间责任说

持中间责任说的学者认为，公务员的侵权行为被认定为公务机关的侵权行为时，国家对公务员的侵权行为所造成的损害承担责任，是自己责任；如果公务员在实施侵权行为时主观上具有故意或重大过失，则该行为便失去了公务机关行为的性质，仅为该公务员个人的行为。国家本不应该对这种行为所造成的损害承担责任，只是为了保护受害人的权益而承担赔偿责任，这种责任系代位责任。这种学说的根据在于，国家仅就自己机关的侵权行为所造成的损害承担赔偿责任，对他人的侵权行为所造成的损害，不代负赔偿责任。只是《国家赔偿法》特别作出例外规定，国家代替不具有公务机关身份的公务员的侵权行为所造成的损害承担赔偿责任。[1]有学者认为，这种观点将侵权赔偿责任分为国家责任和工作人员责任两种，比较全面地考虑了国家赔偿责任中所涉及的各种因素，并且恰当地对国家赔偿责任予以确认。[2]

---

〔1〕［日］渡边宗太郎：《日本国行政法概要（上）》，有斐阁 1956 年版，第 450 页。

〔2〕 江必新：《国家赔偿法原理》，中国人民公安大学出版社 1994 年版，第 11 页。

5. 折中说

该说认为，国家赔偿责任的性质，应依下列情形而定：如果公务员执行职务时实施侵权行为造成损害，其赔偿责任应属于国家自己责任；如果从国家赔偿责任的要件考察，须以公务员具有“故意或过失”始能成立，则该责任又具有代位责任的性质。[1]

从以上五种学说来看，国家赔偿责任性质的争论焦点，在于代位责任与自己责任之争。之所以如此，原因主要有两个：一是出发点不同，代位责任说以公务员的个人过失责任原则为前提，而自己责任说则以国家活动的危险责任理论为前提；二是责任构成要件不同，代位责任以过失责任为前提，当然要强调行为人的主观过错，即行为人具有主观过错是责任的构成要件，而主观过错又与公务员个人行为紧密相连，而自己责任说更多的是一种无过错责任，即从国家活动的角度判断，只要具有危险性的行为，就可以构成国家赔偿责任的违法性要件，而与行为人紧密相连的过错则无关紧要。我国学者对国家赔偿责任的性质也存在不同的看法，同样有代位责任说与自己责任说之争。有人主张国家赔偿责任为代位责任[2]，但绝大多数学者主张国家赔偿责任为自己责任[3]。我国《国家赔偿法》确认了国家赔偿责任的性质是自己责任。对于国家赔偿责任的性质，既要从法律规定的角度来认识，也应该从法理的学术角度来认识[4]。代位责任说与自己责任说之间的差异，其实质在于如何认识公务员侵权行为的性质，即公务员的侵权行为（无论其主观状态如何）是个人行为还是国家行为。这涉及公务员与国家的关系，只有正确把握这一关系，才能正确认识国家赔偿责任的性质。

二、国家赔偿制度的历史演进

从世界范围来看，国家赔偿从无到有，经历了一个漫长过程，夹杂着现实世界和理论世界错综复杂的变迁、挑战与革命，是国家赔偿责任逐步为世人所普遍接受的过程，也就是其逐渐实现正当化的过程。这一历程中曾出现反对国家赔偿和支持国家赔偿的若干理论，于国家赔偿法学科而言，都是至关重要的[5]，有助于加深对国家赔偿制度的理解。

（一）国家无责任论

在 19 世纪下半叶、20 世纪初甚至 20 世纪中叶之前，国家应对公务侵权行为所致

---

〔1〕 曹竞辉：《国家赔偿法之理论与实务》，新文丰出版公司 1984 年版，第 40 页。

〔2〕 于安：《试论我国国家赔偿制度》，载《法学研究》1987 年第 2 期。

〔3〕 参见金立琪、彭万林、朱思东：《国家赔偿法原理》，中国广播电视出版社 1990 年版，第 141—142 页；薛刚凌：《国家赔偿法教程》，中国政法大学出版社 1997 年版，第 10 页；房绍坤、丁乐超、苗生明：《国家赔偿法原理与实务》，北京大学出版社 1998 年版，第 53—54 页。

〔4〕 参见房绍坤、丁乐超、苗生明：《国家赔偿法原理与实务》，北京大学出版社 1998 年版，第 54—56 页。该书作者从国家与国家机关工作人员的关系、国家与人民之间的关系、法律思想的演进三个方面阐明了国家赔偿责任是自己的责任。

〔5〕 沈岿：《国家赔偿法：原理与案例》（第 3 版），北京大学出版社 2022 年版，第 33 页。

损害负责赔偿的理念，在欧美许多国家都是不可想象的〔1〕。彼时，各国普遍接受相同或类似的观点：国家或国王的权力至高无上，国家或国王享有绝对主权，并不服从外部所施加的使其负担的义务；公务人员执行职务，违法侵害人民权利的，由公务人员自己负责，国家或国王不负损害赔偿之责〔2〕，除非国家或国王同意放弃责任豁免〔3〕。在英国，传统上只有国王是国家权力的象征，法谚"国王无过"（The King can do no wrong）意味着国王不可能做错事、不可能有侵权行为。既然国王不可能做错事，也就不可能授权其公仆侵害公民。公务人员侵权行为所致损害后果，自然由行为人自己负担相应的赔偿责任。这就是国王即国家侵权责任豁免的理由〔4〕。支持"国王无过"原理的主要理论有：（1）主权无拘束论，即主权者有创制及废止法律的绝对权力，必要时可以废止使自己受羁绊的法律，所以，国王根本不受任何拘束；（2）人民利益论，即国王的权力是为人民利益而存在的，其当然没有实施侵害行为、毁损人民权益的可能；（3）绝对权力论，即国王作为主权者是至高无上的，因此，不可能有法官在国王之上审判国王行为的正确与否，假定最高者之上尚有更高者，是不可能的；（4）主权命令论，即法律是主权者意志表现之形态，主权者当然不受实定法的限制。〔5〕不过，也有观点认为，国王侵权责任豁免源于这个谚语的说法，并不十分确切：在法律原则上，国王还是被认为应当服从法律的统治，应当与正义原则保持一致。只是，在实践中，特殊的程序严重妨碍了获得救济的机会。一方面，在传统上，国王的特权之一是其不受中央法院（central courts）的审判，就像一个封建领主不受其领地内自己的法院审判一样。另一方面，受害人虽然可以通过权利请愿（petition of right）向国王申诉，但是，这个程序也很复杂、拖沓。当然，历史遗留下来的文件显示，受害人可以从君主那里获得一定的赔偿，如从国王那里成功收回被错误没收的财产〔6〕。在法国，1789 年大革命之前，"国王无过"的原则同样盛行〔7〕。大革命之后，国王已经不存在了，但直到 19 世纪末，行政豁免仍然是普遍的规则。因为，大革命之后，主权被认为就是人民的意志，人民的意志经过转换，一方面，授权给立法机关，让立法机关代表人民表达公意；另一方面，授权给行政，让行政负责执行公意。在当时，主权和国家赔偿责任被认为是相互排斥的观念。将立法机关和行政等同于人民的意志，就是一种反对确立国家赔偿责任的强大力量。此外，由于革命者以激进的

〔1〕在不同国家，现代国家赔偿责任的发端时间是不同的。例如，在英国，现代意义上的政府赔偿责任，通常认为是起始于 1947 年的《王权诉讼法》（The Crown Proceedings Act 1947）；而在法国，明确承认国家赔偿责任的判决比英国早了 70 余年，那是著名的 1873 年布朗戈案件（The Blancocase of 1873）。参见王名扬：《英国行政法》，中国政法大学出版社 1988 年版，第 234 页；王名扬：《法国行政法》，中国政法大学出版社 1997 年版，第 711 页。

〔2〕董保城、湛中乐：《国家责任法——兼论大陆地区行政补偿与行政赔偿》，台湾元照出版公司 2005 年版，第 37 页。

〔3〕王名扬：《英国行政法》，中国政法大学出版社 1987 年版，第 234 页。

〔4〕王名扬：《英国行政法》，中国政法大学出版社 1987 年版，第 233—235 页。

〔5〕曹競辉：《国家赔偿立法与案例研究》，三民书局 1988 年版，第 4 页。

〔6〕See Duncan Fairgrieve，State Liability in Tort：A Comparative Law Study，Oxford University Press，2003，p.8.

〔7〕[英] L. 赖维乐·布朗、约翰·S. 贝尔：《法国行政法》，高秦伟、王锴译，中国人民大学出版社 2006 年版，第 176 页。

方式解释和运用了分权原则，普通法院被禁止审理行政行为，所以，1799年成立的国家参事院（Conseil d'Etat，最高行政法院）也仅仅是国家元首的咨询机关，可以向国家元首提出解决行政争议的建议，但裁决须以国家元首的名义作出。直到1872年，国家参事院才在法律上成为最高行政法院，拥有独立的审判地位和权力，最高行政法院才开始逐步地销蚀国家不负赔偿责任的观念。1873年布朗戈案件终于确立了独立的国家赔偿责任原则，权限争议法庭大胆地、明确地拒绝在该案中适用《法国民法典》（Code Civil），行政责任规则被认为具有独特的性质。[1]在深受英国普通法传统影响的美国，由于没有君主，理论上不能继承"国王无过"原则，便以主权者代替国王。美国著名的霍姆斯大法官在1907年代表联邦最高法院撰写的一份判决书中宣称："主权者免于诉讼，并不是因为什么正式的观念或过时的理论，而是因为逻辑和实践的理由：不可能存在依靠某个权威制定的法律而成立的，却又反对该权威的法律权利。"这就是美国的主权豁免原则。该原则由美国法院创造，在实定法上没有明确的依据。因为，美国宪法规定的联邦法院司法权包括审理以美国为一方当事人的争端，这并未排除美国作为被告的可能性。根据美国法院的判例，作为一项司法原则，主权豁免只有国会通过立法才能放弃，放弃的范围和条件按照国会的规定，对国会放弃主权豁免的法律采取严格解释，避免包括法律规定范围以外的诉由。在1946年以前，美国国会只就个别事件、特定事项或特定领域放弃主权豁免。1946年《联邦侵权赔偿法》（Federal Tort Claims Act）的出台，标志着美国在普遍意义上放弃了主权豁免原则[2]。在18世纪的德国，主流观点是所谓的委托理论（Mandatstheorie，也译为授权理论），即公务员与国家之间的关系是处理事务的委托或授权合同关系，与一般私法上的雇主与受雇者的关系没什么差别。国家对公务员的委托绝不包括违法行为在内。公务员执行职务行为如果是合法的，效果就归属于国家；公务员违反委任时，即公务员的职务行为违法时，则公务员自己像其他私人一样，对其违反公务义务的行为负责，即依照民法规定而负责。进入20世纪，德国各邦（州）纷纷制定了公务员的赔偿责任由国家承担的法律，如1909年《普鲁士邦公务员责任法》。1910年，德意志帝国联邦制定了《帝国公务员责任法》，国家为其公务员的职务行为承担责任的观念得以贯彻。[3]

（二）法律拟制论

法律拟制论又称国家拟人化理论[4]，其核心主张是，国家在法律上也是法人，也要承担法律上的权利义务。在侵权问题上，国家和私人没有任何区别，作为法人，其和私人一样，对自己的侵权行为承担法律责任。法律拟制论并非近代的产物，其根源较早可以追溯到罗马法时代，彼时，虽然没有法人概念，但作为财产权主体的国家具有法律人

〔1〕 See Duncan Fairgrieve, State Liability in Tort: A Comparative Law Study, Oxford University Press, 2003, p.910, 1213；王名扬：《法国行政法》，中国政法大学出版社1997年版，第553—555、710—711页。

〔2〕 王名扬：《美国行政法》，中国法制出版社1995年版，第732—743页。

〔3〕 董保城、湛中乐：《国家责任法——兼论大陆地区行政补偿与行政赔偿》，台湾元照出版公司2005年版，第37、41页；［德］哈特穆特·毛雷尔：《行政法学总论》，高家伟译，法律出版社2000年版，第620—621页。

〔4〕 应松年主编：《国家赔偿法研究》，法律出版社1995年版，第57—58页。

格的观点就已存在，国库就是被法律承认具有人格的组织。这个观念到了 18 世纪、19 世纪，被德国的国库理论继承。[1]

1. 国库责任论及近似理论

德国的国库理论将国家人格二元化，分为私法人格和公法人格。在公法上，国家以统治权主体的身份成为法人，深受主权理论的影响，国家不为任何法律所支配，也不接受任何法院的审判。在私法上，国家是一个财产集合体，其财产储存于国库之内，国库是一个权利义务主体，是可以拥有财产并从事经济活动的私法人。私人与国家发生财产上的争执，可以向国库请求，并向普通法院提起诉讼，涉讼时国库具有当事人资格。德国法学家耶林内克（G.Jellinek）形容国库为“不穿制服而以平民身份出现的国家”[2]。“若公务员代表国家行使统治权之作用，如征兵、课税、征收土地、维持治安等，公务员为此等行为时，纵使人民权利遭受损害，国家亦不负赔偿责任，亦不依民法负责。反之，公务员代表国家执行非属统治权作用之行为时，如国家举办邮政事业、航空事业，因而损害他人，国家应依民法来负责。”[3]

在美国，虽然无国库责任理论一说，但实际上存在十分相似的制度。例如，为减轻国会讨论和制定私法律案的负担、加强对私人请求的正式调查、为私人提供某种司法方式的救济，1855 年，美国成立了索赔法院（Court of Claims）。不过，索赔法院管辖权限主要限于私法上的索赔事项：“法院只能受理法律和法规规定的金钱要求，私人和政府之间的明白的或默示的合同产生的金钱要求，以及国会移送的其他金钱要求案件，法院无权受理行政机关侵权行为的赔偿要求。”此外，联邦政府为了执行政府计划而创设的政府公司，历来被认为与私人公司地位相似，不在主权豁免的范围之内。其理论基础就是：“政府由于通过公司进行活动而下降到公司的地位，具有私人性质。……政府进入商业世界时，必须接受任何私人公司同样的负担。”[4]法国也曾经有“国家行为二分说”。国家行为被分为权力行为与管理行为两种。权力行为是国家基于统治权而作出的行为（如征兵、课税等），公务人员在从事此类行为时造成侵害的，国家不负赔偿责任。但是，如果公务人员实施的是权力行为以外的其他管理行为时，国家就应当依据民法关于雇用人与受雇人或者法人与其代表机关的规定，负损害赔偿责任。类似地，在 20 世纪初期的日本，法院将行政行为分为权力性与非权力性两种。权力性行为造成损害的，国家不负损害赔偿责任，除非法律有特别的规定。而国家或公共团体执行其经营的业务而从事非权力性行政行为时，如对私人造成侵害，国家应当依民法负担赔偿责任。[5]国家国库责任论或者相似的承认国家在私法上赔偿责任的理论学说，通常被视为国家赔偿观

---

〔1〕沈岿：《国家赔偿法：原理与案例》（第 3 版），北京大学出版社 2022 年版，第 38 页。

〔2〕李洪雷：《德国行政法学中行政主体概念的探讨》，载《行政法学研究》2000 年第 1 期。

〔3〕董保城、湛中乐：《国家责任法——兼论大陆地区行政补偿与行政赔偿》，台湾元照出版公司 2005 年版，第 39—40 页。

〔4〕王名扬：《美国行政法》，中国法制出版社 1995 年版，第 735、737—738 页。

〔5〕叶百修：《国家赔偿法》，载翁岳生编：《行政法（下册）》，中国法制出版社 2002 年版，第 1551—1552 页。

念从全面否定阶段向相对肯定阶段演进的标志[1]，以此最终突破国家主权者神话、确立国家在公法上赔偿责任。

2. 法律拟制论的一元论

然而，国库理论将国家区分成公法的国家法人及私法的国库法人，在理论上存在困境。毕竟，把国家拟制为法人是一种理论建构，与其将其分为两个独立的法律人格，不如将其作为一个独立法律人格而区分其人格两个方面。另外，国库理论使得国家法人（国家的公法人格）不受法律约束，也越来越无法契合时代的发展。于是，主张国家人格二元化的传统国库理论被抛弃，取而代之的是将国家视为一个法人，即承担所有法律（包括公法和私法上）上权利义务的国家法人。国家应服从法的支配，其从事公务的职员侵害了私人的合法权益，国家法人像私人那样承担赔偿责任[2]。

综上，法律拟制论有国家法律人格二元论和一元论之分。二元论曾经承认国家在私法上的侵权责任，但在公法上免责；一元论则强调国家作为一个独立法律人格，无论在公法上还是在私法上，皆有相应的权利义务（包括承担侵权赔偿责任），尽管公法责任和私法责任各有其特点。

（三）国家无过错责任论

法律拟制论对摆脱国家无责任论的羁绊起到了关键作用。不过，把国家拟人化，认为国家与私人一样应当在法律上承担相应的侵权赔偿责任，还不能清晰地区分国家和私人在责任构成上的区别。尤其是，私人的侵权责任主要以过错为归责原则，只有在例外、特殊情形下，才由法律规定无过错责任。随着工业化、技术化生活方式日益加强，普通侵权法上的无过错归责情形也逐步增多，但过错归责仍然是主导原则。相比之下，积极国家形态中的公务人员执行职务繁杂，即使竭尽公职注意义务，也难免会给个人或组织的正当权益造成损失。从保障受害人权益的立场出发，而不是执拗于公务侵权行为的可谴责性，需要国家承担相应的无过错赔偿责任。于是，一些理论应运而生，以支撑国家的无过错责任。[3]

1. 特别牺牲理论

特别牺牲理论由德国学者奥托·迈耶首创。他认为，私法上损害赔偿义务是以责难为中心观念，以过失为前提，而国家公法上损害赔偿责任的基础则全然不同。由于国家不可能终止其频繁的活动，人民受到损害也是必然现象，所以，这就要求人民忍受各种可能的牺牲。当然，这些牺牲必须公平，才合乎公正的要求。如果有不公平情形，片面令人民承担特定且异常严重的损害（有特别牺牲时），那就非要由国库予以补偿不可。在奥托·迈耶看来，公法领域中的“赋予”和“剥夺”全系于单一之国家，因此，国家予特定人以利益时，应征收费用；而对特定人的财产有不法侵害时，应予公法上的损害赔偿。特别牺牲理论看上去支持的是一种有限的国家赔偿责任，因为它主张人民忍受一

〔1〕董保城、湛中乐：《国家责任法——兼论大陆地区行政补偿与行政赔偿》，台湾元照出版公司 2005 年版，第 39—40 页。

〔2〕李洪雷：《德国行政法学中行政主体概念的探讨》，载《行政法学研究》2000 年第 1 期。

〔3〕沈岿：《国家赔偿法：原理与案例》（第 3 版），北京大学出版社 2022 年版，第 40 页。

般的牺牲，只有在受到特别牺牲时才由国家予以赔偿。不过，实质上它不以行为人的故意或过失为归责要件，已经隐含了无过错责任论的要素在内。[1]

2. 公共负担平等说

该说认为，政府的活动是为公共利益而实施的，因而应由社会全体成员平等地分担费用。行政活动对公民造成的损害，实际上是受害人在一般纳税负担以外的额外负担，这种负担不应当由受害者个人承担，而应当平等地分配于全体社会成员，即由全体成员来填补损害，这才符合公平与正义原则。平等分配于全体成员就是国家以全体纳税人交纳的税金赔偿受害人蒙受的损失。公共负担平等说对法国国家赔偿制度的发展影响很大，法国国家赔偿中的无过错归责原则的确立，主要以这种学说为基础。[2]

三、国家赔偿的归责原则

国家赔偿的归责原则，是指在法律上确定国家承担赔偿责任所依据的某种标准，国家只对符合此种标准的行为承担赔偿责任。当相对人某种权益受到损害后，国家是否赔偿，赔偿以什么为依据，是以行为人的过错为依据，还是以已发生的损害结果为依据，抑或以其职务行为的违法为依据，即是所谓归责原则问题[3]。

（一）过错归责原则

过错归责原则，简称“过错原则”，又称“过错责任”，在我国台湾地区被称作“过失责任”。该概念中的“过失”系广义的“过失”，包含了“故意”和狭义的“过失”[4]。过错原则的基本要义是，行为人因故意或过失不法侵害他人权益时，应就所产生的损害负赔偿责任。所谓“过错”，指的就是行为人在实施侵害行为时所处的“故意”或“过失”的主观状态。19世纪以来，各国的普通侵权法普遍采用过错归责原则。[5]

根据对过错的衡量与认定标准，又可分为主观过错与公务过错两大流派。

1. 主观过错

自德国学者耶林创立“客观的不法与主观的不法”的概念之后，主观过错说在英、美、德、日等国民法中逐渐占据主导地位。这些国家赔偿理论演进的一个突出特点是对民法的依附性极强。在这些国家中，国家对公务员不法行为承担国家赔偿责任的理论依

---

〔1〕曹兢辉：《国家赔偿立法与案例研究》，三民书局1988年版，第9页。

〔2〕姜明安主编：《行政法与行政诉讼法》（第7版），北京大学出版社、高等教育出版社2019年版，第564页。

〔3〕参见薛刚凌：《国家赔偿法教程》，中国政法大学出版社1997年版，第41页。不过也有学者指出，确立归责原则的标准只能是行为人的主观状态而不能是其他。国家赔偿责任的归责原则也应如此，即应以国家机关及其工作人员的主观状态作为确定归责原则的标准。参见房绍坤、丁乐超、苗生明：《国家赔偿法原理与实务》，北京大学出版社1998年版，第63页；金立琪、彭万林、朱思东：《国家赔偿法原理》，中国广播电视出版社1990年版，第51—53页。

〔4〕王泽鉴：《侵权行为法》（第1册），中国政法大学出版社2001年版，第12页。本书中，一般情形下，“过失”一词采狭义；同时，为避免“过失”概念的混乱，采“过错归责原则”“过错原则”“过错责任”或“过错主义”等用语。但在引证他人文献时，亦难免尊重原文，保留广义之“过失”概念的用法。

〔5〕沈岿：《国家赔偿法：原理与案例》（第3版），北京大学出版社2022年版，第65页。

据是民法中雇用人对受雇用人或代理人的义务。只有在受雇用人或代理人（即公务人员）执行职务行为构成国家侵权行为时，国家始负责任。而这种责任成立的关键在于确定受雇用人或代理人执行职务时存在过错。这里，过错的含义与民法中规定的相同，是指违法行为人对其违法行为及后果的一种心理态度（故意或过失）。国家赔偿责任与民事侵权责任同属法律责任范畴，其法学原理有相通之处，且民事侵权理论历史源远流长，体系较为完善，因而，从历史发展的角度来看，后起之国家赔偿理论援用民事侵权理论，是十分自然的。但是，主观过错原则会加大追究国家赔偿责任的难度。首先，根据主观过错理论，受害人要追究国家机关赔偿责任，必须首先确定具体的过错行为人，即指出过错出自何人。但在集体决策、程序复杂、不公开或者公务员行为系执行上级命令或经上级批准等情况下，很难做到这点。其次，从主观心理角度认定过错，对于法官和受害人都是沉重的负担，不利于实现国家赔偿责任保障相对人合法权益的目的。最后，以过错之有无作为国家赔偿责任成立与否的根本衡量标准，在不法行政但无过错的情况下，会导致救济的不周延[1]。

2. 公务过错

法国行政法院自 Pelletier 案后通过判例形成了独特的公务过错理论。所谓公务过错，是指公务活动欠缺正常的标准[2]。这种过错与传统民法或刑法意义上的过错不同。第一，公务过错与个人过错相脱离，它来源于公务人员，但不能归责于公务人员。正如法国学者 Viney 所指出的，个人的该受责备与行政法上的过错无关。第二，公务过错为客观过错，淡化其主观道德的应受谴责性，是一种虚拟的过错。法国学者 Benoit 指出，主观和道德方面的过错在行政法的过错概念中只起第二层次的作用，这里的过错只意味着不当履行公务，对这种过错进行“拟人”的定义，只会是蹩脚的模仿[3]。因此，从某种程度上说，公务过错概念与违法性概念趋于统一，但二者仍有细微差别，公务过错的目的仍在于“保护当事人的主观权利”，未超出过错原则的藩篱；而违法则是对行为的合法性评价，“目的在于保障法治原则的实现”[4]。另外，公务过错概念外延要比违法概念大，构成公务过错的客观方面不仅涵盖了违法行为，而且包括某些合法但有瑕疵的行为[5]。

法国在判例基础上建立的公务过错理论非常独特，有其优越性。第一，公务过错已完全从个人主观过错中摆脱出来，而以不当履行职务为客观评价，这就使司法审判认定标准趋于客观化，便于实际操作。同时，过错推定技术的运用又大大减轻了受害人举证负担。第二，公务过错涵盖的范围极广，不仅包括违法行为，还包括某些合法但有瑕疵的行为。从救济角度来讲，其给予受害人保护面很广，同时，法国行政法院还引入危险责任原则来弥补公务过错对行政危险救济的不周延，所有这些使得法国国家赔偿范围之

---

〔1〕英国行政法全面审查委员会报告中指出，显然，需要进行改革，以便向那些因不法行政但不涉及过错所致损害的当事人提供救济。

〔2〕王名扬：《法国行政法》，中国政法大学出版社 1988 年版，第 698 页。

〔3〕周汉华、何峻：《外国国家赔偿制度比较》，警官教育出版社 1992 年版，第 92 页。

〔4〕王冬扬：《法国行政法》，中国政法大学出版社 1989 年版，第 701 页。

〔5〕周伟：《法国行政赔偿制度》，载《比较法研究》1990 年第 2 期。

广，几乎世界各国无出其右者。正因如此，公务过错理论得到了西方国家许多学者的赞誉。但是，公务过错理论也并非完美无瑕，也存在操作技术上的缺点。首先，公务过错概念的形成，主要是法国学者深受过失主义之影响，勉强将过失之概念附会于公法制度上之结果。因此，公务过错虽然不存在主观性，其内容及衡量标准都已走向客观化，但仍舍不得割断与过错原则相连的脐带，仍意在“保护当事人的主观权利”，这就使得公务过错客观化不够彻底，仍带有一些主观虚拟色彩。其次，法国自 1873 年 Pelletier 案始区分公务过错和个人过错，但这两个概念含义如何，究竟如何区别，理论上歧见纷纭。而实务中认定的个人过错中，有许多情形都是假借职权实施的。例如，有权下令敲打教堂钟声的市长，明知僧侣举行丧葬仪式中禁止鸣钟，却故意鸣钟，使僧侣受到困扰。又如，警察存心报复，逮捕非犯罪嫌疑人。这些理应由国家对受害人承担责任，但国家责令由有个人过错的公务员个人承担责任。由于公务员个人财力有限，往往不能充分满足受害人赔偿要求。为避免置受害人于不利地位，法国在判例法中又规定了过失重复与责任重复，而这涉及法院管辖问题，受害人为选择适格法院，又得花费大量时间，很不方便。因此，这种公务过错与个人过错的划分，非但没有简化赔偿问题，反而使之复杂化了〔1〕。

（二）无过错归责原则

无过错归责原则产生的时代背景为 19 世纪下半叶，随着科学技术的迅猛发展以及政府权力的不断扩张，公务活动造成的异常危险状态剧增。在这种状态下，即使不存在过错或违法，也有可能导致公民合法权益受损。而过错原则对此种损害的救济则显得力不从心。为弥补过错原则对此种损害救济的不周延，无过错归责原则应运而生〔2〕。无过错归责原则，也称危险理论或危险责任原则，是一种独立于过错或违法概念的理论。根据这一理论，公民对于特定行为造成的损害有权请求赔偿，而不考虑该行为是违法还是合法，有过错还是绝对不受谴责〔3〕。依通说，无过错归责原则的理论基础为社会连带主义思想与公共负担人人平等原则。

无过错归责原则，简称“无过错原则”，也称“无过错责任”，在广义的“过失”概念之下，还可以称作“无过失原则”“无过失责任”等。其基本要义是无过错也应负责，更为准确地说，行为人的行为造成损害，法律规定应当承担责任的，无论行为人有无过错，行为人都应当对其行为所造成的损害承担责任〔4〕。法国无过错责任的概念在《法国民法典》（第 1382 条以下）已发其端绪，但公法领域中的行政无过错归责原则是 19 世纪以后行政法院才通过判例确立的，其最初仅适用于因公共财产造成的危险责任，后来逐渐扩展到因公共职业、相邻关系，拒绝执行法律判决和立法等产生的危险责任中。德国无过错责任的形成是受法国无过错责任理论的影响，早在魏玛宪法时代，在实务中就

〔1〕 曹竞辉：《国家赔偿法之理论与实务》，新丰文出版公司 1981 年版，第 196、197、201 页。

〔2〕 胡锦光、余凌云、吴鹏主编：《国家赔偿法》（第 3 版），中国人民大学出版社 2017 年版，第 34 页。

〔3〕 Peter Cane，op.Cit.，p.185.

〔4〕 沈岿：《国家赔偿法：原理与案例》（第 3 版），北京大学出版社 2022 年版，第 70—71 页。

有关于无过错责任的判例。[1]但与法国不同，德国并未普遍采纳无过错归责原则，仅在个别法规中予以例外适用[2]。《美国联邦侵权赔偿法》没有规定联邦政府无过错责任，对于联邦政府的危险行为（dangerous activity）造成的损害，受害人必须仰仗联邦政府官员出于维护行政机关的良好形象或为了避免激起不期望的立法行为等原因而予以救济，或者由议会采用私法（private law）予以救济。因此，该法后来受到了批判。州侵权法（state tor tlaw）已普遍规定了政府无过错责任。[3]

无过错原则有以下几种基本含义。

第一，无过错原则是与过错原则相对而言的。过错原则因其更加适应强调个人自由、自治、自尊的现代社会之发展，所以代替历史上的结果责任，成为侵权法上普遍适用的归责原则。比较而言，无过错原则是一种特殊的归责原则，取决于法律的明确规定，并不具有普遍意义。

第二，无过错原则并不是适用于行为人"没有过错"的情形。其本意是，只要法律规定行为人必须为其所造成的损害负责，那么无论行为人是否有过错，行为人都应当承担赔偿责任。

第三，适用无过错原则意味着受害人无须举证证明致害人有过错，致害人也不得以其没有过错为由主张免责。同样，无过错原则的适用排斥过错推定。因为，在过错推定的情形中，致害人只要证明自己没有过错，就会成为其减免责任的抗辩理由。

第四，适用无过错原则意味着侵权责任的构成要件基本上是侵害行为、损害后果以及行为和损害之间的因果关系。

第五，无过错原则并非绝对。法律通常对适用无过错原则的行为，也会规定一定的责任减免事由，如不可抗力、受害人故意、第三人过错等[4]。

（三）违法归责原则

违法归责原则是以职务违法行为为归责的根本标准，而不问其过错有无。违法归责原则以职务违法行为为归责的根本标准，实现了认定标准的客观化，其在摆脱过错原则羁绊方面无疑比公务过错理论更加干净、彻底，不再带有丝毫主观虚拟色彩。在追究行政侵权责任方面，违法归责原则为当事人和法院提供了更大的便利。但是，违法归责原则也存在一些问题需要从理论与立法上予以解决。一是职务违法行为的判断标准如何界定更为合理？由于违法归责原则以职务违法行为为归责的基础，所以对这一概念的不同理解，会直接反映到救济范围的广狭。因而必须在立法上对此作出妥善之解释。二是违法的概念外延小于公务过错，从救济角度来看，其提供的救济范围必然不如公务过错

〔1〕 德国对于排泄物事件（Immissionsfalle），如铁路沿线居民因火车经过所受之煤烟污染，而享有损害赔偿请求权，通说认为该事件属于危险责任之一种，也可说是德国危险责任理论发展过程中之有力根据。曹竞辉：《国家赔偿法之理论与实务》，新丰文出版公司 1981 年版，第 172—173 页。

〔2〕 诚仲模：《行政法之基础理论》，三民书局 1983 年版，第 572、621、622 页。

〔3〕 PeterL.Strauss, An Introduction to Administrative Justice in the United States, Carolina Academic Press.1989, pp.274–275.

〔4〕 张新宝：《侵权责任法原理》，中国人民大学出版社 2005 年版，第 34—37 页。

宽，如何在适用违法归责原则的同时拓宽救济范围，是立法者必须考虑的问题[1]。例如，德国《民法典》第 823 条第 1 款、第 2 款规定："故意或过失而不法侵害他人的生命、身体、健康、自由、财产所有权或者其他权利的人，有义务向他人赔偿由此而造成的损害""违反以保护他人为目的的法律的人，负有同样的义务。根据法律的内容，没有过错也可能违反法律的，只有在有过错的情况下，才发生赔偿义务"[2]。

（四）我国国家赔偿的归责原则体系

我国 1994 年《国家赔偿法》采用了违法归责原则。该法第 2 条规定："国家机关和国家机关工作人员违法行使职权侵犯公民、法人和其他组织的合法权益造成损害的，受害人有依照本法取得国家赔偿的权利。"[3]《国家赔偿法》之所以采用违法归责原则，主要是基于下述考虑：第一，违法归责原则与当时已制定的《行政诉讼法》的规定相协调，与法治原则、依法行政原则相一致；第二，违法归责原则简单、明了，易于接受，可操作性强；第三，违法归责原则避免了主观过错原则对主观方面认定的困难，便利受害人及时获得国家赔偿；第四，违法归责原则以执行职务违法作为承担赔偿责任的前提，排除了对合法行为造成的损害给予赔偿的可能性，有效地区分了国家赔偿责任与国家补偿责任。

尽管违法归责原则有上述诸多优点，但是随着民主法治进程的加快，这种单一的归责原则也多为学者所诟病。第一，违法归责原则与宪法的规定不符。宪法并没有强调公民获得国家赔偿的前提条件必须是国家机关和国家机关工作人员违法行使职权，而《国家赔偿法》采取单一的违法归责原则，明显不符合宪法保障人权的精神。第二，违法归责原则不能适用于《国家赔偿法》列举的全部侵权行为，作为违法归责原则的例外，司法活动中的错误拘留、错误逮捕和错判实行的均是无过错归责原则。第三，单一的违法归责原则无法有效解决事实侵权行为、公有公共设施致害等方面的法律责任，而且在司法实践中已有案件实现对违法归责原则的突破。[4]

由于单一的违法归责原则有上述不足，故 2010 年《国家赔偿法》对之进行了修正，删去了第 2 条中的"违法"二字，原来单一的违法归责转变为违法归责与结果归责并行的多元归责。不过，除刑事赔偿（司法赔偿）领域的错误羁押和错误裁判适用结果归责以外，其他刑事赔偿与原有行政赔偿仍适用违法归责。因此，这一改动对国家赔偿归责体系并没有带来本质的变革，很多问题仍然没有解决。

首先，在《国家赔偿法》的运行中，尤其是在司法赔偿领域，违法归责原则限制了国家承担赔偿责任的范围，使得一些"合法"的司法侵权行为都不被纳入赔偿，这是其最大的问题所在。比如，在刑事赔偿中只是部分地确立了无过错归责原则，而对于刑事

---

〔1〕胡锦光、余凌云、吴鹏主编：《国家赔偿法》（第 3 版），中国人民大学出版社 2017 年版，第 35—36 页。

〔2〕［德］马克西米利安·福克斯：《侵权行为法》，齐晓琨译，法律出版社 2006 年版，第 11 页。

〔3〕姜明安主编：《行政法与行政诉讼法》（第 7 版），北京大学出版社、高等教育出版社 2019 年版，第 567 页。

〔4〕姜明安主编：《行政法与行政诉讼法》（第 7 版），北京大学出版社、高等教育出版社 2019 年版，第 568 页。

强制措施的部分仍然采用违法归责原则，这造成“错拘不超时不赔偿”“错捕不起诉不赔偿”等问题存在。另外，在司法行为中同样面临的使用武器、警械以及对财产权采取的强制措施等部分沿用了违法归责原则。至于非刑事司法赔偿部分，新法未作任何改动，仍然适用违法归责原则。除此以外，旧法中因归责原则的限制而没有纳入处理范围的问题，在新法中仍然没有解决，这使得“重罪轻判”或“轻罪重判”、民事或行政审判的错判等问题还是没有在新法中加以规定，限制了司法赔偿的受案〔1〕。

其次，违法归责原则缺乏可操作性。当时制定《国家赔偿法》的时候，学界的共识是违法归责原则有其重要优势，并且代表着西方法治发达国家的通行趋势〔2〕，并以此归责原则统摄刑事司法赔偿。然而，随着理论的逐步深入，学界逐渐认识到这乃是一种误解。其实，违法归责原则的客观化是有限度的。由于违法归责原则的逻辑起点乃在于国家职权行为的可被司法审查性，即只有经过司法审查程序被确认为违法的行为才有可能发生国家赔偿问题。然而，国家职权行为与可被司法审查的国家职权行为在外延上显然不同〔3〕。同时，国家职权行为是否可被审核为违法行为，这本身就很难确定，由此导致违法归责原则在刑事司法赔偿领域的可操作性大打折扣。〔4〕

基于此，有学者提出司法赔偿归责原则体系的一种方案：我国司法赔偿归责原则体系应当由过错责任原则与无过错归责原则所组成。〔5〕过错责任意味着司法机关及其工作人员行使职权中故意或过失侵犯合法权益的，受害人有获得赔偿的权利。无过错归责原则在司法赔偿中的适用意味着司法机关及其工作人员的行为即使不存在违法或过错，也应该由国家对其造成的损害承担赔偿责任。但是无论是为了保障公务积极性、自由裁量权，还是从国家财政负担上看，无过错归责原则都不宜扩大使用，不适于作为司法赔偿责任的唯一归责原则，而只能作为过错责任原则的例外，由法律明确规定其适用情形。

四、国家赔偿的构成要件

国家赔偿责任的构成要件，是指国家承担赔偿责任所应具备的前提条件，即国家只有在符合一定条件的前提下才承担侵权赔偿责任。国家赔偿责任的构成要件与归责原则既有联系，又有区别。归责原则是责任构成要件的基础和前提，而责任构成要件是归责原则的具体体现，旨在实现归责原则的功能和价值。〔6〕

国家赔偿责任理论主要是借鉴了民事侵权理论，但由于国家机关“是行使私人完全不具有的法律权力与职责，在将普通侵权法适用于行政机关时，就需要对其进行某些修

〔1〕李韵州：《我国司法赔偿归责原则体系的反思与构建》，载《贵州社会科学》2013年第11期。
〔2〕罗豪才、袁曙宏：《论我国国家赔偿的原则》，载《中国法学》1991年第2期。
〔3〕周汉华：《论国家赔偿的过错责任原则》，载《法学研究》1996年第3期。
〔4〕林喜芬：《论我国刑事司法赔偿制度的困境与转型》，载《安徽大学法律评论》2009年第1期。
〔5〕李韵州：《我国司法赔偿归责原则体系的反思与构建》，载《贵州社会科学》2013年第11期。
〔6〕姜明安主编：《行政法与行政诉讼法》（第7版），北京大学出版社、高等教育出版社2019年版，第569页。

正”[1]。这种修正体现在责任构成要件上就是突出了国家权力的特点。[2]

德国在肯定民事侵权责任构成要件中的（主观）过错、损害与因果关系这三个要素的同时，增加了担任公职者、行使公共职务、违背对第三方所应履行的公职义务这三个要件。法国行政法院则通过判例创立了公务过错概念，其责任构成要件由公务过错、损害与因果关系组成。日本基于公权力行使所致赔偿责任的构成要件包括主观要件与客观要件两种，其中主观要件由“必须行使国家或公共团体公权力之公务员”和“须公务员于执行职务时有故意或过失”两部分组成，而客观要件则包括须是公务员之违法行为和须因加害行为发生损害。普通法国家（如英国、澳大利亚等）虽然没有规定统一的责任构成要件，而是根据不同类型的侵权行为要求不同的责任构成要件，但这些要件中往往都强调违背公职义务，如违背法定职责、滥用职权等。

在我国，关于国家赔偿的构成要件有哪些，存在一些争论。有学者认为，构成要件有三个，即损害的存在、违法行使职权的行为、侵权行为与损害结果的因果关系[3]。但多数学者认为，国家赔偿应该包括四个要件[4]。“三要件说”与“四要件说”并无本质差别，“三要件说”在形式上缺少的那个要件，实际上在具体阐释的时候也会涉及。总体来讲，国家赔偿责任的构成要件不可能缺少主体要件、行为要件、损害结果要件和因果关系要件。

（一）主体要件

职务行为主体在各国依其政治体制、实践需要等而略有差异，但一般指国家机关及其工作人员。西方国家一般不对“工作人员”的含义与范围作出明确立法解释，其用意在于根据实际需要，灵活地扩大这类人员的范围[5]，以便尽可能地扩大对相对人的救济范围。在法国，这类人员除公务员外，还包括私法上合同雇用人员、征用人员、事实上的公务员、志愿自动为行政主体工作的人员等。[6]

在我国，根据《国家赔偿法》第 2 条规定，构成侵权行为主体的必须是国家机关及其工作人员，这是国家赔偿主体要件的基本内涵[7]。行为主体主要包括国家机关、国家机关工作人员以及法律、法规授权的组织。

1. 国家机关

根据我国《宪法》规定，国家机关包括国家权力机关、国家行政机关、国家审判机关、国家检察机关和国家军事机关。我国《国家赔偿法》仅规定了行政赔偿、刑事赔偿及

---

〔1〕 David Foulkes, Adminis Lratiue Lazu: Butterworths, 1982, p.371.

〔2〕 胡锦光、余凌云、吴鹏主编:《国家赔偿法》(第 3 版), 中国人民大学出版社 2017 年版, 第 37 页。

〔3〕 张树义主编:《国家赔偿法使用手册》, 法律出版社 1994 年版, 第 13—21 页; 胡建森主编:《国家赔偿法教程》, 浙江人民出版社 1994 年版, 第 113 页; 皮纯协、胡锦光编著:《行政法与行政诉讼法教程》, 中国广播电视大学出版社 1996 年版; 等等。

〔4〕 张正钊主编:《国家赔偿制度研究》, 中国人民大学出版社 1996 年版, 第 107 页; 皮纯协、冯军主编:《国家赔偿法释论》(第 3 版), 中国法制出版社 1994 年版; 姜明安主编:《行政法与行政诉讼法》, 高等教育出版社、北京大学出版社 1999 年版。

〔5〕 曹竞辉:《国家赔偿法之理论与实务》, 新文丰出版公司 1981 年版, 第 107 页。

〔6〕 周汉华、何峻:《外国国家赔偿制度比较》, 警察教育出版社 1992 年版, 第 127 页。

〔7〕 胡锦光、余凌云、吴鹏:《国家赔偿法》(第 3 版), 中国人民大学出版社 2017 年版, 第 44 页。

有限的民事诉讼与行政诉讼赔偿三个方面的内容，因此《国家赔偿法》所称的“国家机关”仅限于行政机关和司法机关两大类。行政机关包括行使职权的各级人民政府及其所属部门等。司法机关则指行使侦查、检察、审判、监狱管理职权的机关，具体包括享有刑事侦查权的各级公安机关和安全机关，享有侦查权和检察权的各级人民检察院和专门检察院，享有审判权的各级人民法院和专门人民法院以及执行刑罚的监狱管理机关〔1〕。

2. 国家机关工作人员

由于侵权行为大多数为国家机关工作人员直接所为，因而国家机关工作人员作为侵权行为主体是没有疑义的。《国家赔偿法》将“国家机关及其工作人员”列在一起，就意味着国家机关与国家机关工作人员是有区别的侵权行为主体。由于此侵权行为系由国家机关工作人员以国家机关名义作出，代表国家机关行使职权，其行使职权的后果由所在机关承担。

3. 法律、法规授权的组织

《国家赔偿法》明确规定了法律、法规授权的组织在行使授予的行政权力时侵犯公民、法人和其他组织的合法权益造成损害的，该授权的组织为赔偿义务机关。现代社会由于社会分工越来越细，国家行政事务日益复杂，尤其是对于一些专门技术职能的国家事务，国家机关无力完成，因而产生了法律、法规将部分职权授予其他组织的现象。值得注意的是，在我国，只有行政职权才可以以授权方式移转于其他组织，对于司法职权，我国法律、法规从未将其授予给司法机关以外的组织。

（二）行为要件

行为人具备主体要件，并不意味着其所作出的任何致害行为，国家都需承担赔偿责任，还要满足一定的行为要件。职务违法行为是国家赔偿责任中最根本的构成要件，它说明了国家承担赔偿责任的最根本的原因。

而执行职务的行为范围有多大？确立何种标准予以认定？国外对此有两种标准：一是盛行于英、美的主观标准，即以雇用人的意思为判断标准，执行职务的范围也仅限于雇用人命令受雇人办理的事项范围；二是客观标准，即以行为人之外观为准，只要行为从外观上可认为属于社会上执行职务的范畴即可，德国、日本等均采此标准。

我国《国家赔偿法》规定国家机关及其工作人员行使职权的行为（行使职权也就是执行职务）可以引起赔偿，但对于行使职权的范围没有明确界定，学术界大多倾向于采用客观标准。与主观标准相比，客观标准强调外观形式与执行职务的联系，从而拓宽了执行职务的范围，有利于对相对人合法权益的保护和救济〔2〕。在解决执行职务范围问题上，最基本的考虑是，尽量扩张国家赔偿的射程，理由是：第一，对受害人来讲，向国家提出赔偿要求比向工作人员个人要求赔偿更加容易得到及时、充分的满足；第二，由国家承担赔偿，有利于保护国家机关工作人员工作的能动性和积极性，不会因为惧怕犯

---

〔1〕 张树义主编：《行政法学》，法律出版社 2000 年版，第 12 页。

〔2〕 姜明安主编：《行政法与行政诉讼法》（第 7 版），北京大学出版社、高等教育出版社 2019 年版，第 570 页。

错误而缩手缩脚。后者在现代社会中尤其重要。现代社会中问题层出不穷，立法始终不能及时跟上实践的需求。而政府的职责又要求其对社会诉求作出及时、妥当的回应。这就要求国家机关工作人员要充分发挥主观能动性，积极大胆地行使自由裁量权。属于执行职务范围的行为大致有：构成职务行为本身的行为，还有其本身不是职务行为，而是事实行为，但与职务内容密切相关〔1〕。

（三）损害结果要件

确立国家赔偿责任的结果是对受害人进行赔偿，因此，损害的发生是国家赔偿责任产生的前提条件。行政法上的损害与民法上的损害基本相同，是指对受侵权人合法权益造成的不利益，包括人身损害与财产损害、物质损害与精神损害、直接损害与间接损害等。但行政法上的损害毕竟是公法上的损害，还包括民法上的损害所不具有的范围，即对《宪法》规定的非财产性的基本权利（如受教育权、选举权等）的侵害〔2〕。

我国现行《国家赔偿法》考虑到国家财政状况，将国家赔偿责任中的权利保障主要限定在人身权与财产权上。但是，这几年来行政复议与行政诉讼的实践发展很快，对公民权利的保障范围不断扩张，为适应这样的趋势，特别是随着国家财政的改善，损害范围逐渐扩大，直至包括国家侵权行为可能造成的所有权利种类的损害，《国家赔偿法》的修改应予以关注。在赔偿程度上，现行法律规定只赔偿直接损失，对于间接损失要不要赔偿也值得修法时予以考虑。

另外，根据《国家赔偿法》第 2 条的规定，国家赔偿保护的是合法权益。也就是说，受到法律保护的权益才能得到国家赔偿。如果是非法利益，即使受到损害，也不可能得到国家赔偿。

（四）因果关系要件

因果关系是联结责任主体与损害的纽带，是责任主体对损害承担法律责任的基础与前提，且从一定程度上决定了承担责任的大小。如果缺少这种因果关系，那么行为人就没有义务对损害负责。因果关系的存在与否及宽严程度，直接影响受害人合法权益的救济范围，理论上对因果关系的认定，存在不同的学说，如条件说、原因说、相当因果关系说、必然因果关系说、直接因果关系说等〔3〕。近年来，西方国家在实务中也逐渐放松了对因果关系的要求，而倾向于采取直接因果关系说〔4〕。

从实践来看，对因果关系的理解应当宽松一些，并不要求行为与结果之间存在逻辑上必然的、直接的关系，而仅仅是导致结果发生的一个较近的原因，至于其间关联性紧密程度，则完全要由法官在审理具体案件时予以把握〔5〕。例如，某监管人员发现一名在

---

〔1〕 胡锦光、余凌云、吴鹏主编：《国家赔偿法》（第 3 版），中国人民大学出版社 2017 年版，第 46 页。

〔2〕 胡锦光、余凌云、吴鹏主编：《国家赔偿法》（第 3 版），中国人民大学出版社 2017 年版，第 46 页。

〔3〕 姜明安主编：《行政法与行政诉讼法》（第 7 版），北京大学出版社、高等教育出版社 2019 年版，第 572 页。

〔4〕 房绍坤、丁乐超、苗生明：《国家赔偿法原理与实务》，北京大学出版社 1998 年版，第 85 页。皮纯协、何寿生编著：《比较国家赔偿法》，中国法制出版社 1998 年版，第 97 页。

〔5〕 胡锦光、余凌云、吴鹏主编：《国家赔偿法》，中国人民大学出版社 2017 年版，第 49 页。

押犯因为喜欢吃炸酱面，乘监管人员不注意，偷偷往碗里多舀一勺炸酱，遂命令其将一桶炸酱通通吃尽，该人因口渴不断喝水，结果被撑死。又如，某派出所抓来两名治安违法嫌疑人，对其中一名实施刑讯逼供，另一名在边上看着，后者因为惧怕夺路而逃，掉到门前的水井里死亡。在这两个案件中，国家机关工作人员的行为并不能必然地、内在地导致损害的发生，但是，与损害发生有着明显的直接关系，任何有理性的第三人都不会否定这种情况下国家应当承担责任。

五、国家赔偿的范围

国家赔偿的范围是国家赔偿法的核心问题。它是指国家对国家机关及其工作人员在行使职权中的侵权行为承担赔偿责任的范围。对公民来说，国家赔偿范围意味着其在国家公权力行使中受到的损害，在多大范围内和程度上可以求偿。从宪政意义上来说，国家赔偿的范围是衡量一个国家民主法治以及人权保障状况的重要标准。

（一）行政赔偿范围

根据《国家赔偿法》第 3 条和第 4 条的规定，行政机关及其工作人员在行使职权时有侵犯人身权和财产权行为的，受害人有权获得赔偿。

1. 侵犯人身权的情形

违法拘留或违法采取限制公民人身自由的行政强制措施的；非法拘禁或者以其他方法非法剥夺公民人身自由的；殴打、唆使殴打或者唆使、放纵他人以殴打、虐待等行为造成公民身体伤害或者死亡的；违法使用警械、武器造成公民伤害或死亡的；造成公民身体伤害或者死亡的其他违法行为。

2. 侵犯财产权的情形

违法实施罚款、吊销许可证和执照、责令停产停业、没收财物等行政处罚的；违法对财产采取查封、扣押、冻结等行政强制措施的；违法征收、征用财产的；造成财产损害的其他违法行为。这两类行为造成人身和财产损害的，均属国家赔偿范围之列，可以要求国家予以赔偿，保障受害人的合法权益。

3. 国家不承担行政赔偿责任的情形

国家不承担行政赔偿责任，是指在法定情形下，国家对行政管理过程中发生的某些损害不承担赔偿责任。关于国家不承担赔偿责任的情形，《国家赔偿法》第 5 条明确规定了以下几种情况：行政机关工作人员实施的与行使职权无关的个人行为；因公民、法人和其他组织自己的行为致使损害发生的；法律规定的其他情形，这是对国家不承担行政赔偿责任的概括规定。目前，该法律条款缺乏明确解释。

（二）刑事司法赔偿范围

根据《国家赔偿法》第 17 条和第 18 条的规定，行使侦查、检察、审判职权的机关以及看守所、监狱管理机关及其工作人员在行使职权时有侵犯人身权和财产权行为的，受害人有取得赔偿的权利。

1. 侵犯人身权的情形

违反《刑事诉讼法》的规定对公民采取拘留措施的，或者依照《刑事诉讼法》规定的条件和程序对公民采取拘留措施，但是拘留时间超过《刑事诉讼法》规定的时限，其后决定撤销案件、不起诉或者判决宣告无罪终止追究刑事责任的；对公民采取逮捕措施后，决定撤销案件、不起诉或者判决宣告无罪终止追究刑事责任的；依照审判监督程序再审改判无罪，原判刑罚已经执行的；刑讯逼供或者以殴打、虐待等行为或者唆使、放纵他人以殴打、虐待等行为造成公民身体伤害或者死亡的；违法使用武器、警械造成公民身体伤害或者死亡的。

2. 侵犯财产权的情形

违法对财产采取查封、扣押、冻结、追缴等措施的；依照审判监督程序再审改判无罪，原判罚金、没收财产已经执行的。

3. 国家不承担刑事赔偿责任的情形

在刑事赔偿范围方面，《国家赔偿法》第 19 条规定，属于下列情形之一，国家不承担赔偿责任：因公民自己故意作虚伪供述，或者伪造其他有罪证据被羁押或者被判处刑罚的；依照《刑法》规定不负刑事责任的人被羁押的；依照《刑事诉讼法》规定不追究刑事责任的人被羁押的；行使侦查、检察、审判职权的机关以及看守所、监狱管理机关的工作人员与行使职权无关的个人行为；因公民自伤、自残等故意行为致使损害发生的；法律规定的其他情形。

（三）民事、行政司法赔偿范围

根据《国家赔偿法》第 38 条及最高人民法院《关于审理民事、行政诉讼中司法赔偿案件适用法律若干问题的解释》第 2 条至第 6 条的规定，人民法院在民事诉讼、行政诉讼过程中，违法采取对妨害诉讼的强制措施、保全措施、先予执行措施，或者对判决、裁定及其他生效法律文书执行错误，侵害公民、法人、其他组织合法权益并造成损害的，赔偿请求人可以依法向人民法院申请赔偿。人民法院工作人员在民事、行政诉讼过程中，有殴打、虐待或者唆使、放纵他人殴打、虐待等行为，以及违法使用武器、警械，造成公民身体伤害或者死亡的，适用《国家赔偿法》第 17 条第 4 项、第 5 项的规定予以赔偿。

在民事、行政司法赔偿范围方面，除训诫、责令退出法庭、责令悔过之外，最高人民法院《关于审理民事、行政诉讼中司法赔偿案件适用法律若干问题的解释》第 7 条规定，具有下列情形之一的，国家不承担赔偿责任：属于《民事诉讼法》第 105 条（申请有错误的，申请人应当赔偿被申请人因保全所遭受的损失），第 107 条第 2 款（人民法院可以责令申请人提供担保，申请人不提供担保的，驳回申请。申请人败诉的，应当赔偿被申请人因先予执行遭受的财产损失）和第 233 条（执行完毕后，据以执行的判决、裁定和其他法律文书确有错误，被人民法院撤销的，对已被执行的财产，人民法院应当作出裁定，责令取得财产的人返还；拒不返还的，强制执行）规定情形的；申请执行人提供执行标的物错误的，但人民法院明知该标的物错误仍予以执行的除外；人民法院依法指定的保管人对查封、扣押、冻结的财产违法动用、隐匿、毁损、转移或者变卖的；人民法院工作人员与行使职权无关的个人行为；因不可抗力、正当防卫和紧急避险造成损害后果的；依法不应由国家承担赔偿责任的其他情形。

第二节　行政赔偿

一、行政赔偿概述

行政赔偿，是指行政机关及其工作人员违法行使职权，侵犯公民、法人或其他组织的合法权益造成损害的，由国家承担赔偿责任的制度。行政赔偿具有以下几个特征。

首先，行政赔偿中的侵权主体是行使行政职权的行政机关、法律法规授权组织。其次，行政赔偿是对行政机关、法律法规授权组织行使职权时存在《国家赔偿法》规定的侵犯公民、法人和其他组织合法权益的情形并造成损害所给予的赔偿。行政机关或法律法规授权组织的行为是多方面的，其中既有民事行为也有行政行为或事实行为，既有合法行为也有违法行为。引起行政赔偿的是行政机关、法律法规授权组织违法行使行政职权并造成侵权损害的行为。也就是说，只有行政机关或法律法规授权组织行使行政职权并造成侵权损害才能引起行政赔偿，而且，行政机关或法律法规授权组织行使职权并造成侵权损害的行为属于《国家赔偿法》所规定的情形。行政赔偿是对行政机关、法律法规授权组织违法行使行政职权并造成侵权损害所给予的赔偿。最后，行政赔偿的责任主体为国家。尽管引起行政赔偿的是行政机关、法律法规授权组织违法行使行政职权并造成侵权损害的行为，但行政机关、法律法规授权组织是代表国家行使行政职权，其违法的侵权行为最终由国家承担赔偿责任。这是由行政机关、法律法规授权组织与国家的关系决定的。行政机关、法律法规授权组织代表国家管理行政事务和社会公共事务，表现的是国家意志，其行为效果应归于国家，而非行政机关、法律法规授权组织本身。国家作为行政赔偿的责任主体，主要表现在赔偿费用由国库支出、列入各级预算等。

二、行政赔偿的范围

（一）侵害人身权的赔偿范围

1. 违法拘留或者违法采取限制公民人身自由的行政强制措施

此处拘留是指行政拘留。行政拘留，是指特定的行政机关对违反行政法律规范的公民，在短期内限制或者剥夺其人身自由的一种行政处罚。由于行政拘留属于人身罚，因此，我国法律对行政拘留的对象、实施拘留的行政机关资格、拘留条件、程序、期限等作了严格规定。实践中，违法拘留有如下情形：（1）执法主体不适格，只有县级以上公安机关才有实施行政拘留的职权；（2）缺乏法定事实根据；（3）适用对象错误，行政机关只能对依法可以给予行政拘留的违法行为人实施拘留；（4）违反法定程序拘留，行政拘留依《治安管理处罚条例》规定，必须遵循传唤、讯问、取证、裁决程序进行，违反上述程序构成违法拘留；（5）超期拘留，拘留的最长时间是 15 日，超过 15 日的为超期拘留，属于违法拘留。

行政强制措施，是指国家行政机关为了保证行政管理活动的正常进行，对不履行法定义务的行政相对人，或者为防止违法犯罪、排除危险，直接依照法律、法规赋予的职权所采取的强制手段。行政强制措施既可以针对财产，又可以施加于人身。违法限制人身自由的行政强制措施包括强制治疗、强制戒毒、强制遣送、强制扣留等。行政机关及其工作人员违法采取行政强制措施对公民人身权造成损害的，受害人有权获得行政赔偿。

2. 非法拘禁或者以其他方法非法剥夺公民的人身自由

非法剥夺公民人身自由，在行为主体上主要有两种情形：一是依照法律、行政法规有权限制人身自由的行政机关采用违反法律、行政法规的方式剥夺公民人身自由，如公安机关可以依照《治安管理处罚法》对扰乱社会治安的当事人实施行政拘留，但如果公安机关对被拘留的当事人实施捆绑，则构成了非法剥夺公民人身自由；二是无权限制人身自由的行政机关采取非法拘禁方式，剥夺公民人身自由〔1〕。剥夺公民人身自由，主要有非法拘禁和以其他方法非法剥夺公民人身自由。

非法拘禁，是指行政机关及其工作人员在行使职权过程中，以拘禁的方式非法剥夺他人人身自由的行为。例如，公安机关违反《治安管理处罚法》以拘禁方式剥夺公民的人身自由、工商行政管理机关对违法行为人采取拘禁的方式，构成非法拘禁。构成非法拘禁的要件有：（1）行为侵犯的客体是公民的人身自由权；（2）客观上表现为以拘禁的方式非法剥夺公民人身自由的行为，无论是以暴力、胁迫方法拘禁他人，还是以欺诈方法拘禁他人，均不影响非法拘禁的成立；（3）行为主体是行政机关及其工作人员〔2〕。

以其他方法非法剥夺公民人身自由，是指行政机关采取非法拘禁以外的方式，如采取非法扣押、关押、捆绑或者其他方式非法剥夺公民人身自由。根据《国家赔偿法》的规定，行政机关及其工作人员非法拘禁剥夺公民人身自由，与以其他方法非法剥夺公民人身自由，在行为性质上是一致的，区别只是方法的不同。因此，行政机关及其工作人员以其他方法非法剥夺公民人身自由并造成损害的，国家也应予赔偿。

3. 以殴打等暴力行为或唆使他人以殴打等暴力行为造成公民身体伤害或死亡

殴打，是指使用工具或者不使用工具打击公民身体造成伤残或死亡；其他暴力行为，是指捆绑、示众、罚跪等。暴力殴打是指行政机关及其工作人员在执行职务过程中以暴力殴打或唆使他人以暴力殴打手段致公民伤亡。健康权和生命权是公民的一项最基本的权利，行政机关工作人员的暴力殴打行为是明显的、严重的侵犯公民人身权的违法行为，国家对此应当承担行政赔偿责任。严格地讲，暴力殴打和唆使他人暴力殴打不是执行职务的行为，但与职务行为相关联。暴力殴打既可以是行政机关工作人员自己实施，也可以是行政机关工作人员采取劝诱、挑拨、威胁等方式唆使他人实施，无论以何种方式实施暴力殴打行为，只要与行使职权、执行职务相关联，对公民的生命健康造成损害的，就都产生行政赔偿责任。

---

〔1〕 黄杰、白钢主编：《国家赔偿法及配套规定新释新解（新编本）》，人民法院出版社 2001 年版，第 175—176 页。

〔2〕 胡锦光、余凌云、吴鹏主编：《国家赔偿法》（第 3 版），中国人民大学出版社 2017 年版，第 57 页。

4. 违法使用武器、警械造成公民身体伤害或死亡的

此类行为，是指行政机关工作人员在行使职权时违反国家有关武器、警械使用规定而使用枪支、警棍、手铐、脚镣、警绳、催泪弹等致公民伤亡的行为。武器、警械的使用必须具备一定的条件，根据《人民警察使用武器和警械的规定》，人民警察在执行逮捕、拘留、押解人犯和值勤、巡逻、处理治安事件等公务时，可以使用武器或警械。违法使用武器、警械有多种表现形式。例如，在不应当使用武器、警械的场合使用武器、警械；使用武器、警械程度与被实施者的行为不相适应；使用武器、警械的种类选择错误；使用武器、警械违反法定批准程序等。上述情况导致公民伤害或死亡的，国家要承担赔偿责任。

5. 造成公民身体伤害或者死亡的其他违法行为

这一项属于概括性的兜底规定，对上述列举不完全的侵犯人身权的违法行为作出了规定。前四种情形分别从不同角度列举了行政机关及其工作人员侵犯公民人身权的行为。但行政机关及其工作人员侵犯公民人身权的情形不止上述所列。为避免“挂一漏万”和基于保护公民人身权不受行政机关违法侵害之考虑，此项作了概括规定，凡是行政机关及其工作人员违法行使行政职权，侵犯公民人身权造成身体伤害或者死亡的，均属于职务违法行为，国家都承担赔偿责任。〔1〕

（二）侵犯财产权的赔偿范围

财产权是公民的基本权利。行政机关及其工作人员在行使行政职权时，有下列侵犯财产权情形之一的，受害人有取得赔偿的权利。

1. 违法实施罚款、吊销许可证和执照、责令停产停业、没收财物等行政处罚

在《行政处罚法》规定的行政处罚种类中，涉及财产权的有罚款、吊销许可证和执照、责令停产停业、没收违法所得和非法财物等。其中，罚款、没收违法所得和非法财物属于财产罚；吊销许可证和执照、责令停产停业属于能力罚。行政机关及其工作人员应按照法定的主体、条件、程序和职权实施行政处罚。根据《国家赔偿法》，如违法实施罚款、没收财产、吊销许可证和执照、责令停产停业，给公民财产造成损害、给法人或者其他组织造成损失的，国家应予赔偿。

2. 违法对财产采取查封、扣押、冻结等行政强制措施

对公民、法人或其他组织的财产采取查封、扣押、冻结等行政强制措施，属于行政强制措施的一种。依据有关法律规定，有权对公民、法人或其他组织的财产采取查封、扣押、冻结等行政强制措施的行政机关，主要有公安机关、药品监督管理部门、证券监督管理部门等行政执法机关。行政机关对财产采取查封、扣押、冻结等行政强制措施，应当符合法定权限、法定程序和方法。否则，根据《国家赔偿法》，违法对财产采取查封、扣押、冻结等行政强制措施，给行政相对人财产权益造成损害的，国家应予赔偿。

3. 违法征收、征用财产

征收财产，是指基于公共利益的需要，依照法律强制取得原属于公民、法人或者其

---

〔1〕 张树义主编：《行政法学》，法律出版社 2000 年版，第 123 页。

他组织的财产所有权的行为；征用财产则是指基于公共利益的需要，依法强制取得原来属于公民、法人或者其他组织的财产使用权的行为。征收与征用均以公用为目的，且均通过强制手段获取。

行政机关虽然有权征收、征用公民、法人或其他组织的财产，但行政机关在行使职权时应符合法律的规定，不得乱征收、乱征用。否则，根据《国家赔偿法》，违法征收、征用财产，给当事人造成损失的，应当依法承担赔偿责任。

4. 造成财产损害的其他违法行为

其基本含义是凡涉及有关财产权的损害，受害人均可依照本款规定请求行政赔偿。因为上述列举的三种侵犯相对人财产权的违法行为，并不能概括行政机关及其工作人员违法行使职权侵犯相对人财产权的全部情形。例如行政机关的不作为行为。申请人依法申请有法定职责的行政机关履行保护相对人财产权的法定职责，行政机关不予答复则属于不作为。行政机关的这种不作为违法行为，也会造成公民、法人和其他组织的财产损害，对此，国家须负赔偿责任。此外，其他形式的违法行政行为，如行政检查、行政裁决等如果造成相对人或第三人财产损失的，国家要负赔偿责任。这一开放式规定有利于全面地保护公民、法人和其他组织的合法财产权益。[1]

（三）国家不承担行政赔偿责任的情形

关于国家不承担赔偿责任的情形，《国家赔偿法》第 5 条明确规定了以下几种情况。

1. 行政机关工作人员实施的与行使职权无关的个人行为

行政机关工作人员具有双重身份，既是公务员，又是普通公民，他们以不同的身份所从事活动的行为，在法律上性质不同，引起的法律后果也不一样。只有行政机关工作人员行使职权造成的损害，或者与行使职权有关的行为造成的损害，国家才应当承担赔偿责任。而对于与行使职权无关的个人行为所致的损害，国家则不承担赔偿责任。不在行政赔偿范围之内的行政机关工作人员与行使职权无关的个人行为，大致可以分为两类：一类是与行使职权无关的纯粹个人行为；另一类是属于在事实上与行使职权有一定牵连关系但在法律上或法理上不认为与行使职权有关的个人行为[2]。

关于职权行为与个人行为的区分标准，学术界尚存在分歧。有学者主张采用时间标准，也有学者主张采用职责标准、公共利益标准等。[3]时间标准是以上班时间来决定行政机关工作人员作为代表人的身份，其缺陷是上班时间行政机关工作人员也可能办私事，而在下班时间行政机关工作人员也可能以行政机关工作人员的身份实施公务行为。职责标准是以行政机关工作人员的行为是否在其职责范围内作为判断标准，该标准的缺陷是只明确了合法职务行为与不合法职务行为的识别要素，但难以明确职务行为区别于个人行为的性质。[4]公共利益标准是以行政机关工作人员的行为是否涉及公共利益来判

---

〔1〕 张树义主编：《行政法学》，法律出版社 2000 年版，第 127 页。

〔2〕 黄杰、白钢主编：《国家赔偿法及配套规定新释新解（新编本）》，人民法院出版社 2001 年版，第 309 页。

〔3〕 罗豪才主编：《行政法学》，北京大学出版社 1996 年版，第 104—105 页。

〔4〕 刘嗣元、石佑启：《国家赔偿法要论》，北京大学出版社 2005 年版，第 168 页。

断其行为时的身份，此标准的不足在于普通公民的行为也可能涉及公共利益，且行政机关工作人员的行为是否涉及公共利益有时也很难辨认，且公共利益本身又是个不确定的法律概念。《国家赔偿法》主要采用了职责标准，[1]因为这一标准较好地揭示了行政机关工作人员职务行为的本质，但仅用这一标准来判断行政机关工作人员的公务行为与个人行为亦存在困难。实务中还需要借助其他标准，如行为名义、所涉利益、行为目的等，以进行综合判断。

2. 因公民、法人和其他组织自己的行为致使损害发生的

这种因公民、法人和其他组织自己过错造成损害的行为叫作自己行为。在这种情形下，虽然受害人受到了某种损害，但此种损害与行政机关的违法行为没有必然的联系，而是由受害人自己的行为造成的，国家不承担赔偿责任。[2]

在理论上，国家对因公民、法人和其他组织自己的行为致使损害发生不予赔偿，应具备以下条件：一是对损害的发生，该公民、法人或其他组织本身有过错；二是公民、法人和其他组织的损害系自己的行为所致。但在实践中，有的损害可能部分由公民、法人和其他组织自己的过错或行为所致，部分由行政机关及其工作人员所致，在这种情况下则应区分双方各自过错的大小或行为在造成损害中的作用，并分担各自的责任。例如，公安局违法没收受害人影碟机，受害人一气之下将影碟机砸坏，此种损失不能由国家赔偿。当然，如果损害之发生是由于行政机关及其工作人员的职权行为与受害人自己行为共同造成的，国家则不能完全免除行政赔偿责任，国家仍须按照国家行政机关工作人员行使职权行为过错的大小承担部分赔偿责任。[3]

3. 法律规定的其他情形

对国家不承担行政赔偿责任的情形，法律不可能详尽列举，因此采取概括式的方法规定。采取概括式的方法规定免除国家的行政赔偿责任，其含义主要有二：一是将其他有关法律规定的情形排除在外，只要法律已经规定的，国家即不承担行政赔偿责任；二是将来不需要国家承担赔偿责任的情形，可由法律规定，免除国家的行政赔偿责任。需要指出的是，这里的法律仅指全国人大及其常委会通过的法律，不包括法规和规章。

三、行政赔偿请求人和行政赔偿义务机关

（一）国家赔偿请求人

国家赔偿请求人，是指认为其合法权益或者其所继受的个人或组织的合法权益受到公务组织和人员公权力行为的侵害，以自己的名义依法提出国家赔偿请求的个人或者组织[4]。赔偿请求人认为其自身的合法权益或者其所继受的个人或组织的合法权益遭遇侵害。一般情况下，请求人应该是受害人本身，而不能是为他人受到的损害请求国家赔

---

〔1〕 姜明安主编：《行政法与行政诉讼法》（第7版），北京大学出版社、高等教育出版社2019年版，第581页。

〔2〕 张树义主编：《行政法学》，法律出版社2000年版，第127页。

〔3〕 胡锦光、余凌云、吴鹏主编：《国家赔偿法》（第3版），中国人民大学出版社2017年版，第62页。

〔4〕 沈岿：《国家赔偿法：原理与案例》（第3版），北京大学出版社2022年版，第316页。

偿。只有在受害人出现特殊情形之下，如自然人死亡、法人或者其他组织终止，请求权才可依法转移，由法定的继受人行使。要请求人在提出请求时，有初步证据显示，公务组织职权行为所涉权益有可能是其自身或其继受的个人或组织所有，该请求就应予以受理。若事后判断公务组织职权行为所涉权益并非其自身或其继受的个人或组织所有，可否认其具有请求人资格。

（二）国家赔偿请求人的类型

根据《国家赔偿法》第6条、第20条、第40条的规定，国家赔偿请求人大体上分为一般请求人和继受请求人两类。[1]

1. 一般请求人

一般请求人，是指其自身合法权益遭遇侵害、依法提起国家赔偿请求的个人或组织，是较为常见的请求人类型，包括：公民，即具有中国国籍的自然人；法人，即依法成立的，有必要的财产或者经费，有自己的名称、组织机构和经营场所，独立享有民事权利和承担民事义务的组织。法人包括营利法人、非营利法人、特别法人等。[2]其他组织是指依法成立的、没有取得法人资格的组织。合法权益被公权力行为侵害的外国人、外国企业和组织，也有权提出国家赔偿请求。但是，我国实行的是对等保护原则。如果外国人、外国企业和组织的所属国对我国公民、法人和其他组织要求该国国家赔偿的权利不予保护或者限制的，我国将同等对待。

2. 继受请求人

继受请求人，是指其所继受的个人或组织的合法权益遭遇侵害，以自己名义依法提出国家赔偿请求的个人或者组织。只有在个人死亡或者组织终止的情况下，继受请求人才能依法提出国家赔偿请求。受害的自然人死亡的，其继承人、其他有扶养关系的人为赔偿请求人。《国家赔偿法》第6条第2款规定："受害的公民死亡，其继承人和其他有扶养关系的亲属有权要求赔偿。"《关于审理行政赔偿案件若干问题的规定》（2022年）第7条第1款的规定略有不同，"受害的公民死亡，其继承人和其他有扶养关系的人可以提起行政赔偿诉讼"。也就是说，只要与死者有扶养关系的，无论是否亲属，皆可以作为继受请求人。关于继承人，根据我国《民法典》的规定，继承有法定继承和遗嘱继承之分，继承人或者依据法律规定或者依据合法有效的遗嘱，享有继承权。关于其他有扶养关系的人，包括有扶养关系的亲属、死者生前扶养的无劳动能力的人以及其他有扶养关系的人。有扶养关系的亲属主要是指继承人以外的、依靠受害人扶养的无劳动能力的亲属，或者是继承人以外的对死者扶养较多的亲属。受害的法人或者其他组织终止的，其权利承受人为赔偿请求人。受害的法人或其他组织终止，有许多种原因，诸如撤销、注销、变更、兼并、分立、解散等。但凡有承受原法人或者其他组织权利的新的法人或者其他组织甚至个人，皆可以自己的名义请求国家赔偿。必须指出的是，受害法人或者其他组织终止后的权利承受应当依法完成，否则，国家赔偿请求资格就不能有效

〔1〕沈岿：《国家赔偿法：原理与案例》（第3版），北京大学出版社2022年版，第329—332页。

〔2〕参见《民法典》第57条、第76条、第87条、第96条。

转移。

3. 国家赔偿请求人确定的其他问题[1]

首先，公务人员是否可以成为国家赔偿请求人？若公务人员认为公务组织对其作出的惩戒、调动等处理决定侵犯其权益，那么，公务组织的处理决定是内部管理行为，在现行的制度之下，公务人员无权提请国家赔偿。然而，若公务人员是以普通公民的身份出现而遭受侵害的，那么，其仍然可以成为国家赔偿请求人。其次，公务组织是否可以成为国家赔偿请求人？公务组织也有可能与普通个人或组织一样，处于民事主体、行政相对人或者诉讼当事人地位，也会受到来自公权力主体职务行为的侵害。例如，法院错误采取强制措施，导致行政机关遭受损害，或者甲机关违法责令乙机关停止建设职工住宅楼，乙机关的权益由此受到侵害。在此类情形中，公务组织可以成为国家赔偿请求人。“至如行政机关立于财产权主体地位，与私人受同一法律关系之规范时，该行政机关亦得为国家赔偿之请求权人。”[2]最后，近亲属是否可以成为精神损害国家赔偿请求人？《国家赔偿法》第 35 条承认了精神损害赔偿，也确定了精神损害赔偿适用的情形，即出现该法第 3 条、第 17 条规定情形之一、致人精神损害并造成严重后果的。精神损害国家赔偿请求权自然属于该受害人。然而，一方面，人身权直接被侵犯的受害人有死亡的可能性，而在理论上，死者谈不上有生理或心理上的痛苦，而真正遭遇精神痛苦的，是其近亲属；另一方面，在现实生活中，即便人身权直接被侵犯的受害人没有死亡，精神损害也并不仅仅止于直接受害人，因受害人遭遇公权力侵害而使近亲属同样承受心理痛苦的，也屡见不鲜。那么，近亲属是否也能提出精神损害赔偿请求呢？对此，《国家赔偿法》未予明确。根据最高人民法院《关于确定民事侵权精神损害赔偿责任若干问题的解释》第 1 条、第 2 条、第 3 条的规定，在民事精神损害赔偿领域，特定情形下，近亲属是有权请求精神损害赔偿的。我国的民事审判实务中，也有法院承认，同一侵权行为之下，不仅受害人有权请求精神损害赔偿，其近亲属因为受害人受到侵害而遭受精神损害的也有权请求赔偿。因此，尽管《国家赔偿法》没有对精神损害赔偿请求人作出特殊规定，但应该认为：第一，有该法第 3 条、第 17 条规定情形之一，造成自然人死亡的，其近亲属有权请求精神损害赔偿。在此情形下的精神损害赔偿请求人范围，参照普通侵权法以近亲属为宜，不宜按照《国家赔偿法》第 6 条第 2 款的规定，扩大到有扶养关系的近亲属。[3]

（三）国家赔偿义务机关

1. 行政赔偿义务机关的概念

行政赔偿义务机关，即行政赔偿义务人，是指代替国家履行具体赔偿义务，支付赔偿费用，参加赔偿案件解决的行政机关或者法律、法规授权的组织。在我国，行政赔偿的

---

〔1〕 沈岿：《国家赔偿法：原理与案例》（第 3 版），北京大学出版社 2022 年版，第 320—321 页。

〔2〕 参见叶百修：《国家赔偿法》，载翁岳生编：《行政法（下册）》，中国法制出版社 2002 年版，第 1642 页。

〔3〕 在《国家赔偿法》修订之前，即有学者认为在《国家赔偿法》未来改革引入精神损害赔偿的基础上，精神损害赔偿请求人的范围可以适度地扩大至与直接侵害对象有赡养、抚养和扶养关系的近亲属。参见马怀德主编：《完善国家赔偿立法基本问题研究》，北京大学出版社 2008 年版，第 149—151 页。

责任归属主体是国家，但国家比较抽象，受害者无法要求抽象的国家承担具体的赔偿义务。因而采用了“国家责任，机关赔偿”的做法。[1]行政赔偿义务机关与行政侵权行为主体并不一定是一致的。行政侵权行为主体，是指具体实施侵权行为的行政机关及其工作人员，法律、法规、规章授权的组织及其工作人员，以及受行政机关委托的组织或者个人等。

2. 行政赔偿义务机关的认定

根据《国家赔偿法》和最高人民法院有关司法解释的规定，行政赔偿义务机关应按照下列规定确认。

（1）实施侵害的行政机关

首先，行政机关违法行使行政职权侵犯公民、法人和其他组织的合法权益造成损害的，该行政机关为赔偿义务机关。在这种情况下，违法行使行政职权的行为是以行政机关名义作出，该行政机关的工作人员并未主动违法，只是执行命令或决定而已。例如，某县工商局违法对某企业作出吊销企业营业执照的决定造成该企业损害，该企业要求赔偿，则某县工商局为赔偿义务机关。

其次，违法行使行政职权侵犯公民、法人或者其他组织的合法权益造成损害的，该工作人员所在的行政机关为行政赔偿义务机关。这种情况是指，违法侵害行为完全是由该工作人员在行使职权时自行决定的行为，不是执行行政机关明确命令或决定。当然这种情况也不同于与行使职权无关的个人行为。

最后，两个以上行政机关共同行使职权时侵犯公民、法人和其他组织的合法权益造成损害的，共同行使行政职权的行政机关为共同赔偿义务机关。

（2）法律、法规授权的组织

法律、法规授权的组织得到授权后，即可以自己的名义独立地行使法定的行政职权，并独立地承担因行使授权所产生的法律后果，如我国《教育法》授权公立学校有颁发毕业证书等行政职权。如果法律、法规授权的组织的违法行使职权的行为对公民、法人和其他组织造成损害，则该法律、法规授权组织即为行政赔偿义务机关。

（3）委托行政机关

根据《国家赔偿法》，受行政机关委托的组织或者个人在行使受委托的行政权力时侵犯公民、法人和其他组织的合法权益造成损害的，委托行政机关为赔偿义务机关。这样规定主要是因为，受行政机关委托的组织或者个人，是接受行政机关委托、以行政机关名义并在行政机关委托范围内行使职权的，其行使受委托职权时侵犯公民、法人和其他组织的合法权益造成损害的，应以委托行政机关而不以受行政机关委托的组织或者个人为赔偿义务机关。但是，如果受委托的组织或个人所实施的致害行为与受委托的职权无关，则国家对该致害行为不承担行政赔偿责任，受害人可追究受委托的组织或个人侵权民事责任。[2]

---

〔1〕张树义主编:《行政法学》，法律出版社 2000 年版，第 137 页。
〔2〕胡锦光、余凌云、吴鹏主编:《国家赔偿法》（第 3 版），中国人民大学出版社 2017 年版，第 66 页。

（4）行政机关被撤销后的赔偿义务机关的确定

根据《国家赔偿法》，赔偿义务机关被撤销的，继续行使其职权的行政机关为赔偿义务机关；没有继续行使其职权的行政机关的，撤销该赔偿义务机关的行政机关为赔偿义务机关。行政机关被撤销一般有两种情形：一是行政机关因合并或分立而被撤销，原有职权发生转移，由新成立的行政机关继续行使；二是行政机关被撤销，原有职权不复存在。在前一种情形下，继续行使其职权的行政机关为赔偿义务机关；在后一种情形下，没有继续行使其职权的行政机关，撤销该赔偿义务机关的行政机关为赔偿义务机关。[1]

（5）经复议机关复议后的赔偿义务机关的确定

《国家赔偿法》规定，经复议机关复议的，最初造成侵权行为的行政机关为赔偿义务机关，但复议机关的复议决定加重损害的，复议机关对加重的部分履行赔偿义务。《国家赔偿法》规定经过行政复议的赔偿案件，赔偿义务机关有以下两种情况。

一是经过行政复议机关复议，复议机关减轻损害或者维持原状的，受害人请求行政赔偿，最初作出侵权损害行为的行政机关应为行政赔偿义务机关。

二是经过行政复议机关复议，复议机关的复议决定加重损害的，复议机关对加重部分履行赔偿义务。这是因为复议机关改变了行政侵权行为并且侵犯了公民、法人和其他组织的合法权益，那么本着“谁侵害，谁负责”的原则，应由复议机关对加重的损害部分承担赔偿责任，即由复议机关为赔偿义务机关。而对没有加重的损害部分，仍由最初造成侵权损害行为的行政机关为行政赔偿义务机关，负责对造成的损害承担赔偿责任。[2]

四、行政赔偿程序

（一）行政赔偿程序的概念和类型

行政赔偿程序，是指行政赔偿请求人向行政赔偿义务机关请求行政赔偿，行政赔偿义务机关处理行政赔偿申请，以及人民法院解决行政赔偿纠纷的步骤、方式、顺序、时限的总和。

从广义上讲，行政赔偿程序还包括行政赔偿义务机关对有故意或者重大过失的国家行政机关工作人员行使追偿权的程序。从各国国家赔偿法的规定来看，行政赔偿程序通常分为两个阶段：第一阶段是行政程序，即由行政机关内部处理赔偿申请的程序；第二阶段是行政赔偿诉讼程序，即由法院解决行政赔偿纠纷的程序。在我国，依《国家赔偿法》第9条的规定，我国的行政赔偿程序实行的是“单独提起”与“一并提起（或称附带提起）”两种请求程序并存的办法，前者又分为行政程序和司法程序两个阶段，这是我国行政赔偿程序的突出特点。[3]

1. 单独提出行政赔偿的程序和一并提出行政赔偿的程序

这是根据赔偿请求人提出赔偿请求的方式对行政赔偿程序的分类。单独提出行政赔

---

〔1〕胡锦光、余凌云、吴鹏主编：《国家赔偿法》（第3版），中国人民大学出版社2017年版，第66页。

〔2〕张树义主编：《行政法学》，法律出版社2000年版，第139页。

〔3〕姜明安主编：《行政法与行政诉讼法》（第7版），北京大学出版社、高等教育出版社2019年版，第609页。

偿的程序，是指行政机关及其工作人员违法行使行政职权，对公民、法人或者其他组织人身权或财产权造成损害的，赔偿请求人单独就损害赔偿提出请求、行政机关处理而适用的程序。一并提出行政赔偿的程序，是指赔偿请求人在申请行政复议或提起行政诉讼时，一并提出赔偿请求，由行政复议机关或人民法院在确认具体行政行为合法性的基础上进一步解决赔偿问题而适用的程序。

2. 行政赔偿处理程序和行政赔偿诉讼程序

这是根据行政赔偿的不同处理阶段对行政赔偿的分类。行政赔偿处理程序包括赔偿请求人向赔偿义务机关提出申请，赔偿义务机关受理、审理、决定和执行，以及赔偿请求人在申请行政复议时一并提出行政赔偿请求，行政复议机关依法受理、决定等内容。行政赔偿诉讼程序，是指人民法院受理和裁判行政赔偿请求的程序，属于行政诉讼中的一个特殊类别。

（二）单独提出行政赔偿请求适用的程序

1. 单独提出赔偿请求和行政赔偿义务机关先行处理

根据《行政诉讼法》和《国家赔偿法》的规定，受害人单独提出赔偿请求的，应当首先向赔偿义务机关提出，赔偿义务机关拒绝受理赔偿请求、在法定期限内不作出决定的，受害人可以提起行政赔偿诉讼。因此，赔偿请求人请求损害赔偿时，应当先向有关的赔偿义务机关提出赔偿请求，双方就有关赔偿的范围、方式、金额等事项进行协商、和解，或由赔偿义务机关依法作出决定，从而解决赔偿争议。

2. 行政赔偿案件的处理程序

（1）申请与受理

申请行政赔偿必须符合下列条件。首先，赔偿请求人必须是受行政机关违法具体行政行为直接侵害的公民、法人和其他组织。受侵害的公民死亡的，其继承人和其他有扶养关系的亲属可作为赔偿请求人；受侵害的法人或其他组织终止的，承受其权利的法人或其他组织可作为赔偿请求人。其次，有明确的赔偿义务人。再次，有具体的请求、事实根据和理由。复次，具体行政行为已被依法确认为违法行为。最后，在法律规定的申请期限内提出。

赔偿申请应当使用书面形式，并载明下列事项：受害人的姓名、性别、年龄、工作单位和住所，法人或者其他组织的名称、住所和法定代表人或主要负责人的姓名、职务；具体的要求、事实根据和理由；申请的年、月、日。赔偿请求人书写申请书确有困难的，可以委托他人代书；也可以口头申请，由被申请的行政机关记入笔录。

赔偿义务机关应当自收到赔偿申请书之日起 10 日内，对赔偿申请进行审查，对符合赔偿范围及有关申请规定的，裁定予以受理，并书面通知赔偿请求人。对不符合赔偿范围及有关申请规定的，裁定不予受理，并书面通知赔偿请求人。对申请有关要件尚不齐全的，应当以书面形式通知赔偿请求人在 1 日内补正；逾期未能补正的，视为未申请。赔偿请求人在行政复议和行政诉讼有效申请期限内，就未经依法确认为违法的具体行政行为，单独向作出该具体行政行为的行政机关申请赔偿的，该行政机关应当告知其依法申请复议或提起行政诉讼。赔偿请求人向共同赔偿义务机关中的任何一个提出赔偿申请的，该机关应当及时受理，不得无故推诿。[1]

（2）审理

赔偿义务机关的法制机构受理赔偿案件后，应当指定专人负责审理。赔偿案件审理的内容包括：赔偿义务机关已被依法确认为违法的具体行政行为是否给公民、法人或其他组织造成了损害及损害的程度；公民、法人或其他组织已受到的损害与赔偿义务机关被依法确认为违法的具体行政行为是否有直接因果关系；对公民、法人或其他组织赔偿的具体方式及标准。法制机构审理赔偿案件，应当全面审查、核实相关的证据材料。对于赔偿请求人申请中证据不足的请求部分，可责令其补充有关证据材料。赔偿请求人对赔偿请求未能或拒绝提供证据的，不予认定。法制机构可以根据认定的事实，提出处理意见，报赔偿义务机关负责人或提交机关领导办公会决定。

机关负责人或领导办公会对法制机构提出的处理意见进行审查，可作出予以赔偿或不予赔偿的决定。对已被依法确认为违法的具体行政行为未造成公民、法人或其他组织财产损失和公民人身损害的，或已被确认为违法的具体行政行为与公民、法人或其他组织已受财产损失和人身损害没有直接因果关系的，决定不予赔偿。

对已被确认为违法的具体行政行为直接造成了公民、法人或其他组织财产损失和人身损害的，根据不同情况，分别作出处理。属于违法对财产采取查封、扣押、冻结等行政强制措施的，决定解除对财产的查封、扣押、冻结措施；造成财产损坏的，能够恢复原状的决定恢复原状，不能恢复原状的或应当返还的财产灭失的，按照实际损害确定赔偿金额。属于违法实施罚款、吊销许可证和营业执照、责令停产停业、没收财物等行政处罚的，或违反国家规定征收财物、摊派费用的，应当返还财产；对吊销许可证、营业执照和责令停产停业的，根据停产停业期间必要的经常性费用开支，确定赔偿金额；财产已经拍卖或变价收购的，给付拍卖或变价收购价款；对财产造成其他损害的，按照直接损失确定赔偿金额。属于侵犯公民人身权利的，依照《国家赔偿法》的赔偿标准，确定赔偿金额及赔偿方式。赔偿处理决定书应当根据赔偿决定制作，包括赔偿请求及其理由、赔偿义务机关认定的事实、赔偿处理决定的内容及赔偿请求人的诉权等事项。对应予赔偿的案件，赔偿义务机关应当自收到申请之日起 2 个月内给予赔偿。

（3）执行

赔偿处理决定及有关文书，应当按有关规定执行。赔偿义务机关执行赔偿处理决定，应当由赔偿义务机关的财务部门在法定期限内按有关规定办理支付手续；返还财产或恢复原状的，由原办案机构负责办理。执行赔偿案件应当制作笔录，由执行人和赔偿请求人签字、盖章。执行文书、票据等材料复印件，应当存入案卷。

（三）行政赔偿诉讼程序

1. 行政赔偿诉讼的起诉

赔偿请求人单独提起行政赔偿诉讼，应当符合下列条件：原告具有请求资格；有明确的被告；有具体的赔偿请求和受损害的事实根据；加害行为为具体行政行为的，该行

---

〔1〕 胡锦光、余凌云、吴鹏主编：《国家赔偿法》（第 3 版），中国人民大学出版社 2017 年版，第 60 页。

为已被确认为违法；赔偿义务机关已先行处理或超过法定期限不予处理；属于人民法院行政赔偿诉讼的受案范围和受诉人民法院管辖；符合法律规定的起诉期限。赔偿请求人单独提起行政赔偿诉讼，可以在向赔偿义务机关递交赔偿申请后的 2 个月届满之日起 3 个月内提出。公民、法人或者其他组织在提起行政诉讼的同时一并提出行政赔偿请求的，其起诉期限按照行政诉讼起诉期限的规定执行。行政案件的原告可以在提起行政诉讼后至人民法院一审庭审结束前，提出行政赔偿请求。赔偿义务机关作出赔偿决定时，未告知赔偿请求人的诉权或者起诉期限，致使赔偿请求人逾期向人民法院起诉的，其起诉期限从赔偿请求人实际知道诉权或者起诉期限时计算，但逾期的期间自赔偿请求人收到赔偿决定之日起不得超过 1 年。受害的公民死亡，其继承人和有抚养关系的人提起行政赔偿诉讼，应当提供该公民死亡的证明及赔偿请求人与死亡公民之间的关系证明。当事人先后被采取限制人身自由的行政强制措施，因强制措施被确认违法而请求赔偿的，人民法院按其行为性质适用行政赔偿程序立案受理。〔1〕

2. 受理

人民法院接到原告单独提起的行政赔偿起诉状，应当进行审查，并在 7 日内立案或者作出不予受理的裁定。人民法院接到行政赔偿起诉状后，在 7 日内不能确定可否受理的，应当先予受理。审理中发现不符合受理条件的，裁定驳回起诉。当事人对不予受理或者驳回起诉的裁定不服的，可以在裁定书送达之日起 10 日内向上一级人民法院提起上诉。

人民法院审理行政赔偿案件，就当事人之间的行政赔偿争议进行审理与裁判。人民法院审理行政赔偿案件在坚持合法、自愿的前提下，可以就赔偿范围、赔偿方式和赔偿数额进行调解。调解成立的，应当制作行政赔偿调解书。被告在一审判决前同原告达成赔偿协议，原告申请撤诉的，人民法院应当依法予以审查并裁定是否准许。被告的具体行政行为违法但尚未对原告合法权益造成损害的，或者原告的请求没有事实根据或法律根据的，人民法院应当判决驳回原告的赔偿请求。人民法院对赔偿请求人未经确认程序而直接提起行政赔偿诉讼的案件，在判决时应当对赔偿义务机关致害行为是否违法予以确认。人民法院对单独提起行政赔偿案件作出判决的法律文书的名称为行政赔偿判决书、行政赔偿裁定书或者行政赔偿调解书〔2〕。

3. 执行与期间

发生法律效力的行政赔偿判决、裁定或调解协议，当事人必须履行。一方拒绝履行的，对方当事人可以向第一审人民法院申请执行。申请执行的期限，申请人是公民的为 1 年，申请人是法人或者其他组织的为 6 个月。单独受理的第一审行政赔偿案件的审理期限为 3 个月，第二审为 2 个月；一并受理行政赔偿请求案件的审理期限与该行政案件的审理期限相同。如因特殊情况不能按期结案，需要延长审限的，应按照《行政诉讼法》的有关规定报请批准。

---

〔1〕 胡锦光、余凌云、吴鹏主编：《国家赔偿法》（第 3 版），中国人民大学出版社 2017 年版，第 77 页。

〔2〕 胡锦光、余凌云、吴鹏主编：《国家赔偿法》（第 3 版），中国人民大学出版社 2017 年版，第 77 页。

第三节　司法赔偿

一、司法赔偿概述

由于世界各国司法制度的差异，对司法赔偿的概念的理解也存在明显不同。一些国家将司法赔偿理解为冤狱赔偿。例如，美国在行政赔偿制度建立之前的 1938 年，就已颁布了《对于人民受联邦法院错误判决之救济法》。该法规定，“对于因不公正判决有罪或拘押所受侵害，或判徒刑已全部或部分执行，因上诉或重新审理而认为对所判之罪不正确或事后认为无辜而获赦免者”，可以向国家请求赔偿。可见，美国的司法赔偿只是冤狱赔偿。法国已建立起一套比较完整的司法赔偿制度，不仅规定了冤狱赔偿，而且对其他司法侵权行为也规定了相应的国家赔偿责任。

在我国《国家赔偿法》中并无“司法赔偿”的用语，但有关的司法解释已加以使用，如最高人民法院《关于审理民事、行政诉讼中司法赔偿案件适用法律若干问题的解释》等。一般认为，司法赔偿是指依据国家赔偿法规定，司法机关及其工作人员在行使司法权过程中，侵犯公民、法人或者其他组织的合法权益造成损害时，由国家作为赔偿责任主体进行的赔偿。由于刑事赔偿是最主要的司法赔偿类型，且人民法院在民事诉讼、行政诉讼过程中发生的司法赔偿程序适用刑事赔偿程序，因此这里仅详细介绍刑事赔偿。

二、刑事赔偿范围

（一）侵犯人身权的刑事赔偿

按照《国家赔偿法》第 17 条的规定，侵犯人身权的刑事赔偿包括如下五种情形。

第一，违反《刑事诉讼法》的规定对公民采取拘留措施的，或者依照《刑事诉讼法》规定的条件和程序对公民采取拘留措施，但是拘留时间超过《刑事诉讼法》规定的时限，其后决定撤销案件、不起诉或者判决宣告无罪终止追究刑事责任的。刑事拘留是行使拘留权的机关在紧急情况下，对某些现行犯或者重大嫌疑分子，依法决定采取的暂时剥夺其人身自由的强制方法。对公民实施拘留必须符合法定的条件。拘留的条件体现在《刑事诉讼法》第 82 条规定中，即正在预备犯罪、实行犯罪或者在犯罪后即时被发觉的；被害人或者在场亲眼看见的人指认他犯罪的；在身边或者住处发现有犯罪证据的；犯罪后企图自杀、逃跑或者在逃的；有毁灭、伪造证据或者串供可能的；不讲真实姓名、住址，身份不明的；有流窜作案、多次作案、结伙作案重大嫌疑的。此外，拘留还必须符合期限的要求，并依照《刑事诉讼法》等法律规定的程序进行。如拘留的期限为 10 小时，如遇特殊情况可延长至 14 小时，对流窜作案、多次作案、结伙作案的重大嫌疑分子可延长至 37 小时；公安机关在行使拘留权的时候，必须出示拘留证；拘留后，除有碍侦查或者无法通知的情形以外，应当把拘留的原因和羁押的处所，在 24 小时以内通知被拘留人的家属或者他的所在单位；公安机关对于被拘留的人，应当在拘留后的 24 小时以内进行讯问。在发现不应当拘留的时候，必须立即释放，发给释放证明。

第二，对公民采取逮捕措施后，决定撤销案件、不起诉或者判决宣告无罪终止追究刑事责任的。逮捕是对犯罪嫌疑人、被告人由人民检察院批准或者人民法院决定，并由公安机关执行的在较长时间内限制其人身自由的最为严厉的一项刑事强制措施。根据我国《刑事诉讼法》第 81 条的规定，逮捕必须具备三个条件：有证据证明有犯罪事实；可能判处徒刑以上刑罚；采取取保候审，尚不足以防止发生社会危险性。此外，《刑事诉讼法》还规定了逮捕的程序，如逮捕必须经检察机关批准或者人民法院决定，并由公安机关执行；公安机关执行逮捕时，必须出示逮捕证；逮捕后，除有碍侦查或者无法通知的情形外，应当将逮捕的原因和羁押的处所，在 24 个小时内通知被逮捕人的家属或者他的所在单位；人民法院、人民检察院对于各自决定逮捕的人，公安机关对于经人民检察院批准逮捕的人，都必须在逮捕后的 24 小时内进行讯问；在发现不应当逮捕的时候，应当立即释放，并发给释放证明。修改后的《国家赔偿法》不再采用“错误逮捕”的说法，而对此适用了结果归责原则。也就是只要撤销案件、作出不起诉决定或者判决宣告无罪不再继续追究被告人或嫌疑人的刑事责任的，赔偿请求人有权要求赔偿，国家应承担赔偿责任。[1]

第三，依照审判监督程序再审改判无罪，原判刑罚已经执行的。审判监督程序，亦称再审程序，是指人民检察院、人民法院对已经发生法律效力的判决和裁定，发现在认定事实上或者在适用法律上确有错误，依职权提起并由人民法院对案件进行重新审判的诉讼程序。错误判决的表现形式具有多样性，无罪判有罪、有罪判无罪、此罪判彼罪、轻罪重判、重罪轻判等都属于错误判决的范畴。并非所有的错误判决都能够引起国家赔偿。《国家赔偿法》第 17 条第 3 项规定：依照审判监督程序再审改判无罪，原判刑罚已经执行的，国家应承担赔偿责任。

第四，刑讯逼供或者以殴打、虐待等行为或者唆使、放纵他人以殴打、虐待等行为造成公民身体伤害或者死亡的。《国家赔偿法》第 17 条第 4 项规定，司法工作人员暴力侵权造成公民身体伤害或者死亡，国家应当承担赔偿责任。暴力具体包括以下情形：刑讯逼供或者以殴打、虐待等行为或者唆使、放纵他人以殴打、虐待等行为造成公民身体伤害或者死亡的。

第五，违法使用武器、警械造成公民身体伤害或者死亡的。武器和警械，是指枪支、警棍、警笛、手铐、脚镣、警绳和其他警械。为保证司法工作人员依法行使职权，以维护正常的社会秩序和法律秩序，我国法律授权司法工作人员在必要时可以使用武器和警械。违反使用武器、警械的情形主要包括：司法机关给依法不应配备武器、警械的工作人员配备武器、警械，该工作人员在行使职权过程中使用；依法不应佩带武器、警械的司法工作人员私自携带武器、警械并在行使职权过程中使用；依法佩带武器、器械的司法工作人员违反法律规定，在不应当使用武器、警械的情况下使用武器、警械等。

---

〔1〕 胡锦光、余凌云、吴鹏主编：《国家赔偿法》（第 3 版），中国人民大学出版社 2017 年版，第 86 页。

（二）侵犯财产权的刑事赔偿

1. 违法对财产采取查封、扣押、冻结、追缴等措施

刑事诉讼中的查封，是指刑事司法机关将可以用作证据或与案件有关不便提取的财物予以就地封存的一种措施；扣押，是指刑事司法机关将与案件有关的物品、文件、邮件等予以强制扣留的一种措施；冻结，是指刑事司法机关在案件的侦查和审理中发现犯罪嫌疑人、被告人存款、汇款与案件有直接关系时，要求有关单位对其存款、汇款停止支付或者转移的一种措施；追缴，是指强制收缴赃款、赃物，退还原主或上缴国库的强制措施。为了保证刑事诉讼的正常进行，法律赋予刑事司法机关采取对财产的查封、扣押、冻结、追缴等强制措施的权力，但这种权力的行使受到法律的严格限制。刑事司法机关对财产的查封、扣押、冻结、追缴，必须严格依照法律规定的条件和程序进行，如违法采取上述措施致他人财产损害的，受害人有权要求国家赔偿〔1〕。

2. 依照审判监督程序再审改判无罪，原判罚金、没收财产已经执行

罚金，是指人民法院判处犯罪人向国家缴纳一定数额金钱的刑罚；没收财产，是指将犯罪人个人所有财产的一部分或全部强制无偿收归国有的刑罚。这两种刑罚都是以财产为标的的，如果按照审判监督程序再审改判无罪的，说明原判所处的罚金或没收财产也是不正确的，因此，应予退还，如财产已毁损灭失的，则国家应当予以赔偿。

（三）刑事赔偿的例外情形

1. 因公民自己故意作虚伪供述或者伪造其他有罪证据而被羁押或者被判处刑罚

我国《国家赔偿法》规定因公民自己故意作虚伪供述，或者伪造其他有罪证据而被羁押或者被判处刑罚，国家不承担赔偿责任，与世界各国保持一致。作出这一规定，表明不是因刑事司法机关违法行使职权导致被追诉者被错误羁押或者错误追诉，而是由于被追诉者自身过错导致错误羁押或错误判决的产生，这种错误结果产生的责任由被追诉者自己承担，免除国家赔偿责任，这样规定是公平与公正的体现和要求，也是对公民故意作虚伪供述或者伪造有罪证据的欺骗行为的一种惩戒。

2. 不负刑事责任的人被羁押

按照我国《刑法》第 17 条和第 18 条的规定，已满 14 周岁不满 16 周岁的人，除犯故意杀人、故意伤害致人重伤或者死亡、强奸、抢劫、贩卖毒品、放火、爆炸、投毒罪外，不负刑事责任；精神病人在不能辨认或者不能控制自己行为的时候造成危害结果，经法定程序鉴定确认的，不负刑事责任。《国家赔偿法》规定不负刑事责任的人被羁押的，国家不承担赔偿责任，是因为此时不存在司法机关错误羁押的问题，被羁押人之所以会被无罪释放，并不是由于缺少犯罪事实，而是由于法律出于人道主义的考虑豁免了其刑事责任，国家对此种羁押不予赔偿是合理的。但是，如果上述人员被判处刑罚并已执行的，国家应负赔偿责任。〔2〕

〔1〕 胡锦光、余凌云、吴鹏主编：《国家赔偿法》（第 3 版），中国人民大学出版社 2017 年版，第 88 页。

〔2〕 胡锦光、余凌云、吴鹏主编：《国家赔偿法》（第 3 版），中国人民大学出版社 2017 年版，第 90 页。

3. 不追究刑事责任的人被羁押

我国《刑事诉讼法》第 16 条规定了不追究刑事责任的情形，包括：情节显著轻微、危害不大，不认为是犯罪的；犯罪已过追诉时效期限的；经特赦令免除刑罚的；依照《刑法》告诉才处理的犯罪，没有告诉或者撤回告诉的；犯罪嫌疑人、被告人死亡的；其他法律规定免予追究刑事责任的。存在上述任何一种情形，当事人被羁押后又被释放的，国家对判决确定前的羁押行为不承担赔偿责任。但是，根据最高人民法院的司法解释，经人民法院判处拘役、有期徒刑、无期徒刑和死刑并已执行的依照《刑事诉讼法》规定不追究刑事责任的人，有权依法取得赔偿。判决确定以前被羁押的日期不予赔偿。

4. 司法工作人员实施的与行使职权无关的个人行为

司法工作人员（行使侦查、检察、审判职权的机关以及看守所、监狱管理机关的工作人员）执行职务的行为违法侵犯公民、法人和其他组织合法权益的，属于职务侵权行为，国家应依法给予赔偿。但是，司法工作人员实施的与行使职务无关的个人行为造成的损害，国家不予赔偿，而由实施个人侵权行为的司法工作人员自己承担责任。

5. 因公民自伤、自残等故意行为致使损害发生

公民自伤、自残的行为，是指为达到某种个人的目的，在无任何外力强制或者胁迫的情况下，自己将自己致伤、致残的行为。这类行为是由公民自己实施的，而非刑事司法机关及其工作人员所为，由此造成的损害与刑事司法机关行使职权的行为没有因果关系。因此，因公民自伤、自残等故意行为致使损害发生的，国家不承担刑事赔偿责任。

6. 法律规定的其他情形

除上述国家不承担刑事赔偿责任的情形外，我国法律还规定了对特定情况下如不可抗力、意外事件、正当防卫、紧急避险、第三人的过错造成的损害，国家也不承担刑事赔偿责任。这里的“法律”是指狭义的法律，即仅为全国人大及其常委会制定的规范性文件。〔1〕

三、刑事赔偿请求人与刑事赔偿义务机关

（一）刑事赔偿请求人

关于刑事赔偿请求人的范围，我国《国家赔偿法》规定，赔偿请求人的包括：受害的公民、法人和其他组织有权要求赔偿；受害的公民死亡的，其继承人和其他有扶养关系的亲属有权要求赔偿；受害的法人或其他组织终止的，承受其权利的法人或其他组织有权要求赔偿〔2〕。

（二）刑事赔偿义务机关

《国家赔偿法》第 21 条规定：“行使侦查、检察、审判职权的机关以及看守所、监狱管理机关及其工作人员在行使职权时侵犯公民、法人和其他组织的合法权益造成损害的，该机关为赔偿义务机关。”根据这一规定，我国刑事赔偿义务机关按照不同情况分

---

〔1〕胡锦光、余凌云、吴鹏主编：《国家赔偿法》（第 3 版），中国人民大学出版社 2017 年版，第 91 页。

〔2〕张树义主编：《行政法学》，法律出版社 2000 年版，第 141 页。

别是公安机关、国家安全机关、军队保卫部门以及检察机关、审判机关和监狱管理部门，具体包括以下情景。

（1）对公民采取拘留措施，依照本法的规定应当给予国家赔偿的，作出拘留决定的机关为赔偿义务机关。

（2）对公民采取逮捕措施后决定撤销案件、不起诉或者判决宣告无罪的，作出逮捕决定的机关为赔偿义务机关。根据我国宪法和法律规定，只有人民检察院和人民法院有权作出逮捕决定。在刑事诉讼中，虽然逮捕一律由公安机关或国家安全机关执行，但公民受到错误逮捕后，并不是以执行逮捕的公安机关、国家安全机关等为赔偿义务机关，而是以批准或决定逮捕的人民检察院或人民法院为赔偿义务机关。值得注意的是，当同时存在公安机关先行采取了刑事拘留措施、其后人民检察院予以批准逮捕两种情形时，我们认为，应当坚持赔偿义务机关"后置确定"的原则，公安机关对此前的错误拘留不承担刑事赔偿义务，检察机关应当成为赔偿义务机关。

（3）再审改判无罪的，作出原生效判决的人民法院为赔偿义务机关。如果原一审人民法院作出错误的有罪判决，被告未上诉，人民检察院也未抗诉，判决生效后又在再审程序中被撤销的，以作出有罪判决的原一审人民法院为赔偿义务机关。如果被告人上诉或人民检察院抗诉，原二审人民法院维持一审判决或者对一审人民法院判决予以改判的，根据最高人民法院的司法解释，在这种情况下，原二审人民法院为赔偿义务机关。

（4）二审改判无罪，以及二审发回重审后作无罪处理的，作出一审有罪判决的人民法院为赔偿义务机关。由于人民法院的一审有罪判决没有生效，所以，不存在错误执行刑罚所造成的损害，但是，一审人民法院的有罪判决引起被告上诉，导致受害人被羁押时间延长，由此造成的损害人民法院应当负责；而对于一审判决前被错误羁押，源于检察机关错误的逮捕决定，由此造成的人身权损害与人民法院无关，应由人民检察院履行赔偿义务。以上只是法、检两院自身的赔偿义务区分。就受害人而言，他可以向法、检两院中任何一个机关要求承担全部的国家赔偿义务，法院和检察院构成共同赔偿义务机关。这种设置方便了受害人行使自身的赔偿请求权，赔偿义务机关在承担全部赔偿金额之后，可以按上述情形区分各自义务的履行。

（5）暴力侵权及违法使用武器、警械造成公民身体伤害或者死亡的，作出上述违法行为的工作人员所属的司法机关为赔偿义务机关。这类机关包括所有行使侦查、检察、审判、监狱管理职权的机关。如果实施侵权的人员不是司法人员，而是辅警、联防人员、治安员、聘用民警等，只要存在委托或指使的情况，即应由委托的司法机关或者指使的司法人员所属机关为赔偿义务机关。

（6）其他情况。根据最高人民法院、最高人民检察院《关于刑事赔偿义务机关确定问题的通知》规定，人民检察院批准逮捕并提起公诉，一审人民法院判决无罪，或者人民检察院撤回起诉作出不起诉决定或者撤销案件决定，依法应当赔偿的案件，批准逮捕与提起公诉的如不是同一人民检察院，赔偿义务机关为批准逮捕的人民检察院。该通知还规定，人民检察院批准逮捕并提起公诉，一审人民法院判决有罪，二审人民法院改判无罪，或者发回重审后一审人民法院改判无罪，或者人民检察院撤回起诉作出不起诉决定或者撤销案件决定，依法应当赔偿的案件，一审人民法院和批准逮捕的人民检察院为共同赔偿义务机关。批准逮捕与提起公诉的如不是同一人民检察院，共同赔偿义务机关为提起公诉的人民检察院。另外，根据最高人民法院、最高人民检察院《关于适用〈关于办理人民法院、人民检察院共同赔偿案件若干问题的解释〉有关问题的答复》，一审人民法院判决有罪，二审人民法院发回重审后，一审人民法院改判无罪，或者发回重审的，一审人民法院在重新审理期间退回人民检察院补充侦查，或者人民检察院要求撤回起诉，一审人民法院裁定准许撤诉后，人民检察院作出不起诉决定或者撤销案件决定的，一审人民法院和提起公诉的人民检察院为共同赔偿义务机关。

四、刑事赔偿程序

我国的刑事赔偿程序由三个程序组成：刑事赔偿义务机关处理前置程序、刑事赔偿复议程序、人民法院赔偿委员会决定程序。根据《国家赔偿法》第 38 条的规定，人民法院在民事诉讼、行政诉讼过程中，违法采取对妨害诉讼的强制措施、保全措施或者对判决、裁定及其他生效法律文书执行错误，造成损害的，赔偿请求人要求赔偿的程序，适用该法刑事赔偿程序的规定。因此，民事、行政司法赔偿程序，适用《国家赔偿法》中有关刑事赔偿程序的规定。

（一）刑事赔偿义务机关处理前置程序

刑事赔偿义务机关处理前置程序，是指刑事赔偿的请求人首先应依法向赔偿义务机关提出赔偿申请，由赔偿义务机关予以先行处理的程序。只有赔偿请求人不服赔偿义务机关的决定或者赔偿义务机关逾期不赔偿时，方能进入下一步程序。

1. 刑事赔偿请求的提起

修正后的《国家赔偿法》最大的特点就是取消了确认程序。因此，刑事赔偿程序首先就是进入先行处理程序。刑事赔偿义务机关先行处理，是指赔偿请求人在提起复议程序或者人民法院赔偿委员会的决定程序之前，必须先向刑事赔偿义务机关提出赔偿请求，由刑事赔偿义务机关审查和作出处理决定。

赔偿请求人申请刑事赔偿，应当向赔偿义务机关提交刑事赔偿申请书。提交申请书确有困难的，申请人也可以向赔偿义务机关口头提出，由赔偿义务机关的工作人员记入笔录。根据《国家赔偿法》第 12 条第 1 款的规定，赔偿应当递交申请书，申请书应当载明下列事项：受害人的姓名、性别、年龄、工作单位和住所，法人或者其他组织的名称、住所和法定代表人或者主要负责人的姓名、职务；具体的要求、事实根据和理由；申请的年、月、日。[1]

2. 刑事赔偿义务机关的受理与审查

刑事赔偿义务机关在收到申请人的赔偿申请书后，应予以审查，决定是否受理。审查的内容包括：申请人是否具有请求权，即审查申请人是否为刑事司法机关违法行为的受害人或其法定代理人，是否为受害的法人或其他组织，或其他依法享有请求权的人；

〔1〕 胡锦光、余凌云、吴鹏主编：《国家赔偿法》（第 3 版），中国人民大学出版社 2017 年版，第 95 页。

请求赔偿的事实和理由是否确实、充分，即审查请求赔偿的事实根据是否有证据支持，是否属于法定赔偿范围；是否应由本机关予以赔偿；是否在法定时效内提出申请，请求人必须在其知道或应当知道其合法权益受到侵害之日起 2 年内向赔偿义务机关提出申请；提交的有关材料是否齐全。

赔偿义务机关审查后，应当决定是否受理请求人的请求，分情况作出不同的处理：对不属于本机关赔偿的，应告知赔偿请求人向负有赔偿义务的机关提出；对本机关不负有赔偿义务，但本系统的其他机关负有赔偿义务的，告知赔偿请求人向负有赔偿义务的机关提出，或移送负有赔偿义务的机关；对赔偿请求已过法定时效的，应告知赔偿请求人已丧失赔偿请求权；对请求人不具有请求权的，应当告知请求人无权提出赔偿请求；对侵权不属于法定赔偿范围的，告知赔偿请求人不适用《国家赔偿法》；对材料不齐备的，告知请求人补充有关材料；对符合法律规定的，在法定期间内予以立案，并通知赔偿请求人。

赔偿请求人在赔偿义务机关作出赔偿决定前，有权撤回其请求。赔偿请求人一旦撤回其请求，就不得再对本案重新提出赔偿请求。如果申请人是受害人的法定继承人，撤回申请须经其他法定继承人的同意，方为有效。

3. 刑事赔偿义务机关的处理决定

根据《国家赔偿法》第 23 条的规定，赔偿义务机关应当自收到申请之日起 2 个月内，作出是否赔偿的决定。赔偿义务机关作出赔偿决定，应当充分听取赔偿请求人的意见，并可以与赔偿请求人就赔偿方式、赔偿项目和赔偿数额依照该法第四章的规定进行协商。赔偿义务机关决定赔偿的，应当制作赔偿决定书，并自作出决定之日起 10 日内送达赔偿请求人。赔偿义务机关决定不予赔偿的，应当自作出决定之日起 10 日内书面通知赔偿请求人，并说明不予赔偿的理由。经实质审查，决定予以赔偿的，应制作赔偿决定书。赔偿决定书是赔偿义务机关向赔偿请求人出具的确定赔偿义务机关和请求人之间存在刑事赔偿法律关系的依据，也是赔偿请求人向国家领取赔偿金或者接受其他赔偿方式的凭据。

（二）刑事赔偿复议程序

刑事赔偿复议程序，是指经前置处理程序后，刑事赔偿请求人向赔偿义务机关的上一级机关提出复议申请，由复议机关进行审查并对刑事赔偿作出决定的程序。刑事赔偿复议程序仅适用于公安机关、国家安全机关、检察机关和监狱管理机关等作为刑事赔偿义务机关的情况。以人民法院为赔偿义务机关的，则只需经过先行处理程序和上一级人民法院赔偿委员会决定两个程序即可完成。〔1〕

1. 刑事赔偿复议的申请

下列情形可能导致复议程序的发生：（1）赔偿请求人提出赔偿请求后，赔偿义务机关拒绝受理；（2）赔偿义务机关受理赔偿请求后，决定不予赔偿；（3）赔偿请求人对赔偿决定中有关赔偿金额、赔偿方式等内容有异议；（4）赔偿义务机关在收到赔偿请求后，

〔1〕 张树义主编：《行政法学》，法律出版社 2000 年版，第 154 页。

逾期不予答复；（5）赔偿义务机关虽已作出赔偿决定，但逾期不予履行。对有上述情况之一的，赔偿请求人有权依法向赔偿义务机关的上一级机关提出复议申请，要求通过复议程序获得解决。请求人提起复议申请必须递交申请书。申请书的内容可以参照赔偿请求申请书的有关规定，同时应附具赔偿义务机关的书面决定。接到复议申请的机关应当对请求人的申请进行审查。

2. 复议申请的审理与决定

复议机关应当指定与本案无利害关系的专人承办，且承办人不得少于 2 人。承办人应当充分听取赔偿请求人的意见，并与请求人针对案件的损害事实和损害程度、赔偿方式和赔偿数额以及法律适用等关键性问题阐述各自的意见。同时，复议机关还应听取赔偿义务机关的意见。在各方充分发表意见之后，进入评议阶段，评议的内容应当制作成笔录存入案卷。评议结束之后，复议机关根据少数服从多数的原则作出复议决定。在案情清楚、是非分明的情况下，复议承办人员也可经过书面审查而径直作出决定。复议机关对于赔偿义务机关认定事实清楚、运用法律正确的，应予维持；对于认定事实错误，适用法律错误或确定以赔偿方式与数额不合理的决定，应予撤销；认为应予赔偿的，复议机关应当重新作出赔偿决定或者变更赔偿义务机关的决定。

复议机关作出的复议决定对于作为其下一级机关的赔偿义务机关具有约束力，一经送达，下一级机关（即赔偿义务机关）必须执行。刑事赔偿复议机关作出复议决定的期限为 2 个月，自收到复议申请之日起计算。赔偿请求人不服复议决定的，可以在收到复议决定之日起 30 日内向复议机关所在地的同级人民法院赔偿委员会申请作出赔偿决定。如复议机关逾期不作出决定的，请求人可自递交复议申请书之日起 2 个月的期间届满后的 30 日内向复议机关所在地的同级人民法院赔偿委员会申请作出赔偿决定。

（三）人民法院赔偿委员会决定程序

1. 人民法院赔偿委员会的设置

人民法院赔偿委员会是专司刑事赔偿事务以及民事、行政诉讼中的国家赔偿事务的人民法院的专门机构，对于行政赔偿，由人民法院的行政审判庭负责。根据《国家赔偿法》第 29 条第 1、2 款的规定，中级以上的人民法院设立赔偿委员会，由人民法院 3 名以上审判员组成，组成人员的人数应当为单数。赔偿委员会作赔偿决定，实行少数服从多数的原则。法律未规定基层人民法院设立赔偿委员会，是因为赔偿委员会在一定程度上体现为人民法院对较高位阶的复议机关的监督，中级以上人民法院的审查视野相对宏观，法官素质也相对较高，对复议机关的监督具有合理性。〔1〕

2. 人民法院赔偿委员会刑事赔偿受案范围

根据《国家赔偿法》和最高人民法院《关于〈中华人民共和国国家赔偿法〉溯及力和人民法院赔偿委员会受案范围问题的批复》的规定，人民法院赔偿委员会受理下列刑事赔偿案件：（1）行使侦查、检察、监狱管理职权的机关及其工作人员在行使职权时侵犯公民、法人和其他组织的人身权、财产权，造成损害的，经依法确认应予赔偿，赔偿

〔1〕 胡锦光、余凌云、吴鹏主编：《国家赔偿法》（第 3 版），中国人民大学出版社 2017 年版，第 100 页。

请求人经依法申请赔偿和申请复议，在法定的期间内向复议机关所在地的同级人民法院赔偿委员会申请作出赔偿决定的；（2）人民法院是刑事赔偿义务机关，赔偿请求人经申请赔偿，因赔偿义务机关逾期不予赔偿或者赔偿请求人对赔偿数额有异议，在法定期间内向赔偿义务机关的上一级人民法院申请作出赔偿决定的。

2000 年最高人民法院《关于刑事赔偿和非刑事司法赔偿案件立案工作的暂行规定（试行）》第 8 条详细规定了受理刑事赔偿案件的立案范围：（1）因犯罪嫌疑人没有犯罪事实或者事实不清、证据不足，侦查机关对犯罪嫌疑人解除刑事拘留或者检察机关不批准逮捕，或者侦查机关撤销案件，决定予以释放的；（2）因犯罪嫌疑人没有犯罪事实或者事实不清、证据不足，检察机关作出撤销拘留决定、不批准逮捕决定、撤销逮捕决定、撤销案件决定、不起诉决定的；（3）因犯罪嫌疑人没有犯罪事实或者事实不清、证据不足，人民法院撤销逮捕决定的；（4）人民法院一审判决无罪并已发生法律效力的，二审判决无罪的，依照审判监督程序再审改判无罪并已发生法律效力的；（5）侦查、检察、审判、监狱管理机关及其工作人员实施 1994 年《国家赔偿法》第 15 条（2012 年《国家赔偿法》改为第 17 条）第 4 项、第 5 项规定的行为，责任人员被依法追究刑事责任或者给予其他处分的；（6）实施了 1994 年《国家赔偿法》第 16 条（2012 年《国家赔偿法》改为第 18 条）规定行为，已依法纠正的；（7）侦查、检察、审判、监狱管理机关依法对违法侵权行为加以纠正的其他情形。

3. 人民法院赔偿委员会刑事赔偿主要程序

（1）申请。赔偿请求人的申请是赔偿委员会作出赔偿决定的先决条件。赔偿请求人向人民法院赔偿委员会提出申请时，应当提供以下资料：赔偿义务机关作出的决定书；复议机关作出的复议决定书，但赔偿义务机关是人民法院的除外；赔偿义务机关或者复议机关逾期未作出决定的，应当提供赔偿义务机关对赔偿申请的收讫凭证等相关证明材料；行使侦查、检察、审判职权的机关在赔偿申请所涉案件的刑事诉讼程序、民事诉讼程序、行政诉讼程序、执行程序中作出的法律文书；赔偿义务机关职权行为侵犯赔偿请求人合法权益造成损害的证明材料；证明赔偿申请符合申请条件的其他材料。

（2）立案。人民法院赔偿委员会收到申请后，经审查认为符合申请条件的，应当在 7 日内立案，并及时通知赔偿请求人、赔偿义务机关和复议机关；认为不符合申请条件的，应当在 7 日内决定不予受理；立案后发现不符合申请条件的，决定驳回申请。如果发现赔偿请求人提供的有关材料缺少的，申请材料不齐全的，赔偿委员会应当在 5 日内一次性告知赔偿请求人需要补正的全部内容，收到赔偿申请的时间应当自赔偿委员会收到补正材料之日起计算。

（3）审理。经审查，案件承办人员认定事实清楚，证据确实、充分的，应当制作案件审查报告，报请赔偿委员会主任提交赔偿委员会审理。人民法院赔偿委员会处理赔偿请求，赔偿请求人和赔偿义务机关对自己提出的主张，应当提供证据。被羁押人在羁押期间死亡或者丧失行为能力的，赔偿义务机关的行为与被羁押人的死亡或者丧失行为能力是否存在因果关系，赔偿义务机关应当提供证据。赔偿义务机关对其职权行为的合法性负有举证责任。赔偿请求人可以提供证明职权行为违法的证据，但不因此免除赔偿义务机关对其职权行为合法性的举证责任。

（4）决定。赔偿委员会审理的案件，分下列情况作出决定：维持决定，即认为赔偿义务机关决定或者复议机关的复议决定认定事实清楚，适用法律正确的，应当决定予以维持；重新决定，即认为赔偿义务机关的决定、复议机关的复议决定认定事实清楚，但适用法律错误的，应当依法重新决定；重新决定，即认为赔偿义务机关的决定、复议机关的复议决定事实不清、证据不足的，查清事实后依法重新决定；作出决定，即对于赔偿义务机关、复议机关逾期未作决定的，查清事实后依法作出决定。赔偿委员会审理案件作出的决定，应当制作人民法院赔偿委员会决定书。

（5）执行。赔偿委员会决定一经作出，即发生法律效力，必须执行。赔偿请求人不服的，只能申诉，不能向人民法院起诉。人民法院赔偿委员会决定书应当根据决定事项，分别送达赔偿请求人、赔偿义务机关和复议机关。对此，《国家赔偿法》第 29 条第 3 款明确规定，赔偿委员会作出的赔偿决定，是发生法律效力的决定，必须执行。

第四节　国家赔偿的方式、标准

一、国家赔偿的方式

国家赔偿的方式，是指国家承担或履行赔偿责任的具体方法或形式〔1〕。依普通侵权法原理，赔偿多是指以支付一定数额金钱的方式对受害人损害予以救济。至于停止侵害、排除妨碍、消除危险、返还财产、恢复原状、消除影响、恢复名誉、赔礼道歉等，一般都归属于侵权责任方式，而非侵权赔偿方式〔2〕。但是，在我国的《国家赔偿法》里，国家赔偿的方式包括支付赔偿金、返还财产和恢复原状。《国家赔偿法》第 32 条规定："国家赔偿以支付赔偿金为主要方式。能够返还财产或者恢复原状的，予以返还财产或者恢复原状。"〔3〕学理通说也支持这样的理解〔4〕。

（一）金钱赔偿

金钱赔偿，又称支付赔偿金，是以给付金钱的方式填补受害人的权益所蒙受的损失。根据《国家赔偿法》第 33 条至第 36 条，支付赔偿金方式的适用范围如下：（1）侵犯人身自由造成损害的；（2）侵犯生命、健康造成损害的；（3）侵犯人身权造成严重

〔1〕还有一种观点认为，国家赔偿的方式就是国家侵权责任的方式，即国家对自己的侵权行为用什么样的责任方式承担法律后果。参见应松年主编：《国家赔偿法研究》，法律出版社 1995 年版，第 223 页；房绍坤、丁乐超、苗生明：《国家赔偿法原理与实务》，北京大学出版社 1998 年版，第 247—248 页。此观点将国家赔偿责任与国家侵权责任完全混同，并非通说。

〔2〕张新宝：《侵权责任法原理》，中国人民大学出版社 2005 年版，第 465—467 页。

〔3〕《国家赔偿法》（1994 年）第 25 条规定与之完全一样。

〔4〕沈岿：《国家赔偿法：原理与案例》（第 3 版），北京大学出版社 2022 年版，第 408 页。

精神损害的；（4）违法查封、扣押、冻结财产造成财产灭失，或者造成损坏又不能恢复原状的；（5）应当返还的财产损坏又不能恢复原状的；（6）应当返还的财产灭失的；（7）财产已经变卖且变卖价款明显低于财产价值的；（8）吊销许可证和执照、责令停产停业造成停产停业期间必要的经常性费用开支损失的；（9）对金钱财产采取措施（包括罚款、罚金、追缴、没收、冻结等）造成银行同期存款利息损失的；（10）其他侵害财产权造成直接损失的。金钱赔偿的适用范围之广，亦可反映"国家赔偿以支付赔偿金为主要方式"的立法原则。依现行《国家赔偿法》，赔偿金的支付已经由赔偿义务机关转移到财政部门，不再涉及赔偿义务机关先行支付、后申请核拨的问题。只是，国家赔偿费用预算与支付管理的具体办法，法律都未予明确[1]。

（二）返还财产

原理上，返还财产适用于违法侵占受害人财产的情形。根据《国家赔偿法》第36条的规定，这些情形包括：（1）处以罚款、没收财产等行政处罚的；（2）处以罚金、没收财产等刑罚的；（3）采取没收违禁品和犯罪用具以及追缴违法所得的；（4）征收、征用财物的；（5）采取查封、扣押、冻结财产措施的；（6）变卖或者拍卖财产的。返还财产是向财产的合法权益人返还；合法权益人为夫妻的，可以向其中的任何一方全部返还。[2]

（三）恢复原状

恢复原状，是指负有赔偿义务的机关按照受害人的愿望和要求恢复损害发生之前的原本状态。我国《国家赔偿法》第36条第2项、第3项分别规定，"查封、扣押、冻结财产的，解除对财产的查封、扣押、冻结""应当返还的财产损坏的，能够恢复原状的恢复原状"。一般来说，恢复原状与金钱赔偿同是各国国家赔偿常用的基本形式。按照赔偿应当对受害人给予尽可能公正和充分的救济这一原则来说，恢复原状是比较忠实地履行了充分救济的义务的。因此，在实践中，如果被损坏的财产是可以恢复原状的，应当优先适用恢复原状，这既有利于保护受害人的权益，又便于及时解决纠纷。

二、国家赔偿的标准

（一）国家赔偿标准概述

国家赔偿标准，又称国家赔偿计算标准，是指国家赔偿法确立的计算损害大小、确定赔偿金额所依循的准则或依据[3]。由于我国《国家赔偿法》和学理都认同国家赔偿方式包括支付赔偿金、返还财产、恢复原状，因此，更为准确地说，国家赔偿标准应该是国家金钱赔偿标准。易言之，国家赔偿标准仅对金钱赔偿方式有意义；单纯的返还财产、恢复原状不存在计算标准问题。返还金钱或者原物、狭义的恢复原状（修复财物）都与计算标准无关。只是在返还财产、恢复原状与支付赔偿金并用的时候，才会因为赔偿金

---

〔1〕 沈岿：《国家赔偿法：原理与案例》（第3版），北京大学出版社2022年版，第413页。

〔2〕 参见张某申请国家赔偿案，载《最高人民法院公报》2014年第6期。

〔3〕 类似的定义，参见房绍坤、丁乐超、苗生明：《国家赔偿法原理与实务》，北京大学出版社1998年版，第260页。

额的确定而运用计算标准。

一国在确立国家赔偿的标准时，一般需要考虑本国的财力，同时要考虑国家赔偿法的立法目的。总体来看，各国在其各自赔偿法中在赔偿标准上大致奉行三种不同的标准，即惩罚性标准、补偿性标准、抚慰性原则。这三种原则分别代表了三类不同水平的赔偿标准。惩罚性标准，是指赔偿额度标准对侵害方应具有惩罚性。除使侵害方赔偿足以弥补受害人所蒙受损害的费用外，还要付出对自己侵犯他人合法权益的行为应负责任的惩罚性费用。这实际上就是赔偿额等于损失额加上惩罚金额，这一标准下的赔偿额是比较高的，对受害人极为有利。补偿性标准，是指赔偿额以能够弥补受害人所受的实际损失为原则，即赔偿费用使受害人恢复到受到侵害之前的状态。按照这一原则，赔偿标准也就是等于实际所受损失额。也就是说，赔偿义务机关不仅应该赔偿积极损害，而且应该赔偿消极损害；不仅应该赔偿直接损失，而且应该赔偿间接损失。抚慰性标准，是指赔偿额以抚慰受害人为目的而不是赔偿受害人的全部损失。这一原则认为国家赔偿不可能对受害人的实际损失作完全充分的救济，国家机关本身的性质和特征决定国家赔偿只宜作象征性的抚慰，赔偿额只能限制在实际所受损失额的范围之内，虽应尽可能予以赔偿，但并不一定要进行完全充分的弥补。d 这一标准之下的赔偿标准，最高限额限制在实际所受损失额以内，且一般低于它。

我国《国家赔偿法》究竟应该采取何种标准为妥呢？应该说较为理想的是采取补偿性标准，即受害人损失多少赔偿多少。但是国家尚处于经济发展之中，财力有限，承担充分赔偿的责任有困难，因此，我国《国家赔偿法》在规定赔偿标准时的立法原则是，既要使受害者所受到的损失能够得到适当弥补，也要考虑国家的经济和财力能够负担的状况。这表明我国《国家赔偿法》中所确定的赔偿标准，基本上是采用抚慰性标准。例如，对违法吊销许可证和营业执照、责令停产停业的，国家赔偿的不是停产停业造成的全部损失，而是停产停业期间必要的经常性费用开支，即只赔直接损失，而不赔间接损失。随着综合国力的提高，应重新修改国家赔偿标准，使之更充分地保护公民、法人和其他组织的合法权益[1]。

（二）侵犯人身权的赔偿标准

1. 限制人身自由的损害赔偿标准

《国家赔偿法》第 33 条规定："侵犯公民人身自由的，每日赔偿金按照国家上年度职工日平均工资计算。"根据最高人民法院《关于人民法院执行〈中华人民共和国国家赔偿法〉几个问题的解释》（法发〔1996〕15 号），本条款中的"上年度"是指赔偿义务机关、复议机关或者人民法院赔偿委员会作出赔偿决定时的上年度；复议机关或者人民法院赔偿委员会决定维持原赔偿决定的，按作出原赔偿决定时的上年度执行。而"国家上年度职工日平均工资"，是以职工年平均工资除以全年法定工作日数的方法计算。年平均工资则以国家统计局公布的数字为准。

《国家赔偿法》如此规定，主要基于以下考虑。第一，计算简单、易于执行。如果

〔1〕 胡锦光、余凌云、吴鹏主编：《国家赔偿法》（第 3 版），中国人民大学出版社 2017 年版，第 119 页。

采用根据受害人经济收入水平计算损失额度的方法，势必会因人而异、情况多样、计算复杂、延误赔偿时间。第二，受到经济发展因素制约，国家赔偿能力较低，而侵犯人身自由的违法行为又比较普遍，若赔偿金额度起点太高，以后调整余地就太小[1]。第三，若不确立统一的赔偿标准，可能会造成同样的损害在不同的地区，得到不同数额的赔偿，有欠公平[2]。

2. 侵犯生命权的损害赔偿标准

根据《国家赔偿法》第 34 条规定，侵犯公民生命权造成死亡的，应当支付死亡赔偿金、丧葬费，总额为国家上年度职工年平均工资的 20 倍。对死者生前扶养的无劳动能力的人，还应当支付生活费。生活费的发放标准参照当地民政部门有关生活救济的规定办理。被扶养的人是未成年人的，生活费给付至 18 周岁为止；其他无劳动能力的人，生活费给付至死亡时为止。可见，造成公民死亡的国家赔偿金，固定不变、不会因人而异的是国家上年度职工年平均工资的 20 倍。该固定金额名义上由死亡赔偿金和丧葬费两部分构成，其实是不计丧葬费实际支出的。除此固定金额外，若有死者生前扶养的无劳动能力的人的，还需支付相应的生活费。计算公式是："死亡赔偿（国家赔偿）= 国家上年度年平均工资的 20 倍（包括死亡赔偿金、丧葬费）+ 被扶养人生活费。"[3]

3. 侵犯健康权的损害赔偿标准

国家侵权行为造成一般性身体伤害的，国家赔偿计算公式是："一般伤害赔偿 = 医疗费 + 护理费 + 误工减少的收入"。其中，护理费是新法增加的赔偿项目。而造成部分或者全部丧失劳动能力的（致残的），国家赔偿计算公式是："残疾赔偿 = 医疗费 + 护理费 + 因残疾增加的必要支出（残疾生活辅助器费、康复费等）+ 继续治疗费 + 残疾赔偿金 + 被扶养人的生活费"。其中，护理费、因残疾增加的必要支出、继续治疗费是新法增加的赔偿项目。除这些赔偿项目的变化以外，关于残疾赔偿金的额度，修订后的《国家赔偿法》不再区分部分丧失劳动能力和全部丧失劳动能力[4]，而是统一规定以国家上年度职工年均工资的 20 倍为最高额度，在此额度内依据伤残等级确定残疾赔偿金。至于误工减少的收入，新法并未有所改变，每日赔偿金仍然固定为国家上年度职工日平均工资，且以年平均工资的 5 倍为"封顶上限"。《国家赔偿法》上的误工费明显是一种客观计算，而普通侵权法上的误工费是根据受害人收入状况确定的、因人而异的主观计算[5]。

（三）侵犯财产权的赔偿标准

对财产的全部赔偿包括实际损失和可得利益的损失。实际损失，是指侵权行为造成

---

〔1〕 参见皮纯协、冯军主编：《国家赔偿法释论》（第 3 版），中国法制出版社 2010 年版，第 212—213 页。

〔2〕 参见房绍坤、丁乐超、苗生明：《国家赔偿法原理与实务》，北京大学出版社 1998 年版，第 230 页。

〔3〕 沈岿：《国家赔偿法：原理与案例》（第 3 版），北京大学出版社 2022 年版，第 429 页。

〔4〕《国家赔偿法》（1994 年）第 27 条第 2 项规定："……残疾赔偿金根据丧失劳动能力的程度确定，部分丧失劳动能力的最高额为国家上年度职工年平均工资的十倍，全部丧失劳动能力的为国家上年度职工年平均工资的二十倍……"

〔5〕 沈岿：《国家赔偿法：原理与案例》（第 3 版），北京大学出版社 2022 年版，第 429 页。

受害人现有财产的直接减少；可得利益的损失，是指侵权行为造成受害人在正常情况下应增加的财产未增加，可得利益的损失又称为间接损失。根据《国家赔偿法》第 36 条的规定，我国采取的是直接损失赔偿的标准。

1. 违法罚款、罚金、追缴、没收财产或者违法征收、征用财产的赔偿

违法罚款、罚金、追缴、没收财产侵犯公民、法人和其他组织财产权的，或者违法征收、征用财产的，应返还财产。其中涉及返还的，有金钱亦有其他财物。

2. 违法查封、扣押、冻结财产造成损失的赔偿

违法查封、扣押、冻结财产造成财产权侵害的，解除对财产的查封、扣押、冻结。造成财产损坏的，能够恢复原状的恢复原状，不能恢复原状的，按照损害程度给付相应的赔偿金；造成财产灭失的，给付相应的赔偿金。这项规定也只是赔偿直接损失，并不赔偿间接损失。

3. 财产已经拍卖或者变卖的赔偿

拍卖是公开处置财产的一种方式，是指以公平竞争的方式将财产出卖给竞价中最高的出价者。赔偿义务机关违法对财产予以没收或者查封、扣押、冻结后，如果对财产已经进行了拍卖，原物已经不存在或者已经为他人所有，返还财产已不可能，则应采取金钱赔偿的方式。根据《国家赔偿法》的规定，财产已经拍卖或者变卖的，应给付拍卖或者变卖所得价款。如果变卖的价款明显低于财产价值的，应当支付相应的赔偿金。

4. 违法吊销许可证和执照、责令停产停业的损害赔偿

违法吊销许可证和执照、责令停产停业的，赔偿停产停业期间必要的经常性费用开支。法人或其他组织被吊销了许可证和执照，或者被责令停产停业，停产停业期间原本可得到的利益得不到了，但由于这是间接损失，《国家赔偿法》根据赔偿直接损失的原则，只赔停产停业期间，该法人或其他组织支付的必要的经常性的费用开支。必要的经常性的费用开支，是指企业、商店等在停产停业期间用于维持其生存的基本开支，如水电费、仓储保管费、职工的基本工资等。其中职工的工资按国家统一规定的劳保工资的平均数来计算。由此可见，被责令停产停业或被吊销许可证和执照的企业、法人等，如果国家要赔偿它们的损失，也不是赔偿其全部损失，而可能只是赔偿其损失的一部分。

5. 返还执行的罚款或者罚金、追缴或者没收的金钱，解除冻结的存款或者汇款的赔偿

返还执行的罚款或者罚金、追缴或者没收的金钱，解除冻结的存款或者汇款，应当支付银行同期的存款利息。从性质上来看，存款利息损失应该属于间接损失，但由于其具有必然性，所以国家在返还金钱或者解除冻结款时予以支付利益是合理的。此次《国家赔偿法》对利息的赔偿进行了明确规定，是对财产权益保护的重要体现。

6. 对财产权造成其他损害的赔偿

根据《国家赔偿法》的规定，对财产权造成其他损害的，按照直接损失给予赔偿。所谓直接损失，是指因遭受不法侵害而使现有财产直接减少或消灭。《国家赔偿法》作出这样的规定，是为了防止出现法律没有规定的其他国家侵权行为造成公民、法人或其他组织财产权的损害而得不到赔偿的情况。对财产权造成其他损害，可能是什么侵权行

为呢？由于这一项规定作为《国家赔偿法》第36条最后一项兜底性的规定出现，所以，应是第36条前几项所未予列举出的侵权行为，如侵犯商标权的行为、侵犯专利权的行为、侵犯公民荣誉权以及法人或其他组织的荣誉权的行为。这些侵权行为不但是已经实施的行为，而且是对受害一方的财产权造成损害的行为。如果侵犯上述权利的行为，未构成财产权的侵害，则国家不应负赔偿责任。根据《国家赔偿法》的规定，由于其他违法行为给公民、法人或其他组织财产权造成其他损害的，国家按照直接损失予以赔偿，而不赔偿间接损失或可得利益损失[1]。

第五节 国家赔偿法的立法模式

一、国外国家赔偿制度的发展规律

目前，世界各国在确立国家赔偿制度时呈现这样的规律：先判例后成文，特别法向一般法的演进。[2]

在国家赔偿制度的形成过程中，判例起了非常重要的作用，现代意义上的国家赔偿制度可以追溯到法国勃朗哥案件（见后文案例）。在这个案件中，法国行政法院通过判例形式确立了三项原则：一是国家应当为其公务员的过错负责；二是行政赔偿责任应当适用不同于民法的特别规则；三是行政赔偿责任的诉讼属于行政法院管辖。而德国可谓是立法严密、思维严谨的国度，但有关国家赔偿的许多制度孕育于法院判例中，如德国特有的“准征用”赔偿制度就是在一个判例中确立的。

各国在法院创造国家赔偿先例的同时，注意从判例中总结出规律性的内容，进而通过理论概括加以规范化，以实现国家承担责任的统一性和标准化。国家赔偿成文法的趋势起始于20世纪初，风行于20世纪40年代末，如1910年《德意志联邦责任法》、1947年《日本国家赔偿法》、1947年《英国王权诉讼法》、1946年《美国联邦侵权赔偿法》、1948年《奥地利国家赔偿法》。由于大多数国家的赔偿成文法是在判例基础上形成的，因此构成十分复杂，既包含部分民法的翻版原则，也包括部分公私法混合的特别规则，有时还包括部分对宪法的具体解释。但与刑法、民法相比，赔偿法在内容形式上还是比较单薄，所以出现了以赔偿法为特别规则，以民法、民事诉讼法、行政法为补充规则的立法形式。

此外，就国家赔偿的历史而言，其范围经历了由窄至宽逐渐扩展的过程，作为国家赔偿重要组成部分的冤狱赔偿尤为明显地体现了这一特点。在《英国王权诉讼法》实施之前，冤狱赔偿的个别立法已经存在，如1816年《人身保护状》。美国各州亦然。同

---

〔1〕 胡锦光、余凌云、吴鹏主编：《国家赔偿法》（第3版），中国人民大学出版社2017年版，第123页。

〔2〕 马怀德：《国家赔偿法的立法模式》，载《西北政法学院学报》1994年第3期。

时，从特别法到一般法的发展只是许多国家赔偿立法的一个倾向而已，并不意味着每个国家都是按照这种模式构建其赔偿制度的。在另外一些国家，赔偿立法始终是分散的，如澳大利亚等国。

二、我国国家赔偿法制定背景

我国国家赔偿制度的雏形形成于新中国成立初期。1954 年《宪法》确立了国家赔偿的基本原则，许多行政法规、规章对此进行了具体解释和说明。1954 年《宪法》第 97 条规定，“由于国家机关工作人员侵犯公民权利而受到损失的人，有取得赔偿的权利”。20 世纪 50 年代就曾有过许多关于冤狱补偿的行政解释和司法解释，如 1956 年司法部就有关“冤狱补助费”开支问题答复新疆等司法厅；国务院也曾在 1956 年 7 月 17 日作过一个批示各级人民法院因错判致使当事人的家属生活困难时，可由民政部门予以救济，如果因错判致使当事人遭受重大损失的，根据《宪法》第 97 条规定的精神，需要赔偿损失时，仍应由司法业务费开支；1963 年财政部也曾就冤狱平反后是否补发工资复函黑龙江省财政厅；1963 年劳动部工资局就错判服刑后工龄计算问题作过解释，即《劳动部关于被甄别平反人员的补发工资问题》〔1〕。在当时，这些解释和批复对于适用宪法、保障无辜受害人权利起到了一定规范作用，但基本上是零乱分散且不统一的。“文化大革命”后，国家在拨乱反正、平反冤假错案过程中又陆续发了许多文件，作了较为详细的规定。1986 年《民法通则》第 121 条规定，国家机关或者国家机关工作人员在执行职务中，侵犯公民、法人的合法权益造成损害的，应当承担民事责任。1989 年《行政诉讼法》第一次较为具体地规定了国家行政机关的侵权赔偿责任，即公民、法人或者其他组织的合法权益受到行政机关或者行政机关工作人员作出的具体行政行为侵犯造成损害的，有权请求赔偿。如果对行政机关的处理不服的，可以向人民法院提起行政赔偿诉讼。然而，《行政诉讼法》的规定，并没有全面解决国家赔偿问题，即使充分适用现有条款也无法解决执行行政职务中的所有赔偿问题。

回顾我国国家赔偿制度的发展史，同样可以发现由判例到成文、由特别至一般的规律，只是由于我国法律传统的缘故大多数政策文件及批复、解释取代了判例，分布于不同部门的特别条款取代了特别立法，但制定一般国家赔偿法的趋势是明确的。

三、我国国家赔偿法的立法体例及争议

（一）我国国家赔偿法的立法体例

在立法体例上，我国国家赔偿法采用了行政赔偿和刑事赔偿合一的体例，即在一部统一的《国家赔偿法》中分章节规定行政赔偿与刑事赔偿。之所以采用这一立法方案，是因为立法者认为“行政赔偿、刑事赔偿有不同的情况，但许多问题是一样的，如赔偿的原则、标准等”〔2〕。在立法者看来，国家赔偿有一个发展过程，是先从行政赔偿开

---

〔1〕 江必新、梁凤云、梁清：《国家赔偿法理论与实务》，中国社会科学出版社 2010 年版，第 94 页。

〔2〕 顾昂然：《国家赔偿法制定情况和主要问题》，载《中国法学》1995 年第 2 期。

始的，逐步发展到冤狱赔偿，制定国家赔偿法，可以把行政赔偿、刑事赔偿一起规定。《国家赔偿法》对刑事赔偿作了规定，使我国国家赔偿的法律制度向前大大进了一步，对促使司法机关严格依法办案，防止错拘、错捕、错判，有重要作用。

（二）我国国家赔偿法的立法体例的理论争议

从域外来看，大多数国家是将行政侵权赔偿与司法赔偿分开立法，分别规定在不同的法律中，或者分别单独立法。以西方最早确立国家赔偿制度的法国为例，法国建立了完善发达的行政侵权赔偿诉讼，法国的行政赔偿诉讼是依据行政法规向行政法院寻求赔偿，同时在判例中也确立了对国家公务活动所致损害的赔偿，对冤狱赔偿法国没有专门的立法，而是将其规定在刑事诉讼法中。日本于 1947 年制定了《国家赔偿法》单独就公务员的侵权行为立法，同时 1950 年日本又制定了《刑事补偿法》对冤狱赔偿作了明确规定，将行政侵权赔偿与冤狱赔偿分别立法以日本最为典型。韩国《国家赔偿法》亦仅规定了行政侵权国家赔偿，而将冤狱赔偿规定在其他法律中。

除此之外，行政侵权的国家赔偿和刑事司法赔偿或冤狱赔偿在理论基础等方面有着显著的差异，将二者强行糅合在一部法律上不仅缺乏法理根据，而且不利于国家赔偿法正确高效地贯彻实施〔1〕。首先，二者产生的原因及在法律体系中的重要性不同。行政赔偿是因行政机关违法行使行政职权侵犯公民、法人合法权益造成的，而冤狱赔偿则是因为无辜公民被错误地判处徒刑、予以关押、监禁造成的。其次，二者的归责原则大不相同。归责原则是国家承担赔偿责任的依据和标准。在国家赔偿中，归责原则处于核心地位，决定着可引起国家赔偿的行为范围，进而影响到国家赔偿的程序。然而，行政侵权赔偿与刑事司法赔偿或冤狱赔偿适用着不同的归责原则，行政侵权国家赔偿大多国家都采过错责任原则或违法归责原则，而冤狱赔偿则采结果责任原则，也有称之为无过错归责原则。最后，行政侵权赔偿与刑事司法赔偿在赔偿范围、赔偿标准和费用及赔偿程序方面亦大不相同。由于行政侵权赔偿较之刑事司法赔偿在侵权程度上远远为轻，对公民的人身权造成的损害小得多，因此在赔偿标准和费用方面，行政赔偿诉讼都比刑事司法赔偿要低和少。

基于上述原因，有学者提出，我国《国家赔偿法》应借鉴日本国家赔偿立法的先进经验，将行政侵权的国家赔偿和刑事司法赔偿分别立法，制定两部独立的赔偿法，或者借鉴法国等国的立法经验，将冤狱赔偿的内容纳入刑事诉讼法。但也有学者认为，行政赔偿与刑事司法赔偿没有必要分别立法，建议仍按照原有立法体例规定在《国家赔偿法》中。〔2〕

重要名词术语

国家赔偿、国家责任、行政赔偿、司法赔偿、归责原则、冤狱赔偿、精神损害赔偿

〔1〕 樊崇义、胡常龙：《走向理性化的国家赔偿制度——以刑事司法赔偿为视角》，载《政法论坛》2002 年第 4 期。

〔2〕 管宇：《〈国家赔偿法〉修改研究述评》，载《国家行政学院学报》2008 年第 1 期。

思考题

1. 我国《国家赔偿法》采取行政赔偿和司法赔偿二元合一的立法体系，请问这种立法体系是否科学，为什么？

2. 如何构建科学的国家赔偿归责体系？

典型案例分析

案例一　法国 1873 年布朗戈诉国家案

法国吉伦特者国营烟草公司雇用的工人在开着翻斗车作业的时候，由于不慎，将布朗戈先生的女儿撞伤。对于这一事实所造成的损害，布朗戈先生向普通法院提出了诉讼，要求国家赔偿损害。他认为，对国营烟草公司的人员所犯的过错，国家应负民事上的责任；其诉讼的法律依据是《法国民法典》第 1382 条“任何行为使他人受损害时，因自己的过失而致使损害发生之人，对该他人负赔偿责任”；第 1383 条“任何人不仅对因其行为所引起的损失，而且对因其过失或疏忽所造成的损害，负赔偿责任”；第 1384 条“任何人不仅对其自己的行为所造成的损害，而且对应由其负责的他人的行为或在其管理下的物件所造成的损害，均应负赔偿责任”。布朗戈先生在该案中控告的是吉伦特省的省长，即国家的代表、该省行政机关的首脑。

普通法院受理了布朗戈先生要求国家赔偿的案件，但由于这是涉及国家公务管理过程中发生的案件，应由行政法院审理，所以，吉伦特省省长向该普通法院提出了不服管辖书，而普通法院又坚持认为自己有对该案的管辖权，从而产生了普通司法与行政司法管辖权限的争议。对于这样的被提到了权限争议法院审理裁决的诉案，其实质是在行政司法机关与普通司法机关之间谁拥有审理要求国家损害赔偿诉案的一般权限。

权限争议法院对布朗戈案的判决如下：“因国家在公务中雇用的人员对私人造成损害的事实而加在国家上的责任，不应受在民事法典中为调整私人与私人之间关系而确立的原则所支配，这种责任既不是通常的责任，也不是绝对的责任，这种责任具有其固有的特殊规则，依公务的需要和调整国家权力与私权利的必要而变化。”权限争议法院的判决排除了普通法院对公务诉案的管辖权，确定行政司法机关是审理这类诉案的唯一具有权限的机关。

该案结论概括有三点：其一，国家应当为其公务员的过错负责；其二，行政责任应当适用于不同于民法的特殊法律规则；其三，有关行政责任的诉讼属于行政法院管辖。这一判决对于法国国家赔偿制度和行政法基本观念的形成与发展产生了重要影响。此外，布朗戈案中政府专员陈述的意见也勾画了公务私管理概念的框架，这一概念在后来的行政法院判例中得到了发展。同时，该案还推动了法国行政法自治观念的形成和发展。

案例二　佘某某申请湖北省荆门市中级人民法院再审无罪国家赔偿案

1994 年 4 月 11 日，湖北省京山县雁门口镇吕冲村水库发现一具无名女尸。经过当地公安机关排查，认为死者为佘某某妻子张某某，佘某某有故意杀人嫌疑。后湖北省京山县人民法院以故意杀人罪判处佘某某有期徒刑 15 年，剥夺政治权利 5 年。佘某某上诉后，湖北省荆门市中级人民法院裁定驳回上诉，维持原判。之后，佘某某在湖北省沙洋监狱服刑。2005 年 3 月 28 日，“死亡” 11 年的张某某回到家中。同年 4 月 13 日，京山县人民法院重新作出刑事判决，宣告佘某某无罪。2005 年 5 月 10 日，佘某某以再审无罪赔偿为由向荆门市中级人民法院提出国家赔偿申请。

本案争议焦点为精神损害是否应当予以赔偿。

荆门市中级人民法院与赔偿请求人佘某某经协商达成和解协议：荆门市中级人民法院依法支付佘某某限制人身自由赔偿金 255894.47 元；赔偿佘某某家人支付的无名女尸安葬费 1100 元（应为 3600 元，扣除京山县公安局已支付的 2500 元）。此外，京山县雁门口镇人民政府一次性给予佘某某家庭生活困难补助费 20 万元。

该案入选最高人民法院纪念《国家赔偿法》颁布实施二十五周年典型案例。最高人民法院指出该案具有典型意义：其一，本案是较早引起社会广泛关注的刑事冤错国家赔偿案件，面对申请人的高额赔偿请求以及社会舆论的高度关注，人民法院在司法实践中，灵活适用 1994 年《国家赔偿法》，率先将协商机制引入国家赔偿案件，并取得圆满成功，为 2010 年修正《国家赔偿法》引入协商机制提供了成功范例；其二，当地政府给予赔偿请求人的家庭困难生活补助金，也在一定程度上推动了 2010 年《国家赔偿法》扩大国家赔偿范围、提高赔偿标准、增设赔偿精神损害抚慰金制度。

案例三　赵某某申请河南省商丘市中级人民法院再审无罪国家赔偿案

1998 年 2 月 15 日，商丘市柘城县老王集乡赵楼村赵某晌失踪 4 个多月。公安机关调查后怀疑系被同村的赵某某杀害，遂将赵某某作为重大嫌疑人并予以刑事拘留。2002 年 12 月 5 日，赵某某被河南省商丘市中级人民法院以故意杀人罪判处死刑，缓期二年执行，剥夺政治权利终身，并经河南省高级人民法院裁定核准。2010 年 4 月 30 日，刑事案件认定的被害人赵某晌回村。2010 年 5 月 8 日，河南省高级人民法院作出刑事再审判决：撤销该院刑事裁定和商丘市中级人民法院刑事判决，宣告赵某某无罪。2010 年 5 月 9 日，赵某某被依法释放。同月 11 日，赵某某向商丘市中级人民法院提出国家赔偿申请。

本案争议焦点为，刑事案件再审改判无罪，原判刑罚实际执行并长期羁押的，是否应认定为致受害人精神损害并造成严重后果而赔偿精神损害抚慰金。

在国家赔偿案件处理中，商丘市中级人民法院与赵某某经协商达成赔偿协议：商丘市中级人民法院一次性支付赵某某国家赔偿金 50 万元，生活困难补助费 15 万元，两项共计 65 万元。2010 年 5 月 13 日，时任商丘市中级人民法院院长亲赴赵某某居住地，将 65 万元交到赵某某手中。赵某某撤回赔偿申请，并表示以后安心生活。

该案入选最高人民法院纪念《国家赔偿法》颁布实施二十五周年典型案例。2010 年修正的《国家赔偿法》，将精神损害赔偿纳入国家赔偿范围，第 35 条规定“有本法第三条或者第十七条规定情形之一，致人精神损害的，应当在侵权行为影响的范围内，为受害人消除影响，恢复名誉，赔礼道歉；造成严重后果的，应当支付相应的精神损害抚慰金”，这是加强人权保障的重大进步。赵某某案再审改判无罪时，恰逢 2010 年修正的《国家赔偿法》颁布后、实施前的时间节点，鉴于新法已经明确规定了精神损害抚慰金赔偿内容，本案在依法给予无罪羁押赔偿金的基础上，参照修正后的《国家赔偿法》规定，考虑到赵某某被长期羁押，应视为致其精神损害且后果严重，通过协商以另行支付生活困难补助费的方式弥补其精神损害，及时回应了社会各界对国家赔偿中精神损害抚慰金的广泛关切，取得良好社会效果，具有重要的标杆意义。本案可以认定是国家赔偿领域“精神损害赔偿第一案”。

案例四　宋某某申请国家赔偿案

2004 年，河南农民包工头宋某某被洛阳市中级人民法院以绑架罪被判处 5 年有期徒刑，2009 年 7 月，宋某某刑满释放。2010 年 10 月，河南省高级人民法院再审改判为非法拘禁罪，免予刑事处罚。2012 年 9 月，宋某某等七人均以原生效判决罪名认定不准，量刑过重为由，向洛阳市中级人民法院提出国家赔偿申请。2014 年底，洛阳市中级人民法院驳回了宋某某等人的申请：“尽管其被超期羁押，但是国家依法不承担赔偿责任”。理由是只有无罪的人被超期羁押才能得到赔偿，有罪则不应当赔偿。2015 年 8 月，河南省高级人民法院作出决定，对其国家赔偿申请不予支持。宋某某遂申诉至最高人民法院。

本案争议焦点为，再审改判轻罪，对于超期羁押是否予以国家赔偿。

2015 年 11 月 24 日，最高人民法院驳回了宋某某的申诉请求。理由是：宋某某系因同一犯罪事实由重罪改为轻罪，刑期发生变化，不属于《国家赔偿法》第 17 条第 3 项规定的“再审改判无罪”的情形，故虽然实际被挤压时间超出了再审判决确定的刑期，但不属于《国家赔偿法》规定的刑事赔偿范围。

现行《国家赔偿法》只规定了无罪羁押赔偿，排除了其他有罪但实际已造成超期羁押的情形。该案进一步明确了轻罪重判导致超期羁押的，不属于国家赔偿的范围。与宋某某情况类似的还有邹某某和罗某某，他们也因超期羁押申请国家赔偿，但均被拒绝。2015 年 12 月 28 日，最高人民法院、最高人民检察院《关于办理刑事赔偿案件适用法律若干问题的解释》(以下简称《刑事赔偿解释》)出台，规定“数罪并罚的案件经再审改判部分罪名不成立，监禁期限超出再审判决确定的刑期，公民对超期监禁申请国家赔偿的，应当决定予以赔偿”。根据该司法解释，数罪并罚的案件经再审改判部分罪名不成立的，可以获赔。而对于基于同一案件事实由重罪改判轻罪导致超期羁押，不予赔偿，实属机械理解法律，对当事人非常不公平，这种情况在未来的《国家赔偿法》修改中应予以重视。

案例五　周某某国家赔偿案

2011 年 12 月，重庆市第五中级人民法院以组织领导黑社会性质组织罪、寻衅滋事罪和非法拘禁罪数罪并罚，判处周某某 6 年有期徒刑。2013 年 10 月，重庆市高级人民法院只维持了非法拘禁罪和 1 年刑期。周某某以自己被超期羁押 883 天为由申请国家赔偿。

本案争议焦点为，二审将一审数罪中的部分罪名撤销后被告人被羁押期间超过刑期的情形是否属于国家的赔偿范围。

2014 年 11 月，重庆市高级人民法院援引最高人民法院答复广西壮族自治区高级人民法院的请示，驳回了周某某的国家赔偿要求。2011 年 4 月 15 日，最高人民法院答复广西壮族自治区高级人民法院的请示，即《关于二审将一审数罪中的部分罪名撤销后被告人被羁押期间超过刑期的情形是否属于国家的赔偿范围的答复》：你院二审判决将一审判决认定故意杀人罪予以撤销后，赔偿请求人被羁押的期限超过判决确定的刑期，属于在整个刑事追诉活动中，人民法院作出生效裁判之前对犯罪嫌疑人的羁押，是司法机关根据《刑事诉讼法》的规定保障刑事诉讼程序顺利进行的程序措施，既不属于《国家赔偿法》规定的“对没有犯罪事实的人错误逮捕”，也不属于再审改判无罪，或者数罪中个罪改判无罪且原判刑罚已经执行的情形。依照《国家赔偿法》规定的无罪羁押赔偿原则，赔偿请求人就此申请国家赔偿没有法律依据。

后　记

依法行政是切实维护广大人民群众利益、落实依法治国基本方略的必然要求。党的十八大以来，习近平总书记以高瞻远瞩的战略眼光和宏阔视野，创造性地提出了新时代全面依法治国的工作布局，明确要求坚持依法治国、依法执政、依法行政共同推进，法治国家、法治政府、法治社会一体化建设。完善行政法治，在协调推进“四个全面”战略布局中的重要意义尤为凸显。在本次行政法学教材编写过程中，如何把中国特色社会主义法治思想落实到教材编写和教学工作中，充分体现行政法治发展的前沿视野与时代精神，一直是各位编者重点关心的问题。

近年来，我国行政法治领域多部重要文件出台，多部重要法律得到制定或修改，行政法基础理论与部门行政法理论取得重大发展，依法行政实践不断深化。我们在教材编写过程中，高度重视写作的严谨性和系统性，在对我国各项基本法律制度进行体系性和整体性把握的基础上，将理论学习与实践应用相结合。既注重对条文的规范分析，又注重对代表性判例的整理和解读；既注重基础理论方面的提炼和论述，又注重将行政法治放在历史和国情视野下进行阐释；既注重知识的全面性和前沿性，又注重内容的引导性与可读性。

在编写过程中，我们统筹各位编者的学科专长，进行了合理分工，统稿及各章撰写分工如下（以撰写章节先后为序）：

吕艳滨、张宇辉：第一章第一、二节；伏创宇：第一章第三节、第三章；徐玖玖：第二章、第六章第一、二节；戴杕：第四章、第五章第一、四节；卢超：第五章第二节、第六章第三、四节；栗燕杰：第五章第三节、第十一章；李霞：第七章；周辉：第八章；王小梅：第九章、第十二章；王祎茗：第十章。全书统稿：吕艳滨、戴杕。

我们为保证本书质量尽了最大努力，由于编写时间和水平所限，错误与纰漏在所难免，敬请广大读者不吝指正。

本书编者

2024 年 8 月